D1696871

# Analytische Informationssysteme
Business Intelligence-Technologien und -Anwendungen

Dritte, vollständig überarbeitete Auflage

*Robert Winter
mit besten Empfehlungen
Peter Chamoni
Peter Gluchowski
Duisburg/Chemnitz, Mai 2006*

Peter Chamoni
Peter Gluchowski
Herausgeber

# Analytische Informationssysteme

Business Intelligence-Technologien und -Anwendungen

Dritte, vollständig überarbeitete Auflage

Mit 151 Abbildungen und 13 Tabellen

Professor Dr. Peter Chamoni
Universität Duisburg-Essen
Lotharstraße 63, LF221
47057 Duisburg
E-mail: peter.chamoni@uni-due.de

PD Dr. Peter Gluchowski
Technische Universität Chemnitz
Reichenhainer Straße 41
09126 Chemnitz
E-mail: peter.gluchowski@wirtschaft.tu-chemnitz.de

Bibliografische Information Der Deutschen Bibliothek
Die Deutsche Bibliothek verzeichnet diese Publikation in der Deutschen Nationalbibliografie;
detaillierte bibliografische Daten sind im Internet über http://dnb.ddb.de abrufbar.

ISBN-10 3-540-29286-1  3. Auflage  Springer Berlin Heidelberg New York
ISBN-13 978-3-540-29286-9  3. Auflage  Springer Berlin Heidelberg New York
ISBN 3-540-65843-2  2. Auflage  Springer Berlin Heidelberg New York

Dieses Werk ist urheberrechtlich geschützt. Die dadurch begründeten Rechte, insbesondere die der Übersetzung, des Nachdrucks, des Vortrags, der Entnahme von Abbildungen und Tabellen, der Funksendung, der Mikroverfilmung oder der Vervielfältigung auf anderen Wegen und der Speicherung in Datenverarbeitungsanlagen, bleiben, auch bei nur auszugsweiser Verwertung, vorbehalten. Eine Vervielfältigung dieses Werkes oder von Teilen dieses Werkes ist auch im Einzelfall nur in den Grenzen der gesetzlichen Bestimmungen des Urheberrechtsgesetzes der Bundesrepublik Deutschland vom 9. September 1965 in der jeweils geltenden Fassung zulässig. Sie ist grundsätzlich vergütungspflichtig. Zuwiderhandlungen unterliegen den Strafbestimmungen des Urheberrechtsgesetzes.

Springer ist ein Unternehmen von Springer Science+Business Media
springer.de

© Springer Berlin Heidelberg 2004, 2006
Printed in Germany

Die Wiedergabe von Gebrauchsnamen, Handelsnamen, Warenbezeichnungen usw. in diesem Werk berechtigt auch ohne besondere Kennzeichnung nicht zu der Annahme, dass solche Namen im Sinne der Warenzeichen- und Markenschutz-Gesetzgebung als frei zu betrachten wären und daher von jedermann benutzt werden dürften.

Umschlaggestaltung: de'blik Konzept & Gestaltung, Berlin
Herstellung: Helmut Petri
Druck: Strauss Offsetdruck

SPIN 11565086     Gedruckt auf säurefreiem Papier – 42/3153 – 5 4 3 2 1 0

# Vorwort zur 3. Auflage

Nach dem Erscheinen der 1. Auflage (1997) und der 2. Auflage (1999) des Sammelbandes „Analytische Informationssysteme" hat sich in den letzten Jahren ein enormes Wachstum der unter diesem Begriff zusammengefassten Informationsverarbeitung ergeben. Ebenso erfolgte ein Begriffswandel, so dass der dem Zeitgeist entsprechende Titel des vorliegenden Bandes nun „Business Intelligence" heißen müsste. Um einerseits die Kontinuität zu wahren und andererseits den Aspekt der betriebswirtschaftlichen Analyse ökonomischer Zusammenhänge in den Vordergrund zu stellen, halten wir dennoch im Haupttitel am Begriffsgebilde „Analytische Informationssysteme" fest. Nach 6 Jahren war naturgemäß eine vollständige Überarbeitung der Beiträge notwendig, was sich in der Neugestaltung der nun vorliegenden 3. Auflage widerspiegelt.

Das Thema hat an Breite und Tiefe zugelegt, was die Autoren in ihrer weiteren Arbeit, sei es in der Forschung, in der Beratung oder in der Anwendung bestärkt. Einen vollständigen Überblick geben zu wollen, ist deutlich schwieriger geworden als vor knapp 10 Jahren, da die Entwicklung analytischer Applikationen sich noch in einer Frühphase befand. Technologie, Anwendungsfelder und Professionalisierung des Betriebs haben nun einen Reifegrad erreicht, der diese Klasse von IV-Systemen aus dem Nischendasein in das Bewusstsein allgegenwärtiger IT-Strategien der Unternehmen rückt. Die Herausgeber freuen sich über den regen Zuspruch der Leser, aber auch über die Bereitschaft alter und neuer Autoren, dem Sammelband nun eine längst überfällige Aktualität zu verleihen. Wie immer war es für alle Beteiligte ein Kraftakt, die Manuskripte zeitgerecht zu erstellen. Hierfür bedanken wir uns bei allen Autoren und speziell bei Herrn Dr. Müller, der in Geduld und hoher Verlässlichkeit die professionelle Abwicklung beim Springer-Verlag sichergestellt hat. Für die intensive Mitwirkung an der redaktionellen Aufbereitung des Textes danken wir Herrn Dipl.-Ök. Stefan Krebs (Universität Duisburg-Essen).

Allen Lesern wünschen wir, dass bei der Lektüre der 3. Auflage neue Aspekte und Erkenntnisse die Arbeit beim Aufbau von analytischen Informationssystemen bereichern. Wie immer freuen wir uns über konstruktive Kritik und Rückmeldungen.

Duisburg, Düsseldorf, im Januar 2006　　Peter Chamoni und Peter Gluchowski

# Vorwort zur 2. Auflage

Die Themen, die sich mit dem Aufbau analytischer Informationssysteme befassen, sind in den letzten Jahren stark angewachsen, so dass eine kurzfristige Erweiterung und Neufassung des vorliegenden Bandes notwendig wurde. Kaum ein Gebiet der betriebswirtschaftlich orientierten Informatik unterliegt derzeit einem schnelleren Wandel als der Einsatz von Data Warehouses in der Praxis. Aber auch der Fokus der wissenschaftlichen Arbeit hat sich gemessen an der Anzahl von Veröffentlichungen und Konferenzen intensiv dem Bereich der Aufbereitung und Analyse entscheidungsrelevanter betriebswirtschaftlicher Daten zugewandt. Multidimensionale Datenbanken und Data Mining sind Forschungsgegenstände der Informatik geworden, so dass heutige Anwendungen auf eine wesentlich breitere Basis gestellt werden können. Auch liegen jetzt mehr Erfahrungen über Data Warehouse-Projekte vor, die zum einen die Vielfältigkeit der Einsatzgebiete zeigen, zum anderen aber auch auf die „pitfalls" hinweisen, die einer erfolgreichen Implementation entgegenwirken.

Die vorliegende 2. Auflage der „Analytischen Informationssysteme" versucht, die neuen Entwicklungstendenzen aufzunehmen, aktuelle Produktübersichten zu geben und aus der Anwendersicht kritisch Position zu beziehen. Entgegen der 1. Auflage sind nicht nur die marktbezogenen Informationen aktualisiert worden, sondern die meisten Beiträge sind überarbeitet worden; auch einige neue Aufsätze tragen der Tatsache Rechnung, dass das Gebiet des Data Warehousing in seiner Dynamik ständige Erweiterungen erfährt.

Die Herausgeber danken wiederum allen Autoren, die sich der Mühen einer Überarbeitung unterzogen haben oder neue Beiträge zeitgerecht einbrachten. Die Korrektur des Manuskripts lag wie bei der 1. Auflage in den bewährten Händen von Herrn Dipl.-Kfm. Steffen Stock, dem an dieser Stelle gedankt sei. Die reibungslose Abwicklung und angenehme Zusammenarbeit mit Herrn Dr. Müller und seinen Mitarbeitern ermöglichte die schnelle Realisierung der 2. Auflage.

Wir hoffen mit dem nunmehr vorliegenden Sammelband allen Praktikern und Wissenschaftlern erneut Impulse für ihre fachliche Arbeit geben zu können und freuen uns über Ihre Rückmeldungen.

Duisburg, Düsseldorf, im April 1999    Peter Chamoni und Peter Gluchowski

# Vorwort

„Nichts ist beständiger als der Wandel." Diese von zahlreichen Zukunftsforschern und Wirtschaftsauguren proklamierte Feststellung wird - so die einhellige Meinung - die Geschicke vieler Wirtschaftsunternehmen in den 90er Jahren und vielleicht auch darüber hinaus bestimmen. Nur die Marktteilnehmer, denen es gelingt, sich rasch auf wechselnde Umweltbedingungen einzustellen, haben mittel- und langfristig Chancen, sich im harten Verdrängungswettbewerb zu behaupten. Dem effizienten Einsatz der Informationstechnologie wird hierbei in vielen Bereichen eine besonders hohe strategische Bedeutung beigemessen.

Dabei ist heute festzustellen, dass die operativen betrieblichen Abläufe fast flächendeckend durch Transaktionssysteme unterstützbar sind und eine zumindest partielle Integration in weiten Teilbereichen vollzogen ist. Moderne betriebswirtschaftliche Anwendungssoftwarepakete bieten funktionsbereichsübergreifende Module mit hoher Leistungsbreite. Sehr heterogen bezüglich ihrer Mächtigkeit und der gewählten Realisierungsform präsentiert sich dagegen die Systemlandschaft im Bereich der Informationsversorgung und Entscheidungsunterstützung betrieblicher Fach- und Führungskräfte. Allerdings werden derzeit von Anbietern und Anwendern massive Anstrengungen unternommen, um vorhandene Defizite abzubauen. So verwundert es nicht, dass Schlagworte wie „Data Warehouse", „On-Line Analytical Processing" und „Data Mining", die in diesem Umfeld einzuordnen sind und deren logische Zusammenfassung hier unter dem Oberbegriff „Analytische Informationssysteme" erfolgt, intensiv und teilweise kontrovers diskutiert werden.

Vor diesem Hintergrund sollen im vorliegenden Sammelband die aktuellen Konzepte und Techniken aufgegriffen und aus unterschiedlichen Perspektiven diskutiert werden. Das Spektrum reicht hier von der internen, eher informatikorientierten Funktionsweise über Gestaltungsaspekte bis zur Endbenutzerschicht der einzelnen Systeme und Ansätze. Neben diesen technischen Gesichtspunkten sind es auch die betriebswirtschaftlich-organisatorischen Aspekte, die keinesfalls vernachlässigt werden dürfen. Um die vielschichtige Thematik einer gewissen Struktur zuzuführen, wurde eine Untergliederung des Sammelbandes in fünf Hauptabschnitte vorgenommen.

Der erste Teil stellt eine Einführung in das Themengebiet dar und nimmt eine Abgrenzung und Einordnung der wesentlichen Begriffe vor. Zudem finden sich hier zwei empirisch fundierte Übersichten über den Markt für „Analytische Informationssysteme", wie er sich derzeit international und im deutschsprachigen Raum präsentiert.

Der zweite Teil des Sammelbandes hat das Thema „Data Warehouse" zum Gegenstand. Der Vielschichtigkeit dieses Konzeptes wird durch eine Reihe unterschiedlicher Fachbeiträge genüge geleistet, die sich mit den einzelnen Komponenten einer ganzheitlichen Data Warehouse-Architektur auseinandersetzen.

Speziell die multidimensionale Sichtweise des Anwenders auf verfügbare Datenbestände steht beim „On-Line Analytical Processing" im Vordergrund. Die Beiträge im Teil 3 beschäftigen sich mit der angemessenen Umsetzung dieser Philosophie auf der internen, konzeptionellen und externen Systemebene.

Wegen des hohen Anspruchs, der mit einer aktiven Informationsversorgung betrieblicher Fach- und Führungskräfte verbunden ist, und der viel versprechenden Auswirkungen in wirtschaftlicher Hinsicht finden die Ansätze, die mit einem Knowledge Discovery in Databases verknüpft sind, in Wissenschaft und Praxis große Beachtung. Teil 4 setzt sich mit diesem Thema unter der Bezeichnung „Data Mining" auseinander und erläutert vor allem die zur Verfügung stehenden Algorithmen und Visualisierungstechniken.

Eine Betrachtung der „Analytischen Informationssysteme" aus rein technischer Sicht, wie sie in den Teilen 1 bis 4 im Vordergrund steht, gibt ein unzureichendes Bild der gesamten Thematik wieder. Vielmehr sind es in Praxisprojekten insbesondere auch die betriebswirtschaftlich-organisatorischen Gesichtspunkte, die es zu beachten gilt und die letztlich über Erfolg oder Misserfolg entscheiden. Aus diesem Grund wurde im vorliegenden Sammelband ein separater, fünfter Teil den hier auftretenden Fragestellungen gewidmet.

Als Herausgeber des Sammelbandes hoffen wir, der komplexen Thematik mit den zahlreichen Beiträgen aus Praxis und Wissenschaft gerecht geworden zu sein. Da sich die meisten Autoren mit ihren Beiträgen in ihren aktuellen Arbeits- bzw. Forschungsschwerpunkten bewegen, ist neben der gebotenen Vielfalt auch eine gewisse inhaltliche Qualität garantiert.

Als primäre Zielgruppe für das Buch kommen aus unserer Sicht betriebliche Anwender und Entscheider aus den DV-Abteilungen aber auch aus den Fachbereichen in Betracht. Insbesondere gehen wir davon aus, dass Systemgestaltern bei der Konzeptionierung und Realisierung von Data Warehouse-, OLAP- und Data Mining-Systemen wertvolle Hinweise und hilfreiche Anregungen gegeben werden können. Schließlich sind darüber hinaus vor allem auch Leser aus dem wissenschaftlichen Umfeld anvisiert, die einen aktuellen Überblick über den Stand der Technik sowie mögliche Entwicklungstendenzen gewinnen wollen.

Der Ansatz dieses Sammelbandes besteht darin, eine Vorstrukturierung mit abgegrenzten Teilgebieten vorzunehmen und durch ausgewiesene Fachexperten für den jeweiligen Aspekt mit Inhalt füllen zu lassen. Leider weist das Buch immer noch Teilaspekte auf, die nicht oder zu kurz behandelt werden, weil sich hier keine Fachexperten motivieren lassen konnten oder diese es nicht geschafft haben, ihre Beiträge fristgerecht fertig zu stellen. Aufs herzlichste wollen wir uns dagegen bei den einzelnen Autoren bedanken, die trotz voller Terminkalender und vielfältiger anderer Verpflichtungen sowie des engen Zeitrahmens ihre Aufsätze einbringen konnten. Bedanken wollen wir uns auch für die redaktionelle Überarbeitung bei Frau Elke Ochs, Sekretärin im Fachgebiet Statistik und Ökonometrie in Düsseldorf, sowie Herrn Dipl.-Kfm. Steffen Stock und Herrn René Angenheister. Als besonders angenehm empfanden wir die Zusammenarbeit mit dem Springer-Verlag und besonders mit Herrn Dr. Müller und seinen Mitarbeitern.

Abschließend wünschen wir den Leserinnen und Lesern des Sammelbandes eine angenehme und ergiebige Lektüre. Für kritische oder bestätigende Anmerkungen stehen wir unter den E-Mail-Adressen *Chamoni@uni-duisburg.de* sowie *Gluchows@uni-duesseldorf.de* zur Verfügung.

Duisburg, Düsseldorf, im Juni 1997     Peter Chamoni und Peter Gluchowski

# Inhaltsverzeichnis

Vorwort ............................................................................................................. V

## Teil I  Grundlagen

Analytische Informationssysteme - Einordnung und Überblick
    PETER CHAMONI, PETER GLUCHOWSKI ................................................................. 3

Business Performance Management
    BARBARA DINTER, TOBIAS BUCHER ..................................................................... 23

Entwicklung einer Business-Intelligence-Strategie
    ANDREAS TOTOK .................................................................................................. 51

Business Intelligence Reifegradmodelle
    Reifegradmodelle als methodische Grundlage für moderne Business
    Intelligence Architekturen
    KLAUS-DIETER SCHULZE, CARSTEN DITTMAR ..................................................... 71

Werkzeuge für analytische Informationssysteme
    CARSTEN BANGE .................................................................................................. 89

## Teil II  Data Warehouse und On-Line Analytical Processing

Transformation operativer Daten - Konzeptionelle Überlegungen
    zur Filterung, Harmonisierung, Aggregation und Anreicherung
    im Data Warehouse
    HANS-GEORG KEMPER, RALF FINGER ............................................................... 113

Das Data Warehouse als Datenbasis analytischer Informationssysteme -
    Architektur und Komponenten
    HARRY MUCKSCH ............................................................................................... 129

Entwicklungslinien und Architekturkonzepte
des On-Line Analytical Processing
   PETER GLUCHOWSKI, PETER CHAMONI .......................................................... 143

Mehrdimensionale Datenmodellierung
für analyseorientierte Informationssysteme
   MICHAEL HAHNE ................................................................................................. 177

Techniken und Werkzeuge zum Aufbau betrieblicher Berichtssysteme
   PETER GLUCHOWSKI ............................................................................................ 207

Aufbau einer konzernweiten Informationsplattform
zur Unterstützung des strategischen Beschaffungsprozesses
bei der Continental AG
   THOMAS BANNERT, WOLFGANG BEHME .............................................................. 227


# Teil III  Data Mining

Knowledge Discovery in Databases -
   Begriff, Forschungsgebiet, Prozess und System
   ROLAND DÜSING .................................................................................................. 241

Verfahren des Data Mining
   FRANK BEEKMANN, PETER CHAMONI .................................................................. 263

Text Mining als Anwendungsbereich von Business Intelligence
   CARSTEN FELDEN .................................................................................................. 283

Statistische Methoden zur visuellen Exploration
mehrdimensionaler Daten
   HORST DEGEN ...................................................................................................... 305

## Teil IV Betriebswirtschaftliche Anwendung und spezielle Aspekte analytischer Informationssysteme

Unterstützung von Planung, Forecasting und Budgetierung durch IT-Systeme
*KARSTEN OEHLER* ................................................................................... 329

Komponenten und Potenziale eines analytischen
Customer Relationship Management
*HAJO HIPPNER* ......................................................................................... 361

Business Warehouse basierte Konzernkonsolidierung -
Grundlagen und Umsetzung anhand eines Implementierungsprojektes
*MARKUS DÜCHTING, JÜRGEN MATZ* ...................................................... 385

Distribution von Business-Intelligence-Wissen - Diskussion eines Ansatzes
zur Nutzung von Wissensmanagement-Systemen für die Verbreitung
von Analyseergebnissen und Analysetemplates
*HENNING BAARS* ...................................................................................... 409

„Real"-Time Warehousing und EAI
*JOACHIM SCHELP* .................................................................................... 425

IT-Sicherheit und Data Warehousing
*ROLAND GABRIEL* .................................................................................... 439


Stichwortverzeichnis ................................................................................... 451

Autorenverzeichnis ..................................................................................... 457

# Teil I

# Grundlagen

# Analytische Informationssysteme - Einordnung und Überblick

PETER CHAMONI, PETER GLUCHOWSKI

## Abstract

Analytische Informationssysteme - dieses Wortgebilde wird im vorliegenden Beitrag nicht etwa als bislang unbekanntes Konzept oder neuartiger Ansatz propagiert, sondern als logische Klammer, welche die gängigen Schlagworte wie „Data Warehouse", „On-Line Analytical Processing" und „Data Mining" aber auch konkrete betriebswirtschaftliche Anwendungslösungen für dispositive Zwecke umschließt.

Dabei erscheint es wichtig, dass einerseits die Verbindung zur historischen Entwicklung aufgezeigt und andererseits eine Betrachtung des Problembereichs sowohl aus informationstechnologischer als auch aus betriebswirtschaftlich-organisatorischer Sicht erfolgt.

## Inhalt

| | | |
|---|---|---|
| 1 | Problemstellung | 4 |
| 2 | Historischer Hintergrund | 6 |
| 3 | Einordnung der Analytischen Informationssysteme in die betriebliche Informationsverarbeitung | 10 |
| | 3.1 Data Warehouse | 12 |
| | 3.2 Data Mining | 16 |
| | 3.3 Betriebswirtschaftliche Anwendung und spezielle Aspekte der Analytischen Informationssysteme | 18 |
| 4 | Zusammenfassung | 20 |

# 1 Problemstellung

Das heutige Wirtschaftsleben ist für alle Marktteilnehmer durch hohe Komplexität und rasche Veränderungen interner und externer Rahmenbedingungen gekennzeichnet. Die Anforderungen, die daraus an den Produktionsfaktor Information erwachsen, sind in den letzten Jahren rapide gestiegen. Nur durch eine ausgereifte Informationslogistik kann sichergestellt werden, dass die benötigten Informationen zeitgerecht in der erforderlichen Qualität und am richtigen Ort vorliegen.

Zunächst waren es dabei schwerpunktmäßig die operativen Geschäftsabläufe, die es zu unterstützen galt und für die informationstechnologische Lösungen zu konzipieren und realisieren waren. Nachdem jedoch eine flächendeckende Versorgung mit betrieblicher Basisdatenverarbeitung (Administrations- und Dispositionssysteme) weitgehend gewährleistet und eine zumindest partielle Integration in vielen Teilbereichen vollzogen ist, verschiebt sich der Fokus zunehmend auf die entscheidungsgerechte Versorgung betrieblicher Fach- und Führungskräfte mit Informationen.

Unterstützungsbedarf wurde dabei zunächst von den oberen Führungsebenen sowie in den Controlling-Abteilungen artikuliert. Mittlerweile jedoch sind es die Mitarbeiter aus allen Unternehmensebenen und -bereichen, die vehement den Zugang zum Produktionsfaktor Information einklagen, um diesen als Wettbewerbsfaktor für Entscheidungen nutzbar zu machen.

Aufgabe der Informationstechnologie muss es sein, hier angemessene Zugänge zu eröffnen und dabei aus den umfangreichen Datenbeständen, mit denen sich Unternehmen heute konfrontiert sehen, personen-, problem- und situationsgerechte Angebote zusammenzustellen. Die Kunst besteht darin, dauerhafte Lösungen zu konzipieren, die sowohl den aktuellen Anforderungen der Anwender gerecht werden als auch informationstechnologisch mittel- und langfristig tragfähig sind.

Neue Trends und Entwicklungen, die in immer rascherer Folge aufgenommen und verarbeitet werden müssen, stellen die Wandlungs- und Anpassungsfähigkeit von Unternehmen und damit die Reaktionsfähigkeit von Fach- und Führungskräften heute auf eine harte Probe. Dazu tragen zunehmend Globalisierungstendenzen bei, die einhergehen mit globalen und lokalen Instabilitäten und verstärktem Wettbewerbsdruck, ebenso wie die rasante technologische Dynamik, die in allen Lebensbereichen einschneidende Verbesserungen aber auch immense Herausforderungen mit sich bringt.

Darüber hinaus finden derzeit in vielen Unternehmen tiefgreifende Umstrukturierungen statt, die sich sowohl in Veränderungen der Aufbaustrukturen als auch der Prozessabläufe dokumentieren. Eine Migration von Unternehmen zu einer schlanken Aufbauorganisation (Lean Management), bei der mittlere Führungshierarchien ausgedünnt und Entscheidungskompetenzen nach unten verlagert werden, erscheint jedoch nur möglich, wenn den Mitarbeitern leistungsfähige Informationssysteme zur Verfügung stehen. Ebenso ist die Hinwendung zu kunden- und vorgangsorientierten Ablaufstrukturen, wie im Rahmen des Business Process Reengineering gefordert, nur mit geeigneter informationstechnologischer Unterstützung durchführbar.

Der äußere Druck für die Konzeption und Realisierung ausreichender Unterstützungssysteme für das Management scheint somit gegeben. Nachdem jedoch vielfältige Versuche in dieser Richtung gescheitert sind oder jedenfalls oftmals zu unbefriedigenden Lösungen geführt haben, muss nach neuen Wegen gesucht werden.

Moderne DV-Landschaften, wie sie in den letzten Jahren in vielen Unternehmen entstanden, sollen dabei hilfreich zur Seite stehen. Weder monolithische Großrechnerlösungen mit ausgeprägter Zentralisierung von Rechenkapazitäten noch die PC-orientierte Maximierung von Benutzerautonomie am Arbeitsplatz stellten letztlich geeignete Architekturparadigmen dar, mit denen eine flächendeckende Informationsversorgung in zufriedenstellender Art zu gewährleisten war. Erst durch die Verbindung unterschiedlicher Rechnersysteme im Rahmen verteilter und kooperativer Architekturen, sind die technischen Voraussetzungen gegeben, um auf große Datenvolumina endbenutzergerecht und mit der erforderlichen Performance zugreifen zu können.

In den Unternehmungen sind im letzten Jahrzehnt vor allem die Konzepte und Technologien des Data Warehousing, des On-Line Analytical Processing und des Data Mining aufgegriffen und umgesetzt worden. Im Rahmen des vorliegenden Sammelbandes erfolgt die Behandlung entsprechender Systeme und Konzepte sowie der darauf aufsetzenden betriebswirtschaftlichen Anwendungslösungen unter dem Obergriff „Analytische Informationssysteme" (AIS).

Dabei sind die unterschiedlichen technischen Realisationsalternativen aufzuzeigen und auf ihre Tauglichkeit im betrieblichen Einsatz hin zu untersuchen. Nicht zuletzt wird angestrebt, die wesentlichen Schlagworte und Akronyme, die in diesem Zusammenhang immer wieder gebraucht werden, zu entmystifizieren und in den Gesamtkomplex logisch einzuordnen.

Die Beschränkung auf informationstechnologische Aspekte des Themas Analytische Informationssysteme jedoch kann keine hinreichende Erörterung bieten, da es deren Zweck ist, den Endbenutzer besser bei seinen Aufgaben zu unterstützen und ihm zu helfen, sein Geschäft zu verstehen und zu beherrschen. Deshalb sollen auch die betriebswirtschaftlich relevanten Gesichtspunkte eingehend behandelt werden.

Vor diesem Hintergrund ist es Ziel des vorliegenden Beitrags, einerseits das zugrundeliegende Begriffsverständnis zu erläutern, andererseits jedoch auch die Einordnung der behandelten Systemkategorien in den historischen und thematischen Kontext vorzunehmen. Zu diesem Zweck soll im folgenden Kapitel zunächst die historische Entwicklung nochmals aufgegriffen werden. Hierbei sind die relevanten Systemkategorien entsprechend ihres chronologischen Auftretens zu behandeln. Anschließend werden die technologischen Strukturbausteine Analytischer Informationssysteme voneinander abgegrenzt, bevor die Darstellung der betriebswirtschaftlichen Anwendungen sowie spezieller Aspekte der Systemkategorie erfolgt. Eine Zusammenfassung beschließt den Beitrag.

## 2 Historischer Hintergrund

Seit mehr als dreißig Jahren wird versucht, den betrieblichen Fach- und Führungskräften angemessene DV-Werkzeuge zu bieten, die ihnen bei der Bewältigung der anfallenden Aufgaben wirksame Hilfestellung geben können. Zahlreiche Systeme wurden entwickelt, erfüllten jedoch aus unterschiedlichen Gründen häufig nicht die an sie gerichteten Erwartungen. Derzeit sind am Markt schlüsselfertige Informationssysteme und Werkzeuge zur raschen Erstellung problem- oder benutzerspezifischer Lösungen sowie beliebige Zwischenformen in verschiedenen Ausprägungen verfügbar. Trotz stark divergierendem Leistungs- und Funktionsumfang versprechen sämtliche Produkte, den Entscheidungsträgern bei der Erfüllung ihrer Aufgaben zu helfen. Das Angebotsspektrum reicht von Tabellenkalkulationsprogrammen über Datenbanken und Programmiersprachen der dritten, vierten und fünften Generation bis hin zu speziellen Systemgeneratoren. Die Abgrenzungen zwischen den einzelnen Produktkategorien sind häufig unscharf und widersprüchlich, zumal stetig neue Konzepte und Programme erarbeitet bzw. vorhandene erweitert werden.

Eine grobe Klassifikation der etablierten Systemkategorien lässt sich gemäß der chronologischen Abfolge vornehmen. Dazu werden zunächst die Management Information Systeme (MIS), dann die Decision Support Systeme (DSS) und schließlich die Executive Information Systeme (EIS) kurz vorgestellt.

Erste Bemühungen um eine informationstechnologische Unterstützung betrieblicher Entscheidungsträger lassen sich bis in die 60er Jahre zurückverfolgen. Zu dieser Zeit wuchs mit dem Aufkommen umfangreicher Dialog- und Transaktionssysteme und der elektronischen Speicherung großer betrieblicher Datenmengen die Nachfrage nach automatisch generierten Führungsinformationen. Zahlreiche Projekte, die den Aufbau entsprechender **Management Information Systeme (MIS)** zum Gegenstand hatten, wurden mit dem Ziel gestartet, aus der vorhandenen Datenbasis Informationen abzuleiten, um diese direkt in Planungs- und Kontrollprozesse einfließen zu lassen. Allerdings trat rasch eine Phase der Ernüchterung und Frustration in den 70er Jahren ein, die aus der Diskrepanz zwischen hochgesteckten Erwartungen und technischer Machbarkeit resultierte.

Schließlich leisteten diese frühen Lösungen im besten Fall eine Automatisierung des bestehenden Standardberichtswesens. Ergebnis für den Endanwender waren i. d. R. umfangreiche Computerausdrucke, die in periodischen Abständen per Batch-Lauf erzeugt wurden und aus denen er sich die relevanten Informationen mühsam heraussuchen musste. Eine weitergehende Unterstützung z. B. in Form zweckgerichteter Vorverdichtungen dagegen unterblieb in den meisten Fällen. Ebenso stand ein dialogorientierter und spontaner Zugriff auf die vorhandenen Informationen zu dieser Zeit kaum zur Debatte. Zudem orientierten sich die generierten Listen sehr eng an den Datenstrukturen der operativen Systeme und konnten damit das Informationsbedürfnis betrieblicher Fach- und Führungskräfte nur in Ansätzen befriedigen.

Allerdings sind derartige ex-post-orientierte Berichtssysteme bis heute in fast jeder Unternehmung im Einsatz. Angereichert durch dialogorientierte Bedienelemente und Zugriffsverfahren bilden sie die Basis des betrieblichen Berichtswesens und lassen sich sowohl für die Erstellung von Standard-Reports als auch für die Ad-Hoc-Auswertung von Datenbeständen nutzen. Dabei greifen sie verdichtend auf die Datenbestände der operativen Informationssysteme zu und leisten als Kontrollinstrumente mit kurz- und mittelfristigem Entscheidungshorizont wertvolle Unterstützungstätigkeit.

Die fehlende Interaktivität und Dialogorientierung der frühen Management Information Systems sind sicherlich ein zentraler Kritikpunkt an dieser Systemkategorie. Ein weiteres Defizit kann in der Ermangelung ordnender Problemstrukturierungshilfen (Modelle) sowie algorithmischer Problemlösungsverfahren (Methoden) ausgemacht werden. Ein Einsatz über die den Entscheidungsprozess abschließende Kontrollphase hinaus bleibt aus diesem Grund weitgehend verwehrt. Weitergehende Unterstützung kann lediglich durch die Modellierung und Analyse der relevanten Entscheidungsvariablen und Lösungsalternativen gewährleistet werden.

Aus diesem Grund wurde mit den historisch nachfolgenden **Decision Support Systemen (DSS)** bzw. **Entscheidungsunterstützungssystemen (EUS)** seit den 70er Jahren angestrebt, die erkannten Schwachpunkte durch eine Abbildung des Verhaltens von Entscheidungsträgern bei der Lösung von Fachproblemen zu vermeiden [ChZe96, 52 f.]. Nicht mehr die reine Datenversorgung der Endbenutzer stand im Vordergrund, sondern die effektive Unterstützung im Planungs- und Entscheidungsprozess mit dem Ziel, das Urteilsvermögen des Anwenders und dadurch die Entscheidungsqualität zu verbessern. Als interaktive EDV-gestützte Systeme streben die DSS an, den Entscheidungsträger im Sinne einer Assistenz mit Modellen, Methoden und problembezogenen Daten bei der Lösung von Teilaufgaben in eher schlecht-strukturierten Entscheidungssituationen zu helfen. Nicht zuletzt der Siegeszug, den die verbreiteten Tabellenkalkulationsprogramme als Werkzeuge zur Erstellung von DSS angetreten haben, zeichnet für die Etablierung dieser Systemkategorie insbesondere in Stabsstellen und Fachabteilungen verantwortlich.

Hier allerdings liegt ein wesentlicher Kritikpunkt an dieser Systemkategorie begründet: Durch die lokale Ausrichtung der Werkzeuge auf einzelne Anwender und Anwendergruppen wird zwar die Autonomie des Endbenutzer vergrößert, allerdings präsentiert sich die Integration der Lösungen in ein unternehmensweites DV-Konzept als sehr schwierig. Vielmehr erfolgen der Aufbau und die Pflege von Modellen und Datenbeständen weitgehend losgelöst von anderen Systemen. Der aufkeimende DV-Wildwuchs jedoch führt häufig zu Aussagen und Ergebnissen, die sich im Abteilungsvergleich widersprechen. Zudem erweisen sich die erarbeiteten Systeme mit zunehmender Komplexität als immer schwieriger wartbar, zumal sie nur in Ausnahmefällen mit der gebotenen Sorgfalt dokumentiert werden.

Dennoch sind Entscheidungsunterstützungssysteme heute fast flächendeckend im Einsatz. Bei erkanntem Problemlösungsbedarf und eingegrenztem Problemumfang leisten sie gute Dienste im Rahmen der Generierung und Bewertung von Alternativen. Als weniger geeignet präsentieren sie sich dagegen bei der Problemerkennung und Wahrnehmung von Signalen, was als Domäne der folgenden Systemkategorie zu verstehen ist.

Mit dem verstärkten Aufkommen anwenderfreundlicher Benutzeroberflächen und der zunehmenden Vernetzung der vorhandenen DV-Systeme war Mitte der 80er Jahre eine verbesserte unternehmensinterne DV-Infrastruktur als Voraussetzung für den Aufbau leistungsfähiger Systeme zur Unterstützung betrieblicher Entscheidungsträger gegeben. Insbesondere auf die oberen Führungsebenen zielten die Systeme, die unter den Bezeichnungen **Executive Information Systeme (EIS)**, **Chefinformationssysteme (CIS)** oder **Führungsinformationssysteme (FIS)** angeboten wurden. Über die reine Versorgung mit relevanten Informationen zur Selektion und Analyse hinaus versprachen die Systeme auch eine Kommunikationsunterstützung auf der Basis intuitiv benutzbarer und individuell anpassbarer Benutzeroberflächen. Innovative Präsentationsmöglichkeiten und Zugriffsformen auf Informationen sollten auch EDV-Laien ansprechen. Durch neuartige Techniken wie Drill-Down (disaggregierende Informationsanalyse auf Knopfdruck) und Exception Reporting (Ausnahme-Berichtswesen mit Kennzeichnung auffälliger Abweichungen) wurde sowohl dem natürlichen Verlangen, den Problemen auf den Grund gehen zu können, als auch der Notwendigkeit zur Hervorhebung wesentlicher Informationen Rechnung getragen. Auf breiter Front jedoch konnte sich die zunächst nur auf die Belange des oberen Managements ausgerichtete Systemkategorie der Executive Information Systeme erst durchsetzen, als sie in entscheidungsvorbereitenden Stellen sowie in den Fachbereichen Einzug hielten. Hier gehören Techniken wie Drill-Down und Exception-Reporting heute zum Standard-Funktionsumfang, während ein breiter Einsatz im Top-Management eher verwehrt blieb.

Somit lässt sich festhalten, dass die Nutzung durch die ursprünglich anvisierte Zielgruppe zwar eher die Ausnahme blieb, die Kategorie der EIS jedoch wichtige Impulse für die Weiterentwicklung entsprechender Unterstützungswerkzeuge setzen konnte. Das partielle Scheitern der Systeme ist nicht zuletzt darauf zurückzuführen, dass ein Informationssystem immer nur als Teil eines umfassenden Führungssystems verstanden werden kann und eine Abstimmung mit Organisationsstrukturen und Ablaufprozessen als unabdingbare Voraussetzung für die erfolgreiche Einführung zu werten ist. Gewachsene, teils informelle Informationskanäle lassen sich schließlich nicht ohne Einbußen in elektronische Meldesysteme gießen. Wird dennoch am überkommenen Berichtswesen festgehalten und versucht, parallel ein EIS zu installieren, so wird dieses politisch unterlaufen und damit inkonsistent und obsolet. Auch der Manager als EIS-Nutzer muss sich der kritischen Überprüfung stellen, ob er tatsächlich DV-mündig geworden ist. Vielfach wird das EIS eher einem elektronischen Spielzeug gleichkommen oder als Statussymbol wenig Nutzung finden.

Als weiterer Kritikpunkt ist anzumerken, dass sich die mit z. T. erheblichem Aufwand erstellten Executive Information Systeme im täglichen Gebrauch als zu starr und inflexibel erwiesen, um mit den wechselnden Anforderungen betrieblicher Entscheidungsträger umgehen zu können. Die mit großen Anstrengungen aufgebaute, zumeist proprietäre EIS-Datenbasis konnte oftmals nur einen kleinen Teil des gesamten Informationsbedürfnisses abdecken, und jede Erweiterung präsentierte sich als ressourcenintensives Unterfangen. So fand die Flexibilität dieser Werkzeugkategorie an den vorgedachten Datenstrukturen und fest implementierten Benutzeroberflächen ihre Grenzen, die eher dazu geeignet waren, vorhandene Strukturen zu zementieren, als neue Informationsverknüpfungen zu evaluieren.

Insgesamt lassen sich nach herkömmlichem Begriffsverständnis die behandelten Systemkategorien der MIS, DSS und EIS den **Management Support Systemen (MSS)** zuordnen, die dann alle Spielarten der elektronischen Unterstützung betrieblicher Entscheidungsträger bei der Abwicklung anfallender Aufgaben umfassen. Neben den aufgezählten Systemausprägungen gehören dazu auch die Werkzeuge zum Personal Information Management (PIM), wie z. B. Textverarbeitungs- und Projektmanagementsysteme oder elektronische Kalender (vgl. Abb. 1).

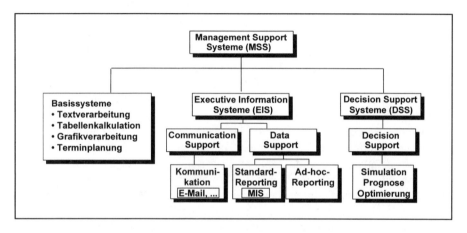

**Abb. 1: Komponenten der Management Support Systeme [GlGC97, 239, 244]**

## 3 Einordnung der Analytischen Informationssysteme in die betriebliche Informationsverarbeitung

Bereits oben wurde auf den grundlegenden Wandel eingegangen, dem betriebliche Aufbau- und Ablauforganisationen seit einigen Jahren unterworfen sind. Für den einzelnen Mitarbeiter erwächst aus dem Leitbild einer schlanken Unternehmensorganisation in der Regel eine Ausweitung des individuellen Entscheidungsspielraumes. Längst ist es nicht mehr das klassische Management, dem Entscheidungen vorbehalten sind. Vielmehr werden in zunehmendem Umfang auch kompetente Fachkräfte in die Pflicht genommen, wenn es darum geht, anstehende Probleme schnell, unbürokratisch und ohne Inanspruchnahme des betrieblichen Instanzenweges zu lösen. Dies jedoch impliziert, dass dispositive und planerische Tätigkeiten durchaus zum Arbeitsinhalt des modernen Sachbearbeiters gehören.

Aus diesem Grund erscheint eine personengruppenspezifische Klassifikation betrieblicher Informationssysteme nicht mehr zeitgemäß. Als sinnvoller erweist sich dagegen eine tätigkeitsorientierte Unterteilung der Systeme nach der Art der unterstützten Arbeitsinhalte. Grob lassen sich hier die beiden Klassen der operativen und der dispositiven bzw. analytischen Aufgaben voneinander abgrenzen.

Systeme, die mit einer ausgeprägten Transaktionsorientierung auf eine Unterstützung operativer Anwendungsfelder ausgerichtet sind, leisten heute in jeder Unternehmung unverzichtbare Dienste. So bilden Administrationssysteme den Einsatz der Elementarfaktoren (Potenzial- und Verbrauchsfaktoren) im Leistungsprozess einer Unternehmung ab und stellen damit Dokumentations- und Bewertungsfunktionalität bereit. Weiterhin können die Dispositionssysteme, die Steuerungs- und Lenkungsaufgaben im Falle klar strukturierter Entscheidbarkeit und Delegationsfähigkeit übernehmen, den **operativen Systemen** zugerechnet werden. Klassische Einsatzgebiete für die Administrations- und Dispositionssysteme sind u. a. die Verwaltung von Kunden-, Lieferanten- und Produktstammdaten oder die Erfassung, Bearbeitung und Kontrolle von Kundenaufträgen, Lagerbeständen, Produktionsvorgaben und Bestellungen. Operative Systeme sind heute in schlüsselfertiger Form auf der Basis betriebswirtschaftlicher Standardsoftware für nahezu jeden Anwendungsbereich erhältlich und präsentieren sich aufgrund des z. T. langjährigen Einsatzes als ausgereift und stabil.

Weit diffuser dagegen stellt sich die Situation bei der Unterstützung **dispositiver bzw. analytischer Tätigkeiten** dar. Bereits in Kapitel 2 wurden die grundlegenden Probleme der in diesen Bereichen in der Vergangenheit eingesetzten entscheidungsorientierten Informationssysteme aufgezeigt. Die auftretenden Schwierigkeiten reichen von fehlender Interaktivität und übermäßiger Starrheit über Informationsüberflutung einerseits und mangelnde Datenanbindung andererseits bis zur unzureichenden Integrierbarkeit in bestehende DV-technische und organisatorische Infrastrukturen.

In den letzten Jahren sind neue Begrifflichkeiten und Konzepte wie „Data Warehouse", „On-Line Analytical Processing" und „Data Mining" verstärkt in die öffentliche Diskussion gerückt, die versprechen, Lösungen für die angeführten Probleme bieten zu können. Zum Teil erweisen sich diese Ansätze als schwer zugänglich und nur mit erheblichem Aufwand umsetzbar, zumal hierdurch nicht etwa „fertige Informationssysteme von der Stange" repräsentiert werden, sondern Konzepte, die im spezifischen Einsatzbereich einzelfallbezogen umgesetzt werden müssen.

Auf der Grundlage dieser technologischen Basiskonzepte lassen sich dann betriebswirtschaftliche Anwendungslösungen etwa für die Bereiche Planung und Budgetierung, Konsolidierung sowie analytisches Customer Relationship Management entwerfen und implementieren.

Diese aufgezählten technologischen Ansätze, die derzeit die Diskussion um die Ausgestaltung dispositiver Systeme dominieren, sowie die darauf aufsetzenden fachlichen Lösungen für dispositive Aufgabenstellungen werden im vorliegenden Sammelband unter der begrifflichen Klammer „**Analytische Informationssysteme**" diskutiert. Diese Bezeichnung wurde gewählt, da sie einerseits noch nicht durch ein bestimmtes Begriffsverständnis belegt ist und andererseits zum Ausdruck kommt, dass die **Informationsversorgung und funktionale Unterstützung betrieblicher Fach- und Führungskräfte zu Analysezwecken** im Vordergrund steht. Synonym hierzu lässt sich das derzeit sehr populäre Wortgebilde Business Intelligence-Systeme verwenden [KeMU04; Mert02], das allerdings aufgrund der nahezu inflationären Verwendung in letzter Zeit zu verwässern droht [Gluc01; GrGe00]. Inhaltlich bilden damit die „Analytischen Informationssysteme" das logische Komplement zu den operativen Informationssystemen (vgl. Abb. 2). Die traditionellen Ansätze (wie z. B. auch die Erkenntnisse des Operations Research) sollen an dieser Stelle nicht etwa vergessen werden, sondern gehen als integrativer Bestandteil darin auf.

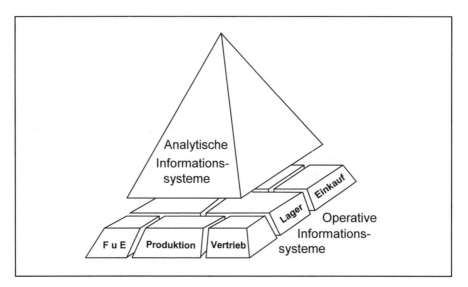

**Abb. 2: Betriebliche Informationssystempyramide**

Im vorliegenden Sammelband erfolgt eine Konzentration auf die aktuellen Schlagworte und Entwicklungstendenzen. Dazu gehören nach heutigem Verständnis insbesondere

- der Aufbau eines unternehmensweiten, entscheidungsorientierten Datenpools, mit dem sich die unterschiedlichen analytischen Aufgaben wirksam unterstützen lassen und der als **Data Warehouse** bezeichnet werden kann, einschließlich der zugehörigen Analyse- und Auswertungstechniken, die sich sowohl im multidimensionalen **On-Line Analytical Processing** als auch im **Berichtswesen (Reporting)** manifestieren (Teil 2 des Sammelbandes),

- die Techniken und Verfahren, die ein Auffinden von bislang verborgenen Mustern und Strukturen in umfangreichen Datenbeständen (**Data Mining**) ermöglichen (Teil 3), sowie

- die **betriebswirtschaftlichen Anwendungen** analytischer Informationssysteme, die sich heute auf die Bereiche **Planung** und **Budgetierung**, **Konzernkonsolidierung** und **analytisches Customer Relationship Management** konzentrieren (Teil 4).

In den folgenden Abschnitten werden diese drei Facetten analytischer Informationssysteme nochmals separat aufgegriffen, um in diesem Kontext die einzelnen Beiträge zum jeweiligen Themenkomplex kurz einzuordnen und vorzustellen.

## 3.1 Data Warehouse

Im vorliegenden Sammelband wird unter einem Data Warehouse ein unternehmensweites Konzept verstanden, dessen Ziel es ist, eine logisch zentrale, einheitliche und konsistente Datenbasis für die vielfältigen Anwendungen zur Unterstützung der analytischen Aufgaben von Fach- und Führungskräften aufzubauen, die losgelöst von den operativen Datenbanken betrieben wird [BaGü04, 7f.; Gluc97, 48; MuBe00a, 6].

Aufgabe und Bestandteil des Gesamtkonzeptes ist es, die atomaren Daten aus den vielfältigen und heterogenen operativen Vorsystemen systematisch zusammenzuführen. Aus diesem Grund werden periodisch oder ad-hoc Verbindungen aufgebaut, um die relevanten Daten zu extrahieren. Durch vielfältige Aufbereitungsmechanismen werden diese gesäubert und entsprechend den Anforderungen strukturiert abgelegt. Die Integration der Daten in einem System führt dazu, dass ein gleichartiger Zugriff auf ein sehr breites inhaltliches Spektrum ermöglicht wird, was einen leicht verständlichen Zugang für den Endbenutzer entscheidend begünstigt. Da im Idealfall alle analyseorientierten Anwendungen eines Unternehmens mit diesen Daten arbeiten, gibt es nur eine „Version der Wahrheit", d. h. dass in unterschiedlichen Berichten und Auswertungen auch abteilungsübergreifend keine abweichenden Zahlen vorkommen können.

Zentrales Erfolgskriterium beim Aufbau von Data Warehouse-Konzepten ist der Nutzen für den Anwender. Aus diesem Grund ist neben dem leichten, intuitiven Zugang besonderes Augenmerk auf hohe Flexibilität und Schnelligkeit bei der Bearbeitung von Endbenutzerabfragen zu legen. Die ausgeprägte Anwenderorientierung bedingt eine generelle Ausrichtung, die sich viel stärker an den Analysebedürfnissen denn an einer Transaktionsverarbeitung - wie bei den operativen Systemen gebräuchlich - orientiert.

Nicht zuletzt ergeben sich hieraus Konsequenzen für die zu speichernden Dateninhalte. Abweichend von den Daten der operativen Systeme lassen sich für die im Data Warehouse abgelegten Informationseinheiten die vier idealtypischen Merkmale

1. Themenorientierung,

2. Vereinheitlichung,

3. Zeitorientierung und

4. Beständigkeit

formulieren (siehe auch [Grof97, 11 f.; Inmo96]), die im Folgenden näher erläutert werden:

**1) Themenorientierung**

Die Informationseinheiten in einem Data Warehouse sind auf die inhaltlichen Kernbereiche der Organisation fokussiert. Dies bildet einen Unterschied zu den üblichen applikations- bzw. prozessorientierten Konzepten der operativen DV-Anwendungen, die auf eine effiziente Abwicklung des Tagesgeschäftes und damit auf Objekte wie „spezifischer Kundenauftrag" oder „einzelne Produktionscharge" ausgerichtet sind. Die hierbei verarbeiteten Daten sind jedoch kaum dazu geeignet, Entscheidungen zu unterstützen.

Vielmehr erfolgt im Data Warehouse-Umfeld die Konzentration auf inhaltliche Themenschwerpunkte, wie z. B. Produkte und Kunden. Operative Daten, die lediglich für die Prozessdurchführung wichtig sind und nicht der Entscheidungsunterstützung dienen können, finden in ein Data Warehouse keinen Eingang.

**2) Vereinheitlichung**

Ein zentrales Merkmal des Data Warehouse-Konzeptes ist, dass die Daten vereinheitlicht werden, bevor ihre Übernahme aus den operationalen Systemen erfolgt. Diese Vereinheitlichung kann verschiedene Formen annehmen und bezieht sich häufig auf Namensgebung, Bemaßung und Kodierung. Das Ziel dieser Vereinheitlichung ist ein konsistenter Datenbestand, der sich stimmig und akzeptabel präsentiert, selbst wenn die Datenquellen große Heterogenität aufweisen.

**3) Zeitorientierung**

Die Zeitorientierung der in einem Data Warehouse abgelegten Informationseinheiten dokumentiert sich auf unterschiedliche Arten. Zunächst ist hier - im Gegensatz zu operativen Anwendungen, die mit präziser Aktualität im Moment des Zugriffs aufwarten - lediglich eine zeitpunktbezogene Korrektheit gegeben, bezogen auf den Zeitpunkt des letzten Datenimports. Jeder Import bietet folglich einen Schnappschuss des Unternehmensgeschehens. Selbst der neueste

Schnappschuss kann zum Zeitpunkt der Nutzung durch den Endanwender Stunden, Tage oder gar Wochen alt sein. Dieser zunächst als Manko des Ansatzes erscheinende Umstand erklärt sich jedoch aus den Nutzungsformen: Anwendungsschwerpunkte sind in der Analyse von Zeitreihen über längere und mittlere Zeiträume (Wochen-, Monats- oder Jahresbetrachtungen) gegeben. Entsprechend reichen für diese Auswertungen Informationen mit mäßiger Aktualität vollkommen aus. Zudem kann so der unliebsame Effekt, dass zwei kurz hintereinander gestartete Abfragen bzw. generierte Reports zu unterschiedlichen Ergebnissen führen - wie bei direktem Durchgriff auf den operativen Datenbestand möglich - ausgeschaltet werden.

Desweiteren hat die Zeitorientierung Auswirkungen auf die identifizierende Beschreibung quantitativer Wertangaben. Im Falle von Bestandsgrößen können dies Datumsangaben, im Falle von Bewegungsgrößen Angaben zum entsprechenden Zeitraum (z. B. Monat Mai 2005, 45. Kalenderwoche 2006, Jahr 2004) sein.

**4) Beständigkeit**
Die beständige Bevorratung von Zeitreihendaten über lange Zeiträume hinweg erfordert durchdachte, anwendungsgerechte Kumulationsverfahren und optimierte Speichertechniken, um den Umfang des zu speichernden Datenmaterials und damit die Zeit, die für einzelne Auswertungen und Abfragen benötigt wird, in erträglichen Grenzen zu halten.

Die inhaltliche Ausrichtung des Data Warehouses lässt sich damit unter Aufgabengesichtspunkten wie folgt zusammenfassen: Ein Data Warehouse hat die Aufgabe, themenorientierte und integrierte (i. S. v. vereinheitlichte) Informationen über lange Zeiträume und mit Zeitbezug zur Unterstützung von Entscheidern aus unterschiedlichen Quellen periodisch zu sammeln, nutzungsbezogen aufzubereiten und bedarfsgerecht zur Verfügung zu stellen [Inmo96, 29 ff.].

Wesentlich zur erfolgreichen Ausgestaltung einer Data Warehouse-Lösung trägt das Konzept des On-Line Analytical Processing (OLAP) bei. OLAP fungiert hierbei als Gestaltungsrahmen und Leitbild, indem teils aus fachlicher teils auch aus systemtechnischer Perspektive die Aspekte hervor gehoben werden, die sich für eine anforderungsgerechte Nutzung und damit auch Gestaltung analytischer Informationssysteme als unabdingbar erweisen. Demgemäß repräsentiert On-Line Analytical Processing eine Software-Technologie, die qualifizierten Fach- und Führungskräften schnelle, interaktive und vielfältige Zugriffe auf relevante und konsistente Informationen ermöglichen soll [Gluc96, 231]. Im Vordergrund stehen dabei dynamische und multidimensionale Analysen auf historischen, konsolidierten Datenbeständen. Durch die gewählte Begrifflichkeit werden OLAP-Systeme bewusst von OLTP-Systemen abgegrenzt, die transaktionsorientiert die Abwicklung der operativen Geschäftstätigkeit unterstützen [JaGK96, 321].

Als zentrales Charakteristikum von OLAP wird zumeist die Multidimensionalität gewertet [CoCS93]. Diese zielt auf eine Anordnung betriebswirtschaftlicher Variablen bzw. Kennzahlen (wie z. B. Umsatz- oder Kostengrößen) entlang unterschiedlicher Dimensionen (wie z. B. Kunden, Artikel oder Regionen), wie sie spätestens seit der Etablierung von Executive Information Systems (EIS) als geeignete entscheidungsorientierte Sichtweise auf betriebswirtschaftliches Zahlenmaterial akzeptiert ist. Versinnbildlicht erscheinen die quantitativen Größen dann als Sammlung von Würfeln, wobei die einzelnen Dimensionen durch entsprechend textindizierte Würfelkanten verkörpert werden.

Beim Aufbau analytischer Informationssysteme fallen 80% und mehr des Aufwandes für die Etablierung leistungsfähiger Zugriffsstrategien auf die vorgelagerten Informationsspeicher an. Der Schnittstelle zwischen operativen und analytischen Informationssystemen muss folglich besondere Beachtung geschenkt werden. Im vorliegenden Sammelband beginnt Teil II aus diesem Grund mit einer Erörterung der zentralen Aspekte der Datentransformation zwischen den Systemkategorien.

Dabei stellen **Kemper** und **Finger** mit dem Beitrag *„Transformation operativer Daten - Konzeptionelle Überlegungen zur Filterung, Harmonisierung, Verdichtung und Anreicherung operativer Datenbestände"* die transformationsorientierten Gestaltungsaspekte in den Vordergrund, die beim Aufbau konsistenter analytischer Datenspeicher zu bedenken sind.

Data Warehouse-Architekturen setzen sich aus unterschiedlichen logischen Komponenten zusammen, die im Idealfall optimal zusammenwirken. Im Beitrag von **Mucksch** mit dem Titel *„Das Data Warehouse als Datenbasis analytischer Informationssysteme"* werden diese Bestandteile klassifiziert sowie hinsichtlich ihrer Funktionalität und ihres Zusammenspiels charakterisiert.

Dass sich die Wurzeln multidimensionaler Zugriffe auf vorhandene Datenbestände über mehr als 30 Jahre bis zu den frühen Planungsrechnungen auf Matrizenbasis zurückverfolgen lassen, zeigen **Gluchowski** und **Chamoni** im Rahmen der Darstellung der *„Entwicklungslinien und Architekturkonzepte des On-Line Analytical Processing"* auf. Neben einer vergleichenden Gegenüberstellung von relationalen und multidimensionalen technischen Ausprägungen des On-Line Analytical Processing werden hier auch die von Codd et al. formulierten und im Jahre 1993 erstmals publizierten OLAP-Regeln bzw. -Forderungen [CoCS93] eingehend erörtert.

Multidimensionale Systeme und damit die zugehörigen Datenstrukturen sollen dem Endbenutzer einen möglichst raschen Zugriff auf die benötigten Informationseinheiten garantieren. Gesichtspunkte wie konkurrierende Schreibzugriffe und Transaktionssicherheit, die bei den operativen Informationssystemen dominieren, treten dagegen in den Hintergrund. Aus diesem Grunde sind im Data Warehouse-Umfeld in der Regel besondere Datenstrukturen [GaGl97, GaGl98] anzutreffen, die von **Hahne** in dem Aufsatz *„Mehrdimensionale Datenmodellierung für analyseorientierte Informationssysteme"* beschrieben werden. Hierbei erfolgt die eingehende Erläuterung sowohl semantischer Modellierungstechniken als auch des in relationalen Umgebungen dominierenden Star Schemas mit seinen Bestandteilen und Varianten.

Um die umfangreichen Datenbestände eines analytischen Informationssystems in angemessener Weise nutzen zu können, bedarf es leistungsfähiger Zugriffs- und Auswertungs-Werkzeuge. Dazu lassen sich beispielsweise die verfügbaren Reporting-Tools zählen, mit denen sowohl ein periodenorientiertes Standardberichtswesen als auch ein spontaner und fallweiser Durchgriff auf die Datenbasis realisierbar sind, wie **Gluchowski** mit einer Vorstellung der „*Techniken und Werkzeuge zum Aufbau betrieblicher Berichtssysteme*" dokumentiert.

Ein Anwenderbericht aus dem Hause Continental AG schließt den Themenkomplex Data Warehouse und On-Line Anlytical Processing ab. Dabei fassen **Bannert** und **Behme** die gesammelten Erfahrungen aus einem umfangreichen Data Warehouse-Projekt zusammen. Durch den „Aufbau einer konzernweiten Informationsplattform zur Unterstützung des strategischen Beschaffungsprozesses" soll bei der Continental AG zukünftig wertvolles Informationsmaterial zu Entscheidungshilfe für Fach- und Führungskräfte vorliegen.

Insgesamt werden Data Warehousing und On-Line Analytical Processing (OLAP) heute als Bestandteil unternehmensweiter Lösungen für eine angemessene DV-Unterstützung betrieblicher Fach- und Führungskräfte weitgehend anerkannt. Eine neue Qualität erlangt die Analyse vor allem durch die Verwendung von Data Mining-Ansätzen, wie der folgende Abschnitt aufzeigt.

## 3.2 Data Mining

Der dritte Teil des Sammelbandes ist dem Aspekt der Informationsgewinnung aus umfangreichen Datenbeständen gewidmet. Die Analyse von gespeicherten Daten, im engeren Sinn das eigentliche Thema von analytischen Informationssystemen, ist ein Gebiet, das viele Forschungsrichtungen tangiert und sicherlich nicht erschöpfend im vorliegenden Werk behandelt werden kann. Datenanalyse als wissenschaftliche Disziplin ist primär den quantitativen Methoden und hier insbesondere der Statistik zuzuordnen. Der Ursprung liegt im kritischen Rationalismus, d. h. der Hypothesenbildung und Falsifizierung, der davon ausgeht, dass Annahmen getroffen und solange für wahr angenommen werden, bis ein Gegenbeispiel gefunden ist. Dieser Vorgang setzt eine rational begründete Vermutung (Theorie) voraus, die vom Analytiker ex-ante postuliert werden muss. Analytische Informationssysteme dieses Genres haben demnach den Nachteil, dass sie vom Anwender aktiv betrieben werden müssen. Neue Impulse erlangte die Erforschung von Strukturzusammenhängen (Datenmustern) in Datenbanken durch die Künstliche Intelligenz, deren Verfahren des „machine learning" und des „pattern recognition" maßgebliche Beiträge zum Aufbau von aktiven analytischen Informationssystemen leisten konnten.

Der Begriff Data Mining suggeriert das Fördern von wertvollen verschütteten Informationen aus großen Datenbeständen, wobei dies wiederum eine zielgerichtete Suche voraussetzt. Für Goldgräber war nie sicher, ob und wann sie Gold finden würden! Kritiker des Data Mining merken zurecht an, dass in historisch gewachsenem Datenmüll keine Nuggets zu finden sind. Der Kontext ist sicherlich weiter zu fassen, als das verkürzte Bild des Schürfens nach wertvollen Informationen nahelegt. Knowledge Discovery in Databases ist der übergeordnete Aspekt, der wiederum die Frage aufwirft, was unter „Wissen" verstanden wird, und ob dieses Wissen tatsächlich aus Daten generiert werden kann. Kontext- und Handlungsbezug bleiben dem agierenden (ökonomischen) Individuum vorbehalten. Dennoch besteht die Utopie der aktiven Informationssysteme, die Analysen generieren und sachkompetent diagnostizieren, vielleicht sogar handlungsbezogene Empfehlungen geben und so zu echter Entscheidungsunterstützung taugen. Noch sind die Werkzeuge des Data Mining mehrheitlich im Stadium der Erkennung von Mustern, die vorher durch Konditionierung „erlernt" wurden. Bestenfalls lässt sich eine Automatisierung von Gruppenbildung erreichen, die, evtl. um Erklärungskomponenten bereichert, ein vages Bild der Strukturzusammenhänge liefert.

Die vorliegenden Aufsätze beleuchten unterschiedliche Schwerpunkte der gegenwärtigen Diskussion um das Bemühen, analytische Informationssysteme mit „intelligenten" Verfahren zur Datenmustererkennung zu bereichern.

Die vorangestellte Arbeit von **Düsing** „*Knowledge Discovery in Databases – Begriff, Forschungsgebiet, Prozess und System*" zielt auf die definitorische Abgrenzung der Begriffe und liefert so eine Einführung in das Thema. Vor allem der zu durchlaufende Prozess des Knowledge Discovery in Databases wird aufgegriffen und mit seinen unterschiedlichen Phasen vorgestellt.

Anschließend erfolgt eine Vorstellung der „*Verfahren des Data Mining*" an nachvollziehbaren Beispielen von **Beekmann** und **Chamoni**. Ausgehend von den typischen Aufgabenstellungen im Data Mining werden hier neben Entscheidungsbäumen und Clusteralgorithmen auch Künstliche Neuronale Netze sowie Assoziationsanalysen erörtert.

Insbesondere vor dem Hintergrund einer stetig anwachsenden Menge textueller Daten im Word Wide Web gewinnen Ansätze zur automatisierten Analyse unstrukturierter Inhalte zunehmend an Bedeutung. **Felden** zeigt Verfahren und Einsatzfelder von „*Text Mining als Anwendungsbereich von Business Intelligence*" auf.

Häufig sind nicht die bisher behandelten algorithmischen Ableitungen der Mustererkennung in Datenbanken tragfähig, sondern der explorative Umgang mit den vorliegenden Daten. **Degen** verdeutlicht das Data Mining unter dem Aspekt der Datenvisualisierung und zieht damit wieder den Bogen zum Ursprung der Datenanalyse zurück - zur Statistik. In seinem Aufsatz „*Statistische Methoden zur visuellen Exploration mehrdimensionaler Daten*" gibt der Autor einen Überblick über aktuelle Verfahren der Datenvisualisierung, die ein Grundbestandteil des Data Mining sein sollten. Gerade die Darstellung mehrdimensionaler Merkmalsräume und die Selektion relevanter Projektionen können das Verständnis für die logischen Zusammenhänge der zugrundeliegenden Strukturvariablen schärfen und mehr zum Verständnis beitragen als numerische Abhängigkeitsmaße.

Mit den vorliegenden Beiträgen zum Data Mining sind wesentliche Entwicklungstendenzen angesprochen, jedoch sei für die intensive Auseinandersetzung mit dem Themenbereich auf die Sekundärliteratur verwiesen. Kritische Distanz und Reflektion auf klassische Verfahren sind geboten, um die Schlagworte um das Data Mining richtig einzuschätzen. Noch sind die Erfolge bescheiden, aber analytische Informationssysteme müssen im Nukleus aktiv und „intelligent" gestaltet werden, um die notwendige Akzeptanz bei den Entscheidungsträgern hervorzurufen.

Wenngleich das aufgezeichnete Spektrum informationstechnologischer Aspekte beim konkreten betrieblichen Einsatz genügend Problempotenzial aufweist, um entsprechende Projekte scheitern zu lassen, liegen die Schwierigkeiten oftmals in der Anwendung analytischer Informationssysteme im Kontext konkreter betriebswirtschaftlicher Problemstellungen, wie der folgende Abschnitt aufzeigt.

## 3.3 Betriebswirtschaftliche Anwendung und spezielle Aspekte der Analytischen Informationssysteme

Informationstechnologie und betriebswirtschaftliche Organisationsformen gehen häufig ein bemerkenswertes Wechselspiel ein. Einerseits gilt die technikunterstützte Informationsverarbeitung als „Enabler" für die Anwendung neuer Organisationskonzepte, andererseits wird durch neuartige Aufbau- und Ablaufstrukturen oftmals der Bedarf nach entsprechenden Systemlösungen erst geweckt. So dürfte der Einsatz moderner Informationstechnik in einem starren Umfeld mit antiquierten Strukturen i. d. R. wenig erfolgversprechend sein.

Für den Einsatz Analytischer Informationssysteme gewinnen diese Überlegungen besondere Relevanz, da die herkömmlichen Informationswege und -inhalte sowie das bislang benutzte analytische Instrumentarium gänzlich neu überdacht und konzipiert werden müssen. Aus diesem Grunde erlangen betriebswirtschaftlich-organisatorische Fragestellungen hier ein erhebliches Gewicht. Nicht selten scheitern diesbezügliche Praxisprojekte durch innerbetriebliche Widerstände, sei es aus Angst vor dem Verlust von Wissens- und damit Machtmonopolen oder aus Kompetenz- und Besitzstreitigkeiten, wenn es um die Zurverfügungstellung und Verwaltung von Datenmaterial geht.

Deshalb wurde im vorliegenden Sammelband ein spezieller Abschnitt (Teil 4) der Betrachtung betriebswirtschaftlicher Anwendungen Analytischer Informationssysteme sowie besonders interessanter Querschnittsthemen gewidmet.

In jeder Unternehmung erweist sich die Planung zukünftiger Geschäftszahlen und die Zuweisung ökonomischer Größen zu einzelnen Bereichen als zeitaufwändiges und anstrengendes Unterfangen. Oftmals führt nicht zuletzt die Verwendung unzureichender Werkzeuge zur Planung und Budgetierung zu diesem Ergebnis. Der Beitrag von **Oehler** widmet sich vor diesem Hintergrund der Fragestellung, welche Funktionalität und Leistungsfähigkeit moderne Lösungen bei der „*Unterstützung von Planung, Forecasting und Budgetierung durch IT-Systeme*" mit sich bringen.

Der Fokus zahlreicher Entscheidungsträger hat sich in den letzten Jahren von einer starken Orientierung an den eigenen internen Abläufen und Strukturen hin zu einer massiven Konzentration auf den Kunden verschoben. Die eigenen Leistungen sollen derart gestaltet sein, dass dadurch die Kundenbedürfnisse in optimaler Weise befriedigt werden können. Um die Kunden besser verstehen und damit gezielter bedienen zu können, werden aufwendige Verfahren auf die verfügbaren Kundendaten angewendet. Gegenstand des Beitrages von **Hippner** ist es, die

„*Komponenten und Potenziale eines analytischen Customer Relationship Management*" aufzuzeigen, wie sie den heutigen Stand der Technik repräsentieren.

Nicht zuletzt durch die zunehmende internationale Harmonisierung von Rechnungslegungsvorschriften sehen sich größere, verzweigte Unternehmungen mit vielen Beteiligungen heute großen Problemen gegenüber, wenn es darum geht, Konzern- oder Teilkonzernabschlüsse zu erstellen. Dass dieses Thema durchaus im Kontext analytischer Informationssysteme anzusieden ist, zeigt der Beitrag von **Düchting** und **Matz** zum Thema „*Business Warehouse basierte Konzernkonsolidierung - Grundlagen und Umsetzung anhand eines Implementierungsprojektes*".

Die Verknüpfung von strukturierten und unstrukturierten Wissensbestandteilen in einem integrierten System stellt die Wirtschaftsinformatik heute noch vor viele ungelöste Herausforderungen. Zumindest auf Werkzeug-Ebene kann eine derartige Integration gelingen, wenn - wie von **Baars** gezeigt – eine Konzentration auf die Verbindung von Business Intelligence-Systemen für die Analyse strukturierter Daten mit Wissensmanagement-Systemen zur Verwaltung auch unstrukturierter Inhalte erfolgt. Der Beitrag „*Distribution von Business-Intelligence-Wissen - Diskussion eines Ansatzes zur Nutzung von Wissensmanagement-Systemen für die Verbreitung von Analyseergebnissen und Analysetemplates*" akzentuiert dabei ausdrücklich den Aspekt der Wissensverteilung.

Von Berater- und Produktanbieterseite wird derzeit das Konzept eines Real-Time Enterprise vehement vermarktet. Informationen sollen demzufolge im Zeitpunkt ihres Entstehens sofort und vollständig im gesamten Unternehmen zur Verfügung stehen. Inwiefern dieser Anspruch auf den Bereich des Data Warehousing übertragbar ist und ob die gebräuchlichen Enterprise Application Integration-Technologien hierbei erfolgreich einsetzbar sind, untersucht der Beitrag von **Schelp** mit dem Titel „*Real-Time Warehousing und EAI*".

Empirischen Untersuchungen zufolge werden analytische Lösungen heute nicht überall so sorgfältig aufgebaut und betrieben wie operative Informationssysteme [ChGl04]. Grundsätzlich rückt der Sicherheit immer stärker in das Bewusstsein der IT-Entscheidungsträger. Der Betrag von **Gabriel** zum Thema „*IT-Sicherheit und Data Warehousing*" verdeutlicht eindrucksvoll, dass auch im Sektor der analytischen Informationssysteme die Beachtung der Sicherheit ein wichtiges Gebot darstellt, und entwickelt darauf aufbauend ein Sicherheitskonzept für diese Systemkategorie.

Insgesamt kann festgehalten werden, dass sowohl Data Warehouse-Konzepte als auch OLAP- und Data Mining-Technologien heute zumindest in größeren Unternehmen gängige Praxis darstellen. Durch die zunehmende Nutzung als Basistechnologien für betriebswirtschaftliche Anwendungen erlangen die Schlagworte auch in den Fachabteilungen einige Verbreitung. Dass sich dabei der Schwerpunkt der Diskussion immer stärker von technischen Fragestellungen löst und betriebswirtschaftliche sowie strategische Aspekte in den Vordergrund rücken, kann der folgende Abschnitt nur unterstreichen.

# 4 Zusammenfassung

Das Thema „Analytische Informationssysteme" erweist sich bei näherer Betrachtung als komplex und vielschichtig. Nicht nur die technologischen Aspekte gilt es zu beachten, sondern auch die betriebswirtschaftlich-organisatorischen Probleme sowie strategische Fragestellungen müssen für eine erfolgreiche Umsetzung tragfähigen Lösungen zugeführt werden.

Eine erste Annäherung an das Themengebiet soll im Teil 1 des Sammelbandes nach dieser Einführung mit den folgenden Fachbeiträgen geleistet werden. Der Text von **Dinter** und **Bucher** mit dem Titel *„Business Performance Management"* greift dabei die Analytischen Informationssysteme aus einer Vogelperspektive auf und verdeutlicht, dass die technologischen Aspekte nur einen Baustein einer ganzheitlichen Konzeption der Unterstützung betrieblicher Fach- und Führungskräfte repräsentieren.

Auch der Beitrag von **Totok** mit dem Titel *„Entwicklung einer Business-Intelligence-Strategie"* löst sich von technologischen Implementierungsdetails und konzentriert sich auf die Gestaltung langfristig tragfähiger Rahmenkonzepte - auch im Hinblick auf zu beachtende Wirtschaftlichkeitsgesichtspunkte.

Business Intelligence-Lösungen zeichnen sich durch höchst unterschiedliche Architekturkonzepte, divergierende Funktionalitäten und heterogene Organisationsformen aus. Der Versuch einer Kategorisierung kann sich an einzelnen Reifegradstufen [Mumm04] orientieren, wie sie im Beitrag von **Schulze** und **Dittmar** mit dem Titel *„Business Intelligence Reifegradmodelle - Reifegradmodelle als methodische Grundlage für moderne Business Intelligence Architekturen"* vorgestellt werden.

Der Aufsatz von **Bange** mit dem Titel *„Werkzeuge zum Aufbau analytischer Informationssysteme"* leistet anhand möglicher Architekturbausteine einen Marktüberblick mit besonderer Fokussierung auf die Situation im deutschsprachigen Raum. Dabei erfolgt eine Orientierung an den drei Bereichen „Datenintegration", „Datenspeicherung und -aufbereitung" und „Anwendungen".

Durch die vielen Fakten und Detailinformationen zu Anbietern und Produkten, die diese Beiträge liefern, kann eine gute Einstimmung auf die übrigen, i. d. R. mit einzelnen Teilaspekten befaßten Aufsätze erreicht werden, zumal sich diese in den angebotenen Orientierungsrahmen einordnen lassen.

# Literatur

[BaGü04]  Bauer, Andreas; Günzel, Holger (Hrsg.): Data Warehouse Systeme, Architektur, Entwicklung, Anwendung, 2. Aufl., Heidelberg 2004.

[ChGl04]  Chamoni, Peter; Gluchowski, Peter: Integrationstrends bei Business-Intelligence-Systemen, Empirische Untersuchung auf Basis des Business Intelligence Maturity Model, in: Wirtschaftsinformatik, 46. Jg., Heft 2, April 2004, S. 119 - 128.

[ChZe96]  Chamoni, Peter; Zeschau, Dietmar: Management-Support-Systems und Data-Warehousing, in: [MuBe96], S. 47 - 81.

[CoCS93]  Codd, Edgar F.; Codd, Sharon B.; Sally, Clynch T.: Providing OLAP (On-Line Analytical Processing) to User-Analysts: An IT Mandat, E.F. Codd & Associates, White Paper, o. O. 1993.

[GaGl97]  Gabriel, Roland; Gluchowski, Peter: Semantische Modellierungstechniken für multidimensionale Datenstrukturen, in: HMD - Theorie und Praxis der Wirtschaftsinformatik, 34. Jg., Heft 195, Mai 1997, S. 18 - 37.

[GaGl98]  Gabriel, Roland; Gluchowski, Peter: Grafische Notationen für die semantische Modellierung multidimensionaler Datenstrukturen in Management Support Systemen, in: Wirtschaftsinformatik, 40. Jg., Heft 6, Dezember 1998, S. 493 - 502.

[GlGC97]  Gluchowski, Peter; Gabriel, Roland; Chamoni, Peter: Management Support Systeme. Computergestützte Informationssysteme für Führungskräfte und Entscheidungsträger, Berlin u. a. 1997.

[Gluc96]  Gluchowski, Peter: Architekturkonzepte multidimensionaler Data-Warehouse-Lösungen, in: [MuBe96], S. 229 - 261.

[Gluc97]  Gluchowski, Peter: Data Warehouse, in: Informatik-Spektrum, 20. Jg., Heft 1, 1997, S. 48 - 49.

[Gluc01]  Gluchowski, Peter: Business Intelligence. Konzepte, Technologien und Einsatzbereiche, in: HMD - Theorie und Praxis der Wirtschaftsinformatik, 38. Jg., Heft 222, Dezember 2001, S. 5 - 15

[GrGe00]  Grothe, Martin; Gentsch, P.: Business Intelligence. Aus Informationen Wettbewerbsvorteile gewinnen, München 2000.

[Grof97]  Groffmann, Hans-Dieter: Das Data Warehouse Konzept, in: HMD - Theorie und Praxis der Wirtschaftsinformatik, 34. Jg., Heft 195, Mai 1997, S. 8 - 17.

[Inmo96]  Inmon, William H.: Building the Data Warehouse. 2. Aufl., New York 1996.

[JaGK96]  Jahnke, Bernd; Groffmann, Hans-Dieter; Kruppa, Stephan: On-Line Analytical Processing (OLAP), in: Wirtschaftsinformatik, 38. Jg., Heft 3, 1996, S. 321 - 324.

[KeMU04]   Kemper, Hans-Georg; Mehanna, Walid; Unger, Carsten: Business Intelligence - Grundlagen und praktische Anwendungen, Wiesbaden 2004.

[Mert02]   Mertens, Peter: Business Intelligence – ein Überblick. Arbeitspapier Nr. 2/2002, Bereich Wirtschaftsinformatik I, Universität Erlangen-Nürnberg 2002.

[MuBe96]   Mucksch, Harry; Behme, Wolfgang (Hrsg.): Das Data-Warehouse-Konzept, Wiesbaden 1996.

[MuBe00a]  Mucksch, Harry; Behme, Wolfgang: Das Data Warehouse-Konzept als Basis einer unternehmensweiten Informationslogistik, in: [MuBe00b], S. 3 - 80.

[MuBe00b]  Mucksch, Harry; Behme, Wolfgang (Hrsg.): Das Data Warehouse-Konzept, 4. Aufl., Wiesbaden 2000.

[Mumm04]   Mummert Consulting AG, Business Intelligence Studie biMA 2004, Wie gut sind die BI-Lösungen der Unternehmen in Deutschland? BI-Benchmarking-Studie 2004, Hamburg 2004.

# Business Performance Management

BARBARA DINTER, TOBIAS BUCHER

## Abstract

Business Performance Management (BPM) stellt einen umfassenden Ansatz zur Planung, Messung und Steuerung der Wertschöpfung von Unternehmen dar. Durch die Einführung von BPM-Lösungen versprechen sich die Unternehmen vor allem verbesserte Unterstützung der Entscheidungsfindung, höhere Effizienz des Berichtswesens und der Unternehmensplanung, bessere Ressourcenallokation, erhöhte Auskunftsfähigkeit und Transparenz sowie bessere Vorhersagbarkeit von finanziellen Aufwendungen.

Die Nutzung aktueller Entwicklungen der Informationstechnologie, die Unterstützungsprozesse und Systeme für die Umsetzung und Operationalisierung des BPM liefert, stellt eine der wesentlichen Grundlagen für das Business Performance Management dar: Ziele sind die unternehmensweite Vereinheitlichung von BPM-Initiativen, die Integration und Konsolidierung bestehender, häufig bereichsspezifischer Insellösungen, die systematische Ableitung und Definition von Kennzahlen sowie die Verknüpfung von Strategie-, Prozess- und Systemebene zu einem geschlossenen Kreislauf für Planung, Messung und Steuerung der Leistungserbringung.

## Inhalt

| | | |
|---|---|---|
| 1 | Ausgangslage und Motivation | 24 |
| 2 | Bestimmung der relevanten Begriffe | 26 |
| 3 | Nutzenpotenziale des BPM | 29 |
| 4 | Positionierung des BPM im Kontext des Business Engineering | 30 |
| | 4.1 Horizontales und vertikales Alignment | 33 |
| | 4.2 Closed Loop des BPM | 34 |
| 5 | Methodologien des BPM | 35 |
| | 5.1 Balanced Scorecard | 36 |
| | 5.2 Value Based Management | 38 |
| | 5.3 Intellectual Capital | 39 |
| | 5.4 EFQM-Modell für Excellence | 40 |

| 6 | Definition und Bereitstellung von Kennzahlen | 40 |
|---|---|---|
| 7 | Technische Umsetzung von BPM-Lösungen | 42 |
| 8 | Kritische Erfolgsfaktoren des BPM | 44 |
| 9 | Fazit und Ausblick | 46 |

# 1 Ausgangslage und Motivation

Management und Führungskräfte betreiben oftmals einen erheblichen Aufwand, um strategische Vorgaben und Geschäftsziele zu entwickeln, diese unternehmensweit zu kommunizieren und im Bewusstsein der Mitarbeitenden zu verankern. Problematisch gestalten sich jedoch das Management und die Überwachung der tatsächlichen Implementierung solcher Strategien und Ziele. In vielen Unternehmen existieren weder Prozesse noch Werkzeuge, welche die Sicherstellung der planmäßigen Umsetzung von strategischen Vorgaben unterstützen würden.

Ein weiteres Problem besteht in der fehlenden oder allenfalls ungenügend ausgeprägten Flexibilität von Planungs- und Budgetierungszyklen, die eine zeitgerechte Reaktion auf die sich in rascher Abfolge verändernden fachlichen Anforderungen sowie rechtlichen und ökonomischen Rahmenbedingungen praktisch unmöglich macht. So müssen Unternehmen in einem von Internationalisierung und Globalisierung geprägten Wirtschaftsumfeld permanent den sich ständig verändernden Gegebenheiten der relevanten Märkte und Wettbewerber angepasst werden. Ebenso muss die Einhaltung von gesetzlichen und regulatorischen Anforderungen, zum Beispiel im Zusammenhang mit dem Sarbanes Oxley Act, dem deutschen Gesetz zur Kontrolle und Transparenz im Unternehmensbereich (KonTraG), dem Telekommunikationsgesetz oder den Eigenkapitalrichtlinien nach Basel II, sichergestellt werden („Compliance Management"). Immer neue und strengere Regulatorien erfordern zunehmend die ständige Auskunftsfähigkeit von Unternehmen sowie die Nachweisbarkeit gesetzeskonformen Handelns.

Klassische Business Intelligence (BI) befasst sich aus fachlicher Sicht mit den analytischen Konzepten zur Transformation von unternehmensspezifischen und gesamtwirtschaftlichen Daten in entscheidungsrelevante Informationen. Die Datenbasis für die Analysen wird in der Regel durch ein Data Warehouse (DWH) bereitgestellt, also durch eine physische Datenbank, die eine themenorientierte, integrierte, zeitbezogene und persistente Sammlung von Daten vorhält [InZG97]. Data Warehouses sind in der Regel anwendungsneutral konzipiert und ermöglichen eine globale Sicht auf die heterogenen und verteilten Datenbestände der in einem Unternehmen verfügbaren IT-Applikationen. Auf dieser Datengrundlage lässt sich mit Hilfe von BI-Systemen eine Vielzahl von primär vergangenheitsbezogenen Kennzahlen berechnen. Durch beliebige Kombination von Einzelergebnissen kann so die Leistungsfähigkeit ausgewählter Unternehmensbereiche oder auch des gesamten Unternehmens bewertet werden. Diese vergangenheitsbezogene Betrachtungsweise wird jedoch der eigentlichen Herausforderung, welche in der Steigerung der Wertschöpfung von Unternehmen durch das frühzeitige Erkennen von Schwierigkeiten und das Einleiten von gezielten Gegenmaßnahmen liegt, nicht in vollem Umfang gerecht: Data Warehouses stellen in den allermeisten Fällen nur statische Informationen zu Zwischen- und Endergebnissen der wertschöpfenden Prozesse eines Unternehmens zur Verfügung, während die dazwischen liegenden Aktivitäten, welche zu den eigentlichen Ergebnissen führen, nicht berücksichtigt werden. Da die unternehmerische Wertschöpfung in Geschäftsprozessen stattfindet, ist eine Betrachtung rein statischer Ergebniskennzahlen jedoch nicht ausreichend. Erst die Bewertung der Leistungsfähigkeit der Geschäftsprozesse komplettiert das Bild der tatsächlichen Unternehmensleistung.

Darüber hinaus erfolgt die Lieferung von BI-Informationen in der Regel zeitversetzt, so dass weder die Echtzeit-Generierung von Management-Empfehlungen noch die automatisierte Entscheidungsfindung unterstützt werden können. Eine umfassende und zeitnahe Beurteilung der Unternehmensleistung oder gar das Ergreifen proaktiver Maßnahmen zur Vermeidung von Fehlentwicklungen sind unter solchen Bedingungen nur schwer möglich. Zudem nimmt die Entwicklung und Pflege von BI-Applikationen in der Regel viel Zeit in Anspruch. Aufgrund fehlender strategischer Vorgaben in Bezug auf Business Intelligence sind BI-Systeme in der Praxis nur selten unternehmensweit integriert. Stattdessen sind abteilungsbezogene, isolierte Lösungen auf Grundlage historischer Daten weit verbreitet.

Die vorgenannten Umwelteinflüsse und Rahmenbedingungen sowie die Defizite der klassischen BI-Ansätze haben in den vergangenen Jahren den wirtschaftlichen Druck auf die Unternehmen erhöht und die Entwicklung des Business Performance Managements (BPM[1]) begünstigt. Als Treiber für das BPM lassen sich neben der Intensivierung des Wettbewerbs auch die steigenden Kundenbedürfnisse, der in zunehmendem Maße auf den Unternehmen lastende Kostendruck sowie die Notwendigkeit der Verkürzung der Produkt- und Service-Zyklen anführen. Des Weiteren spielen auch die Notwendigkeit der Verbesserung von Metriken und Kennzahlen angesichts der Datenflut in den Systemen, der strategische Druck zur Optimierung der Planungs- und Kontrollzyklen sowie die zunehmende Vernetzung von Unternehmen und die Einbindung von Geschäftspartnern eine nicht zu unterschätzende Rolle. Als unmittelbare Reaktion der Unternehmen ist ein Trend hin zur Ausrichtung an den Geschäftsprozessen zu beobachten. Dadurch wird einerseits die flexiblere Ausrichtung der Unternehmenstätigkeit an den marktlichen Anforderungen ermöglicht, andererseits impliziert diese Ausrichtung jedoch eine weitgehende Dezentralisierung von Entscheidungskompetenzen. Dies wiederum erfordert die Integration aller Entscheidungsprozesse über ein ganzheitliches System zur Planung, Steuerung und Kontrolle der Unternehmensleistung.

Business Performance Management soll genau diese Integrationsleistung erbringen, indem es bestehende Ansätze zu einem Konzept für die ganzheitliche, am Stakeholder Value orientierte und durch Messsysteme operationalisierte Unternehmenssteuerung kombiniert. Die Nutzung aktueller Entwicklungen der Informationstechnologie, die Unterstützungsprozesse und Systeme liefert, durch welche die Umsetzung und Operationalisierung des BPM erst ermöglicht werden, stellt eine der wesentlichen Voraussetzungen für das Business Performance Management dar. Dieser Sachverhalt wird durch Abbildung 1 illustriert.

**Abb. 1: Treiber für Business Performance Management**

Durch die Einführung von Business Performance Management versprechen sich die Unternehmen vor allem verbesserte Unterstützung der Entscheidungsfindung, höhere Effizienz des Berichtswesens und der Unternehmensplanung, bessere Ressourcenallokation, erhöhte Auskunftsfähigkeit und Transparenz sowie bessere Vorhersagbarkeit von Aufwendungen [BaDe03].

## 2 Bestimmung der relevanten Begriffe

Eine anerkannte und differenzierte begriffliche Abgrenzung zwischen „Performance Measurement" und „Business Performance Management" liegt in der Fachliteratur bisher nur in unzureichendem Maße vor. Während viele Autoren die beiden Begriffe synonym interpretieren und verwenden, unternehmen andere den Versuch einer inhaltlichen Abgrenzung der Termini.

Als Performance oder auch Leistung wird im Allgemeinen der bewertete Beitrag zur Erreichung der Ziele eines Unternehmens bezeichnet, welcher von Individuen bzw. Gruppen von Mitarbeitenden innerhalb des Unternehmens oder von externen Individuen bzw. Gruppen wie beispielsweise Kooperationspartnern oder Lieferanten erbracht wird [Hoff02].

Unter Performance Measurement (PM) versteht beispielsweise [Erdm03] den Aufbau und den Einsatz in der Regel mehrerer „Performance Measures" zur Beurteilung der Effektivität und Effizienz der Leistung unterschiedlicher Objekte wie beispielsweise Unternehmenskooperationen, Unternehmen, Abteilungen, Wertschöpfungs- und Geschäftsprozessen sowie Mitarbeitenden. Als Performance Measures werden die zugehörigen Messgrößen verschiedener Dimensionen (wie etwa Kosten, Zeit, Qualität, Innovationsfähigkeit und Kundenzufriedenheit) bezeichnet, welche der Leistungsquantifizierung dienen. Ein Performance Measurement System schließlich ist ein integriertes System, das einen wesentlichen Bestandteil einer abgestimmten und in sich konsistenten Informationsversorgung von Unternehmen auf Grundlage von Leistungsindikatoren darstellt. Dabei sollten die Strukturen von PM-Systemen auf den strategischen Informationsbedarf in Anlehnung an die Wertschöpfungskette ausgerichtet sein [Klin01b].

[Klin01b] interpretiert Performance Measurement als Weiterentwicklung des traditionellen Berichtswesens. Das Performance Measurement weist demnach signifikante Unterschiede zu herkömmlichen Kennzahlensystemen auf, beispielsweise hinsichtlich der simultanen Berücksichtigung von bilanz- und rechnungswesenorientierten Kennzahlen einerseits und nicht-finanzwirtschaftlichen Messgrößen andererseits oder hinsichtlich der aus den operativen Steuerungserfordernissen abgeleiteten hohen Flexibilität. Insbesondere im deutschsprachigen Raum wird PM deshalb häufig als Synonym für Methodologien wie zum Beispiel die Balanced Scorecard (vgl. hierzu Abschnitt 5.1) gebraucht.

Das Performance Measurement stellt nach [Leba95] einen zentralen Baustein des Business Performance Managements dar. Leistungsmessung und BPM sind jedoch nicht voneinander zu trennen, sondern vielmehr durch einen iterativen Prozess miteinander verflochten. Die Metriken und Kennzahlen, die im Rahmen der Messung der Performance ermittelt werden, geben lediglich Auskunft über die Auswirkungen von in der Vergangenheit getroffenen unternehmerischen Entscheidungen. Damit ein Unternehmen die Ergebnisse der Leistungsmessung effektiv nutzen kann, muss das Management jedoch in der Lage sein, den Übergang von Performance Measurement zu Business Performance Management zu vollziehen. Die Führungskräfte müssen befähigt sein, erforderliche Änderungen in der strategischen Ausrichtung des Unternehmens zu antizipieren [AmBa02]. Erst durch das Zusammenwirken mit den anderen Elementen des Business Performance Managements, nämlich der Planung, Steuerung und Belohnung von Performance, ergibt sich ein ganzheitlicher Managementansatz [Span94].

Im Folgenden wird Business Performance Management als **umfassender** Ansatz zur prozessorientierten und strategiekonformen **Planung, Messung und Steuerung** der Beiträge hinsichtlich **multidimensionaler** Unternehmensziele verstanden. Auf die einzelnen Facetten dieser Definition soll in den nachfolgenden Abschnitten eingegangen werden: Der Aspekt des umfassenden Ansatzes wird in Abschnitt 4 zur Positionierung des BPM und Einordnung in den Business Engineering Framework beleuchtet. Auf die Planung, Messung und Steuerung der

Beiträge wird in Abschnitt 4.2 Bezug genommen, welcher sich der Darstellung des doppelten Regelkreises des BPM widmet. Die Mehrdimensionalität der Unternehmensziele schließlich wird in Abschnitt 5.1 anhand der Methodologie der Balanced Scorecard erläutert.

Aus der Definition des BPM-Begriffs lässt sich erkennen, dass unter Business Performance Management mehr zu verstehen ist als eine bloße Menge von Methoden und Technologien. Business Performance Management stellt vielmehr einen umfassenden Ansatz zur Steuerung der Wertschöpfung von Unternehmen dar. Es ist demnach ein mehrstufiger, iterativer Managementprozess, der darauf abzielt, durch abgestimmte Planungs-, Steuerungs- und Kontrollaktivitäten die Effektivität und Effizienz der Leistung unterschiedlicher Objekte ganzheitlich zu verbessern [Erdm03]. Business Performance Management soll die transparente und durchgängige Umsetzung strategischer Unternehmensziele über alle unternehmerischen Funktionsstufen, Prozesse und Segmente hinweg sicherstellen.

Abbildung 2 greift die Gedanken des einführenden Abschnitts 1 auf und verdeutlicht, dass Business Performance Management keinesfalls mit Business Intelligence gleichzusetzen ist oder lediglich eine geringfügige Erweiterung dessen darstellt, obwohl dieses Verständnis in der unternehmerischen Praxis häufig anzutreffen ist.[2] Neben der strategisch-taktischen Komponente umfasst das BPM auch eine operative Komponente, durch die die Verbindung hin zu den Geschäftsprozessen sowie deren Management und Messung geschaffen wird. Als Business Activity Monitoring (BAM) wird die Echtzeit-Überwachung und Analyse kritischer Prozesskennzahlen bezeichnet, wodurch eine Entscheidungsunterstützung für das operative Management ermöglicht wird. Ziel ist die Verkürzung der Durchlaufzeit sowie die Verbesserung der Effektivität von Geschäftsprozessen.

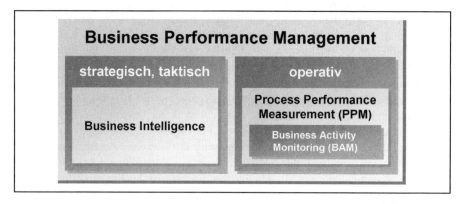

Abb. 2: Standortbestimmung des BPM (nach [Mart04])

# 3 Nutzenpotenziale des BPM

Business Performance Management schließt die Lücke zwischen der Strategie eines Unternehmens und deren Umsetzung durch verbesserte Kommunikation, Koordination, Zusammenarbeit und Kontrolle. Es dient der Kommunikation von strategischen Vorgaben und Erwartungen seitens des Managements an die Mitarbeitenden über operative Ziele und Leistungskennzahlen, welche aus den strategischen Unternehmenszielen abgeleitet sind. Die Koordination und Zusammenarbeit zwischen den verschiedenen Geschäfts- und Funktionsbereichen eines Unternehmens wird durch den gegenseitigen Austausch von Anregungen, Informationen und Wissen erleichtert und gefördert. Schließlich ermöglicht BPM die zeitgerechte Reaktion auf Veränderungen der Umwelt- und Rahmenbedingungen, mit welchen sich ein Unternehmen konfrontiert sieht, sowie auf Zustandswechsel in den Geschäftsprozessen.

Dies impliziert, dass die Nutzenpotenziale des Business Performance Managements vielfältiger und gleichzeitig auch sehr unterschiedlicher Natur sind [Mart04]:

- BPM gestattet eine umfassende Gesamtsicht auf die Leistungserbringung von Unternehmen. Dies schafft Transparenz für alle Stakeholder, ermöglicht die Verbesserung der Ergebnisse und unterstützt eine effiziente Unternehmensführung.

- BPM gleicht die gegenwärtige Leistung von Unternehmen mit den operativen Unternehmenszielen und dem historischen Performance-Verlauf ab. Die abgeleiteten Trendaussagen können helfen, das Auftreten und insbesondere die Eskalation von Problemen proaktiv zu vermeiden.

- BPM unterstützt die Überführung strategischer Vorgaben in messbare Ergebnisse sowie die Ableitung von operativen Maßnahmen auf Grundlage der ermittelten Leistungskennzahlen.

- BPM stellt unternehmensweit und zu jedem Zeitpunkt hochgradig präzise und konsistente Informationen zur Verfügung. Dadurch wird die Unternehmensführung im Ergreifen proaktiver Maßnahmen zur effektiven Planung, Messung und Steuerung der Leistungserbringung unterstützt.

- BPM verdichtet und filtert Informationen. Vor diesem Hintergrund kann BPM die Verfolgung des Ziels der „Information Democracy" unterstützen: Im Rahmen ihrer Aufgaben haben alle Stakeholder Zugriff auf die für sie relevanten Daten.

- BPM liefert die richtigen Informationen in adäquater Qualität zum richtigen Zeitpunkt an den richtigen Ort und zum richtigen Informationskonsumenten. Dabei muss sich die Liefergeschwindigkeit der Geschwindigkeit der Geschäftsprozesse anpassen. Datenlieferung und Entscheidungsunterstützung in Echtzeit sind Herausforderung und Ziel zugleich.

- BPM unterstützt die Prozessautomatisierung und ermöglicht eine verbesserte Allokation von Ressourcen durch die Förderung von prozess- und unternehmensbereichsübergreifender Zusammenarbeit. Dies führt zu einer Erhöhung der Leistungsfähigkeit.

- BPM verbindet Geschäftsprozessmodellierung mit Business Intelligence. Dies eröffnet die Möglichkeit des Abgleichs von Plandaten mit tatsächlichen Prozesskennzahlen und dadurch die Evaluierung der Geschäftsprozesse.

Um diese Nutzenpotenziale zumindest ansatzweise erreichen zu können, sollte ein BPM-System gemäß den in den folgenden Abschnitten beschriebenen Gestaltungsgrundsätzen konzipiert und realisiert werden.

## 4 Positionierung des BPM im Kontext des Business Engineering

Die Wirtschaft befindet sich gegenwärtig inmitten der Transformation vom Industrie- zum Informationszeitalter. Die Verfügbarkeit von technischer und organisatorischer Vernetzungsinfrastruktur ermöglicht die Ausdehnung des Fokus dieser Transformation vom eigenen Unternehmen auf das gesamte Wertschöpfungsnetzwerk. Zugleich ist die Geschäftsarchitektur des Informationszeitalters stärker als bisher auf den Kunden ausgerichtet. Die Vision des Business Engineerings (BE), d. h. der methoden- und modellbasierten Konstruktionslehre für Unternehmen des Informationszeitalters, ist deshalb die vernetzte Geschäftsarchitektur, mit deren Hilfe eine komplette Wertschöpfungskette optimiert wird [ÖsWi03].

Im Business Engineering werden die drei Modellierungsebenen Strategie, Geschäftsprozesse und Systeme unterschieden, welche zugleich eine Zielhierarchie repräsentieren. Auf der Strategieebene wird die strategische Positionierung eines Unternehmens im Wertschöpfungsnetzwerk festgelegt (Gestaltungsziele: optimale Positionierung im Wertschöpfungsnetzwerk, Ableitung geeigneter Leistungsbeiträge). Auf der Prozessebene werden die zur Umsetzung der strategischen Vorgaben erforderlichen Geschäftsprozesse und ihr Zusammenwirken beschrieben (Gestaltungsziel: optimale Organisation und Führung der Wertschöpfung). Auf der Systemebene schließlich wird ermittelt, welche Teilprozesse auf welche Art und Weise durch Informationssysteme unterstützt werden sollen (Gestaltungsziele: optimale Strukturierung und Integration von Applikationen, optimale Wiederverwendung von Softwarekomponenten und Datenbanken). Neben dieser fachlichen Sichtweise der drei Modellierungsebenen müssen auch Querbezüge zu politisch-kulturellen Aspekten wie beispielsweise Motivation, Führung, Kommunikation und Machtverhältnissen innerhalb eines Wertschöpfungsnetzwerks beachtet werden [Wint03].

Im Folgenden soll anhand eines Beispiels aus dem Telekommunikationssektor die Positionierung einer BPM-Lösung im BE-Framework dargestellt und erläutert werden [MeWK04]. Grundlage bildet ein Prozess für das Ausfall- und Störungsbeseitigungs-Management, der die Vorgänge zur Erkennung, Untersuchung und Beseitigung von Fehlern in einem Telekommunikationsnetzwerk spezifiziert. Dieser Geschäftsprozess sowie die Verbindungen zur Strategie- und zur Systemebene sind in Abbildung 3 dargestellt. Es wird angenommen, dass das Telekommunikationsunternehmen das strategische Ziel der Einnahme einer marktführenden Stellung durch hohe Servicequalität bei profitabler unternehmerischer Tätigkeit zu erreichen versucht. Aus dieser Vorgabe leiten sich die strategischen Leistungskennzahlen wie zum Beispiel der Anteil zufriedener Kunden, deren Störungsmeldung erfolgreich bearbeitet werden konnte, oder das Verhältnis des Aufwands für die Störungsbeseitigung zum operativen Ergebnis ab. Die strategischen KPIs[3] wiederum sind mit prozessorientierten Kennzahlen (wie beispielsweise der durchschnittlich erforderlichen Zeit zur Fehlerdiagnose oder den durchschnittlichen Reparaturkosten) verknüpft, welche zur Überwachung und Kontrolle der Performance des zugrunde liegenden Geschäftsprozesses Verwendung finden. Die Herleitung des Beziehungsgeflechts zwischen den Unternehmenszielen, den strategischen und den prozessorientierten Leistungskennzahlen kann etwa durch die Methodologie der Balanced Scorecard (vgl. hierzu Abschnitt 5.1) unterstützt werden. Der Geschäftsprozess wird durch verschiedene Applikationen wie zum Beispiel ein Customer Relationship Management (CRM) System oder ein Abrechnungssystem (BS) unterstützt. Die Funktionalitäten der Applikationen müssen gemäß der Prozesslogik integriert sein, um eine adäquate Unterstützung des Geschäftsprozesses zu bieten. Dies wird dadurch erreicht, dass alle Applikationen über einheitlich definierte Services an eine gemeinsame Integrationsplattform angebunden sind, welche die Meldungen der Applikationen gemäß der Prozesslogik koordiniert. Im Data Warehouse werden die Performance-Daten konsolidiert sowie für Analysezwecke vorbereitet und bereitgestellt.

In Anlehnung an das BE-Framework sind in diesem Beispiel folgende Gestaltungsziele auf den einzelnen Ebenen zu nennen: Auf der Strategieebene findet die Definition von Zielen und strategischen KPIs statt, auf der Prozessebene die Prozessgestaltung und die Umsetzung der strategischen in prozessorientierte KPIs. Die Integrationsebene dient der Verbindung der Prozessaufgaben mit den (standardisierten) Applikations- und Datenservices, welche die Anwendungsfunktionalität der Applikationsebene kapseln. Die Systemebene unterstützt und ermöglicht dadurch die Sammlung und Integration von Daten zur Analyse, die Ableitung regelbasierter Entscheidungen sowie deren Kommunikation.

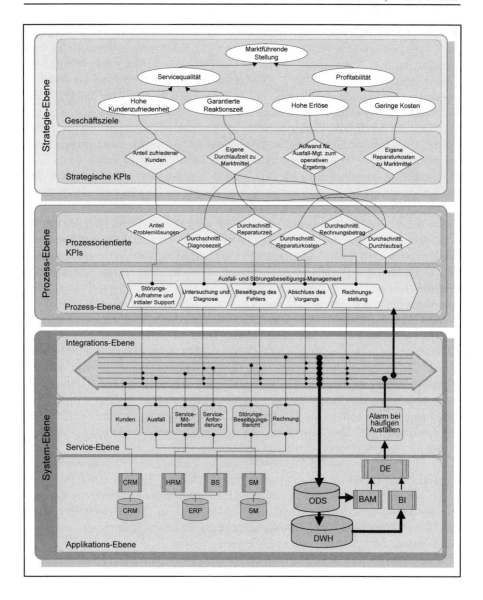

**Abb. 3: Statische Sicht einer BPM-Lösung [MeWK04]**

An den drei Ebenen des Business Engineering Frameworks sowie anhand des Beispiels aus dem Telekommunikationssektor sind die grundlegenden Anforderungen an und Voraussetzungen für das BPM erkennbar, nämlich der horizontale und vertikale Abgleich („Alignment") sowie die Umsetzung des doppelten geschlossenen Regelkreises („Closed Loop"). Auf diese Aspekte wird in den folgenden Abschnitten Bezug genommen.

## 4.1 Horizontales und vertikales Alignment

Die Realisierung des Business Performance Managements umfasst sowohl die Ebene der Geschäftsprozesse als auch die Strategie- und die Systemebene. Eine isolierte Betrachtung der drei Ebenen verbietet sich jedoch, da diese vielmehr aufeinander abgestimmt werden müssen („vertikales Alignment"). Dabei kommt der Prozessgestaltung als Bindeglied zwischen der Gestaltung der Unternehmensstrategie und der Gestaltung der Informationssysteme eine besondere Bedeutung zu. Ziele der Prozessgestaltung sind die Umsetzung der Unternehmensstrategie in Aufbau- und Ablauforganisation, die Sicherstellung der Führbarkeit (Prozessführung), die Schaffung effizienter Prozessschnittstellen und die Definition von Informationsbedarfen. Nach [Mart04] ist Business Performance Management ein strategieorientierter, durchgängiger Top-Down Ansatz, der im Gegensatz zur traditionellen Bottom-Up Sichtweise der Business Intelligence steht (vgl. Abbildung 4). Aus der Notwendigkeit der Konsistenz von Schnitten untergeordneter Ebenen mit der Strategie- bzw. der Prozessarchitektur folgen hohe Flexibilitätsanforderungen an die Aufbau- und Ablauforganisation sowie an die Informationssysteme.

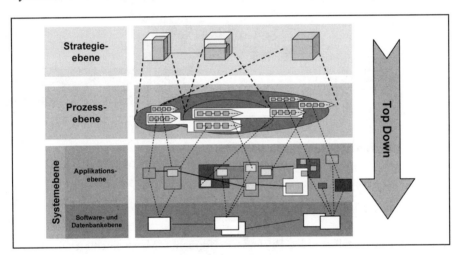

**Abb. 4: Vertikales Alignment (nach [LeWi00, Wint05])**

In der Praxis ist eine solche Durchgängigkeit zwischen den Ebenen des Business Engineering Frameworks nur selten zu beobachten. Insbesondere organisatorische und technische Restriktionen verhindern eine Integration der Ebenen. Eben diese Integration wäre jedoch notwendig, um den in der Definition des BPM-Begriffs postulierten Kreislaufgedanken zu realisieren. Die Thematik der vertikalen Abstimmung wird in Abschnitt 6 im Zusammenhang mit der Definition und Bereitstellung von Kennzahlen erneut aufgegriffen.

Abbildung 5 illustriert das horizontale Alignment: Auf allen Ebenen des Business Engineering Frameworks bedarf es einer Abstimmung zwischen der Geschäftssicht einerseits und der informationstechnologischen Perspektive andererseits. Strategische Vorgaben in der IT existieren nicht zum Selbstzweck, sondern dienen der Unterstützung der Unternehmensstrategie. Zur Abstimmung beider Strategien hilft die Vereinbarung von Budgets, Leistungen und Service Levels. Auf der Prozessebene wird der erforderliche Abgleich zwischen Geschäfts- und IT-Sicht durch Konzepte wie das Service-Management unterstützt. Des Weiteren ist die Verrechnung von Leistungen auf dieser Ebene anzusiedeln. Auf der Systemebene schließlich vollzieht sich die Integration von Geschäfts- und Systemarchitektursicht durch Daten- und Applikationsintegration, die Definition von Schnittstellen und die Nutzung von Standards.

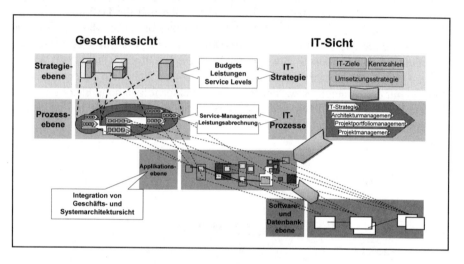

**Abb. 5: Horizontales Alignment [Wint05]**

## 4.2 Closed Loop des BPM

Im doppelten Regelkreis des Business Performance Managements (vgl. Abbildung 6) manifestiert sich einer der grundlegenden Unterschiede zwischen BPM und klassischer Business Intelligence: Klassische BI dient primär dem vergangenheitsbezogenen Reporting und der Diagnose von Fehlentwicklungen und Problemen, während BPM als in die Zukunft gerichteter, umfassender Ansatz zur Planung, Messung und Steuerung der Wertschöpfung von Unternehmen verstanden wird. Die Aktivitäten des Business Performance Managements lassen sich zwei unterschiedlichen Ebenen zuordnen: Auf der strategischen Ebene werden Unternehmensziele und strategische KPIs definiert und die Umgestaltung von Prozessen angestoßen, während sich die operative Ebene vorwiegend mit der Überwachung, Kontrolle und Optimierung von Prozessen befasst [MeWK04]. Abbildung 6 zeigt, dass der strategische Closed Loop mit dem operativen Regelkreis verschränkt ist.

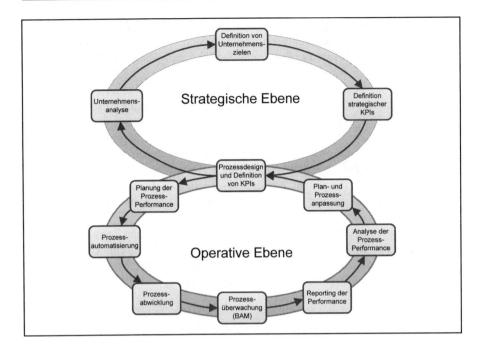

**Abb. 6: Doppelter Regelkreis des BPM (nach [MeWK04])**

Ausgehend von der Unternehmensanalyse und der darauf aufbauenden Definition der Unternehmensziele sind die strategischen KPIs abzuleiten. Diese bilden die Grundlage für die Gestaltung der Geschäftsprozesse, für die Definition von prozessorientierten Leistungskennzahlen und für die Ableitung von operativen Zielvorgaben. Sofern die Prozesse automatisiert sind, kann ihre Ausführung im Rahmen des Business Activity Monitorings (BAM, vgl. auch Abschnitt 2) überwacht werden. Das Reporting und die nachfolgende Analyse der Prozess-Performance liefern Ist-Daten, welche mit den operativen Zielvorgaben abgeglichen werden. Abweichungen von den Zielvorgaben können, sofern von Messfehlern abstrahiert wird, entweder aus ineffizienten Geschäftsprozessen oder aus inadäquaten strategischen Vorgaben und Unternehmenszielen resultieren. Eine eventuell erforderliche Anpassung von Unternehmensstrategie und Geschäftszielen kann ihrerseits wieder zu einer Modifikation der strategischen und prozessorientierten Leistungskennzahlen sowie zu einer kompletten Umgestaltung der Geschäftsprozesse führen.

# 5 Methodologien des BPM

Im deutschsprachigen Raum konzentrierte sich das Interesse des unternehmensinternen Controllings bis Mitte der 1990er Jahre nahezu ausschließlich auf Fragestellungen der Kostenrechnung, während Aspekten der Leistungsrechnung, also des Performance Measurements im engeren Sinn, kaum Aufmerksamkeit geschenkt wurde [Klin01a]. Zu den traditionellen, meist ausschließlich finanziell geprägten Ansätzen für die Beurteilung der Leistungsfähigkeit eines Unternehmens zählen das Finanz- und Rechnungswesen, unterschiedliche Kennzahlensysteme[4] und der in 1950er Jahren entwickelte Tableau de Bord Ansatz. Merkmal moderner Methodologien des Business Performance Managements ist hingegen die Verknüpfung der meist wenig zukunftsorientierten, finanzwirtschaftlich orientierten Kennzahlen mit nicht-finanziellen Messgrößen, welche beispielsweise auf die Einsatzbereitschaft und Innovationskraft der Mitarbeitenden oder auf die Beziehungen zu Lieferanten und Kunden abstellen. Die Berücksichtigung dieser Faktoren ermöglicht die Messung der immateriellen Erfolgs- und Leistungspotenziale eines Unternehmens.

In den folgenden Abschnitten werden die bedeutendsten und bekanntesten Methodologien des Business Performance Managements dargestellt: Die Balanced Scorecard, der Ansatz des Value Based Managements, der Intellectual Capital Ansatz sowie das EFQM Modell für Excellence.

## 5.1 Balanced Scorecard

Zu Beginn der 1990er Jahre entwickelten [KaNo92, KaNo93] eine Methode zur Überführung strategischer Vorgaben in praktisches Handeln und zur Überwachung ebendieses Handelns mit Hilfe von Messgrößen und Zielvorgaben. Dieser Ansatz wurde unter der Bezeichnung „Balanced Scorecard" (BSC) bekannt, weil er dazu anregen soll, ein Unternehmen aus verschiedenen Perspektiven (Finanzen, Kunden, interne Geschäftsprozesse sowie Innovation und Wissen) zu betrachten und diese Perspektiven in ein ausbalanciertes, gleichberechtigtes Verhältnis zueinander zu bringen. Häufig werden die genannten vier Perspektiven durch weitere unternehmensindividuelle Perspektiven (zum Beispiel Risiko-, Kreditgeber-, Organisations- oder Konzernperspektive) ergänzt.

Abbildung 7 zeigt eine typische BSC in schematischer Darstellung. Aus den den einzelnen Perspektiven zugeordneten Fragen lassen sich strategische Ziele ableiten, welche die Verfolgung der Strategie und Vision eines Unternehmens effektiv unterstützen. Die Ausgestaltung der einzelnen Ziele kann je nach Hierarchiestufe unterschiedlich sein, jedoch müssen die Ziele aufeinander abgestimmt sein. Mit Hilfe von Messgrößen werden die strategischen Ziele operationalisiert. Dabei wird häufig zwischen Ergebniskennzahlen und Leistungstreiberkennzahlen unterschieden. Beispielsweise kann die Ergebniskennzahl Kundenzufriedenheit abgeleitet werden aus verschiedenen Leistungstreiberkennzahlen (wie Lieferzeit und Servicequalität), deren Auswahl und Gewichtung die jeweils geschäftsfeldspezifischen wettbewerbsrelevanten Differenzierungsmerkmale eines Unternehmens zum Ausdruck bringt. Den einzelnen Perspektiven werden so genannte Scorecards oder Ergebnistafeln zugeordnet, welche der Strukturierung der Kennzahlen dienen. Um die Verständlichkeit und Übersichtlichkeit zu verbessern, sollte die BSC durch geeignete Management Cockpits (vgl. hierzu Abschnitt 7) ergänzt werden.

[KaNo96] unterstellen eine Ursache-Wirkungskette zwischen den verschiedenen Perspektiven der Balanced Scorecard: Die Ziele der Finanzperspektive stehen an der Spitze, während die Ziele der anderen Perspektiven die erforderlichen Beiträge zur Erreichung der finanzwirtschaftlichen Vorgaben leisten müssen [Wett02].

Ein ausbalanciertes Kennzahlensystem wie die BSC kann dazu dienen, dem Management vor Augen zu führen, welche Zielkonflikte[5] zwischen den einzelnen Messgrößen bestehen. Gleichzeitig werden die Entscheidungsträger dazu angehalten, ihre strategischen Ziele zukünftig so zu verfolgen, dass derartige Trade-Offs zwischen den für den Unternehmenserfolg kritischen Erfolgsfaktoren nach Möglichkeit vermieden werden.

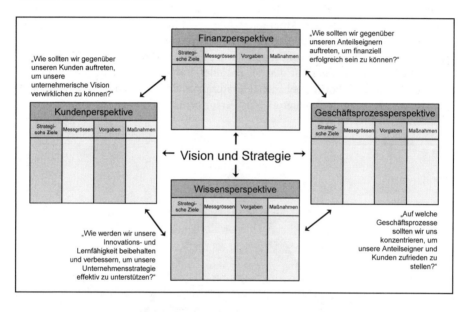

**Abb. 7: Balanced Scorecard [KaNo96]**

[KaNo96] berichten von Unternehmen, die die BSC als Handlungsrahmen und Grundlage für ein integriertes und iteratives strategisches Managementsystem im Sinne des BPM verwenden. Die Methodologie der Balanced Scorecard dient in diesen Unternehmen unter anderem der Entwicklung und Fortschreibung von Vision und Strategie, der Kommunikation und Verknüpfung von strategischen Zielen und Maßnahmen, der Planung, Fortschreibung und Abstimmung von Zielen und strategischen Initiativen sowie der Durchführung von regelmäßigen Leistungsbewertungen zur Verbesserung der Unternehmensstrategie.

## 5.2 Value Based Management

Value Based Management (VBM) stellt ein integriertes Managementkonzept dar, welches auf die langfristige und nachhaltige Steigerung des Marktwerts von Unternehmen abzielt. VBM hat zum Ziel, die Wertorientierung unter dem Dach eines ganzheitlichen strategischen Ansatzes auf allen Unternehmensebenen zu verankern [Laup04].

Im Gegensatz zum traditionellen Shareholder Value Ansatz, welcher lediglich die Wertsteigerung bzw. die Wertbeiträge von Unternehmen und Geschäftsbereichen abbildet, ist das Value Based Management um ein wertorientiertes Steuerungsinstrumentarium auf operativer Ebene erweitert. Dementsprechend weisen wertorientierte Steuerungs- und Controllingsysteme, ähnlich wie auch die Balanced Scorecard, neben finanziellen, primär auf den Shareholder Value (SHV) bezogenen Messgrößen auch nicht-finanzwirtschaftlich orientierte Zielgrößen wie beispielsweise Kunden- und Mitarbeiterziele auf. Für die drei Unternehmensebenen der Portfolio-, Geschäfts- und Prozesssteuerung werden Leistungskennzahlen generiert und auf einige wesentliche Führungsgrößen verdichtet. VBM stellt das Bindeglied zwischen einer auf den Shareholder Value bezogenen Unternehmenssteuerung auf der Portfolioebene (Gesamtunternehmensebene) einerseits und klassischer Messung und Steuerung der Performance auf Geschäfts- und Prozessebene andererseits dar.

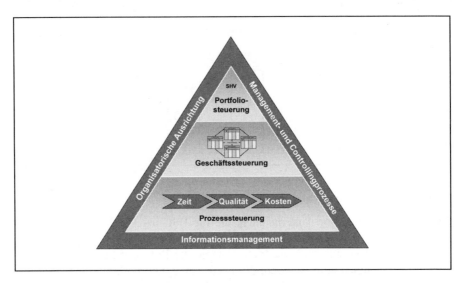

**Abb. 8: Steuerungsebenen des VBM [BrBW01]**

Abbildung 8 zeigt, dass die drei Steuerungsebenen des Value Based Managements durch die Notwendigkeit der Umsetzung in der organisatorischen Ausrichtung, durch die Management- und Controllingprozesse sowie durch das Informationsmanagement eingerahmt werden. Unter diesen Voraussetzungen bietet VBM die Möglichkeit, die operationalisierten und auf die einzelnen Unternehmensebenen herunter gebrochenen Strategien über alle Ebenen hinweg in einen Steuerungskreislauf zu integrieren [BrBW01].

## 5.3 Intellectual Capital

Nach dem Intellectual Capital Ansatz lassen sich stark divergierende Börsenkapitalisierungen von Unternehmen mit vergleichbarer Kapitalausstattung auf nicht in der Bilanz ausweisbare Vermögensbestandteile zurückführen. Diese immateriellen Vermögensgegenstände werden häufig als „Intangible Assets" oder als „Intellectual Capital" bezeichnet und, je nach den individuellen Gegebenheiten eines Unternehmens, unterschiedlich klassifiziert. Das schwedische Versicherungsunternehmen *Skandia* gliedert Intellectual Capital beispielsweise in Human Capital und Structural Capital. Human Capital bezeichnet die individuellen Fähigkeiten und Kenntnisse der Mitarbeitenden, Structural Capital das unternehmensspezifische Wissen der Beschäftigten. Letztere Kapitalart wird weiterhin unterteilt in Customer Capital und Organizational Capital. Als Customer Capital wird das Image des Unternehmens bei den Kunden sowie deren Loyalität zum Unternehmen bezeichnet, und als Organizational Capital die unternehmensintern vorhandene Infrastruktur zur Wissensgenerierung bei den Mitarbeitenden [Hoff02]. [Svei95] hingegen strukturiert die Intangible Assets eines Unternehmens in Kapitalarten der externen und internen Struktur sowie der individuellen Kompetenz der Mitarbeitenden.

Zur Darstellung von Indikatoren des Intellectual Capital existieren in der Praxis verschiedenartige Instrumente und Strukturierungshilfen wie beispielsweise der Intangible Assets Monitor [Svei97] und der Skandia Navigator [FiAn98]. Der Intangible Assets Monitor ordnet den drei o.g. Komponenten des Intellectual Capital nach [Svei95] Indikatoren des Wachstums, der Effizienz und der Stabilität zu, wobei für jedes Feld der so entstehenden Matrix nur eine geringe Anzahl von Messgrößen unter Berücksichtigung der Unternehmensstrategie ausgewählt werden sollte. Der Skandia Navigator orientiert sich hingegen nicht an der Struktur des Intellectual Capital, sondern ähnlich der Balanced Scorecard an sechs Bereichen, auf welche zur Steigerung des Unternehmenswerts besonderes Augenmerk gerichtet werden sollte: Neben den immateriellen Vermögensgegenständen werden zusätzlich die Bereiche Finanzen, Kunden, Mitarbeiter, Prozesse sowie Innovation und Entwicklung fokussiert.

Ähnlich wie beim BSC-Ansatz hat sich aus der Erweiterung der Performancemessgrößen der auf Intellectual Capital fokussierenden Ansätze in den vergangenen Jahren ein umfassender Managementansatz gebildet. Das Management des Intellectual Capital erstreckt sich von der Messung der Kennzahlen über die Wissensdistribution im Unternehmen bis hin zur Kapitalisierung des Wissens [Hoff02].

## 5.4 EFQM-Modell für Excellence

Das von der European Foundation for Quality Management (EFQM) entwickelte Modell ist eine aus neun Kriterien bestehende Rahmenstruktur für die Bewertung des Fortschritts von Unternehmen in Richtung Exzellenz. Im Rahmen von Selbsteinschätzungen eignet sich der Ansatz insbesondere für initiale BPM-Initiativen in Unternehmen.

Das EFQM-Modell unterstellt, dass fünf als Befähiger („Enabler") bezeichnete Kriterien (Führung, Mitarbeiter, Politik und Strategie, Partnerschaften und Ressourcen sowie Prozesse) die vier Ergebnisbereiche eines Unternehmens (mitarbeiterbezogene Ergebnisse, kundenbezogene Ergebnisse, gesellschaftsbezogene Ergebnisse und Geschäftsergebnisse) determinieren [Klin01a]. Die Befähiger-Kriterien beschäftigen sich mit der Art und Weise, wie Unternehmen ihre Hauptaktivitäten abwickeln, während die Ergebniskriterien Auskunft über die in den verschiedenen Bereichen erzielten Ergebnisse geben.

Vergleichbar mit den vorstehend skizzierten Ansätzen des Business Performance Managements verfolgt auch das EFQM-Modell eine Kombination von monetären und nicht-monetären Leistungskennzahlen, wobei im Sinne des Total Quality Managements versucht wird, die unterschiedlichen und teils divergierenden Stakeholder-Interessen umfassender zu berücksichtigen.

# 6 Definition und Bereitstellung von Kennzahlen

Unabhängig von der gewählten BPM-Methodologie stellen die Definition und die Bereitstellung von Leistungskennzahlen für das Business Performance Management anspruchsvolle Aufgaben dar. Bei der Gestaltung von Kennzahlensystemen müssen unter anderem folgende Fragen und Problemfelder adressiert werden [KPMG01]:

- Werden die operativen und strategischen Messgrößen aus der Unternehmensstrategie abgeleitet? Steht das Kennzahlensystem mit den strategischen Vorgaben im Einklang?
- Werden adäquate Leistungskennzahlen verwendet?
- Werden alle Geschäftsprozesse beurteilt? Erfassen die operativen Messgrößen alle kritischen Zwischenfälle, die in den Prozessen auftreten können?
- Erfasst das Kennzahlensystem alle relevanten Veränderungen im Wettbewerbsumfeld sowie in den Umwelt- und Rahmenbedingungen?

Der Prozess der Definition von Leistungskennzahlen lässt sich in neun nicht sequentiell zu interpretierende Schritte gliedern. Die einzelnen Aktivitäten umfassen (1) die eigentliche Definition der Kennzahl, (2) die Definition der Berechnungsvorschrift, (3) die Festsetzung von Zielwerten, (4) die Festsetzung von Grenzwerten, (5) die Definition der fachlichen und technischen Metadaten, (6) die Benennung eines Kennzahleneigners, (7) die Erstellung einer Interpretationshilfe, (8) die Definition der Analysepfade und Kausalketten und (9) die Aufdeckung von Abhängigkeiten zwischen verschiedenen Kennzahlen.

Es ist offensichtlich, dass die eigentliche Definition der Kennzahl den grundlegenden und damit wichtigsten Prozessschritt darstellt. Kritische Faktoren dieses Schritts sind aus fachlicher Sicht die Formulierung einer Zielvorstellung bezüglich der Verwendung des KPI sowie dessen Prozessrelevanz (prozessorientierte Kennzahl) bzw. Relevanz hinsichtlich der strategischen Vorgaben (strategische Kennzahl). Ferner ist auf die ausgewogene Auswahl von KPIs für ein Kennzahlensystem zu achten. Aus technischer Sicht ist die eindeutige Definition der fachlichen Anforderungen bezüglich des Zwecks und der Inhalte der Kennzahl von übergeordneter Bedeutung. Eine klare und von allen Beteiligten mitgetragene Vorstellung über den Verwendungszweck ist Voraussetzung für die unproblematische Definition, Bereitstellung und Aufbereitung einer Kennzahl. Damit ist der gesamte Prozess von der Berücksichtigung der vorgenannten Faktoren betroffen. Ähnliche Erfolgsfaktoren liegen auch dem Prozessschritt der Definition der Berechnungsvorschrift zugrunde. So gilt es, Kosten-Nutzen-Betrachtungen bezüglich der fachlichen Richtigkeit einer Kennzahl im Widerstreit zur technischen Umsetzbarkeit anzustellen und eine gemeinsame Sprache zwischen Fachbereichs- und IT-Vertretern zu finden.

Die Prozessschritte der Definition der Analysepfade und Kausalketten sowie der Aufdeckung von Abhängigkeiten zwischen den verschiedenen KPIs eines Kennzahlensystems nehmen Bezug auf das in Abschnitt 4.1 dargestellte vertikale Alignment: Strategische Vorgaben und Ziele stellen die Grundlage für die Definition der strategischen KPIs dar, aus welchen sich wiederum die Gestalt der Geschäftsprozesse und die Definitionen der prozessorientierten KPIs ableiten.

Analog zum Prozess der Definition von Kennzahlen lassen sich auch (ebenfalls nicht sequentiell zu interpretierende) Aktivitäten festlegen, die bei der Bereitstellung von Kennzahlen zu beachten sind. Dazu gehören (1) die Definition der Datenfelder und der Datenquellen, (2) die Festsetzung der Analysedimensionen, (3) die Festsetzung der Aktualisierungs- bzw. Bereitstellungsfrequenz, (4) die Definition der visuellen Gestaltung bzw. der Struktur des Kennzahlensystems, (5) die Benennung eines Datenverantwortlichen, (6) die Benennung der Berichtsempfänger und (7) die Definition der Berechtigungen.

Kritische Faktoren im Vorfeld des Bereitstellungs- und Aufbereitungsprozesses von Kennzahlen sind primär die Verfügbarkeit sowie die erforderliche Qualität der Quelldaten in den IT-Systemen. Bezüglich dieses Punkts bedarf es auf Fachseite einer gewissen Kenntnis der IT-Abläufe sowie eines Verständnisses für die technische Realisierbarkeit von fachlichen Anforderungen. Außerdem sollten die Fachbereiche verpflichtet werden, für die Verbesserung der Datenqualität einzustehen. Auch bezüglich der Analysedimensionen ist auf Fachseite ein Bewusstsein zu entwickeln, inwieweit der höhere Nutzen von zusätzlichen Dimensionen den teils erheblichen Aufwand für deren Aufbereitung sowie die damit verbundene erhöhte Komplexität des Systems rechtfertigt. Schließlich sollte zu späteren Zeitpunkten durchaus kritisch hinterfragt werden, ob ehemals definierte Kennzahlen weiterhin notwendig und korrekt sind und diese bei Bedarf auch entfernt bzw. angepasst werden.

# 7 Technische Umsetzung von BPM-Lösungen

Für die Realisierung eines BPM-Systems wird vielfach auf aktuelle Entwicklungen der Informationstechnologie, die Unterstützungsprozesse und Systeme für die Umsetzung und Operationalisierung des BPM liefert, zurückgegriffen. Von übergeordneter Bedeutung sind jedoch die umfassende und zielgerichtete organisatorische Verankerung des Business Performance Managements sowie die fachliche Stringenz der Umsetzung. Obwohl die Technologie folgerichtig in der Regel nicht im Vordergrund steht, kommt ihr dennoch eine zentrale Bedeutung bei der Realisierung von BPM-Lösungen zu. Aus der Definition des BPM-Begriffs (vgl. Abschnitt 2) lassen sich die wesentlichen Anforderungen an Tools zur Unterstützung des Business Performance Managements ableiten:

- Umsetzung und Unterstützung der strategischen und operativen Regelkreise,
- Bereitstellung von Planungs- und Steuerungsmöglichkeiten,
- Bereitstellung von Workflow-Mechanismen.

Im Unterschied zum klassischen Data Warehousing haben sich für BPM-Realisierungen noch keine etablierten Architekturen herausgebildet oder durchgesetzt. Zwar dient in den meisten Fällen ein Data Warehouse als primäre Informations- und Datenquelle, jedoch sind die Anbindung weiterer Quellen und insbesondere die Verknüpfung hin zum Prozessmanagement und damit die Realisierung des Closed Loop noch zu individuell gelöst, als dass hier bereits von Standardarchitekturen gesprochen werden könnte.

Vor allem in der betriebswirtschaftlichen Literatur werden die Technologien zur Unterstützung des Business Performance Managements häufig auf Komponenten, die ausschließlich der Darstellung und Visualisierung von Kennzahlensystemen dienen, reduziert. [Hoff02] unterscheidet bei Front End Applikationen als Schnittstellen zwischen Data Warehouse und Endbenutzer zwei verschiedene Applikationsarten: Management Cockpits und Scorecard-Applikationen einerseits sowie Data Mining Applikationen andererseits. Scorecards und Cockpits dienen der Darstellung von Kennzahlensystemen in einem standardisierten, primär in Form von Grafiken visualisierten Format und weisen damit eine Vielzahl an Eigenschaften auf, welche die Überlegenheit dieser Darstellungsform begründen: So liefern diese Applikationen einen schnellen und relevanten Überblick über die wesentlichen Kennzahlen, integrieren, komprimieren und hierarchisieren unterschiedliche zusammenhängende Informationen, bilden diese ohne oder allenfalls mit geringem Zeitverzug zu laufenden Prozessen ab, fokussieren das Blickfeld auf wesentliche Kennzahlen und bieten die Möglichkeit zum Eingriff in die abgebildeten Prozesse durch Steuerung des Inputs [Solb01]. Applikationen des Data Minings weisen hingegen einen grundsätzlich anderen Aufgabenfokus auf: Sie dienen der Identifikation von in den Zeitverläufen der Leistungskennzahlen verborgenen Informationen und Zusammenhängen, welche in den Cockpits und Scorecards nicht unmittelbar zu erkennen sind. Instrumente des Data Minings stellen somit ein probates Hilfsmittel dar, um die dem Kennzahlensystem zugrunde liegenden Annahmen und Modelle periodisch zu überprüfen.

Technologien und Tools zur Unterstützung des Business Performance Managements sind jedoch nicht ausschließlich auf die zuvor genannten Darstellungs- und Visualisierungskomponenten beschränkt, sondern umfassen neben dem Data Warehousing als primäre Daten- und Informationsquelle auch klassische BI-Anwendungen (beispielsweise zur Datenanalyse, zur Entscheidungsunterstützung und zur Kommunikation von Entscheidungen) sowie betriebswirtschaftliche Standardsoftware (ERP-Systeme). Dabei ist zu beobachten, dass sich die Anbieter von BPM- und BI-Software in den vergangenen Jahren hinsichtlich der angebotenen Funktionalitäten aufeinander zu bewegen[6]. Die Unternehmen sehen sich mehr und mehr mit der Notwendigkeit konfrontiert, die Unterstützung des Business Performance Managements als integralen Bestandteil ihrer IT-Strategie anzusehen.

[MeWi04] zeigen, dass Business Performance Management durch die Konvergenz der etablierten, bislang jedoch weitgehend voneinander unabhängigen Technologien und Konzepte Business Process Modelling, Business Intelligence und Enterprise Application Integration (EAI) unterstützt wird: Business Process Automation verbindet Geschäftsprozessmodellierung mit EAI und erlaubt dadurch die automatisierte Ausführung von Geschäftsprozessen sowie von Abläufen, die eine Anbindung an mehrere heterogene Informationssysteme erfordern. Realtime Analytics ermöglicht die Verringerung von Latenzzeiten in der Entscheidungsunterstützung durch die Verbindung von Applikationsintegration und Business Intelligence. Process Performance Management schließt die Lücke zwischen Prozessmodellierung und BI durch die Möglichkeit des Abgleichs von Plandaten mit tatsächlichen Prozesskennzahlen, wodurch Optimierungspotenzial in den Geschäftsprozessen aufgezeigt werden kann (vgl. Abbildung 9).

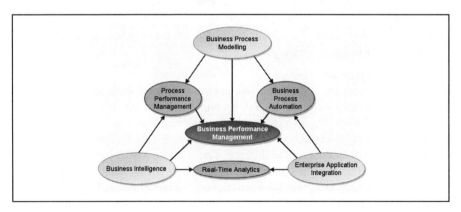

**Abb. 9: IT-Enabler für das BPM [MeWi04]**

Durch das Zusammenspiel von Ansätzen der Geschäftsprozessmodellierung, der Business Intelligence und der Applikationsintegration wird die dynamische Übertragung von Veränderungen auf Ebene der Geschäftsprozesse hin zur Systemebene und vice versa ermöglicht. Hierdurch leistet die IT einen bedeutenden Beitrag zur Integration von strategischen Vorgaben, Unternehmensstruktur, Geschäftsprozessen und Informationssystemen zur Unterstützung des Business Performance Managements [MeWi04].

# 8 Kritische Erfolgsfaktoren des BPM

Da das Business Performance Management eine Vielzahl von Prozessen und Strukturen in einem Unternehmen direkt oder zumindest indirekt berührt, sind die Erfolgsfaktoren für die Umsetzung von BPM-Vorhaben sehr vielfältiger Natur [Brun99, Hoff02, Jung03]. Im Folgenden werden einige bedeutende Aspekte hinsichtlich der organisatorischen Rahmenbedingungen und der organisatorischen Verankerung des Business Performance Managements sowie der Umsetzung von BPM-Projekten dargestellt:

- *Konsequente Ausrichtung des gesamten Führungs- und Steuerungssystems auf das Business Performance Management*
  Die Einführung und Umsetzung eines ganzheitlichen BPM-Konzepts darf nicht unabhängig von den bestehenden Managementsystemen erfolgen. Stattdessen muss das Business Performance Management in die Managementkultur und in die bestehenden Managementkonzepte eines Unternehmens integriert werden. Insbesondere bei der initialen Einführung von BPM-Lösungen ist die Unterstützung und aktive Förderung des Vorhabens durch das Top-Management unabdingbar. Zu beachten ist ferner, dass die Einführung von IT-Applikationen zur Unterstützung des Business Performance Managements ohne eine geeignete organisatorische Einbettung des BPM-Konzepts wertlos wäre: Die bestehenden Management- und Controllingprozesse sind durch die Integration des Kennzahlensystems in die strategische und operative Planung sowie in die Zielvereinbarungen anzupassen.

- *Durchgängigkeit des Ansatzes*
  Mehrfach wurde die Bedeutung des horizontalen und vertikalen Alignments sowie der Berücksichtigung des Top-Down Prinzips bereits betont. Die Sicherstellung der Durchgängigkeit von Ziel- und Kennzahlensystemen von der strategischen Ebene über die operativen Prozesse bis hin zur Systemebene stellt eine große Herausforderung des Business Performance Managements dar. In Bezug auf die Realisierung eines BPM-Projekts ist die Systemebene unbedingt frühzeitig in die konzeptionelle Entwicklung mit einzubinden. Es ist zu beachten, dass eine BPM-Lösung keinesfalls eine detaillierte Unternehmensstrategie ersetzen kann, sondern vielmehr die Umsetzung von strategischen Vorgaben in praktisches Handeln unterstützt und die kontinuierliche Verfolgung der Maß-

nahmen zur Leistungssteigerung auf allen Ebenen ermöglicht. Für die Ableitung und Bereitstellung der Leistungskennzahlen ist ein strukturierter Ansatz zur Ermittlung und Priorisierung von KPIs anzuwenden.

- *IT-Unterstützung des Business Performance Managements*
  Informationstechnologie und Informationsmanagement stellen wichtige Enabler für das Business Performance Management dar. Aus diesem Grund sollte die Entwicklung der IT-Strategie zur Unterstützung des BPM nicht ausschließlich an technische Mitarbeitende delegiert, sondern vielmehr in einem gemischten Team aus Fachbereichs- und IT-Vertretern durchgeführt werden. Dies ermöglicht den IT-Vertretern die frühzeitige Einbindung in und Auseinandersetzung mit dem Entwicklungsprozess von BPM-Lösungen. Umgekehrt sind die Verantwortlichen der Fachbereiche gefordert, sich mit den technischen Optionen und den Implementierungsmöglichkeiten neuer Systeme und Prozesse zu befassen.

- *Konsistente, unternehmenseinheitliche Messung der Performance*
  Die konsistente, unternehmenseinheitliche Messung der Performance mit Hilfe von voraus laufenden ebenso wie nachträglichen, auf den Unternehmenswert abstellenden Messgrößen ist unabdingbar, da anderenfalls die Aussagekraft des Kennzahlensystems geschmälert würde. Es ist zu berücksichtigen, dass auf die Leistungssteigerung abzielende Maßnahmen ihre Wirkung unter Umständen zeitversetzt entfalten sowie vom Konjunkturzyklus des Unternehmens und des Markts beeinflusst werden.

- *Korrekte Herleitung und Interpretation der Kennzahlen*
  Kennzahlen stellen lediglich eine vereinfachte Abbildung der Realität dar und beruhen auf einer Vielzahl von Modellen und Annahmen. Die Validität einer Kennzahl hängt jedoch nicht nur von der Korrektheit der zugrunde liegenden Annahmen ab, sondern auch von der Qualität der Quelldaten. Um eine hohe Datenqualität in den Quellsystemen sicherzustellen, sind die fachbereichs- wie auch IT-seitigen Verantwortlichkeiten klar zu definieren. Schließlich ist zu beachten, dass die Existenz einer Kennzahl nicht per se Nutzen stiftet, sondern dass sich dieser erst auf Grundlage der korrekten Interpretation der Messgröße entfaltet. Ein unternehmenseinheitliches Begriffsverständnis hinsichtlich der Messgrößen und Messverfahren ist diesem Prozess in jedem Fall förderlich.

- *Schaffung einer offenen Informationskultur*
  Eine offene und transparente Informations- und Kommunikationskultur bildet den Grundstein für eine erfolgreiche Einführung und Umsetzung des Business Performance Managements. So müssen alle Stakeholder permanent eingebunden und beteiligt werden, um ihre Erwartungen sowie Ängste und Zweifel erfahrbar zu machen. Es ist beispielsweise explizit darauf hinzuweisen, dass BPM nicht primär auf die Evaluation der Mitarbeitenden abzielt. Dennoch muss der Bezug zwischen den Messgrößen und der individuellen Leistung transparent und erkennbar gemacht werden. Das Verständnis der Zusammenhänge im Sinne der Wertschöpfungskette eines Unternehmens kann durch verstärkte Prozessorientierung gefördert werden. Erzielte Leistungssteigerungen sind zielgruppenspezifisch zu kommunizierten sowie durch adäquate Anreizsysteme zu fördern und zu belohnen.

# 9 Fazit und Ausblick

Viele Unternehmen haben in den vergangenen Jahren als Reaktion auf rechtliche, regulatorische und/oder ökonomische Rahmenbedingungen BPM-Initiativen begründet oder intensiviert. Um einen adäquaten Return on Investment zu erzielen, sollten und müssten Management und Führungskräfte Business Performance Management jedoch nicht nur reaktiv als Pflichtübung und Notwendigkeit im derzeitigen Wirtschaftsumfeld betrachten, sondern vielmehr aktiv als Chance begreifen, die Agilität und Innovationskraft der Unternehmen zu steigern und neue Einblicke in die unternehmerische Tätigkeit zu gewinnen.

Hinsichtlich der verschiedenen Methodologien des Business Performance Managements ist festzustellen, dass sich die bis Mitte der 1990er Jahre vor allem von Beratungsgesellschaften diskutierte breite methodische Vielfalt von Ansätzen des BPM stark reduziert hat. Im Wesentlichen beschränken sich einschlägige Betrachtungen mittlerweile auf geringfügige Modifizierungen des Balanced Scorecard Ansatzes.

Die in Abschnitt 4 geforderte Verknüpfung des BPM mit den Geschäftsprozessen, d. h. die Verknüpfung der strategischen mit der operativen Ebene, ist in der Praxis derzeit noch sehr unzureichend realisiert. Aus diesem Grund kommen die aufgezeigten Nutzenpotenziale des Business Performance Managements bisher nur eingeschränkt zum Tragen.

Im Kontext des Business Performance Management lassen sich zahlreiche künftige Forschungsfelder identifizieren. Zu fachlichen und organisatorischen Fragestellungen zählen beispielsweise die Entwicklung branchenspezifischer BPM-Lösungen und die Übertragung des Konzepts des Business Performance Managements auf den Kontext von Unternehmensnetzwerken und Wertschöpfungsketten. Weiterhin stellen die Berücksichtigung von immateriellen Vermögensgegenständen, die Verknüpfung von internem und externem Rechnungswesen oder auch der Einfluss von kulturellen und ethischen Aspekten offene Fragen dar. Auch hinsichtlich der informationstechnologischen Unterstützung des BPM lassen sich bisher nicht oder unzureichend adressierte Problemfelder ausmachen.

Die Sicherstellung der Durchgängigkeit zwischen Strategie- und Prozess- sowie zwischen Prozess- und Systemebene des Business Engineering Frameworks stellt in diesem Zusammenhang die wohl größte Herausforderung dar. Des Weiteren besteht erheblicher Forschungsbedarf hinsichtlich der Entwicklung eines konsistenten und strukturierten Vorgehensmodells für die strategiekonforme Ableitung und Definition von Kennzahlen.

# Literatur

[AmBa02] Amaratunga, D.; Baldry, D.: Moving from Performance Measurement to Performance Management, in: Facilities, 20. Jg., Heft 5/6, 2002, S. 217 -223.

[BaDe03] Baltaxe, D.; Van Decker, J.: The BPM Transformation - Where it is Today, Where it's Going Tomorrow, in: Business Performance Management, November 2003, S. 6 - 11.

[Brun99] Brunner, J.: Value-Based Performance Management, Wiesbaden 1999.

[BrBW01] Brunner, J.; Becker, D.; Wolfisberg, S.: Value Scorecard - Ansatz zur wertorientierten Konzernsteuerung, in: Klingebiel, N. (Hrsg.): Performance Measurement & Balanced Scorecard, München 2001, S. 91 - 109.

[Erdm03] Erdmann, M.-K.: Supply Chain Performance Measurement - Operative und strategische Management- und Controllingansätze, Lohmar, Köln 2003.

[FiAn98] Fickert, R.; Anger, C.: Accounting - Servicefunktion der Unternehmensführung, in: io Management, Heft 3, 1998, S. 54 - 61.

[Hoff02] Hoffmann, O.: Performance Management - Systeme und Implementierungsansätze, Bern 2002.

[InZG97] Inmon, W. H.; Zachman, J. A.; Geiger, J. G.: Data Stores, Data Warehousing, and the Zachman Framework - Managing Enterprise Knowledge, New York et al. 1997.

[Jung03] Jungmeister, A.: Ganzheitliches Business Performance Measurement in Konzeption und Umsetzung, Vortrag im Rahmen des BPM Symposium, Zürich 2003.

[KaNo92] Kaplan, R. S.; Norton, D. P.: The Balanced Scorecard - Measures that Drive Performance, in: Harvard Business Review, 70. Jg., Heft 1, 1992, S. 71 - 79.

[KaNo93] Kaplan, R. S.; Norton, D. P.: Putting the Balanced Scorecard to Work, in: Harvard Business Review, 71. Jg., Heft 5, 1993, S. 134 - 142.

[KaNo96] Kaplan, R. S.; Norton, D. P.: Using the Balanced Scorecard as a Strategic Management System, in: Harvard Business Review, 74. Jg., Heft 1, 1996, S. 75 - 85.

[Klin01a] Klingebiel, N.: Entwicklungslinien und Aussageerwartungen an Performance Measurement-Systeme, in: Klingebiel, N. (Hrsg.): Performance Measurement & Balanced Scorecard, München 2001, S. 39 - 64.

[Klin01b]  Klingebiel, N.: Impulsgeber des Performance Measurement, in: Klingebiel, N. (Hrsg.): Performance Measurement & Balanced Scorecard, München 2001, S. 3 - 23.

[KPMG01]  KPMG: Achieving Measurable Performance Improvement in a Changing World - The Search for New Insights, http://www.icgrowth.com/resources/documents/achieving_measurable_performance.pdf, 01.09.2005.

[Laup04]  Laupper, U. A.: Wertorientierte Netzwerksteuerung - Neue Werttreiber für Unternehmen in Wertschöpfungsnetzen, St. Gallen 2004.

[Leba95]  Lebas, M. J.: Performance Measurement and Performance Management, in: International Journal of Production Economics, 41. Jg., S. 23 - 35.

[LeWi00]  Leist, S.; Winter, R.: Finanzdienstleistungen im Informationszeitalter - Vision, Referenzmodell und Transformation, in: Belz, C.; Bieger, T. (Hrsg.): Dienstleistungskompetenz und innovative Geschäftsmodelle, St. Gallen 2000, S. 150 - 166.

[Mart04]  Martin, W.: Corporate Performance Management versus Business Intelligence - Fundamentale Unterschiede, Vortrag im Rahmen des CPM Forum, Mainz 2004.

[MeWi04]  Melchert, F.; Winter, R.: The Enabling Role of Information Technology for Business Performance Management, Proceedings of the 2004 IFIP International Conference on Decision Support Systems, Prato 2004, S. 535 - 546.

[MeWK04]  Melchert, F.; Winter, R.; Klesse, M.: Aligning Process Automation and Business Intelligence to Support Corporate Performance Management, Proceedings of the Tenth Americas Conference on Information Systems, New York City 2004, S. 4053 - 4063.

[ÖsWi03]  Österle, H.; Winter, R.: Business Engineering, in: Österle, H.; Winter, R. (Hrsg.): Business Engineering - Auf dem Weg zum Unternehmen des Informationszeitalters, Berlin et al. 2003, S. 3 - 19.

[Solb01]  Solbach, M. C.: Performance Measurement Cockpits für den Pharmaaußendienst, in: Klingebiel, N. (Hrsg.): Performance Measurement & Balanced Scorecard, München 2001, S. 319 - 351.

[Span94]  Spangenberg, H.: Understanding and Implementing Performance Management, Kenwyn 1994.

[Svei95]  Sveiby, K.-E.: Market Value of Intangible Assets, http://www.sveiby.com/articles/MarketValue.html, 01.09.2005.

[Svei97]  Sveiby, K.-E.: The Intangible Assets Monitor, in: Journal of Human Resource Costing and Accounting, 2. Jg., Heft 1, 1997, S. 73 - 97.

[Wett02]  Wettstein, T.: Gesamtheitliches Performance Measurement - Vorgehensmodell und informationstechnische Ausgestaltung, Freiburg i. Ü. 2002.

[Wint03]   Winter, R.: Modelle, Techniken und Werkzeuge im Business Engineering, in: Österle, H.; Winter, R. (Hrsg.): Business Engineering - Auf dem Weg zum Unternehmen des Informationszeitalters, Berlin et al. 2003, S. 87 - 118.

[Wint05]   Winter, R.: Unternehmensarchitektur und Integrationsmanagement, in: Sokolovsky, Z.; Löschenkohl, S. (Hrsg.): Handbuch Industrialisierung der Finanzwirtschaft, Wiesbaden 2005, S. 575 - 599.

# Anmerkungen

[1] In diesem Beitrag bezeichnet die Abkürzung BPM, welche ebenfalls als Kurzzeichen für „Business Process Management" gebräuchlich ist, ausschließlich den Begriff „Business Performance Management". Synonym dazu findet sich in der Literatur auch häufig der Terminus „Corporate Performance Management" (CPM).

[2] In einem solchen Fall rücken meist die Definition und die managementgerechte Aufbereitung von Kennzahlen in den Vordergrund, welche in der Regel aus einem Data Warehouse, ergänzt um weitere Datenquellen, gewonnen werden.

[3] Leistungskennzahlen eines Unternehmens werden auch als „Key Performance Indicators" (KPIs) bezeichnet.

[4] Eines der ältesten und wohl bekanntesten Kennzahlensysteme ist das im Jahr 1919 eingeführte DuPont-System, welches die Kapitalrentabilität (ROI) als Spitzenkennzahl verwendet. Ein häufig diskutierter Kritikpunkt ist deshalb die systeminhärente Förderung und Unterstützung einer Unternehmenspolitik der kurzfristigen Gewinnmaximierung. Das ZVEI-Kennzahlensystem des Zentralverbands der Elektrotechnischen Industrie wurde 1970 vorgestellt und war im deutschsprachigen Raum ebenfalls weit verbreitet.

[5] In diesem Zusammenhang wird auf die grundsätzlich bestehenden Zielkonflikte zwischen Kosten, Zeit und Qualität verwiesen („Magisches Dreieck"): Aufwand, Dauer und Ausführungsqualität eines Vorhabens können grundsätzlich nicht unabhängig voneinander variiert werden.

[6] Zu den Defiziten der klassischen BI wie zum Beispiel der Vergangenheitsbezogenheit vgl. Abschnitt 1. Da Unternehmen ihre Entscheidungen heutzutage auf Grundlage von Echtzeit- oder Beinahe-Echtzeitinformationen treffen, um exakter planen und schneller auf sich verändernde Markt-, Umwelt- und Rahmenbedingungen reagieren zu können, müssen moderne BPM/BI-Applikationen diese Anforderungen unterstützen.

# Entwicklung einer Business-Intelligence-Strategie

*ANDREAS TOTOK*

## Abstract

Empirischen Untersuchungen zur Folge werden über 75% aller Projekte für die Gewinnung analytischer Informationen von der Unternehmensführung oder dem Controlling angestoßen. Die Projekte sind zumeist von strategischer Bedeutung, setzen ein großes Know-how über die Unternehmenssteuerung sowie die betrieblichen Prozesse voraus und erfordern ein hohes Engagement seitens aller Beteiligten. Um den besonderen Anforderungen zur erfolgreichen Umsetzung von Business Intelligence gerecht zu werden, sollten Unternehmen daher eine umfassende Strategie verfolgen. Berücksichtigt werden müssen in diesem Kontext die jeweilige Unternehmenssituation, wie Art des Geschäftsmodells, Unternehmensorganisation, Geschäftsprozesse, vorhandene IT-Infrastruktur und natürlich Kosten-/Nutzenaspekte. Mit Hilfe eines Vorgehensmodells lässt sich eine unternehmensweite Business-Intelligence-Strategie strukturiert und effizient entwickeln.

## Inhalt

| | | |
|---|---|---|
| 1 | Einleitung | 52 |
| 2 | Vorgehensmodell für die Entwicklung einer BI-Strategie | 53 |
| 2.1 | Business-Intelligence-Strategie | 53 |
| 2.2 | Vorgehensmodell | 53 |
| 2.3 | Planung/Steuerung | 54 |
| 2.4 | Information | 55 |
| 2.5 | Architektur | 56 |
| 2.6 | Masterplan | 56 |
| 2.7 | Methoden und Prozesse | 57 |
| 2.8 | Bewertung und Dokumentation | 59 |

| 3 | Ausgewählte Aspekte einer BI-Strategie | 60 |
|---|---|---|
| 3.1 | Kosten und Nutzen bewerten | 60 |
| 3.2 | BI organisatorisch richtig einbinden | 61 |
| 3.3 | Standort bestimmen | 63 |
| 3.4 | Architektur gestalten | 65 |
| 3.5 | Softwareportfolio festlegen | 66 |
| 3.6 | Spannungsfeld erkennen | 67 |
| 4 | Fazit | 69 |

# 1 Einleitung

Business Intelligence (BI) hat sich von einer einstigen Spezial-Disziplin hin zu einem wichtigen und allgemein anerkannten Bestandteil betrieblicher Informationssysteme entwickelt. So verfügen über die Hälfte der deutschen Unternehmen mit mehr als 1.000 Mitarbeitern über Analytische Informationssysteme [Meta04, 37]. Bei mittleren Unternehmen mit 500-999 Mitarbeiter sind es immerhin noch ca. ein Viertel. Der Haupttreiber für BI-Projekte ist mit 81% weiterhin die Automatisierung von manuellen Reporting-Tätigkeiten mit Fokus auf Lösungen für das unternehmensweite Berichtswesen [Meta04, 43].

Der Reifegrad der jeweiligen Analytischen Informationssysteme ist jedoch sehr unterschiedlich. Es gibt ein reiches Spektrum von Anwendungen, das von einfachen Berichtslösungen, die direkt auf operative Systeme zugreifen, bis hin zu Management Cockpits und Realtime Monitoring, basierend auf komplexen Data Warehouses, reicht. In großen Unternehmen wurden hierbei häufig mehrere Projekte unterschiedlicher Art an verschiedenen Stellen realisiert. So sind in der Vergangenheit vertriebs- oder produktionsorientierte Lösungen getrennt von finanzorientierten Anwendungen entstanden. Selbst Unternehmen des gehobenen Mittelstandes kommen heute auf mehrere unterschiedliche Lösungen, die sich alle dem Themenbereich BI zuordnen lassen, aber vollkommen getrennt voneinander entwickelt und genutzt werden. Mit der Trennung der Lösungen geht meist auch eine Trennung der eingesetzten Software einher, selbst wenn diese vergleichbare Funktionalitäten besitzen.

Erfreulicherweise werden dennoch die Geschäftsziele bei BI-Projekten immerhin von 73% der Unternehmen weitgehend erreicht [Pend04, 16]. Demgegenüber ist allerdings auch in 70% der Projekte mindestens ein schwerwiegendes Problem aufgetreten. An erster Stelle wird schlechte Performance genannt, gefolgt von mangelnder Datenqualität und Hindernissen durch die Unternehmenspolitik [Pend04, 22]. Die größte Herausforderung stellen die Konsolidierung und Steigerung der Integrität der zugrunde liegenden Daten sowie die Anpassung der Lösungen an die Geschäftsprozesse und die Steigerung der Effektivität dar [Meta04, 48]. So verfolgen BI-Projekte heute oftmals nicht – wie vorgesehen – Zukunftsthemen, sondern sind hauptsächlich durch Vergangenheitsbewältigung geprägt. Die Konsolidierung heterogener Lösungen, das Redesign von Data Warehouses oder die Reduzierung der eingesetzten Software-Werkzeuge verbunden mit der Förderung des Einsatzes von BI-Suiten sind nur einige Themen in diesem Zusammenhang. Um wieder auf den richtigen Weg zu kommen und sich zukunftsorientiert aufstellen zu können, empfiehlt sich daher die Entwicklung einer BI-Strategie.

## 2 Vorgehensmodell für die Entwicklung einer BI-Strategie

### 2.1 Business-Intelligence-Strategie

In einer Unternehmensstrategie werden der Unternehmenszweck, Chancen und Risiken sowie die Ziele und der Weg zur Erreichung der Ziele beschrieben. Aus den strategischen Zielen werden mittelfristige, operative Ziele und schließlich Pläne sowie Budgets abgeleitet. Seit Jahren steigt der Wert von entscheidungs- und handlungsorientierten Informationen kontinuierlich, z. B. um besser auf Marktveränderungen reagieren zu können. Die Entwicklung einer Strategie, die beschreibt, wie das Unternehmen sich selbst mit Informationen versorgt und wie mit diesen umgegangen wird, erfolgt allerdings noch eher selten. Jedes Unternehmen, das eine zeitnahe und konsistente Versorgung mit Informationen als Erfolgsfaktor begreift, sollte über eine Strategie für Business Intelligence verfügen und diese verfolgen. In dieser Strategie werden fachliche und technische Anforderungen definiert sowie eine passende Architektur beschrieben.

### 2.2 Vorgehensmodell

Das hier beschriebene Modell ist aus der Projekttätigkeit des Autors entstanden. Das Modell orientiert sich in Teilen an der Vorgehensweise, die für die Ableitung von strategischen Zielsystemen typisch ist, beispielsweise bei der Balanced Scorecard oder der Strategy Map [KaNo04, 289]. Ausgestaltet wird das Vorgehen mit den charakteristischen Bestandteilen von Business Intelligence, also den Methoden, Instrumenten, Prozessen und organisatorischen Aspekten, die dazu dienen, aus Daten entscheidungsorientierte Informationen zu gewinnen und diese zur Steuerung der Unternehmensprozesse einzusetzen.

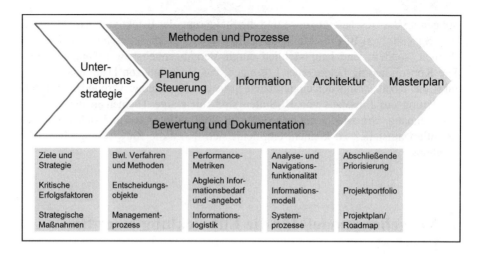

**Abb. 1: Vorgehensmodell für eine BI-Strategie**

Generell hat sich eine BI-Strategie konsequent an den Unternehmenszielen auszurichten und muss letztendlich alle Maßnahmen beschreiben, die durch eine optimale Informationsversorgung den Unternehmenserfolg ermöglichen. Daher ist die Unternehmensstrategie Ausgangsbasis für die Entwicklung einer BI-Strategie. Im Sinne eines zielgerichteten Corporate Performance Management [Hoff02, 88] sollte die Ableitung der Ziele der BI-Strategie top down erfolgen. Neben den Unternehmenszielen bilden die kritischen Erfolgsfaktoren und die strategischen Maßnahmen den Ausgangspunkt für die Herleitung einer Kausalkette, die über verschiedene Zwischenschritte schließlich in einem Masterplan für die Informationsversorgung mündet. In einer Roadmap wird der zukünftige Entwicklungspfad in Form eines Phasenmodells definiert.

## 2.3 Planung/Steuerung

Im Rahmen dieser Projektphase wird das Unternehmen zunächst aus fachlicher Sicht betrachtet. Die angewandten betriebswirtschaftlichen Verfahren und Methoden werden hinsichtlich Ihrer Auswirkungen auf die BI-Anwendungslandschaft untersucht. Hierzu zählen unter anderem die Art der Planung oder Hochrechnung, der Kalkulation oder der Deckungsbeitragsrechnung, die auf einem mittleren Detaillierungsgrad erfasst und systematisiert werden. Einher geht die Identifizierung der Entscheidungsobjekte, wie Kunden, Produkte, Filialen oder interner Organisation. Es handelt sich dabei meist um die betriebswirtschaftlichen Dimensionen in einem multidimensionalen Modell, wie sie für den Aufbau von Analytischen Informationssystemen charakteristisch sind [Toto00, 87]. Verfahren, Methoden und auch Entscheidungsobjekte werden schließlich hinsichtlich ihrer Wirkung im Managementprozess beurteilt. Abb. 2 gibt eine Übersicht über die Wirkung von Business Intelligence.

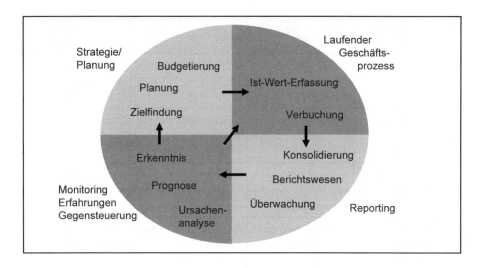

**Abb. 2: Business Intelligence zur Unterstützung des Managementprozesses**

## 2.4 Information

In dieser zentralen Phase des Vorgehensmodells werden in „klassischer" Form Informationsbedarf und -angebot abgeglichen, um eine Deckung zu erreichen. Grundlage hierfür bilden Performance-Metriken, die sich aus kritischen Erfolgsfaktoren und den betriebswirtschaftlichen Verfahren und Methoden ableiten lassen (s. Abb. 5). Es wird bestimmt, welche Informationen zur Unterstützung des Managementprozesses notwendig sind. Dabei wird bis auf die operativen Geschäftsprozesse herunter gebrochen, da BI-Systeme einerseits auf den Daten operativer Geschäftsprozesse basieren, andererseits im Sinne eines Regelkreises („Closed Loop"), operative Geschäftsprozesse durch BI-Systeme gesteuert werden. Daher wird eine Informationslogistik definiert, die das Zusammenwirken der Informationen von Managementprozessen und operativen Geschäftsprozessen beschreibt.

In großen BI-Strategieprojekten kann die Anzahl der ermittelten Informationsbedarfe abhängig von der vorher festgelegten Granularität bis in die Hunderte gehen. Eine sehr anspruchsvolle Aufgabe ist die folgende Clusterung bzw. Typisierung der Informationsbedarfe zu zusammenhängenden Themenblöcken. Diese Aufgabe kann meist nur mit Unterstützung von Schlüsselpersonen des Unternehmens erfolgen, die über sehr gutes internes Querschnitts-Know-how verfügen. In Abb. 3 wird die Dokumentation von Informationsbedarfen in vereinfachter Form dargestellt. Jeder Informationsnachfrager sollte im Rahmen des Strategieprozesses seinen Bedarf anhand der Unternehmensziele erläutern und den Nutzen darstellen können. Informationsbedarfe, die sich nicht in dieser Form herleiten lassen, sind kritisch zu hinterfragen und normalerweise eher niedrig zu priorisieren.

| ID | Informations-bedarf | Beschreibung | Nutzen | Typ | Priori-tät* |
|---|---|---|---|---|---|
| IB 5.1.1 | Reklamationsquote | Detaillierte Statistik nach Reklamationsgründen pro Produkt | Aufdeckung von Qualitätsmängeln | Qualitätsmanagement | 4 |
| IB 5.3.1 | Kundenprofil | Kunden nach Eigenschaften segmentieren und Profile erstellen | Deutliche Steigerung Kundenzufriedenheit durch individuelle Ansprache | CRM | 5 |
| IB 7.1.1 | Profit-Center-Rechnung nach Produkten | Detaillierte Ergebnisrechnung pro PC nach Produkten detaillierbar | Verbesserte Produktplanung | Ergebnisrechnung | 3 |
| IB 7.3.1 | Profit-Center-Rechnung nach Vertriebswegen | Ergebnisrechnung pro PC nach Vertriebs wegen detaillierbar | Verbesserte Vertriebssteuerung | Ergebnisrechnung | 5 |

* 5: entscheidend, 4: sehr wichtig, 3: wichtig, 2: relevant, 1: wünschenswert

**Abb. 3: Erhebung Informationsbedarfe (vereinfachte Darstellung)**

## 2.5 Architektur

Die Bestimmung der geeigneten Architektur für eine strategische Anwendungslandschaft für Business Intelligence ist die Kernaufgabe einer BI-Strategie. Dabei müssen die spezifischen Eigenschaften von Business Intelligence wie für das Datenbankdesign berücksichtigt werden [MoAt03, 191]. Abb. 4 zeigt die wichtigsten Themengebiete als Dimensionen, die bei der Architekturgestaltung berücksichtigt werden sollten. Alle existierenden und auch alle neuen im Rahmen der Strategie ermittelten BI-Lösungen sollten nach den Dimensionen eingeordnet und beschrieben werden. Dadurch wird eine Vergleichbarkeit erreicht und ähnliche Lösungen können identifiziert und gruppiert werden. Dies ist wiederum die Ausgangsbasis für die Ermittlung von Synergiepotenzialen und die Vereinheitlichung der Architektur.

## 2.6 Masterplan

Die Ergebnisse der BI-Strategie werden in Form eines Masterplans festgehalten. Im Masterplan werden alle Initiativen und deren Abhängigkeiten beschrieben, die im Strategieprozess definiert wurden. Eine abschließende Priorisierung über alle – auch konkurrierenden – Anforderungen ermöglicht die Aufstellung eines Projektportfolios. Das Spektrum der Projekte kann dabei vom Aufbau neuer BI-Systeme, über die unternehmensweite Stammdaten-Standardisierung bis hin zum Redesign von Geschäftsprozessen reichen. Wichtig ist, dass durch die Beschreibung der Abhängigkeiten und die übergreifende Priorisierung nachvollziehbar ist, welche Projekte unmittelbare Voraussetzung für Folgeprojekte sind und von welchen Projekten der höchste Nutzen für das Unternehmen erwartet wird.

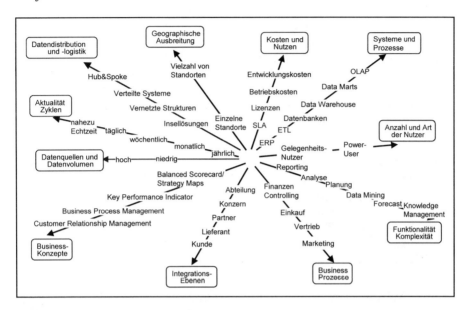

**Abb. 4: Dimensionen einer BI-Architektur**

## 2.7 Methoden und Prozesse

Für die Entwicklung einer BI-Strategie wird eine Auswahl geeigneter Methoden und Prozesse benötigt. Die initiale Entwicklung einer BI-Strategie erfolgt in der Regel in Form eines Projektes. Das Kern-Projektteam sollte sich aus Schlüsselpersonen der Fachbereiche und der IT zusammensetzen. Eine externe Unterstützung ist für die Moderation von Workshops sinnvoll, oder wenn intern nicht genügend Ressourcen oder Know How vorhanden sind. In einem erweiterten Projektteam sollten Vertreter von Unternehmensteilen aufgenommen werden, die BI-Lösungen intensiv einsetzen und ggf. als Multiplikatoren in ihren Bereichen agieren. Bei der Aufstellung des erweiterten Teams muss auf die internationale Vernetzung geachtet werden. Gerade im internen und internationalen Vergleich lassen sich kreative und vielleicht sogar unkonventionelle Lösungen für Business Intelligence identifizieren und gewinnbringend auf andere Bereiche übertragen. Das höhere Management sollte in die Strategiefindung im Rahmen eines Lenkungsausschusses und natürlich als Input-Geber in Workshops und Interviews eingebunden werden. Die in Veröffentlichungen oftmals geforderte herausragende Rolle und ein starkes Engagement des Top Managements in BI-Projekten wird hier nicht verfolgt. Vielmehr ist die Benennung eines Sponsors auf Top-Ebene in Verbindung mit der Teilnahme im Lenkungsausschuß die realistischere Form der Beteiligung

Im Kick-off-Meeting für das BI-Strategieprojekt trifft das erweiterte Projektteam zum ersten Mal zusammen und die Projektziele und die Vorgehensweise werden konkretisiert. Danach folgen Workshops und Interviews zur Ermittlung und Systematisierung der Informationsbedarfe und der relevanten Performance-Metriken (siehe Abb. 5). Die Systematisierung kann durch Einbettung der Metriken in ein Kennzahlensystem, wie nach den Perspektiven einer Balanced Scorecard, erfolgen. In der folgenden Phase werden die Auswirkungen auf Reporting und Analyse untersucht und die Anpassung von bestehenden Applikationen und IT-Systemen überprüft. Hierbei wird das Unternehmen von seinem Reifegrad hinsichtlich des Lebenszyklus der vorhandenen BI-Landschaft her beurteilt.

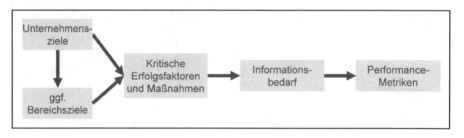

**Abb. 5: Ableitung von Informationsbedarf und Performance- Metriken**

Die Workshops und Interviews müssen intensiv vorbereitet werden und durch eine zielführende Moderation wird sichergestellt, dass Ergebnisse im vorgegebenen Zeitrahmen erzielt werden. Die Tiefe der Diskussion sollte im Kern-Projektteam möglichst vorher abgestimmt werden, um sich nicht in Details zu verlieren. Vereinzelt neigen Teilnehmer an Workshops in Strategieprojekten dazu, die Vergangenheit sehr ausführlich aufzuarbeiten. Hier muss die Moderation die Diskussionsthemen geschickt in Richtung Zukunft steuern. Geeignete Instrumente für die Workshops sind z. B. das Sammeln von Beiträgen mit Metaplan-Karten oder die Dokumentation in Form von Mindmaps. Beim Einsatz von Metaplan-Karten sollte vorher die Farbcodierung festgelegt sein. Werden die Themen z. B. nach den Perspektiven der Balanced Scorecard systematisiert, so ist es sinnvoll, wenn jede Perspektive ihre eigene Farbe besitzt. In den Workshops finden sich unterschiedliche Interessensgruppen zusammen, so dass die Ergebnisse verschiedener Workshops zu konkurrierenden Anforderungen führen können. Die an den Workshops teilnehmenden Mitglieder des Projektteams sollten Gegensätze möglichst schon in den Workshops aufzeigen und frühzeitig klären. Dennoch treten bei der Konsolidierung der Workshop-Ergebnisse häufig Zielkonflikte auf. Deren Auflösung kann z. B. mit Hilfe einer Konfliktmatrix erfolgen. Eine letztendliche Klärung erfolgt in der Regel im Projekt-Lenkungsausschuss unter Beteiligung der Entscheider.

## 2.8 Bewertung und Dokumentation

Die Anzahl der zu behandelnden Metriken, Entscheidungsobjekte und Informationsbedarfe kann im Rahmen einer BI-Strategiediskussion sehr umfangreich werden. Damit hier nicht der Überblick verloren geht, ist eine durchgängige Bewertung und strukturierte Dokumentation aller genannten Themen unerlässlich. Die Dokumentation sollte dabei die notwendige Flexibilität besitzen, um auf veränderte Anforderungen reagieren zu können. Verändern sich z. B. Prioritäten von Zielen, sollte der Einfluss auf Informationsbedarfe und Performance Metriken und damit natürlich auch auf den Masterplan sehr leicht nachvollziehbar sein. Weiterhin sind Auswertungsmöglichkeiten nach verschiedenen Informationsbedarfen oder Performance-Metriken sehr hilfreich, wenn z. B. die Frage gestellt wird, welche Metriken von einander abhängen oder welche Datenquellen „angezapft" werden müssen, um die gewünschte Information zu erhalten. Die traditionelle Art der Dokumentation basierend auf Textverarbeitungs- oder Präsentationsprogrammen hat sich für diese Zwecke als zu statisch herausgestellt. Daher empfiehlt sich die Dokumentation in einem Tabellenkalkulationsprogramm oder sogar als Datenbankanwendung.

| Unternehmensziele | | Priorität* |
|---|---|---|
| Z1 | Kostenstruktur optimieren | 4 |
| Z2 | ROI von 12% erreichen | 5 |
| Z3 | Marktrelevante Markenpositionierung vorantreiben | 3 |
| Z4 | Marktführende Stellung in den wichtigsten, profitablen Marktsegmenten in Europa erreichen | 3 |
| Z5 | Kundenzufriedenheit und Qualitätsbewusstsein erhöhen | 4 |

\* 5: entscheidend, 4: sehr wichtig, 3: wichtig, 2: relevant, 1: wünschenswert

**Abb. 6: Dokumentation der Unternehmensziele**

Die Dokumentation einer BI-Strategie in Form von in Abhängigkeit stehenden Tabellenblättern in einer Tabellenkalkulation wie Excel stellt einen guten Kompromiss zwischen Anwenderfreundlichkeit für nicht IT-Fachleute und Funktionalität dar. Selektionen können z. B. über die Autofilter-Funktion erfolgen und Abhängigkeiten zwischen Zielen, Informationsbedarfen etc. können über „S-Verweise" modelliert werden. Jeder Schritt des Prozesses aus Abb. 5 wird dabei als eigene Tabelle angelegt. Unternehmensziele, Erfolgfaktoren etc. werden über eine eindeutige Nummerierung mit einander in Beziehung gesetzt. Die Prioritäten werden top down durchgerechnet und führen im Endeffekt zu einer Gesamtbewertung. In Abb. 6 wird die Erfassung der Unternehmensziele in einer Tabelle in stark vereinfachter Form gezeigt. Idealerweise liegt das Zielsystem des Unternehmens fertig dokumentiert, z. B. in Form einer Strategy Map vor und muss nur in die Projektdokumentation übernommen werden.

# 3 Ausgewählte Aspekte einer BI-Strategie

## 3.1 Kosten und Nutzen bewerten

Die Frage nach Kosten und Nutzen von BI-Lösungen wird von Unternehmen meist nur sehr zurückhaltend beantwortet. In vielen Unternehmen findet zwar eine kontinuierliche (30%) oder einmalige (47%) Kostenkontrolle statt, es fehlt demgegenüber allerdings die Transparenz des Nutzens (36%) [ChGl04, 125]. Eine unternehmensweite Übersicht über die Kosten von Business Intelligence zu erstellen, fällt vielen Unternehmen schwer, da die Kosten entweder in den verschiedenen Bereichen und Unternehmensteilen separat budgetiert oder viele Kosten gar nicht auf Business Intelligence bezogen erfasst werden. Ein Controlling findet eher projektbezogen auf einzelne Realisierungsschritte, denn ganzheitlich über den Lebenszyklus statt. Kosten und Aufwände lassen sich zwar über geeignete Maßnahmen erfassen, schwieriger wird es aber bei der Nutzenquantifizierung. Wie hoch ist z. B. der monetäre Wert eines wöchentlichen Berichtes? Auf Fragen dieser Art wird in der Praxis gerne mit der Gegenfrage nach den Kosten des Berichtes reagiert. Generell fällt es den meisten Informationsnutzern relativ schwer zu beurteilen, was eine Information für das Unternehmen wert ist.

Die Ermittlung der Ist-Kosten stellt einen ersten Schritt für die Ermittlung der Wirtschaftlichkeit von Business Intelligence dar. Existieren unterschiedliche BI-Lösungen an verschiedenen Stellen im Unternehmen, so werden die zugeordneten Kosten bzw. Aufwände meist nicht zusammenhängend erfasst. In einem vom Autor durchgeführten Projekt gab ein Unternehmen beispielsweise die IT-Betriebskosten für ein großes Data Warehouse im hohen sechsstelligen Bereich an. Die Unternehmensschwester mit einer vom Umfang nur geringfügig einfacheren Lösung bezifferte die Kosten hingegen nur auf ca. 100 Tsd. Euro. Bei genauerer Untersuchung stellte sich heraus, dass etliche Kostenarten nicht verursachungsgerecht zugerechnet wurden. Die Unternehmensschwester rechnete sich damit künstlich auf ein niedriges Kostenniveau, um den allgemeinen Konsolidierungsbestrebungen zu entgehen. Somit konnte die Tochter argumentieren, dass jede Vereinheitlichung nur Mehrkosten für sie mit sich bringen würde. Die Ermittlung der Ist-Kosten sollte sich übrigens nicht nur auf den IT-Bereich beschränken, sondern sich bis zu den Fachanwendern erstrecken.

Aufgrund dieser wechselseitigen Faktoren lässt sich die eigentliche Wirtschaftlichkeit von BI nur sehr schwer ermitteln. Grundsätzlich kann man das Problem auf den Wert einer einzelnen Information zurückführen: je operativer diese ist, d. h. je entscheidender sie für die erfolgreiche Abwicklung eines Geschäftsprozesses ist, desto einfacher lässt sich ihr Wert bestimmen. Kommt z. B. der Verkauf eines Artikels aufgrund einer fehlenden oder falschen Information nicht zu Stande, so entspricht der Wert einer Information im einfachsten Fall dem Deckungsbeitrag des Artikels. Die Nicht-Entscheidung eines Managers aufgrund falscher oder fehlender Information kann das Unternehmen hingegen fast in beliebiger

Höhe belasten, und die Auswirkungen werden im Einzelfall erst nach Monaten deutlich.

Eine oft angewendete Vorgehensweise zur Bewertung der Wirtschaftlichkeit von BI liegt in der qualitativen Nutzenbetrachtung von geplanten Projekten oder Systemen. Der Informationsnutzer beschreibt qualitativ, wie ihm die Information hilft, z. B., dass die Qualität seiner Entscheidungen steigt. Besser ist es, wenn sich der Wert aus einem konsistenten und durchgängigen Zielsystem im Unternehmen ableitet. Aktuelle Informationen über wichtige Performance-Metriken besitzen danach einen hohen Wert. Metriken von niedriger Priorität dürfen nur wenig kosten, da sie einen geringeren Wert besitzen. Der Gesamtwertansatz von BI wird über einen Lebenszyklus betrachtet und dabei an die geplante Entwicklung der Unternehmensziele über einen längeren Zeitraum gekoppelt. Der ROI der BI-Anwendungslandschaft ist damit von den Unternehmenszielen abhängig. Nicht mehr der Informationsnutzer würde fragen, was die Information kostet, sondern das Unternehmen insgesamt vorgeben, was die Information wert ist. Leider kann an dieser Stelle allerdings keine allgemeingültige Berechnungsvorschrift für den ROI von Business Intelligence gegeben werden, da die Anwendungssituationen zu unterschiedlich sind. Jedes Unternehmen benötigt einen individuellen Ansatz, der der jeweiligen Ausprägung von Business Intelligence gerecht wird [WaAb04, 16].

Eine vollständige Kostenermittlung im Rahmen eines Strategieprojektes kann allerdings auch einen ungewollten Effekt haben: Entscheidungsträger, die zum ersten Mal mit den tatsächlichen Gesamtkosten von BI konfrontiert werden, könnten hier spontan zu Kosteneinsparungen neigen, da ihnen auf den ersten Blick die Beträge als zu hoch erscheinen. In einem DAX-notierten deutschen Unternehmen z. B. stellt das Enterprise Data Warehouse inzwischen die höchste Einzelposition im IT-Budget dar. Dies wird vom heutigen Management allerdings auch bewusst akzeptiert.

## 3.2 BI organisatorisch richtig einbinden

Eine Grundlage für erfolgreiche BI ist die richtige organisatorische Einbettung in das Unternehmen. In der Praxis findet man häufig stark verteilte Verantwortlichkeiten für die entscheidungsorientierte Informationsversorgung vor. So existiert meist die klassische Trennung zwischen Fach- und IT-Bereich mit zusätzlichen Differenzierungen, wie Controlling, Vertrieb oder Marketing auf der fachlichen Seite. Im IT-Bereich wird häufig zwischen Datenbankadministration, Entwicklung oder Architektur unterschieden [AdMo04, 183]. Eine gemeinsame Benutzer- oder IT-Organisation für BI ist nur selten anzutreffen. Unternehmen berichten allerdings, dass ihre BI-Aktivitäten insbesondere dann erfolgreich sind, wenn eine starke Brücke zwischen den verschiedenen Betreiber- und Nutzereinheiten geschlagen wird. Dies lässt sich durch die enge Verknüpfung von Prozessen, Inhalten und Funktionen erklären, die für BI-Anwendungen typisch sind. So existiert z. B. bei einem großen deutschen Finanzinstitut eine gemeinsame BI-Einheit, die sowohl Services für die Fachabteilungen wie Analysen, Berichtswesen oder Beratung anbietet, als auch die fachliche und technologische Entwicklung der Systeme verantwortet und zum großen Teil selbst vornimmt. Die Betreuung der technologischen Infrastruktur, wie Aufbau, Installation und Betrieb der Hardware, aber auch die Basiskonfiguration der Datenbanksysteme wird hingegen vom klassischen IT-Dienstleister vorgenommen. Der Vorteil dieser Konstellation liegt im tiefgehenden ganzheitlichen Know How, über das diese BI-Einheit verfügt. Sie ist in der Lage, äußerst kurzfristig auf veränderte oder neue Anforderungen zu reagieren und verfügt darüber hinaus über eine hohe Kreativität bei der Schaffung nutzenbringender BI-Lösungen.

| Competence Center | Entwicklung | Betrieb |
|---|---|---|
| • Konzeptionelle Beratung und Strategieentwicklung<br>• Interne Gliederung nach Business Content<br>• Ansprechpartner für die Kunden/ Teilkonzerne<br>• Organisation des Knowhow-Transfers innerhalb des Konzerns<br>• Führung der KeyUser-Organisation<br>• BI Governance<br>• Projektmanagement<br>• SLA-Management | **Backend**<br>• ETL-Prozesse<br>• Datenbankentwicklung und -optimierung<br>**Anwendungen**<br>• Inhalt nach Business Content, z. B.<br>  • Finanzen (z. B. Konsolidierung)<br>  • Vertrieb (z. B. nach Kanal)<br>• Technologie, z. B.<br>  • BSP<br>  • .NET | • First oder Second Level Support für die Fachanwender<br>• Monitoring: Überwachung und Steuerung aller Data-Warehouse-Systemprozesse<br>• Application Management<br>• Release Management |

**Abb. 7: Referenzorganisation für BI-Systeme**

Eine sinnvolle Möglichkeit ist die Gründung eines Competence Centers, das das Verbindungsglied zwischen Endanwendern, Software-Entwicklung und Betrieb darstellt. Damit ist das Competence Center sowohl für Fachbereiche als auch IT der zentrale Ansprechpartner für Business Intelligence. Das Competence Center muss dabei das Know How für alle relevanten Geschäftsprozesse auf der fachlichen Seite ebenso besitzen, wie für Datenmodell und -integration auf der technischen Seite. Es berät alle Seiten konzeptionell und gewährleistet die strategische Entwicklung und Nutzung der Systeme. Abb. 7 zeigt exemplarisch eine Referenzorganisation für BI-Systeme. Der First Level Support für Fachanwender wurde hier dem Betrieb zugeordnet. Alternativ könnte er aber durch das Competence Center wahrgenommen werden.

Auch wenn keine gemeinsame Einheit für Business Intelligence eingerichtet wird, so sollte im Unternehmen zumindest eine reguläre Basis für den Erfahrungsaustausch und für die abgestimmte Definition neuer Anforderungen vorhanden sein. Hierfür bieten sich z. B. monatlich Meetings der Key User und Projektleiter auf nationaler und zumindest halbjährliche Workshops der Verantwortlichen auf internationaler Ebene an.

Eine aktuelle organisatorische Anforderung an Business Intelligence, die immer häufiger gestellt wird, ist die Auditierung oder Zertifizierung der ablaufenden Prozesse. Insbesondere der Sarbanes Oxley Act aus dem Jahr 2002, der für börsennotierte Unternehmen in den USA seit Anfang 2005 in Kraft getreten ist, wirkt bisher – wenn auch eher indirekt – ebenfalls auf europäische Unternehmen. Vergleichbare Regelungen werden in Kürze von der EU erwartet. Die Dokumentation von Entscheidungsprozessen bis hin zum Nachweis, auf welcher Grundlage eine Entscheidung getroffen wurde, stellt eine neue Herausforderung für Analytische Informationssysteme dar. Die Systeme sollen nicht mehr nur entscheidungsorientierte Informationen bereitstellen, sie sollen darüber hinaus auch dokumentieren, wie mit diesen Informationen umgegangen wird.

Als erster Schritt in Richtung Auditierbarkeit empfiehlt sich die Definition einer BI Governance, die die ablaufenden Prozesse genau beschreibt. Sie soll sicherstellen, dass die BI-Prozesse kontinuierlich auf Unternehmensziele und -prozesse ausgerichtet werden. Insofern kann diese aus einer wie hier beschriebenen BI-Strategie direkt abgeleitet werden. Weiterhin soll durch eine BI Governance bewirkt werden, dass die Ressourcen für BI verantwortungsvoll eingesetzt und Risiken minimiert werden. Eine praktisch erprobte Vorgehensweise für die Betrachtung und Optimierung der IT-Prozesse ist die Information Technology Infrastructure Library (ITIL), die ein Best Practice Framework zur Verfügung stellt [ViGü04, 19]. Mit Hilfe von ITIL können die eigene Aufbau- und Ablauforganisation bewertet und Verbesserungen erreicht werden. Auf der anderen Seite müssen die Prozesse auf fachlicher Seite untersucht werden. Ein Prozess, der häufigen Anpassungen unterliegt, ist der Planungsprozess. Ist z. B. sichergestellt, dass jede Änderung ausreichend an alle Beteiligten kommuniziert und im System abgebildet wird? Werden Entscheidungen im Planungsprozess ausreichend dokumentiert, so dass diese später auch für Kontrollinstanzen plausibel sind? Das Ziel lautet, alle BI-Prozesse verlässlich und nachvollziehbar zu gestalten.

Ein weiterer organisatorischer Aspekt, der auf die IT insgesamt wirkt und damit auch auf BI-Systeme, ist das Outsourcing von Dienstleistungen. Standen in der Vergangenheit eher infrastrukturelle Themen im Vordergrund, so wird jetzt auch über die Auslagerung der Entwicklung von Applikationen diskutiert. Hierbei sollte beachtet werden, dass für Business Intelligence ein tiefgehendes Verständnis der im Unternehmen ablaufenden Prozesse und deren Zusammenwirken mit zahlreichen Systemen notwendig ist. Eine genaue Kenntnis über die ablaufenden BI-Prozesse und deren Dokumentation ist die Voraussetzung für ein erfolgreiches Outsourcing. Die Auslagerung von BI-Prozessen sollte überhaupt nur dann erwogen werden, wenn im Unternehmen bereits entsprechende Erfahrungen gesammelt wurden [Phil04, 104].

## 3.3 Standort bestimmen

Seit der Prägung der Begriffe Data Warehouse, OLAP und Business Intelligence wurden vielfältige praktische Erfahrungen gesammelt. Es hat sich gezeigt, dass viele Ähnlichkeiten in den Projekten auftraten, und es konnte ein Lebenszyklusmodell für Business Intelligence identifiziert werden [Ecke04b, S. 2]. In Abb. 8 werden die verschiedenen Phasen dieses Modells dargestellt. In vielen Unternehmen beginnt Business Intelligence mit einfachen Berichtslösungen, die direkt auf operativen Systemen basieren. Daten können nicht zusammenhängend analysiert werden, außer man legt Papierbahnen nebeneinander. In der zweiten Phase des Modells werden die Verknüpfungen zwischen den verschiedenen Berichten über Excel-Tabellen hergestellt. Die Tabellen können äußerst komplex werden und meistens ist eine Person der alleinige Know-How-Träger für die Funktionsweise dieser Lösung.

Um die dritte Phase des Lebenszyklus zu erreichen, muss das Unternehmen eine größere Hürde überwinden. Erstmalig muss eine größere Investition in BI vorgenommen werden und Standardisierungsaktivitäten beginnen. Als vierter Schritt schließt sich der Übergang zu einem Data Warehouse an, dass verschiedene Themengebiete umfasst und einzelne Data Marts konsolidiert. Die Mehrzahl der Unternehmen weltweit befindet sich zurzeit in den Phasen 3 und 4 (Kind und Teenager).

Für den Übergang zum Erwachsen-Sein muss die zweite große Hürde im Lebenszyklus überwunden werden. Verschiedene Data Warehouses werden im Idealfall zu einem unternehmensweiten Data Warehouse zusammengeführt. Vor diesem Schritt stehen zurzeit viele Unternehmen, zögern aber aufgrund des hohen Aufwandes. In der letzten Phase muss der Sprung hin zu flexiblen BI-Services gelingen, die unternehmensübergreifend wirken. Business Intelligence soll so weit reichend im Unternehmen verankert sein, dass nicht nur das Geschäft, sondern der Markt mit Hilfe von unternehmensübergreifenden BI-Services gesteuert wird. Die wenigsten Unternehmen befinden sich heute in dieser Position.

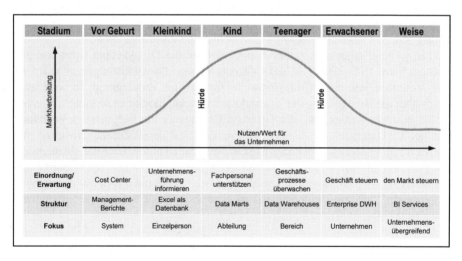

**Abb. 8: Lebenszyklus von Business Intelligence [Ecke04b, 2]**

Im Rahmen der Ist-Analyse einer BI-Strategie sollte das Unternehmen hinsichtlich seiner Position im BI-Lebenszyklus eingeordnet werden. Dabei sollten alle existierenden BI-Lösungen für sich getrennt bewertet und ihre Position in einem Diagramm eingetragen werden. Es ergibt sich ein Gesamtbild für das Unternehmen, das sich seiner Situation bewusst wird und eine Basis für die Planung der Weiterentwicklung erhält.

## 3.4 Architektur gestalten

So vielfältig die BI-Anwendungen, so verschieden sind auch die architektonischen Ansätze, die in Unternehmen nebeneinander existieren. Das große, integrierte, zentrale Data Warehouse ist zwar oftmals vorhanden, deckt häufig aber nicht alle Themen im Detail ab. Gerade die Trennung zwischen produkt-/kundenorientierter vs. finanzorientierter Data Warehouses besteht weiterhin. Eine hundertprozentige Integration der entscheidungsrelevanten Daten ist jedoch aus einer Kosten- und Nutzenbetrachtung nicht auf jeder Ebene sinnvoll, so dass die getrennte Behandlung stark unterschiedlicher Themenbereiche durchaus richtig sein kann. Dennoch sollen die Entscheidungsträger ihre Informationen vereinheitlicht und zusammenhängend erhalten – und das weltweit. Die gewählte BI-Architektur sollte daher einen Bogen über alle Einsatzzwecke spannen und dabei ausreichend Flexibilität bereitstellen.

Die Konsolidierung und die damit einhergehende Standardisierung der BI-Anwendungslandschaft ist meist eine der am höchsten priorisierten architektonischen Anforderungen an eine BI-Strategie. Eine Umfrage belegt, dass sich weltweit 56% der befragten Unternehmen mit der Planung oder Durchführung eines Projektes zur Konsolidierung einer heterogenen BI-Anwendungslandschaft beschäftigen. 11% der Unternehmen haben bereits ein entsprechendes Projekt durchgeführt [Ecke04a, 8]. Erwartet werden vor allem Kosteneinsparungen aber auch eine Verbesserung der informationsverarbeitenden Prozesse und der Qualität. Die Konsolidierung bzw. Ablösung von bestehenden Teilsystemen kann sehr genau aus Kosten- und Nutzensicht beurteilt werden. Entwicklungsaufwände, Soft- und Hardwarekosten können meist gut geschätzt und damit die Amortisationsdauer bestimmt werden. Unternehmen, die bereits entsprechende Projekte durchgeführt haben, berichten darüber, dass sich die Konsolidierung von Data Marts nach durchschnittlich 1-2 Jahren amortisiert hat [Ecke04a, 14]. Konsolidiert und konsequent standardisiert werden sollten möglichst homogene Themengebiete wie das Finanzreporting. Der Prozess beginnt mit der Vereinheitlichung der fachlichen Inhalte, wie der Bildung und Anwendung eines unternehmensweiten Kontenrahmens, der Einigung auf ein Softwareprodukt und der Ableitung einer gemeinsamen Hardwareplattform.

Als Best Practice für eine Standardisierung der Data-Warehouse-Plattform hat sich die Hub&Spoke-Architektur erwiesen. Sie wird allgemein als gängigste Form einer Data-Warehouse-Architektur angesehen [Ecke04a, 17]. Hub&Spoke bzw. Nabe&Speiche bedeutet dabei vor allem, dass sämtliche entscheidungsrelevanten Daten nach einem zentralen Ansatz vereinheitlicht und verarbeitet sowie darüber hinaus auch dezentral bereitgestellt werden. Der große Vorteil dieser Architektur liegt in der Kombination zwischen weitgehender Integration und Vereinheitlichung der Daten in Verbindung mit der Flexibilität, die Daten auch örtlich anwendungsgerecht zur Verfügung zu stellen. Wesentliche Voraussetzung für den Erfolg dieser Architektur ist die richtige organisatorische Einbindung wie in Kapitel 3.2 beschrieben.

Einen großen Einfluss auf Business Intelligence wird künftig eine serviceorientierte Architektur (SOA) erhalten. Die klassischen BI-Anbieter sind zurzeit mit der Anpassung und Ausrichtung ihrer Produkte hin zu Services als Bestandteil einer SOA beschäftigt. Lassen sich bisher webbasierte Reporting- und Analyselösungen meist problemlos in Unternehmensportale einbinden, so ist die Verfügbarkeit von standardisierten BI-Services nur der nächst logische Schritt. Anwendungsentwickler brauchen sich folglich künftig nicht mehr mit immer wiederkehrenden Implementierungen wie parametergesteuerter Reports zu beschäftigen, sondern binden diese direkt als BI-Service in Ihre Applikation ein. Einen echten Mehrwert bringt dabei die Verknüpfung von Daten operativer Applikationen mit den Auswertungen von Data-Warehouse-Lösungen. Dadurch lassen sich z. B. operative Kundendaten elegant mit historischen Informationen in einer Applikation verknüpfen, die für den Anwender als Einheit erscheint. Fachliche und technische Brüche zwischen operativen und dispositiven Systemen können für den Nutzer damit vermieden werden, der seinen Geschäftsprozess zusammenhängend bearbeiten kann. Die Entwicklung wird allerdings nicht bei einfachen Services für Berichte stehen bleiben, sondern wird bis zu vorkonfigurierten Lösungen kompletter Anwendungen reichen.

## 3.5 Softwareportfolio festlegen

Die Vielfalt der am Markt erhältlichen Softwareprodukte für Business Intelligence hat sich trotz zahlreicher Übernahmen in den vergangen Jahren nicht maßgeblich verringert. Allein im jährlich durchgeführten OLAP-Survey wurden von den befragten Teilnehmern 40 unterschiedliche, im Einsatz befindliche OLAP-Produkte genannt [Pend04]. Das Business Application Research Center (BARC) stellt fest, dass immer mehr Anbieter für Reporting- und Analysewerkzeuge auf dem deutschen Markt auftreten [Kell04, 18]. Unternehmen, die einerseits die Anzahl der eingesetzten Werkzeuge verringern möchten, sehen sich andererseits einer immer größer werdenden Anbieteranzahl gegenüber, die durch zum Teil hochprofessionelle Vertriebaktivitäten auf die Fachanwender in den Unternehmen einwirken. Die Festlegung eines Softwareportfolios wird damit nicht einfacher.

Grundlage für die Erstellung eines Softwareportfolios im Rahmen einer BI-Strategie sind die fachlich, technisch und architektonisch priorisierten Anforderungen. Bringen sich in den eher konzeptionellen Workshops einer BI-Strategie unter Umständen nicht alle Teilnehmer aktiv ein, so erlebt man immer wieder, dass bei der Softwareauswahl jeder etwas beisteuern möchte. Die Diskussion kann dabei sehr emotional geführt werden, da jeder das Produkt, an das er sich in der Vergangenheit gewöhnt hat, weiterhin auf der Liste des zukünftigen Portfolios sehen möchte. Andere, die mit bestimmten Werkzeugen negative Erfahrungen gemacht haben, sehen eine willkommene Gelegenheit, diese abzulösen. Die Erstellung eines zukunftsorientierten Softwareportfolios sollte daher für alle transparent und nachvollziehbar sein.

Das Softwareportfolio sollte von der Art der unterstützten Funktionalität (z. B. Planung, Analyse, Berichtswesen, ETL) und der Tragweite (strategisch, taktisch, operativ) bestimmt werden. Einzelne, für das Unternehmen relevante Themenbereiche (z. B. Unternehmensreporting oder Vertriebsplanung), werden in das Portfolio eingeordnet und die bereits im Unternehmen eingesetzte Software entsprechend zugewiesen (Ist). Dabei sollte auch der Lebenszyklus für den Themenbereich im Unternehmenskontext berücksichtigt werden. Danach wird das Plan-Portfolio auf Basis der im Rahmen der Strategiefindung genannten Anforderungen aufgestellt. Das Ziel ist es, für jeden Themenbereich ein führendes Softwarewerkzeug zu ermitteln oder sogar eine dominierende BI-Suite über alle Themenbereiche zu bestimmen. Die Anzahl der eingesetzten Werkzeuge sollte dabei systematisch reduziert werden. Ein Fahrplan bestimmt die zeitliche Abfolge, um den Plan zu erreichen.

Eine häufig angewandte Strategie zur Vereinheitlichung des BI-Softwareportfolios ist, BI-Werkzeuge und Software für operative Informationssysteme, wie z. B. für ERP (Enterprise Resource Planning) vom selben Hersteller zu beziehen. Immerhin 70% der an einer weltweiten Umfrage beteiligten Unternehmen gaben an, mindestens eine BI-Anwendung eines Softwareanbieters zu nutzen, der sie bereits mit operativen Anwendungssystemen versorgt [Whit04, 10]. Der Erfolg von SAP BW dürfte maßgeblich auf diese Verknüpfung von operativer Anwendung und Analytischen Informationssystem zurückzuführen sein. Wird bei einer Vereinheitlichung allerdings kein Wert auf die Erhaltung einer größtmöglichen Funktionalität gelegt, sondern steht die Herstellerbindung im Vordergrund, so kann dies zu schwerwiegenden Akzeptanzproblemen führen.

## 3.6 Spannungsfeld erkennen

Bei der Entwicklung von unternehmensweiten BI-Strategien müssen in der Praxis immer wieder Hürden genommen und Widerstände überwunden werden. Zwar ist den meisten Beteiligten bewusst, dass eine effiziente Unternehmenssteuerung nur auf Basis einheitlicher und konsistenter Informationen möglich ist, dennoch stößt man immer wieder auf divergierende Bereichsinteressen, die eine gemeinsame Lösung erschweren. Die Sensibilisierung, dass die verschiedenen Anwendungen durch die sie verbindenden Geschäftsprozesse zusammenhängend betrachtet werden müssen, wird manchen Unternehmensvertretern erst im Rahmen von Strategieworkshops deutlich. Hier liegt es am Projektteam, die Zusammenhänge ausreichend zu verdeutlichen und alle Prozessbeteiligten an einen Tisch zu holen. Ein Thema, das in BI-Strategieprojekten häufig genannt, in der Praxis allerdings gerne vernachlässigt wird, ist die mangelnde Vereinheitlichung von Stammdaten. Die Verantwortlichen eines operativen Systems pflegen oft die Stammdaten nur so gut, wie sie sie für ihre tägliche Arbeit benötigen. Abhängigkeiten zu Folgesystemen wie Data Warehouses sind entweder unbekannt oder der Stellenwert nicht nachvollziehbar. Ein Masterplan für Business Intelligence muss solche Probleme aufdecken und Initiativen beschreiben, um sie zu lösen. Die Lösungen liegen dabei nicht nur im technischen sondern im fachlichen oder sogar menschlichen Bereich.

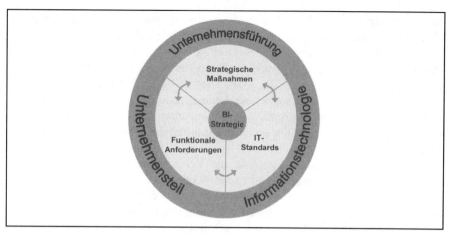

**Abb. 9: BI-Strategie im Spannungsfeld**

In Abb. 9 wird das Spannungsfeld, in der sich eine BI-Strategie bewegt, vereinfacht dargestellt. Die Unternehmensführung gibt die strategischen Maßnahmen und Ziele vor, die durch eine BI-Strategie erreicht werden sollen. Die Unternehmensteile bzw. -bereiche wiederum sind vor allem an einer individuellen, ihrer Geschäftsprozesse optimierenden Funktionalität interessiert, die sie im Rahmen der Strategiefindung adressieren. Die IT legt demgegenüber Wert auf die Standardisierung von Prozessen und Systemen. Abb. 10 gibt exemplarisch eine genauere Darstellung von häufig genannten Anforderungen wider.

| Unternehmensführung |
| --- |
| ▪ Bessere Qualität der angebotenen Informationen<br>▪ Erschöpfende Betrachtung des Unternehmens aus allen Perspektiven<br>▪ Verbesserung der Kosten-/Nutzenrelation für Business Intelligence |
| Unternehmensteile/-bereiche |
| ▪ Neue Metriken und Entscheidungsobjekte<br>▪ Erweiterung der Funktionalität für Analyse und Reporting<br>▪ Schnellere und genauere Verfügbarkeit von Informationen |
| Informationstechnologie |
| ▪ Reduzierung des Umfangs der eingesetzten Softwareprodukte<br>▪ Konsolidierung von Data Marts und Data Warehouses<br>▪ Standardisierung der Prozesse |

**Abb. 10: Beispiele für Anforderungen im Rahmen einer BI-Strategie**

Im Rahmen des Strategieprojektes müssen diese in Einklang gebracht werden. Voraussetzung für den Erfolg einer unternehmensweiten BI-Strategie ist ein durchgehend kommunizierter und gelebter Masterplan, der den Anforderungen von Unternehmensführung/Holding und Unternehmensteilen/-bereichen gerecht wird. Nur, wenn keiner oder nur noch ein möglichst geringer Bedarf nach eigenen, individuellen Lösungen der verschiedenen Bereiche existiert, macht eine gemeinsame BI-Strategie wirklich Sinn.

## 4 Fazit

Das Ergebnis einer BI-Strategie ist ein abgestimmter Masterplan für die Informationsversorgung im Unternehmen, der die strategische Ausrichtung beschreibt. Dieser Masterplan legt unternehmensweite Standards fest und enthält ein durchgehend priorisiertes Projektportfolio mit einem Fahrplan für die kommenden Jahre. Eine BI-Strategie ist allerdings keinesfalls statisch. Vielmehr ist sie analog zur Unternehmensstrategie kontinuierlich Veränderungen und Anpassungen unterworfen. Daher sollte eine BI-Strategie von vornherein als kontinuierlicher Prozess verstanden werden, der immer wieder Rückwirkung auf Masterplan und Roadmap hat. Das Unternehmen verschafft sich durch das Aufsetzen einer BI-Strategie Luft, um sich zukunftsorientierten Projekten zuzuwenden und die Vergangenheit somit zu bewältigen.

---

**Hinweise für eine erfolgreiche BI-Strategie**

- Leiten Sie die Business-Intelligence-Strategie klar aus der Unternehmensstrategie ab.
- Schaffen Sie eine durchgängige Priorisierung aller Anforderungen.
- Erstellen Sie eine umfassende Übersicht aller Ist-Kosten für Business Intelligence. Berücksichtigen Sie dabei auch Aufwände der Fachabteilungen.
- Verlangen Sie, dass der Nutzen jeder Information zumindest qualitativ definiert wird.
- Stimmen Sie ein Software-Portfolio ab, das im Unternehmen verpflichtend einzuhalten ist.
- Wählen Sie eine BI-Architektur, die integriert ist aber auch Luft für außerordentliche Lösungen lässt, wie eine Hub&Spoke-Architektur.
- Schaffen Sie eine Betreiberorganisation, die fachliche Nutzer und IT eng miteinander verzahnt.
- Definieren Sie Ihre BI-Prozesse und leiten Sie sich eine BI-Governance für Ihr Unternehmen her.
- Das Outsourcing von BI-Aktivitäten ist äußerst anspruchsvoll. Werden Sie sich erst Ihrer BI-Prozesse voll bewusst, ehe Sie in dieser Richtung vorgehen.

# Literatur

[AdMo04] Adelman, Sid; Moss, Larissa Terpeluk: Data Warehouse Project Management, 4. Auflage, Boston et al. 2004.

[ChGl04] Chamoni, Peter; Gluchowski, Peter: Integrationstrends bei Business-Intelligence-Systemen – Empirische Untersuchung auf Basis des Business Intelligence Maturity Model, in: Wirtschaftsinformatik, 46. Jg., Heft 2, Februar 2004, S. 119 - 128.

[Ecke04a] Eckerson, Wayne: In Search of a Single Version of Truth: Strategies for Consolidating Analytic Silos, in: TDWI report series, August 2004, S. 2 – 32.

[Ecke04b] Eckerson, Wayne: Gauge Your Data Warehousing Maturity, in: What Works – Best Practices in Business Intelligence and Data Warehousing, S. 2 – 5.

[Hoff02] Hoffmann, Olaf: Performance Management – Systeme und Implementierungsansätze, 3. Auflage, Bern et al. 2002.

[KaNo04] Kaplan, Robert S.; Norton, David P: Strategy Maps – Der Weg von immateriellen Werten zum materiellen Erfolg, Stuttgart 2004.

[Kell04] Keller, Patrick: Markttrends Berichts- und Analysewerkzeuge, in: BARC-Guide – Business Intelligence und Performance Management 2004/2005, München 2004.

[Meta04] META Group Deutschland GmbH: Business Intelligence – Marktanalyse und Markttrends Deutschland 2004.

[MoAt03] Moss, Larissa T.; Atre, Shaku: Business Intelligence Roadmap – The Complete Lifecycle for Decision-Support Applications, Boston 2003.

[Pend04] Pendse, Nigel: The OLAP Survey 4 Preview, 2004, www.survey.com/olap.

[Phil04] Philippi, Joachim: Outsourcing und Offshoring von Business Intelligence-Lösungen – Empirische Studien und Praxiserfahrung, in: Schelp, Joachim; Winter, Robert (Hrsg.): Auf dem Weg zur Integration Factory – Proceedings DW2004, Heidelberg 2004, S. 73 – 106.

[Toto00] Totok, Andreas: Modellierung von OLAP- und Data-Warehouse-Systemen, Wiesbaden 2000.

[ViGü05] Victor, Frank; Günther, Holger: Optimiertes IT-Management mit ITIL, 2. Auflage, Wiesbaden 2005.

[WaAb04] Watson, Hugh J.; Abraham, Dorothea et al.: Data Warehousing ROI: Justifying and Assessing a Data Warehouse, in: Business Intelligence Journal, Spring 2004, S. 6 – 17.

[Whit04] White, Colin: Developing a BI Strategy for CRM/ERP Data, in: TDWI report series, October 2004, S. 2 – 31.

# Business Intelligence Reifegradmodelle

## Reifegradmodelle als methodische Grundlage für moderne Business Intelligence Architekturen

KLAUS-DIETER SCHULZE, CARSTEN DITTMAR

## Abstract

Die derzeitige Marktsituation im Bereich Business Intelligence zeichnet sich durch eine Vielfalt unterschiedlichster Ansätze zur Analyse und Auswertung von Geschäftsprozessen aus. Der folgende Beitrag liefert einen Ansatz, um die Heterogenität der verschiedenen, in der Praxis unter der Bezeichnung Business Intelligence zusammengefassten Lösungen in Form eines Reifegradmodells zu kategorisieren und auf dieser Basis jeweils strategische Implikationen abzuleiten.

Die Ausgangssituation skizziert zunächst, warum bisherige Methoden zur Beurteilung von bestehenden Lösungen nur z. T. erfolgreich eingesetzt werden können. Darauf aufbauend erfolgt die Ausarbeitung von Anforderungen an einen methodischen Ansatz für den erfolgreichen Aufbau und die Weiterentwicklung von Business Intelligence Systemen. Auf dieser Basis bietet Mummert Consulting mit dem Business Intelligence Maturity Model (biMM®) einen Ansatz, um den Reifegrad von Business Intelligence-Lösungen zu evaluieren und insofern strategische Implikationen methodisch abzuleiten. Abschließend werden typische Entwicklungen entlang des Reifegradmodells exemplarisch dargestellt.

## Inhalt

| | | |
|---|---|---|
| 1 | Ausgangssituation im Business Intelligence Umfeld | 72 |
| 2 | Anforderungen an Reifegradmodelle für Business Intelligence Lösungen | 75 |
| 3 | biMM® – Business Intelligence Maturity Model | 79 |
| | 3.1 Stufen des Modells | 80 |
| | 3.2 Vorgehen zur Bestimmung des Reifegrads auf Basis des Modells | 84 |
| | 3.3 Entwicklungen entlang des Modells | 84 |
| 4 | Fazit | 86 |

# 1 Ausgangssituation im Business Intelligence Umfeld

Unter der Bezeichnung Business Intelligence (BI) hat sich ein neues Begriffsgebilde im Umfeld der entscheidungsunterstützenden Systeme in Theorie und Praxis etabliert. Allerdings verbirgt sich hinter dem Terminus weniger eine einzelne Lösungsmethode oder technische Systemklasse als vielmehr eine begriffliche Klammer für eine Vielzahl von unterschiedlichen Ansätzen zur Analyse und Auswertung von Geschäftsprozessen und zum Verstehen relevanter Wirkungszusammenhänge in Unternehmungen [DiGl02; KeMU04].

Glaubt man den Vorträgen der gängigen BI- oder Data Warehouse-Konferenzen, haben sich in den meisten Unternehmen unternehmensweite BI-Systeme etabliert und wir befinden uns im Zeitalter des Real Time oder Active Data Warehousing und systemgestützte Lösungen aus dem Bereich des Corporate Performance Management oder Balanced Scorecarding werden zur Steuerung des Unternehmens genutzt. Befragt man dagegen die Unternehmen selbst, kommt man zu deutlich anderen Ergebnissen. So wurde z. B. 2004 in einer Studie festgestellt, dass nur rund 40% der Studienteilnehmer dem Kernziel eines Enterprise Data Warehouse nahe kommen [Mumm04]. Neben mangelnder Integration von Daten sind die Datenqualität, eine zu geringe Flexibilität und als zu hoch empfundene Kosten die Hauptprobleme, die seit Jahren in der Praxis diskutiert werden.

Unabhängig vom jeweiligen betriebswirtschaftlichen Anwendungsbereich zeichnet sich im Allgemeinen ein erfolgreiches BI-System dadurch aus, dass es die richtige Information zum richtigen Zeitpunkt in der richtigen Form zum richtigen Anwender bringt, um mit den geeigneten Funktionalitäten seine Analyseaufgaben zu befriedigen. Daraus lassen sich die fünf wesentlichen Treiber eines BI-Systems differenzieren:

- **Inhalt:** Welche Informationen werden dem Anwender zur Verfügung gestellt?
- **Periodizität:** Wann und mit welcher Aktualität werden dem Anwender Informationen zur Verfügung gestellt?
- **Präsentationsform:** Wie werden dem Anwender die Informationen zur Verfügung gestellt?
- **User:** Wem werden die Informationen zur Verfügung gestellt?
- **Funktion:** In welcher Art und Weise können die zur Verfügung gestellten Informationen analysiert werden?

Häufig werden z. B. aufgrund von übertriebenen Herstellerversprechen und einer vorschnellen Adaption von ‚Hype'-Themen, die von den bekannten Marktauguren protegiert werden, in Bezug auf diese Treiber Maximalanforderungen gestellt:

- **Inhalt**
  Unter dem Schlagwort Enterprise Data Warehouse wird vielfach eine Maximalforderung nach der möglichst vollständigen Integration aller im Unternehmen verfügbaren Daten in einem analyseorientierten System aufgestellt. Im Zusammenspiel mit dem Thema Metadatenmanagement findet sich dahinter nicht selten der erneute Traum eines unternehmensweiten Datenmodells wieder.
  Betrachtet man die Realität in den Unternehmen, stellt sich die Ist-Situation allerdings anders dar. Unternehmen mit einer weit entwickelten BI Landschaft haben zwar ihre Kernsysteme zur Unterstützung der wichtigsten Geschäftsprozesse integriert. Daneben existierten häufig aber auch noch Spezialsysteme, die entweder aus einer speziellen Datenquelle getrieben werden oder historisch gewachsen sind. Eine Integration dieser Systeme schafft aus Sicht der Anwender keinen fachlichen Mehrwert und wird deshalb auch nicht weiter vorangetrieben.

- **Periodizität**
  Aktuell aus den Fachdiskussionen kaum noch wegzudenken ist der Begriff des Real Time Data Warehouse, der sich aus der Forderung nach einem Real Time Enterprise ableitet. Hinter diesem Paradigma verbirgt sich die Zielsetzung, dass man für sämtliche Ereignisse im Unternehmen in Echtzeit Analyseinformationen bereitstellen muss, um ein unmittelbares steuerndes Eingreifen zu erlauben.
  Bei dieser Maximalanforderung wird jedoch oft übersehen, dass die reine Bereitstellung von Datenbeständen in Echtzeit an sich kein Selbstzweck ist, sondern nur dann die Reaktionsfähigkeit verbessert, wenn auch die Prozesse der Informationsverarbeitung in Echtzeit laufen. Hierbei stehen allerdings organisatorische Fragestellungen und nicht das BI-System im Vordergrund. Nur in den seltensten Fällen rechtfertigt der zusätzlich erzielte Geschäftsnutzen die Kosten für die Bereitstellung von Daten in Echtzeit sowie für die Anpassung der darauf aufbauenden Informationsverarbeitungsprozesse.

- **Präsentationsform**
  In diesem Bereich wird die Diskussion derzeit durch Begriffe wie Dashboards, personalisierte BI-Portale oder die nahezu unbegrenzte Ad Hoc Reportingfähigkeit geprägt.
  Die Realität in den meisten Unternehmen zeigt allerdings, dass insbesondere bei Anbindung einer breiten Masse von Anwendern der größte Teil der Anforderungen durch einfache Standardreports abgedeckt wird.

- **User**
  In der Dimension User steht aktuell der Begriff der Information Democracy im Fokus. Aus dem Demokratiebegriff wird die Anforderung nach einer möglichst umfassenden Nutzung durch eine möglichst große Anzahl von Usern abgeleitet, weil sich dadurch – quasi automatisch – die optimale Informationsversorgung im Unternehmen sicherstellen lässt.
  Zum einen wird jedoch vernachlässigt, dass die meisten Unternehmen keine Demokratien sind, so dass sich aus betrieblichen Notwendigkeiten und nicht

aus demokratischen Prinzipien Anforderungen an User ableiten lassen. Zum anderen gilt weiterhin für den überwiegenden Teil der Anwender die Aussage des renommierten Zukunftsforschers John Naisbitt: „we are drowning in information but starved for knowledge"[Nais82, 24]. Demzufolge haben Anwender in der Regel schon mehr Informationen als sie verarbeiten können und die Suche nach geeignetem Wissen innerhalb der auf sie einstürzenden Informationsflut ist eine zeitintensive Tätigkeit.

- **Funktion**
  Lösungsansätze in diesem Umfeld sind in der Regel durch Hersteller getrieben und zeigen sich in ‚Functions and Features'-Diskussionen bei Toolauswahlprozessen.
  Es steht nicht die fachlich notwendige Anforderung im Vordergrund, sondern vielmehr die technische Machbarkeit bzw. Leistungsfähigkeit einzelner Werkzeuge. Ganz im Gegenteil zeigt sich in der Praxis, dass Planungsfunktionen, Data Mining Algorithmen oder umfangreiche grafische Aufbereitungen eher die klare Domäne von wenigen Spezialisten in den Unternehmungen sind.

Die Gegenüberstellung der bei den einzelnen Treibern intensiv diskutierten Maximalforderungen und der Realität in den Unternehmen zeigt, dass eine eindimensionale Betrachtung nicht ausreicht. Vielmehr setzen sich BI-Systeme in der Praxis aus einzelnen Komponenten zusammen, die jeweils durch die Kombination der Ausprägung der Treiber geprägt sind.

Der Außendienstmitarbeiter einer Versicherung (User) benötigt beispielsweise einmal pro Monat (Periodizität) Standardreports (Präsentationsform) ohne Bedarf nach weiteren Analysemöglichkeiten (Funktion) zu seinen Kunden oder Produkten (Inhalt). Dagegen werden im Accounting (User) Informationen aus den Buchhaltungssystemen (Inhalt) benötigt, um z. B. quartalsweise (Periodizität) Bilanzen aufstellen und auswerten zu können (Präsentationsform). Zudem sind Funktionen erforderlich, um aufgrund unterjähriger Publizitätsanforderungen ‚Fast Close'-Abgrenzungen zu bilden, die auf einer fachlich korrekten Hochrechnungsermittlung basieren.

Demzufolge lässt sich abschließend ableiten, dass pauschale Lösungsansätze, die sich ausschließlich an einer Dimension orientieren, nur eine unzureichende Unterstützung bei der Lösung der realen Probleme darstellen. Vielmehr gilt die Devise, dass es im Bereich BI keine Standardlösungen gibt, sondern vielmehr die durch die Kombination der Treiber gekennzeichneten Komponenten unternehmensindividuell bestimmt werden müssen und zu einer kundenindividuellen Lösung führen.

Zur Notwendigkeit der individuellen, differenzierten Lösung für jedes Unternehmen kommt als zusätzliche Herausforderung die dynamische und kontinuierliche Entwicklung von BI-Systemen hinzu. In der Praxis ist die plakative These von Barquin, Paller und Edelstein „Data Warehousing is a journey, not a destination" [BaPE97, 155] aktueller denn je. So entstehen in den meisten Unternehmen immer wieder neue Komponenten bzw. auf Basis neuer Anforderungen entwickeln sich bereits erstellte Komponenten dynamisch weiter.

Dabei sehen sich die Unternehmen mit konfliktären Zielen konfrontiert. Anhand der folgenden Abbildung, die den Zielkonflikt zwischen den grundsätzlichen Zielen beim Aufbau und Betrieb eines BI-Systems in Form eines Dreiecks visualisiert, kann diese komplexe und anspruchsvolle Aufgabe skizziert werden.

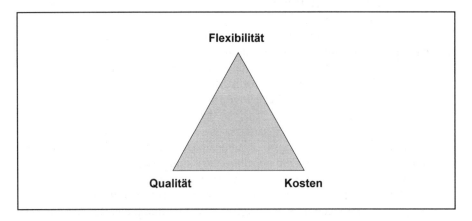

**Abb. 1: Zielkonfliktsdreieck Business Intelligence**

Aus Sicht des Anwenders ist eine höchstmögliche Flexibilität gefragt. Immer neue Analysen mit verschiedensten Kennzahlen, in neuen Darstellungsformen oder Detaillierungsgraden, in hoher Qualität sollen kurzfristig erstellt werden können. Der Verantwortliche für die BI-Lösung hat dagegen die Qualität im Sinne von Datenqualität, Verfügbarkeit oder Performance im Fokus. Dieser Konflikt kann i. d. R. nur zu Lasten des dritten Ziels, der Kosten, aufgelöst werden.

Angesichts einer dynamischen Entwicklung und sich verändernder Zielsetzung scheitern viele Unternehmen nicht an der einmaligen projektbezogenen Auflösung der Zielkonflikte sondern an der immer wieder notwendigen Anpassung der Tarierung zwischen den Zielen.

# 2 Anforderungen an Reifegradmodelle für Business Intelligence Lösungen

Reifegradmodelle messen die Qualität, mit der Softwareentwicklungen in einer bestimmten Organisation bzw. deren Softwareentwicklungsbereich betrieben werden und dienen insofern zur Beschreibung von Lebenszyklen und zur Beurteilung von Qualitätsstandards bei Informationssystemen [MeSt99]. Eines der bekanntesten Reifegradmodelle stellt dass Capability Maturity Model (CMM) vom Software Engineering Institute der Carnegie Mellon University dar [ChGl04]. Spezifische Modelle, die sich ausdrücklich dem Bereich von BI-Systemen widmen, sind jedoch in der Literatur nur in Ansätzen zu finden. Bevor der Lösungsvorschlag von Mummert Consulting mit dem Business Intelligence Maturity Model vorgestellt wird, sollen zunächst vor dem Hintergrund der Ausführungen im einleitenden Abschnitt Anforderungen aufgestellt werden, die für ein Reifegradmodell zur Beurteilung von bestehenden BI-Lösungen gelten.

Viele der aktuellen Architekturansätze und Methoden im Bereich BI gehen von einem ‚Grüne Wiese'-Ansatz aus und suggerieren insofern den Anwendungsunternehmen eine Möglichkeit, entsprechende Gestaltungsentscheidungen mit einer großen Anzahl von Freiheitsgraden treffen zu können. Da wir uns aber in einem entwickelten Markt befinden, gibt es nur wenige Kunden, die nicht zumindest in Teilbereichen BI-Elemente im Einsatz haben. Die meisten Unternehmen haben ganz im Gegenteil schon erhebliche Investitionen getätigt, so dass ein entsprechendes Reifegradmodell bei der Analyse der schon bestehenden Ist-Situation Unterstützung leisten und Lösungsansätze bieten sollte, die schon vorhandenen Komponenten zu berücksichtigen. Referenzmodelle, die keine Möglichkeiten bieten, existierende Lösungen mit einzubeziehen, sind deshalb praxisfern.

In einem engen Zusammenhang dazu steht die Anforderung, dass auf Basis der Analyse der Ist-Situation die vorhandenen Komponenten auch in eine zukünftige Architektur mit einfließen müssen. Insofern sind also durch das Reifegradmodell auf Basis der vorhandenen Lösungen strategische Implikationen für weitere Entwicklungsschritte schlüssig abzuleiten. Analog zu Gerhard Hauptmanns Ausspruch „Wer nicht weiß, was ist, wie will er voraussagen, was werden soll" gilt, dass die Ableitung einer BI-Strategie ohne Analyse der bestehenden Ausgangssituation und dessen Berücksichtigung nicht zielführend sein kann.

Bei der Überarbeitung oder Weiterentwicklung von BI-Systemen werden vielfach sehr einfache Zielbilder skizziert, die sich häufig an Standardlösungen wie einer Hub and Spoke-Architektur orientieren. Die folgende Abbildung gibt eine übliche Darstellungsform wieder.

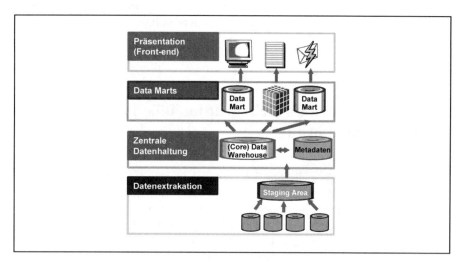

Abb. 2: Idealtypische Hub and Spoke-Architektur

Vor dem Hintergrund der Aussagen in Bezug auf die Heterogenität bestehender BI-Lösungen im einleitenden Abschnitt wird jedoch klar, dass auch das Zielkonstrukt in den meisten Unternehmen deutlich differenzierter aussehen wird. Ein entsprechendes idealtypisches Referenzbild stellt in diesem Sinne häufig allenfalls die finale Situation in einem Kontinuum dar und schon in einer ersten Detaillierung offenbart sich eine große individuelle Komplexität. Die nachfolgende Abbildung visualisiert dies in Form der Gegenüberstellung der idealtypischen Referenzarchitektur mit einer konkreten Architekturausprägung aus der Praxis.

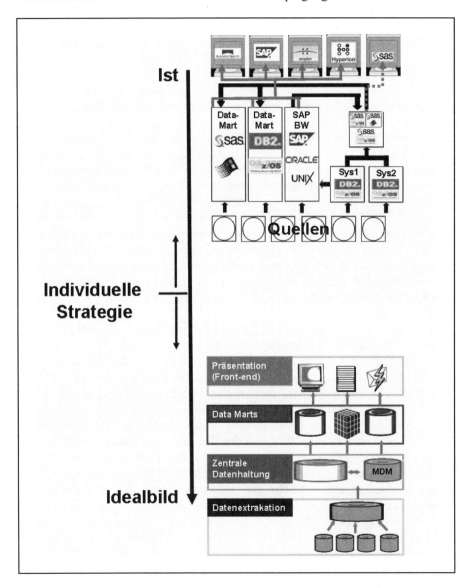

Abb. 3: Konkrete Architektur versus idealtypischer Referenzarchitektur

Daraus folgt, dass eine Ableitung von differenzierten Zielbildern als weitere Anforderung an ein Reifegradmodell für BI-Lösungen zu stellen ist. Diese Differenzierung des Zielbildes ist bedeutsam, um ausgehend von der Ist-Situation eine klare Richtung einschlagen zu können bzw. den Projektscope richtig festlegen zu können.

Die vorhandenen Methoden und Ansätze fokussieren sich auf eine Projektperspektive. Für eine bestehende Ausgangssituation bzw. Anforderungssituation wird eine Problemlösung im Rahmen eines Projekts angeboten. Angesicht der aktuellen Probleme in Unternehmen lässt sich allerdings feststellen, dass die wesentlichen Herausforderungen vielfach nicht in den Projekten, sondern in der dauerhaften Sicherstellung von Qualität und Flexibilität zu vertretbaren Kosten liegen. Darüber hinaus ist es aus zu kurzfristigen projektbezogenen Betrachtungsweisen häufig nicht möglich, einen ganzheitlichen ROI für eine BI Gesamtlösung abzuleiten. Erst mit einer mittelfristigen Strategie lassen sich die Investitionen rechtfertigen. Demzufolge sollte ein Reifegradmodell eine projektübergreifende Betrachtung liefern.

Weiterhin geben die vorhandenen Ansätze oftmals keine ausreichende Antwort auf den Umgang mit der sehr hohen Dynamik im BI-Umfeld. Im Allgemeinen können für die Dynamik drei Treiber identifiziert werden. Die Veränderung der Vorsysteme macht eine ständige Anpassung der Datenaufbereitung notwendig. Veränderte fachliche Anforderungen ergeben sich aus Veränderungen im Business des Anwenders. Letztlich ergibt sich ein hoher Teil der Dynamik aber auch aus dem Lerneffekt beim Anwender selbst. Insofern entwickelt sich der Anwender mit dem System, so dass z. B. die anfänglich ausreichenden Standardreports im Laufe der Zeit durch das Erkennen der Möglichkeiten von BI-Systemen seinen Informationsbedarf nicht mehr befriedigen und er höhere Anforderungen stellt. Ein Reifegradmodell sollte demnach die inhärente Dynamik eines BI-Systems berücksichtigen.

Schließlich steht in den meisten Lösungsansätzen nahezu ausschließlich eine technische Perspektive wie beispielsweise die jeweilige Architektur im Vordergrund der Betrachtung. Gerade BI ist jedoch ein deutlich fachlich getriebenes Thema und die dahinterstehende Technik insofern kein Selbstzweck. Wie im einleitenden Abschnitt skizziert, sind zur Flexibilitätssteigerung nicht nur technische Lösungsmöglichkeiten, sondern insbesondere organisatorische Ansätze gefragt. Diese beiden Dimensionen werden in den bestehenden Ansätzen häufig unzureichend berücksichtigt. Will man den dargestellten Zielkonflikt lösen, lässt sich dies nur durch ein Zusammenspiel von sinnvollen fachlichen Fragestellungen realisieren, denen eine Lösung aus technischen und organisatorischen Elementen entgegensteht. Insofern stellt sich die Anforderung, dass ein Reifegradmodell keine ausschließliche Fokussierung auf die reine technik- bzw. architekturorientierte Perspektive liefern sollte.

## 3 biMM® – Business Intelligence Maturity Model

In diesem Abschnitt wird aufgezeigt, wie die formulierten Anforderungen durch ein spezifisches Reifegradmodell erfüllt werden können. Als Beispiel für ein entsprechendes, speziell auf BI zugeschnittenes Reifegradmodell wird hierbei das biMM® – Business Intelligence Maturity Model vorgestellt [Mumm04].

Mummert Consulting hat zusammen mit den Universitäten Duisburg-Essen und Düsseldorf unter Mitwirkung der Hochschule St. Gallen ein Modell entwickelt, mit dem sich der Reifegrad der BI-Lösungen eines Unternehmens bestimmen lässt. Dem Business Intelligence Maturity Model (biMM®) liegt eine Lebenszyklusbetrachtung zugrunde, in welcher der BI-Prozess in fachlich-funktionaler, technischer und organisatorischer Hinsicht qualitativ analysiert und bewertet wird.

Die folgende Abbildung 4 gibt einen Überblick über das Modell und die einzelnen Entwicklungsstufen. Zum besseren Verständnis des Modells werden die einzelnen Stufen im Weiteren näher erläutert und die Vorgehensweise zur Bestimmung des jeweiligen Reifegrades einer BI-Lösung wird vorgestellt. Abschließend erfolgt noch die nähere Erläuterung einiger typischer Entwicklungen entlang des Reifegradmodells.

Das Business Intelligence Maturity Model basiert sowohl auf den wissenschaftlichen Erkenntnissen der beteiligten Hochschulen, als auch auf den umfassenden praktischen Erfahrungen der Mitarbeiter von Mummert Consulting aus einer Vielzahl der in den letzten Jahren durchgeführten BI-Projekte.

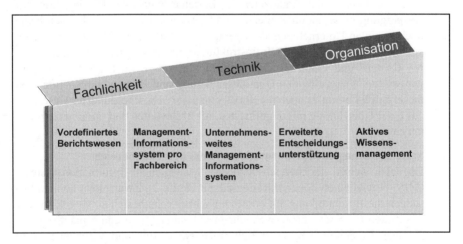

**Abb. 4: Das Business Intelligence Maturity Model (biMM®)**

## 3.1 Stufen des Modells

Im Folgenden werden die Stufen des Modells mit ihren wesentlichen Charakteristika beschrieben. Die Orientierung bilden dabei immer die drei Dimensionen Fachlichkeit, Technik und Organisation.

- **Stufe 1: Vordefiniertes Berichtswesen**
Grundlage vieler BI-Lösungen ist im Regelfall der Bedarf eines Unternehmens, ein vordefiniertes Berichtswesen (Stufe 1) einzusetzen, um dispositive Funktionen erfüllen zu können. Durch das standardisierte Reporting soll erreicht werden, dass Lenkungsaufgaben mit Hilfe eines einheitlichen Datenmaterials in homogener Darstellung wahrgenommen werden können, ohne Energie in der formalen Durchdringung zu verlieren, die für inhaltliche Abstimmungen effizienter genutzt werden könnte. Allerdings wird dieses Anliegen durch Datenredundanzen und semantische Divergenzen in einfachen Berichtssystemen oft nicht erfüllt. Kennzeichnend für die unterste Stufe des BI-Reifegradmodells biMM® sind starre Reports, die jeweils vorwiegend fachbereichsbezogen einen dauerhaft definierten Ausschnitt des Berichtsbedarfs abdecken, so dass sich eine systemübergreifende Integration kaum realisieren lässt. Gleiche Inhalte werden daher im Einzelfall in den unterschiedlichen Hierarchiezweigen der Unternehmen parallel berichtet, was schlimmstenfalls zu Inkonsistenzen führen kann. Ein solches Reporting besitzt keine nennenswerte Analysefunktionalität, sondern wird neuen Anforderungen periodisch durch Änderung oder Ergänzung der Berichte angepasst. Die beschriebene Ausprägung entscheidungsunterstützender Systemlösungen findet sich heute noch in vielen Unternehmen als (operatives) Standardberichtswesen und wird als fester Bestandteil der IT-Infrastruktur weder hinsichtlich der zurechenbaren Kosten- und Nutzenaspekte kritisch hinterfragt, noch greifen Anstrengungen zur übergreifenden Qualitätssicherung und Prozessorganisation. Auf dieser Stufe kommt es auch regelmäßig zu einer „Entscheidungsparalyse", die aus einer Überflutung mit ungefilterten, oft irrelevanten und unvernetzten Daten entsteht.

- **Stufe 2: Management Informationssystem pro Fachbereich**
Dagegen weisen fachbereichsbezogene Management Informationssysteme (MIS) bereits einen höheren Reifegrad auf (Stufe 2). Zwar bleibt bei den Lösungen die Beschränkung auf einzelne Fachbereiche bestehen, sie bilden aber - in diesen Grenzen - einen weitgehend redundanzfreien und semantisch eindeutigen Datenraum ab, der mittels freier Navigation und Visualisierung in mehrdimensionalen Datenbeständen untersucht werden kann (ad hoc-Analysefunktionalität). Da solche Berichtssysteme mit einer eigenen Datenhaltung arbeiten, stehen Datenhistorien und damit auch Periodenvergleiche bzw. Zeitreihenanalysen zur Verfügung. Die eigenständige Datenhaltung wird über sogenannte ETL-Prozesse bewirtschaftet, wobei ETL für „Extraktion, Transformation & Laden" steht. Hiermit wird der Vorgang beschrieben, der die Quelldaten ausliest, die Bereinigung und Integration dieser Daten durchführt und sie in ihre Zielstrukturen überführt. Die Implementierung von

ETL-Prozessen erlaubt eine weitgehende Automatisierung der gesamten Datenbereitstellung für das Berichtssystem, erfordert aber gleichzeitig auch eine Aufbau- und Ablauforganisation, die mindestens das Entwicklungsprojekt sowie den produktiven Betrieb sicherstellen kann. Dabei werden die Systeme oftmals im Rahmen einer einzelnen Initiative mit vorgegebenem Projektbudget erstellt, so dass eine systematische Erweiterung der Lösungen unterbleibt.

- **Stufe 3: Unternehmensweites Management Informationssystem**
  Der Schritt vom fachbereichsbezogenen zum unternehmensweiten Management Informationssystem (Stufe 3) vollzieht sich durch die vereinheitlichte Nutzung fachlicher, technischer und organisatorischer Ressourcen aus weiten Teilen des Unternehmens. Von einem Enterprise Management Informationssystem wird erwartet, dass es das Unternehmensberichtswesen redundanzfrei und bereichsübergreifend abdeckt, wobei eine einheitliche Semantik zugrunde liegt. Dieses Ziel kann nur durch den Einsatz ausgereifter Technologien in Verbindung mit einer soliden Data Warehouse-Architektur erreicht werden, die sowohl den Qualitäts- und Stabilitätsansprüchen an eine geschäftlich bedeutsame Anwendung als auch den Flexibilitätsanforderungen der Märkte und Anwender gerecht wird. Eine solche Lösung muss professionell (weiter-) entwickelt und betrieben werden, was sich durch eine eigenständige BI-Organisation erreichen lässt. BI-Strategie, Anforderungs-Management, Implementierungs- und Wartungsprojekte und nicht zuletzt die Betriebssicherheit der BI-Lösung sind wichtige Management-Aufgaben, die von einer hohen Führungsebene gesponsert werden, da bedeutsame betriebliche Funktionen und Entscheidungen auf der Lösung beruhen.

- **Stufe 4: Erweiterte Entscheidungsunterstützung**
  Eine erweiterte Entscheidungsunterstützung auf Basis der BI-Lösung steht ab der Stufe 4 zur Verfügung. Anspruchsvolle Analysemethoden und -werkzeuge vergrößern die Auswertungsoptionen signifikant und die Funktionalität des Systems ist nun so vollständig, dass der gesamte Management-Kreislauf aus Analyse, Planung und Steuerung sowohl daten- als auch prozessseitig unterstützt wird. Den Anwendern stehen semi-strukturierte Daten und intelligente Methoden für die Datenaufbereitung zur Verfügung, wie z. B. Data Mining für die Analyse oder Trendextrapolation für die Planung. Durch Einsatz von Portaltechnologien gelingt es, an der Oberfläche unterschiedliche Informationsquellen zusammenzuführen. Die Bereitstellung entsprechender Werkzeuge stellt einen Teil der technischen Herausforderungen in dieser Entwicklungsstufe dar, eine andere Aufgabe liegt in der Unterstützung komplexer Prozesse durch die Integration eines BI-bezogenen Workflow-Managements. Um diese Aufgaben erfolgreich umzusetzen, ist eine unternehmensweit operierende BI-Organisation zu etablieren, die im Sinne des Servicegedankens die BI-Prozesse auf die optimale Informationsversorgung aller Usergruppen ausrichtet. Dazu gehört auch eine verursachungsgerechte Kostenverteilung, die ihre steuernde Wirkung auf die Mittelallokation ausüben soll.

- **Stufe 5: Aktives Wissensmanagement**
  Den gemäß dem Modell höchsten Reifegrad (Stufe 5) haben BI-Lösungen, mit denen aktives Wissensmanagement betrieben wird. Letztlich zeigen entsprechende Lösungen den Weg zur Umsetzung der Vision eines Knowledge Warehouse [Kurz99; Ditt04]. So können Unternehmen unter Nutzung adäquater technischer Infrastrukturen wie Enterprise Application Integration (EAI)-Plattformen ihre BI-Lösung in Echtzeit mit Daten versorgen, so dass eine extrem kurzfristige Informationsbereitstellung ermöglicht wird. Ein anderer Ansatz besteht darin, im BI-System Regeln zu hinterlegen, anhand derer automatisiert Entscheidungen getroffen und Geschäftsprozesse angestoßen werden können. In Verbindung mit der real time-Fähigkeit ergeben sich ganz neue Möglichkeiten, um auch Geschäftsmodelle mit komplexen Entscheidungen sehr kurzfristig und hochgradig automatisiert zu unterstützen. Auf dieser Entwicklungsstufe bietet eine BI-Lösung hierzu zusätzlich unstrukturierte Daten sowie den Zugriff auf einen Operational Data Store (ODS) an, der als spezialisierte Architekturkomponente operative Daten enthält. Hierdurch erfolgt die Erweiterung der dispositiven Datenbasis, um Detailinformationen bis auf Belegebene zu erlauben und um dem Anwender die Möglichkeit zu eröffnen, sich bis auf den Kern von Einzelproblemen herunterarbeiten zu können. Der damit verknüpften Gefahr einer Überfrachtung mit unwichtigen Detailinformationen soll durch Einsatz intelligenter und automatischer Selektionskriterien in Verbindung mit aktiver Präsentation wichtiger Informationen auf der Basis von Push-Mechanismen begegnet werden. Die Reaktionen der Anwender auf die angebotenen Informationen dienen hierbei dem Aufbau individueller Benutzerprofile, um die jeweiligen Präferenzen im Zeitablauf mit adaptiven Lernverfahren besser einschätzen zu können. Die klassische Zweiteilung in operative und dispositive Informationsverarbeitung kann damit nicht mehr aufrechterhalten werden; stattdessen verschwimmen die Grenzen zwischen den Lösungen. Dies spiegelt sich auch in der Organisation wider, da die BI-Lösung prozessseitig ähnlich den operativen Systemen betrieben wird. Dies ist einerseits notwendig, da sie hochintegriert in die operativen Geschäftsprozesse ist, andererseits wird der Einfluss auf den Geschäftserfolg als unternehmenskritisch eingestuft. Zur optimalen Steuerung wird daher das Instrument des Business Performance Measurement auch auf die BI-Prozesse selbst angewendet.

Zusammenfassend werden BI-Lösungen, die einen Reifegrad gemäß der Entwicklungsstufen 1 oder 2 erreicht haben, lediglich als Werkzeuge verstanden, welche zur Unterstützung der unternehmerischen Kernprozesse eingesetzt werden. Auch wenn sie als fachbereichsbezogene MIS durchaus einen beachtlichen Wirkungsgrad erzielen können, werden sie doch primär nur zur nachgelagerten Analyse und Berichterstattung genutzt. Dieser Zustand ändert sich auch in der Stufe 3 nur graduell, wenngleich sich hier bereits ein unternehmensweiter Abdeckungsgrad erreichen lässt. Zum integralen Bestandteil der Unternehmensführung werden dagegen BI-Lösungen, die mit einem Reifegrad ab Stufe 4 die Kennzeichen eines umfassenden Werkzeugs für das Business Performance Management (BPM) aufweisen. Abgedeckt werden dabei sowohl die verschiedenen Unternehmensbereiche (Vertrieb, Controlling etc.) und Management-Funktionen (Analyse, Planung, Steuerung) als auch die verschiedenen Granularitätsebenen (hoch verdichtet bis ins Detail), die für die Unternehmensführung entlang der definierten Strategie benötigt werden. Wird zusätzlich gemäß der Stufe 5 die Einbettung der BI-Lösung in die operativen Prozesse und Systeme vollzogen und wird sie mit weiteren Management-Systemen wie Quality Management oder Knowledge Management vernetzt, ist der aus heutiger Sicht maximale Reifegrad erreicht. Im Endzustand ist BI dann über alle Unternehmensebenen von der Strategie bis zum operativen Tagesgeschäft in die unternehmerische Organisation integriert.

Die Entwicklungsstufen des BI Reifegradmodells biMM® bauen aufeinander auf, so dass eine höhere Stufe einen fortgeschrittenen Status des Systems symbolisiert. Allerdings sind im Gegensatz zu anderen Reifegrad-Modellen nicht alle Stufen obligatorisch zu durchlaufen. Das Modell stellt eher ein Klassifizierungsschema mit fünf unterschiedlichen Zuständen dar, wobei nicht alle Unternehmen unbedingt höhere Entwicklungsstufen anstreben. Zum Beispiel kann ein Unternehmen mit dem geringen Ausbaugrad ‚Vordefiniertes Berichtswesen' die betriebswirtschaftlichen Notwendigkeiten vollständig abdecken und braucht aus diesem Grund keine zusätzlichen Mittel in das System zu investieren, um einen höheren Stand und weitere Ebenen im Sinne des Modells zu erreichen. Dies gilt insbesondere für die vierte und fünfte Stufe, die aus heutiger Sicht nur im Einzelfall auf Basis von dedizierten Business Cases implementiert werden sollten.

Über alle fünf Entwicklungsstufen hinweg erfolgen Analyse und Bewertung einer BI-Lösung anhand der drei Untersuchungsperspektiven

- **Fachlichkeit,**
- **Technik,**
- **Organisation.**

Auf diese Weise wird sichergestellt, dass nicht eindimensionale Aspekte (z. B. nur die technische Implementierung) ausschlaggebend für die Einstufung sind, sondern breit gefächerte Kriterien aus allen relevanten Perspektiven hinzugezogen werden. Dieser differenzierte Ansatz ist ein wesentlicher Bestandteil des BI Reifegradmodells biMM®, denn BI-Implementierungen zeigen in der Praxis immer wieder unterschiedliche Reifezustände aus den drei genannten Perspektiven. Ein Unternehmen, welches sich beispielsweise in den Perspektiven „Technik" und „Fachlichkeit" auf der niedrigen Entwicklungsstufe des ‚Vordefinierten Berichtswesens' befindet, kann in Bezug auf die „Organisation" die höhere Entwicklungsstufe ‚unternehmensweite BI-Organisation' erreicht haben. Dieser Zusammenhang ließe sich beispielhaft wie folgt konkretisieren: Das Unternehmen betreibt ein organisatorisch ausgefeiltes, jedoch technologisch rudimentäres Management Reporting auf Excel-Basis.

Nachdrücklich sei noch einmal betont, dass das Modell keine zwanghafte Weiterentwicklung auf höhere Reifegradstufen impliziert. Solange also ein einfaches Reporting auf Excel-Basis den Anforderungen des Unternehmens genügt, besteht kein Automatismus, eine höherwertige technische Lösung anzustreben. Eine Weiterentwicklung der BI-Lösung auf eine höhere Reifestufe wird gemäß Business

Intelligence Maturity Model also ausschließlich durch das Geschäfts- und Managementmodell des Unternehmens getrieben.

## 3.2 Vorgehen zur Bestimmung des Reifegrads auf Basis des Modells

Zur Bestimmung des Reifegrads bestehender BI-Lösungen wird mit dem Business Intelligence Maturity Audit (biMA®) eine Methode angeboten, mit deren Hilfe bestehende Systeme detailliert untersucht werden können. Aus 15 Analysebausteinen, die sich aus den Dimensionen Fachlichkeit, Technik und Organisation ableiten, werden je nach Problemstellung Schwerpunkte für ein individuelles Audit ausgewählt. Für die Analysebausteine stehen jeweils bis zu 150 Einzelkriterien zur Verfügung, die als Grundlage für die Arbeit in Workshops oder Interviews verwendet werden können.

Die Unternehmen haben durch biMA® die Möglichkeit, eine systematische Standortbestimmung durchzuführen, aus der die spezifischen Stärken und Schwächen und das individuelle Potenzial aufgezeigt werden. Darüber hinaus sind Vergleiche zum ‚Best-of-Class' der Branche oder aber die Positionsbestimmung im Gesamtvergleich des Marktes möglich. Auf dieser Basis kann eine individuelle strategische Vision entwickelt werden. Zudem lassen sich konkrete Handlungsempfehlungen ableiten, mit welchen Maßnahmen ggf. Defizite ausgeglichen und zusätzliche Potenziale gehoben werden können.

Auch die Anfang 2004 durchgeführte Studie [Mumm04] zum Status des Business Intelligence Marktes wurde auf der Basis von biMA® durchgeführt. Die Essenz von biMA® wurde dafür in einem komprimierten Fragebogen zusammengefasst, der in ein- bis zweistündigen Interviews jeweils eine standardisierte Kurzanalyse ermöglicht hat.

## 3.3 Entwicklungen entlang des Modells

Mit dem vorgestellten Business Intelligence Maturity Model lässt sich eine Vielzahl von in der Realität zu beobachtenden Phänomenen im Detail schlüssig begründen. Exemplarisch sollen an dieser Stelle einige Aspekte näher erläutert werden.

In vielen Unternehmen wird das Thema BI immer wieder zu einem Politikum, wenn die Grundsatzfrage zwischen lokaler Kontrolle und unternehmensweiter Standardisierung der existierenden BI-Lösung zu entscheiden ist. Vielfach entwickelt sich an dieser Stelle nicht ein Miteinander, sondern vielmehr ein Gegeneinander zwischen den Fachabteilungen einerseits, die ihre jeweils ganz speziell benötigten Anforderungen betonen, und der zentralen IT-Abteilung andererseits, die das performante und wartbare BI-Gesamtsystem im Fokus hat. Die Positionierung innerhalb des zwischen den Extrempunkten aufgespannten Spektrums zwischen Dezentralisierung und Zentralisierung ist oftmals nicht einmaliger Natur sondern verändert sich in der Regel bei der Entwicklung entlang des Modells.

Während sich die Stufe ‚Management Informationssystem pro Fachbereich' schon in ihrer Definition durch Dezentralität gekennzeichnet ist, liegt das Ziel des ‚Unternehmensweiten Management Informationssystem' in der Integration und damit in der Zentralisierung. Ruft man sich das Zielkonfliktsdreieck in Erinnerung entsteht hier eine neue Tarierung zwischen den Zielen Flexibilität und Qualität. Synergien aus der Zusammenführung von Systemen und die Verbesserung der Datenqualität stehen, getrieben von einer zentralen IT Abteilung, in dieser Phase im Vordergrund. Die fachliche Anforderung beschränkt sich in dieser Phase häufig auf eine 1:1 Migration der bestehenden Applikationen bzw. Auswertungen. In der Weiterentwicklung vom ‚Unternehmensweiten Informationssystem' zur ‚Erweiterten Entscheidungsunterstützung' verschiebt sich dann der Fokus wieder stärker in Richtung des Ziels Flexibilität. Auf der Grundlage einer integrierten Informationsbasis steht die fachliche Weiterentwicklung klar im Vordergrund, d. h. die Bereitstellung weiterer Kennzahlen und Analysen, die Ausweitung des Nutzerkreises und die funktionale Erweiterung. In der Tendenz wird die BI-Lösung in dieser Stufe des Modells wieder dezentraler.

Die beschriebene Entwicklung entlang des Modells spiegelt sich auch in der technischen und organisatorischen Entwicklung wieder. Die in Unternehmen aber auch von Herstellern seit langem geführte Diskussion zwischen ‚Best of Breed'-Ansätzen und einer weitgehenden Standardisierung bzgl. der eingesetzten Software steht bei der Entwicklung zum ‚Unternehmensweiten Management Informationssystem' im Mittelpunkt. Die in der weiteren Entwicklung zur ‚Erweiterten Entscheidungsunterstützung' benötigten Spezialfunktionen für Planung, Data Mining oder Business Performance Management etc. führen dann in vielen Fällen wieder zum teilweisen Abbau von Standardisierung. Eine ähnliche Entwicklung zeigt sich mit Blick auf die organisatorische Entwicklung. Während sich in der Stufe ‚Management Informationssystem pro Fachbereich' dezentral Spezialisten, so genannte ‚Power User', in den Fachbereichen entwickeln, bildet sich in der nächsten Stufe des Modells meistens eine zentrale Business Intelligence Organisation in der IT. Die zunehmende Dezentralisierung bzw. die Notwendig für Flexibilität in der Stufe ‚Erweiterte Entscheidungsunterstützung' führt dann eher wieder zu einer stärkeren Verantwortung in den Fachbereichen oder zu Bildung von weiteren, anwendernahen Spezialfunktionen.

Auf Basis des Business Intelligence Maturity Model lässt sich auch die in der Praxis häufig diskutierte Frage nach dem ROI eines BI-Systems näher erläutern. Auch wenn die quantitative Berechnung eines Nutzens von Information entlang des gesamten Modells schwierig ist, muss man in den ersten Stufen des Modells von einem positiven ROI ausgehen. Der Anwender bzw. ein Fachbereich fragt gezielt Informationen an oder baut sich eine fachbereichsspezifische Lösung auf und die Kosten für die Bereitstellung bzw. den Aufbau können ihm direkt zugerechnet werden. In diesem Fall muss man voraussetzen, dass, wenn auch kein quantitativ messbarer, zumindest ein aus Sicht des Auftraggebers subjektiver Nutzen entsteht. Schwieriger wird die Situation bei der Entwicklung eines ‚Unternehmensweiten Management Informationssystems'. Wie oben bereits dargestellt, steht zunächst die Integration im Vordergrund. Den daraus resultierenden Kosten stehen Synergien aus Zentralisierung und Standardisierung und in geringem Umfang ein eventueller fachlicher Zusatznutzen entgegen. Ein positiver ROI lässt sich hierbei häufig nur schwierig oder gar nicht berechnen. Betrachtet man dann aber die weitere Entwicklung des Modells, erkennt man, dass in der Stufe ‚Erweiterte Entscheidungsunterstützung' der fachliche Nutzen im Fokus ist und die Basis der integrierten Informationsplattform in der vorhergehenden Stufe gelegt worden ist. Damit zeigt sich, dass eine projektbezogene oder stufenweise Betrachtung bei der Bestimmung eines ROI nicht ausreicht.

Die Beispiele verdeutlichen, dass man über das Modell die Entwicklung eines BI-Systems beschreiben kann und damit auch jenseits des nächsten Projekts eine mittelfristige Perspektive für eine BI-Lösung aufbauen bzw. die Entwicklung besser planen kann.

# 4 Fazit

Nach der Darstellung des Business Intelligence Maturity Model, der darauf basierenden Vorgehensweise und einiger typischer Entwicklungen einer BI-Lösung stellt sich abschließend die Frage, inwieweit die in Kapitel 2 formulierten Anforderungen durch das Modell erfüllt werden.

Die Strukturierung von BI-Lösungen, die sich aus dem Modell ergibt, aber auch die Betonung der Analyse, wie sie in Kapitel 3.2 dargestellt worden ist, zeigt, dass das Modell kein ‚Grüne Wiese'-Ansatz ist. Die Berücksichtigung der Ist-Situation eines Unternehmens ist ein zentraler Bestandteil des Reifegradmodells. Ein differenziertes Zielbild lässt sich auf der Grundlage des Modells einmal entlang der Entwicklungsstufen, aber auch durch die Dimensionen Fachlichkeit, Technik und Organisation erarbeiten. Dabei muss man allerdings berücksichtigen, dass das Modell seinen Schwerpunkt in der Analyse sowie in der Entwicklung mittelfristiger Lösungsperspektiven hat und nicht schon Detaillösungen für verschiedene Fragestellungen enthält. Dass sich aus dem Modell nicht nur eine Projektsicht sondern auch die Betrachtung einer BI-Lösung als kontinuierlicher Prozess ableiten lässt, wurde in Kapitel 3.3 anhand verschiedener Beispiele näher erläutert. Die Möglichkeit, entlang der Stufen des Modells nicht nur das Zielbild sondern auch die Entwicklung zu strukturieren bzw. zu planen, gehört dabei zu den klaren Stärken des Modells. Die Betonung des Zusammenspiels der Dimensionen Fachlichkeit, Technik und Organisation als Komponenten einer Lösung ist in den verschiedenen Kapiteln deutlich geworden, so dass die Forderung nach einer nicht zu starken Fokussierung auf die technische Architektur offensichtlich erfüllt wird. Über die im Vergleich zu anderen Methoden stärkere Betonung der Dimension Organisation bzw. das Zusammenspiel der verschiedenen Dimensionen bei der Lösungsdefinition wird auch die Anforderung nach ausreichender Beachtung der Dynamik im BI-Umfeld berücksichtigt.

Insgesamt zeigt sich, dass mit dem vorgestellten Business Intelligence Maturity Model eine innovative methodische Grundlage für die Entwicklung bzw. Weiterentwicklung von BI-Lösungen zur Verfügung steht. Aktuelle Entwicklungen renommierter Experten [Ecke05] gehen in ähnliche Richtungen bzw. weisen hohe Überschneidungen zum vorgestellten Modell auf, so dass sich auch daraus eine Bestätigung des Ansatzes ableiten lässt.

# Literatur

[BaPE97]  Barquin, Ramon C.; Paller, Alan; Edelstein, Herbert A.: Ten Mistakes to avoid for Data Warehousing Managers, in: Barquin, Ramon C.; Edelstein, Herbert A. (Hrsg.): Planning and Designing the Data Warehouse, Upper Saddle River (New Jersey) 1997, S. 145 - 156.

[ChGl04]  Chamoni, Peter; Gluchowski, Peter: Integrationstrends bei Business-Intelligence-Systemen - Empirische Untersuchungen auf Basis des Business Intelligence Maturity Model, in: Wirtschaftsinformatik, 46. Jg., Heft 2, 2004, S. 119 - 128.

[DiGl02]  Dittmar, Carsten; Gluchowski, Peter: Synergiepotenziale und Herausforderungen von Knowledge Management und Business Intelligence, in: Hannig, Uwe: Knowledge Management und Business Intelligence, Berlin et al. 2002, S. 27 - 41.

[Ditt04]  Dittmar, Carsten: Knowledge Warehouse - Ein integrativer Ansatz des Organisationsgedächtnisses und die computergestützte Umsetzung auf Basis des Data Warehouse-Konzepts, Wiesbaden 2004.

[Ecke05]  Eckerson, Wayne: Gauge Your Data Warehousing Maturity, http://www.tdwi.org/publications/display.aspx?ID=7199, abgerufen am 31.08.05.

[KeMU04]  Kemper, Hans-Georg; Mehanna, Walid; Unger, Carsten: Business Intelligence - Grundlagen und praktische Anwendungen, Wiesbaden 2004.

[Kurz99]  Kurz, Andreas: Data Warehousing: Enabling Technology, Bonn 1999.

[MeSt99]  Mellis, Werner; Stelzer, Dirk: Das Rätsel des prozeßorientierten Softwarequalitätsmanagement, in: Wirtschaftsinformatik, 41. Jg., Heft 1, 1999, S. 31 - 39.

[Mumm04]  Mummert Consulting AG: Business Intelligence Studie biMA 2004 - Wie gut sind die BI-Lösungen der Unternehmen in Deutschland? BI-Benchmarking-Studie 2004, Hamburg 2004.

[Nais82]  Naisbitt, John: Megatrends: ten new directions transforming our lives, New York 1982.

# Werkzeuge für analytische Informationssysteme

*CARSTEN BANGE*

## Abstract

Seit den 60er Jahren versuchen Unternehmen das Management mit Hilfe analytischer Informationssysteme bei der Entscheidungsfindung zu unterstützen. Häufig wechselnde Schlagworte wie Management Information Systems, Decision Support Systems und Executive Information Systems stehen jedoch für den mäßigen Erfolg, den die Anbieter bis Mitte der 90er Jahre in diesem Markt erringen konnten. Erst das Data Warehouse im Kern einer mehrschichtigen Architektur zum Aufbau analytischer Informationssysteme ermöglichte einen seit vielen Jahren stabilen Architekturrahmen, der grob in Back-End Komponenten zur Datenintegration und Datenspeicherung sowie Front-End Komponenten für verschiedene Aufgaben der Datenaufbereitung am Anwenderarbeitsplatz strukturiert werden kann.

Der vorliegende Beitrag gibt einen Überblick der am Markt verfügbaren Produkte und Anbieter für die verschiedenen Systemebenen analytischer Informationssysteme. Trotz voranschreitender Marktkonsolidierung existieren weltweit schätzungsweise mehr als 300 Softwareanbieter für einzelne oder mehrere Aufgaben in solch einer Architektur. Die Nennung von Angeboten kann daher schon aus Platzgründen nur exemplarisch erfolgen, umfassendere Listen und detailliertere Informationen zu Softwarewerkzeugen und Softwareauswahl sind beim Business Application Research Center (www.barc.de) verfügbar.

## Inhalt

1  Systemarchitektur und Einsatzbereiche　　　　　　　　　90
2  Datenintegration　　　　　　　　　　　　　　　　　　92
3  Datenspeicherung und -aufbereitung　　　　　　　　　　95
4  Anwendungen　　　　　　　　　　　　　　　　　　　97
　4.1  Cockpits & Scorecards　　　　　　　　　　　　　　98
　4.2  Berichtswesen　　　　　　　　　　　　　　　　　101
　4.3  Ad-hoc Analyse　　　　　　　　　　　　　　　　103
　4.4  Planung & Budgetierung　　　　　　　　　　　　　105
　4.5  Legale Konsolidierung　　　　　　　　　　　　　　106
　4.6  Data Mining　　　　　　　　　　　　　　　　　　107
　4.7  Business/Corporate Performance Management　　　　108
5  Fazit　　　　　　　　　　　　　　　　　　　　　　　110

# 1 Systemarchitektur und Einsatzbereiche

Unter analytischen Informationssystemen soll in diesem Beitrag ein Gattungsbegriff zahlreicher Werkzeugkategorien für die Sammlung, Aufbereitung und Verteilung entscheidungsrelevanter Daten zur Planung, Steuerung und Kontrolle der Leistung von Organisationen verstanden werden. Als übergreifender Begriff hat sich analog auch „Business-Intelligence-Systeme" etabliert.

Die Sammlung entscheidungsrelevanter Daten stellt den Unterbau zur Datenversorgung (im „Back-End") dar, der anspruchsvolle Anforderungen erfüllen muss:

- Daten müssen aus heterogenen, unternehmensinternen und -externen Quellen integriert werden, um eine Verknüpfung von Information zu erlauben. Überwiegend operative Informationssysteme liefern hier Daten über Geschäftsprozesse, Marktgeschehen und andere entscheidungsrelevante Sachverhalte.

- Daten müssen über einen langen Zeithorizont gespeichert werden, um Trends erkennen zu können und Vorhersagen zu berechnen. Hieraus resultieren Fragen der Historisierung von Daten und Strukturen.

- Daten sollen sowohl detailliert als auch aggregiert in einem Informationsmodell zur Verfügung stehen, das entscheidungsrelevante Sachverhalte in ihrem Kontext darstellt. Dies hat Implikationen in der Wahl des Datenmodells aber auch der physischen Umsetzung des Datenmodells in Datenbankarten (z. B. relational oder multidimensional).

Die wichtigsten Aufgaben für Werkzeuge im Rahmen der Datensammlung sind daher:

- Datenintegration durch Extraktion und Überführung relevanter Daten zwischen den Systemkomponenten,

- Transformation von Daten in benötigte Formate und Inhalte und

- Speicherung von Daten.

Die Anwenderwerkzeuge bzw. Anwendungen übernehmen (im „Front-End") auf dieser Grundlage Aufgaben der Bereitstellung und Verteilung von Daten in verschiedener Form (z. B. als Bericht oder Analysetabelle) und stellen bestimmte Funktionen zur Weiterverarbeitung bereit (z. B. zur Planung oder Mustererkennung durch Data Mining).

Die angesprochenen Aufgaben und Prozessschritte lassen sich anschaulich und vereinfachend an einem 5-Schichten-Modell einordnen (Abb. 1). Im Folgenden soll daher die Werkzeugunterstützung in den einzelnen Schichten aufgezeigt werden.

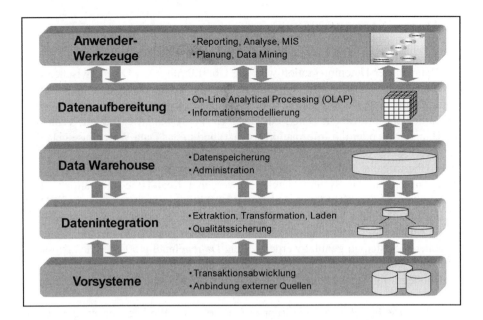

**Abb. 1: Komponenten und Prozesse von Business-Intelligence-Systemen**

Wichtige **Querschnittsaufgaben** in analytischen Informationssystemen sind das Metadatenmanagement (Datendokumentation) sowie die Datenqualitätssicherung.

**Metadaten** liefern sowohl eine betriebswirtschaftlich-semantische als auch eine technisch-strukturelle Beschreibung der Daten. Sie dienen der Dokumentation der Informationsobjekte, insbesondere hinsichtlich ihrer Speicherparameter, Herkunft, Struktur, Zusammensetzung und inhaltlichen Beschreibung. Neben betriebswirtschaftlich relevanten Fragestellungen wie die Definition oder Kalkulationsvorschrift von Kennzahlen können so auch technische Informationen wie Aktualisierungszeitpunkt oder Datenherkunft eines Reports bereitgestellt werden. Besonders relevant sind Repository-Werkzeuge, die als zentrale Speichersysteme für Metadaten angeboten werden, und Datenintegrationswerkzeuge, die Metadaten aus Vorsystemen extrahieren und Transformations- und Überführungsregeln dokumentieren.

Mangelnde **Datenqualität** ist ein wesentliches Problem von Business-Intelligence-Systemen, da die Qualität von Daten in operativen Systemen für die besonderen Auswertungszwecke häufig nicht ausreicht. Diese Qualitätsmängel umfassen fehlende, mehrfach vorkommende, falsch verknüpfte, falsch definierte und natürlich auch einfach inhaltlich falsche Daten [WaSt96]. Mängel in der Datenqualität treten als kritisches Element wegen der höheren Anforderungen häufig erst in analytischen Informationssystemen zu Tage. Das Data Warehouse ist daher regelmäßig der Ort mit der höchsten Datenqualität im Unternehmen. Eine Adressierung des Problems ist besonders im Prozessschritt der Datenintegration, also an der Schnittstelle zwischen operativen und dispositiven Systemen, von hoher Relevanz.

## 2 Datenintegration

Im Rahmen der Datenintegration wird die Überführung von Daten zwischen den verschiedenen Vorsystemen und den Datenhaltungskomponenten der analytischen Informationssysteme organisiert. Üblicherweise werden stündlich, täglich oder monatlich die relevanten Daten aus diversen Vorsystemen extrahiert, verändert (z. B. bereinigt oder um Information ergänzt) und in das Data Warehouse geladen. Im Bereich der operativen Geschäftsprozess-Steuerung kann auch eine unmittelbare Übertragung von Daten oder Benachrichtigungen direkt nach ihrer Erzeugung im operativen System angestrebt werden („Real-Time-Integration"). Die Datenintegrationsschicht kann auch zur Rückführung von Daten aus einem Data Warehouse in operative Systeme oder zwischen Data Warehouses genutzt werden, wenn beispielsweise in einem Warehouse Plandaten gesammelt werden, die auch in anderen Systemen genutzt werden sollen. Da regelmäßig 50-80% des Aufwandes eines Business-Intelligence-Projektes in der Definition und Umsetzung der Datenintegration steckt, kommt diesem Prozessschritt eine besondere Bedeutung zu.

Softwareseitig können drei Gruppen von Software-Werkzeugen unterschieden werden, die eine Datenintegration durch Möglichkeiten der komfortablen Entwicklung, Dokumentation und Steuerung der notwendigen Prozesse unterstützen und damit deutliche Vorteile gegenüber Eigenentwicklungen aufweisen (Tab. 1):

- **Spezialwerkzeuge** zur Datenintegration, die ausschließlich Komponenten zur Extraktion, Transformation, Qualitätssicherung und Überführung von Daten enthalten. Nach ihren Hauptaufgaben werden diese Werkzeuge auch mit den Akronymen ETL (Extraktion, Transformation, Laden) und EAI (Enterprise Application Integration) im Bereich der direkten Übertragung von Daten für Real-Time-Warehouses benannt,

- **Module in Business-Intelligence-Suiten**, als Teil einer Produktfamilie für diverse Business-Intelligence-Aufgaben und

- **Datenbank-Komponenten**, die Teil des Produktangebotes von Standard-Datenbanken sind.

Zur Verbesserung der Datenqualität in Data Warehouse-Systemen wird ein Datenqualitätsmanagement als übergreifende Aufgabe mit Einflüssen in die Organisation, IT-Architektur und Werkzeuglandschaft eingesetzt. Die nachfolgenden Ausführungen konzentrieren sich auf den Teilaspekt der aktuell verfügbaren Werkzeugunterstützung, die in den letzten Jahren deutlich besser geworden ist. Viele bisher manuell durchgeführte Aufgaben können inzwischen automatisiert werden. Der Werkzeugeinsatz vollzieht sich insbesondere bei der Überprüfung von Daten in den Vorsystemen (Data Profiling) sowie der automatisierten Bereinigung von Daten (Data Cleansing) [Math05].

| Segment | Hersteller | Produkt-bezeichnung | WWW-Adresse |
|---|---|---|---|
| **Spezial-werkzeug** | Ab Initio | Co>Operating System | www.abinitio.com |
| | Ascential (IBM) | DataStage | www.ascential.com |
| | Embarcadero | DT/Studio | www.embarcadero.com |
| | Group1 | Sagent Data Flow Server | www.group1.de |
| | Informatica | PowerCenter | www.informatica.com |
| | IWay | ETL Manager | www.iway.com |
| | Solonde | TRON | www.solonde.com |
| | Sunopsis | Sunopsis | www.sunopsis.com |
| **Teil einer Business Intelligence Suite** | Business Objects | Data Integrator | www.businessobjects.com |
| | Cognos | DecisionStream | www.cognos.com |
| | Cubeware | Importer | www.cubeware.com |
| | Hummingbird | ETL | www.hummingbird.com |
| | Hyperion | Application Link | www.hyperion.com |
| | SAS | SAS/ETLQ | www.sas.com |
| **Datenbank-Ergänzung** | IBM | Warehouse Center | www.ibm.com |
| | Microsoft | Data Transformation Services | www.microsoft.com |
| | Oracle | Oracle Warehouse Builder | www.oracle.com |

**Tab. 1: Datenintegrationswerkzeuge (Auswahl)**

Data Profiling ermöglicht durch die Anwendung von Regeln und statistischen Methoden eine Überprüfung von Datenbanken und Tabellen auf fehlerhafte Werte. Dies unterstützt die Systementwicklung insbesondere bei der Anbindung neuer Quellsysteme und kann auch zur laufenden Überwachung der Datenqualität im Rahmen eines Monitoring genutzt werden.

Data Cleansing umfasst verschiedene Methoden zur Identifizierung, Standardisierung, Dublettenbereinigung/Konsolidierung und Anreicherung von Daten. Neben dem originären Einsatzfeld der Adressdatenbereinigung werden können universellere Methoden heute auch in anderen Domänen wie beispielsweise der Material-Stammdatenbereinigung eingesetzt werden.

| Segment | Hersteller | Produktbezeichnung | WWW-Adresse |
|---|---|---|---|
| **Data Profiling** | Ascential (IBM) | Profile Stage | www.ascential.com |
| | DataFlux (SAS) | dfPower Studio | www.dataflux.com |
| | FUZZY! Informatik | DIME | www.fazi.de |
| | Harte-Hanks | Trillium Software Discovery | www.harte-hanks.com |
| | Informatica | PowerCenter Profiling Option | www.informatica.com |
| | Innovative Systems | i/Lytics | www.innovativesystems.com |
| | Firstlogic | Information Quality Suite | www.firstlogic.com |
| | Oracle | Warehouse Builder Profiling Option | www.oracle.com |
| | Similarity Systems | Evoke Axio | www.similaritysystems.com |
| **Data Cleansing** | Address Solutions | AS AddressStudio | www.address-solutions.de |
| | Ascential (IBM) | Quality Stage | www.ascential.com |
| | DataFlux (SAS) | dfPower Studio | www.dataflux.com |
| | Datras | Datenspion | www.datras.de |
| | Firstlogic | Information Quality Suite | www.firstlogic.com |
| | FUZZY! Informatik | DataCare | www.fazi.de |
| | Harte-Hanks | Trillium Software Quality | www.harte-hanks.com |
| | Human Inference | HI Data Quality Suite | www.humaninference.com |
| | Identity Systems | Identity Search Server | www.identitysystems.com |
| | Innovative Systems | i/Lytics | www.innovativesystems.com |
| | Omikron | AdressCenter | www.omikron.de |
| | Similarity Systems | ATHANOR | www.similaritysystems.com |
| | Uniserv | Click it | www.uniserv.de |

**Tab. 2: Werkzeuge zum Datenqualitätsmanagement (Auswahl)**

Der Werkzeugmarkt zeigt starke Konsolidierungstendenzen, da viele Spezialisten für die beiden genannten Hauptaufgaben inzwischen durch Zusammenschlüsse und Aufkäufe zu Datenqualitätssuiten zusammengewachsen sind. Insbesondere die Anbieter von Datenintegrationssoftware entdeckten in den letzten Jahren die sinnvolle Ergänzung ihrer Werkzeuge durch Methoden des automatisierten Datenqualitätsmanagements. Ergänzungen erfolgen durch Weiterentwicklung der Werkzeuge, Zukauf oder Kooperationen mit Spezialisten.

## 3 Datenspeicherung und -aufbereitung

Die Speicherung entscheidungsrelevanter Daten erfolgt in Datenbanken, die nur zu diesem Zweck aufgebaut werden. Kernidee ist die Schaffung einer themenorientierten, integrierten, zeitbezogenen und dauerhaften Sammlung von Daten zur Entscheidungsunterstützung des Managements – dem **Data Warehouse** [Inmo96].

Data Warehouses als umfassende, unternehmensweite Datensammlung werden häufig in relationalen Datenbanken aufgebaut. Um den besonderen Eigenschaften analytischer Informationssysteme hinsichtlich Datenmengen und Datenmodell gerecht zu werden, kommen hier teilweise auch spezialisierte Vorgehensweisen zum Einsatz. So bieten die Anbieter Sand und Sybase eine spaltenweise Indexierung verbunden mit einer Komprimierung der Daten. IBM und NCR verfolgen in ihren Datenbanken massiv parallele Architekturen („shared nothing"). Für **Data Marts** als funktions- oder abteilungsspezifisch aufgebauten Datensammlungen kommen auch multidimensionale Datenbanken in Betracht, die vor allem Vorteile in der Geschwindigkeit der Datenbereitstellung durch Vorkalkulation aufweisen. Eine weitere Alternative stellen so genannte ROLAP-Engines dar, die als Zwischenschicht zwischen Anwenderwerkzeugen und relationalen Datenbanken mehrdimensionale Würfel als logische Sicht und weitere Funktionen im Sinne einer Anwendung bereitstellen. Viele große Hersteller analytischer Informationssysteme bieten in einer hybriden Strategie sowohl relationale als auch multidimensionale Datenbanken an (Tab. 3).

Damit aus den im Data Warehouse gesammelten Daten geschäftsrelevante Informationen werden, müssen diese häufig entsprechend aufbereitet werden. Um den Unterschied der analytisch orientierten Datenbehandlung zu transaktionsorientierten Systemen klar zu machen wird in diesem Zusammenhang auch von **On-Line Analytical Processing (OLAP)** gesprochen.

Für die mit OLAP unterstützten analytischen Aufgaben ergeben sich besondere Anforderungen, vor allem hinsichtlich Geschwindigkeit der Informationslieferung, Analysemöglichkeiten im System, Sicherheit und Komplexität hinsichtlich Berechnungen und zu verarbeitender Datenmengen.

| Speicher-konzept | Hersteller | Relationale Datenbank | Multidimensionale Datenbank |
|---|---|---|---|
| Multi-dimensional | Applix | - | iTM1 |
| | Cognos | - | PowerCubes* |
| | MIK | - | MIK-OLAP |
| | MIS | - | Alea |
| | Orenbrug | - | Board M.I.T. |
| | Thinking Networks | - | TN Planning |
| relational | IBM | DB2 | (Metadaten-intgration über „CubeViews") |
| | NCR | Teradata | - |
| | Sand | Nucleus | - |
| | Sybase | Adaptive Server IQ | - |
| ROLAP-Engine | SAP | diverse (z. B. IBM, Microsoft, Oracle) | - |
| | MicroStrategy | diverse (z. B. IBM, Microsoft, NCR Teradata, Oracle) | - |
| hybrid | Hyperion | diverse (über Application Link) | Essbase |
| | Microsoft | SQL Server | Analysis Services |
| | Oracle | 10g | 10g OLAP |
| | SAS | SAS System, SPDS | OLAP Server |

Tab. 3: **Speicherkonzepte verschiedener BI-Anbieter [Bang03]**
\* = filebasierter Ansatz

Aus einer modellierungsorientierten Betrachtungsweise steht der Aufbau von mehrdimensionalen und hierarchischen Datenmodellen (Würfel / Cubes) im Vordergrund. Dies entspricht der Sichtweise von Entscheidungsträgern auf Entscheidungssituationen, in denen vernetzte Informationen zu Objekten wie Kunden, Produkten, Verkaufsstätten oder Absatzregionen benötigt werden.

Die physische Umsetzung dieser logischen Konstrukte kann dann direkt in einer multidimensionalen Datenbank, durch besondere Modellierungstechniken in einer relationalen Datenbank oder in einer Zusatzkomponente für relationale Datenbanken (ROLAP-Engine) erfolgen (s. Tab. 3). Insgesamt muss die Datenaufbereitung aber nicht zwingend als zusätzliche Software-Komponente installiert werden, sondern kann auch Teil der Datenbank oder Anwendungen sein. Die Entscheidung hängt letztendlich von den konkreten Anforderungen und Restriktionen beim Aufbau der Systemumgebung ab.

In die Ebene der Datenaufbereitung können auch alle weiteren Aufgaben zur Unterstützung der Anwenderwerkzeuge angesiedelt werden, die in der Regel von Applikationsservern übernommen werden. Beispiele sind die Überwachung von Datenbankfeldern oder die automatisierte Erstellung und Verteilung von Standardberichten.

## 4 Anwendungen

Der Aufbau eines Data Warehouse sowie die Modellierung und Aufbereitung der Daten nach dem OLAP-Ansatz dient nur einem Zweck: entscheidungsrelevante Informationen darzustellen und weiterzuverarbeiten.

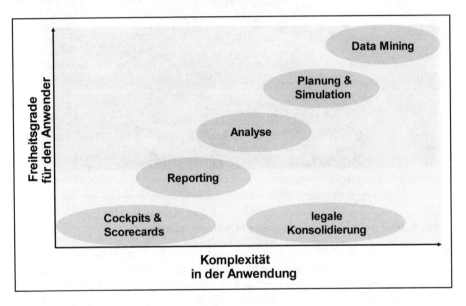

**Abb. 2: Anwendungsklassen analytischer Informationssysteme**

Im Vordergrund stehen die unterschiedlichen Bedürfnisse der Anwender, die allerdings häufig sehr heterogen sind. Anwender reichen vom „Power-User" (z. B. im Controlling) bis hin zum Gelegenheitsnutzer. Eine Kategorisierung der Einsatzbereiche in 6 Klassen mit unterschiedlichen Freiheitsgraden in der Analyse und Komplexität in der Anwendung zeigt die wesentlichen Aufgaben und unterschiedlichen Nutzungsarten von analytischen Informationssystemen (Abb. 2).

## 4.1 Cockpits & Scorecards

Cockpits dienen der übersichtlichen und einfachen Darstellung aggregierter Information, z. B. in Unternehmensportalen oder als eigene Führungs- bzw. Managementinformationsanwendung (Abb. 3). Viele Anwendungen in diesem Bereich werden auf Basis von Internet-Technologie zur Anzeige im Browser entwickelt.

**Abb. 3: Frei definiertes Management Cockpit (Arcplan)**

Wegen der individuellen Anforderungen werden in Softwarewerkzeugen häufig lediglich Bausteine oder Entwicklungsumgebungen bereitgestellt, mit denen eigene Anwendungen durch grafische Entwicklung und Parametrisierung weitgehend programmierfrei definiert werden können. Viele der in Tab. 5 genannten Reporting- und Analysewerkzeuge können individuelle Sichten im Sinne von Cockpits bereitstellen. Als Spezialisten für den individuellen Applikationsbau sind zusätzlich noch arcplan (dynaSight), IBM (DB2 Alphablox) oder Orenburg (Board M.I.T.) zu nennen.

Scorecards erfordern zusätzlich zu der Cockpit-Ansicht von Kennzahlen weitere Funktionen. Die Balanced Scorecard (BSC) als Managementmethode der strategischen Unternehmensführung propagiert sowohl einen ganzheitlichen Blick auf die Key Performance Indicators (KPIs) eines Unternehmens als auch eine Umsetzung von Visionen und Strategien in konkrete Kennzahlen und Maßnahmen. Für die vielfältigen Aufgaben der Dokumentation, Maßnahmenplanung,

Kommunikation und Überwachung von Kennzahlen spielen Software-Werkzeuge eine wesentliche Rolle. Sie erhöhen die Produktivität bei Aufbau und Betrieb einer Balanced Scorecard und erlauben damit eine unternehmensweite Verbreitung eines Performance-Management-Konzeptes.

| Hersteller | Produktbezeichnung | WWW-Adresse |
|---|---|---|
| arcplan | dynaSight | www.arcplan.de |
| Business Objects | Balanced Scorecard Analytic App. | www.businessobjects.com |
| Cognos | Metrics Manager | www.cognos.com |
| CP Corporate Planning | CP MIS/BSC | www.corporate-planning.de |
| CorVu | CorStrategy / CorBusiness | www.corvu.co.uk |
| Geac | Strategy Management | www.geac.com |
| Hyperion Solutions | Hyperion Performance Scorecard | www.hyperion.com |
| Hyperspace | HyScore BSC | www.hyperspace.de |
| IDS Scheer | ARIS BSC | www.ids-scheer.de |
| Kef | BSC+ | www.kef.com |
| MIS | MIS Balanced Scorecard | www.mis.de |
| Oracle | Oracle Balanced Scorecard | www.oracle.com |
| Peoplesoft | Balanced Scorecard | www.peoplesoft.de |
| performancesoft | pbviews | www.performancesoft.com |
| Pilot Software | Pilot BalancedScorecard | www.pilotsoftware.com |
| Procos AG | Strat&Go | www.procos.com |
| ProDacapo | Balanced Scorecard Manager | www.prodacapo.com |
| QPR Software | QPR ScoreCard | www.qpr.com |
| SAP | SEM Balanced Scorecard | www.sap.de |
| SAS | Strategic Performance Management | www.sas.com |

Tab. 4: Spezialwerkzeuge zum Aufbau von Balanced Scorecards [BaMa04]

Spezielle Softwareapplikationen helfen Unternehmen bei der Umsetzung ihrer Strategie durch

- Integration oft verteilter Performance-Daten,
- Kommunikation der strategischen Kennzahlen im Unternehmen (z. B. als „Strategy Map" – s. Abb. 4),
- Unterstützung der Zusammenarbeit und Förderung des direkten Informationsaustausches zwischen Mitarbeitern,
- Analyse der Performance-Daten,
- Ableitung konkreter Maßnahmen und Nachverfolgung von Projekten.

Dieses gibt allen Mitarbeitern Zugang zu der Strategie einer Organisation und unterstützt sowohl Kommunikation als auch Feedback. Auf diese Weise kann die Unternehmensstrategie kontinuierlich weiterentwickelt werden.

Gerade die Möglichkeiten der Kommunikation strategischer Ziele, die Abbildung von Ursache-Wirkungsketten oder die Maßnahmenplanung und -verfolgung sind in Spezialwerkzeugen zum Aufbau von Balanced Scorecard-Systemen (Tab. 4) enthalten. Die Funktionen der Datenintegration kann über die übliche Infrastruktur von Business-Intelligence-Systemen abgebildet werden, während für die Datenanalyse und das Berichtswesen die bewährten Reporting- und Analysewerkzeuge (Tab. 5) eingesetzt werden können.

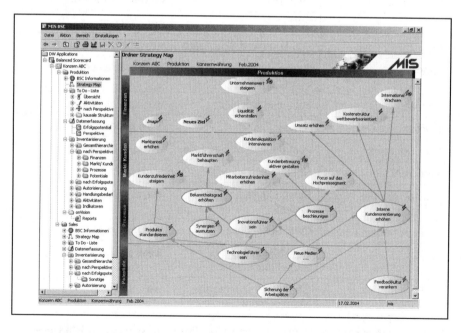

Abb. 4: **Strategy Map in MIS Balanced Scorecard**

## 4.2 Berichtswesen

Die statische oder dynamische Darstellung von Kennzahlen erfolgt im Rahmen des betrieblichen Berichtswesens in der Regel tabellarisch mit ergänzenden Grafiken. Die wesentlichen Aufgaben in diesem Bereich sind die Möglichkeiten zur Berichtsdefinition, bei der die Formatierung aber auch die Flexibilität bei der Abfrage definiert wird, sowie die Informationsdistribution.

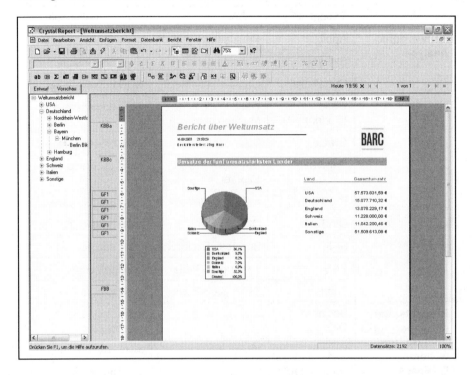

**Abb. 5: Berichtsansicht in Business Objects**

Neben standardisierten Prozessen für die Berichtserzeugung und -verteilung (z. B. über Nacht) kommt auch dem regelgesteuerten Ausnahmeberichtswesen eine immer höhere Rolle zu, da es eine schnellere Benachrichtigung aber auch eine Filterfunktion vor Informationsüberflutung bereitstellt. Neben klassischen Papierberichten erlauben immer mehr Portale im Intra- und Internet den einfachen web-basierten Zugriff auf Berichte und weitere Informationen. Als Neuerung können kleine Berichte inzwischen auch auf mobile Endgeräte übermittelt werden, um eine ortsunabhängige Informationslieferung zu gewährleisten.

Die vereinfachte und kostengünstige Erzeugung und Verteilung von Berichten ermöglicht die weitere Verbreitung von Information in Organisationen. Unterstützt wird diese Entwicklung von neuen, auf modernen Softwarearchitekturen basierender Applikationsserver, die im Hintergrund auch sehr hohe Datenvolumina verarbeiten können.

| Kategorie | Hersteller | Produkt-bezeichnung | WWW-Adresse |
|---|---|---|---|
| **Schwerpunkt Reporting** | Actuate | e.Reporting Suite | www.actuate.com |
| | Information Builders | WebFOCUS | www.ibi.com |
| | Oracle | Reports | www.oracle.com |
| | Tonbeller | Qubon | www.tonbeller.com |
| **Schwerpunkt Analyse** | Applix | Perspektive | www.applix.de |
| | Bissantz | DeltaMaster | www.bissantz.de |
| | Cubeware | Cockpit | www.cubeware.de |
| | Geac (Codec) | Geac Perfomance Management | www.comshare.com |
| | Oracle | Discoverer | www.oracle.com |
| | Panoratio | Database Image Exporer | www.panoratio.de |
| | ProClarity | Analytics Platform | www.proclarity.com |
| | QlikTech | QlikView | www.qliktech.de |
| | SAP | Business Explorer | www.sap.de |
| | SAS | Enterprise Guide | www.sas.com |
| | Temtec | Executive Viewer | www.temtec.com |
| **Produktsuiten mit Reporting-, Analyse- und weiteren Business-Intelligence-Funktionen** | Business Objects | XI | www.businessobjects.com |
| | Cognos | Series 8 | www.cognos.com |
| | Hummingbird | BI/Suite | www.hummingbird.com |
| | Hyperion | System 9 | www.hyperion.de |
| | MicroStrategy | MicroStrategy | www.microstrategy.com |
| | MIK | MIK-BIS | www.mik.de |
| | MIS | MIS Decisionware | www.mis.de |
| | Outlooksoft | CPM | www.outlooksoft.com |

**Tab. 5: Reporting- und Analysewerkzeuge (Auswahl)**

## 4.3 Ad-hoc Analyse

Ergänzend zum Standardberichtswesen benötigen einige Anwenderkreise eine interaktive Navigation und Zusammenstellung relevanter Daten „in Selbstbedienung". Besondere Herausforderung ist dabei die Änderung von Datenstrukturen, um beispielsweise neue Produkt- oder Unternehmenssegmente zu simulieren. Eine Ad-hoc Analyse bedarf eines umfassenden Datenfundamentes, damit auch außerhalb des Standardberichtswesens benötigte Daten einbezogen werden können. Dieses Fundament wird in der Regel mit einem Data Warehouse oder Data Mart aufgebaut. Das multidimensionale Datenmodell ermöglicht eine schnelle Sichtänderung auf die angezeigten Daten. Benutzerfreundlichkeit, Kalkulations- und Simulationsmöglichkeiten sind darüber hinaus wesentliche Eigenschaften von Ad-hoc Analysewerkzeugen. Eine Umsetzung kann innerhalb eines Excel-Tabellenblattes mit zusätzlichen Funktionen und eine Verknüpfung der Zellen zu einer dahinter liegenden Datenbank (Abb. 6) oder über ein spezielles Analysewerkzeug erfolgen (Tab. 5).

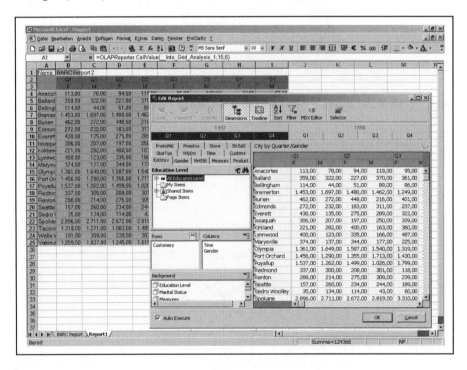

**Abb. 6: Excel-Add-In zur Ad-hoc Analyse (ProClarity)**

Für einige Anwender ist auch die Bereitstellung umfangreicherer Analyseverfahren sinnvoll. Dies können betriebswirtschaftliche Verfahren wie beispielsweise eine ABC-Analyse sein (Abb. 7).

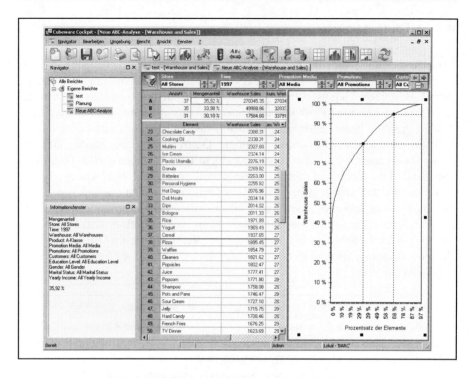

**Abb. 7: Automatisierte ABC-Analyse (Cubeware Cockpit)**

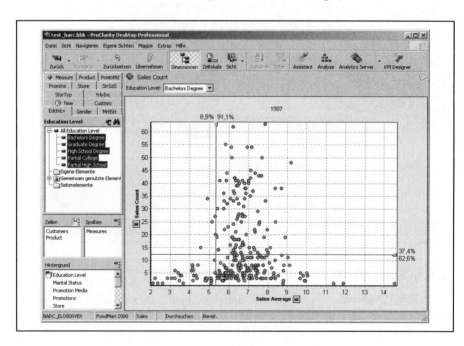

**Abb. 8: Grafische Analyse (ProClarity)**

Zusätzlich kann auch die Visualisierung von Daten nicht nur zur Präsentation sondern auch zur Analyse eingesetzt werden. Neben Spezialprogrammen zur Visualisierung (z. B. Spotfire) bieten inzwischen auch viele Business-Intelligence-Suiten Möglichkeiten in dieser Richtung an (Abb. 8).

## 4.4 Planung & Budgetierung

Die Unterstützung von Planungs- und Budgetierungsprozessen erfordert eine Bereitstellung von Planungswerkzeugen zur Datenverteilung, zum Forecasting und zur Simulation. Während im klassischen Berichtswesen die Daten nur in eine Richtung fließen, müssen Planungswerkzeuge auch ein Zurückschreiben von Daten ermöglichen. In kleinen und mittleren Unternehmen kann eine kostengünstige und schnelle Planungsunterstützung durch Standardwerkzeug zur Planung erreicht werden (Tab. 6). Diese bilden häufig einen großen Teil der betriebswirtschaftlichen Planungslogik durch eine vordefinierte Verknüpfung der Erfolgs-, Finanz- und Bilanzplanung bereits ab.

| Hersteller | Produkt | WWW-Adresse |
|---|---|---|
| Bank Austria Creditanstalt | BusinessPlanner | www.ba-ca.com |
| CoPlanner | CoPlanner | www.bfb.co.at |
| CP Corporate Planning | Corporate Planner | www.corporate-planning.com |
| Denzhorn | BusinessPlanSystem | www.denzhorn.de |
| MFB | Planning Consultant | www.mfb-online.de |
| STP | Max! Consult | www.stp-online.de |
| Winterheller Software | Professional Planner | www.professionalplanner.com |

**Tab. 6: Standardwerkzeuge zur Planung (Auswahl)**

Für größere Unternehmen mit vielen Beteiligten an den Planungs- und Budgetierungsprozessen erreichen Planungsplattformen (Tab. 7) mit ihren integrierten Funktionen zur Prozessunterstützung sowie durch die Flexibilität zur Anpassung an unternehmensspezifische Anforderungen häufig eine deutliche Effizienzsteigerung.

| Hersteller | Produkt | WWW-Adresse |
|---|---|---|
| Applix | Interactive Planning | www.applix.com |
| Cartesis | Planning | www.cartesis.com |
| Cognos | Planning | www.cognos.com |
| CUBUS | ABC für OLAP | www.cubus.com |
| Geac | Comshare MPC | www.geac.com |
| Hyperion Solutions | Planning | www.hyperion.de |
| Metris - Financial IT Solutions | MPSS | www.metris.de |
| MIS | Enterprise Planning | www.misag.com |
| Oracle | Financial Analyzer / EPB | www.oracle.com |
| Orenburg | Board M.I.T. | www.orenburg.com |
| Outlooksoft | CPM | www.outlooksoft.com |
| Prevero | infoplan | www.prevero.de |
| SAP | SEM BPS | www.sap.de |
| SAS | Planning | www.sas.com |
| Software4You | 4Plan MD | www.software4you.com |
| Thinking Networks | TN Planning | www.thinking-networks.com |

Tab. 7: Planungsplattformen (Auswahl)

## 4.5 Legale Konsolidierung

Die legale Konsolidierung gehört auch durch das engere Zusammenwachsen von externen und internen Rechnungswesen ebenfalls in eine umfassende Business-Intelligence-Systemlandschaft. Besondere Herausforderungen liegen hier in der Datenintegration aus heterogenen datenliefernden Einheiten, Prozessunterstützung bei der Abstimmung sowie bestimmten Buchungsmöglichkeiten. Im Back-End ist die Fähigkeit entscheidend, verschiedene Positionspläne und Rechnungslegungsstandards abzubilden und diese untereinander sowie mit der internen Sicht des Controllings verbinden zu können. Reporting- und Analyseanforderungen gleichen den bereits beschriebenen Komponenten. Werkzeuge basieren daher immer öfter auf gemeinsam genutzten Datenbasen, um diese Integration vollziehen zu können (Tab. 8).

| Hersteller | Produkt | WWW-Adresse |
|---|---|---|
| Cartesis | ES Magnitude | www.cartesis.com |
| Cognos | Controller | www.cognos.com |
| elKom | elKomKons | www.elkom.de |
| FCRS | FCRS | www.fcrs.fr |
| Geac | Geac Performance Management | www.geac.com |
| Hyperion | Financial Management | www.hyperion.com |
| IDL | KONSIS | www.idl.de |
| Microsoft | Enterprise Reporting | www.microsoft.com |
| MIS | Zeus | www.mis.de |
| Outlooksoft | CPM | www.outlooksoft.de |
| SAP | SAP EC-CS / SEM BCS | www.sap.de |
| SAS | Financial Management Solution | www.sas.com |

Tab. 8: Konsolidierungswerkzeuge [Dahn03]

## 4.6 Data Mining

Für die komplexe und ungerichtete Analyse von Datenbeständen zur Entdeckung von Strukturen und Mustern werden Verfahren der Statistik, des maschinellen Lernens und der Künstlichen Intelligenz eingesetzt. Neben Spezialwerkzeugen werden solche Verfahren inzwischen auch mit Datenbank-Engines angeboten.

Viele Lösungen sind als Werkzeugbank mit einer Vielzahl von Methoden ausgestattet, die nach vorbereitender Datenaufbereitung von entsprechend ausgebildetem Personal eingesetzt werden können. Einige Werkzeuge reduzieren die Komplexität, in dem sie sich auf bestimmte Methoden wie Entscheidungsbaumverfahren einschränken (z. B. Business Objects Business Miner, Cognos Scenario, Prudsys Discoverer, SPSS AnswerTree) oder eine für Fachanwender verständliche Interpretation der Ergebnisse anbieten (Bissantz DeltaMaster). Andere Anbieter wie MindLab und EPOQ konzentrieren sich auf bestimmte Anwendungsumgebungen, wie ein Scoring in Transaktionsumgebungen.

| Hersteller | Produktbezeichnung | WWW-Adresse |
|---|---|---|
| Angoss | Knowledge Studio | www.angoss.com |
| Bissantz | DeltaMaster | www.bissantz.de |
| Business Objects | Business Miner | www.businessobjects.de |
| Business Bits | Decision! | www.businessbits.de |
| Cognos | 4Thought, Scenario | www.cognos.de |
| DBMiner | DBMiner | www.dbminer.com |
| EPOQ | READY | www.epoq.de |
| Eudaptics | Viscovery Profiler | www.eudaptics.de |
| Human IT | InfoZoom | www.infozoom.com |
| Hyperion | Essbase | www.hyperion.de |
| IBM | DB2 | www.ibm.com |
| Insightful | Insightful Miner | www.insightful.com |
| KXEN | Kxen | www.kxen.com |
| Megaputer Intelligence | PolyAnalyst | www.megaputer.com |
| Microsoft | SQL Server | www.microsoft.de |
| MindLab | NetMind | www.mindlab.de |
| MIT | DataEngine | www.dataengine.de |
| NCR Teradata | Warehouse Miner | www.ncr.com |
| Oracle | 10g | www.oracle.com |
| Panoratio | Database Image Explorer | www.panoratio-pdi.de |
| Prudsys | Discoverer | www.prudsys.de |
| SAS | Enterprise Miner | www.sas.com |
| SPSS | AnswerTree, Clementine, DataDistilleries | www.spss.com/de |
| StatSoft | Statistica | www.statsoft.de |
| Urban Science | GainSmarts | www.urbanscience.com |

**Tab. 9: Data-Mining-Werkzeuge**

## 4.7 Business/Corporate Performance Management

Die Leistung eines Unternehmens zu planen, zu steuern und zu kontrollieren (also im Wesentlichen Unternehmensführung) ist Gegenstand des Corporate oder Business Performance Managements. Der Management-Prozess bildet so eine Klammer über die beschriebenen Teilaufgaben und Systemkomponenten und fordert damit vor allem eine Integration auf Datenebene, Modellebene und auch auf Anwendungsebene. Diese wird bei Standardwerkzeugen zum Performance

Management mit abnehmender Fragmentierung des Anbietermarktes und zunehmender Breite ihres Angebotes momentan vollzogen.

Auch wenn Standardwerkzeuge eine gute Unterstützung bieten, setzen viele Unternehmen noch nicht auf sie. In einer 2004 durchgeführten Studie zur Nutzung und Verbreitung von Performance-Managementtools in 780 US-Unternehmen wurde festgestellt, dass knapp die Hälfte aller Unternehmen Tabellenkalkulationsprogramme als primäre Applikation für ihr Performance Management benutzten und nur knapp 30% eine selbst entwickelte oder gekaufte Applikation benutzten (vgl. Abb. 9).

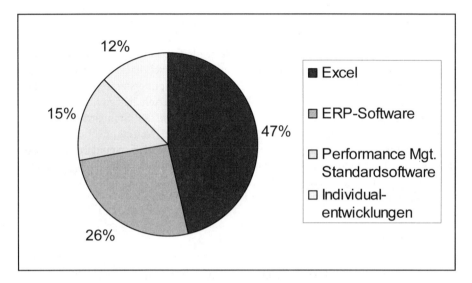

Abb. 9: **Anwendung verschiedener Softwarekategorien für Performance Management Lösungen [BaMa04]**

Besondere Herausforderungen für den ganzheitlichen, integrativen Ansatz des Performance Managements ist dabei die Einbeziehung der strategischen Managementebenen, in der die zu messenden Kennzahlen sowie ihre Abhängigkeiten untereinander und zur Unternehmensstrategie definiert werden muss. Weiterhin erfordern immer dynamischere Umgebungsbedingungen alle Unternehmen ihre Prozesse öfter anzupassen und Prozessausführung und Prozesserfolg zeitnäher zu messen. Somit ist auch eine enge Integration in operative Systeme immer wichtiger.

## 5 Fazit

Informationstechnologie kann zahlreiche ineffiziente Aufgaben der manuellen Datensammlung, -aufbereitung und -verteilung beschleunigen und ermöglicht so einen Einsatz der Anwender für Analysen und Steuerung des Geschäftes. Der Grad an Transparenz des Unternehmensgeschehens wird durch den sinnvollen Einsatz von Business-Intelligence- und Performance-Management-Systemen deutlich erhöht. Ergebnis ist eine schnellere Reaktionszeit, die entscheidende Wettbewerbsvorteile sichern kann. Für die Datenanalyse ist weiterhin die Intelligenz des Anwenders unabdingbar, um aus ständig wachsenden Datenbergen die interessante Information herauszufiltern und Schlussfolgerungen abzuleiten. In der Unterstützung des Anwenders durch konsultative Informationssysteme oder gar Entscheidungsautomaten ist nur ein langsamer Fortschritt zu erkennen.

Das Softwaresegment für analytische Informationssysteme ist einer der wenigen Bereiche des Softwaremarktes, der in den letzten Jahren kontinuierliche Zuwachsraten verzeichnen können. In den Bereichen der Standard-Funktionen wie Reporting und Datenanalyse hat eine deutliche Marktkonsolidierung begonnen, die auch von den großen, weltweit agierenden Standard-Softwareanbietern angestoßen und mitgestaltet wird. Spezialisten wie SAS, Business Objects oder Cognos stoßen aber auch jetzt schon in den Milliarden-Dollar-Umsatzbereich vor und zeigen damit die Reife des Marktes.

## Literatur

BARC-Studien mit Produktvergleichen sind unter www.barc.de verfügbar.

[BaGü04]   Bauer, A.; Günzel, H. (Hrsg.): Data-Warehouse-Systeme, Heidelberg 2004.

[Bang03]   Bange, C. et al.: Data Warehousing und Datenintegration, Feldkirchen 2003.

[BaMa04]   Bange, C.; Marr, B.: Balanced Scorecard Werkzeuge. 20 Performance Management Werkzeuge im Vergleich, München 2004.

[Dahn03]   Dahnken, O. et al.: Konsolidierung und Management Reporting. 10 Werkzeuge im Vergleich, Feldkirchen 2003.

[Inmo96]   Inmon, W. H.: Building the Data Warehouse, Riley 1996.

[Math05]   Mathes, T. et al.: Datenqualitätsmanagement. 13 Werkzeuge zur automatisierten Steigerung der Datenqualität, München 2005.

[WaSt96]   Wang, R. Y.; Strong, D.: Beyond Accuracy: What Data Quality Means to Data Consumers, in: Journal of Management Information Systems, 12. Jg., Heft 4, 1996, S. 5 - 33.

# Teil II

# Data Warehouse und On-Line Analytical Processing

# Transformation operativer Daten

## Konzeptionelle Überlegungen zur Filterung, Harmonisierung, Aggregation und Anreicherung im Data Warehouse

HANS-GEORG KEMPER, RALF FINGER

## Abstract

Der folgende Beitrag beschäftigt sich mit der Problematik der Überführung operativer in dispositive Datenbestände, die direkt für Analytische Informationssysteme nutzbar sind. Die hierfür erforderlichen Transformationsprozesse werden in aufeinander aufbauende Filterungs-, Harmonisierungs-, Aggregations- sowie Anreicherungsaktivitäten unterschieden und durch entsprechende Praxisbeispiele illustriert.

## Inhalt

| | | |
|---|---|---|
| 1 | Operative und dispositive Daten | 114 |
| 2 | Transformation – Ein Schichtenmodell | 115 |
| | 2.1 Filterung – Die Extraktion und Bereinigung operativer Daten | 117 |
| | 2.2 Harmonisierung – Die betriebswirtschaftliche Abstimmung gefilterter Daten | 121 |
| | 2.3 Aggregation – Die Verdichtung gefilterter und harmonisierter Daten | 124 |
| | 2.4 Anreicherung – Die Bildung und Speicherung betriebswirtschaftlicher Kenngrößen | 125 |
| 3 | Fazit | 127 |

# 1 Operative und dispositive Daten

Daten der operativen Systeme unterstützen gezielt die wertschöpfenden Geschäftsprozesse innerhalb eines Unternehmens. Sie sind demnach ausschließlich auf die Steuerung und Überwachung des Tagesgeschäftes ausgerichtet und meist transaktionsbezogen. Somit sind die Daten – je nach operativem Einsatzzweck – in ihren Begrifflichkeiten häufig nicht eindeutig vergleichbar und in ihrer Bewertung sowie Konsolidierung begründbar unterschiedlich. Weiterhin spiegeln sie aufgrund ihrer Transaktionsorientierung in aller Regel ausschließlich einen momentanen Informationsstand wider und werden durch Folgetransaktionen dynamisch im Zeitverlauf aktualisiert [BaGü04].

Aus diesen Gründen bieten selbst Softwareanbieter integrierter ERP-Systeme – wie z. B. SAP$^{TM}$– dedizierte dispositive Datenhaltungssysteme an, die als Datenreservoirs für die analytischen Anwendungssysteme eines Unternehmens herangezogen werden [ScRo01], [ChGl05].

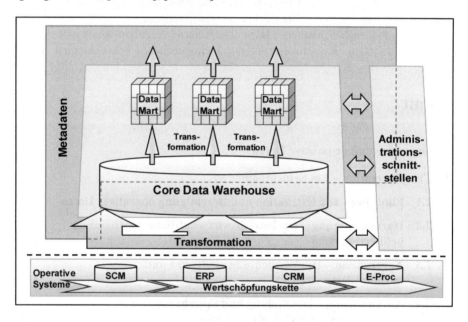

**Abb. 1: Data Warehouse-Architektur**

Eine typische Architektur dispositiver Datenhaltungssysteme zeigt Abb. 1. Sie gliedert sich in *Core Data Warehouse (C-DWH)* und *Data Marts*. Dieses – auch als Hub-and Spoke-Architektur bezeichnete – dispositive Datenkonzept versteht sich als themenbezogenes, integriertes Datenreservoir, bei dem das aus Managementsicht gewünschte, in aller Regel aggregierte Datenmaterial dauerhaft – also historienbildend – abgelegt wird [JaLe03].

## 2 Transformation – Ein Schichtenmodell

Die mangelnde Eignung operativer Datenquellen stellt bei dem Aufbau und Betrieb von Data Warehouses eines der größten Probleme dar [MaWi02], [TuAr05]. Aus diesem – von vielen Analytikern als Manko empfundenen – Tatbestand jedoch auf die generelle Qualität des operativen Datenbestandes Rückschlüsse zu ziehen, verbietet sich. Vielmehr sind die operativen Daten auf die Anforderungen der mengen- und wertorientierten Abrechnungs-, Administrations- und Dispositionssysteme ausgerichtet und gewährleisten einen reibungslosen Ablauf des Tagesgeschäftes. Anforderungen aus Sicht der Unternehmenssteuerung sind nicht die Kernaufgaben dieser Systeme, wurden entsprechend bei der Konzeption der operativen Datenhaltung meist nicht erhoben und können somit auch nicht abgedeckt werden. Demnach liegt es auf der Hand, dass lediglich mit Hilfe gezielter Umwandlungsaktivitäten aus den operativen Daten managementrelevante Informationen gewonnen werden können [Lehn03], [AnAn04].

Die für die betriebswirtschaftliche Interpretation der operativen Daten erforderlichen Prozesse werden im Weiteren unter dem Oberbegriff *Transformation* zusammengefasst und setzen sich aus den Sub-Prozessen der *Filterung*, *Harmonisierung*, *Aggregation* und *Anreicherung* zusammen.

- **Filterung**
  Unter der *Filterung* wird die Extraktion aus den operativen Daten und die Bereinigung syntaktischer oder inhaltlicher Defekte in den zu übernehmenden Daten verstanden.

- **Harmonisierung**
  Die *Harmonisierung* bezeichnet den Prozess der betriebswirtschaftlichen Abstimmung gefilterter Daten.

- **Aggregation**
  Die *Aggregation* ist die Verdichtung gefilterter und harmonisierter Daten.

- **Anreicherung**
  Die Bildung und Speicherung betriebswirtschaftlicher Kenngrößen aus gefilterten und harmonisierten Daten wird als *Anreicherung* bezeichnet.

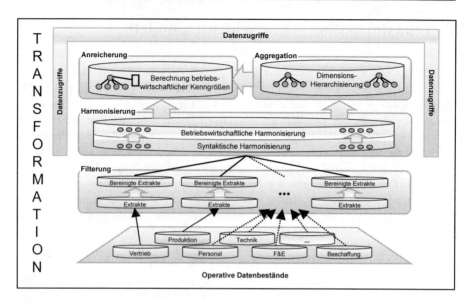

**Abb. 2: Sub-Prozesse der Transformation [KeMe04]**

Abb. 2 zeigt die einzelnen Sub-Prozesse der Transformation. Deutlich wird, dass zu Beginn der Transformation die physische Extraktion der gewünschten Daten aus den operativen Beständen erfolgt. In aller Regel ist dieses Datenmaterial nicht vollkommen frei von Defekten. Daher können Mängel des operativen Datenmaterials im Rahmen der Extraktion deutlich werden, wie das Fehlen von Datenwerten oder die nicht korrekte Belegung von Datentypen aufgrund syntaktischer oder inhaltlicher Falscheingaben der Benutzer der operativen Systeme. Erst nach Abschluss von Bereinigungsaktivitäten, die zum Teil automatisiert ablaufen können, häufig jedoch auch die Einbindung sachkompetenter Mitarbeiter erfordern, ist die Filterung des Datenmaterials abgeschlossen.

Um aussagefähige Informationen zu erhalten, sind die extrahierten und bereinigten operativen Daten anschließend einem Harmonisierungsprozess zu unterziehen. Hierbei werden Berichtswährungen abgeglichen, unterschiedliche Gebiets- bzw. Ressortgrenzen zusammengeführt oder betriebswirtschaftlich nicht einheitlich abgegrenzte Begrifflichkeiten abgestimmt. Des Weiteren werden die Daten auf den von den späteren Nutzern des Data Warehouse gewünschten Detaillierungsgrad – auch Granularität genannt – transformiert [Inmo02]. So werden beispielsweise nicht selten die Positionen der Einzelbelege zu tages-, wochen- oder monatsaktuellen Werten zusammengefasst.

Mit Hilfe der Aggregation werden die gefilterten und harmonisierten Daten, die sich in der gewünschten Granularität befinden, bewusst um Verdichtungsstrukturen erweitert, die sich an den Auswertungsdimensionen und antizipierbaren -hierarchien orientieren. Nicht selten werden hierbei Produkte zu Produktgruppen, Kunden zu Kundengruppen, Filialen zu Regionen und/oder Gebieten zusammengefasst.

Die Anreicherung erlaubt es, zusätzlich zu den Aggregatstrukturen einen betriebswirtschaftlichen Mehrwert in die Datenbasis zu integrieren. Berechnungen

Datentransformation im Data Warehouse 117

von Abweichungen oder die Ermittlung von Kennziffern – wie Deckungsbeitrag oder Umsatz – sollen hier nur exemplarisch für die große Anzahl von Möglichkeiten genannt werden.

Die folgenden Ausführungen beschreiben den Transformationsprozess anhand der oben skizzierten Sub-Prozesse auf einer konzeptionellen Ebene. Für den praktischen Einsatz innerhalb eines Data Warehouse wäre es erforderlich, die beschriebenen Designprinzipien systemtechnisch umzusetzen.

## 2.1 Filterung – Die Extraktion und Bereinigung operativer Daten

Die Filterung umfasst – wie oben dargestellt – Extraktions- und Bereinigungsaktivitäten.

### – Extraktion

Erste Voraussetzung zur Übernahme operativer Datenquellen in eine dispositive Datenhaltung ist die Eröffnung der grundsätzlichen Zugriffsmöglichkeit auf operative Datenbestände. Diese sind in der Unternehmenspraxis häufig hinsichtlich Datenbanktechnologien und Betriebssystemen auf heterogenen Plattformen vorzufinden. Hier ist in enger Zusammenarbeit mit den Administratoren der operativen Systeme zunächst zu prüfen, ob direkte Durchgriffsmöglichkeiten oder Datenexportverfahren aus den operativen Systemen bereits verfügbar bzw. ob zusätzliche Schnittstellen zu erarbeiten sind. Weiterhin ist für eine Implementierung der Datenübernahme zu berücksichtigen, in welchen zyklischen Abständen ein „Snapshot" der operativen Daten zu erfolgen hat [Kimb98]. Hierbei muss insbesondere beachtet werden, dass für das Auslesen operativer Datenbestände lediglich begrenzte Zeitfenster zur Verfügung stehen. So konkurrieren die Extraktionsroutinen meist mit anderen batchorientierten Anwendungen und werden in aller Regel in der Nacht abgewickelt, damit der operative Tagesbetrieb nicht durch ressourcenverbrauchende Lese- und Kopiervorgänge behindert wird.

Unterschiedliche Konzepte existieren im Hinblick auf die Abschätzung der Datenqualität. Ein erster Ansatz ist der Versuch, die Qualität operativer Datenfelder im vorhinein abzuschätzen. Die Beantwortung der folgenden Fragen kann hierbei wertvolle Hilfen bieten:

- **Handelt es sich bei dem zu extrahierenden Datenfeld um ein sog. „Muss-Eingabefeld"?**
  In diesen Fällen kann davon ausgegangen werden, dass keine unbeabsichtigten inhaltslosen Leerfelder in der operativen Datenquelle existieren, da mit Hilfe programmtechnischer Funktionen – z. B. in Form spezieller Eingabemasken – in den operativen Systemen die Existenz eines Datenwertes sichergestellt wird.

- **Sind Plausibilitätsprüfungen bei der manuellen oder automatisierten Datenerfassung in den operativen Systemen implementiert?**
  Kann diese Frage bejaht werden, so ist sichergestellt, dass die zu extrahierenden Datenwerte – je nach Qualität der durchgeführten Plausibilitätsprüfungen in den operativen Systemen – keine unzulässige Datensyntax enthalten bzw. keine unerlaubten Datenausprägungen aufweisen.

- **Wird das Datenfeld im operativen Datenbestand tatsächlich seiner ursprünglichen Zwecksetzung folgend gepflegt?**
  In der Praxis ist es nicht unüblich, die ursprünglichen Feldvorgaben in operativen Datenbeständen im Bedarfsfalle zu modifizieren. Diese Vorgehensweise hat aus Sicht der operativen Datenverarbeitung den – durchaus diskussionswürdigen – Vorteil, dass bei Veränderungen der operativen Geschäftsabwicklung im Zeitverlauf keine oder lediglich geringfügige Modifikationen an den operativen Systemen vorzunehmen sind. Allerdings bewirkt eine solche Vorgehensweise, dass diese Daten mit Hilfe von analytischen Informationssystemen nur schwer auswertbar gemacht werden können. Um in einer solchen Situation abgestimmte Historien aufbauen zu können, sind daher Maßnahmen während der Bereinigung zu ergreifen. Ein geeignetes Verfahren sind Umwandlungsroutinen, die über die Zeitpunkte der Modifikation gesteuert eine semantische Gleichheit der Dateninhalte über die Zeitachse gewährleisten.

- **Seit wann werden die einzelnen Felder der operativen Datenquelle erfasst?**
  Hierbei ist insbesondere zu klären, welche Datenfelder nachträglich in die operative Datenquelle integriert wurden. Auch diese Frage determiniert die Qualität des operativen Datenmaterials hinsichtlich der Erstübernahme in ein Data Warehouse, da sie bestimmt, in welchem Umfang Vergangenheitsdaten in Historien aufgebaut werden können.

- **Existieren bereits konkrete Pläne, die operativen Datenquellen zu verändern?**
  Im Gegensatz zu den Vorfragen tangiert die Beantwortung dieser Frage die zukünftige Entwicklung des Data Warehouse. Da die Datenübernahmen in aller Regel periodisch erfolgen und die neu extrahierten Daten den Altbestand im Data Warehouse ergänzen, sollte sichergestellt sein, dass die operativen Datenquellen in absehbarer Zukunft in ihrer Struktur als stabil betrachtet werden können. Ist dieses nicht der Fall, sind zukünftige Veränderungen in den zyklisch ablaufenden Extraktionsprogrammen sowie etwaige Migrationen der dispositiven Datenstrukturen zu planen.

Wie leicht nachvollziehbar ist, gibt die Beantwortung dieser und ähnlicher Fragen durch erfahrene Spezialisten der betreffenden operativen Systeme wichtige Hinweise auf die generelle Qualität der Datenquellen. So können diese Kriterien auch Anhaltspunkte dafür liefern, auf welche Datenquelle sinnvollerweise zurückgegriffen werden sollte, wenn ähnliche Inhalte aus unterschiedlichen Transaktionssystemen gewonnen werden können.

In Abb. 3 wird der Sachverhalt an einem umfassenden Beispiel illustriert.

> *Eine zu filternde Datentabelle einer operativen Quelle in einem Versicherungsunternehmen habe folgenden Satzaufbau:*
>
> *PRÄMIE (KUNDEN_NR, KUNDEN_ART, PRÄMIE, BETREUER,...)*
>
> *Eine Recherche ergibt:*
>
> 1. ***Muss-Felder?*** *KUNDEN_NR und PRÄMIE sind Muss-Felder. Alle anderen Attribute können somit Leerfelder aufweisen.*
>
> 2. ***Plausibilitätskontrollen?*** *KUNDEN_NR unterliegt als Primärschlüssel einer Syntax- und Wertebereichsprüfung. Alle anderen Attribute können somit sowohl Syntaxfehler als auch inhaltliche Unstimmigkeiten aufweisen.*
>
> 3. ***Konsistente Feldpflege?*** *Das Feld KUNDEN_ART hat im Zeitverlauf eine Interpretationsmodifikation erfahren. Ursprünglich wurden lediglich die Ausprägungen „0" für „PRIVAT" und „1" für „GEWERBLICH" akzeptiert. Zur Identifikation der Finanzkraft privater Kunden und der Branchenzugehörigkeit gewerblicher Kunden wurde nachträglich die Domäne des Attributes um die Ausprägungen „2", „3", „4" erweitert, so dass nun die Ausprägungen „0" und „1" die privaten sowie „2"- „4" die gewerblichen Kunden repräsentieren. Für die Übernahme des Attributes in das Data Warehouse sind demnach Transformationsregeln erforderlich, die - mit einem Zeitstempel versehen - die erweiterte Semantik zumindest für historische Auswertungen auf die ursprüngliche Differenzierung „PRIVAT" und „GEWERBLICH" zurückführen.*
>
> 4. ***Zeitraum der Felderfassung?*** *Das Attribut BETREUER wurde nachträglich in den operativen Datenbestand integriert. Hiermit ergeben sich Restriktionen bzgl. der Auswertung der Historie.*
>
> 5. ***Veränderungspläne?*** *Es ist geplant, zu Beginn des nächsten Jahres ein Redesign der operativen Systeme zur Prämienberechnung vorzunehmen, so dass eine Strukturmodifikation der operativen Datenhaltung erfolgen wird. Da die Stabilität der operativen Datenquelle demnach nicht gegeben ist, sollte geprüft werden, ob die neue Datenstruktur die vorgesehenen Extraktionen erlaubt bzw. welcher Aufwand mit der Anpassung der Extraktionsroutinen an die neue Struktur verbunden sein wird.*

**Abb. 3: Abschätzung der Qualität operativer Daten**

Allerdings ist die Datenqualität – auch von erfahrenen Experten des betreffenden Transaktionssystems – nicht immer im Vorfeld gänzlich antizipierbar. Aus diesem Grunde empfiehlt sich nach der obigen Prüfung der Datenqualität ein weiterer Prüfungsschritt, der auf die tatsächlich in einem Datenfeld vorkommenden Ausprägungen abzielt. Moderne Extraktions- und Datenmanagementwerkzeuge erlauben es, auf einfache Weise Übersichten zu erzeugen, die je Feld Aufschluss geben über absolute und prozentuale Häufigkeiten des Vorkommens aller im Datenbestand vorhandenen Ausprägungen. Nicht selten findet man in solchen Übersichten systematische wie unsystematische Datenfehler oder auf den ersten Blick nicht interpretierbare Ausprägungen.

– **Bereinigung**

Im Rahmen der *Bereinigung* werden die extrahierten Daten sowohl von *syntaktischen* als auch von *semantischen* Mängeln befreit. Wie die Abb. 4 veranschaulicht, können hierbei mehrere Mängelklassen unterschieden werden.

1. Klasse: Automatisierbare Defekterkennung mit automatisierbarer Korrektur während des Extraktionsvorganges.

2. Klasse: Automatisierbare Defekterkennung mit manueller Korrektur nach dem Extraktionsvorgang.

3. Klasse: Manuelle Defekterkennung mit manueller Korrektur nach dem Extraktionsvorgang.

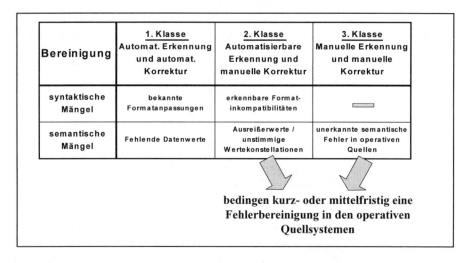

Abb. 4: **Mängelklassifikation im Rahmen der Bereinigung [Kemp99]**

Die erste Mängelgruppe beinhaltet die syntaktischen und semantischen Mängel, die automatisiert durch implementierte Routinen behoben werden können. Diese Gruppe stellt den Teil der Mängel dar, der vor der Implementierung der Extraktionsroutinen bekannt ist bzw. dessen Auftreten antizipierbar ist. So könnten interne Format-, Steuer- oder Sonderzeichen, die beispielsweise zur Dokumentation von Stornobuchungen in den operativen Daten verwendet werden, mit Hilfe von implementierten Mapping-Tabellen in den extrahierten Daten automatisiert erkannt und bereinigt werden. Als Beispiel einer automatisierten Behebung eines semantischen Mangels kann der Fall angesehen werden, dass fehlende Ist-Werte in den operativen Daten – etwa verursacht durch unterbliebene Übertragung der Umsatzdaten einer Filiale – erkannt und mit Hilfe von vorab definierten Regeln durch Äquivalenzwerte – wie Planwerte des Monats, Ist-Werte des Vormonats, Ist-Werte des Vorjahresmonats – in den Extrakten ersetzt und entsprechend kommentiert werden, damit sinnvolle Verdichtungen auf der Basis des Datenmaterials durchgeführt werden können.

Der größte Teil der Bereinigungsaktivitäten kann jedoch nicht vollständig automatisiert durchgeführt werden. In der ersten Klasse dieser nicht vollständig automatisierbaren Bereinigungen sind lediglich die Mängel durch implementierbare Routinen erkennbar, die notwendigen Bereinigungen müssen hingegen manuell durch technische und betriebswirtschaftliche Fachkräfte durchgeführt werden. Bei den syntaktischen Mängeln können hierbei beispielsweise bislang unberücksichtigte Syntaxvarianten der operativen Datenquellen entdeckt werden, die durch technische Spezialisten manuell in den Extrakten berichtigt werden müssen. Auch ein Teil der semantischen Mängel kann automatisiert erkannt werden, indem mit Hilfe von *Plausibilitätskontrollen* und *Domänenüberprüfungen* fehlerhafte Datenfelder identifiziert werden können. Da diese Mängel in jedem Falle auf semantische Inkorrektheiten in den operativen Datenquellen zurückzuführen sind, sind kurz- oder mittelfristig Korrekturmaßnahmen in den operativen Quellsystemen erforderlich. Wenn die Fehler in den Quellsystemen nicht sofort korrigiert werden (können), sollten kurzfristig Bereinigungen in der Filterungsschicht des Data Warehouse durch betriebswirtschaftliche Fachspezialisten durchgeführt werden, damit zumindest im dispositiven Bereich die Fehler der operativen Quellsysteme nicht durchschlagen.

Da eine erforderliche Datensyntax stets vollständig beschrieben werden kann und somit Mängel immer automatisiert erkannt werden können, ist eine manuelle Mängelerkennung lediglich für semantische Mängel sinnvoll vorstellbar. In diesen Fällen ist es denkbar, dass die extrahierten Daten inkorrekte Datenwerte beinhalten, die ausschließlich durch Analysen von betriebswirtschaftlichen Fachspezialisten erkannt werden können. Da es sich bei diesen semantischen Mängeln ebenfalls immer um Fehler in den operativen Datenquellen handelt, ist in diesem Falle wie oben beschrieben zu verfahren; das heißt, dass kurz- oder mittelfristig die operativen Quellsysteme zu berichtigen sind und bis zur Korrekturimplementierung eine Bereinigung der semantischen Fehler in der Filterungsschicht des Data Warehouse zu erfolgen hat.

## 2.2 Harmonisierung – Die betriebswirtschaftliche Abstimmung gefilterter Daten

Hat eine geeignete Filterung der Daten aus den operativen Systemen stattgefunden, so ist die Voraussetzung geschaffen, aus dem Datenbestand Informationen abzuleiten. Mit einer Übernahme und Bereinigung der operativen Daten ist jedoch noch keine Information mit Entscheidungsrelevanz entstanden, da eine themenbezogene Gruppierung der Daten noch nicht stattgefunden hat. Eine themenbezogene Gruppierung etwa nach Kunde, Produkt oder Organisationseinheit setzt allerdings das Zusammenführen verschiedenster gefilterter und bereinigter Extrakte operativer Datenbestände voraus. Vorbedingung für eine solche Zusammenführung der Daten ist

- die Abstimmung von Kodierungen, Synonymen und Homonymen,
- die Lösung des Problems der Schlüsseldisharmonien sowie
- die Vereinheitlichung betriebswirtschaftlicher Begriffsabgrenzungen.

Die Probleme der Abstimmung von Kodierungen, Synonymen und Homonymen sind anhand von Beispielen in Abb. 5 dargestellt.

| | Charakteristika | Beispiele | | |
|---|---|---|---|---|
| | | Datenquelle 1 | Datenquelle 2 | Aktivität |
| **Unterschiedliche Kodierung** | Gleiche Attributnamen; gleiche Bedeutung; unterschiedliche Domänen | Attribut: GE-SCHLECHT Domäne: (0,1) | Attribut: GE-SCHLECHT Domäne: (M,W) | Wahl einer Domäne |
| **Synonyme** | Unterschiedliche Attributnamen; gleiche Bedeutung; gleiche Domänen | Attribut: PERSONAL Inhalt: Name der Betriebsangehörigen | Attribut: MITARBEITER Inhalt: Name der Betriebsangehörigen | Wahl eines Attributnamens |
| **Homonyme** | Gleiche Attributnamen; unterschiedliche Bedeutung; gleiche oder ungleiche Domänen | Attribut: PARTNER Inhalt: Name der Kunden | Attribut: PARTNER Inhalt: Name der Lieferanten | Wahl unterschiedlicher Attributnamen |

**Abb. 5: Unterschiedliche Kodierung, Synonyme und Homonyme**

Selbstverständlich wäre es müßig, über die Eignung der einzelnen Namensgebungen und Kodierungen zu diskutieren. Aus dispositiver Sicht ist vielmehr relevant, dass Feldnamen und Kodierungen inhaltlich harmonisiert werden, so dass bei Auswertungen eine einheitliche Interpretation der Dateninhalte möglich ist [InIm01]. Dazu werden i. d. R. Tabellen implementiert, mit deren Hilfe die gefilterten – also die bereits extrahierten und bereinigten – Einzeldateien über Namensabgleichungen und Kodierungsabstimmungen zu themenorientierten Datenbeständen zusammengeführt werden.

Schwerwiegender, weil in der Praxis häufig nicht ohne weiteres lösbar, ist das Problem der Schlüsseldisharmonien. Um systemübergreifende Entitäten zusammenzuführen, ist ein gemeinsamer Primärschlüssel erforderlich. Dieser ist aber nicht immer vorhanden, so dass zunächst ein grundsätzliches Redesign der operativen Systeme erforderlich wäre.

> *Nach der Fusion zweier Versicherungsgesellschaften mit unterschiedlichem Angebotsschwerpunkt sollen geschäftssegmentbezogene Auswertungen für ein Berichtswesen nach Kundengruppen erarbeitet werden. Diese Anforderung ergibt sich unmittelbar aus der Geschäftspolitik, die zum Ziel hat, übergreifende Cross-Selling Potentiale auszumachen – also die Möglichkeit zu nutzen, durch Kenntnis des Kunden aus einem bestehenden Versicherungsvertrag weitere Vertragsangebote zu unterbreiten. Es zeigt sich, dass dieses Vorhaben praktisch undurchführbar ist, da die operativen Systeme zur Vertragserfassung und -abwicklung der beiden vormals eigenständigen Versicherungsgesellschaften über keine einheitlichen Schlüsselstrukturen verfügen. Um diese Problematik zu beheben, müsste ein Projekt zur Neunummerierung der Verträge aufgesetzt werden.*

**Abb. 6: Schlüsseldisharmonien**

Um analytische Auswertungen trotz Schlüsseldisharmonien in den operativen Systemen durchführen zu können, kann eine Vorgehensweise gewählt werden, die eine sukzessive Lösung des Problembereiches erlaubt. Existiert beispielsweise kein einheitlicher Primärschlüssel für den Entitätstyp „KUNDE" so könnte manuell eine Mapping-Tabelle erstellt werden, welche für die Top 100 Kunden der in Abb. 6 genannten Versicherungsunternehmen eine 1:1-Schlüsselübersetzung zwischen den operativen Systemen herstellt und damit übergreifende Auswertungen ermöglicht. Sobald Massendaten zu verarbeiten sind, wie etwa im Privatkundengeschäft derselben Versicherungsunternehmen, ist eine manuelle Lösung natürlich nicht mehr möglich.

Gleiches gilt, wenn in den verschiedenen operativen Systemen nicht die notwendigen Schlüssel abgebildet sind, die für übergreifende Auswertungszwecke erforderlich wären. So wäre es beispielsweise für die Analyse von Gewährleistungsmaßnahmen eines Maschinenbauunternehmens wünschenswert, die kundenbezogene Sicht der Gewährleistungsfälle – d. h. der Kunde reklamiert ein schadhaftes Teil – mit der kundenneutralen Sicht der Beschaffung zu koppeln, um den Lieferanten der schadhaften Teile zu identifizieren. Falls im Garantiefallsystem jedoch kein Lieferantenschlüssel und im Beschaffungssystem kein Kundenschlüssel existiert, ist das schadhafte Teil letztlich nicht eindeutig einem Lieferanten zuzuordnen, sofern mehrere Lieferanten ein baugleiches Teil liefern, das unter derselben internen Teilenummer geführt wird.

Häufig existieren sehr unterschiedliche Meinungen und Definitionen über betriebswirtschaftliche Begriffe und deren datentechnischer Abgrenzung in einem Unternehmen. Ein weiterer wichtiger Aspekt der Harmonisierung ist daher die Vereinheitlichung dieser betriebswirtschaftlichen Begriffe. Dies ist weniger aus technischer Sicht problematisch, als vielmehr aufgrund des sich daraus ergebenden kontroversen Diskussionsprozesses, der in einem Unternehmen stattfinden muss.

Ist die Filterung und Harmonisierung abgeschlossen, so liegt im Data Warehouse ein bereinigter und konsistenter Datenbestand auf der Granularitätsebene vor, der bereits für Analytische Informationssysteme direkt nutzbar gemacht werden kann.

## 2.3 Aggregation – Die Verdichtung gefilterter und harmonisierter Daten

Typische Fragestellungen aus dem analytischen Bereich betreffen nicht ausschließlich die Daten der Granularität des Data Warehouse. Häufiger sind vielmehr Auswertungen auf der Basis von Summenstrukturen, die der Beantwortung von Fragen dienen wie: „Wie verlief der Umsatz mit dem Kunden A in der Produktgruppe B über die Monate des vergangenen Halbjahres?" Diese Frage adressiert beispielsweise die drei Berichtsdimensionen „KUNDE", „PRODUKT" und „ZEIT" auf der Basis aggregierter Größen.

Des Weiteren sind bestimmte betriebswirtschaftliche Kennzahlen überhaupt erst berechenbar, wenn Vorsummierungen stattgefunden haben. Um beispielsweise eine Ist-Plan-Abweichung für den Verkauf zu errechnen, sind die Ist-Verkaufsdaten, die in Form von Einzelartikeln auf Tagesbasis vorliegen können, auf Monats- und Produktgruppenniveau zu summieren, damit diese Ist-Werte für die Abweichungsberechnung mit einer Verkaufsplanung pro Produktgruppe und Monat kombiniert werden können.

Ziel der Aggregation ist demnach, auf Basis konsistenter Dimensionsdefinitionen Summenstrukturen zu erzeugen, die dann aus Gründen der Performanceoptimierung vorberechnet im Data Warehouse gehalten werden können. Typische Berichtsdimensionen sind meist hierarchisch angeordnet und besitzen mit dem Element „Alle" oder „Gesamt" eine Spitze, in der alle Einzelelemente aggregiert sind. Solche Dimensionen werden im Data Warehouse getrennt von den Bestandsdaten (gespeichert in sog. „fact tables") in speziellen Strukturtabellen meist denormalisiert vorgehalten (sog. „dimension tables") [KiRo02].

Dabei ist offensichtlich, dass die Dynamik der Unternehmenspraxis zu berücksichtigen ist. Veränderungen der Organisationsstruktur durch Unternehmenszukäufe, die Zusammenfassung von Teilmärkten oder die Umstrukturierung des Außendienstes können dazu zwingen, die Zugehörigkeitsbeziehungen in einer solchen Struktur mit einem Zeitstempel abzulegen. Dadurch wird es möglich, konsistente Auswertungen nach der jeweils aktuellen Struktur sowie nach der alten Struktur zu erstellen.

In der Regel werden verschiedene parallele Auswertungsdimensionen je nach Zielgruppe und Auswertungszweck erforderlich sein. Parallele Hierarchien können sich aus unterschiedlichen Sichtweisen auf die Daten ergeben. Zum Beispiel ist ein Kundenmanager eher an Summen auf der Basis von Kundengliederungen interessiert, während ein Produktmanager Summenstrukturen nach Produktgliederungen benötigt. Nicht immer sind die Betrachtungseinheiten der untersten Ebene – wie zum Beispiel das einzelne Produkt – eindeutig einer Hierarchie zugeordnet.

Abb. 7 zeigt das Beispiel eines Warenhauses mit einer produktbezogenen Hierarchie, in der die einzelnen Artikel verschiedenen Warengruppen zugeordnet sind. So existiert beispielsweise die Warengruppe „Pflanzen" wie auch die Warengruppe „Werkzeug".

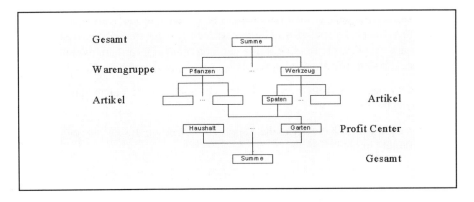

**Abb. 7: Alternative Hierarchien**

Zur Absatzsteigerung sind komplementäre Produkte in Profit Centers zusammengefasst und werden im Verkaufsbereich nebeneinander angeboten und beworben. In einer Matrixstruktur sind diese darüber hinaus durch einen Profit Center-Verantwortlichen organisatorisch verankert. Im Rahmen des Controllings sollen die Ergebnisse der Profit Centers nun verfolgt werden. Dazu sind diese als gesonderte Hierarchie abzubilden. Beispielsweise sind bestimmte Artikel aus den Warengruppen „Werkzeug" und „Pflanzen" dem Profit Center „Garten" zugeordnet. Dadurch wird die Umsatzzahl des Artikels „Spaten" sowohl in einem Bericht der Warengruppe „Werkzeug" als auch in einem Bericht des Profit Centers „Garten" erscheinen.

Bei einem zyklischen Update der Basisdatenbestände im Data Warehouse sind auch alle Aggregationen über die definierten Strukturen zu aktualisieren.

Insgesamt ist festzuhalten, dass es sich bei dieser Form der Vordefinition von Summenstrukturen um eine verstärkte Hinwendung zu einer Applikationsorientierung der Daten handelt. Applikationsorientiert sind die Daten insofern, als die Strukturen schon auf bestimmte Auswertungsklassen ausgerichtet und für diese optimiert sind. Dies durchbricht die klassische Vorgehensweise der applikationsneutralen Datenmodellierung der Normalformenlehre zugunsten einer stärker auf die antizipierbaren Anwendungen ausgerichteten Datenhaltung. Damit ist bei dieser Vorgehensweise die Applikationslogik teilweise bereits in den Daten selbst implementiert.

## 2.4 Anreicherung – Die Bildung und Speicherung betriebswirtschaftlicher Kenngrößen

Stellte die Aggregation bereits eine erste Lockerung des langjährig propagierten Paradigmas der strikten Trennung zwischen Daten und Logik dar, so wird mit der Anreicherung dieses Denkmuster fast vollständig aufgelöst. Mit Hilfe der Anreicherung werden die gefilterten, harmonisierten und teilweise aggregierten Daten um funktionale Aspekte erweitert. Der Grundgedanke der Anreicherung beruht darauf, Berechnungen durchzuführen und die Ergebnisse der Kalkulationen mit den übrigen Daten zu speichern. Hierbei werden bewusst betriebswirtschaftliche Kennzahlen gebildet, die für eine Reihe von potentiellen Informationsnachfragern von Relevanz sind. Die Vorteile dieser Vorgehensweise liegen vor allem

- in einem besseren Antwortzeitverhalten bei späteren Abfragen aufgrund der Vorberechnung,
- in der garantierten Konsistenz der kalkulierten Werte aufgrund der einmaligen Berechnung und
- in der Etablierung eines abgestimmten betriebswirtschaftlichen Instrumentariums.

Abb. 8 verdeutlicht exemplarisch die Anreicherung verschiedener Datensichten. Der untere Teil der Abbildung zeigt einen Ausschnitt aus den gefilterten und harmonisierten Granularitätsdaten.

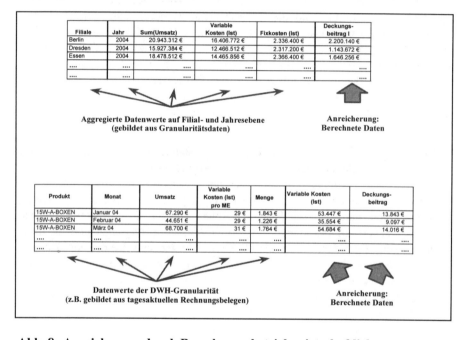

**Abb. 8: Anreicherung durch Berechnung betriebswirtschaftlicher Kennziffern**

Diese Daten werden aus gefilterten und harmonisierten operativen Daten gebildet, die hier beispielsweise in Form von tagesaktuellen Rechnungspositionen vorliegen können und vor Übernahme ins Data Warehouse auf Monatsebene verdichtet werden müssen. Die mit breiten Pfeilen gekennzeichneten Datenwerte stellen in dieser Sicht die Anreicherungen dar. Hier im Beispiel wurden die Variablen Kosten und die Deckungsbeiträge ermittelt und in die Datenbasis integriert.

Im Gegensatz zu dem unteren Teil zeigt der obere Abschnitt der Abbildung eine Anreicherung in Form einer filial- und jahresbezogenen Deckungsbeitragsrechnung. Hier erfolgt die Anreicherung demnach auf verdichteten Daten, die auf der Basis der Granularitätsdaten des Data Warehouse im Rahmen der Aggregation gebildet wurden.

# 3 Fazit

Wie dargestellt, sind Transformationsprozesse zur Umwandlung von operativen in führungsrelevante Daten zwingend erforderlich, um aussagekräftige Informationen für das Management generieren zu können [GrGe00]. Die heute üblichen Transformationsprozesse gehen jedoch weit über die für eine dispositive Datenhaltung notwendigen Filterungen und Harmonisierungen hinaus und bieten durch Aggregationen und Anreicherungen bereits funktionale Themenausrichtungen. Aus diesem Grunde enthalten die gespeicherten Daten eine ausgeprägte Subjekt- und Zweckorientierung, die vormals ausschließlich durch die auf den Daten operierenden Anwendungsprogramme erzeugt wurde. Fakt ist, dass die auf dem Data Warehouse aufsetzenden Auswertungsprogramme weniger Logik benötigen und häufig als Oberflächenwerkzeug primär für die Visualisierung der Ergebnisse sowie für die dynamische Gestaltung der Benutzerführung verantwortlich sind.

Obwohl für den Bereich Analytischer Informationssysteme heute weder in Wissenschaft noch Praxis alternative Konzepte der Datenhaltung existieren, die auch nur annähernd zu ähnlich performanten und flexiblen Ergebnissen führen, birgt die Verschmelzung von Daten und Logik Gefahren. So ist zu beachten, dass die Daten im Data Warehouse aufgrund ihrer Themenorientierung ein beträchtliches Maß an Redundanz aufweisen, das durch entsprechend zu integrierende Mechanismen beherrschbar gemacht werden muss.

In neuen Konzepten zur Modellierung eines Data Warehouse müsste daher vor allem der Metadatenverwaltung ein besonderer Stellenwert eingeräumt werden, da ihr aufgrund der o. a. Symbiose aus Logik und Datenhaltung eine weitaus höhere Bedeutung zukommt als den Data Dictionaries in traditionellen Datenhaltungskonzepten [MaWi03]. Die Metadatenverwaltung sollte als zentrales Dokumentations- und Steuerungswerkzeug des Data Warehouse die Navigation innerhalb des Systems erleichtern und detaillierte Informationen zu sämtlichen Filterungs-, Harmonisierungs-, Aggregations- und Anreicherungsaktivitäten benutzeradäquat zur Verfügung stellen. Insbesondere muss für den Anwender des Data Warehouse erkennbar sein, aus welchen Quellen sich die Daten zusammensetzen, welche betriebswirtschaftlichen Kenngrößen abgebildet werden und wie diese Kenngrößen betriebswirtschaftlich zu interpretieren sind. Des Weiteren sind Auswertungsdimensionen sowie deren Hierarchien zu dokumentieren und die Existenz zusätzlicher betriebswirtschaftlicher Anreicherungen auf allen relevanten Verdichtungsausprägungen darzulegen.

# Literatur

[AnAn04] Anandarajan, Murugan; Anandarajan, Asokan; Srinivasan, Cadambi A. (Hrsg.): Business Intelligence Techniques, Berlin u. a. 2004.

[BaGü04] Bauer, Andreas; Günzel, Holger (Hrsg.): Data Warehouse Systeme, Architektur – Entwicklung – Anwendung, 2. Aufl., Heidelberg 2004.

[ChGl05] Chamoni, Peter; Gluchowski, Peter; Hahne, Michael: Business Information Warehouse, Berlin u. a. 2005.

[GrGe00] Grothe, Martin; Gentsch, Peter: Business Intelligence. Aus Informationen Wettbewerbsvorteile gewinnen, München 2000.

[Inmo02] Inmon, William H: Building the Data Warehouse, Third Edition, New York u. a. 2002.

[InIm01] Inmon, William H.; Imhoff, Claudia; Sousa; Ryan: Corporate Information Factory, New York u. a. 2001.

[JaLe03] Jarke, Matthias; Lenzerini, Maurizio; Vassiliou, Yannis; Vassiliadis, Panos: Fundamentals of Data Warehouses, Second Edition, Berlin u. a. 2003.

[KeMe04] Kemper, Hans-Georg; Mehanna, Walid; Unger, Carsten: Business Intelligence – Grundlagen und praktische Anwendungen, Wiesbaden 2004.

[Kemp99] Kemper, Hans-Georg: Architektur und Gestaltung von Management-Unterstützungs-Systemen, Stuttgart, Leipzig 1999.

[Kimb98] Kimball, Ralph; Reeves, Laura; Ross, Margy; Thornthwaite, Warren: The Data Warehouse Lifecycle Toolkit. Expert Methods for Designing, Developing and Deploying Data Warehouses, New York u. a. 1998.

[KiRo02] Kimball, Ralph; Ross, Margy: The Data Warehouse Toolkit, Second Edition, New York u. a. 2002.

[Lehn03] Lehner, Wolfgang: Datenbanktechnologie für Data-Warehouse-Systeme – Konzepte und Methoden, Heidelberg 2003.

[MaWi02] Von Maur, Eitel; Winter, Robert (Hrsg.): Vom Data Warehouse zum Knowledge Center, Heidelberg 2002.

[MaWi03] Von Maur, Eitel; Winter, Robert (Hrsg.): Data Warehouse Management, Berlin Heidelberg 2003.

[ScRo01] Schütte, Reinhard; Rotthowe, Thomas; Holten, Roland: Data Warehouse Managementhandbuch, Berlin u. a. 2001.

[TuAr05] Turban, Efraim; Aronson, Jay E.; Liang, Ting-Peng: Decision Support Systems and Intelligent Systems, 5th Edition, New Jersey 2005.

# Das Data Warehouse als Datenbasis analytischer Informationssysteme

Architektur und Komponenten

HARRY MUCKSCH

## Abstract

Aus der Sicht der Informationsversorgung ist die aktuelle Situation in den Unternehmen durch eine steigende Datenflut bei einem gleichzeitigen Informationsdefizit gekennzeichnet. Viele Unternehmen sind zwar im Besitz einer Vielzahl von Daten, sie sind jedoch nicht in der Lage, diese sinnvoll zu nutzen. Ein derzeit viel diskutierter Ansatz zur Verbesserung der unternehmensweiten Informationsversorgung ist das Data Warehouse-Konzept. Dieses stellt die aktuelle Entwicklung im Bereich der Integrationsstrategien für managementunterstützende Informationen dar und soll die Qualität, die Integrität und die Konsistenz des zugrunde liegenden Datenmaterials sicherstellen. Die Technik, die eine solche Integration ermöglicht, ist vorhanden, unterliegt aber derzeit noch einem ständigen Wandel. Im Mittelpunkt dieses Beitrages steht daher eine eher idealtypische Betrachtung des Data Warehouse-Konzeptes. Ausgehend von der Architektur eines Data Warehouses werden sodann dessen charakteristische Komponenten und deren Funktionen beschrieben.

## Inhalt

| | | |
|---|---|---:|
| 1 | **Einleitung** | 130 |
| 2 | **Charakteristika** | 130 |
| 3 | **Architektur und Komponenten eines Data Warehouses** | 131 |
| | 3.1 Data Warehouse-Datenbasis | 132 |
| | 3.2 Datenquellen und Transformationsprogramme | 134 |
| | 3.3 Data Mart | 135 |
| | 3.4 Operational Data Store | 136 |
| | 3.5 Archivierungssystem | 136 |
| | 3.6 Meta-Datenverwaltungssystem | 137 |
| 4 | **Zusammenfassung** | 140 |

# 1 Einleitung

Das Data Warehouse-Konzept hat sich in den vergangenen Jahren als die wichtigste Integrationsstrategie für Managementinformationen erwiesen und soll die Qualität, die Integrität und die Konsistenz des zugrunde liegenden Datenmaterials sicherstellen. Die Technik, die eine solche Integration ermöglicht, ist inzwischen ausgereift. Allerdings darf man bei der Diskussion um das Data Warehouse nicht den Fehler der damaligen MIS-Diskussion wiederholen, die Technik in den Vordergrund zu stellen; wichtiger sind Fragen der richtigen Organisation und der Harmonisierung betriebswirtschaftlicher Kenngrößen. Nur durch eine konsequente Berücksichtigung der für Managementinformationen geforderten Qualitätskriterien bei der Konzeption und Entwicklung des Data Warehouses kann die Informationsversorgung der Entscheidungsträger entscheidend verbessert werden. Das Aufzeigen von Handlungs- und Entscheidungsalternativen mit Instrumenten managementunterstützender Systeme, wie beispielsweise What-If-Analysen, Szenarien, Simulationen, Zeitreihen- und Kennzahlenanalysen, aber auch das schnelle Generieren von Standard- und Ausnahmeberichten wird durch die Bereitstellung der speziell auf diese Aufgaben ausgerichteten Datenbasis im Data Warehouse-Konzept effizienter gestaltet [MuHR96].

Der zu diesem Konzept gehörende Begriff **Data Warehouse** wurde vor allem durch den amerikanischen Berater W.H. Inmon gepräg [Inmo93].

In diesem Beitrag werden nachfolgend - basierend auf den grundlegenden Charakteristika - die idealtypische Architektur eines Data Warehouses sowie dessen wesentlichen Komponenten näher betrachtet.

# 2 Charakteristika

Viele Autoren übersetzen den Begriff mit „Daten-Warenhaus" und suggerieren damit das Bild eines Selbstbedienungsladens für Informationen. Ein Blick in ein Wörterbuch zeigt jedoch, dass der Begriff **Warehouse** für Lagerhaus oder Speicher steht. Trotzdem ist das Bild eines Waren- oder noch treffender Handelshauses passend, wenn man den Datenfluß im Unternehmen mit dem Warenfluss im Handel vergleicht [MuBe00a, 7 f.].

Der Fokus des Data Warehouse-Konzepts liegt auf der effizienten Bereitstellung und Verarbeitung großer Datenmengen für die Durchführung von Auswertungen und Analysen in entscheidungsunterstützenden Prozessen. Dies setzt offensichtlich eine zweckneutrale Datensammlung und -speicherung von aus operationalen DV-Systemen und beliebigen unternehmensexternen Datenquellen gewonnenen Datenbeständen im Data Warehouse voraus.[1]

Im Rahmen einer Data Warehouse-Lösung werden die Daten daher völlig unabhängig von den operativen Geschäftsprozessen in neue, logische Zusammenhänge gebracht, um auf diese Weise einerseits Informationen zur Steuerung und Kontrolle operativer Prozesse zu erhalten, andererseits aber auch um die marktorientierten Prozesse unterstützen zu können. Die so gewonnenen Informationen führen zu einer ständigen Überprüfung und gegebenenfalls zu einer Veränderung der operativen Geschäftsprozesse.

Insgesamt lässt sich ein Data Warehouse im wesentlichen durch die Merkmale **Orientierung an unternehmensbestimmenden Sachverhalten**[2], **Zeitraumbezug, Struktur- und Formatvereinheitlichung** und **Nicht-Volatilität** kennzeichnen. [Inmo93, 33]

## 3 Architektur und Komponenten eines Data Warehouses

Der Begriff Data Warehouse im engeren Sinne bezeichnet eine von den operationalen DV-Systemen isolierte, unternehmensweite Datenbasis, die anhand einer konsequenten Themenausrichtung unternehmensrelevanter Sachverhalte (z. B. Absatzkanäle, Kunden- und Produktkriterien) speziell für Endbenutzer aufgebaut ist [Devl97, 20]. Die Datenbasis eines Data Warehouses enthält entsprechend vereinheitlichte, integrierte Daten, die im Sinne entscheidungsrelevanter Informationen eher einer Zeitraumbetrachtung unterliegen [Inmo93, 29].

Abbildung 1 zeigt im Rahmen einer idealtypischen Architektur die Möglichkeiten zur Umsetzung des Data Warehouse-Konzeptes.

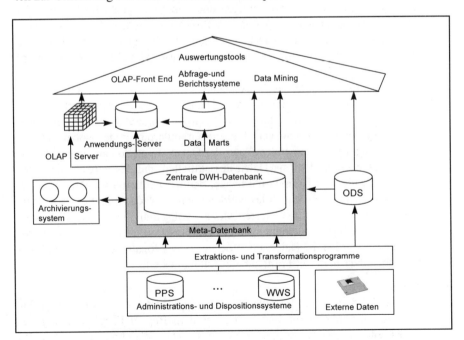

**Abb. 1: Idealtypische Data Warehouse-Architektur [MuBe00, 14]**

## 3.1 Data Warehouse-Datenbasis

Die Data Warehouse-Datenbasis bildet den eigentlichen Kern des Data Warehouse-Konzeptes und stellt das Data Warehouse i. e. S. dar. Sie enthält sowohl aktuelle als auch historische Daten aus allen eingebundenen Unternehmensbereichen in unterschiedlichen Verdichtungsstufen. Bei ihrer Konzeption und Entwicklung sind folgende Gestaltungskriterien zu berücksichtigen [Bisc94, 27 ff.]:

- **Datenverdichtung und Granularität**
  Mit dem Begriff Granularität wird der Detaillierungsgrad von Daten beschrieben. Sehr detaillierte Daten haben eine niedrige Granularität; mit steigender Verdichtung der Daten wird eine höhere Granularität erreicht. Die Granularität wirkt sich unmittelbar auf den benötigten Speicherplatzbedarf, die erreichbare Verarbeitungsgeschwindigkeit und die Flexibilität des Data Warehouses aus. Die Verdichtung kann beispielsweise als Summierung einzelner Datenobjekte sowie als Aggregation mehrerer Objekte zu einem neuen Objekt erfolgen [Sche94, 38 f.].
  Aus DV-technischer Sicht ist eine möglichst hohe Granularität vorteilhaft, weil durch einen steigenden Verdichtungsgrad das Datenvolumen und somit der On-Line Speicherplatzbedarf des Data Warehouses geringer wird, die Anzahl und Größe der Indexdateien sinkt, und die zur Datenmanipulation benötigten DV-Ressourcen sowie die Netzbelastung abnehmen [Bisc94, 31]. Aus Sicht der Entscheidungsträger ist eine niedrige Granularität vorteilhaft, da sie die Möglichkeit sehr detaillierter Auswertungen und Analysen bietet. Im Rahmen der Konzeptionsphase eines Data Warehouse-Projektes sind diese beiden Anforderungen an die Granularität des Data Warehouses daher unter Berücksichtigung der aktuellen Situation und der zukünftigen Entwicklung des Unternehmens gegeneinander abzuwägen.
  Um die gegensätzlichen DV-technischen und betriebswirtschaftlichen Anforderungen an die Granularität der in einem Data Warehouse gespeicherten Daten zu erfüllen, kann eine mehrstufige Granularität eingesetzt werden [Inmo93, 42 ff.]. Dabei bestimmt man verschiedene Granularitätsgrade, wobei die Datenverdichtung mit zunehmendem Alter der Daten steigt. So kann beispielsweise festgelegt werden, dass die Daten des aktuellen und des vergangenen Monats eine sehr niedrige Granularität haben, damit detaillierte, zeitnahe Auswertungen und Analysen durchgeführt werden können. Nach Ablauf eines Monats archiviert man die Daten des ältesten Monats vollständig, um so Detailauswertungen und -analysen zu einem späteren Zeitpunkt zu ermöglichen. Nach der Archivierung werden die Daten auf Wochen- oder Monatsebene verdichtet und dem Endbenutzer in dieser Form zur Verfügung gestellt.

- **Partitionierung**
  Neben der Festlegung der Granularität der gespeicherten Daten ist die Partitionierung der Datenbestände, die auch unter dem Begriff Fragmentierung bekannt ist, ein weiteres Gestaltungsmerkmal des Data Warehouses, mit dem die Verarbeitungseffizienz entscheidend beeinflusst werden kann. Bei Durchführung der Partitionierung wird der gesamte Datenbestand des Data Warehouses

in mehrere kleine, physisch selbständige Partitionen mit redundanzfreien Datenbeständen aufgeteilt.
Im Vergleich zu großen Datenbeständen lassen sich kleinere Dateneinheiten in Bezug auf Restrukturierung, Indizierung, Reorganisation, Datensicherung und Monitoring einfacher verarbeiten. Allerdings erfordert die Partitionierung des Data Warehouses einen erhöhten Aufwand bei der Erstellung des Datenmodells, der Datenübernahme aus den operationalen DV-Systemen und der Durchführung von Auswertungen und Analysen, die auf die Daten verschiedener Partitionen zugreifen [Inmo93, 53 ff.]. Die Formen der Partitionierung werden durch technische und betriebswirtschaftliche Eigenschaften bestimmt.
Bei der DV-technischen Partitionierung wird zwischen einer Partitionierung auf Systemebene und einer Partitionierung auf Programmebene unterschieden.[3]
Neben der Differenzierung in programm- und systemgesteuerte Partitionierung kann im betriebswirtschaftlichen Kontext zwischen einer horizontalen und einer vertikalen Partitionierung der Daten unterschieden werden. Bei einer horizontalen Partitionierung werden die Daten eines Unternehmens z. B. auf die verschiedenen Tochter- und das Mutterunternehmen bzw. auf bestimmte Zeiträume aufgeteilt. Hierbei sind alle Partitionen durch eine identische Datenstruktur gekennzeichnet. Die horizontale Partitionierung wird insbesondere im Bereich der dezentralen Datenhaltung angewendet. Bei Aufteilung der Daten in vertikaler Richtung werden diese beispielsweise in Anlehnung an unternehmensbestimmende Sachverhalte untergliedert. Die vertikale Partitionierung entspricht der Struktur eines großen Teils der Auswertungen und Analysen, die mit Hilfe analytischer Informationssysteme unter Nutzung eines Data Warehouses durchgeführt werden.
Bereits im Rahmen der Konzeptionsphase eines Data Warehouse-Projektes muss grundsätzlich festgelegt werden, ob und in welcher Form Datenbestände partitioniert werden sollen. Es erscheint sinnvoll, eine Partitionierung entsprechend dem Zeitraumbezug der im Data Warehouse gespeicherten (vor-) verdichteten Informationen vorzunehmen, um so zumindest eine grobe Aufteilung der Daten nach diesem für analytische Informationssysteme bedeutsamen Kriterium zu erreichen [Inmo93, 55]. Ein Ansatz zur Herstellung des Zeitraumbezugs ist die Einbindung des betrachteten Zeitraums (z. B. Tag, Woche oder Monat) in die entsprechenden Schlüssel der Daten. Die Schlüssel der einzelnen Datensätze aus den operationalen DV-Systemen werden im Rahmen des Datentransfers in das Data Warehouse durch die Übernahme- und Transformationsprogramme um Zeitmarken erweitert. Die Zeitmarken können Zeitpunkte, abgeschlossene Zeiträume oder nicht abgeschlossene Zeiträume kennzeichnen. Mit Hilfe der Zeitmarken kann der Endbenutzer dann den in einer Auswertung oder Analyse betrachteten Zeitraum frei bestimmen [Youn94, 50].

- **Denormalisierung**
  In relationalen DBMS werden Relationen i. d. R. in der dritten Normalform implementiert, um referenzielle Integrität und Datenkonsistenz zu gewährleisten. Mit dem Begriff „Denormalisierung" wird eine Vorgehensweise beschrieben, bei der ein Übergang zur nächsten Normalform aus Gründen der Praktikabilität wieder rückgängig gemacht oder gar nicht erst ausgeführt wird. Ziel der

Denormalisierung ist die Reduktion der Datenbankzugriffe, die im Rahmen einer Auswertung oder Analyse anfallen, um so eine Entlastung der verwendeten Hard- und Software und somit eine Verbesserung des Antwortzeitverhaltens des Data Warehouse zu erreichen. Hierfür wird ein Anstieg des Speicherplatzbedarfs der denormalisierten Daten - bedingt durch die Entstehung von Redundanzen - sowie ein erhöhter Aufwand zur Erhaltung der referentiellen Integrität und Datenkonsistenz in Kauf genommen [Bisc94, 31].

## 3.2 Datenquellen und Transformationsprogramme

Die zeitpunktgenaue Betrachtung von Daten, wie sie in operationalen Systemen vorgenommen wird, ist für analytische Fragestellungen von untergeordnetem Interesse; vielmehr werden Daten und Informationen benötigt, welche die Entwicklung des Unternehmens über einen bestimmten Zeitraum repräsentieren und zur Erkennung und Untersuchung von Trends herangezogen werden.

Der in einem Data Warehouse (DW) abgebildete Zeithorizont beträgt in Abhängigkeit der unternehmensindividuellen Anforderungen bis zu zehn Jahre, um beispielsweise Trendanalysen über historische Daten zu ermöglichen. In Abhängigkeit ihres Alters werden die Daten daher in unterschiedlichen Aggregationsstufen gespeichert [InKe94, 7].

Im Rahmen der Datengewinnung muss zwischen unternehmensinternen und unternehmensexternen Datenquellen differenziert werden. Die unternehmensinternen Daten werden zum überwiegenden Teil aus den operationalen DV-Systemen gewonnen. Nur ein kleiner Teil der Daten wird aus den Ergebnissen managementunterstützender Systeme abgeleitet. Die unternehmensinternen Daten aus den diversen Teilinformationssystemen basieren zwar oftmals auf unterschiedlichen Datenstrukturen und Formaten, diese lassen sich jedoch durch geeignete Transformationsprogramme ohne Medienbruch in das Data Warehouse übernehmen.

Viele Auswertungen und Analysen, die basierend auf den unternehmensinternen Daten des Data Warehouses erstellt werden, erlangen jedoch erst durch den Vergleich mit unternehmensexternen Daten eine für den Entscheidungsträger signifikante Bedeutung. Diese Daten sind mittlerweile in einer großen Anzahl überaus heterogener Datenquellen verfügbar. Man denke etwa an Nachrichtendienste von Wirtschaftsverbänden, politische Informationsdienste, Markt-, Meinungs- und Trendforschungsinstitute, Medienanalytiker sowie die Informationsgewinnung aus externen Datenbanken. Hinzu kommen Daten aus in Auftrag gegebenen Untersuchungen sowie eigenen Beobachtungen des Unternehmens. Die heutzutage wichtigste externe Quelle stellt das World Wide Web (WWW) dar.

Im Idealfall sind die Transformationsprogramme die einzige Schnittstelle des Data Warehouses zu den operationalen DV-Systemen und den unternehmensexternen Datenquellen. Sie müssen Funktionen zur Extraktion von Daten aus unterschiedlichsten operativen Systemen, zur eigentlichen Transformation dieser Daten sowie deren Transport und den Ladevorgang in das Data Warehouse umfassen.

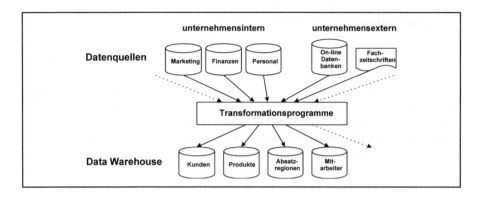

**Abb. 2: Datengewinnung im Data Warehouse-Konzept [MuHR96, 425]**

Das Data Warehouse wird in bestimmten Zeitabständen, die entsprechend den unternehmensindividuellen Anforderungen festgelegt werden, aktualisiert und erweitert. Hierdurch bauen sich im Laufe der Zeit große Datenbestände auf, deren Volumen ein Vielfaches der relativ konstanten Bestände der operationalen DV-Systeme beträgt.

## 3.3 Data Mart

Da das Data Warehouse eine Ideallösung darstellt und sich der Versuch, Auswertungen auf mehreren Giga- (oder gar Tera-)byte großen Datenbanken durchzuführen, häufig als sehr zeitaufwendig erweist, wird es zur Steigerung der Performance und der besseren Überschaubarkeit in kleinere Einheiten, die Data Marts, zerlegt. Ein Data Mart beinhaltet insofern einen bewusst redundant gehaltenen Ausschnitt des Data Warehouses für das Gesamtunternehmen. Dabei kann es sich z. B. um die Kopie aller relevanten Daten einer Region, einer bestimmten Produktgruppe oder eines speziellen Zeitausschnitts handeln, zugeschnitten auf eine spezielle Gruppe von Endanwendern analytischer Informationssysteme.

Das dem Data Mart zugrunde liegende semantische Datenmodell ist i. d. R. mit dem des Data Warehouses identisch. Dadurch, dass es sich um eine echte Teilmenge des Data Warehouses bei gleicher Technologie handelt, sind Data Marts auch leichter zu pflegen. Durch eine gezielte Analyse der Geschäftsprozesse lassen sich daher Kerninformationen herauskristallisieren, so dass man Data Marts generieren kann, die 80% der Anfragen mit nur 20% der gesamten Daten abdecken. Oftmals ist der Übergang zwischen den Data Marts und dem Data Warehouse fließend. Beginnend mit einem Data Mart, der in einer ersten Ausbaustufe nur Verkaufsdaten zur Verfügung stellt, werden in einem zweiten Schritt Detailinformationen über die Kunden, den Markt und die jeweiligen Produkte hinzugefügt, so dass Profitabilitätsrechnungen möglich sind. In einer nächsten Stufe werden dann weitere Informationen aufgenommen, um ein effizientes Bestellwesen zu erreichen. Wie dieses Beispiel zeigt, kann so durch schrittweise Integration verschiedenster Datenquellen ein Data Warehouse entstehen [Behm96, 35 f.].

## 3.4 Operational Data Store

Werden von den Entscheidungsträgern eines Unternehmens für bestimmte Bereiche zeitpunktaktuelle Daten nachgefragt, um so die operative Unternehmensführung zu unterstützen, kann die Implementierung eines **Operational Data Store** (ODS) [InIB93] zur Überbrückung der zwischen zwei Datenübernahmen entstehenden Zeitspanne genutzt werden [Zorn94, 17]. In den ODS wird direkt ein sehr kleiner und zeitpunktaktueller Teil entscheidungsunterstützender Daten übertragen, deren Strukturen bereits an die Anforderungen der Auswertungswerkzeuge angepasst sind, d. h. ein ODS dient nicht als „Ersatz"-Datenbasis für die operationalen DV-Systeme. Die benötigten Daten werden, unter Berücksichtigung der Merkmale des Data Warehouse-Konzepts, im Rahmen der Abarbeitung von relevanten Transaktionen der operationalen DV-Systeme online transformiert und gespeichert. Hierdurch wird zwar das Transaktionsvolumen erhöht, was eine Verschlechterung des Antwortzeitverhaltens der Administrations- und Dispositionssysteme zur Folge hat. Gleichzeitig erfolgt aber auch eine Entlastung der operationalen DV-Systeme, da der größte Teil der zur Abwicklung des Tagesgeschäftes benötigen Auswertungen nicht mehr auf die operationalen Datenbestände, sondern nur auf die verdichteten Daten des ODS zugreift. Neben den zeitpunktaktuellen Daten können im ODS aber auch verdichtete Daten, die einen im Vergleich zu den Data Warehouse-Daten sehr kurzen Zeitraum abbilden, gespeichert werden. So kann die Zeitspanne zwischen den Datentransfers aus den operationalen DV-Systemen in das Data Warehouse überbrückt werden. Erfolgt die Datenübernahme in das Data Warehouse beispielsweise monatlich, können im ODS Aggregationen auf Tages- und Wochenebene geführt werden, die den Managementunterstützungssystemen als Datenbasis für kurzfristige Auswertungen und Analysen zur Verfügung stehen. Diese Aggregationen müssen nicht zeitgleich mit den Transaktionen der operationalen DV-Systeme verarbeitet werden, da sie zur fehlerfreien Abwicklung des Tagesgeschäftes nicht benötigt werden. Hier kann die Verarbeitung zu einem Zeitpunkt mit niedriger Systemauslastung erfolgen, um das Antwortzeitverhalten der operationalen DV-Systeme nicht zu verschlechtern. Um dem Endbenutzer den Zugriff auf die Daten zu erleichtern und die Herkunft der Daten zu dokumentieren, müssen entsprechende Informationen über die im ODS gespeicherten Daten, die verwendeten Datenquellen, die durchgeführten Transformationen und die bestehenden Relationen innerhalb der Daten des ODS im Meta-Datenbanksystem geführt werden [InHa94, 51 ff.]. Im Rahmen der Datenübernahme aus den operationalen DV-Systemen in das Data Warehouse werden später auch die im ODS zwischengespeicherten Daten mit übertragen.

## 3.5 Archivierungssystem

Neben der Datenbasis beinhaltet das Data Warehouse-Konzept ein Archivierungssystem, das die Bereiche Datensicherung und -archivierung abdeckt.

Die Datensicherung wird zur Wiederherstellung des Data Warehouses im Falle eines Programm- oder Systemfehlers durchgeführt. Hierbei werden zumindest die Daten der untersten Verdichtungsstufe gesichert. Zur möglichst schnellen Wiederherstellung des Data Warehouses ist jedoch die Sicherung aller Verdichtungsstufen sinnvoll. Einsetzbar sind dafür alle aus dem Bereich der operationalen DV-Systeme bekannten Vorgehensweisen und Techniken. Die Datensicherungsmaßnahmen im Data Warehouse beeinflussen den Bereich der operationalen DV-Systeme nicht [InKe94, 6 ff.].

Generelle Zielsetzung von **Archivierungssystemen** ist es, die Produktivität durch die sofortige Bereitstellung notwendiger Informationen und Dokumente ohne Medienbrüche zu erhöhen und dafür entsprechende Speicherkapazitäten bereitzustellen. Archivierungssysteme unterstützen im Data Warehouse-Konzept insbesondere das Ziel, durch eine effiziente Speicherung und Verarbeitung großer Datenmengen auch für komplexe Ad-Hoc-Analysen kurze Antwortzeiten zu gewährleisten. Die Notwendigkeit der Datenarchivierung ist durch den Verdichtungsprozess der Daten im Data Warehouse begründet. In Abhängigkeit der festgelegten Verdichtungsstufen und -frequenzen werden Daten der untersten Detaillierungsstufen aus dem Data Warehouse ausgelagert und auf Offline-Datenträgern archiviert.

## 3.6 Meta-Datenverwaltungssystem

Ein Data Warehouse soll - wie erwähnt - als unternehmensweiter Datenpool die Informationsversorgung autorisierter Einzelpersonen mit zuverlässigen, zeitrichtigen, genauen und verständlichen Geschäftsinformationen aus allen Unternehmensbereichen sicherstellen [Muck96, 91 f.]. Mitarbeiter aller Ebenen sollen dadurch in die Lage versetzt werden, selbständig die für eine bestimmte Aufgabenstellung benötigten Daten und Informationen aus dem Data Warehouse herauszufiltern und die benötigten Hintergrundinformationen über Datenquellen, Transformationen und Verdichtungen zu erhalten [Zorn94, 9]. DV-technische und betriebswirtschaftliche Informationen über diese drei Komponenten werden in einem separaten **Meta-Datenbanksystem**[4] gespeichert und verwaltet, um die notwendige Transparenz in allen Bereichen des Data Warehouses zu gewährleisten. Daneben unterstützt das Meta-Datenbanksystem auch die für den Betrieb des Data Warehouses verantwortlichen Mitarbeiter des DV-Bereichs.

Im Gegensatz zu operationalen Anwendungssystemen, wo die Suche und die Zugriffe auf die Daten mit Hilfe der Applikationslogik erfolgt, sind die Such- und Zugriffsfunktionen in Data Warehouse-Anwendungen entweder in die Auswertungswerkzeuge integriert, oder aber die Suche nach den für die Aufgabenlösung relevanten Daten muss mit Hilfe des Meta-Datenbanksystems erfolgen.

Für alle Endbenutzer ist das Meta-Datenbanksystem dementsprechend eine Art Hilfesystem, bestehend aus einem Informationskatalog und einer Navigationshilfe. Der Informationskatalog beschreibt die Informationsobjekte[5] in der Terminologie der Endbenutzer. Die Navigationshilfe (Browser) unterstützt ein selbständiges und problemorientiertes Navigieren in den Meta-Datenbeständen.

Darüber hinaus unterstützt das Meta-Datenbanksystem auch die für den Betrieb des Data Warehouses verantwortlichen Mitarbeiter des DV-Bereichs. Für das **Data Warehouse-Management** stellt das Meta-Datenbanksystem alle notwendigen Informationen zur Steuerung der Transformationsprozesse aus den diversen Datenquellen sowie der Distributionsprozesse zu den weiterverarbeitenden Informationssystemen bereit. Die Meta-Daten definieren somit sämtliche Informationsflüsse von den Quell- zu den Zieldatenbanken. Aufgrund der Vielzahl der Quelldatenbanken, die jeweils eigene Standards für ihre Meta-Daten verwenden, ist deren Synchronisation von großer Bedeutung.

Meta-Daten gewinnen so den Charakter einer Architektur-Komponente, die als Mittler zwischen der Anwendung und den Daten fungiert. Den Anwendungen ist die direkte Sicht auf die Daten verwehrt; ein Zugriff ist nur über die Meta-Daten möglich. Auf diese Weise wird ein großes Problem für die Anwendungssysteme, nämlich die unvermeidbaren Änderungen im Datenmodell, gelöst. Die auf das Data Warehouse zugreifenden Anwendungen bleiben gegenüber Änderungen der Datenstrukturen in der Datenbank stabil.

Grundsätzlich lassen sich Meta-Daten aus unterschiedlichen Blickwinkeln betrachten und klassifizieren. Zu beachten sind dabei jedoch immer die Interdependenzen zwischen den diversen Sichtweisen [Muck97, C811.06 ff.].

Stellt man die funktionalen Gegebenheiten in den Vordergrund, so bildet die Meta-Datenverwaltungsfunktion das Fundament für die anderen vier Hauptfunktionen eines Data Warehouses ([MoGr96], [MoMa96]):

1. **die Identifikation der Datenquellen (Source)**,

2. **den Datentransfer- und -migrationsprozess (Load)**,
   der wiederum die Datenextraktion, die Datenbereinigung, den Transport sowie das Laden der Data Warehouse-Datenbank umfasst,

3. **die Speicherungsfunktion (Storage)**,
   einschließlich aller Fragestellungen zur Integration der diversen Views von Data Warehouse-Daten. Dazu zählen die Wahl des Datenbankmanagementsystems (RDBMS bzw. MDBMS), Fragen der verteilten Datenhaltung einschließlich der Replizierverfahren, sowie alle Fragenstellungen im Zusammenhang mit der Datenarchivierung,

4. **die Abfrage und Auswertungsfunktion (Query)**,
   bei der die Betrachtung über den Einsatz von OLAP-Tools, Data Mining- und Simulationstechniken sowie WWW-Browsern für die Anwendungen der diversen Endbenutzer(-gruppen) im Vordergrund steht.

Im Rahmen der Meta-Daten-Verwaltungsfunktion (**Meta-Data**) werden u. a. Meta-Daten gespeichert über [MuHR96, 426]:

- das dem Data Warehose zugrunde liegende Datenmodell sowie eine semantische und eine DV-technische Beschreibung aller gespeicherten Daten,

- die Herkunft der Daten,

- Informationen über den gesamten Transformationsprozess, einschließlich der Angabe der Werteinheiten der einzelnen Datenfelder sowie der zeitliche Verlauf der bereits durchgeführten und geplanten Datenübernahmen aus den operationalen DV-Systemen [Inmo92, 69],

- die Abbildung aller vorhandenen Verdichtungsstufen einschließlich des zeitlichen Ablaufes,

- bestehende Auswertungen und Analysen, die als Mustervorlagen für andere Aufgabenstellungen dienen,

- die Daten aus den externen Quellen, versehen mit einem entsprechenden Eintrag über Inhalt, Quelle, Datum, Form, Archivierungsort und Querverweisen auf bereits vorhandene Dokumente.

D. McClanahan unterscheidet folgende drei Meta-Daten-Ebenen bzw. Sichten auf Meta-Daten in einem Data Warehouse, die wiederum für unterschiedliche Benutzergruppen von Bedeutung sind [McCl96, 78 f.]: operationale oder Datenquellenbezogene Meta-Daten, Data Warehouse-bezogene Meta-Daten und Benutzer- bzw. Geschäftssicht-bezogene Meta-Daten. Die Inhalte der ersten beiden Meta-Daten-Ebenen sind sowohl für das Management des Data Warehouses als auch die Endbenutzer von Bedeutung. Die Benutzer- bzw. Geschäftssicht-bezogenen Metadaten entsprechen den DSS-Meta-Daten nach V. POE. [Poe96, 32 f.; 170 f.] Sie bilden eine Abstraktionsschicht zwischen den in der Data Warehouse-Datenbank gespeicherten Daten und den betriebswirtschaftlichen Auswertungen in Form von Analysen und Reports. Zusätzlich zu den bereits erwähnten Meta-Daten sollten in der Meta-Datenbank eines Data Warehouses folgende Meta-Informationen verfügbar sein [Brac96, 194 ff.]:

- ein **Lexikon der Datenbezeichnungen** zur Unterstützung einer einheitlichen Namensgebung von Datenobjekten einschließlich gebräuchlicher Abkürzungen,

- ein **Thesaurus**, der Synonyme für Datenobjekte und ihre Charakteristika enthält,

- ein alphabetisch geordnetes **Glossar** der verwendeten Bezeichnungen, Abkürzungen und Definitionen,

- ein **Datenstrukturverzeichnis** aller Data Warehouse Daten,

- ein **Verzeichnis der Integritätsbedingungen**,

- **Cross-Referenz-Tabellen**

- ein **Data Directory**, das Beschreibungen enthält, welche Organisationseinheiten über welche Datenquellen und welche unveröffentlichten Dokumente verfügen, und welche Projekte im Zusammenhang mit dem Data Warehouse stehen. Zudem sollten im Data Directory die Ansprechpartner vermerkt sein.

Über das Meta-Datenbanksystem sind den Endbenutzern weiterhin geeignete Werkzeuge zur Unterstützung bei der Suche nach bestimmten Daten und Informationen zur Verfügung zu stellen. Es ist somit ein Schlüsselelement für die Akzeptanz des Data Warehouses durch die Entscheidungsträger.

Als Meta-Datenverwaltungssystem im Data Warehouse-Konzept können alle am Markt verfügbaren Produkte eingesetzt werden.

# 4 Zusammenfassung

Um unternehmensinterne und -externe Veränderungen frühzeitig erkennen und eventuell sogar prognostizieren zu können, müssen den Endbenutzern aller Unternehmensbereiche zum richtigen Zeitpunkt alle relevanten Daten und Informationen zur Verfügung stehen. Auf Basis der so gewonnen Daten und Informationen sowie der Erfahrung der diversen Endbenutzergruppen [BeMu96, 10 ff.] werden operative, taktische und strategische Entscheidungen getroffen, deren Qualität für die weitere Entwicklung eines Unternehmens maßgeblich ist.

Für die Verarbeitung der Basisdaten im operativen Bereich gelten Relationale Datenbanken heute als State of the Art. Eine **effiziente** Datenversorgung von analytischen Informationssystemen zum Aufzeigen von Handlungs- und Entscheidungsalternativen mit Instrumenten, wie beispielsweise What-If-Analysen, Szenarien, Simulationen, Zeitreihen- und Kennzahlenanalysen, aber auch das schnelle Generieren von Standard- und Ausnahmeberichten ist mit operativen relationalen Datenbanksystemen jedoch nur mit großem Aufwand möglich.

Mit Hilfe eines Data Warehouses können nun die speziellen Erfordernisse der Datenbereitstellung für analytische Informationssysteme realisiert und die Schwächen in der Datenversorgung bisheriger - oftmals als Insellösungen realisierter - Managementunterstützungssysteme beseitigt werden. Dabei ist zu beachten, dass nur durch eine konsequente Berücksichtigung der seitens der Endbenutzer geforderten Qualitätskriterien bei der Konzeption und Entwicklung des Data Warehouses deren Informationsversorgung entscheidend verbessert werden kann.

Zudem können Unternehmen durch die Entwicklung und Umsetzung des hier dargestellten Konzeptes eines Data Warehouses sowohl die vertikale als auch die horizontale Datenintegration vorantreiben und so den oftmals vorhandenen Medienbruch zwischen operationalen und analytischen Informationssystemen überwinden.

# Literatur

[Behm96]   Behme, W.: Business Intelligence als Baustein des Geschäftserfolgs, in: [MuBe96, 27 - 45].

[BeMu96]   Behme, W.; Mucksch, H: Die Notwendigkeit einer unternehmensweiten Informationslogistik zur Verbesserung der Qualität von Entscheidungen, in: [MuBe96, 3 - 31].

[Bisc94]    Bischoff, J.: Achieving Warehouse Success, in: Database Programming & Design, Heft 7, 1994, S. 27-33.

[Brack96]   Brackett, M. H.: The Data Warehouse Challenge - Taming Data Chaos, New York, Chichester, Brisbane 1996.

[Devl97]    Devlin, B. A.: Data Warehouse: from architecture to implementation, Reading, Harlow, Menlo Park 1997.

[Inmo92]    Inmon, W. H.: Building the Data Bridge, in: Database Programming & Design, Heft 4, 1992, S. 68 - 69.

[Inmo93]    Inmon, W. H.: Building the Data Warehouse, New York, Chichester, Brisbane 1993.

[InHa94]    Inmon, W. H.; Hackathorn, R.D.: Using the Data Warehouse, New York, Chichester, Brisbane 1994.

[InIB93]    Inmon, W. H.; Imhoff, C.; Battas, G.: Building the Operational Data Store, New York, Chichester, Brisbane 1993.

[InKe94]    Inmon, W. H.; Kelley, C.: The 12 Rules of Data Warehouse for a Client / Server World, in: Data Management Review, Heft 5, 1994, S. 6 - 10.

[Mart97]    Martin, W.: Data Warehousing: Fortschritte des Informationsmanagements, ONLINE 97, Congressband VIII.

[McCl96]    McClanahan, D.: Making Sense of Enterprise Data, in: Databased Advisor, Heft 11, 1996, S. 76 - 79.

[MoGr96]    Moriarty, T.; Greenwood, R.P.: Data`s Quest - From Source to Query, in: Database Advisor, Heft 10, 1996, S. 78 - 81.

[MoMa96]    Moriarty, T.; Mandracchia, C.: Heart of the Warehouse, in: Database Advisor, Heft 11, 1996, S. 70 ff.

[MuBe96]    Mucksch, H.; Behme, W.: Das Data-Warehouse-Konzept, Architektur - Datenmodelle - Anwendungen, Wiesbaden 1996.

[MuBe98]    Mucksch, H.; Behme, W.: Das Data Warehouse-Konzept, Architektur - Datenmodelle - Anwendungen, 3. Auflage, Wiesbaden 1998.

[MuBe98a]   Mucksch, H.; Behme, W.: Das Data Warehouse-Konzept als Basis einer unternehmensweiten Informationslogistik, in: [MuBe98, 33 - 100].

[MuBe00]    Mucksch, H.; Behme, W.: Das Data Warehouse-Konzept, Architektur - Datenmodelle - Anwendungen, 4. Auflage, Wiesbaden 2000.

[MuBe00a]   Mucksch, H.; Behme, W.: Das Data Warehouse-Konzept als Basis einer unternehmensweiten Informationslogistik, in: [MuBe00, 5 - 80].

[Muck96]    Mucksch, H: Charakteristika, Komponenten und Organisationsformen von Data-Warehouses, in: [MuBe96, 85 - 116].

[Muck97]    Mucksch, H: Das Management von Metainformationen im Data Warehouse, in: [Mart97], S. C811.1 - C811.11.

[MuHR96]   Mucksch, H.; Holthuis, J.; Reiser, M.: Das Data Warehouse-Konzept - ein Überblick, in: Wirtschaftsinformatik, Heft 4, 1996, S. 421 - 433.

[Poe96]   Poe, V.: Building a Data Warehouse for Decision Support, Upper Saddle River 1995.

[Rie79a]   Riebel, P.: Zum Konzept einer zweckneutralen Grundrechnung, in: ZfbF, Heft 11, 1979, S. 785-798. Nachdruck in: Riebel, P.: Einzelkosten- und Deckungsbeitragsrechnung. Grundlagen einer entscheidungsorientierten Unternehmensrechnung, 7. Auflage, Wiesbaden 1994, S. 430 - 443.

[Rie79b]   Riebel, P.: Gestaltungsprobleme einer zweckneutralen Grundrechnung, in: ZfbF, Heft 12, 1979, S. 863-893. Nachdruck in: Riebel, P.: Einzelkosten- und Deckungsbeitragsrechnung. Grundlagen einer entscheidungsorientierten Unternehmensrechnung, 7. Auflage, Wiesbaden 1994, S. 444 - 474.

[Sche94]   Scheer, A.-W.: Wirtschaftsinformatik, Referenzmodelle für industrielle Geschäftsprozesse, 4. Auflage, Berlin, Heidelberg, New York 1994.

[Schm48]   Schmalenbach, E.: Pretiale Wirtschaftslenkung, Band 2, Pretiale Lenkung des Betriebs, Bremen 1948.

[Young94]   Youngworth, P.: Data Warehouse Meets Schreiber Foods' Needs, in: Data Based Advisor, Heft 7, 1994, S. 50 - 51.

[Zorn94]   Zornes, A.: Re-Engineering „Data Jailhouses" into „Data Warehouses", in: Next Generation Decision Support, Meta Group Inc., Westport 1994, S. 17.

# Anmerkungen

[1] Dieser Gedanke lässt sich auf die Arbeiten von E. SCHMALENBACH und P. RIEBEL bezüglich der zweckneutralen Grundrechnung zurückführen. [Schm48], [Rie79a], [Rie79b] Die Datenhaltung für die Grundrechnung unterscheidet sich von anderen Datensammlungen dadurch, dass nicht für jeden Auswertungszweck eine eigene Datenhaltung und -pflege erforderlich ist.

[2] W. H. INMON und R. D. HACKATHORN sprechen von bestimmenden „subjects" des Unternehmens. [InHa94, 2]

[3] Die DV-technische Partitionierung wird hier nicht weiter verfolgt, da sie wesentlich vom verwendeten DBMS abhängt.

[4] Dieses wird alternativ auch als Business Data Directory (BDD) bezeichnet.

[5] Informationsobjekte können Grafiken, Tabellen, Texte, vorgefertigte Abfragen, Programme oder Dateien sein.

# Entwicklungslinien und Architekturkonzepte des On-Line Analytical Processing

PETER GLUCHOWSKI, PETER CHAMONI

## Abstract

In der letzten Dekade hat eine Gattung von Informationssystemen zunehmende Bedeutung erlangt, die dem Anwender multidimensionale Sichten auf relevante Datenbestände liefert und dadurch das Geschäftsverständnis betrieblicher Fach- und Führungskräfte in geeigneter Weise repräsentiert. Besonders die intuitive Nutzbarkeit multidimensionaler Lösungen mit der Möglichkeit zur flexiblen und interaktiven Generierung unterschiedlichster Perspektiven auf den Datenbestand macht die verfügbaren Systeme heute zu unverzichtbaren Werkzeugen bei der Analyse entscheidungsrelevanter Informationen. Nicht zuletzt durch die intensive Diskussion um die Ausgestaltung von On-Line Analytical Processing (OLAP)-Systemen erlangt das Paradigma der Multidimensionalität heute auch für eine breite Öffentlichkeit zunehmende Bedeutung. Die vorliegenden Ausführungen skizzieren in diesem Zusammenhang die Entwicklungslinien des On-Line Analytical Processing und mögliche Realisierungsformen.

## Inhalt

| | | |
|---|---|---|
| 1 | Einleitung | 144 |
| 2 | Begriffsbestimmung und Anforderungsprofil | 145 |
| 3 | Einsatzbereiche für OLAP-Systeme | 151 |
| 4 | Architekturkomponenten | 154 |
| | 4.1 Multidimensionale Datenbanksysteme (MDB) | 155 |
| | 4.2 OLAP mit relationalen Datenbanksystemen (ROLAP) | 164 |
| 5 | Zusammenfassung | 172 |

# 1 Einleitung

EDV-gestützte Planungs-, Analyse- und Kontrollsysteme haben auf jeder Stufe ihrer Entwicklungsgeschichte den Anspruch erhoben, mit den neuesten Technologien und Verfahren betriebliche Entscheidungsprozesse zu teilautomatisieren. Dies ist partiell darauf zurückzuführen, dass die zu durchlaufenden Phasen: Analyse, Planung i. e. S. (Alternativensuche, Beurteilung und Entscheidung), Realisierung sowie Kontrolle aufgrund der in unterschiedlichen Strukturiertheitsgraden auftretenden Informationen nur mehr oder minder exakt mit Informationssystemen abbildbar sind. Ausgehend von einem betriebswirtschaftlichen Modell der Realität, das aus unabhängigen und abhängigen Variablen sowie deren funktionalen Zusammenhängen - bestenfalls noch aus Beschränkungen und Zielfunktion - besteht, muss eine rechnerinterne Repräsentationsform gefunden werden.

Traditionell wird auf mathematisch logische Modelle des Operations Research zurückgegriffen, welche die Struktur der mehrdimensionalen betriebswirtschaftlichen Einflussgrößen widerspiegeln, erklären und ggf. einer Optimierung zugänglich machen. Speziell für den Fall linearer Zusammenhänge bietet sich die Simplexmethode zur Lösung des Optimierungsproblems an. Insbesondere für die analytische Betrachtung der Wirkungszusammenhänge ist die in diesem Verfahren verankerte „Pivotisierung" sehr nützlich, d. h. die wahlweise Umkehrung von Abhängigkeitsverhältnissen und damit der Wechsel des Betrachtungsstandpunktes. Schon in den 60er und 70er Jahren wurden auf dieser Basis umfangreiche Planungsrechnungen mit Matrizensoftware durchgeführt [WaSt75]. Ausgehend von der Idee, modellbasierte Analysen mehrdimensionaler betriebswirtschaftlicher Größen im Matrizenkalkül durchzuführen, entstanden in der Folge eine Vielzahl von Planungssprachen für Großrechner [ChWa90]. Sie zeichneten sich dadurch aus, dass Planungsdaten in Tabellen abgelegt wurden, die zeilenweise als verknüpfte Variablen (Modell) und spaltenweise als Datenstruktur (z. B. Zeitreihe) interpretiert werden konnten.

Parallel mit dem Aufkommen der Personalcomputer in den 80er Jahren etablierten sich Tabellenkalkulationsprogramme, die in Form von zweidimensionalen elektronischen Rechenblättern Daten und Formeln integrierten und durch ihre hohe Flexibilität zum Standardwerkzeug für viele Decision Support Systeme [GlGC97, 165 ff.] wurden. Die flache, zweidimensionale Sicht und die nicht überschaubare Vermischung von Daten und Formeln zeigten schnell die Grenzen dieser Werkzeuge für professionelle mehrplatzfähige Planungssysteme [Cham86]. Aus diesen Defiziten und dem Scheitern der Führungsinformationssysteme der 1. Generation, die zu wenig Wert auf eine effektive Datenverwaltung legten, erwuchs erneut die Forderung nach Analysewerkzeugen mit multidimensionalem Datenmodell [ChZe96].

Im Folgenden werden diese Forderungen erörtert, Einsatzbereiche für multidimensionale Systeme aufgezeigt und unterschiedliche Realisationsformen diskutiert.

## 2 Begriffsbestimmung und Anforderungsprofil

Informationssysteme, die betrieblichen Fach- und Führungskräften bei ihren Entscheidungsaufgaben wertvolle Unterstützung liefern wollen, müssen sich an dem Geschäftsverständnis bzw. an der Sichtweise auf das eigene Unternehmen orientieren. Vor allem multidimensionale Perspektiven auf verfügbare quantitative Datenbestände haben sich als geeignet erwiesen, um den Mitarbeitern einen flexiblen und intuitiven Zugang zu den benötigten Informationen zu eröffnen.

Unter Multidimensionalität ist hierbei eine bestimmte Form der Anordnung quantitativer, betriebswirtschaftlicher Größen zu verstehen, die relevantes Zahlenmaterial simultan entlang unterschiedlicher Klassen logisch zusammengehöriger Informationsobjekte aufgliedert und dadurch mit der naturgemäß mehrdimensionalen Problemsicht der Unternehmensanalytiker weitgehend korrespondiert. Bedeutsame Dimensionen sind z. B. Kunden, Artikel und Regionen, entlang derer sich betriebswirtschaftliche Kenngrößen (wie z. B. Umsatz oder Deckungsbeitrag) im Zeitablauf untersuchen lassen [ReSc99, 48]. Als charakteristisch erweist sich, dass die Elemente einer Dimension hierarchische Beziehungen aufweisen [Hofa99, 60] und dadurch Navigationspfade für den Endanwender wie auch Verdichtungspfade für die zugehörigen Zahlenwerte bestimmt werden (Umsatz einer Artikelgruppe als Summe der Umsätze zugehöriger Einzelartikel).

Vor allem die Executive Information Systems nutzten bereits vor mehr als fünfzehn Jahren derartige mehrdimensionale Sichtweisen, verzichteten jedoch zumeist darauf, dies explizit zu verbalisieren. Erst das Konzept des On-Line Analytical Processing (OLAP) postulierte die Multidimensionaltät als zentrales Gestaltungsparadigma entscheidungsunterstützender Informationssysteme [CoCS93; Codd94].

Der Begriff **On-Line Analytical Processing (OLAP)** ist in bewußter Abgrenzung zum bekannten On-Line Transaction Processing[1] (OLTP) von Codd 1993 gebildet worden. Er definiert OLAP als „ *... the name given to the dynamic enterprise analysis required to create, manipulate, animate and synthesize information from 'Enterprise Data Models'. This includes the ability to discern new or unanticipated relationships between variables, the ability to identify the parameters necessary to handle large amounts of data, to create an unlimited number of dimensions (consolidation paths) and to specify cross-dimensional conditions and expressions.*" [CoCS93].

Insgesamt hebt On-Line Analytical Processing (OLAP) teils aus fachlicher, teils auch aus systemtechnischer Perspektive die Aspekte hervor, die für eine anforderungsgerechte Nutzung entsprechender Systeme unabdingbar sind. Demgemäß repräsentiert On-Line Analytical Processing eine Software-Technologie, die Managern wie auch qualifizierten Mitarbeitern aus den Fachabteilungen schnelle, interaktive und vielfältige Zugriffe auf relevante und konsistente Informationen ermöglichen soll [GlGC97, 282]. Im Vordergrund stehen dabei dynamische und multidimensionale Analysen auf historischen, konsolidierten Datenbeständen [FBSV00, 88].

Als Leitbild wurden zwölf Evaluationsregeln definiert, die bei Erfüllung die OLAP-Fähigkeit von Informationssystemen garantieren sollen. Auch wenn die Ehrenhaftigkeit der Motivation, welche die Autoren zur Publikation der Regeln veranlasst hat, heftig umstritten ist [JaGK96, 321], sollen die Regeln schon wegen ihrer historischen Bedeutung im folgenden dargestellt und erläutert werden.

**1) Mehrdimensionale konzeptionelle Perspektiven**
Logische Sichten auf entscheidungsrelevante Zahlengrößen sollten sich am mentalen Unternehmensbild betrieblicher Fach- und Führungskräfte orientieren und damit multidimensionaler Natur sein. Die Betrachtung betriebswirtschaftlich bedeutsamer Größen wie z. B. Umsätze und Kosten, die simultan entlang unterschiedlicher Dimensionen wie etwa Zeit, Sparte und Produkt aufgegliedert sind, führt dann zu mehrdimensionalen Datenstrukturen, in denen der Anwender frei und flexibel navigieren kann [Holt98, 52].

**2) Transparenz**
OLAP-Werkzeuge müssen sich nahtlos in die bestehende Arbeitsplatzumgebung des Anwenders einfügen und diese ergänzen. Ziel ist es, eine möglichst homogene Benutzungsoberfläche mit allen notwendigen Funktionalitäten zu schaffen. Keinesfalls soll der Anwender sich mit technischen Details auseinandersetzen müssen. Darüber hinaus sind alle verfügbaren Informationen dem Benutzer nach gleichen optischen Gestaltungskriterien zu präsentieren. Dies führt dazu, dass der Anwender keinen formalen Unterschied mehr zwischen Informationseinheiten aus unterschiedlichen Quellen ausmacht, wenngleich ihm der Datenursprung (da wo es sinnvoll ist und die Interpretierbarkeit der Analyseresultate verbessert) als Zusatzinformation geliefert werden kann.

**3) Zugriffsmöglichkeit**
Durch eine offene Architektur der Systeme soll der Datenzugriff auf möglichst viele heterogene unternehmensinterne und -externe Datenquellen und Datenformate unterstützt werden. Da diese Daten die Basis eines gemeinsamen analytischen Datenmodells bilden sollen, sind mannigfaltige Konvertierungsregeln aufzustellen und zu implementieren. Nur so ist für den Anwender eine einheitliche, konsistente Datensicht zu gewährleisten.

**4) Stabile Antwortzeiten bei der Berichterstattung**
Ein wesentlicher Aspekt für die Nutzung eines derartigen Systems ist die Stabilität der Antwortzeiten und die gleich bleibende Berichtsleistung bei Datenabfragen. Selbst bei überproportionaler Zunahme der Anzahl der Dimensionen und/oder des Datenvolumens sollten die Anwendungen keine signifikanten Änderungen der Antwortzeiten aufweisen. Durch schnelle Antwortzeiten des Systems wird angestrebt, den logischen Gedankenfluss und die Aufmerksamkeit des Systemanwenders auch bei komplexen Abfragen nicht unnötig zu unterbrechen.

**5) Client- / Server-Architektur**
Der Einsatz in Client- / Server-Architekturen sollte unterstützt werden, da die Menge an Daten und die Komplexität der Abfragen es sinnvoll erscheinen lassen,

Speicherung und Zugriffe zentral statt auf lokalen Rechnern auszuführen. Es muss sowohl eine verteilte Programmausführung als auch eine verteilte Datenhaltung durchführbar sein. Insbesondere für den mobilen Einsatz auf Laptops ist eine Replizierung der Datenbestände zu ermöglichen. Auch muss der Zugriff auf die Datenbasis mit unterschiedlichen Front-End-Werkzeugen gewährleistet sein. Proprietäre Lösungen, bei denen Server- und Desktop-Komponenten aus einer Hand angeboten werden, die jedoch dokumentierte Schnittstellen vermissen lassen, sind im Zeitalter offener Systeme nicht mehr gefragt.

Grundvoraussetzung für die Erfüllung der Forderung ist eine vollständige, integrierte Datendefinitionssprache (DDL) und Datenmanipulationssprache (DML), die Offenheit in Bezug auf Systemadministration und -nutzung bietet. Eine Orientierung an anerkannten Standards ist wünschenswert.

### 6) Grundprinzipien der gleichgestellten Dimensionen
Die strukturelle und funktionale Äquivalenz der Dimensionen muss gewährleistet sein [Wern95, 43f.]. Dabei existiert ein einheitlicher Befehlsumfang zum Aufbauen, Strukturieren, Bearbeiten, Pflegen und Auswerten der Dimensionen. Spezialfunktionen in einzelnen Dimensionen sind weitgehend zu vermeiden, um auch umfassende Datenmodelle nachvollziehbar und überschaubar gestalten zu können.

### 7) Dynamische Verwaltung „dünnbesetzter" Matrizen
Ein spezielles Problem multidimensionaler Datenmodelle bei der physikalischen Datenspeicherung stellen „dünnbesetzte" Matrizen dar. Sie resultieren aus dem Umstand, dass nicht jedes Dimensionselement mit allen Elementen anderer Dimensionen werttragende Verbindungen eingeht. Nicht jedes Produkt einer Unternehmung wird beispielsweise in jedem Land auch angeboten - somit sind verschiedene Länder-Produktkombinationen zwar strukturell vorgesehen, aber nicht mit Daten belegt. Die für große Matrizen typischen Lücken müssen durch das System effizient gehandhabt und die Daten optimal gespeichert werden, ohne die mehrdimensionale Datenmanipulation zu beeinträchtigen. Durch Kombinationen verschiedener Arten der Datenorganisation ist es möglich, für unterschiedlich dicht besetzte Matrizen physikalische Speicherschemata zu implementieren, die einen schnellen Datenzugriff garantieren.

### 8) Mehrbenutzerfähigkeit
Die Daten müssen verschiedenen Benutzern zur Verfügung stehen, die gleichzeitig lesende und/oder schreibende Operationen durchführen können. Damit verbunden ist immer auch ein Sicherheitskonzept, das dem Datenbankadministrator die Möglichkeit gibt, den Datenzugriff und die Datenverfügbarkeit für die Benutzer unterschiedlich stark zu begrenzen.

### 9) Unbeschränkte kreuzdimensionale Operationen über Dimensionen hinweg
Über die verschiedenen Dimensionen hinweg werden Operationen für eine ausgereifte Datenanalyse benötigt, z. B. zur Kennzahlenberechnung. Neben der reinen Aggregation von Elementen innerhalb einer Dimension müssen Verfahren zur Verfügung stehen, die zur beliebigen Verknüpfung der Datenelemente innerhalb und zwischen Würfeln befähigen. Grundvoraussetzung für die Erfüllung der For-

derung ist eine vollständige, integrierte Datenmanipulationssprache (DML) und die Systemoffenheit in Bezug auf die Abfragemöglichkeiten.

## 10) Intuitive Datenmanipulation

Eine einfache und ergonomische Benutzerführung und Benutzungsoberfläche soll das intuitive Arbeiten in der Datenbasis mit wenig Lernaufwand ermöglichen. Ein Beispiel hierfür ist die für den Anwender verständliche Adressierung von Daten im multidimensionalen Raum und ein einfacher Drill-Down in weitere Detaillierungsebenen bzw. Roll-Up auf höhere Konsolidierungsstufen. Der Anwender benötigt hierfür direkten Zugriff auf die Elemente einer Dimension sowie Mechanismen zur beliebigen Zusammenstellung von neuen Konsolidierungsgruppen. Neben dem Slicing (beliebige Schnittbildung durch den Würfel) soll auch das Dicing (bzw. Pivoting oder Rotating) also das „Drehen des Würfels" zur wahlfreien Zusammenstellung von Betrachtungsperspektiven gewährleistet sein. Die Veranlassung entsprechender Navigationsschritte durch den Anwender muss dabei ohne Menübefehle oder umständliche Zwischenschritte direkt in der Benutzungsoberfläche möglich sein.

## 11) Flexibles Berichtswesen

Aus dem multidimensionalen Modell sollen leicht und flexibel Berichte generiert werden können. Neben vorformulierten Standardauswertungen, die lediglich anzustoßen sind und dann das Ergebnis in einer vorher definierten Form liefern, gehören dazu auch dynamisch erzeugte (Ad-hoc-) Auswertungen und Grafiken entsprechend den Benutzeranforderungen. Die OLAP-Schnittstelle soll den Benutzer dabei unterstützen, Daten in beliebiger Art und Weise zu bearbeiten, zu analysieren und zu betrachten.

## 12) Unbegrenzte Dimensions- und Aggregationsstufen

Als Maximalziel kann vom OLAP-System verlangt werden, eine unbegrenzte Anzahl an Dimensionen, Relationen und Variablen verwalten zu können. Zusätzlich soll keine Einschränkung bezüglich der Anzahl und Art der Verdichtungsebenen bestehen. In der betrieblichen Praxis dagegen dürften i. d. R. maximal 15 bis 20 Dimensionen ausreichen, zumal bei Modellen mit einer zu hohen Anzahl an Dimensionen die Übersichtlichkeit und Nachvollziehbarkeit von Modellergebnissen nicht mehr gewährleistet ist.

Die zwölf aufgestellten Anforderungen an OLAP-Systeme sind z. T. sehr heftig kritisiert worden [JaGK96, 321; Holt98, 55]. Grundsätzlicher Angriffspunkt ist die unscharfe Trennung zwischen fachlich-konzeptionellen Anforderungen und technischen Realisierungsaspekten. So bleibt etwa unklar, ob die konzeptionellen mehrdimensionalen Datensichten auch eine zwingende Nutzung spezieller Speicher- und Datenverwaltungstechniken impliziert oder ob die verbreiteten relationalen Datenbanksysteme auch hier zum Einsatz gelangen können. Zudem stellten unterschiedliche Produktanbieter Sinnhaftigkeit und Notwendigkeit einzelner Forderungen in Frage, nicht zuletzt, weil deren Produkte eine abweichende Funktionalität aufweisen. So wird insbesondere die Regel 6 angegriffen, welche die Dimensionen eines mehrdimensionalen Modells gleichstellt. Bestimmte Dimensionen jedoch - wie z. B. die Zeitdimension mit ihrer inhärenten Zeitlogik, für die gar eine compilierte Zeitintelligenz [Wern95, 45] gefordert wird - unterscheiden sich erheblich von den übrigen Dimensionen.

Die intensive Auseinandersetzung mit den Anforderungen, denen analytische Systeme heute genügen müssen, hat zur Erarbeitung weiterer Regeln geführt, so dass bisweilen bereits eine Inflation der OLAP-Kriterien beklagt wurde [Rieg96]. Beispielsweise hat die Gartner-Group neun weitere Forderungen aufgestellt, während der ehemals als IRI-Software firmierende Anbieter der Produktfamilie Express (inzwischen zu Oracle gehörend) es auf drei zusätzliche Regeln brachte [Farn95, 30f.]. Die Zusatzregeln werden in Abbildung 1 aufgeführt.

## OLAP-Zusatzregeln

| Gartner-Group | | IRI-Software |
|---|---|---|
| • Multiple Matrizen<br>• OLAP-Joins<br>• DBMS-Werkzeuge<br>• Object storage<br>• Filter-Funktion | • Drill-Down bis auf Detaildaten-Ebene<br>• Lokale Datenhaltung<br>• Inkrementelle DB-Aktualisierung<br>• SQL-Schnittstelle | • Zeitreihen-Analyse<br>• Prozedurale Sprache und Entwicklungswerkzeuge<br>• Integration der Funktionalität |

**Abb. 1: Olap-Zusatzregeln [Höhn95, 41f.]**

Generell ist bei diesen zusätzlichen Regeln zu beachten, dass ihre Protagonisten kommerzielle Interessen verfolgen. Durch die Einführung von Regeln, die weitgehend den Fähigkeiten ihrer Software entsprechen, versuchen sie, eine Differenzierung von ihren Konkurrenten und damit möglicherweise Vorteile auf dem Markt zu erreichen.

Aufgrund der vielfältigen Verwirrungen und wegen des breiten Interpretationsspielraums, den die OLAP-Regeln lassen, wurden neue Akronyme in die Diskussion gebracht, die versprechen, das Wesen bzw. das angestrebte Leitbild dieser Systemkategorie besser umschreiben zu können. Hervorzuheben ist in diesem Kontext der Ansatz von Pendse und Creeth, die mit FASMI eine pragmatische und technologiefreie Beschreibung des OLAP-Gedankens kreiert haben. Dabei steht FASMI für Fast Analysis of Shared Multidimensional Information [Clau98, 14; Oehl00, 33; PeCr95; ReSc99, 46].

**1. Fast**
Unter schnell (fast) wird hier eine Antwortzeit von 1 - 2 Sekunden bei einfachen Abfragen bis maximal 20 Sekunden für komplexe Datenanalysen verstanden.

**2. Analysis**
Die Analysefunktionalität soll die Anforderungen erfüllen, die im spezifischen Anwendungsfall benötigt werden. Je nach Einsatzbereich kann es sich z. B. da-

bei um (finanz-) mathematische oder statistische Berechnungen, „What-If-" und „How to achieve"-Betrachtungen oder erweiterte Navigationshilfen (Drill-Down, Roll-Up) handeln. Als typisch für den betrachteten Anwendungsbereich werden insbesondere komplexe Berechnungen verstanden, wie sie im Rahmen von Trendanalysen oder Anteilsbestimmungen auftreten [Leit97, 44]. Wesentlich erscheint Pendse und Creeth, dass der Benutzer keinesfalls mit Programmiertätigkeiten belastet werden darf. Alle Aktionen müssen auf intuitive Weise und mit einfachen Mausbewegungen durchführbar sein. Auf diese Art soll der Anwender auch neue Konsolidierungspfade und Zusammenstellungen generieren können.

### 3. Shared
Die gebräuchlichen Schutzmechanismen für den Zugriff bis auf die Ebene der Datenelemente sind für den Mehrbenutzerbetrieb ebenso wichtig wie die Sperrverfahren bei konkurrierenden Schreibvorgängen. Die meisten OLAP-Produkte verzichten bewusst auf ein update locking, um keine Performance-Verluste zu erleiden.

### 4. Multidimensional
Essentiell für Analytische Informationssysteme ist die multidimensionale konzeptionelle Sicht auf Informationsobjekte, d. h. ohne Spezifikation der Datenbanktechnologie ist sicherzustellen, dass der Anwender freien Zugriff auf den Datenwürfel hat und multiple Berichtshierarchien über die Dimensionen legen kann.

### 5. Information
Die einzulagernde Datenmenge und weniger die Ressourcenbelegung (RAM und externe Speicher) ist der kritische Faktor bei der Beurteilung von OLAP-Werkzeugen. Ein System ist dann von hohem Nutzwert, wenn es mehr Datenelemente bei stabiler Antwortzeit analysieren kann.

In der öffentlichen Diskussion allerdings konnte sich der Begriff FASMI bislang nicht auf breiter Ebene durchsetzen. Demgegenüber erfreut sich das Akronym OLAP wachsender Verbreitung. Fast alle Anbieter, die sich im Umfeld der entscheidungsunterstützenden Systeme positionieren, haben diesen Begriff für sich entdeckt und werben mit den (nach eigenen Angaben) hervorragenden OLAP-Fähigkeiten ihrer Produkte. Allerdings lassen sich hinsichtlich Funktionalität, Leistungsfähigkeit und zugrunde liegender Technologie fundamentale Unterschiede feststellen, so dass der ursprüngliche Ansatz zunehmend zu verwässern droht. Dennoch war die Bildung des neuen Schlagwortes wichtig für die Initiierung der nun verstärkten Bemühungen in der Entwicklung von multidimensionalen Speicherkomponenten und Anwendungen.

Eine Rückbesinnung auf das Begriffsgebilde On-Line Analytical Processing (OLAP) und seine nähere Betrachtung führt zu dem Anspruch, Analyseprozesse auf Unternehmensdaten interaktiv („On-Line") durchführen zu können. Dies impliziert eine Nutzung des Informationssystems im Dialogbetrieb. Eine angemessene Gestaltung des Mensch-Maschine-Dialogs bedingt jedoch, dass die Anwortzeiten des Systems niedrig gehalten werden, um den Gedankenfluss des Benutzers nicht unnötig zu unterbrechen. Komplexe Operationen, die eine umfassende Analysetätigkeit erfordern, sind von den operativen Transaktionssystemen (OLTP-Systeme) mit den geforderten Responsezeiten nicht zu realisieren. Systeme, welche die geforderte OLAP-Funktionalität aufweisen, sind folglich logisch und physikalisch getrennt von den Transaktionssystemen zu konzipieren und zu implementieren.

Die bisherigen Ausführungen konnten andeuten, welch herausragende Bedeutung dem Gestaltungsparadigma der Multidimensionalität heute beim Aufbau von Systemen zur Entscheidungsunterstützung zukommt, zumal sie sowohl als Orientierungshilfe für die Endanwender wie auch als Ankerpunkt für Systemadministratoren und -designer fungiert. Der folgende Abschnitt verdeutlicht, welche betriebswirtschaftlichen Einsatzbereiche sich für OLAP-Systeme ergeben.

## 3 Einsatzbereiche für OLAP-Systeme

Der potenzielle Anwendungsbereich für multidimensionale Informationssysteme erweist sich als breit gefächert und facettenreich. Prinzipiell lässt sich ein OLAP-System mit entscheidungsorientierten Inhalten und Funktionen überall dort nutzen, wo dispositive bzw. analytische Aufgaben in Organisationen zu lösen sind. Damit finden die Ansätze sowohl im Rahmen einer reinen Informationsversorgung von Fach- und Führungskräften als auch als Datenbasis für anspruchsvolle Analysen Verwendung, so zum Beispiel bei Kalkulationen im Rahmen von Marktprognosen und Investitionsentscheidungen [BaGü04, 13]. Der Bedarf an entscheidungsorientierten Informationssystemen ist in allen betrieblichen Funktionsbereichen und in allen Branchen gegeben. Entsprechende Projekte wurden beispielsweise bei Handelsketten und Versandhäusern, Banken und Versicherungen, Energieversorgern, kommunalen Organisationen, Chemieunternehmen und Stahlerzeugern aufgesetzt [BeMu01; BaGü04, 483ff.]. Interessant ist der Aufbau einer verlässlichen multidimensionalen Informationsbasis jedoch nicht nur für Großunternehmen, sondern ebenso für kleinere und mittlere Organisationen [HaHa02, 226].

Als Nutzer multidimensionaler Systeme kommen Mitarbeiter unterschiedlichster Hierarchiestufen aus allen Funktionsbereichen von Organisationen in Betracht. Die meisten analyseorientierten Systemlösungen werden heute für das Controlling oder die Geschäftsführung sowie für den Marketing- und Vertriebsbereich konzipiert und in Betrieb genommen. Die Einbeziehung anderer Bereiche, wie z. B. Personal, Logistik oder Produktion, erfolgt ggf. zu einem späteren Zeitpunkt.

Die folgenden Ausführungen greifen die wichtigsten Einsatzbereiche für OLAP-Systeme (vgl. Abb. 2) nochmals auf und erläutern diese exemplarisch.

Der klassische Anwendungsbereich multidimensionaler Informationssysteme liegt im Vertriebscontrolling und dabei vor allem bei der Analyse von Erlösen und Absatzmengen [Oehl00, 252]. Hier lassen sich die quantitativen Größen nach unterschiedlichsten Kriterien aufgliedern und strukturieren. Meist finden sich in den zugehörigen Anwendungen Zeit-, Kunden- und Artikeldimensionen. Zudem sind regionale Betrachtungen sowie Untersuchungen nach Organisationseinheiten durchaus üblich. Als besonders interessant erweisen sich Abweichungsanalysen, bei denen den realisierten Ist-Größen die korrespondierenden Plan-Zahlen gegenübergestellt und Abweichungsursachen bis ins Detail aufgedeckt werden. Anreichern lassen sich derartige Anwendungen durch Prognosefunktionalitäten, beispielsweise im Rahmen von Hochrechnungen.

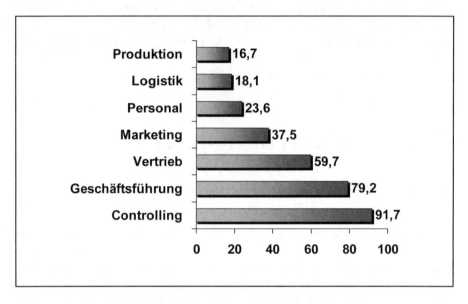

Abb. 2: **Einsatz von OLAP-Systemen nach Funktionsbereichen [HaHa02, 224]**[2]

Die Einbeziehung von externem demografischen und makroökonomischen Datenmaterial dient hier zur frühzeitigen Antizipation von Änderungen beim Verbraucherverhalten oder bei den globalen Rahmenbedingungen. Mit speziellen vertriebsorientierten Funktionen wird versucht, den Endbenutzer adäquat zu unterstützen. Beispielsweise können neben den beliebten 80/20-Analysen auch Rangfolgenbildungen und Werbewirksamkeitsauswertungen fest hinterlegt sein. Zusätzliche Interaktivität bieten z. B. Quadranten- und ABC-Analysen, die es dem Anwender ermöglichen, die relevanten Bereichsgrenzen festzulegen und nach Belieben zu modifizieren.

Ähnlich wie beim Erlös- kann auch beim Kostencontrolling eine Dimensionierung quantitativer Größen nach diversen Aspekten vorgenommen werden. Als nahe liegend erweist sich der Aufbau von Kostenarten-, Kostenstellen- und Kostenträgerdimensionen, wobei die ersten beiden häufig gemeinsam in einem Würfel abgetragen und analysiert werden [Oehl00, 287f.]. Auch bei diesem Themenkomplex stehen meist Fragen der Untersuchung aufgetretener Plan-Ist-Abweichungen im Vordergrund, die sich dann in einen beschäftigungsabhängigen und einen verbrauchsabhängigen Bestandteil aufgliedern lassen.

Auch die Unterstützung der Top-Führungskräfte mit adäquatem Informationsmaterial und benötigten Analyseoptionen scheint mit dem Aufbau von OLAP-

Systemen wieder in greifbare Nähe zu rücken.[3] Systeme für Führungskräfte zeichnen sich oftmals weniger durch ein ausgeprägtes methodisches Instrumentarium als durch intuitive, leicht zu erlernende Zugangsschnittstellen aus. Die Gestaltung geeigneter Benutzungsoberflächen, mit denen sich die benötigten aggregierten internen und externen Informationen visualisieren und präsentieren lassen, erweist sich jedoch mit den heute verfügbaren Oberflächengeneratoren meist als unproblematisch. Diese ermöglichen in der Regel auch ein Ausnahmeberichtswesen [GlGC97, 216 - 219], mit dem die Führungskraft vor der Überfrachtung mit Detailinformationen geschützt und ein Management by Exception forciert werden soll.

Im Marketing-Sektor wird derzeit versucht, durch die Nutzung moderner Datenbanktechnologien innovative Formen des individualisierten Kundenkontaktes zu etablieren. Als Voraussetzung dazu gilt es, eine zielgerichtete Sammlung aller relevanten Informationen über den Einzelkunden aufzubauen, die aus der Kommunikation und Interaktion mit ihm erwachsen. Diese Informationen sollen in einer Datenbasis gespeichert und zur Steuerung der Marketing-Prozesse eingesetzt werden. Dementsprechend ist Database Marketing als „Kern des Zieles einer kunden- und damit auch zukunftsorientierten Unternehmensführung" [Brän97, 12] zu verstehen. Die kundenspezifischen Maßnahmen erstrecken sich auf alle Bereiche des Marketing-Mix.

Zu Analysezwecken kann eine derartige Kunden-Datenbank zumindest in Teilen auch multidimensional strukturiert werden. Als Vorteil gegenüber einem starren Berichtswesen im Marketing-Bereich ergibt sich dann, dass durch die interaktive Nutzung einer umfassenden Kundendatenbasis beliebige Gruppierungen und Segmentierungen im Kundendatenbestand nach unterschiedlichsten Kriterien vorgenommen werden können [MeLu98, 479].

Neben der Ist-Daten-Analyse bieten OLAP-Systeme auch hervorragende Möglichkeiten zur Organisation und Auswertung der Zahlengrößen, die es im Rahmen der strategischen und operativen Unternehmensplanung zu verarbeiten gilt. Für die einzelnen Planungsaspekte (wie z. B. Produktprogramm, Absatz oder Beschaffung) sind dabei angemessene Datenstrukturen aufzubauen, die über gemeinsam genutzte Dimensionen verknüpfbar bleiben und auch Schnittstellen zu den abgelegten Ist-Daten vorweisen, um im Rahmen der Plankontrolle Plan-Ist-Vergleiche durchführen und aufgetretene Abweichungen analysieren zu können.

Als Besonderheit des Planungsbereichs ist anzuführen, dass hier in jedem Fall schreibende Zugriffe auf den multidimensionalen Datenbestand zur Online-Erfassung erforderlich sind. Überdies erfordert die vertikale Planabstimmung, dass Planzahlen auf unterschiedlichen Verdichtungsstufen eingegeben werden können, mit systemseitiger Prüfung und Gewährleistung der Konsistenz des Datenmaterials. Zudem müssen unterschiedliche Planungsstufen berücksichtigt werden und sich als Hochrechnungs- oder Prognose-Versionen im System ablegen lassen [Oehl00, 277]. Unter Umständen ist auch der jeweilige Versionen-Status (wie Vorschlag oder Beschluss) als weitere Dimension zu hinterlegen.

Neben den etablierten Einsatzbereichen für OLAP-Systeme ergeben sich nicht zuletzt durch veränderte gesetzliche Rahmenbedingungen und die damit verknüpften betriebswirtschaftlichen Implikationen neue Anwendungsfelder, von denen hier exemplarisch das Risikomanagement aufgegriffen wird. Für den langfristigen Unternehmenserfolg erweist es sich als zunehmend wichtig, Risiken aber auch Chancen zu identifizieren, zu kontrollieren und in ganzheitliche Steuerungskonzepte zu integrieren. Dazu müssen einerseits die einzelnen Risiken derart organisiert und bewertet werden, dass Transparenz über die unternehmensindividuelle Risikosituation entsteht. Aus der Aggregation von Einzelrisiken soll zudem die Gesamtrisikoposition ermittelt werden können.

Die Multidimensionalität erweist sich auch als geeignete Organisationsform für Risikomanagementsysteme. Als zentrale quantitative Faktoren für eine Analyse können Eintrittswahrscheinlichkeit und Ergebniswirkung herangezogen werden. Diese lassen sich dann beispielsweise nach Einzelrisikoposition, Organisationseinheiten und Zeiträumen aufgliedern. Zur Analyse des dann mehrdimensionalen Risikodatenbestandes können weiterführende Funktionalitäten genutzt werden, wie etwa stochastische Simulationen. Wichtig ist hier zudem ein Speicherbereich, der zur Ablage von Frühwarnindikatoren genutzt werden kann und möglichst auch eine Integration von quantitativen und qualitativen Informationen unterstützt [Greg02, 49 - 51].

Die Aufzählung möglicher Einsatzbereiche für OLAP-Systeme ließe sich sicherlich verlängern und über alle Funktionsbereiche von Unternehmungen spannen. In der Literatur werden beispielsweise auch die Zahlungsstromrechnung, die Konsolidierung und speziell die Prozesskostenrechnung als Einsatzbereiche für multidimensionale Informationssysteme angeführt [Oehl00, S. 264 - 340]. Zudem bieten sich ebenfalls Einsatzfelder außerhalb betriebswirtschaftlicher Betrachtungen, wie etwa im Bereich der empirischen Messdatenerfassung [BaGü04, S. 13]. Doch obwohl an dieser Stelle nur wenige Anwendungsfelder exemplarisch herausgegriffen und erörtert wurden, ist der potenzielle Nutzen entsprechender Lösungen offensichtlich.

Die folgenden Ausführungen diskutieren die in der betrieblichen Praxis zu beobachtenden Architekturkomponenten und konzentrieren sich dabei vor allem auf die eingesetzten Datenbank-Technologien.

# 4 Architekturkomponenten

Im Zuge der technischen Umsetzung der genannten Regeln gibt es mehrere Realisierungsansätze zur Erreichung der geforderten OLAP-Funktionalität. Eine erste Architekturvariante arbeitet mit relationaler Datenhaltung und kann als ROLAP (Relationales OLAP) bezeichnet werden. Ein zweiter Ansatz ist als MOLAP bekannt und setzt für die Datenablage und -verwaltung multidimensionale Datenbanksysteme (MDB) voraus. Beide Ansätze sind dem Client-Server-Computing zuzurechnen, wobei die Verteilung der Aufgabenbereiche (Datenhaltung, Anwendung, Präsentation) unterschiedlich gestaltet ist. Anhand eines Referenzarchitekturmodells zum Data Warehousing (vgl. Abb. 3) kann eine grobe Positionierung der OLAP-Speicherkomponenten vorgenommen werden.

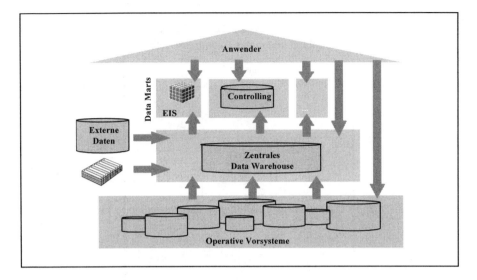

**Abb. 3: Referenzarchitektur Data Warehouse**

Ein zentrales Data Warehouse wird wegen der umfangreichen Datenbestände nicht immer multidimensionale Datenmodelle aufweisen können, sondern heute in der Praxis auch oftmals normalisiert implementiert. OLAP-Systeme setzen daher häufig erst oberhalb des Data Warehouses auf der Ebene der Data Marts auf und beziehen ihre Daten aus dieser Quelle oder extrahieren periodisch direkt aus den operativen Beständen, falls kein zentrales Data Warehouse vorhanden ist.

In den folgenden Abschnitten werden die grundlegenden Ablageformen für das betriebswirtschaftliche Datenmaterial auf der Basis von multidimensionalen bzw. relationalen Datenbanksystemen nochmals aufgegriffen und vertieft.

## 4.1 Multidimensionale Datenbanksysteme (MDB)

Zur Softwarekategorie der multidimensionalen Datenbanksysteme (MDB) zählen alle Speicherkomponenten, die speziell auf die Bedürfnisse der betrieblichen Führungskräfte und Analysten ausgerichtet sind und dabei vor allem eine effiziente physikalische Speicherung multidimensionaler Datenbestände leisten [BeHM00, 216; BaGü04, 226; Holt98, 186; Thom97, 207]. Als charakteristisch erweist sich, dass multidimensionale Datenbanksysteme die Daten physikalisch in Arrays speichern [FBSV00, 96].

Bereits seit vielen Jahren sind Programme verfügbar, die eine multidimensionale Sicht auf abgelegte Datenbestände unterstützen. Einige Hersteller haben ihre Produkte dahingehend weiterentwickelt, dass sie als dedizierte Datenhaltungseinrichtungen im Client-/Server-Umfeld eingesetzt und nun als multidimensionale Datenbanksysteme vermarktet werden. Der mögliche Aufbau eines derartigen, multidimensionalen Datenbanksystems mit den unterschiedlichen logischen Softwarekomponenten wird in Abbildung 4 dargestellt.

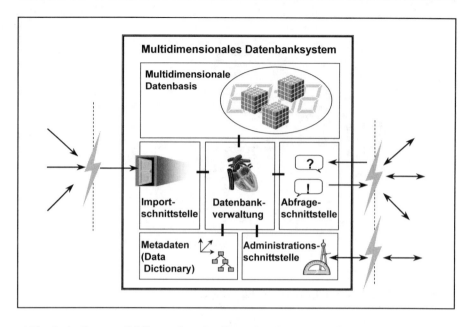

Abb. 4: Aufbau multidimensionaler Datenbanksysteme [Gluc98a, 12]

Aus den Vorsystemen fließen die Daten verdichtet und gesäubert über die Import-Schnittstelle in die multidimensionale Datenbasis ein, in der sie persistent gespeichert werden. Der Zugang zu den in der Datenbasis abgelegten Informationseinheiten erfolgt ausschließlich über die Datenbankverwaltungskomponente, die zudem die weiteren Bausteine kontrolliert und koordiniert. Hier wird die korrekte Zuordnung von eingehenden und ausgehenden Datenströmen, logischem Datenmodell und physikalisch gespeichertem Datenbestand vorgenommen. Überdies soll sowohl eine Transaktions- wie auch eine Benutzerverwaltung gewährleistet sein. Das konzeptionelle mehrdimensionale Datenmodell und damit die logische Organisation des Datenbestandes ist im Data Dictionary hinterlegt. Grundlegende strukturelle Änderungen dieses Datenmodelles sind den Datenbankadministratoren vorbehalten, die eine separate Schnittstelle zum System erhalten und mit speziellen Administrationstools ihren Aufgaben nachgehen können. Alle Abfragen durch die angeschlossenen Endbenutzersysteme werden über die Abfrageschnittstelle an die Datenbankverwaltung weiter gereicht. Dabei fängt das Schnittstellenmodul syntaktische Fehler ab und führt eine Optimierung der Abfrage durch. Somit sind es auch Leistungsvermögen und Sprachumfang dieser Verbindungskomponenten, durch welche die Zugriffsmöglichkeiten determiniert werden, die den angeschlossenen Front-End-Werkzeugen zur Verfügung stehen.

Als großes technisches Problem multidimensionaler Datenbanksysteme erweist sich die Verwaltung von Datenwürfeln mit vielen dünn besetzten Dimensionen. Bei großen Datenbeständen im hohen Gigabyte- oder Terabyte-Bereich nehmen Ladevorgänge bzw. Reorganisations-/Reindizierungsläufe dann oftmals inakzeptable Zeitspannen in Anspruch [Gran99, 23]. Als gewichtiges Argument gegen multidimensionale Datenbanksysteme wird ebenfalls häufig ins Feld geführt, dass der Schulungsaufwand heute bei der Einführung neuer Technologien einen erheblichen Kostenfaktor darstellt und sich die Mitarbeiterausbildung bei der Nutzung eines relationalen Datenbanksystems sowie vorhandenem technologischen Know-How stark auf methodische Inhalte konzentrieren kann. Die Verwendung multidimensionaler Datenbanksysteme dagegen erfordert neben der Vermittlung spezieller Modellierungstechniken auch eine umfassende Einarbeitung in die Funktionsweise der eingesetzten Werkzeuge.

Der Wunsch bestimmter Anwendergruppen, multidimensionale Datensichten auch im mobilen Einsatz (z. B. auf dem Laptop) nutzen zu können, hat dazu geführt, dass sich neben den beschriebenen, server-orientierten Lösungen auch Werkzeuge am Markt behaupten konnten, die server-unabhängig ausschließlich auf dem Client-Rechner zu betreiben sind [Claus98, 33; Kurz99, 330]. Entsprechende Tools bieten eine eigene, würfelorientierte Datenhaltung auf dem lokalen Rechner an und müssen lediglich für den Datenabgleich Verbindungen zu zentralen Datenbeständen herstellen. Unter Gesichtspunkten von Datensicherheit und Datenschutz erweisen sich derartig client-zentrierte Implementierungen sicherlich als kritisch. Zudem sind längst nicht alle Probleme der notwendigen Datenreplikation zufrieden stellend gelöst.

Bei der Abbildungsmethodik mehrdimensionaler Würfelstrukturen mit multidimensionalen Datenbanksystemen zeigen sich grundlegend unterschiedliche Umsetzungsalternativen. So erfordern einige Tools die Speicherung aller relevanten Dimensionen und Kennzahlen eines Anwendungsmodells in einem einzigen, allumfassenden Datenwürfel (Hypercube-Ansatz), während die andere Extremposition dadurch gekennzeichnet ist, dass für jede betrachtete Kennzahl ein eigener Würfel aufgebaut wird. Zukunftsweisend sind hier wohl Zwischenformen, bei denen die Kennzahlen, deren Aufgliederung durch die gleichen Dimensionen erfolgt, in einem Würfel gespeichert werden. Alle Lösungen, bei denen der Benutzer in unterschiedlichen Datenwürfeln navigieren und diese verknüpfen kann, werden unter dem Oberbegriff Multicube-Ansatz zusammengefasst [BeHM00, 216; Müll00, 100; Oehl00, 107].

Die Administration angelegter Würfelstrukturen erfolgt heute auf der Basis grafischer Benutzungsoberflächen. Unmittelbar verständlich werden hier die zugehörigen Bestandteile eines Modells mitsamt den einzelnen Objektverknüpfungen zur Anzeige gebracht und lassen sich interaktiv bearbeiten (vgl. Abb. 5).

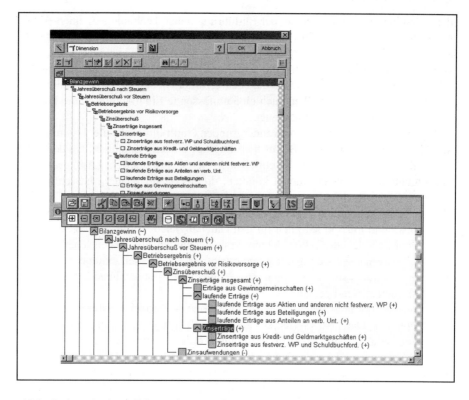

**Abb. 5: Anzeige von Dimensionsstrukturen**

Zusätzlich zu den Standard-Verdichtungsvorschriften für die Berechnung von kalkulierten Datenwerten (zumeist als einfache Wertaddition mit dem Gewichtungsfaktor 1) lassen sich in multidimensionalen Datenbanksystemen auch Regeln für anderweitig zu ermittelnde Werte einzelner Dimensionselemente hinterlegen. Neben den Grundrechenarten können dabei auch vielfältige mathematische und statistische Formeln zur Anwendung gelangen (vgl. Abb. 6).

Die einzelnen Regeln werden direkt in der Datenbasis gespeichert und i. d. R. dynamisch bei der Berechnung einzelner Wertausprägungen zur Laufzeit eingesetzt. In Einzelfällen sind derartige Regeln sogar dimensionsübergreifend ausgelegt, d. h. dass sich die Wertausprägung eines Dimensionselementes danach richtet, in welcher Kombination mit den Elementen anderer Dimensionen es gerade betrachtet wird.

Entsprechende Dimensionsstrukturen lassen sich entweder manuell einpflegen oder über definierte Schnittstellen automatisch per Batch-Routine anlegen, was sich vor allem bei größeren Dimensionen als angemessen erweist. Aus der Kombination der definierten Dimensionen werden dann die benötigten Würfel generiert. In einem letzten Schritt müssen die unabhängigen Würfelzellen mit den zugehörigen quantitativen Zahlengrößen gefüllt werden. Auch dieser Vorgang kann wahlweise manuell oder automatisch erfolgen. Nach Durchlauf durch den

Prozess sind die relevanten Strukturen definiert und mit Daten gefüllt, so dass einer Nutzung durch den Anwender nichts mehr im Wege steht.

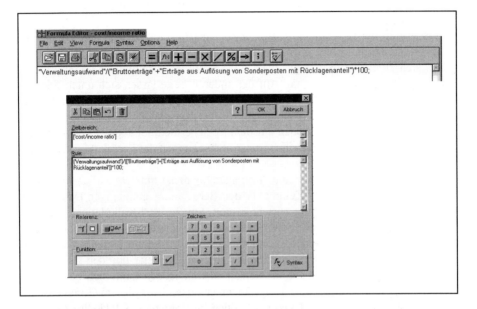

**Abb. 6: Verknüpfungs- und Ableitungsregeln für Dimensionselemente**

Auch hinsichtlich der internen Datenablage unterscheiden sich die handelsüblichen multidimensionalen Datenbanksysteme erheblich. Einerseits kann zwischen hauptspeicher- und festplattenorientierter Datenhaltung zur Laufzeit, andererseits hinsichtlich des Zeitpunkts der Kalkulation berechneter Datenwerte unterschieden werden.

Nachdem sie gestartet sind, halten hauptspeicherorientierte Datenbanksysteme alle benötigten Informationsobjekte im Arbeitsspeicher des Server-Rechners (RAM-basierte Ablageform [Oehl00, 123]). Die Datenabfragen der angeschlossenen Clients werden direkt aus diesem Speicher bedient. Nach vorher definierten Zeitintervallen oder Ereignissen erfolgt die Sicherung des Hauptspeicherinhaltes auf die Festplatte. Diese Vorgehensweise erweist sich als extrem schnell bei der Abarbeitung der Benutzeranfragen, da Zugriffe auf die wesentlich langsameren Festplatten weitgehend entfallen. Allerdings kann die begrenzte Arbeitsspeicherkapazität rasch zu Engpässen führen. Falls sich der Hauptspeicher als zu klein für das gesamte Datenvolumen erweist, werden mit Swap-Techniken Teile des Datenbestandes temporär ausgelagert, was jedoch massive Geschwindigkeitseinbußen mit sich bringt [Kurz99, 330]. Infolgedessen nutzen die hauptspeicherorientierten Datenbanksysteme ausgefeilte Kompressionsverfahren, um das Datenvolumen klein zu halten [Clau99, 311; Thom97, 208].

Im Gegensatz dazu arbeiten festplattenorientierte multidimensionale ähnlich wie relationale Datenbanksysteme nach dem Prinzip, benötigte Dateninhalte erst dann von den externen Speichermedien auszulesen, wenn sie abgefragt werden. Zudem bedienen sich diese Datenbanksysteme i. d. R. eines umfangreichen Cache-Speichers im Server-Rechner, um häufig benötigte Inhalte im schnelleren Arbeitsspeicher zu hinterlegen. Dennoch muss bei diesem Verfahren vergleichsweise häufig auf die langsameren Festplatten zurückgegriffen werden, was in jedem Fall zu Antwortzeitverzögerungen führt.

Als Vorteil der festplattenorientierten Speicherform multidimensionaler Datenbanksysteme ist die schier unerschöpfliche Speicherkapazität zu werten. Dadurch ergibt sich einerseits die Möglichkeit, auf ressourcenverbrauchende Komprimierungsalgorithmen zu verzichten. Auf der anderen Seite lassen sich unterschiedliche Techniken einsetzen, die zwar Speicherkapazitäten verbrauchen, aber zu einer höheren Abfragegeschwindigkeit führen. So können gleiche Inhalte mehrfach in unterschiedlichen Kombinationen auf dem Speichermedium abgelegt werden, um im Falle des Zugriffs die Schreib-/Lesekopfbewegungen der Festplatte zu reduzieren.

Zudem werden dem Datenbank-Administrator meist unterschiedliche Alternativen zur Bestimmung des Zeitpunkts der Berechnung abhängiger Datenwerte angeboten. Die erste Variante besteht in der „On the fly"-Kalkulation, die eine automatische Neuberechnung der Datenwerte abhängiger Größen bei jedem Zugriff bewirkt. Hauptspeicherorientierte multidimensionale Datenbanksysteme berechnen derartige Verdichtungsgrößen zur Zugriffszeit, um den benötigten Speicherplatz zu minimieren. Eine Neukalkulation jedoch kann sich bei großen Modellen als sehr zeitraubendes Unterfangen erweisen. Aus diesem Grund besteht auch die Möglichkeit, die abhängigen Größen im Rahmen des ETL-Prozesses zu berechnen und physikalisch zu speichern. Als dritte Alternative steht eine Vorgehensweise zur Verfügung, die eine Berechnung der abhängigen Größen zum Zeitpunkt des ersten Zugriffs durchführt und die Ergebnisse dann physisch auf den Datenträgern ablegt [Oehl00, 130]. Dadurch wird bewirkt, dass der erste zugreifende Anwender zwar eine gewisse Berechnungszeit akzeptieren muss, die Werte allerdings danach direkt zur Verfügung stehen. Intelligente Algorithmen im Hintergrund erwirken hierbei auch eine Neukalkulation der abhängigen Wertausprägungen, sobald sich die zugehörigen unabhängigen Größen geändert haben. Allerdings kann die physikalische Speicherung von Verdichtungsgrößen zu einer explosionsartigen Vergrößerung des benötigten Speicherplatzes führen, zumal der Speicherbedarf exponentiell mit der Anzahl der Dimensionen ansteigt [ChGl00, 359].

Ein kleines Beispiel kann die Problematik verdeutlichen: Betrachtet werden Erlöszahlen für einen fiktiven Artikel, aufgespannt über die Monate eines Jahres sowie vier unterschiedliche Vertriebsregionen. Da der Artikel nicht in jedem Monat auch in jeder Vertriebsregion verkauft wurde, liegt der Besetzungsgrad der Erlöstabelle lediglich bei 0,5 bzw. die Dichte (sparsity) der Tabelle bei 50% (24 Werteinträge bei 48 Tabellenzellen; vgl. Abb. 7, linke Hälfte). Werden nun zusätzlich zu den Detailzahlen auch noch die hieraus abgeleiteten Verdichtungsgrößen betrachtet, dann erhöht sich die Anzahl der betrachteten Datenwerte von ursprünglich 24 um 37 auf insgesamt 61 Größen, was dann einer Dichte der Tabelle von 71,76 % entspricht (61 Werteinträge bei 85 Tabellenzellen; vgl. Abb. 7, rechte Hälfte). Das Beispiel verdeutlicht, dass in Relation zur Anzahl der zusätzlichen Dimensionselemente die Menge der besetzten Tabellenzellen überproportional steigt [BeHM00, 220]. Dies rührt daher, dass die Verdichtungszellen deutlich öfter mit Zahlen belegt sind (im Beispiel mit 100%) als die Detailzellen.

**Erlöse Artikel XY**

| | Nord | Ost | Süd | West |
|---|---|---|---|---|
| Januar | 20 | | 15 | 40 |
| Februar | | 10 | 15 | |
| März | 30 | 10 | 15 | 40 |
| April | | | | 40 |
| Mai | | 15 | | |
| Juni | 40 | | 15 | |
| Juli | | 20 | | 50 |
| August | 30 | 20 | 15 | |
| September | | | 30 | |
| Oktober | 15 | | | |
| November | 30 | | | 10 |
| Dezember | 10 | 15 | | |

24 Werte

**Erlöse Artikel XY**

| | Nord | Ost | Süd | West | Gesamt |
|---|---|---|---|---|---|
| Januar | 20 | | 15 | 40 | 75 |
| Februar | | 10 | 15 | | 25 |
| März | 30 | 10 | 15 | 40 | 95 |
| April | | | | 40 | 40 |
| Mai | | 15 | | | 15 |
| Juni | 40 | | 15 | | 55 |
| Juli | | 20 | | 50 | 70 |
| August | 30 | 20 | 15 | | 65 |
| September | | | 30 | | 30 |
| Oktober | | 15 | | | 15 |
| November | 30 | | | 10 | 40 |
| Dezember | | 10 | 15 | | 25 |
| Quartal 1 | 50 | 20 | 45 | 80 | 195 |
| Quartal 2 | 40 | 15 | 15 | 40 | 110 |
| Quartal 3 | 30 | 40 | 15 | 80 | 165 |
| Quartal 4 | 30 | 25 | 15 | 10 | 80 |
| Jahr | 150 | 100 | 90 | 210 | 550 |

61 Werte

**Abb. 7: Kapazitätswachstum bei Speicherung berechneter Größen**

Bezüglich der Datenzugriffe unterscheiden sich multidimensionale Anwendungen erheblich von transaktionsorientierten Systemen. Statt atomarer Transaktionen mit Primärschlüsselbezug stehen multidimensionale Mengenoperationen im Vordergrund, meist als Projektionen und konsolidierende Verdichtungen entlang zu bildender Navigationspfade. Zur Sicherstellung einer optimalen Zugriffsverwaltung bei kompakter Datenablage auf externen Speichermedien sowie intern im Arbeitsspeicher sind folglich last- und strukturabhängige Organisationsformen zu nutzen [ChGl00, 358]. Bezüge ergeben sich hier zur Speicherung dünn besetzter Matrizen [BeHM00, 217ff.], wie sie bei der Bildung von Koeffizientenmatrizen der linearen Optimierung oder im Rahmen von Input-Output-Modellen auftreten. Aus dieser Perspektive kann ein mehrdimensionaler Datenwürfel auch als textindizierte dünn besetzte Matrix aufgefasst werden.

Generell lassen sich zufällig dünne Besetzung, logisch dünne Besetzung und sequentiell dünne Besetzung als idealtypische Muster bei der Entstehung dünn besetzter Matrizen unterscheiden (vgl. Abb. 8).

Zufällige dünne Besetzung (random sparsity) entsteht bei nicht regelmäßiger bzw. schwer vorhersehbarer Belegung von Würfel- bzw. Matrixzellen. Analysen des Kaufverhaltens, die Sortiment und Kunden in Beziehung setzen, weisen häufig stochastische unregelmäßige Muster in der Belegung auf. Ohne intensive Analyse des Datenmaterials kann durch die fehlende offensichtliche Gesetzmäßigkeit nicht direkt auf effiziente Speicherverfahren geschlossen werden.

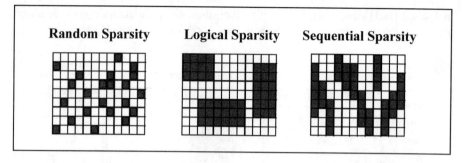

**Abb. 8: Besetzungsmuster bei dünnbesetzten Matrizen [Buyt95, 9]**

Logisch dünne Besetzung (logical sparsity) ist vorhanden, falls sich innerhalb der Datenwürfel Subwürfel identifizieren lassen, die eine dichte oder gar vollständige Besetzung aufweisen. Derartige Muster ergeben sich beispielsweise dann, wenn gewisse Produkte nur in einzelnen Regionen vertrieben werden. Für die Ablage lassen sich hier Separationsverfahren einsetzen, um die Subwürfel zu isolieren und dann einer effizienten Speicherung zuzuführen.

Bei der sequentiell dünnen Besetzung (sequential sparsity) zeigen sich in einzelnen Dimensionen Ketten dicht besetzter Würfelzellen. Bei der Betrachtung von Zeitreihen stellt sich dieser Effekt häufig auf der Zeitachse ein und kann ebenfalls zur Implementierung geeigneter Speicherverfahren verwendet werden.

Bei der physischen Ablage der multidimensionalen Datenbestände werden derartige Muster zunächst identifiziert und dann genutzt, um mit Indizierungs- oder Verkettungsmechanismen zu geeigneten Organisationsformen der Wertgrößen im Speicher und dadurch zu einem guten Antwortzeitverhalten des Datenbanksystems zu gelangen [Clau99, 309f.].

Die nahe liegendste Form der Datenspeicherung einer Matrix besteht in der Ablage in einem Array mit direkter Adressermittlung. Durch einfache Berechnungsverfahren lässt sich hierbei aus der Position des Datenelementes innerhalb der Matrix direkt die zugehörige Speicheradresse ableiten [BaGü04, 235f.]. Allerdings sind dann für alle Matrixelemente statisch Speicherplätze zu allokieren, die auch bei Elementlöschungen nicht dynamisch freigegeben werden. Für dünnbesetzte Matrizen ergibt sich dadurch eine sehr schlechte Speicherausnutzung.

Bei einem geringen Besetzungsgrad lassen sich Verbesserungen erzielen, wenn anstatt der Matrixelemente lediglich Pointer auf Matrixelemente (Elementsubstitution) in der Vollmatrix gespeichert werden. Aus dem Differenzwert zwischen dem Speicherbedarf für Element und Pointer kann bei gegebenem Besetzungsgrad errechnet werden, wann einer Elementsubstitution der Vorzug zu geben ist. Das minimal schlechtere Laufzeitverhalten durch die dynamische Speicherallokation und Zeigerreferenzierung ist zu vernachlässigen.

Eine weitere mögliche Organisationsform ist mit der Verkettung gegeben. Verkettungsverfahren bauen ihre Struktur dynamisch auf und erlauben das Löschen und Einfügen von Elementen an jeder Position. Die Verkettung erfolgt durch Einsatz von Pointern in jede Richtung des multidimensionalen Würfels, um schnell beliebige Datenschnitte durchführen zu können (vgl. Abb. 9). Da lediglich die existenten Matrixwerte gespeichert werden, ist nur die Anzahl der besetzten Würfelzellen bzw. der zur Verfügung stehende Speicher eine Beschränkung und nicht die Größe der voll aufgespannten Matrix. Allerdings erweisen sich sowohl Aufbau als auch Pflege der Verkettungszeiger bei steigender Dimensionsanzahl als zunehmend schwierig.

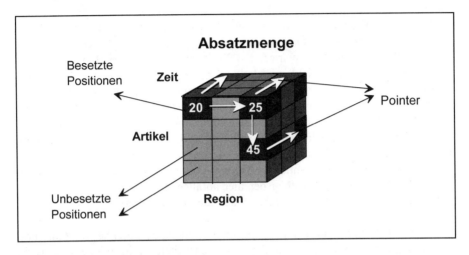

**Abb. 9: Verkettungsverfahren zur Ablage multidimensionaler Daten**

In der Praxis werden Mischformen der o. g. Verfahren eingesetzt, um den spezifischen Belegungsformen der dünnbesetzten Datenwürfel Rechnung zu tragen [Clau99, 308f.; Oehl00, 127f.]. Sind hohe oder logisch bzw. sequentiell dünne Besetzungen vorzufinden, so wird über die beteiligten Dimensionen geblockt. Bei zufälliger dünner Besetzung dagegen erfolgt häufig eine Wertspeicherung mit verketteten Ablagestrukturen.

Zu beklagen ist, dass die interne Funktionsweise der multidimensionalen Datenbanksysteme durch die Anbieter bewusst verschleiert wird. Während sich nämlich die verwendeten systeminternen Speichertechniken, der Aufbau von Data Dictionaries oder das Zusammenwirken von Serverprozessen bei relationalen Datenbanksystemen als weitgehend offen gelegt und leicht zugänglich bezeichnen lassen, werden die multidimensionalen Speicherkomponenten heute häufig noch als Black Box verkauft und betrieben.

Somit bleibt insgesamt festzuhalten, dass - aufgrund ihrer spezifischen Ausrichtung auf die Modell- und Vorstellungswelt betrieblicher Entscheidungsträger - multidimensionale Datenbanksysteme als Speichertechnologie zur Unterstützung analytischer Aufgabenstellungen eine tragfähige Alternative zu den verbreiteten und im folgenden Abschnitt erörterten relationalen Datenbanksystemen darstellen.

## 4.2 OLAP mit relationalen Datenbanksystemen (ROLAP)

Relationale Datenbanksysteme werden seit vielen Jahren genutzt, um umfangreiches Datenmaterial effizient zu verwalten. Im Laufe der Zeit sind die Systeme ständig weiterentwickelt worden, so dass sich heute Datenbestände mit mehreren hundert Gigabyte oder gar Terabyte Volumen technologisch als beherrschbar erweisen. Leistungsfähige Transaktionsverwaltungskomponenten koordinieren tausende elementarer Operationen pro Sekunde, gewährleisten die Konsistenz der Daten und vermeiden lange Wartezeiten für die angeschlossenen Benutzer. Allerdings war die Weiterentwicklung relationaler Datenbanksysteme bis vor einigen Jahren fast ausschließlich auf den Teil der betrieblichen Anwendungsprogramme ausgerichtet, der allgemein als operative Datenverarbeitung (On-Line Transaction Processing - OLTP) bezeichnet wird. Hierzu gehören alle Administrations- und Dispositionssysteme, die in den betrieblichen Funktionalbereichen der Aufrechterhaltung des Tagesgeschäfts dienen, also der Bearbeitung mengenorientierter Abwicklungs- und wertorientierter Abrechnungsaufgaben. Folgerichtig ist die schnelle und sichere Abarbeitung der hier anfallenden kurzen, wenige Tabellen betreffenden Transaktionen seit Jahrzehnten die Domäne relationaler Datenbanksysteme.

Prinzipiell basieren die heute verfügbaren relationalen Datenbanksysteme immer noch auf den vor mehr als dreißig Jahren erarbeiteten konzeptionellen Grundlagen [Codd70, 377 - 387]. Damit sind sie primär darauf ausgelegt, eine möglichst rasche und konsistenzgeprüfte Erfassung der operativen Datenobjekte zu ermöglichen, nicht jedoch die weitreichenden Anforderungen von Analyse und Entscheidungsunterstützung abzudecken [CoCS93]. Zu erörtern ist, ob sich relationale Datenbanksysteme auch für abweichende Anwendungsklassen eignen, beispielsweise als Speicherkomponente eines multidimensionalen Informationssystems.

Schließlich sprechen gewichtige Argumente dafür, relationale Systeme flächendeckend einzusetzen und dabei SQL (Structured Query Language) als verbreitete Standard-Abfragesprache intensiv zu nutzen. Relationale Datenbanksysteme gelten als ausgereift und stabil. Ihre Leistungsfähigkeit ist unbestritten und lässt sich an unzähligen Anwendungsfällen nachprüfen. In fast jeder größeren und mittleren Unternehmung sind relationale Datenbanksysteme im Einsatz und in den jeweiligen DV-Abteilungen ist zu diesem Thema reichlich Know-How vorhanden. Zudem existiert eine große Anzahl oftmals sehr preiswerter, leicht bedienbarer Softwarewerkzeuge, die auf der relationalen Philosophie aufsetzen und einen komfortablen Zugang zu den gespeicherten Daten eröffnen.

Allerdings sind beim Einsatz relationaler Datenbanksysteme bei multidimensionalen Anwendungen unterschiedliche Aspekte zu beachten, um die geforderte Auswertungsflexibilität bei gutem Antwortzeitverhalten auch gewährleisten zu können. So erweist sich die Normalisierung als gebräuchliche Technik im OLTP-Bereich zur Vermeidung von Redundanzen bei multidimensionalen Lösungen aufgrund einer dann hohen Zahl der an einzelnen Abfragen beteiligten Tabellen nicht immer als geeignet, um gute Antwortzeiten zu erreichen. Selbst extrem leistungsfähige (parallele) Hard- und Softwarelösungen können nur zum Teil und zu nicht mehr vertretbaren Preisen Abhilfe schaffen.

Schwierigkeiten ergeben sich hier insbesondere bei der Behandlung von verdichtetem Zahlenmaterial. Die dynamische Berechnung aggregierter Datenwerte erscheint zwar unter Konsistenzgesichtspunkten sinnvoll, muss jedoch aufgrund inakzeptabler Antwortzeiten zugunsten einer redundanten Speicherung der verdichteten Zahlenwerte abgelehnt werden. Entsprechende Summationsoperationen lassen sich im Zuge des Datenimports aus den Vorsystemen abwickeln. Die verdichteten Daten werden dann häufig in Summierungstabellen separat abgelegt. Der Grund hierfür ist darin zu sehen, dass mit den kleineren Tabellen wesentlich schneller und effektiver gearbeitet werden kann. Als Nachteil muss jedoch herausgestellt werden, dass dadurch das zu speichernde Datenvolumen stark anwächst. Zudem fallen abermals zusätzliche Verwaltungs- und Administrationsaufwände an.

Fraglich ist in diesem Zusammenhang, ob schreibende Operationen auf die Datenbestände durch den Endbenutzer zugelassen werden, zumal eine Änderung in den Detailtabellen in jeder betroffenen Summationstabelle nachzupflegen ist. Sicherlich sollen die importierten und verdichteten Daten aus den Vorsystemen nachträglich nicht mehr verändert werden, zumal sie im multidimensionalen Umfeld dokumentarischen Charakter aufweisen. Allerdings ist durchaus vorstellbar, dass der Anwender die an seinem Desktop manuell erfassten Plandaten oder Szenarien ebenfalls zentral und möglichst direkt einstellen möchte.

Insgesamt lässt sich damit festhalten, dass relationale Datenbanksysteme eine mögliche Basistechnologie für die Implementierung multidimensionaler Informationssysteme darstellen. Allerdings verdeutlichen die aufgezeigten Probleme und Schwächen, dass Schwierigkeiten bei der Umsetzung unvermeidbar sind. Der Versuch, diese Probleme zu meistern, mündet darin, dass von den vielfältigen Funktionen, die moderne relationale Datenbanksysteme heute bieten, nur wenige unverändert genutzt und einige gar durch Zusatzwerkzeuge (z. B. für die Abfrageoptimierung) überdeckt werden müssen, die den Anforderungen von multidimensionalen Anwendungen eher genügen. Doch auch die verbliebenen Fragmente können nicht entsprechend ihrer ursprünglichen Bestimmung eingesetzt, sondern müssen an veränderte Anforderungen angepasst werden (z. B. durch spezielle Datenmodelle). Schließlich stellt sich somit die Frage, ob relationale Datenbanksysteme tatsächlich die bestmögliche Grundlage für eine aufzubauende multidimensionale Lösung darstellen.

Nur bedingt lassen sich bei der Nutzung relationaler Datenbanksysteme als Speicherkomponenten multidimensionaler Informationssysteme die bewährten Techniken aus dem operativen Umfeld übernehmen. Die Abbildung multidimensionaler Datenstrukturen mit relationalen Techniken ist zwar möglich, erfordert jedoch spezielle Arten von Datenmodellen, um die notwendige Flexibilität und Performance gewährleisten zu können.

Beim Übergang von der würfelorientierten Sichtweise der Endbenutzer zu den tabellarischen Strukturen relationaler Datenbanksysteme müssen verschiedene Zuordnungsschritte durchlaufen werden. Letztlich lassen sich jedoch alle benötigten Informationsobjekte mit geeigneten Tabellenstrukturen abbilden, wie ein kleines Beispiel verdeutlicht. Ausgangspunkt der Betrachtung sei eine dreidimensionale randbeschriftete Matrix, in der Absatzmengen nach Regionen, Artikeln und Perioden aufgegliedert abgetragen sind. Diese einfache Struktur lässt sich durch eine einzelne relationale Tabelle darstellen. Die Dimensionsnamen können hierbei als Attributbezeichnungen für die drei Spalten des zusammengesetzten Primärschlüssels verstanden und genutzt werden (vgl. Abb. 10, oberer Teil). Dagegen findet sich der Name des Würfels hier (im Falle nur einer betrachteten quantitativen Größe) als Attributbezeichnung für die Spalte mit den quantitativen Mengenangaben.

Die Randbeschriftungen des dreidimensionalen Würfels dagegen, welche die einzelnen Dimensionselemente repräsentieren, lassen sich in der zugehörigen Relation als Attributausprägungen der Primärschlüsselspalten identifizieren (vgl. Abb. 10, unterer Teil). Somit wird durch eine einzelne Kombination von Primärschlüsselelementen auf die Würfelzelle referenziert, die sich im Schnittpunkt der entsprechenden Dimensionselemente befindet. Den einzelnen Würfelzellen sind konkrete Zahlenwerte zugeordnet, die sich im vorliegenden Beispiel als Absatzmengen der vorliegenden Dimensionselementkombinationen interpretieren lassen. Diese Wertgrößen gehen in die relationale Tabelle als Attributausprägungen der Werte tragenden Spalte ein.

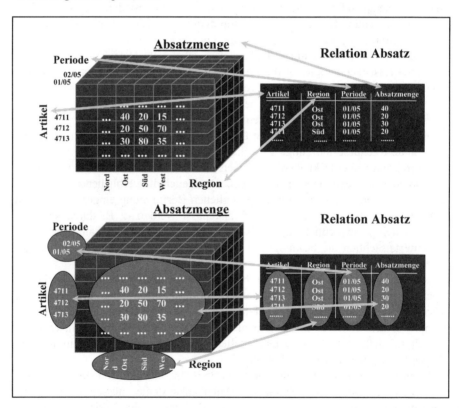

**Abb. 10: Zuordnung von multidimensionalen und relationalen Informationsobjekten**

Die dargestellten Zuordnungen von multidimensionalen und relationalen Informationsobjekten vermitteln einen ersten Eindruck darüber, wie multidimensionale Strukturen mit relationalen Datenbanksystemen abzubilden sind. Allerdings wurde bislang von flachen Dimensionen ohne jegliche Hierarchiebildung und ohne attributive Beschreibung von Dimensionselementen ausgegangen.

Der Einbezug dieser Strukturbestandteile in die Betrachtung führt dann zu so genannten Star-Schemata [Gluc98a, 32 - 39], die einen zentralen Modellrahmen beim Aufbau multidimensionaler Datenstrukturen mit relationalen Datenbanksystemen bilden (vgl. den Beitrag von Hahne in diesem Sammelband). Bereits auf der Ebene der logischen Datenmodelle werden die zugehörigen Kennzahlen und Dimensionen so angeordnet, wie sie dem intuitiven Verständnis der Endanwender entsprechen. Von zentraler Bedeutung für die Gewährleistung niedriger Zugriffszeiten ist die geeignete Behandlung von hierarchischen Dimensionsstrukturen und verdichtetem Datenmaterial. Als konfliktionäre Ziele stehen sich hierbei einerseits hohe Performance beim Zugriff aus variierenden Blickwinkeln und auf unterschiedliche Verdichtungsebenen sowie andererseits Modelltransparenz in Verbindung mit leichter Modifizierbarkeit und Wartbarkeit gegenüber.

Performancegewinne versprechen zudem Modifikationen im Bereich der physikalischen Speichertechniken. Vor allem durch den Einsatz geeigneter Index-Verfahren lassen sich erhebliche Geschwindigkeitsverbesserungen erzielen, wie die folgenden Ausführungen zeigen.

Jedes relationale Datenbanksystem offeriert heute neben der Möglichkeit sequentieller auch indexbasierte Zugriffe als grundlegende Suchstrategien. Bei der sequentiellen Suche muss jeder einzelne Datensatz der betroffenen Tabelle gelesen und auf Übereinstimmung mit den Suchkriterien verglichen werden. In umfangreichen Tabellen wie beispielsweise einer Kundentabelle ist daher aus Performancegründen oftmals die Nutzung eines vorhandenen Index günstiger. Die gängige Indizierungstechnik in relationalen Datenbanken ist der B*-Baum-Index [BiMR97, 144 - 168; KRRT98, 587; Roti96, 3]. Hier werden die benötigten Zugriffsverweise auf den Problemdatenbestand hierarchisch, in Form eines Baumes organisiert und verwaltet (vgl. Abb. 11).

Durch die ausbalancierte Struktur, die B*-Baum-Indizes in relationalen Datenbanksystemen aufweisen, sind Such- und Einfügevorgänge schnell zu realisieren. Ausgehend von einem Wurzelknoten werden unterschiedliche Knoten-Ebenen durchlaufen, bis schließlich auf der Ebene der einzelnen Blätter des Baumes (Leaf-Level) mit dem abgelegten Datenwert (z. B. Kunden-ID) auch eine physikalische Positionsangabe des zugehörigen Datensatzes auf dem Sekundärspeicher abgelegt ist, die auch als Row-Identifier (RID) bezeichnet wird [YaWo97, 122]. Gegenüber dem einfachen B-Baum-Index zeichnet sich der B*-Baum-Index dadurch aus, dass sich Angaben über die jeweilige Position des Datensatzes nur auf der Blatt-Ebene des aufgespannten Baumes finden [BaGü04, 261].

Eine Variante dieser Technik speichert auf der Blatt-Ebene statt einzelner Kombinationen aus Wertausprägungen und Row-Identifier die jeweilige Wertausprägung nur einmalig ab und hängt eine Liste von RIDs (RID-Listen-Verfahren) an, falls mehrere Tabellenzeilen diese Ausprägung aufweisen.

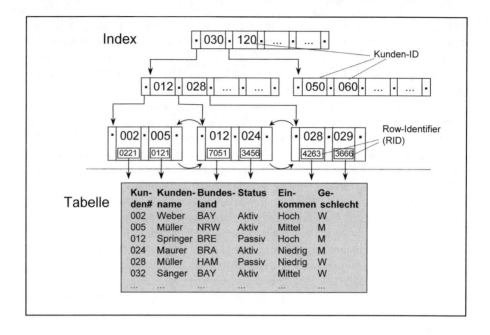

**Abb. 11: B\*-Baum-Index**

B\*-Baum-Techniken lassen sich auch im Falle zusammengesetzter Indizes (concatenated index) einsetzen, beispielsweise im Rahmen eines Index, der die Spalten Nachname, Vorname und Geburtsdatum umfasst. Genutzt werden kann eine derartige Indizierung immer dann, wenn die Zugriffsreihenfolge der einzelnen Felder bei der Abfrage eingehalten wird. Dagegen findet sie ihre Grenzen, falls einer der führenden Bestandteile in der Query fehlt, beispielsweise im Rahmen der Selektion aller Kunden mit einem bestimmten Vornamen oder einem bestimmten Geburtsdatum [Gran99, 10]. Bei häufigen Zugriffen dieser Art müssen zusätzliche Indizes angelegt werden, um eine wahlfreie Zusammenstellung von Datensätzen, wie bei analyseorientierten Systemen oft gefordert, mit vertretbaren Antwortzeiten gewährleisten zu können. Dies kann zu einer Vervielfachung der Anzahl benötigter Indizes führen und damit die Performance insgesamt erheblich beeinträchtigen. Erfolgreich einsetzen lassen sich B\*-Bäume in Tabellenspalten mit hoher Kardinalität. Dabei ist unter Kardinalität eine Maßgröße zu verstehen, welche die Anzahl unterschiedlicher Wertausprägungen einer Tabellenspalte mit der Anzahl aller Tabellenzeilen in Beziehung setzt [BeHM00, 232; Roti96, 2]. Somit sind B\*-Baum-Indizes bei wenigen Wertwiederholungen in einer Tabellenspalte, wie etwa im Falle der Kundennamen in der Kundentabelle, oder bei Tabellenspalten, in denen die Ausprägungen nur einmalig auftreten, wie bei eindeutigen Primärschlüsseln (z. B. Kunden#), ausgezeichnet als Zugriffstechnik geeignet.

Als Alternative zum B\*-Index finden sich in verschiedenen kommerziellen relationalen Datenbanksystemen Hash-Zugriffstechniken [KRRT98, 588]. Statt eines separaten Index wird hier eine mathematische Funktion benutzt, um aus dem Suchwert auf die physische Speicheradresse zu schließen. Ziel hierbei ist es, die Datensätze möglichst gleichmäßig auf den Sekundärspeicher zu verteilen, um durch eine einzelne Lese-Operation auf den gewünschten Datensatz zugreifen zu können.

Für operative Anwendungen leisten sowohl B*-Baum- als auch Hash-Verfahren gute Dienste. Änderungs-, Einfüge- und Lösch-Operationen, die sich i. d. R. nur auf einzelne Datensätze beziehen, lassen sich so in verhältnismäßig kurzer Zeit durchführen. Auch für Select-Abfragen sind die Techniken - zumindest bei kleiner Ergebnismenge - gut verwendbar.

Soll dagegen über einen Index auf die Geschlecht-, Status-, Bundesland- oder Einkommen-Spalten einer Kundentabelle (geringe Kardinalität mit wenigen Wertausprägungen) zugegriffen werden, dann präsentiert sich weder das B*-Baumnoch das Hash-Verfahren als geeignete Vorgehensweise. Auch im Falle komplexer Abfragebedingungen mit vielen „and"- und „or"-Bestandteilen können diese Indextechniken kaum gewinnbringend eingesetzt werden. An dieser Stelle verspricht die Bitmap-Indizierungstechnik, die mittlerweile von den führenden Datenbankanbietern in ihre Produkte integriert wurde, bessere Ergebnisse [BeSm97, 180; Gluc98b, 17; Orac97, 142].

Bei der Bitmap-Indizierung wird für jede Ausprägung der zu indizierenden Tabellenspalte eine Bitfolge erstellt [Holt98, 202; Gran99, 18]. Jede dieser Bitfolgen beinhaltet ein Bit je Tabellenzeile, so dass die einzelnen Datensätze durch ihre Position in der Bitfolge repräsentiert werden [BoSa96]. Innerhalb einer Bitfolge bedeutet eine „1", dass in der korrespondierenden Tabellenzeile die zugehörige Ausprägung gegeben ist. Beispielsweise lässt sich für die Kundentabelle ein Bitmap-Index für die Einkommensspalte nutzen, der sich aus drei separaten Bitlisten für die drei auftretenden Ausprägungen „hoch", „mittel" und „niedrig" zusammensetzt. Ebenso kann für die Bundesland-Spalte ein Bitmap-Index mit je einer Bitliste pro Bundesland angelegt werden (vgl. Abb. 12). Da die Felder Geschlecht und Status lediglich zwei mögliche Ausprägungen aufweisen, kann hier prinzipiell auch auf die zweite Bitfolge verzichtet und ein Zugriff über den „not"-Operator realisiert werden.

```
Einkommen                    Geschlecht
Hoch     1 0 1 0 0 0 ...     W     1 0 0 0 1 1 ...
Mittel   0 1 0 0 0 1 ...     M     0 1 1 1 0 0 ...
Niedrig  0 0 0 1 1 0 ...

Bundesland                   Status
BAY      1 0 0 0 0 1 ...     Aktiv   1 1 0 1 0 1 ...
NRW      0 1 0 0 0 0 ...     Passiv  0 0 1 0 1 0 ...
BRE      0 0 1 0 0 0 ...
...         ...        ...
```

**Abb. 12: Bitmap-Indizes für verschiedene Tabellen-Spalten**

Die Bitmap-Technik erweist sich als extrem platzsparend, da in den Bitmap-Dateien Wertausprägungen nur einmal hinterlegt werden müssen und physikalische Referenzen gänzlich fehlen.[4] Diese Kompaktheit bringt erhebliche Konsequenzen für die Performance mit sich, da kleine Indizes eher komplett im Hauptspeicher gehalten werden können.

Bei multidimensionalen Anwendungen setzt sich der Bedingungsteil von Datenbankabfragen häufig aus vielen Einzelkriterien zusammen. Beispielsweise könnte es im Rahmen einer kundengruppenorientierten Marketingaktion wichtig sein, alle weiblichen Kunden aus Bayern mit niedrigem oder mittlerem Einkommen zu extrahieren, um ihnen gezielt spezielles Katalogmaterial zukommen zu lassen. Möglicherweise ist es sinnvoll, weitere Einschränkungen beispielsweise hinsichtlich Familienstand oder Status hinzuzunehmen. Bei Anwendungsfällen dieser Art entwickelt die Bitmap-Technik ihr volles Leistungspotenzial, zumal sich für logische Verknüpfungsoperationen auf Bit-Ebene sehr leistungsfähige Algorithmen implementieren lassen (vgl. Abb. 13) [ONQu97, 42].

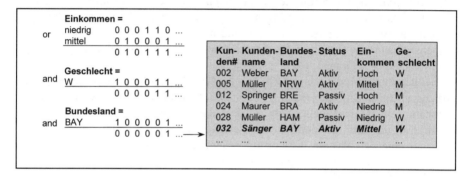

**Abb. 13: Einsatz von Bitmap-Indizes bei verknüpften Bedingungsteilen**

Sollen als Ergebnis der Abfrage die einzelnen Datensätze nicht am Bildschirm angezeigt werden, sondern geht es zunächst nur um die Häufigkeit einzelner Kundensegmente, dann lässt sich das Ergebnis eines verzweigten Bedingungsteils bereits vollständig mit den Indexinformationen ermitteln, ohne auf die eigentlichen Datentabellen zugreifen zu müssen. Gute Einsatzbedingungen für das Bitmap-Index-Verfahren finden sich vor allem in abfrageintensiven Umgebungen. Hier zeigen komplexe SQL-Zugriffe mit zahlreichen, verknüpften Einzelbedingungen für Spalten mit geringer Kardinalität auf potenzielle Kandidaten für eine Bitmap-Indizierung.

Nicht geeignet sind Bitmap-Indizes bei Tabellenspalten, in denen sich Wertausprägungen häufig ändern [Orac97, 141; YaWo97, 122], da der zugehörige Änderungsaufwand höher ist als bei herkömmlichen Index-Techniken. Zudem existieren heute keinerlei Verfahren, um einzelne Bits zu sperren, um dadurch Transaktionsverarbeitung mit konkurrierenden Zugriffen ermöglichen zu können. Eine Nutzung in OLTP-Systemen bleibt der Bitmap-Technik daher weitgehend verwehrt. Anders präsentiert sich die Situation in multidimensionalen Lösungen mit reinen Lesezugriffen, da hier im Zuge der periodischen Datenübernahme aus den Vorsystemen ein Auffrischen oder Neuerstellen des Bitmap-Index sehr effizient erfolgen kann.

Als bevorzugte Design-Technik in Data Warehouse-Datenbanken wird heute oftmals das Star-Schema genutzt, bei dem sich die Datenstrukturen aus einer Anzahl von Fakten- und Dimensionstabellen zusammensetzen. Abfragen, die sich an den Datenbestand richten, betreffen häufig gleichzeitig sowohl Fakten- als auch Dimensionstabellen, wobei die quantitativen Größen - ggf. aggregiert - angezeigt werden sollen und zwar selektiv nach bestimmten Bedingungen, welche die Dimensionstabellen betreffen. Die konventionelle Vorgehensweise würde zunächst einen Join aus Kunden- und Verkaufstabelle erzeugen, um hierauf eine Selektion gemäß der Vorgabe anzuwenden. Problematisch ist diese Vorgehensweise, weil die erzeugte Join-Tabelle umfangreich werden kann und zu erheblichem Ressourcenverbrauch führt.

Wesentliche Performanceverbesserungen lassen sich durch den Einsatz so genannter Join-Indizes erzielen [Gran99, 26]. Allgemein wird hier davon ausgegangen, dass sich durch vorausberechnete Tabellenverknüpfungen die zeitaufwendige Join-Erstellung zu Laufzeit vermeiden lässt. Als besonders leistungsfähig erweisen sich Bitmap-basierte Foreign-Column-Indizes [BeHM00, 232; ONQu97, 38 - 49]. Bei dieser Technik werden Bitmap-Indizes für Tabellen erstellt, obwohl die zugehörigen Attribute und Wertausprägungen sich in anderen Tabellen befinden. Im vorliegenden Beispiel lassen sich entsprechende Fremdspalten-Indizes für die Faktentabelle Verkauf bilden, welche die Attributausprägungen der Kundentabelle zum Gegenstand haben, beispielsweise für die Attribute Geschlecht, Einkommen, Status und Bundesland. Ohne dabei die Spaltenanzahl der Faktentabelle zu erhöhen, sind so die Vorteile des Bitmap-Index nutzbar. Im konkreten Abfragefall kann sowohl die Bildung eines Joins als auch der Zugriff auf die Dimensionstabelle gänzlich vermieden werden.

Innerhalb einer umfassenden Systemlösung erweisen sich die verfügbaren Index-Techniken nur als marginale Bestandteile. Dennoch können sie einen wichtigen Beitrag leisten, wenn es darum geht, Benutzeranfragen rasch und mit möglichst wenig Zeitverzug zu beantworten. Schließlich wird die erreichte Abfrageperformance immer wieder als Erfolgsfaktor für die Akzeptanz eines Systems gewertet, auch um zu gewährleisten, dass Gedankenketten der Endanwender nicht durch übermäßige Wartezeiten unnötig unterbrochen werden. Durch die neuen Möglichkeiten haben vor allem Datenbankadministratoren einen deutlich ausgeweiteten Gestaltungsspielraum bei der Systemoptimierung. Um diese Optionen wirksam ausnutzen zu können, müssen Funktionsweise und Einsatzbereiche der einzelnen Techniken transparent sein, da diese ihr Leistungspotenzial nur unter speziellen Bedingungen entfalten.

Trotz des intensiven Einsatzes von speziellen multidimensionalen Modellierungs- und Indizierungstechniken kann es bei großen Datenbeständen zu langen Antwortzeiten kommen. Anbieter multidimensionaler wie relationaler Datenbanksysteme bieten deshalb weiterführende Optionen an, um über zusätzliche Tuning-Maßnahmen Geschwindigkeitsverbesserungen zu aktivieren. An dieser Stelle sollen ohne weitere Vertiefung vor allem die Parallelisierung und die Partitionierung angeführt werden.

## 5 Zusammenfassung

Ausgehend von den Defiziten der bislang eingesetzten EIS bezüglich einer zufrieden stellenden Datenbasis und den Problemen beim Einsatz von Spreadsheet-Programmen sind von Codd OLAP-Systeme proklamiert worden, die sich an 12 Regeln messen lassen müssen. Die darüber hinaus gehenden Forderungen und das Prinzip FASMI wurden an den aktuellen Architekturvarianten relationaler und multidimensionaler Datenbankserver gemessen. Ein kritischer Punkt scheint immer noch die optimale Speichertechnologie für OLAP-Systeme zu sein. Für unterschiedliche Organisationsformen konnten Speicherbedarfs- und Geschwindigkeitsaussagen getroffen werden.

## Literatur

[BaGü04]  Bauer, Andreas; Günzel, Holger (Hrsg.): Data Warehouse Systeme, Architektur, Entwicklung, Anwendung, 2. Aufl., dpunkt-Verlag, Heidelberg 2004.

[BeHM00]  Behme, Wolfgang; Holthuis, Jan; Mucksch, Harry: Umsetzung multidimensionaler Strukturen, in: Mucksch, Harry; Behme, Wolfgang (Hrsg.): Das Data Warehouse-Konzept, 4. Aufl., Wiesbaden 2000, S. 215 - 241.

[BeMu01]  Behme, Wolfgang; Mucksch, Harry (Hrsg.): Data Warehouse-gestützte Anwendungen. Theorie und Praxiserfahrungen in verschiedenen Branchen, Wiesbaden 2001.

[BeSm97]  Berson, Alex; Smith, Stephen J.: Data Warehousing, Data Mining, and OLAP, New York u. a. 1997.

[BiMR97]  Biethahn, Jörg; Mucksch; Harry; Ruf, Walter: Ganzheitliches Informationsmanagement, Bd. 2, Entwicklungsmanagement, 2. Aufl., München u. a. 1997.

[BoSa96]  Bontempo, Charles; Saracco, Cynthia: Accelerating Index Searching, in: Database Programming & Design, The Online Edition, o. O. 1996, URL: http://www.intelligententerprise.com/dbpdsearch.shtml, Abruf am 20. September 2002.

[Brän97]  Brändli, Dieter: Positionierung des Database Marketing, in: Link, Jörg; Brändli, Dieter; Schleuning, Christian; Kehl, Roger E. (Hrsg.): Handbuch Database Marketing, Ettlingen 1997, S. 9 - 12.

[Buyt95]  Buytendijk, Frank A.: OLAP: playing for keeps. Maintenance and control aspects of OLAP applications, White Paper, o. O. 1995, URL: http://www.xs4all.nl/~fab/olapkeep.zip, Abruf am 20. September 2002.

[Cham86] Chamoni, Peter: Modellbildung per Datenbank-Abfragen und Verknüpfungen durch eine tabellenorientierte Metasprache, in: Isermann, Heinz u. a. (Hrsg.): Operations Research Proceedings 1986, Berlin 1986, S. 98.

[ChGl99] Chamoni, Peter; Gluchowski, Peter: Entwicklungslinien und Architekturkonzepte des On-Line Analytical Processing, in: Chamoni, Peter; Gluchowski, Peter (Hrsg.): Analytische Informationssysteme. Data Warehouse, On-Line Analytical Processing, Data Mining, 2. Aufl., Berlin u. a. 1999, S. 261 - 280.

[ChGl00] Chamoni, Peter; Gluchowski, Peter: On-Line Analytical Processing, in: Mucksch, Harry; Behme, Wolfgang (Hrsg.): Das Data Warehouse-Konzept, 4. Aufl., Wiesbaden 2000, S. 333 - 376.

[ChWa90] Chamoni, Peter.; Wartmann, Rolf: Software zur betriebswirtschaftlichen Modellbildung, in: Steffen, Reiner; Wartmann, Rolf (Hrsg.): Kosten und Erlöse, Orientierungsgrößen der Unternehmenspolitik, Stuttgart 1990, S. 349 - 372.

[ChZe96] Chamoni, Peter; Zeschau, Dietmar: Management-Support-Systems und Data-Warehousing, in: Mucksch, Harry; Behme, Wolfgang (Hrsg.): Das Data-Warehouse-Konzept: Architektur-Datenmodelle-Anwendungen, Wiesbaden 1996, S. 47 - 83.

[Clau98] Clausen, Nils: OLAP - Multidimensionale Datenbanken: Produkte, Markt, Funktionsweise und Implementierung, Bonn u. a. 1998.

[CoCS93] Codd, Edgar F.; Codd, Sharon B.; Salley, Clynch T.: Providing OLAP (On-Line Analytical Processing) to User-Analysts: An IT Mandat, E.F. Codd & Associates, White Paper, o. O. 1993.

[Codd70] Codd, Edgar F.: A Relational Model for Large Shared Data Banks, in: Communications of the ACM, 13. Jg., Heft 6, Juni 1970, S. 377 - 387.

[Codd94] Codd, Edgar F.: Werkzeuge für den Endanwender. Ein Dutzend Regeln klärt die Brauchbarkeit von Abfrage-Tools, in: Computerwoche, Heft 31, 5. August 1994, S. 33 - 35.

[Farn95] Farner, Gary: Rules for Evaluating OLAP-Systems - A Critical Requirement for Business Intelligence Systems, IRI Software, White Paper, o. O. 1995.

[FBSV00] Franconi, Enrico; Baader, Franz; Sattler, Ulrike; Vassiliasis, Panos: Multidimensional Data Models and Aggregation, in: Jarke, Matthias; Lenzerini, Maurizio; Vassiliou, Yannis; Vassiliasis, Panos (Hrsg.): Fundamentals of Data Warehouses, Berlin u. a. 2000, S. 87 - 105.

[GlGC97] Gluchowski, Peter; Gabriel, Roland; Chamoni, Peter: Management Support Systeme. Computergestützte Informationssysteme für Führungskräfte und Entscheidungsträger, Berlin u. a. 1997.

[Gluc98a]   Gluchowski, Peter: Analyseorientierte Datenbanksysteme, Lehrmaterialien im Studienfach Wirtschaftsinformatik, Ruhr-Universität Bochum, Nr. 28/98, Bochum 1998.

[Gluc98b]   Gluchowski, Peter: Antwortzeit als Erfolgsfaktor. Schnelle Zugriffe bei Analyse-Datenbanken, in: Datenbank Fokus, Heft 3, März 1998, S. 16 - 22.

[Gran99]   Grandy, Cheryl: The Art of Indexing. Enhancing Data Retrieval for Databases, Documents and Flat Files, White Paper, Boulder 1999, URL: http://www.dmreview.com/whitepaper/dba.pdf, Abruf am 24. August 2005.

[Greg02]   Gregorzik, Stefan: Multidimensionales Knowledge Management, in: Hannig, Uwe (Hrsg.): Knowledge Management und Business Intelligence, Berlin u. a. 2002, S. 43 - 51.

[HaHa02]   Hannig, Uwe; Hahn, Andreas: Der deutsche Markt für Data Warehousing und Business Intelligence, in: Hannig, Uwe (Hrsg.): Knowledge Management und Business Intelligence, Berlin u. a. 2002, S. 219 - 228.

[Hofa99]   Hofacker, Ingo: Systemunterstützung strategischer Entscheidungsprozesse, Wiesbaden 1999.

[Höhn95]   Höhn, Franz: Effektivität durch den Einsatz des OLAP-Servers Express, in: it Management, Heft 3 / 4, 1995, S. 40 - 42.

[Holt98]   Holthuis, Jan: Der Aufbau von Data Warehouse-Systemen. Konzeption, Datenmodellierung, Vorgehen, Wiesbaden 1998.

[JaGK96]   Jahnke, Bernd; Groffmann, Hans-Dieter; Kruppa, Stephan: On-Line Analytical Processing (OLAP), in: Wirtschaftsinformatik, 38. Jg., Heft 3, 1996, S. 321 - 324.

[KRRT98]   Kimball, Ralph; Reeves, Laura; Ross, Margy; Thornthwaite, Warren: The Data Warehouse Lifecycle Toolkit - Expert Methods for Designing, Developing, and Deploying Data Warehouses, New York u. a. 1998.

[Kurz99]   Kurz, Andreas: Data Warehousing Enabling Technology, Bonn 1999.

[Leit97]   Leitner, Erich: Schaufenster ins Data Warehouse, in: Client Server Computing, Heft 3, 1997, S. 41 - 46.

[MeLu98]   Mentzl, Ronald; Ludwig, Cornelia: Das Data Warehouse als Bestandteil eines Database Marketing-Systems, in: Mucksch, Harry; Behme, Wolfgang (Hrsg.): Das Data Warehouse-Konzept, 2. Aufl., Wiesbaden 1997, S. 469 - 484.

[Müll00]   Müller, Jochen: Transformation operativer Daten zur Nutzung im Data Warehouse, Wiesbaden 2000.

[Oehl00]   Oehler, Karsten: OLAP - Grundlagen, Modellierung und betriebswirtschaftliche Lösungen, München, Wien 2000.

[ONQu97]  O'Neil, Patrick E.; Quass, Dallan: Improved Query Performance with Variant Indexes, SIGMOD Conference 1997, S. 38 - 49.

[Orac97]  Oracle: Oracle Data Warehousing, Berkeley 1997.

[PeCr95]  Pendse, Neil; Creeth, Richard: The OLAP-Report: Succeeding with On-Line Analytical Processing, Vol. 1, Business Intelligence, o. O. 1995.

[ReSc99]  Reinke, Helmut; Schuster, Helmut: OLAP verstehen. OLAP-Technologie, Data Marts und Data Warehouse mit den Microsoft OLAP Services von Microsoft SQL Server 7.0, Unterschleißheim 1999.

[Reut96]  Reuter, Andreas: Das müssen Datenbanken im Data Warehouse leisten, in: Datenbank Fokus, Heft 2, Februar 1996, S. 28 - 33.

[Rieg96]  Rieger, Bodo: OLAP: Stand der Forschung und Entwicklung, in: Lamersdorf, Winfried; Lenz, Hans-Joachim; Rieger, Bodo (Hrsg.): Online '96: Congressband VIII, Data Warehousing, OLAP, Führungsinformationssysteme, Velbert 1996.

[Roti96]  Roti, Steve: Indexing and Access Mechanisms, in: DBMS Online, Mai 1996, URL: http://www.dbmsmag.com/9605d15.html, Abruf am 24. August 2005.

[Thom97]  Thomsen, Erik: OLAP solutions: building multidimensional information systems, New York u. a. 1997.

[WaSt75]  Wartmann, Rolf; Steinecke, Volkmar: System für Plankosten- und Planungsrechnung mit Matrizen, IBM Form GE12-1443/44, IBM Deutschland, o. O. 1975.

[Wern95]  Werner, Fritz: On-Line Analytical Processing: OLAP und die Dimension der Zeit, in: it Management, Heft 3 / 4, 1995, S. 43 - 45.

[YaWo97]  Yazdani, Sima; Wong, Shirley S.: Data Warehousing with Oracle. An Administrator's Handbook, Upper Saddle River 1997.

# Anmerkungen

[1] Unter OLTP wird der Modus verstanden, in dem in operativen Anwendungssystemen die Verarbeitung vorgenommen wird. Dies geschieht durch die Abwicklung von Datenbanktransaktionen, d. h. die Zusammenfassung von einzelnen Aktionen, welche die Datenobjekte in der gewünschten Form manipulieren. Anders als bei Analytischen Informationssystemen stehen hier Konsistenzerhaltung und Koordination von konkurrierenden Zugriffen im Vordergrund.

[2] Zwar werden hier Business Intelligence-Lösungen allgemein abgetragen, allerdings ist davon auszugehen, dass es sich zu einem Großteil dabei um multidimensionale Systeme handelt.

[3] Bereits vor mehr als zehn Jahren wurde mit den Executive Information Systemen (EIS) bzw. Führungsinformationssystemen (FIS) eine Software-Kategorie

vermarktet, die der Geschäftsführung wirksame Unterstützung bei den anstehenden Aufgaben versprach. Allerdings erwies sich zu dieser Zeit eine angemessene Datenversorgung der Systeme als kritisch, was mit den heutigen multidimensionalen Speicherkonzepten gelöst zu sein scheint [GlGC97, 204ff.].

[4] Bei 1.000.000 Kundensätzen benötigt der Index für eine Einkommens-Spalte mit den Ausprägungen „hoch", „mittel" und „niedrig" lediglich 1.000.000*3*1 Bit zuzüglich des fast zu vernachlässigenden Overhead-Platzes (einmalige Ablage der Wertausprägungen „hoch", „mittel" und „niedrig"), also ca. 375 KB. Ein entsprechender B*-Baum-Index würde dagegen allein für die Speicherung der RIDs gemäß dem RID-Listen-Verfahren (bei einer RID-Größe von 4 Byte) ca. 4 MB benötigen. Mit jeder neuen Ausprägung der Einkommensspalte (z. B. „ohne eigenes Einkommen") vergrößert sich allerdings der Bitmap-Index um 125 KB. Somit lässt sich ein Bitmap-Index vor allem bei wenigen Wertausprägungen (geringe Kardinalität) besonders klein halten [Reut96, 28 - 33].

# Mehrdimensionale Datenmodellierung für analyseorientierte Informationssysteme

*MICHAEL HAHNE*

## Abstract

Eine charakteristische Eigenschaft von analyseorientierten Informationssystemen ist die Mehrdimensionalität. Als wesentlicher Schritt beim Aufbau solcher Systeme gilt die Modellierung, denn diese beeinflusst die Leistungsfähigkeit und erfolgreiche Nutzung von Data Warehouse und OLAP Systemen maßgeblich.

Eine geläufige Strukturierung des Modellierungsvorganges unterscheidet die Ebenen der semantischen, logischen und physischen Datenmodellierung. Zur Unterstützung der fachkonzeptionellen mehrdimensionalen Modellierung sind verschiedene semantische Methoden verfügbar, von denen einige ausgewählte dargestellt werden.

Zur Abbildung mehrdimensionaler Datenstrukturen in relationalen Systemen hat sich mittlerweile ein Standard entwickelt, der unter dem Sammelbegriff Star Schema bekannt ist. Die facettenreiche Vielzahl von Varianten ist Gegenstand der Betrachtung auf der logischen Modellebene.

## Inhalt

| | | |
|---|---|---|
| 1 | **Einleitung** | 178 |
| 2 | **Begleitendes Beispiel** | 179 |
| 3 | **Semantische mehrdimensionale Modellierung** | 181 |
| | 3.1 Entity Relationship-Modelle | 181 |
| | 3.2 Mehrdimensionales ER-Modell (ME/R) | 183 |
| | 3.3 Dimensional Fact Modeling | 184 |
| | 3.4 Multidimensional Data Model ($\mathcal{MD}$) | 186 |
| | 3.5 Semantische Modellierung mit ADAPT | 187 |

| 4 | Bestandteile und Varianten des Star Schemas | 191 |
|---|---|---|
| | 4.1 Modellierung von Dimensionen | 192 |
| | 4.2 Attribute in Dimensionen | 195 |
| | 4.3 Normalisierung von Dimensionen | 196 |
| | 4.4 Abbildung von Kennzahlen und Kennzahlensystemen | 197 |
| | 4.5 Fact Constellation und Snow Flake Schema | 199 |
| | 4.6 Galaxien und Conformed Dimensions | 201 |
| | 4.7 Temporale Aspekte im Star Schema | 202 |
| 5 | Zusammenfassung | 203 |

# 1 Einleitung

Für Systemlösungen auf Basis des Data Warehouse Konzeptes und für OLAP Anwendungen haben zwei wesentliche Begriffe zentralen Charakter: Datenmodellierung und Mehrdimensionalität. Da die Modellierung von Systemen zur Unterstützung von Fach- und Führungskräften in ihren analytischen Fragestellungen einen entscheidenden Einfluss auf deren Akzeptanz und erfolgreiche Nutzung hat, ist hierauf beim Aufbau solcher Systeme besondere Sorgfalt anzuwenden.

Ein Datenmodell kann als formaler Rahmen zur Beschreibung von Datenstrukturen und Operationen auf Daten bezeichnet werden. Datenmodelle dienen der Beschreibung aller in einer Datenbank enthaltenen Daten und im Allgemeinen wird angenommen, dass in einem Datenmodell Objekte, deren Eigenschaften (Attribute) sowie Beziehungen zwischen Objekten modelliert werden.

Datenmodelle sollen die Bedeutung und Repräsentation von Daten beschreiben, d. h. ein Datenmodell geht aus Abstraktion eines zu modellierenden Realitätsausschnittes hervor. Datenmodelle können daher nach ihrer Nähe zur Realwelt klassifiziert werden. Diese weit verbreitete Strukturierung des Modellierungsvorganges ist in Abbildung 1 dargestellt. Danach werden die Ebenen der semantischen, logischen und physischen Datenmodellierung unterschieden. Der Realwelt am nächsten ist dabei die semantische Ebene. Die Aufgabe des semantischen Datenmodells ist es, eine Brücke zwischen der Realwelt einerseits und dem logischen Datenmodell andererseits zu schlagen. Dieses ist noch losgelöst von dem einzusetzenden Datenbanksystem und soll den zu betrachtenden Realitätsausschnitt abstrahierend in einem Modell abbilden. Die Wahl eines geeigneten semantischen Datenmodells hängt somit von dem betrachteten Realitätsausschnitt ab.

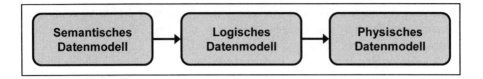

**Abb. 1: Ebenen der Modellierung**

In der zweiten Ebene, der logischen Modellierung, sind die Modelle ebenfalls noch unabhängig von der physischen Repräsentation, richten sich jedoch an der für die Speicherung einzusetzenden Datenbanktechnologie aus. Ein solches Modell heißt auch Datenbankschema.

Die Aspekte der physischen Speicherung und der Speicheroptimierung sind Bestandteile des physischen Datenmodells, welches die dritte Ebene bildet.

## 2 Begleitendes Beispiel

In diesem Abschnitt wird das dem Artikel zugrunde liegende Beispiel dargestellt, das die Darstellung von Modellierungstechniken und deren exemplarische Anwendung ermöglicht.

Gegenstand des Beispiels ist eine mittelständische Unternehmung der Elektronikbranche, die sich mit der Produktion und dem Vertrieb von elektronischen Geräten und Komponenten beschäftigt. Zum Programm gehören neben allen relevanten elektronischen Bauteilen wie etwa Widerstände, Transistoren, Kondensatoren etc. auch Laborgeräte und Produkte aus dem High Fidelity Bereich.

Der Fokus des Unternehmens liegt nicht auf der Produktion einzelner Komponenten, sondern auf der Auswahl geeigneter Lieferanten und Vorprodukte, die zu einem qualitativ hochwertigen zielgruppengerechten Endprodukt zusammengesetzt werden. Zum Einsatz kommen Produkte verschiedener Lieferanten, wobei auf gleich bleibend hohe Qualitätsstandards sehr viel Wert gelegt wird.

Kunden der Unternehmung sind große Warenhausketten und viele kleine Einzelhandelsgeschäfte. Neben diesem klassischen Vertriebsweg erfolgt der Verkauf insbesondere von elektronischen Bauteilen über ihren Katalog. Dieser erscheint zweimal jährlich und wird regelmäßig verschickt. Ein weiterer Vertriebskanal erlangt zunehmende Bedeutung für das Unternehmen: Über eine E-Commerce-Lösung bietet das Unternehmen seine Produkte im Internet an.

Im Fokus der Betrachtung stehen im Folgenden die Analyseprozesse in Marketing und Vertrieb. Zum Vertrieb gehören die Bearbeitung von Anfragen, Aufträgen und alle Aufgaben des Marketings. Darüber hinaus erfolgt auch die Kundenbetreuung im Vertrieb. Zu Kundenanfragen bzgl. Preis und Lieferbarkeit bestimmter Mengen von einzelnen Bauteilen oder anderen Produkten werden im Vertrieb Angebote erstellt. Eingehende Bestellungen werden durch eine Auftragsbestätigung beantwortet und die Lieferung über die Materialwirtschaft veranlasst.

Grundlage der Kalkulation von Marketing-Aktivitäten sind die im Vertrieb auszuwertenden Monats- und Quartals-Statistiken mit den Auftragsbeständen und den kundenbezogenen Erlös- und Umsatz-Übersichten.

Der dargestellte Prozess des Vertriebsbereiches spiegelt sich in einem Datenmodell des unterstützenden Systems wider. Ein exemplarisches ERM für diesen Bereich ist in Abbildung 2 dargestellt. Wesentliche Entitäten bilden dabei die Kunden und die Artikel, die über Angebote und Aufträge in Beziehung zueinander stehen.

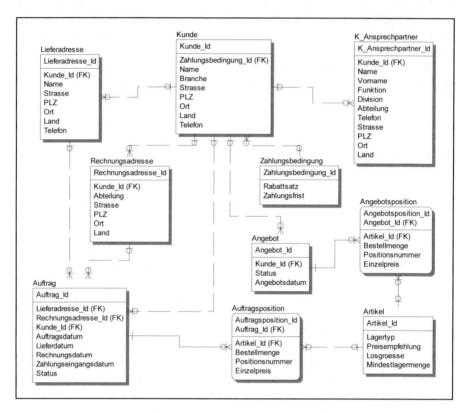

**Abb. 2: ERM des Vertriebsbereiches**

Die wesentliche Fragestellung im Marketingbereich ist, wann welche Produkte über welchen Vertriebskanal in welcher Größenordnung verkauft wurden sowie daraus ableitbare Prognosen und Abweichungsanalysen. Dabei stehen die Absatz- und Umsatzinformationen aufgegliedert nach den Vertriebskanälen auf Produktebene im Vordergrund. Aufgrund der verschiedenen Vertriebskanäle und der daraus resultierenden unterschiedlichen Informationen sind Auswertungen auf Ebene des Partner-Marketings wie auch auf Ebene des Kunden-Marketings zu berücksichtigen. Eine aggregierte Sicht verbindet die beiden Detailsichten zu einem Gesamt-Marketing, das lediglich die gemeinsamen Informationen enthält.

Für die Vertriebskanäle, in denen der Kunde namentlich bekannt ist, d.h. bei Verkäufen über den E-Shop und über den Katalog, sind kundenbezogene detaillierte Informationen zu berücksichtigen. Für den dritten Vertriebsweg sind detaillierte Informationen für partnerbezogene Auswertungen notwendig.

Bei Produktauswertungen sind neben der Grundinformation über das eigentliche Produkt auch Summierungen anhand von Warenhauptgruppen, Warengruppen und Warenuntergruppen zu berücksichtigen. Analog dazu ist eine Auswertung über die verschiedenen Hersteller der Produkte gewünscht.

Neben der eigentlichen Produktnummer sind für detaillierte und zuverlässige Auswertungen Zusatzinformationen wie Produktbezeichnung, Verpackungsart und -größe, Gewicht, Palettenanzahl sowie die Differenzierung von Eigenproduktion und Fremdbezug erforderlich.

Auswertungen nach zeitlichen Aspekten sollen neben den Standardselektionen nach Jahren, Quartalen und Monaten auch Informationen über die Geschäftsjahre anbieten können, da diese im Unternehmen von den Kalenderjahren abweichen. Es ist weiterhin relevant, ob ein Tag Werktag oder der letzte Tag im Monat ist. Ebenso sind Ferienzeiten, besondere Ereignisse und saisonale Aspekte mit zu betrachten.

## 3 Semantische mehrdimensionale Modellierung

Die Analyse auf fachkonzeptueller Ebene ist ein wesentlicher Schritt beim Aufbau einer Data Warehouse-Lösung. Die für OLAP-Analysen benötigten mehrdimensional strukturierten Datenbestände sind an den Anforderungen orientiert zu gestalten. Daher hat die semantische Modellierung mehrdimensionaler Datenstrukturen für die frühen konzeptgetriebenen Projektphasen einen hohen Stellenwert. Die hierzu geeigneten Methoden und Beschreibungsmittel der Modellierung sind Gegenstand dieses Abschnittes.

Zur semantischen Modellierung mehrdimensionaler Informationssysteme wurden verschiedene Ansätze in der Literatur in die Diskussion gebracht [GaGl98]. Neben vielen Vorschlägen, die eher der logischen Modellebene zuzurechnen sind, gibt es auch eine Reihe von Modelliermethoden, die für eine Diskussion auf Fachbereichs- bzw. Anwenderebene geeignet erscheinen.

Neben den Ansätzen basierend auf dem Entity Relationship-Modell erfolgt in den nächsten Abschnitten die kurze Skizzierung einiger spezifischer Vorschläge.

### 3.1 Entity Relationship-Modelle

Eines der bekanntesten semantischen Datenmodelle ist sicherlich das Entity Relationship-Modell (ERM) von Chen, in dem die Objekte der Modellwelt als *Entities* und die Beziehungen als *Relationships* bezeichnet werden. Beide können näher spezifizierende Attribute aufweisen. Üblich ist eine grafische Darstellung mit Rechtecken für die Entities und deren Verbindung über Rauten für die Beziehungen. Die als Oval dargestellten Attribute sind über eine Kante mit den Entities bzw. Relationships verbunden. Weiterhin erfolgt die Notation der Kardinalitäten an den Beziehungskanten. Darüber hinaus gibt es verschiedene Varianten des ER-Ansatzes mit unterschiedlicher Notation von Beziehungen, Attributen und Kardinalitäten.

Das ER-Modell ist von seinem Ausgangspunkt her ein methodischer Ansatz für die Modellierung operativer Datenstrukturen. Gleichwohl können mit dieser Menge an Beschreibungsmitteln auch mehrdimensionale Strukturen abgebildet werden, wie Abbildung 3 belegt. Die einzelnen Dimensionen finden dabei als Entities Eingang in die Darstellung, deren Verbindung über ein Beziehungsobjekt mit den angehängten Attributen zur Darstellung von Kennzahlen erfolgt. Die Darstellung ist natürlich angelehnt an den Entwurf eines Star Schemas, dem üblichen Modell zur Abbildung mehrdimensionaler Strukturen in relationalen Datenbanken. Die ER-Methode ist zwar auf der semantischen Ebene angesiedelt, eine starke Nähe zum relationalen Datenmodell auf der logischen Modellebene kann jedoch nicht verhehlt werden [Hahn05].

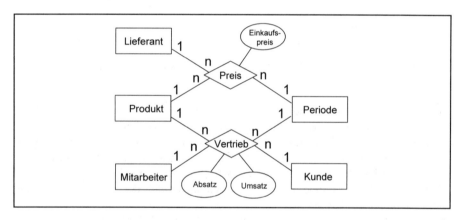

**Abb. 3: ER-Modellierung mehrdimensionaler Datenstrukturen**

In einem ersten Schritt zur verbesserten Darstellung der mehrdimensionalen Spezifika ist es möglich, Dimensionshierarchien explizit als eine Kette von 1:n-Beziehungen abzubilden. Diese auch als *Aggregation* bezeichnete Erweiterung ist in Abbildung 4 am Beispiel einer Zeitdimension verdeutlicht.

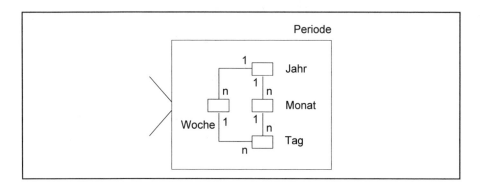

**Abb. 4: Erweiterte ER-Darstellung von Dimensionshierarchien**

Eine Erweiterung dieses Ansatzes um Konstrukte der Generalisierung und Spezialisierung, die zu einem neuen Entity-Typen der *is-a*-Beziehung zusammengefasst sind, ermöglicht eine noch detailliertere Darstellung, aber auch dieser Ansatz entstand vor dem Hintergrund der Gestaltung operativer Informationssysteme.

## 3.2 Mehrdimensionales ER-Modell (ME/R)

Das Mehrdimensionale ER-Modell (ME/R) ist eine explizite Erweiterung zur Modellierung mehrdimensionaler Datenstrukturen und 1998 von Sapia, Blaschka, Höfling und Dinter in die Diskussion gebracht worden [SBHD98]. Der Ansatz sieht spezifische neue Darstellungsobjekte vor, um eine adäquate grafische Notation mehrdimensionaler Datenstrukturen zu ermöglichen. Diese drei neuen Elemente sind in Abbildung 5 in der Übersicht dargestellt.

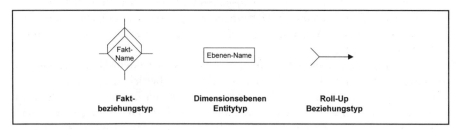

**Abb. 5: Darstellungsobjekte im ME/R-Modell**

Zur Modellierung von Dimensionsstrukturen stehen der Entity-Typ *Dimensionsebene* und der Beziehungstyp *Roll-Up* zur Verfügung. Hiermit ist die Vielzahl ebenenbestimmter Dimensionsstrukturen durch einen Graph von Ebenen-Entities verbunden durch Roll-Up-Beziehungen darstellbar. Der Fakt-Beziehungstyp, an den die betriebswirtschaftlichen Kennzahlen als Attribute angehängt sind, verknüpft die einzelnen Dimensionen miteinander. Dieses Zusammenspiel der einzelnen Komponenten wird am Beispiel in Abbildung 6 deutlich.

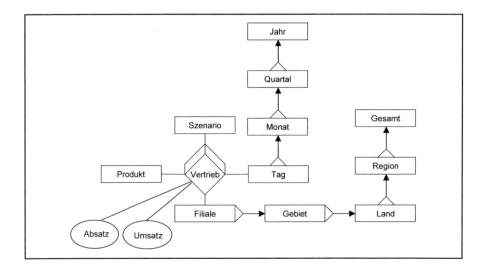

**Abb. 6: Beispiel eines ME/R-Modells**

Wie auch beim ER-Modell sieht diese Methode keine Berechnungsvorschriften für abgeleitete Werte entlang der Dimensionshierarchien oder für Kennzahlensysteme vor. Auch die Modellierung von Heterarchien bzw. anteiligen Verrechnungen ist derzeit im ME/R-Modell nicht möglich.

## 3.3 Dimensional Fact Modeling

Das *Dimensional Fact Modeling* wurde 1998 von Golfarelli, Maio und Rizzi vorgestellt [GoMR98a]. Neben einer formalen und grafischen Beschreibung konzeptioneller mehrdimensionaler Datenmodelle umfasst der Vorschlag auch ein Vorgehensmodell zur Ableitung eines *dimensional fact model* aus bestehenden ER-Schemata [GoMR98b].

Die Beschreibungselemente in diesem Ansatz sind Fakten, Dimensionen und Hierarchien. Dabei stellen die Fakten die relevanten betriebswirtschaftlichen Betrachtungsgegenstände dar, denen konkrete Kennzahlen in Form von Attributen zugeordnet sind. Die Aufgliederungsrichtungen, nach denen die Fakten betrachtet werden können, sind die Dimensionen, die durch Hierarchien weiter strukturiert werden. Ein Beispiel zur grafischen Darstellung im *Dimensional Fact Modeling* findet sich in Abbildung 7.

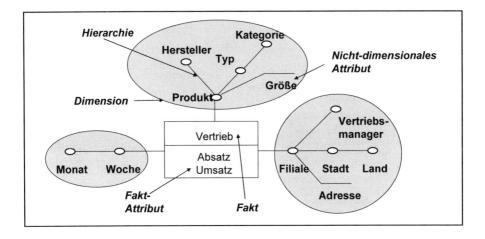

**Abb. 7: Beispiel im Dimensional Fact Modeling**

Der betriebswirtschaftliche Gegenstand der Betrachtung liegt in diesem Beispiel im Vertrieb mit den Kennzahlen Absatz und Umsatz und ist als zentrales Fakt dargestellt. Die einzelnen Dimensionen sind darum herum angeordnet und durch die Schattierung jeweils umschlossen. Innerhalb einer Dimension erfolgt die Darstellung von Hierarchien durch aneinander gehängte Kreisobjekte, die jeweils eine Konsolidierungsstufe repräsentieren und entsprechend beschriftet sind. Zusätzliche (nicht-dimensionale) Attribute finden ihren Eingang in die Darstellung direkt in Form einer beschrifteten Linie ohne Kreisobjekt.

Für die Aggregation entlang der verschiedenen Hierarchiestufen ist die Addition als Standard vorgesehen. Für Fakt-Attribute, die sich nicht sinnvoll entlang aller Dimensionen addieren lassen, also für den semi-additiven und nicht-additiven Fall, sieht das Modell eine gesonderte Notation der Verdichtungsoperation vor. In Abbildung 8 ist exemplarisch dargestellt, wie die abweichende Aggregation eines Fakt-Attributes in Bezug auf eine oder mehrere Dimensionen durch gestrichelte Linien und Angabe der alternativen Operation zur Verdichtung im Modell visualisiert wird.

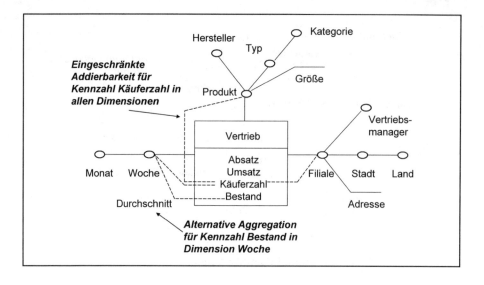

**Abb. 8: Aggregation im Dimensional Fact Modeling**

Auf die Beschreibung der weiteren Modellbestandteile des Dimensional Fact Modeling zur Darstellung von Abfragen sowie die vorgeschlagene Vorgehensweise zur Ableitung eines mehrdimensionalen Modells aus einem ER-Schema wird an dieser Stelle verzichtet.

Das Dimensional Fact Modeling ist mathematisch formal definiert. Problematisch ist, dass in den Hierarchien nur 1:n-Beziehungen vorgesehen sind. Für nichtadditive Kennzahlen besteht zumindest die Möglichkeit der Kennzeichnung, wenn auch konkrete Berechnungsvorschriften nicht Bestandteil des Modells sind. Somit ist auch die Darstellung von Kennzahlensystemen nicht möglich.

## 3.4 Multidimensional Data Model ($\mathcal{MD}$)

Ein weiterer konzeptioneller Vorschlag zur Modellierung von mehrdimensionalen Datenstrukturen stammt von Cabibbo und Torlone aus dem Jahr 1997 und wird als Multidimensional Data Model ($\mathcal{MD}$) bezeichnet [CaTo97a; CaTo97b]. Dieser umfasst neben einer grafischen Repräsentation auch ein Vorgehensmodell, mit dem aus vorhandenen ER-Modellen ein entsprechendes mehrdimensionales Schema abgeleitet werden kann. Diese Vorgehensweise ist somit stark von den verfügbaren Quellstrukturen getrieben und geht nicht direkt von den Informationsbedarfen aus.

In der als *f-graph* bezeichneten Repräsentation, wie in Abbildung 9 für unser Vertriebsbeispiel dargestellt, befindet sich ein zentraler Knoten, der als *f-node* die Verbindung zwischen den Variablen und den verschiedenen Dimensionen des Würfels herstellt.

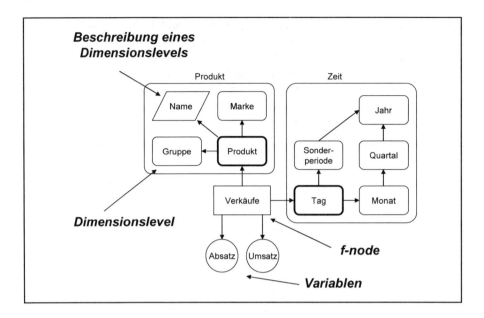

**Abb. 9: Beispiel im Multidimensional Data Model (*MD*)**

Innerhalb der umrahmten Dimensionen finden sich die Objekte zur Abbildung der Ebenen, aus denen sich die Dimensionshierarchien zusammensetzen, sowie beschreibender Attribute auf Hierarchiestufenebene.

Bei dem Ansatz des Multidimensional Data Model ist nur die Abbildung von 1:n-Beziehungen in Dimensionshierarchien möglich, die Modellierung anteiliger Verrechnungen ist gar nicht vorgesehen. Die Darstellung von Kennzahlensystemen ist insofern nicht möglich, als betriebswirtschaftliche Variablen als Attribute des zentralen Fakts eines Graphen modelliert werden und nicht in einer eigenen Dimension abbildbar sind.

## 3.5 Semantische Modellierung mit ADAPT

Bei der Methode *Application Design for Processing Technologies (ADAPT)*, die 1996 von Bulos vorgestellt wurde [Bulo96], handelt es sich um einen Modellierungsansatz, in dessen Fokus explizit mehrdimensionale Datenstrukturen für OLAP-Anwendungen stehen. Zusätzlicher praktischer Nutzen der Methode liegt in der Verfügbarkeit der zugrunde liegenden Symbole für Microsoft Visio, wodurch die Modelle einfach zu generieren sind.[1]

Im deutschsprachigen Bereich befindet sich ADAPT bereits seit einigen Jahren in der Diskussion [Bulo98; Sche00]. Die in der ersten Veröffentlichung zahlreichen Objekttypen standen als wesentlicher Kritikpunkt im Raum und heute beinhaltet die Methode nur noch die wesentlichen Objekttypen und ermöglicht damit leicht lesbare verständliche konzeptionelle Modelle. Diese angepasste Modellierungsmethode wird im Folgenden detailliert beschrieben. Der Schwerpunkt der

Modellierung mit ADAPT liegt in der Darstellung von Dimensionsstrukturen und hierarchischen Strukturen, deren Darstellung zuerst erfolgt. Auf die Aspekte der Modellierung von Würfeln (Cubes) wird anschließend kurz eingegangen.[2]

Die Stärke von ADAPT liegt in der Darstellung vielfältiger Dimensionsstrukturen. Die Darstellung der wesentlichen Komponenten zur Abbildung von Dimensionen in ADAPT erfolgt anhand eines Beispiels, der exemplarisch aufgerissenen Produktdimension in Abbildung 10.

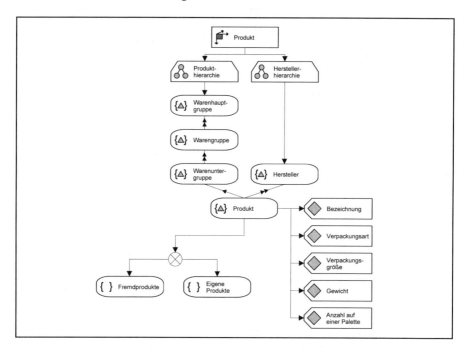

**Abb. 10: Unbalancierte Produktdimension in ADAPT Notation**

Dem mehrdimensionalen Grundverständnis folgend sind eine oder mehrere Hierarchien das Wesensmerkmal einer Dimension. Diese basieren auf Über- und Unterordnungsverhältnissen und bilden die Konsolidierungspfade in Dimensionen. Sie sind damit die Grundlage für Operationen des *drill-down* und *roll-up*. Wie der Darstellung zu entnehmen ist, sind für Produkte zwei Hierarchien definiert, die jeweils unterschiedlich aufgebaut sind.

Bei der Darstellung handelt es sich um eine ebenenbestimmte Dimension, so dass die Modellierung aller Hierarchien über Dimensionsebenen erfolgt. Diese verschiedenen Hierarchien werden oftmals auch als parallele Hierarchien bezeichnet. Die gemeinsame Basisebene wird durch das Objekt für die Produkt-Ebene repräsentiert, die damit die feinste Granularität in dieser Dimension festlegt.

Die Hersteller-Hierarchie zeigt zunächst einen einfachen Fall, da nur eine Verdichtung von Produkten zu Herstellern erfolgt. Dabei ist jedem Produkt genau ein Hersteller zugeordnet. Auch der Fall einer m:n-Beziehung zwischen Produkten und Herstellern ist denkbar. Für diesen Fall bedeutete dies, dass jedem Produkt auch mehrere Hersteller zugeordnet werden könnten und das many-many Verbindungsobjekt zur Darstellung heranzuziehen wäre.

Das verwendete Symbol mit dem Doppelpfeil zur Verbindung der Ebenen verdeutlicht die strenge Beziehung, demzufolge jedem Produkt genau ein übergeordnetes Element zugewiesen wird. Dies ist in der anderen Hierarchie nicht der Fall. Dort werden die Ebenen Warenuntergruppe, Warengruppe und Warenhauptgruppe differenziert, jedoch kann es auch Produkte geben, die keiner Warenuntergruppe zugeordnet sind, sondern direkt an einer Warengruppe hängen. Die Notation dieses Zusammenhangs erfolgt in ADAPT mit dem Verbindungspfeil mit nur einer Spitze.

Ein weiteres Grundkonstrukt zur Darstellung mehrdimensionaler Strukturen auf semantischer Ebene sind Attribute zu Dimensionen oder Dimensionsebenen. In dem dargestellten Beispiel befinden sich die Attribute ausschließlich auf der untersten Ebene aller Produkte und modellieren weitere Eigenschaften von Produkten wie etwa deren Gewicht oder weitere verpackungsrelevante Informationen. In der Modellierungsphase ist oftmals für diverse betriebswirtschaftliche Objekte zu entscheiden, ob diese als Attribut oder als eigene Dimension zu modellieren sind.

Eine Stärke von ADAPT ist die Modellierung von Dimensionsausschnitten, auch Dimensionssichten genannt, die eine logisch zusammenhängende Teilmenge einer Dimension darstellen. Für die Produkte sind beispielsweise Teilmengen für Eigenfertigung und Fremdbezug denkbar. Diese Dimensionsausschnitte stehen wiederum untereinander in einer Beziehung. So ist etwa ein Produkt entweder selbst produziert oder wird hinzugekauft. Dieser Beziehungstyp heißt umfassendes Exklusiv-Oder.

In der Bezeichnung der Beziehungen bedeutet *Exklusiv-Oder*, dass die beteiligten Teilmengen disjunkt sind, das nichtexklusive *Oder* hingegen erlaubt Überlappungen. Bildet die Vereinigung der Teilmengen die Gesamtheit, wird dies als *umfassend* bezeichnet. Andernfalls wird dies mit *partiell* umschrieben. Damit ergeben sich vier verschiedene Beziehungstypen in ADAPT.

Neben den ebenenbestimmten Dimensionstypen sind auch Dimensionen mit ihren direkten Ausprägungen mit dem Objekt für Dimensionselemente abbildbar. Typischerweise sind dies die Dimensionen für Datenarten und Wertarten, die auch als elementbestimmte Dimension bezeichnet werden

Die Dimensionen legen die Struktur der mehrdimensionalen Daten in Würfeln bzw. Cubes fest. Für die Darstellung eines Würfels steht in ADAPT das Cube-Objekt zur Verfügung. Beispielhaft ist in Abbildung 11 ein einfach gehaltener Marketing-Cube modelliert.

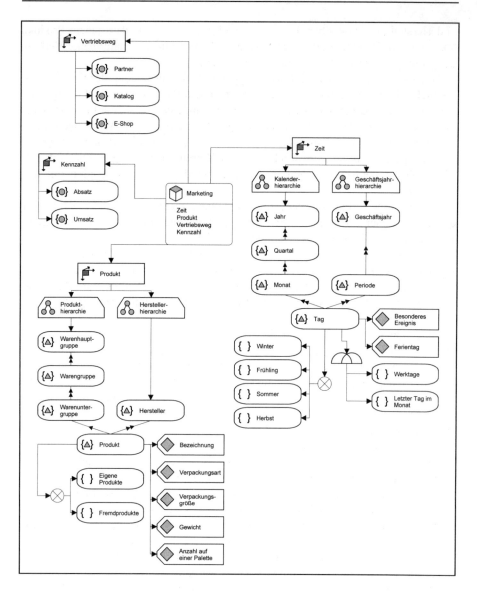

**Abb. 11: Darstellung des Marketing-Cubes in ADAPT-Notation**

In die Cube-Objekte werden die Bezeichnung und die Dimensionierung eingetragen. Über ein Verbindungspfeil-Objekt findet die Verknüpfung mit den beteiligten Dimensionen statt. Dabei reicht in der allgemeinen Darstellung die Modellierung mit dem Cube-Objekt und den angehängten Dimensionsobjekten, um die Komplexität der Darstellung zu reduzieren. Bei nicht so großen Modellen ist aber die vollständige Darstellung sinnvoller, da alle Modellbestandteile auf einen Blick sichtbar sind.

Die Sichtweise, die in den Anforderungen im Marketing artikuliert wurde, umfasst eine Betrachtung der Kennzahlen Absatz und Umsatz bezogen auf zeitliche Aspekte, betrachtete Produkte und den Vertriebsweg.

Ähnlich der Modellierung von Dimensionsausschnitten gibt es auch für die Darstellung von Cubes zusätzliche Möglichkeiten in ADAPT, um noch mehr fachbezogenen Kontext abzubilden. Eine Teilmenge eines Cubes ergibt sich durch die Kombination verschiedener Dimensionsausschnitte, die jeweils eine Teilmenge in einer Dimension festlegen.

Durch die Modellierung soll es möglich sein, unterschiedlich historisierte Berichtsanforderungen abzubilden. Demnach muss die Unterscheidung verschiedener Versionen von Dimensionsstrukturen zum Ausdruck gebracht werden können.

Um die Aspekte der Berücksichtigung struktureller Veränderungen in Dimensionen adäquat in ADAPT abbilden zu können, erfolgt in [Hahn05] eine Erweiterung von ADAPT um eigene Darstellungsobjekte zur Abbildung temporaler Konstrukte, die mit T-ADAPT bezeichnet wird.

## 4 Bestandteile und Varianten des Star Schemas

Zur Abbildung mehrdimensionaler Datenstrukturen in relationalen Systemen hat sich mittlerweile ein Standard entwickelt, der unter dem Sammelbegriff Star Schema bekannt ist. Hierunter ist eine facettenreiche Vielzahl von Varianten einer relationalen Modellklasse zu verstehen, deren Ursprung in der mehrdimensionalen Betrachtungsweise liegt [Hahn02].

In dem grundsätzlichen Ansatz des Star Schemas werden die quantifizierenden Informationen in einer zentralen Tabelle gehalten, die Faktentabelle genannt wird. Die Ablage der qualifizierenden Informationen erfolgt in Form von Satellitentabellen, die sternförmig um die Faktentabelle herum angeordnet sind und Dimensionstabellen genannt werden. Der identifizierende Schlüssel in der Faktentabelle ist dabei der zusammengesetzte Schlüssel bestehend aus den Fremdschlüsseln, welche die Primärschlüssel aller Dimensionstabellen referenzieren [Gluc97].

Während in der Faktentabelle die Bewegungsdaten enthalten sind, beinhalten die Dimensionstabellen die Stammdaten und beschreiben die Bewegungssätze. Die Dimensionstabellen haben drei wesentliche Aufgaben:

- Sie beschreiben die Fakten, um daraus sinnvolle Aussagen entstehen zu lassen.

- In ihnen sind die Suchkriterien festgelegt, nach denen Fakten sinnvoll auswertbar sind.

- Sie definieren die Hierarchien, entlang derer die Verdichtungsstufen für die Auswertungen festgelegt werden können.

In der Grundform des Star Schemas sind alle Kennzahlen als Spalten in einer großen Faktentabelle abgelegt. Als einfaches Beispiel für ein Modell in Form eines Star Schemas soll das Beispiel der Anwendung im Marketingbereich dienen. Die abstrakte Sicht ohne detaillierte Tabellendarstellung ist in Abbildung 12 dargestellt. Dieses repräsentiert die Kennzahlen aufgegliedert nach Produkten und Vertriebswegen für einzelne Zeitperioden.

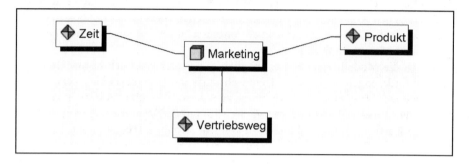

**Abb. 12: Einfaches Star Schema**

Mit diesem Modell, das in den weiteren Ausführungen detaillierter erörtert wird, ist es möglich, Fragen der folgenden Art zu beantworten:

- Gesamtumsatz für ein Produkt?
- Anteil am Gesamtumsatz für einen Vertriebsweg?
- Welche Produkte ergeben wann und über welchen Vertriebsweg den größten Anteil am Gesamtumsatz?
- Welche Artikel einer Warengruppe verkaufen sich unterproportional?

Die Granularität der Auswertungen und die Möglichkeiten der Verdichtung ergeben sich aus der Modellierung der Dimensionstabellen, die nachfolgend dargestellt wird.

## 4.1 Modellierung von Dimensionen

In diesem Abschnitt erfolgt die Darstellung der Abbildungsmöglichkeiten von Dimensionsstrukturen im Star Schema. Als Grundlage zur Veranschaulichung dient der Marketingbereich des Anwendungsbeispiels.

Die Dimension *Vertriebsweg* hat als Dimensionselemente ausschließlich die Knoten *Partner*, *Katalog* und *E-Shop*, die in keiner hierarchischen Beziehung zueinander stehen. Für die Verknüpfung der Dimensionstabellen mit der Faktentabelle dienen im Allgemeinen künstliche Primärschlüssel. Für den Vertriebsweg ergibt sich die folgende Dimensionstabelle:

| Vertriebsweg_Id | Vertriebsweg |
|---|---|
| 1 | Partner |
| 2 | Katalog |
| 3 | E-Shop |

**Tab. 1: Dimensionstabelle einer flachen Struktur**

Die in diesem Beispiel verwendeten Primärschlüssel sind lediglich fortlaufende Nummern, die die Eindeutigkeit der Datensätze gewährleisten und damit keine semantischen Informationen tragen.

Die Zeitdimension hat in fast allen Data Warehouse-Modellen eine herausragende Bedeutung, da die zeitliche Qualifizierung des betrachteten Zahlenmaterials essentiell ist. Die kalendarische Sicht ist eine klassische Form einer balancierten Struktur, bei der jede Konsolidierungsebene der Hierarchie einer eigenen Spalte in der Dimensionstabelle entspricht. Die Hierarchiestufen der Verdichtungswege in der Dimension sind in dieser Form die Spalten *Monat*, *Quartal* und *Jahr* in der Tabelle, wobei von einer Granularität auf Monatsebene ausgegangen wird.

In der skizzierten Form der Dimensionstabelle für die Zeit ist der Primärschlüssel wieder ein einfacher künstlicher numerischer Schlüssel. In einer anderen Variante der Modellierung wird ein zusammengesetzter Primärschlüssel bestehend aus Komponenten für jede Konsolidierungsstufe verwendet. Dann sind automatisch auch Schlüsselinformationen zu den Verdichtungsebenen bereits in der Faktentabelle abgelegt. In vielen Fällen erspart dies in der Abfrage einen Join mit der Dimensionstabelle.

Wie auch bei den anderen diskutierten Strukturformen wird im Fall der parallelen Hierarchie jede Konsolidierungsebene durch eine eigene Spalte der Dimensionstabelle repräsentiert, und zwar dies für alle parallelen Hierarchien [Nußd98a]. Demzufolge kann die Zeitdimension im Star Schema wie in der folgenden Tabelle 2 dargestellt implementiert werden.

| Zeit_Id | Monat | Quartal | Jahr | Geschäftsjahr |
|---|---|---|---|---|
| 1 | Januar | Q1 | 2004 | 2003/2004 |
| 2 | Februar | Q1 | 2004 | 2003/2004 |
| 3 | März | Q1 | 2004 | 2003/2004 |
| 4 | April | Q2 | 2004 | 2004/2005 |
| ... | ... | ... | ... | ... |
| 24 | Dezember | Q4 | 2005 | 2005/2006 |

**Tab. 2: Zeitdimension mit Kalender- und Geschäftsjahressicht**

An der Tabelle selbst ist dann aber nicht mehr ablesbar, welche Spalten zu welcher Hierarchie gehören. Wie auch bei den anderen Strukturen ist die Information über die Konsolidierungsebenen ebenfalls nicht mehr direkt aus einer Tabelle ableitbar.

Eine weitere Klasse von Baum- und Waldstrukturen sind die mit unterschiedlich langen Wegen von der Wurzel zu den Blättern, die unter dem Begriff unbalanciert oder unausgeglichen geführt werden [Hahn05]. Die dritte Dimension in dem betrachteten Beispiel, die Produktdimension, ist ein guter Kandidat für eine solche Struktur, denn teilweise werden die Produkte neben der Strukturierung nach Produkt- bzw. Warengruppen auch in Untergruppen einsortiert. Eine exemplarische Ausprägung der Dimensionstabelle könnte die in der folgenden Tabelle dargestellte Form haben.

| Produkt_Id | Produkt | Untergruppe | Gruppe | Hauptgruppe |
|---|---|---|---|---|
| 1 | 100 Ω | Widerstände | Bauteile | Elektronik |
| 2 | 1 kΩ | Widerstände | Bauteile | Elektronik |
| ... | ... | ... | ... | ... |
| 51 | 250 µF | Kondensatoren | Bauteile | Elektronik |
| 52 | 500 µF | Kondensatoren | Bauteile | Elektronik |
| ... | ... | ... | ... | ... |
| 101 | PA600 | NULL | Verstärker | High Fidelity |
| 102 | PAX300 | NULL | Verstärker | High Fidelity |
| 103 | PAX450 | NULL | Verstärker | High Fidelity |
| ... | ... | ... | ... | ... |

**Tab. 3: Ausschnitt der Dimensionstabelle Produkt**

An den NULL-Einträgen in der Spalte der Untergruppe ist die Eigenschaft der Unbalanciertheit erkennbar. Die dargestellte Struktur stellt eine unausgeglichene Waldstruktur da. Zu einer Baumstruktur wird dies durch Hinzunahme einer weiteren Spalte, die allerdings für jede Zeile der Tabelle die Ausprägung *Alle Produkte* hätte und damit nicht sinnvoll ist.

Die bisher diskutierte Form der Modellierung von Hierarchien basiert auf dem Grundprinzip, dass jede Hierarchiestufe wie auch jedes Attribut einer Spalte in der Dimensionstabelle entspricht. Einerseits sind mit dieser Vorgehensweise vielfältige Hierarchien modellierbar, aber andererseits geht dies einher mit einer gewissen Unflexibilität etwa beim Einfügen neuer Hierarchiestufen. Alternativ besteht auch die Möglichkeit, die Beziehungen der Dimensionselemente über eine Parent-Child-Relation (rekursive Beziehung) zu modellieren. Sinnvoll ist bei dieser Variante die Nutzung einer zusätzlichen Spalte für die Ebenenzuordnung eines Elementes (*level*). Die Navigation in derart abgebildeten Dimensionen gestaltet sich im Allgemeinen komplexer als in der Implementierung über normale Dimensionstabellen.[3]

Bei den Strukturformen, in denen die Bedingung der 1:n-Beziehungen zwischen den Konsolidierungsebenen fallen gelassen wird, sind zwei Varianten zu differenzieren. Im einfachsten Fall basiert die Verdichtung auf der üblichen Annahme der Summation, die in der zweiten Form ebenso fallen gelassen wird.

In der Implementierung im Star Schema ist die Bedingung einer 1:n-Beziehung impliziert fixiert, da für ein Tupel jeder Attributwert eindeutig ist. Üblicherweise erfolgt die Realisierung dieser Beziehung zwischen Ebenen im Star Schema in Form zweier eigenständiger Dimensionen.

Für die Realisierung von Heterarchien [Hahn02] der aufgeführten Form mit einer nicht standardmäßigen Verdichtung, die ebenfalls über zwei eigenständige Dimensionen erfolgen muss, ist eine Abfrage verdichteter Werte mit normalen Abfragen nicht möglich und es sind andere Formen der Berechnung zu berücksichtigen, etwa durch vorberechnete Aggregatwerte.

Abfragen an besonders große Dimensionstabellen sind trotz der weit reichenden Optimierungspotentiale auf physischer Modellebene potentieller Engpass für das Antwortzeitverhalten. Eine Designvariante des Star Schemas vermag hier Abhilfe zu schaffen: Attribute in großen Dimensionen mit einer diskreten Wertemenge formen eine weitere Dimension, die Minidimension genannt wird. Nicht diskrete Attribute können über Bandbreiten bzw. Intervalle ebenfalls in Minidimensionen eingehen. Insbesondere demographische Attribute sind hervorragende Kandidaten für eine Minidimension.

Im Unterschied zu einem herkömmlichen Modell sind die demographischen Attribute in der Dimensionstabelle durch eine Referenz auf die Minidimension ersetzt und werden zusätzlich an die Faktentabelle gebunden. Dieser Verweis in der Faktentabelle auf die Minidimension ist somit redundant und könnte auch ausbleiben.

Die sich im Zeitablauf verändernden Attribute in großen Dimensionen sind oftmals die gleichen wie die Kandidaten für die Bildung von Minidimensionen. Für die Historisierung von Strukturbrüchen in diesen Dimensionen können demzufolge die Minidimensionen mit herangezogen werden.

## 4.2 Attribute in Dimensionen

In mehrdimensionalen Modellen sind zwei Arten von Attributen zu unterscheiden, die eher technisch orientierten für die Navigation entlang der Ebenen von Konsolidierungshierarchien und die fachlich bestimmten Attribute, die einen Großteil der analytischen Möglichkeiten eines Modells ausmachen. Für die Implementierung im Star Schema spielt die Art des abzubildenden Attributes keine Rolle, da jedes durch eine eigene Spalte in der Dimensionstabelle repräsentiert wird. Die Abbildung von Attributen in der Dimensionstabelle ist exemplarisch in der Abbildung 13 für den Fall der Zeitdimension dargestellt.

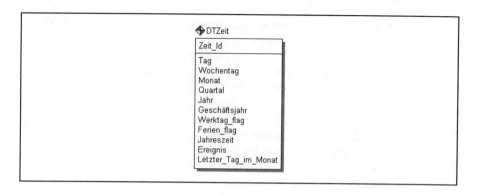

**Abb. 13: Attribute in der Zeitdimension**

Neben den im Beispiel aufgeführten fachlichen Attributen erfolgt auch die Platzierung des Attributs für die Ebenenbezeichnung in Form einer eigenen Spalte in der Tabelle.

Im Star Schema ist der Unterschied zwischen den Spalten für Hierarchiestufen und denen für Attribute, egal welcher Form, nicht erkennbar, da alle Spalten gleichberechtigt nebeneinander stehen. Die strenge Differenzierung zwischen diesen Komponenten mehrdimensionaler Modelle, wie sie auf semantischer Modellebene propagiert werden, ist im Star Schema nicht ohne zusätzliche Informationen möglich.

## 4.3 Normalisierung von Dimensionen

Die bisher dargestellten Star Schema Modelle haben die Eigenschaft, dass ihre Dimensionstabellen in erster und zweiter Normalform sind. In der Theorie und Praxis relationaler Datenbanksysteme hat aber die dritte Normalform eine besondere Bedeutung, die dadurch gekennzeichnet ist, dass neben den Eigenschaften der ersten und zweiten Normalform kein Nichtschlüsselattribut transitiv vom Primärschlüssel abhängt.

Die Überführung einer Dimensionstabelle in die dritte Normalform soll im Folgenden am Beispiel der Produktdimension dargestellt werden.

Die vielen Attribute in der Dimension zeigen auch die vielfältigen Möglichkeiten von Attributen auf unterschiedlichen Konsolidierungsebenen. So ist etwa der Warengruppen-Verantwortliche ein Attribut der Ebene der Warengruppe, nicht jedoch der anderen Hierarchieebenen. Die Spalte für den Hersteller eines Produktes repräsentiert dabei eine parallele Hierarchie, zu der auch die Attribute mit „H_" beginnend gehören.

Aus dieser Dimensionstabelle werden nun bis auf die Attribute auf der untersten Ebene und den Schlüsseln zu den Ebenen der nächst höheren Verdichtungsstufen alle Attribute heraus gebrochen. Konkret sind alle weiteren Attribute bezogen auf die Hersteller und die Warenuntergruppe sowie alle Attribute der Warengruppe bzw. Warenhauptgruppe aus der eigentlichen Dimensionstabelle entfernt.

Durch diesen Schritt der Normalisierung wird die Tabelle in mehrere über Beziehungen verbundene Tabellen umgeformt.

Dabei wird die Parallelität zur typisierten Darstellung der Dimension erkennbar, in der die Knoten für die Konsolidierungsebenen den normalisierten Dimensionstabellen entsprechen. Dies ist allerdings nicht der Regelfall, denn die Entscheidung Attribut vs. Dimensionsebene ist einer der Freiheitsgrade in der Modellierung.

Wichtig ist bei diesem Modellierungsansatz, dass bei Abfragen, in denen Attribute abgefragt werden, die nicht in der eigentlichen Dimensionstabelle gespeichert sind, die Einbeziehung der weiteren Tabellen notwendig ist. Trotz der gewonnen Übersichtlichkeit der Dimensionsstruktur leidet die Performance bei dieser Modellierungsvariante zumindest bei entsprechend großen Datenmengen.

Für diesen dargestellten Fall der Abfrageanforderungen bietet sich der Ansatz der Partitionierung an, in dem die Attribute der höheren Ebenen in die zu den unteren Ebenen gehörigen Tabellen dupliziert werden. Hierdurch entsteht eine bewusste Redundanz, die aber Vorteile in der Abfrageperformance impliziert. Die Ableitung eines partitionierten Modells aus der Darstellung der Produktdimension ist in Abbildung 14 wiedergegeben und unterscheidet sich nur durch die redundanten Attributsspalten von dem normalisierten Modell.

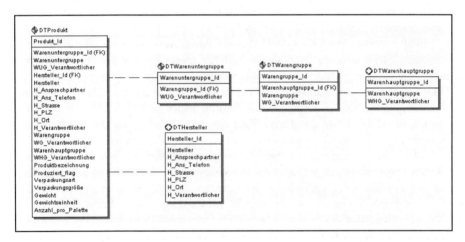

**Abb. 14: Partitionierte Dimensionstabelle**

Die Verwendung von normalisierten oder partitionierten Dimensionstabellen führt in Verbindung mit der Verwendung von Aggregattabellen zu einer weiteren Designvariante des Star Schemas und wird später aufgegriffen.

## 4.4 Abbildung von Kennzahlen und Kennzahlensystemen

Im Ansatz des klassischen Star Schemas und der bisher diskutierten Varianten erfolgt die Speicherung der betrachteten Kennzahlen, die als eigentliche qualifizierte Wertgrößen für das Modell eine herausragende Bedeutung haben, in der Faktentabelle. Das Kennzahlensystem des Marketingbereiches ist im Folgenden die Grundlage für die Analyse der Möglichkeiten zur Abbildung von Kennzahlensystemen im Star Schema. Die Abbildung des exemplarischen Kennzahlensystems führt zu der in Abbildung 15 dargestellten Faktentabelle [Nußd98a].

**Abb. 15: Kennzahlen in der Faktentabelle**

In dieser Darstellung tritt das wesentliche Defizit dieser Modellierungsvariante hervor: Jede Kennzahl steht für sich und die Abhängigkeiten, die sich aus der Semantik des Kennzahlensystems ergeben, gehen dabei verloren. Die rechnerischen Abhängigkeiten sind somit ebenfalls nicht darstellbar, sondern sind Teil des Datenbeschaffungsprozesses.

Ein alternativer Ansatz zur Modellierung von Kennzahlensystemen ergibt sich aus deren Struktur eines Graphen der zufolge dieses System als Dimension des mehrdimensionalen Modells aufgefasst werden kann. Das impliziert, dass in der Faktentabelle nur eine künstliche Faktenspalte für den Wert einer über die Dimensionsausprägung in der Kennzahlendimension näher bestimmten Kennzahl vorhanden ist. Diese Form der Darstellung hat den Vorteil, dass die hierarchische Information zur Navigation im Kennzahlensystem erhalten bleibt.

In den Darstellungen der Abbildung von Kennzahlensystemen wird im Allgemeinen davon ausgegangen, dass die Beziehungen der Kennzahlen untereinander, die sich aus den Abhängigkeiten in der Berechnung ergeben, auch gleichzeitig die Beziehung zur Navigation widerspiegeln. In der dargestellten Form einer Kennzahlendimension ist das implizit ebenso. Da jedoch die Berechnung der Kennzahlen ohnehin Teil des Prozesses der Datenbeschaffung und kein direkter Modellbestandteil ist, kann diese Annahme fallen gelassen werden und die Dimensionshierarchie repräsentiert die Navigationspfade. Da sich aber aus der Hierarchie demzufolge keine Berechnungsvorschriften ableiten lassen, handelt es sich bei dieser Form der Modellierung automatisch um ein Star Schema mit gespeicherten Aggregaten, hierauf wird im folgenden Abschnitt näher eingegangen.

Eine ganz andere Variante von Faktentabellen stellen diejenigen dar, die gar keine abzuspeichernde Kennzahl beinhalten und deswegen Faktenlose Faktentabelle (*Factless Fact Table*) heißen [Hahn05].

Ein typisches Anwendungsbeispiel dient der Verfolgung von Ereignissen. Dann bedeutet das Vorkommen einer Schlüsselkombination in der Faktentabelle, dass dieses Ereignis eingetreten ist. Dies wird in der Faktentabelle oftmals durch ein künstliches Zähl-Faktum ergänzt.

Neben den Ereignissen, die eingetreten sind, gibt es auch Anwendungsfälle, in denen die Fragestellung nach nicht eingetretenen Ereignissen auftaucht. Die Bewerbung von Produkten liefert eine Fragestellung nach den trotz Werbemaßnahme nicht verkauften Produkten. Neben die Faktentabelle mit den Fakten verkaufter Produkte tritt dann noch eine Überlagerungstabelle, in welcher die beworbenen Produkte nach gehalten werden. Über eine Differenzmengenbildung ergeben sich die beworbenen nicht verkauften Produkte.

## 4.5 Fact Constellation und Snow Flake Schema

Unabhängig vom Werkzeug, mit dem ein Star Schema ausgewertet wird, kommt dabei SQL (*Structured Query Language*) zum Einsatz. In der Abfrage erfolgt der Join der Faktentabelle mit den beteiligten Dimensionstabellen. Über die Gruppierungsoperatoren erfolgt die Verdichtung, so dass nicht nur Detailwerte abgefragt werden. Typisch für diese Art von Abfragen ist, dass normalerweise sehr viele Datensätze der Faktentabelle abgefragt werden, dass alle betroffenen Tabellen mit einem Join verbunden werden und dass die Ergebnismenge im Vergleich zu den beteiligten Basisdatensätzen recht klein ist. Dies impliziert auch den hohen Stellenwert der Performance-Optimierung in diesem Zusammenhang.

Aufgrund der Gleichberechtigung aller Nichtschlüsselspalten in den Dimensionstabellen geht der semantische Unterschied zwischen Attributen und Konsolidierungsebenen verloren, jedes Attribut kann demzufolge als eine Verdichtungsoption betrachtet werden.

Grundgedanke bei der Bildung von Aggregaten ist die Erkenntnis, dass ein bereits vorberechnet vorliegender Wert zur Laufzeit nur abgefragt und nicht mehr berechnet werden muss. Dieser Vorteil ist mit dem Nachteil abzuwägen, dass diese Werte trotzdem irgendwann, zumeist in der Batchverarbeitung, zu berechnen sind.

Um auch Aggregate in der Faktentabelle speichern zu können, müssen diese Datensätze über entsprechende Dimensionselemente, d. h. Datensätze in den Dimensionstabellen, qualifiziert werden.

Veränderungen ergeben sich für Dimensionen, in denen eine Hierarchie für Konsolidierungswege vorgegeben ist, wie beispielsweise die Kalenderjahressicht in der Zeitdimension. Die Tabellendefinition selbst bleibt unverändert, jedoch treten weitere Tupel für die Qualifizierung der Verdichtungsebenen hinzu.

Somit gibt es zu jeder Kombination von Elementen in Aggregationsebenen in allen Dimensionen genau eine Schlüsselkombination, zu der ein passender Datensatz in der Faktentabelle eingetragen werden kann und sogar muss, denn für Abfragen ist es nicht unterscheidbar, für welche Kombinationen vorberechnete Werte in der Faktentabelle vorliegen.

Deutlich vereinfacht werden die Abfragen an solche Modelle, wenn in den Dimensionen zusätzlich noch ein Level-Attribut mit gespeichert wird, das die Ebene genauer bezeichnet. Damit sind Selektionen ganzer Verdichtungsebenen wesentlich einfacher zu formulieren.

Die Abfragen an ein Star Schema mit vorberechneten Aggregaten sind sehr performant. Dieser Vorteil wird aber durch den Nachteil erkauft, dass sowohl das Ebenen-Attribut mit gepflegt werden muss, als auch alle Kombinationen der Aggregatbildung im Rahmen des ETL-Prozesses berechnet werden müssen. Letzteres ist sehr komplex und zeitaufwendig. Eine Möglichkeit, die Fülle der Aggregate in den Griff zu bekommen, bietet der im folgenden Abschnitt diskutierte Ansatz.

Der konzeptionelle Grundgedanke des Fact Constellation Schemas als ein alternativer Designansatz ist die Auslagerung von Aggregaten aus der eigentlichen Faktentabelle in eigenständige Aggregattabellen. Dieses ergibt sich aus dem normalen Star Schema, in dem für jede mögliche Kombination von Hierarchieebenen aller beteiligten Dimensionen eine Aggregatfaktentabelle eingeführt wird, deren Tupel genau die Werte dieser Ebenenkombination bilden.

Da in einem Fact Constellation Schema die Aggregate jeder Kombination von Verdichtungsstufen in einer eigenen Faktentabelle abgespeichert werden, ist die Angabe eines Level-Attributes obsolet. Die Anzahl der hinzukommenden Aggregattabellen steigt jedoch extrem mit der Anzahl der Dimensionen und Konsolidierungsebenen. Die gestiegene Komplexität führt somit auch zu einer schlechten Wartbarkeit. In Abbildung 16 erfolgt daher auch nur die Darstellung eines Ausschnittes, um das Funktionsprinzip dieses Modellierungsansatzes zu verdeutlichen.

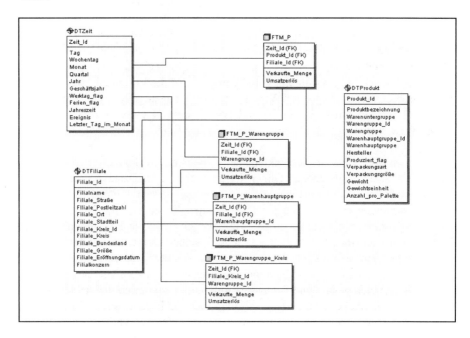

**Abb. 16: Ausschnitt aus einem Fact Constellation Schema**

In der dargestellten Form sind in den Aggregattabellen die Primärschlüssel nicht mehr aus lauter Primärschlüsseln von Dimensionstabellen zusammengesetzt, vielmehr tauchen die Attribute für die Ebenen im Schlüssel wieder auf. Im Beispiel ist etwa das Attribut Warenhauptgruppe_Id Bestandteil des Schlüssels der Aggregattabelle FTM_P_Warenhauptgruppe, dieses Feld ist jedoch in keiner Dimensionstabelle Teil des Primärschlüssels. Dies liegt daran, dass die Dimensionstabellen nicht normalisiert sind. Dies führt somit zum Ansatz des Snow Flake Schemas.

Die Kombination der Partitionierung als besondere Form der Normalisierung von Dimensionen mit der Ausgestaltung von Aggregattabellen wie im Fact Constellation Schema führt zu einer Gestaltungsalternative, die als Snow Flake Schema bekannt ist

Die Faktentabellen ergeben sich bei dieser Form der Modellierung analog zum Fact Constellation Schema, wodurch sich eine ähnliche Komplexität ergibt, da wieder für jede Kombinationen von Verdichtungen in unterschiedlichen Dimensionen eine eigene Aggregattabelle implementiert ist. Eine zusätzliche Komplexitätssteigerung ergibt sich durch die zusätzlichen Dimensionstabellen aufgrund des Normalisierungsschrittes.

Im allgemeinen Ansatz des Snow Flake Schemas werden alle kombinatorischen Möglichkeiten der Aggregation berücksichtigt. Um einen guten Kompromiss zwischen Performance einerseits sowie Speichernutzung und Übersichtlichkeit andererseits zu ermöglichen, sind zusätzliche Werkzeuge notwendig, damit nur ein Teil der Aggregattabellen tatsächlich vorkalkuliert benötigt wird und verbleibende Verdichtungen aus anderen vorhandenen Werten zur Laufzeit berechnet werden können.

## 4.6 Galaxien und Conformed Dimensions

Im bisher dargestellten Star Schema erfolgt die Speicherung aller Fakten in einer Tabelle. Gerade wenn viele Fakten sehr unterschiedlicher Dimensionierung zu berücksichtigen sind, ist dies sehr nachteilig.

Eine nahe liegende Verbesserung liegt in der Trennung in Faktentabellen, in denen jeweils nur Fakten gleicher Dimensionierung gespeichert werden. Darüber hinaus ist durch diese Trennung auch der semantische Zusammenhang besser abbildbar. Im Extremfall ist jedes Fakt in einer eigenen Tabelle abgebildet, was den Speicherbedarf allerdings signifikant erhöhen würde.

Die in der folgenden Abbildung 17 dargestellte Galaxie bildet verschiedene Anwendungsbereiche aus Marketing und Controlling ab. An diesem Beispiel lässt sich aber noch ein weiteres Modellierungsproblem der Galaxie darstellen: Alle dargestellten Faktentabellen sind an die gleiche Dimensionstabelle Zeit gebunden, obwohl ihnen eine zum Teil unterschiedliche zeitliche Granularität zugrunde liegt. Im Unterschied zu den anderen Faktentabellen sei etwa für den Controllingbereich eine Darstellung auf Monatsebene ausreichend und es wird demzufolge nur ein Teil der Dimensionselemente benötigt. Bei diesem Konzept ist darüber hinaus ein zentraler Aspekt, dass beispielsweise die Dimensionstabelle für die Kunden mit allen relevanten Faktentabellen verknüpft ist und nicht jeweils eigene Dimensionstabellen Verwendung finden. Dieses Prinzip wird auch unter dem Stichwort „conformed dimensions" diskutiert.

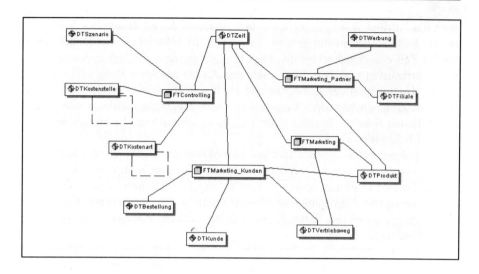

**Abb. 17: Beispiel einer Galaxie**

## 4.7 Temporale Aspekte im Star Schema

Änderungen der Dimensionsstrukturen im Zeitablauf müssen im Modell gesondert berücksichtigt werden, sofern die Anforderungen des Benutzers an Auswerte- und Analysemöglichkeiten dies erforderlich machen [Hahn03; Stoc01].

Für die Historisierung im Star Schema hat Kimball drei Vorschläge gemacht [Kimb96, 100ff.]:

1. keine Historisierung,

2. einzelne Versionen,

3. erste und aktuelle Ausprägungen.

Fällt die Historisierung weg, werden die einzelnen Attributwerte in der Dimensionstabelle überschrieben, wodurch historische Daten nur noch nach den aktuellen Strukturen auswertbar sind.

Bei der Verfolgung kompletter Historiensätze ist eine Erweiterung der Dimensionstabelle um eine weitere Spalte für die Version notwendig. Da der bisherige Primärschlüssel diese Funktion nicht mehr wahrnehmen kann, ist ein künstlicher Primärschlüssel zu definieren. In Ergänzung zu diesem Vorschlag nach Kimball bietet sich die Einführung weiterer Attribute, die den Zeitpunkt der Änderung berücksichtigen, an. Statt einer Versionsnummer kann dann auch mit Attributen für die Gültigkeitszeit gearbeitet werden, da dies eine größere Flexibilität in der Nachverfolgbarkeit von strukturellen Veränderungen mit sich bringt.

Die angeführte dritte Variante berücksichtigt nicht alle Veränderungen, sondern lediglich den ersten Attributwert sowie den jeweils aktuell gültigen.

Welche der dargestellten Varianten die für eine konkrete Aufgabenstellung angemessene ist, hängt vom jeweiligen Analyse- und Berichtsbedarf der Benutzer ab. Die größtmögliche Flexibilität offeriert dabei die komplette Versionierung mit Zeitstempelfeldern für die Gültigkeit einer Attributsausprägung [Hahn05].

# 5 Zusammenfassung

Die Analyse auf fachkonzeptueller Ebene ist ein wesentlicher Schritt beim Aufbau einer Data Warehouse-Lösung. Die für OLAP-Analysen benötigten mehrdimensional strukturierten Datenbestände sind an den Anforderungen orientiert zu gestalten. Daher hat die semantische Modellierung mehrdimensionaler Datenstrukturen für die frühen konzeptgetriebenen Projektphasen einen hohen Stellenwert.

Eines der bekanntesten semantischen Datenmodelle ist sicherlich das Entity Relationship-Modell (ERM) von Chen, in dem die Objekte der Modellwelt als *Entities* und die Beziehungen als *Relationships* bezeichnet werden. Das ER-Modell ist von seinem Ausgangspunkt her ein methodischer Ansatz für die Modellierung operativer Datenstrukturen. Gleichwohl können mit dieser Menge an Beschreibungsmitteln auch mehrdimensionale Strukturen abgebildet werden.

Das Mehrdimensionale ER-Modell (ME/R) ist eine explizite Erweiterung zur Modellierung mehrdimensionaler Datenstrukturen und sieht spezifische neue Darstellungsobjekte vor, um eine adäquate grafische Notation mehrdimensionaler Datenstrukturen zu ermöglichen. Hierbei handelt es sich um einen Entity-Typen für die Darstellung von Dimensionsebenen sowie die Beziehungs-Typen für die hierarchischen Anordnungen und die Fakten. Berechnungsvorschriften sind in den ER-Ansätzen ebenso wenig berücksichtigt wie Kennzahlensysteme.

Im *Dimensional Fact Modeling* sind die Beschreibungselemente Fakten, Fakt-Attribute, Dimensionen und Hierarchien sowie nicht-dimensionale Attribute für die grafische Beschreibung eingeführt. Daneben umfasst der Vorschlag auch ein Vorgehensmodell. Das Modell sieht eine gesonderte Notation der Verdichtungsoperation für semi-additive und nicht-additive Fakten bzw. Fakt-Attribute vor. Eine explizite Darstellung von Kennzahlensystemen ist in dem Modell nicht vorgesehen.

Das *Multidimensional Data Model* umfasst neben einer grafischen Repräsentation auch ein Vorgehensmodell, mit dem aus vorhandenen ER-Modellen ein entsprechendes mehrdimensionales Schema abgeleitet werden kann. In der als *f-graph* bezeichneten Repräsentation befindet sich ein zentraler Knoten, der als *f-node* die Verbindung zwischen den Variablen und den verschiedenen Dimensionen des Würfels herstellt. Bei diesem Ansatz ist nur die Abbildung von 1:n-Beziehungen in Dimensionshierarchien möglich, die Modellierung anteiliger Verrechnungen ist gar nicht vorgesehen. Die Darstellung von Kennzahlensystemen ist insofern nicht möglich, als betriebswirtschaftliche Variablen als Attribute des zentralen Fakts eines Graphen modelliert werden und nicht in einer eigenen Dimension abbildbar sind.

Bei *Application Design for Processing Technologies (ADAPT)* handelt es sich um einen Modellierungsansatz, in dessen Fokus explizit mehrdimensionale Datenstrukturen für OLAP-Anwendungen stehen. Zusätzlicher praktischer Nutzen der Methode liegt in der Verfügbarkeit der zugrunde liegenden Symbole für Microsoft Visio, wodurch die Modelle einfach zu generieren sind (diese stehen unter www.hahneonline.de zum Download zur Verfügung). Die Stärke von ADAPT liegt in der Darstellung vielfältiger Dimensionsstrukturen und deren betriebswirtschaftlichem Bezug. In der hier dargestellten erweiterten Form sind neben den klassischen Dimensionsstrukturen auch rekursive Beziehungen und m:n-Beziehungen darstellbar. Auch eine explizite Differenzierung von ebenenbestimmten und elementbestimmten Dimensionen ist berücksichtigt. Ein weiteres Grundkonstrukt zur Darstellung mehrdimensionaler Strukturen auf semantischer Ebene sind Attribute zu Dimensionen oder Dimensionsebenen, die beide in ADAPT darstellbar sind. Eine Stärke von ADAPT ist die Modellierung von Dimensionsausschnitten bzw. Dimensionssichten die eine logisch zusammenhängende Teilmenge einer Dimension darstellen. Neben den Objekten zur Modellierung von Cubes stehen in A-DAPT mit den Modellen bzw. Ableitungsregeln auch Möglichkeiten der Modellierung abgeleiteter Teilsichten von Würfeln zur Verfügung.

Hinter dem Begriff Star Schema verbirgt sich eine facettenreiche Vielzahl von Varianten zur Abbildung mehrdimensionaler Datenstrukturen in relationalen Systemen, die sich mittlerweile zu einem Standard entwickelt haben.

In dem grundsätzlichen Ansatz des Star Schemas werden die quantifizierenden Informationen in einer zentralen Tabelle, der Faktentabelle, gehalten. Die Ablage der qualifizierenden Informationen erfolgt in Form von sternförmig angeordneten Dimensionstabellen. Der identifizierende Schlüssel in der Faktentabelle ist dabei der zusammengesetzte Schlüssel bestehend aus den Fremdschlüsseln, welche die Primärschlüssel aller Dimensionstabellen referenzieren.

Während in der Faktentabelle die Bewegungsdaten enthalten sind, beinhalten die Dimensionstabellen die Stammdaten und beschreiben die Bewegungssätze. In ihnen entspricht jede Konsolidierungsebene der Dimensionshierarchie einer eigenen Spalte. Daneben gibt es auch die Möglichkeit der Modellierung von hierarchischen Strukturen über rekursive Beziehungen in der Dimensionstabelle.

Im Star Schema wird jedes Attribut durch eine eigene Spalte in der Dimensionstabelle repräsentiert und eine Unterscheidung zwischen Hierarchiestufen und Attributen ist nicht ohne ergänzende Information gegeben.

Erfolgt eine Normalisierung der Dimensionstabellen, so führt dies zu der Modellierungsvariante des Snow Flake Schemas. Dieses ist eine Kombination der Normalisierung mit zusätzlich aufgebauten Aggregattabellen zur Speicherung verdichteter Teilsichten. Ein Star Schema mit zusätzlichen Aggregattabellen wird auch als Fact Constellation Schema bezeichnet.

Eine nahe liegende Verallgemeinerung des Star Schemas liegt in der Trennung in Faktentabellen, in denen jeweils nur Fakten gleicher Dimensionierung gespeichert werden. Darüber hinaus ist durch diese Trennung auch der semantische Zusammenhang besser abbildbar. Im Extremfall ist jedes Fakt in einer eigenen Tabelle abgebildet. Diese Form ist mit dem Begriff der Galaxie umschrieben.

Faktentabellen, die gar keine abzuspeichernde Kennzahl beinhalten, heißen auch Faktenlose Faktentabelle (*Factless Fact Table*) und dienen der Verfolgung von Ereignissen. Neben den Ereignissen, die eingetreten sind, gibt es auch Anwendungsbereiche, in denen die Fragestellung nach nicht eingetretenen Ereignissen auftaucht.

Für die Berücksichtigung der Zeitabhängigkeit im Star Schema gibt es die drei Möglichkeiten der Bildung einzelner Versionen zur kompletten Historienbildung, die Schaffung zusätzlicher Attributspalten für die jeweils aktuellen neben den originalen Ausprägungen sowie die dritte Möglichkeit des Verzichts auf jegliche Historisierung.

# Literatur

[Bulo96]   Bulos, D.: A New Dimension, in: Database Programming & Design, Vol. 9, No. 6, Juni 1996, S. 33 – 38.

[Bulo98]   Bulos, D.: OLAP Database Design – A New Dimension, in: Chamoni, P.; Gluchowski, P. (Hrsg.): Analytische Informationssysteme. Data Warehouse, On-Line Analytical Processing, Data Mining, Berlin 1998, S. 251 – 261.

[CaTo97a]  Cabibbo, L.; Torlone, R.: Querying Multidimensional Databases, in: Sixth International Workshop on Database Programming Languages (DBPL-97), S. 319 - 335.

[CaTo97b]  Cabibbo, L.; Torlone, R.: A Systematic Approach to Multidimensional Databases, in: Schreiber, F. (Hrsg.): Quinto Convegno Nazionale su Sistemi Evoluti per Basi di Dati (SEBD-97).

[GaGl98]   Gabriel, R.; Gluchowski, P.: Grafische Notationen für die semantische Modellierung multidimensionaler Datenstrukturen in Management Support Systemen, in: Wirtschaftsinformatik, Heft 6, 40. Jg., Dezember 1998, S. 493 – 502.

[Gluc97]   Gluchowski, P.: Data Warehouse-Datenmodellierung – Weg von der starren Normalform, in: Datenbank-Fokus, Heft 11, 1997, S. 62 – 66.

[GoMR98a]  Golfarelli, M.; Maio, D.; Rizzi, S.: The Dimensional Fact Model: a Conceptual Model for Data Warehouses, in: International Journal of Cooperative Information Systems 2-3, S. 215 – 247.

[GoMR98b]  Golfarelli, M.; Maio, D.; Rizzi, S.: Conceptual Design of Data Warehouses from E/R-Schemes, in: Proceedings of the 31st Hawaii International Conference on System Sciences (HICSS-31), Vol. 7, Software Technology Track, Kona, Hawaii, Los Alamitos 1998, S. 334 – 343.

[Hahn02]   Hahne, M.: Logische Modellierung mehrdimensionaler Datenbanksysteme, Deutscher Universitäts-Verlag, Wiesbaden 2002.

[Hahn03]     Hahne, M.: Time aspects in SAP Business Information Warehouse, in: Jardim-Gonçalves; Cha, J.; Steiger-Garção (Hrsg.): Concurrent Engineering - The Vision for the Future Generation in Research and Applications, Proceedings of the 10th ISPE International Conference on Concurrent Engineering: Research and Applications, 26-30 July 2003, Madeira, Portugal, A.A. Balkema Publishers, Lisse et al, 2003, S. 69 – 74.

[Hahn05]     Hahne, M.: SAP Business Information Warehouse – Mehrdimensionale Datenmodellierung, Springer-Verlag, Berlin 2005.

[Kimb96]     Kimball, R.: The Data Warehouse Toolkit – Practical Techniques for Building Dimensional Data Warehouses, John Wiley & Sons, New York 1996.

[Nußd98a]    Nußdorfer, R.: Star Schema, das E/R-Modell steht Kopf – Teil 1: Modellieren von Faktentabellen, in: Datenbank-Fokus, Heft 10, 1998, S. 22 – 28.

[Nußd98b]    Nußdorfer, R.: Star Schema – Teil 2: Modellierung von Dimensionstabellen, in: Datenbank-Fokus, Heft 11, 1998, S. 16 – 23.

[SBHD98]     Sapia, C.; Blaschka, M.; Höfling, G.; Dinter, B.: Extending the E/R Model fort he Multidimensional Paradigm, in: Kambayashi, Y.; Lee, DL.; Lim, E.; Mohania, M.; Masunaga, Y. (Hrsg.): Advances in Database Technologies, ER '98 Workshops on Data Warehousing and Data Mining, Mobile Data Access and Collaborative Work Support and Spatio-Temporal Data Management, Proceding Nr. 1552 der Reihe "Lecture Notes in Computer Science (LNCS)", Springer, Berlin 1998, S. 105 – 116.

[Sche00]     Schelp, J.: Modellierung mehrdimensionaler Datenstrukturen, Deutscher Universitäts-Verlag, Wiesbaden 2000.

[Stoc01]     Stock, S.: Modellierung zeitbezogener Daten im Data Warehouse, Deutscher Universitäts-Verlag, Wiesbaden 2001.

# Anmerkungen

[1] Die Schablonendateien sowie unterschiedliche Vorlagen können unter www.hahneonline.de herunter geladen werden.
[2] Eine detaillierte Darstellung von ADAPT sowie dessen Erweiterung um Konstrukte zur Berücksichtigung von temporalen Aspekten und Heterarchien in Dimensionen findet sich in [Hahn05].
[3] Für eine detaillierte Betrachtung rekursiv definierter Dimensionen siehe [Hahn05] sowie [Hahn02].

# Techniken und Werkzeuge zum Aufbau betrieblicher Berichtssysteme

PETER GLUCHOWSKI

## Abstract

Wenn heute über Data Warehouse-Konzepte diskutiert wird, dann fallen die Schlagworte On-Line Analytical Processing (OLAP) und Data Mining häufig in einem Atemzug. Oftmals wird jedoch dabei übersehen, dass mit einem unternehmensweiten, konsistenten Datenpool, wie ihn Data Warehouse-Lösungen anstreben, auch Anwendergruppen und Anwendungsklassen bedient werden können, die ein derartig weit reichendes analytisches Instrumentarium gar nicht benötigen. Hier greifen eher die Werkzeuge, die beim Aufbau eines unternehmensweiten Berichtswesens gute Dienste leisten können und im Rahmen des vorliegenden Beitrages beleuchtet werden sollen.

## Inhalt

| | |
|---|---|
| 1 **Einleitung** | 208 |
| 2 **Betriebliches Berichtswesen** | 209 |
| 2.1 Klassifikation betrieblicher Berichte | 209 |
| 2.2 Ebenen von Berichtssystemen | 212 |
| 3 **Berichtswerkzeuge** | 215 |
| 3.1 Abfragegeneratoren | 215 |
| 3.2 Berichtsgeneratoren | 216 |
| 3.3 Managed Query Environments | 219 |
| 3.4 Berichtslösungen mit unternehmensweiter Ausrichtung | 222 |
| 4 **Zusammenfassung** | 224 |

# 1 Einleitung

Jedes Unternehmen weist heute ein mehr oder minder ausgeprägtes Berichtswesen auf, das die Aufgabe hat, die Mitarbeiter ereignis- oder zeitgesteuert mit relevanten Informationen zu versorgen. Einem weiten Begriffsverständnis folgend umfasst das **Berichtswesen** alle Personen, Organisationseinheiten, Vorschriften, Daten und Prozesse, die bei der Erzeugung und Weiterleitung von Berichten beteiligt sind [Küpp97, 148]. Als **Berichte** lassen sich Dokumente verstehen, die unterschiedliche Informationen für einen bestimmten Untersuchungszweck miteinander kombinieren und in aufbereiteter Form vorhalten [KeMU04, 110]. Falls die Berichte in elektronischer Form erzeugt und/oder präsentiert werden, dann lässt sich die zugehörige technische Gesamtlösung als **Berichtssystem** bezeichnen. Kennzeichnend insbesondere für das elektronische Standardberichtswesen ist, dass die erforderlichen Berichte weitgehend automatisch erzeugt werden und dem Berichtsempfänger damit eine eher passive Rolle zukommt. Auf der Basis vorgedachter Strukturen verknüpfen sie die zugehörigen Informationspartikel und bereiten diese empfängergerecht auf.

Dabei reicht das in den Unternehmungen implementierte interne Berichtswesen [Koch94, 55f.] zumeist deutlich über die vom Gesetzgeber vorgeschriebenen Mindestanforderungen an eine externe Rechnungslegung hinaus. Bisweilen wird das Berichtswesen auch ausschließlich auf die (unternehmens-) interne Informationsübermittlung reduziert [Horv96, 589]. Schließlich ist es für betriebliche Fach- und Führungskräfte wesentlich, in periodischen Abständen oder im Bedarfsfall bestimmte Fakten geliefert zu bekommen, die helfen, Trends zu identifizieren, Planungen durchzuführen oder Kontrollaufgaben wahrzunehmen. Auf unterschiedlichen Wegen wandern diese Informationen durch den betrieblichen Instanzenweg und werden dabei verdichtet, bereinigt, ergänzt, modifiziert oder gar manipuliert.

Die Probleme, die bei der Implementierung eines adäquaten Berichtswesens auftreten können, sind nicht zu unterschätzen, zumal Tages-, Wochen-, Monats-, Quartals- und Jahresberichte, aber auch Projektberichte oder Mitarbeiterbeurteilungen zu erstellen sind. Als potenzielle Empfänger bzw. Nutzer der für den unternehmensinternen Gebrauch bestimmten Reports kommen prinzipiell die Fach- und Führungskräfte aller Hierarchieebenen und Abteilungen sowie externe Empfänger in Betracht. Damit reicht das Adressatenspektrum vom Top-Management bis auf die Sachbearbeiterebene. Diese Nutzergruppen erheben sehr unterschiedliche Anforderungen an die formale und inhaltliche Gestaltung einer angemessenen Informationsversorgung.

Vor diesem Hintergrund untersucht der vorliegende Beitrag, welche technologischen Lösungen sich den Anwenderunternehmen heute bieten, um den Herausforderungen der Berichtserstellung begegnen zu können. Ausgehend von einer Klassifikation betrieblicher Berichte sollen die unterschiedlichen Ebenen bzw. Modi von Berichten erörtert werden. Anschließend erfolgt eine Betrachtung unterschiedlicher Kategorien von Berichtswerkzeugen hinsichtlich ihrer Funktionalität und potenzieller Einsatzbereiche, bevor eine abschließende Zusammenfassung auch mögliche Zukunftsperspektiven aufzeigt.

## 2 Betriebliches Berichtswesen

Die Qualität unternehmerischer Entscheidungen wird häufig determiniert durch die Kenntnis über relevante interne und externe Tatbestände und Zusammenhänge. Dieses Wissen, das zweckgerichtet eingesetzt werden soll, ist teilweise nur durch eingehende Analysen zu erarbeiten, liegt allerdings oftmals bereits im Unternehmen vor und muss den Entscheidungsträgern lediglich zugänglich gemacht werden. Eine derartige **Informationslogistik**, die sich zur Aufgabe macht, den Mitarbeitern die richtigen Informationen zum passenden Zeitpunkt in der erforderlichen Form und Genauigkeit am benötigten Platze anbieten zu können, wird durch das betriebliche Berichtswesen geleistet.

Einige Benutzer, wie z. B. Unternehmensplaner oder Controller, benötigen den Datenbestand lediglich als Ausgangspunkt für eigene, aufwendige Analysen. Sie wollen selbständig nach interessanten Mustern im Datenbestand forschen oder neue Verknüpfungen oder Szenarien durchdenken. Diese Anwender brauchen hochflexible dialogorientierte Softwarewerkzeuge mit weitreichender analytischer Funktionaltät, die sie bei ihrer anspruchsvollen Aufgabe unterstützen. Hier bietet sich der Einsatz von OLAP-Tools oder auch Data Mining-Werkzeugen an.

Die Mehrzahl der Informationsempfänger dagegen kann mit dem Informationsgehalt der bereits vorhandenen Datenbestände zufrieden gestellt werden (**Informationskonsumenten** [ChGH05, 16f.]). Sie sind allerdings auf Hilfsmittel angewiesen, mit denen sich die relevanten Inhalte anforderungsgerecht anzeigen lassen. Eine Modifikation der angebotenen Informationen soll in der Regel nicht erfolgen, so daß sich die eingesetzten Werkzeuge auf einen Read-Only-Modus beschränken können. Auch auf eine flexible, interaktive Navigation (Slice and Dice, Drill Down, Roll Up) im Datenbestand kann im Normalfall verzichtet werden, wohingegen die rasche Verfügbarkeit benötigter Auswertungen als ein zentraler Erfolgsfaktor einzustufen ist. Allerdings verwischen die Grenzen zwischen reinen Reporting-Anforderungen und ausgeprägter Dialogorientierung mit weitergehender analytischer Funktionalität zunehmend. Im vorliegenden Beitrag erfolgt jedoch eine Konzentration auf die Verfahren und Werkzeuge zur reinen Report-Erstellung.

### 2.1 Klassifikation betrieblicher Berichte

Berichte lassen sich nach unterschiedlichen Kriterien kennzeichnen und einordnen. Eine derartige Berichtsmarkierung kann einerseits bei der Erfassung der vorhandenen Berichte und andererseits bei der Gestaltung neuer Berichte strukturierende Hilfestellung leisten [Bloh73, 896 - 899]. Als Kriterienklassen, unter denen je nach Einsatzbereich unterschiedliche Einzelaspekte gefasst sein können, lassen sich neben Zweck, Inhalt und Form von Berichten auch zeitliche Merkmale und betroffene Instanzen anführen.

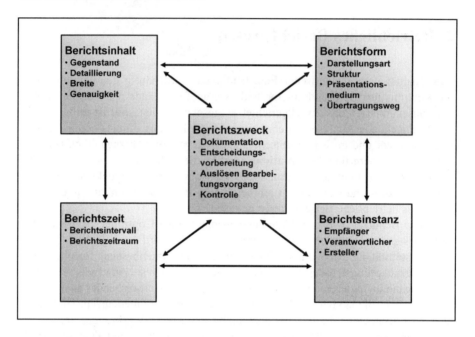

Abb. 1: **Merkmale zur Kennzeichnung und Gestaltung von Berichten [Koch94, 59]**

Von zentraler Bedeutung für die Beschreibung von Berichten ist sicherlich der zugeordnete **Berichtszweck**, zumal hierdurch die Ausprägungen der übrigen Merkmale entscheidend mitbestimmt werden [Horv96, 590]. Kann ein konkreter Berichtszweck nicht angeführt werden, dann ist sogar die jeweilige Existenzberechtigung in Frage gestellt.

Als potenzielle Berichtszwecke lassen sich neben der Dokumentation vor allem die Entscheidungsvorbereitung, das Auslösen von Bearbeitungsvorgängen sowie die Kontrolle anführen [Asse74, 661]. Dabei dient die Dokumentation einer strukturierten Abbildung des Betriebsgeschehens und weist vielfältige Überschneidungen mit dem internen und externen Rechnungswesen auf [Küpp97, 148]. Allerdings lassen sich durch Berichte ebenso Sitzungen wie auch Fertigungsschichten aufzeichnen und protokollieren. Die übrigen drei häufig zu beobachtenden Berichtszwecke indes korrespondieren unmittelbar mit unterschiedlichen Phasen unternehmerischer Entscheidungsprozesse. Häufig werden Berichte zur Vorbereitung von Entscheidungen herangezogen. Allerdings können Berichte auch unmittelbar bestimmte Aktivitäten bzw. Bearbeitungsvorgänge auslösen. Die durchgeführten Maßnahmen sind ex post auf ihren Erfolg hin zu kontrollieren.

Mit dem **Berichtsinhalt** werden die abgebildeten Sachverhalte der Realität klassifiziert. Eine Einteilung kann hier beispielsweise entlang der einzelnen Funktionalbereiche oder anhand vergleichbarer thematischer Kriterien erfolgen. Für die Nützlichkeit des Berichtes ist von entscheidender Bedeutung, dass die angebotenen Informationen in einer zweckadäquaten Detaillierung vorliegen, Vergleichsinformationen für eine Einordnung bereit stehen und das Informationsspektrum angemessen breit ausgelegt ist. Bei der Interpretation der Berichtsinhalte muss insbesondere beachtet werden, dass es sich bei den dargebotenen Informationen möglicherweise um ungenaue Angaben handeln kann, z. B. im Falle vorläufiger Zahlen oder Abschätzungen.

Formal unterscheiden sich Berichte zunächst dadurch, dass Informationen auf unterschiedliche Weisen dargestellt werden können. Prinzipiell lassen sich grafische und textliche **Berichtsformen** einzeln oder gemischt einsetzen. Während bei den grafischen Darstellungen zumeist die üblichen Varianten der Geschäftsgrafiken wie Kreis-, Balken- oder Säulendarstellungen genutzt werden, finden sich im textlichen Bereich tabellarische Repräsentationsformen zur Abbildung quantitativer Inhalte, aber auch ausformulierte Langtexte, z. B. zur Wiedergabe qualitativer Informationen. Die strukturelle Anordnung der eingesetzten Berichtsobjekte weist häufig zentrale Bedeutung für die Übersichtlichkeit und Verständlichkeit von Berichten auf, die sich auch durch einen einheitlichen Aufbau verschiedener Berichte steigern lassen. Dies bezieht sich auf die Verwendung gleicher Gliederungsprinzipien sowie beispielsweise auf eine gleichförmige Gestaltung zentraler Berichtselemente [Küpp97, 155]. Eine Abstimmung zwischen der Berichtsstruktur und den darzustellenden Inhalten sowie den Bedürfnissen der Adressaten erweist sich als zentraler Erfolgsfaktor. Hinsichtlich des gewählten Präsentationsmediums kann eine Unterscheidung in elektronische und konventionelle, zumeist papiergebundene Ausgabeformen vorgenommen werden, von denen dann häufig auch die einzuschlagenden Übertragungswege abhängig sind.

Auch der **zeitliche Aspekt von Berichten** schlägt sich in verschiedenen Facetten nieder. Bei den Berichtsintervallen ist nicht nur deren Länge von Belang, sondern insbesondere auch ihre Regelmäßigkeit. Unregelmäßig erzeugte Berichte, die auch als aperiodisch bezeichnet werden, weisen Signalcharakter bei Eintritt bestimmter, vorab definierter Datenkonstellationen (z. B. bei auftretenden Abweichungen von Sollwerten) auf und werden daher häufig auch als Abweichungsberichte bezeichnet. Durch Einsatz geeigneter Indikatoren lassen sich die bereit gestellten Informationen hierbei zur Früherkennung bzw. Frühwarnung nutzen. Das auslösende Element für die Generierung von Berichten ist dabei häufig durch operative und kontrollorientierte Ansätze geprägt. Die anspruchsvolleren Formen der schadensmindernden Frühwarnung auf Prognosebasis sowie der strategischen Frühwarnung lassen sich nur durch Einbeziehung unternehmensexterner Informationen sowie aufwendiger mathematisch-statistischer Analysemethoden verwirklichen [Lach90, Hahn92, Kuhn90].

Standardberichte befriedigen ein identifiziertes und definiertes Normbedürfnis nach Informationen und werden in identischer Form unterschiedlichen Empfängern zu festen Stichtagen zur Verfügung gestellt [ChGH05, 24]. Sie basieren auf einer zuvor durchgeführten Informationsbedarfsanalyse oder sind schlicht historisch gewachsen. Häufig weisen diese Berichte fest vorgegebene Formen und Inhalte auf. Allerdings sind auch Ausprägungen mit variabler Struktur realisierbar. Derartige Berichte können Ausnahmemeldungen enthalten, die aus relativen Abweichungen zu Vergangenheits-, Soll-, Plan- oder anderen Vergleichsdaten resultieren und/oder die durch absolute Unter- oder Überschreitung vorgegebener Grenz- oder Schwellenwerte (z. B. Lagermindestbestand) hervorgerufen werden. Besonders anspruchsvolle Berichte kombinieren als Expertise numerische, verbale und graphische Abbildungstechniken in einem Bericht, um besonders bemerkenswerte Entwicklungen herauszustellen. Neben den Standard- und Abweichungsberichten wird oftmals als dritter Berichtstypus der so genannte Bedarfsbericht angeführt [Horv96, 591; Küpp97, 150]. Dieser ist bei akut auftretendem Informationsbedarf erforderlich, z. B. in einer konkreten Entscheidungssituation. Im Gegensatz zu den anderen beiden Berichtstypen lassen sich Inhalt und Form kaum vorab exakt spezifizieren, sondern müssen im Einzelfall individuell konzipiert werden. Der damit verbundene, häufig sehr hohe Aufwand lässt sich durch die hervorragende Abdeckung des spezifischen Informationsbedarfs rechtfertigen.

Unabhängig von der Art der Berichtsintervalle können die aufbereiteten Informationen unterschiedliche Betrachtungszeiträume abbilden. Tendenziell jedoch ist zu beobachten, dass sich periodische Berichte zumeist auf abgelaufene Perioden beziehen, während aperiodische Berichte mit Signalcharakter häufig auf kurzfristige Ereignisse hinweisen und oftmals mit dringendem Handlungsbedarf verknüpft sind. Der Anstoß zur Erzeugung periodischer wie auch aperiodischer Berichte kann sowohl manuell als auch maschinell-automatisch erfolgen.

Schließlich sollen mit der letzten Kriterienklasse die betroffenen **Berichtsinstanzen** beschrieben werden. Als wesentlich für Inhalt und Aufbau des Berichts erweisen sich hier die Anforderungen des Empfängers bzw. der Empfängergruppe. Nur bei exakt erhobenem Informationsbedarf lassen sich die Berichte auf die Belange der Verwender ausrichten. Zudem ist zu klären, welche Mitarbeiter für die zeitgerechte Anfertigung der Berichte verantwortlich sind. Dabei kann zwischen einer inhaltlichen Verantwortung und einer technischen Verantwortung differenziert werden. Zudem lassen sich von den Berichtsverantwortlichen noch die Berichtersteller abgrenzen, wenngleich beide häufig auch in Personalunion auftreten.

Zwischen den aufgeführten Kriterien bestehen vielfältige konkurrierende und komplementäre Beziehungen. Eine ausgeprägte Konkurrenz findet sich beispielsweise zwischen der Aktualität und der Genauigkeit von Berichten. Vor dem Hintergrund des jeweiligen Berichtszweckes ist zu entscheiden, welchen Kriterien im Einzelfall eine höhere Priorität beigemessen wird.

## 2.2 Ebenen von Berichtssystemen

Als Zusammenstellungen relevanter Informationen präsentieren Berichte bzw. Reports dem Benutzer ihre Inhalte entweder direkt am Bildschirm oder als Papierdokument in möglichst anschaulicher und angemessener Form. Zumeist erfolgt bei den traditionellen Reporting-Ansätzen ein direkter Zugriff auf die Speicherkomponenten der operativen Anwendungssysteme in Verbindung mit einer seitenorientierten Aufbereitung des Datenmaterials für eine spätere Druckausgabe.

Häufig wird dabei eine sehr detaillierte Sichtweise auf Einzelbelegdaten mit vordefinierten Zwischen- und Endsummen angeboten. Als aktueller Trend kann beobachtet werden, dass die Reportingfunktionalität verstärkt von den operativen Anwendungssystemen gelöst und im Umfeld einer vorhandenen analyseorientierten Datenhaltung (Data Warehouse) angesiedelt wird. Dies gilt umso mehr, wenn einzelnen Mitarbeitern auch ein direkter Durchgriff auf die Datenbestände eröffnet wird.

Entsprechende Abfrage- oder Auskunftssysteme ermöglichen dem Anwender, im Bedarfsfall selbständig Daten aus einem vorhandenen Datenbestand zu extrahieren (Ad-Hoc-Berichtswesen). Zumeist basieren diese Systeme auf einer Datenbank oder einem Dateisystem. Falls die Abfragen bereits vorformuliert sind, muss der Anwender diese lediglich anstoßen. Die freie Abfrage stellt höhere Ansprüche an die Fähigkeiten des Bedieners, da es hier tieferer Einblicke in die Funktionalität des Abfragesystems bedarf. Ist das System etwa auf der Basis eines Datenbanksystems realisiert, muss der Benutzer zumindest mit den zugrunde liegenden Datenstrukturen vertraut sein. Allerdings bieten die freien Abfragesysteme große Flexibilität beim Aufsuchen und Zusammenstellen relevanter Daten.

Bei allen Arten von Berichtssystemen lässt sich die Designer- bzw. Entwicklersichtweise von der Sichtweise der Endbenutzer abgrenzen. Prinzipiell beinhaltet jeder Bericht und jede Abfrage zwei unterschiedliche Ebenen oder Modi; einerseits die abstrakte Schablone mit unterschiedlichen Formatierungs- und Gestaltungselementen, die sich im Design- oder Entwurfsmodus manipulieren lassen, und anderseits das konkrete Berichtsergebnis, das sich erst durch die Anwendung auf bestimmte Problemdaten ergibt.

Wie eine **Reportschablone** anzulegen ist, hängt von der Ausgestaltung der jeweiligen Reportgenerierungskomponente ab. Im einfachsten Fall handelt es sich um eine auf die Belange der Datenaufbereitung zugeschnittene höhere Programmiersprache (bzw. eine Spracherweiterung), die Sprachkonstrukte für die formatierte bzw. grafische Darstellung von Zahlenmaterial aufweist. Allerdings gelangen heute verstärkt spezialisierte Softwarewerkzeuge zum Einsatz, bei denen sich der Ersteller mit der Maus zuzüglich eines Werkzeugkastens seine Auswertungen ohne Programmierung zusammenstellen kann (vgl. Abb. 2). Eine derartige Vorgehensweise beinhaltet den Vorteil, dass bereits während der Generierung am Bildschirm ein unmittelbarer optischer Eindruck entsteht, der weitgehend mit dem zu erstellenden Bericht übereinstimmt. Zudem können unter modernen Benutzungsoberflächen grafische Elemente (wie z. B. Signets oder Bilder) zumeist direkt eingebunden werden.

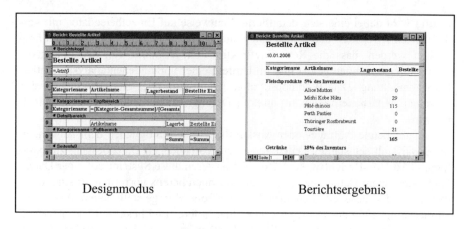

Designmodus  Berichtsergebnis

**Abb. 2: Berichtsebenen bei grafischen Berichtsgeneratoren**

Angelegte Reportschablonen lassen sich beliebig häufig wieder verwenden, z. B. im Rahmen eines Standard-Berichtswesens, bei dem die Schablone in festen Abständen aufgerufen und mit aktuellen Daten gefüllt wird. Demzufolge müssen sie in jedem Fall speicherbar sein, wohingegen die dauerhafte Ablage konkreter Auswertungsergebnisse (Zahlentabellen oder Grafiken) lediglich bei Verwendung zeitaufwendiger Berechnungen oder zu Dokumentationszwecken sinnvoll erscheint.

Die Befriedigung der Nachfrage der betrieblichen Anwender aus den Fachabteilungen und besonders aus den Führungsetagen nach aussagekräftigen Berichten hat in vielen Unternehmen zu verstärktem Mitarbeitereinsatz für die Reporterstellung und einer einhergehenden unkoordinierten Vielfalt unterschiedlicher Auswertungen geführt. In vielen Unternehmen ist über die Jahre ein regelrechter Berichtswildwuchs entstanden, dessen Eindämmung im Nachhinein sich als sehr mühsam erweist. Infolgedessen präsentiert sich heute für viele Berichtssysteme ein oftmals unüberschaubares Geflecht von Datenspeichern, die miteinander über Extraktionsprogramme verbunden sind, und darauf zugreifende Auswertungsprogramme als symptomatisch und problembehaftet.

Nur ein gelungener Mittelweg zwischen zentraler Datenbevorratung und dezentraler Benutzerautonomie scheint hier zu befriedigenden Lösungen zu führen. Eben diese Architekturform wird durch den Aufbau und Einsatz eines Data Warehouses in Verbindung mit darauf aufsetzenden leistungsfähigen Auswertungswerkzeugen gewährleistet. Eine nähere Untersuchung der Werkzeuge zur Abfrage- und Reportgenerierung wird im folgenden Kapitel durchgeführt.

# 3 Berichtswerkzeuge

Die im Data Warehouse heute eingesetzten Werkzeuge zur Abfrage- und Berichtserstellung lassen sich entsprechend ihrer Funktionalität in unterschiedliche Gruppen unterteilen [Mart96]. Am unteren Ende der Skala rangieren **einfache Abfragewerkzeuge**, mit denen sich schnell und ohne großen Aufwand Extrakte aus den operativen und dispositiven Datenbeständen ziehen lassen (vgl. Abschnitt 3.1). Mehr Funktionalität bieten die **Berichtsgeneratoren**, die vielfältige Gestaltungs- und Berechnungsoptionen vorhalten (vgl. Abschnitt 3.2). Für den Aufbau und Betrieb eines organisierten Berichtswesens dagegen eignen sich insbesondere **Managed Query Environments**, die mit weiteren Features vor allem für die Administration aufwarten (vgl. Abschnitt 3.3). Seit der Jahrtausendwende hat sich eine **neue Generation von Reporting-Tools** etablieren können, die Funktionalitäten für moderne Gesamtkonzeptionen aufbieten (vgl. Abschnitt 3.4).

Die Übergänge zwischen den einzelnen Kategorien sind fließend, so daß sich konkrete Produkte nicht immer trennscharf einordnen lassen. Einen Überblick über Anbieter und Produkte, die sich auch im Marktsegment Reporting einordnen lassen, bietet der Beitrag von Bange in diesem Sammelband.

## 3.1 Abfragegeneratoren

Einfache Generatoren, die bei der Formulierung von Abfragen helfen können, sind heute bei vielen Softwarepaketen bereits im Lieferumfang enthalten. Entweder als integrativer Bestandteil einer durchgehenden Benutzeroberfläche oder aber als separates Programm sind sie hervorragend geeignet, um mit geringer Mühe Datenbestände aus relationalen Datenbanken extrahieren zu können. Dabei ist heute i. d. R. neben nativen Treibern, die einen leistungsstarken Zugriff auf spezielle Datenbanken erlauben, eine ODBC-Schnittstelle vorhanden, die die Nutzung unterschiedlicher Datenquellen ermöglicht.

Die Benutzeroberfläche der Tools präsentiert sich mit grafischen Bedienelementen. Abfragen, auch wenn sie sich über mehrere Tabellen erstrecken, müssen somit nicht mehr manuell eingegeben werden, vielmehr erfolgt die Erstellung mausgesteuert. Für den Endbenutzer verborgen wird im Hintergrund beispielsweise das entsprechende SQL-Statement generiert (vgl. Abb. 3) und zur Berichtslaufzeit an den relationalen Datenbankserver weitergeleitet. Eine manuelle Formulierung eines SQL-Select-Befehls kann dadurch unterbleiben, allerdings lässt sich dieser automatisch generierte Befehl im Bedarfsfall durch den Anwender auch händisch modifizieren.

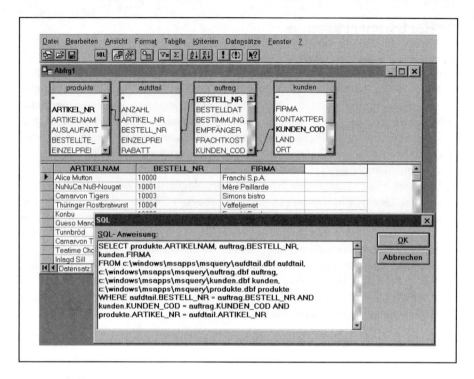

**Abb. 3: Abfragegeneratoren**

Weitere Funktionen wie das Erstellen einschränkender Abfragekriterien oder die Gruppierung von Datensätzen schöpfen die Möglichkeiten, die der Standard-SQL-Sprachumfang bietet, weiter aus.

Prinzipiell kommen als Nutzer der Abfragegeneratoren alle ambitionierten Endanwender in Betracht, die eine rasche Übersicht über Teile des vorhandenen Datenbestandes gewinnen wollen. Aber auch Anwendungsentwickler und Datenbankadministratoren setzen die Werkzeuge als Hintergrundmodule oder SQL-Generatoren ein.

Insgesamt lassen sich die Abfragetools damit eher als **Ad-Hoc-Werkzeuge** bezeichnen. Ein Einsatz für den Aufbau eines Standardberichtswesens erscheint dagegen aufgrund der eingeschränkten Formatierungsmöglichkeiten der Abfrage- und Analyseergebnisse nur in Verbindung mit anderen Tools sinnvoll. Besser dazu geeignet ist die zweite Werkzeug-Klasse, die unter der Bezeichnung Berichtsgeneratoren im folgenden Abschnitt vorgestellt wird.

## 3.2 Berichtsgeneratoren

Als Berichtsgeneratoren sollen hier diejenigen Software-Werkzeuge bezeichnet werden, die über die reine Abfragefunktionalität hinaus noch Möglichkeiten zur inhaltlichen und optischen Anreicherung bieten.

Dazu gehören z. B. Gestaltungsoptionen, die heute fast als Selbstverständlichkeit vorausgesetzt werden, wie die Einteilung in einzelne Druckseiten mit der Einbindbarkeit von Kopf-/Fußzeilen, von Seitenzahlen oder des Druckdatums. Auch die freie Plazierbarkeit und Formatierbarkeit verwendeter Tabellenfelder im Bericht sowie der Einsatz einfacher grafischer Objekte wie Linien und Kästen (mit Schraffur und Schatteneffekt) stellen heute keine besonders erwähnenswerten Eigenschaften der Werkzeuge dar. Die Formatierung einzelner Berichtsobjekte kann mit Bedingungen verknüpft sein. Eine derart **konditionierte Formatierung** trägt dann beispielsweise zur Herausstellung besonders auffälliger Datenwerte bei [DelR96], eine Funktion, die seit der Verbreitung von Executive Information Systems als Exception Reporting bekannt ist. Über die Einbindung rein textorientierter Datenbankinhalte hinaus können weitere Objekttypen wie Bilder (z. B. Firmensignets oder Abbildungen lieferbarer Artikel) und Geschäftsgrafiken genutzt werden.

Leistungsfähige **Assistenten** bzw. Manager helfen oftmals bei der Gestaltung neuer Reports. Dialoggestützt wird der Berichtersteller hierbei durch unterschiedliche allgemeinverständliche Masken mit diversen Auswahloptionen geführt. Nacheinander erfolgt beim Durchlauf durch die Maskensequenz die Erfragung der zu verwendenden Datenfelder, Gruppierungen, Sortierungen und Zwischensummierungen sowie optischer Gestaltungswünsche (vgl. Abb. 4). Anschließend wird aus den Angaben ein entsprechender Bericht geformt, der sich noch manuell an besondere Bedürfnisse anpassen lässt.

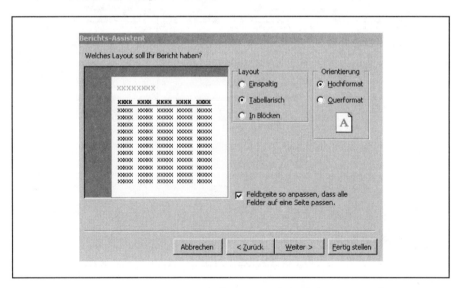

**Abb. 4: Berichtsassistenten**

Sehr interessant ist auch die Möglichkeit zur **Erstellung abgeleiteter Größen** zur Berichtslaufzeit, die aus den Feldinhalten der zugrunde liegenden Datenbank dynamisch errechnen werden (vgl. Abb. 5). Hier sind verschiedenartigste mathematische, finanz-mathematische und statistische Verfahren anzutreffen. Auch für

Datums- und Zeitfelder wird eine eigene Berechnungslogik angeboten, mit der sich beliebige zeitbezogene Auswertungen vornehmen lassen. Schließlich sind ebenso für Textfelder vielfältige Konvertierungs- und Formatierungsfunktionen (wie beispielsweise die Bildung von Teilstrings oder die Umwandlung von Groß- in Kleinbuchstaben) vorhanden. Allgemeine Funktionen von der Fehlerbehandlung über „If ... Then ... Else"-Befehle bis zur Parameterabfrage vor Ausführung richten sich eher an den Entwickler bzw. Administrator.

Besonders erwähnenswert sind in diesem Zusammenhang die Optionen, die das **Two Pass Reporting** bieten: Bei einem zweiten Durchgang werden vorab errechnete Werte benutzt, die erst nach einem kompletten Durchlauf zur Verfügung stehen (z. B. Gesamtsummen), um hieraus abgeleitet Größen generieren zu können (z. B. Anteile an der Gesamtsumme).

Wie von den gängigen Textverarbeitungsprogrammen bekannt, kann eine Beispiels- oder **Seitenansicht** eingeblendet werden, z. B. um fehlerhafte Formatierungen bereits vor dem Ausdruck des Berichtes zu bereinigen.

Eine weitere Funktionalität ist die Möglichkeit zur Einbindung von Unter-Berichten bzw. **Sub-Reports**. Hierdurch lassen sich beispielsweise bestimmte Aspekte detaillierter beleuchten oder Querverweise zu thematisch verwandten Sachinhalten aufzeigen.

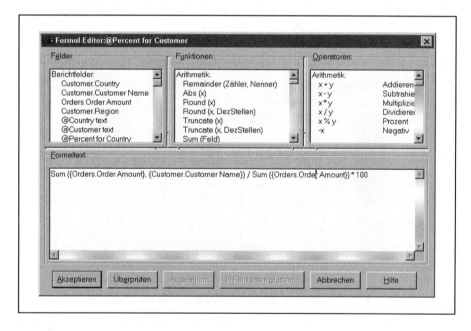

**Abb. 5: Dynamische Ermittlung abgeleiteter Größen**

Wie die Abfragegeneratoren enthalten auch die Berichtsgeneratoren i. d. R. eine **SQL-Engine**, die es mausgesteuert erlaubt, auch komplexe Datenbankbefehle zu generieren. Als wesentliches Gütekriterium, sind hierbei die Möglichkeiten zur Formulierung spezieller Joins zu verstehen (z. B. Inner- und Outer-Joins).

Eine Veranschaulichung quantitativer Daten durch die Einbindung aussagekräftiger **Geschäftsgrafiken** wird von fast allen gängigen Berichtsgeneratoren unterstützt. Neben den Standarddiagrammen wie Balken-, Säulen-, Linien-, Flächen- und Kreisdiagrammen in 2D- oder 3D-Darstellung werden häufig auch Polar-, Radar-, Spektral-, Gantt- oder andere Spezialdarstellungen angeboten.

Die breite Funktionsvielfalt, mit der moderne Berichtsgeneratoren heute aufwarten können, läßt für die lokale Erstellung und Nutzung von Reports kaum noch Wünsche offen. Aufgrund ihrer Ausrichtung auf die dezentrale Organisation des Berichtswesens mit vollständiger Funktionalität am Arbeitsplatz ergeben sich allerdings einige Probleme, wenn ein konsistentes Unternehmensreporting aufgebaut und betrieben werden soll. So ist die steigende Quantität und Komplexität unternehmensinterner Berichte mit den herkömmlichen Berichtsgeneratoren und Hardwarearchitekturen kaum noch zu bewältigen. Schwierigkeiten sind insbesondere auszumachen durch

- die immense Netzbelastung,
- die hohe Beanspruchung der vorhandenen Server in Spitzenzeiten,
- die wachsende Nachfrage nach neuen Berichten,
- den zunehmenden Aufwand bei der Administration des Berichtswesens.

Durch zusätzliche Funktionen versucht eine weitere Klasse von Software-Werkzeugen, die hier unter dem Oberbegriff Managed Query Environment (MQE) behandelt werden soll, diesen Problemen zu begegnen, wie im folgenden Abschnitt dargestellt. Bewusst wird dabei angestrebt, durchdachte Software-Lösungen anzubieten, anstatt die Unternehmen zu immer neuen und teuren Investitionen in leistungsfähigere Hardware zu zwingen.

## 3.3 Managed Query Environments

In vielen Unternehmen ist ein Phänomen zu beobachten, das sich sowohl für die Endanwender als auch für die Mitarbeiter in den DV-Abteilungen als höchst ärgerlich erweist: Zu bestimmten Tagen und Zeiten in der Woche (z. B. montags morgens) bricht unter der Last der gleichzeitig zu erstellenden Berichte bzw. durchgeführten Abfragen das elektronische Berichtssystem zusammen. Die Gründe hierfür liegen in der zu schwachen Auslegung des Netzwerkes, das bei der Vielzahl der gleichzeitig zu transportierenden Datenpakete sehr langsam wird, wie auch in der Überforderung des Datenbank-Servers, bei dem die Menge der angestoßenen Datenbankprozesse das Antwortverhalten arg beeinträchtigt. Die Entschlackung des unternehmensweiten Berichtswesens kann hier Abhilfe schaffen [Korn94, Bayr94], indem über eine sorgfältige Analyse der Informationsbedürfnisse der einzelnen Anwender auf überflüssige Inhalte oder Berichte verzichtet wird. Bei insgesamt wachsendem Berichtsbedarf dürfte diese Vorgehensweise allerdings zu Widerstand und Unzufriedenheit bei den Endanwendern führen [Camp96].

Erfolgversprechender erscheint dagegen ein Ansatz, wie ihn einige Managed Query Environments (MQE) verfolgen, indem sie zwischen Datenbank und Endbenutzer-Komponente einen eigenen Reporting-Server etablieren (**3-Tier-Architektur**). Die Aufgaben dieser zusätzlichen Schicht bestehen sowohl in der Aufbereitung und Anreicherung der Rohdaten (z. B. durch Harmonisierung und Trend- oder Anteilsberechnungen) aus dem Datenbank-Server als auch in der Vorformatierung benötigter Berichte.

Wird nämlich davon ausgegangen, daß einige Berichte ähnliche Inhalte aufweisen oder gar identisch sind, bietet es sich an, sie als Kopie im Server vorzuhalten und über die Berichtsinhalte in einem **Report-Repository** sorgfältig Buch zu führen, um im Bedarfsfall auf die abgelegten Zwischenergebnisse oder fertigen Berichte zurückgreifen zu können und dadurch sowohl den Report- als auch den Datenbank-Server zu entlasten. Eine Variante dieser Technik geht davon aus, daß viele Auswertungen im Unternehmen auf gleichen Daten basieren, wobei die Betrachtung lediglich aus unterschiedlichen Blickwinkeln erfolgt. Als Folge wird eine umfassende Query an den Datenbank-Server geschickt und das Abfrageergebnis im Report-Server abgelegt. Aus diesem Fundus können anschließend unterschiedlichste Endbenutzer-Abfragen bedient werden.

Durch derartige Techniken lassen sich die Front-End-Rechner weitgehend von aufwendigen Berechnungsläufen zur Berichtslaufzeit entlasten, da diese bereits auf dem Server durchgeführt wurden. Auch die Netzwerkbelastung wird wesentlich geringer sein als zuvor, zumal ein formatierter Bericht deutlich weniger Datenvolumen aufweist, als der Rohdatenbestand, aus dem der Bericht erstellt wird. Allerdings ist auch dieser Reporting-Server in Spitzenzeiten durch etliche, gleichzeitig zu bearbeitende Abfragen sehr stark beansprucht.

Auswertungsläufe können sich, zumal bei umfangreichem Ausgangsdatenbestand oder komplexen Berechnungen, als ressourcen- und zeitintensiv erweisen. Aus diesem Grund enthalten die gängigen Managed Query Environments eine **Scheduling-Komponente**, damit derartige „Langläufer" in belastungsarmen Zeiten durchgeführt werden können, um die Ergebnisse dann im Reporting-Server oder lokal abzulegen und dadurch einen verzugsfreien Zugriff im Bedarfsfall zu garantieren. Selbstverständlich muß hierzu der Informationsbedarf des Anwenders bekannt sein, so daß sich diese Funktion vornehmlich im Standard-Reporting einsetzen läßt.

Die vorgestellten Techniken sind hervorragend zur Senkung von Netzbelastung und Hardwarebeanspruchung einsetzbar. Auch das Administrationsproblem kann damit zumindest teilweise gemeistert werden, da Berichte zentral verwaltet werden und damit bei Änderungen nur einmalig zu modifizieren sind. Allerdings sind die wachsende Nachfrage nach immer neuen Auswertungen und der damit verbundene Anwendungsstau so kaum abzubauen. Lediglich die Verlagerung der Berichtserstellung von der zentralen Informationsverarbeitung auf die Fachabteilungen oder sogar auf die Endanwender verspricht hier eine Situationsverbesserung. Allerdings erweisen sich die Endbenutzer häufig als EDV-Laien. Die Struktur eines in relationalen Tabellen abgelegten Datenbestandes scheint ihnen unübersichtlich und unverständlich. Aus diesem Grund sind - wie oben erläutert - bereits bei den Abfragegeneratoren und noch viel ausgeprägter bei den Berichtsgeneratoren grafische Beschreibungsmethoden integriert, mit denen sich auch komplexe Datenbankabfragen mitsamt Tabellenverknüpfungen und Bedingungen quasi intuitiv formulieren lassen.

Ein Problem jedoch wird hierdurch nicht gelöst. Tabellen- und Feldbezeichnungen erweisen sich häufig als kryptische Abkürzungen, die nur in Ausnahmefällen auf den tatsächlichen Inhalt schließen lassen. Ausführliche Dokumentationen der Datenbankstruktur dagegen sind - falls überhaupt vorhanden - kaum endbenutzergeeignet. Aus diesem Grund bieten moderne MQE-Tools die Möglichkeit, eine semantische Schicht (**semantic layer**) zwischen datenbankinterne Bezeichnungen und Benutzerviews zu legen (die semantische Schicht wird häufig gar als zentrales Kriterium bezeichnet, durch das sich die MQE-Tools von den Report-Generatoren abheben). Diese Schicht beinhaltet eine Zuordnung von vertrauten Begriffen aus der Sprachwelt des Endanwenders zu konkreten Datenbanktabellen und -feldern (vgl. Abb. 6), wobei durchaus verschiedene Datenquellen einbezogen sein können [Camp97]. Zum Zeitpunkt der Abfrage wird dann im Hintergrund die Transformation von Geschäfts- in Datenbankbegriffe vollzogen. Durch die zusätzliche Möglichkeit der freien Organisation und Anordnung dieser Geschäftsbegriffe in Katalogen bzw. Universen und Ordnern erlangt der Benutzer einen natürlichen, vertrauten Blick auf seine Daten, so daß eine selbständige Formulierung von Abfragen hierdurch erheblich vereinfacht wird. Allerdings muß festgestellt werden, daß eine ausgeprägte semantische Schicht hohen Administrationsaufwand mit sich bringt, zumal jede Änderung der zugrundeliegenden Datenstrukturen hier nachzuvollziehen ist.

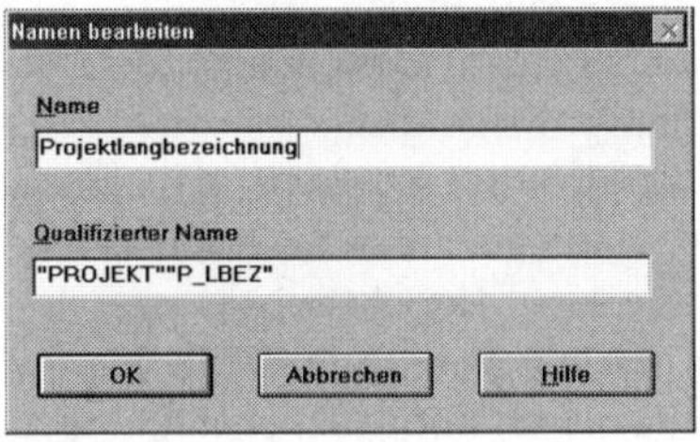

**Abb. 6: Semantische Schicht**

Dieser Schritt in Richtung zusätzliche Benutzerautonomie birgt allerdings auch weitere Gefahren in sich, die aus der weitgehenden Unkenntnis des Endbenutzers über die interne Funktionsweise der Lösung und insbesondere über die Organisation des zugrunde liegenden Datenbestandes resultieren. So können z. B. Abfragen, die Selektionen oder Sortierungen auf nicht indizierten Spalten beinhalten, in einem Full-Table-Scan münden, bei dem u. U. eine Tabelle mit sehr vielen Datensätzen sequentiell nach den jeweiligen Übereinstimmungen durchsucht wird. Als ebenso fatal für die Verfügbarkeit und Antwortzeit einer relationalen Datenbank kann sich ein Join zweier umfangreicher Tabellen erweisen. Durch eingebaute Sicherheitsmechanismen, die häufig unter dem Oberbegriff „**Governor**" zusammengefasst werden [Camp97], soll diesen Problemen begegnet werden. So lassen sich durch den Administrator Obergrenzen für die Anzahl der zu extrahierenden Datenbank-Zeilen oder die Anzahl der durch eine Abfrage betroffenen Tabellen auf Datenbankebene sowie die Maximalzeit für eine Abfrage vorgeben. Ziel ist es, hierdurch die „Killer-Abfragen", die das System für längere Zeit über Gebühr beanspruchen, auf ein notwendiges Minimum zu reduzieren. Auch verfügen die MQE-Tools über die Möglichkeit, SQL-Abfragen im Hintergrund zu optimieren oder im Bedarfsfall komplexe Abfragen in mehrere einfache Abfragen aufzuteilen, wobei die Ergebnisse der ersten Abfragen durch die logischen Nachfolger genutzt werden können (Multi-Step SQL [Nußd96]).

Insgesamt erweisen sich Managed Query Environments als sehr leistungsfähige Werkzeuge bei der Erstellung und Verwaltung unternehmensweiter Berichtssysteme. Ihre Funktionalität richtet sich nicht nur auf die Belange von Report-Erstellern und -Nutzern, sondern bezieht darüber hinaus die speziellen Anforderungen der Administratoren ein.

## 3.4 Berichtslösungen mit unternehmensweiter Ausrichtung

Seit Beginn des neuen Jahrtausends lässt sich eine neue Generation von Berichtswerkzeugen ausmachen, die noch stärker als in der Vergangenheit eine unternehmensweite Informationsversorgung der Fach- und Führungskräfte auch in großen Organisationen zum Ziel haben. Als charakteristisch erweist sich für diese Software-Kategorie, dass sie sich eng an den verbreiteten Internet-Technologien ausrichtet und die hier gebräuchlichen Übertragungs- und Austauschprotokolle sowie Zugriffswerkzeuge als Plattformen nutzt.

Hierbei dienen Browser nicht nur als bevorzugte Ausgabemedien für formatierte Informationen sondern darüber hinaus auch zur Generierung, Verwaltung und Bearbeitung von Berichten bzw. Berichtsschablonen. Neben der Erzeugung von Berichten im Hypertext Markup Language- (HTML-) Format können diese auch in fast beliebigen anderen Ausgabeformaten erstellt und den Empfängern übermittelt werden. Anzuführen sind vor allem die gebräuchlichen Grafikformate wie BMP, EMF, GIF, JPEG, PNG, TIFF und WMF. In der Regel wird heute auch die Generierung von PDF-Dokumenten direkt unterstützt.

Die enge Verzahnung mit den gebräuchlichen Office-Suiten ermöglicht zum Teil auch eine direkte Ausgabe in den hier üblichen Datei-Formaten. Überdies lassen sich auch als reine Textdateien (meist als CSV-Format) erzeugen, um die Berichtsinhalte im Bedarfsfall mit beliebigen Software-Tools weiterverarbeiten zu können. Ebenfalls wird der immer stärkeren Verbreitung von XML (eXtensible Markup Language) als systemunabhängiges Dateiformat für den Austausch von (Geschäfts-) Daten Rechnung getragen und eine entsprechende Ausgabeoption angeboten.

Auch hinsichtlich des Zugangs auf die Berichtsinformationen beschreiten die aktuellen Reporting-Lösungen neue Wege. Musste der Anwender in der Vergangenheit gezielt und aktiv die benötigten und relevanten Berichte abrufen (Pull-

Verfahren), so bieten sich heute Mechanismen, die dem Benutzer neue Reports anhand eines Zeitplanes oder in Abhängigkeit von anderen Ereignissen direkt übermitteln (Push-Verfahren), z. B. als Attachment einer E-Mail. Alternativ kann ihn das System mit der Zusendung eines Verweises auf den Ablageort der neuen Informationen aufmerksam machen. Die vorgehaltenen Berichtsdokumente befinden sich dann in einem Dateisystem (Verweis auf den Dateipfad und den Dateinamen) oder werden von einem Web-Server organisiert (Link auf die URL des Berichtes). Die Zuordnung von Berichtsempfänger und Informationszusammenstellung wird in diesem Zusammenhang häufig auch als **Abonnement** bezeichnet.

Naturgemäß kann die Anzahl der Berichtsempfänger in einer unternehmensweiten Reporting-Lösung sehr groß werden. Um die unterschiedlichen Anforderungen der einzelnen Nutzer bedarfsgerecht befriedigen zu können, wird häufig auf ein **Rollenkonzept** zurückgegriffen, wobei jeder Anwenderrolle ein eindefiniertes Normbedürfnis an verschiedenen Berichten zugeordnet wird. Durch die Zuordnung einzelner Benutzer zu gegebenenfalls auch mehreren Rollen hält sich der Administrationsaufwand in engen Grenzen. Zudem lassen sich durch die Anwender auch eigene, personalisierte Abonnements zusammenstellen. In jedem Falle unterliegen diese einem Sicherheitsmodell, so dass Benutzerabonnements auf die Berichte beschränkt bleiben, für die eine Berechtigung erteilt wurde. Zu beachten ist in diesem Zusammenhang, dass sich korrespondierende Zugriffsrechte auch seitens der Datenbank und/oder des Server-Betriebssystems vergeben lassen. Aufgabe des Administrators ist es hier, ein funktionierendes Berechtigungskonzept über alle Softwareinstanzen zu implementieren und zu verwalten.

Die Organisation und Verwaltung der definierten Abonnements wird heute zumeist datenbankgestützt durchgeführt. Dies ermöglicht eine dynamische Zusammenstellung der Informationsempfänger zur Laufzeit der Berichtserzeugung. Zudem lassen sich in der zugehörigen Datenbank weitere Informationen hinterlegen, die zu dokumentarischen oder statistischen Zwecken nutzbar sind. Beispielsweise kann hier gespeichert sein, welcher Mitarbeiter zu welchem Zeitpunkt welche Informationen bekommen hat oder welche Berichte besonders häufig bzw. besonders selten abgerufen wurden. Auch zum jeweils erzeugten Bericht lassen sich beliebige Informationen in der Verwaltungsdatenbank hinterlegen, mit denen der komplette Lebenszyklus einzelner Reports im Sinne eines Ausführungsprotokolls nachvollzogen werden kann, so z. B. Erstellungszeitpunkt und -dauer sowie Angaben zu den verantwortlichen Personen.

Als rechenintensive und algorithmisch anspruchsvolle Teilaufgabe im Rahmen der Berichtserstellung erweist sich das so genannte **Rendern** bzw. **Rendering**. Hierunter ist im Bereich der Reporterzeugung die Verknüpfung von Berichtsschablonen und Rohdaten zu verstehen, um daraus einen formatierten Bericht zu erzeugen. Für einzelne Ausgabeformen kann der Bericht auch automatisch mit Zusatzinformationen angereichert werden, so beispielsweise durch ein Inhaltsverzeichnis im Browser-Fenster, das eine leichte und schnelle Navigation ermöglicht.

Eine weitere Funktionalität moderner Berichtsumgebungen besteht in der Option zur Erzeugung und dauerhaften Speicherung von Snapshots. Hierunter sind Berichtszustände zu verstehen, die dazu dienen, die konkrete Ausgestaltung eines Berichtes zu einem bestimmten Zeitpunkt zu archivieren. Zudem lassen sich auch einzelne Benutzerabfragen aus den Snapshots beantworten, um nicht jeweils den kompletten Prozess zur Generierung des Berichtes durchlaufen zu müssen.

Auch wenn an dieser Stelle nicht alle Features aktueller Berichtswerkzeuge aufgezeigt werden konnten, bleibt festzuhalten, dass die Tools ein breites Funktionsspektrum mit weit reichenden Unterstützungsfacetten vor allem für den unternehmensweiten Einsatz bereit stellen.

# 4 Zusammenfassung

Für das betriebliche Berichtswesen sind heute leistungsfähige Softwarewerkzeuge verfügbar, die sowohl die Ansprüche gelegentlicher Nutzer, die nur vorgefertigte Berichte und Abfragen ausführen wollen, als auch ambitionierter Endanwender, die ihre Reports selbständig erstellen und eigene Berechnungen einbringen wollen, angemessen befriedigen. Als kostengünstige und leistungsfähige Werkzeuge zum Aufbau eines betrieblichen Standard-Berichtswesens wurden die Report-Generatoren ausführlich diskutiert. Ihre Formatierungsfunktionalität auf der Desktop-Seite läßt kaum Wünsche offen. Schwächen offenbaren diese Tools dagegen beim Aufbau eines unternehmensweiten Berichtswesens mit hohem Berichtsaufkommen. Auch für den direkten Gebrauch durch den Endbenutzer zur Ad-hoc-Formulierung eigener Auswertungen erweisen sie sich als eher ungeeignet. Hier bieten die Managed Query Environments leistungsfähige Funktionen, die sich in zusätzlichen semantischen Schichten und 3-Tier-Architekturen dokumentieren. Durch die sinnvolle Verteilung von Funktionalität auf Server- und Client-Rechner lassen sich dadurch Verbesserungspotentiale hinsichtlich Antwortzeitverhalten und Administrationsaufwand aber auch bezüglich Datenschutz und Datensicherheit aktivieren.

Das neue Jahrtausend zeichnet sich auch im Segment der Berichtswerkzeuge durch innovative und zukunftsweisende Produkte aus, die insbesondere den Aufbau und Betrieb unternehmens- bzw. konzernweiter Lösungen adressieren. Als problematisch stellt sich die Einführung derartiger Werkzeuge oftmals eher aus organisatorischen Gründen dar. Schließlich müssen die Anwender bei konsequentem Einsatz der Tools oftmals auf historisch gewachsene und informelle Berichtswege verzichten. Auch wird eine Abkehr von den vertrauten Papierberichten der alten Form und den bislang eingesetzten Front-End-Tools mit lokaler Datenhaltung in vielen Fällen auf massive Gegenkräfte stoßen.

Häufig werden heutige Berichtslösungen nicht isoliert genutzt, sondern in eine Enterprise Portal-Lösung eingebunden, um dadurch die formatierten Unternehmenszahlen mit anderen, möglicherweise unformatierten Informationen zu verknüpfen. Als Herausforderung für die Zukunft kann hier die semantische Integration der Inhalte verschiedener Quellen an der Benutzeroberfläche verstanden werden.

# Literatur

[Asse74] Asser, Günter: Das Berichtswesen. Analyse, Aufbau, Kontrolle, in: Bobsin, Robert (Hrsg., 1974): Handbuch der Kostenrechnung, 2. Aufl., München 1974, S. 654 - 678.

[Bayr94] Bayrhof, Gottlieb: Schlankes Reporting, in: Business Computing, Heft 5, 1994, S. 127 - 129.

[Bloh73] Blohm, Hans: Informationswesen, in: Grochla, Erwin u. a. (Hrsg.): Handwörterbuch der Organisation, Stuttgart 1973, Sp. 727 - 734

[Camp96] Campbell, Richard: Dealing with the Monday Morning Report Crunch, in: Databased Advisor, September 1996, S. 34 - 38.

[Camp97] Campbell, Richard: Reporting on Very Large Databases, in: Databased Advisor, March 1997, S. 44 - 45.

[ChGH05] Chamoni, Peter; Gluchowski, Peter; Hahne, Michael: Business Information Warehouse - Perspektiven betrieblicher Informationsversorgung und Entscheidungsunterstützung auf der Basis von SAP-Systemen, Berlin u. a. 2005.

[DelR96] DelRossi, Robert: Crystal Reports tops its field, in: Info World, 23. September 1996.

[Engl99] English, Larry: Improving data warehouse and business information quality, New York u. a. 1999.

[Hahn92] Hahn, Dietger: Frühwarnsysteme, in: Krallmann, Hermann; Papke, Jörg; Rieger, Bodo (Hrsg.): Rechnergestützte Werkzeuge für das Management. Grundlagen, Methoden, Anwendungen, Berlin 1992, S. 29 - 48.

[Holt98] Holthuis, Jan: Der Aufbau von Data Warehouse-Systemen. Konzeption, Datenmodellierung, Vorgehen, Wiesbaden 1998.

[Horv96] Horvath, Peter: Controlling, 6. Aufl., München 1996.

[Inmo96] Inmon, William H.: Building the Data Warehouse, 2. Aufl., New York 1996.

[KeMU04] Kemper, Hans-Georg; Mehanna, Walid; Unger, Carsten: Business Intelligence - Grundlagen und praktische Anwendung, Wiesbaden 2004.

[Koch94] Koch, Rembert: Betriebliches Berichtswesen als Informations- und Steuerungsinstrument, Frankfurt am Main 1994.

[Korn94] Kornblum, Wolfgang: Die Vision einer effizienten Unternehmenssteuerung auf der Basis innovativer Führungs-Informationssysteme, in: Dorn, Bernhard (Hrsg.): Das informierte Management. Fakten und Signale für schnelle Entscheidungen, Berlin, Heidelberg u. a. 1994, S. 75 - 101.

[Küpp97]   Küpper, Hans Ulrich: Controlling. Konzeption, Aufgaben und Instrumente, Stuttgart 1997.

[Kuhn90]   Kuhn, Alfred: Unternehmensführung, 2. Aufl., München 1990.

[Lach90]   Lachnit, Laurenz: Frühwarnsysteme, in: Mertens, Peter (Hrsg.): Lexikon der Wirtschaftsinformatik, Berlin 1990, S. 188 - 189.

[Mart96]   Martin, Wolfgang: DSS-Werkzeuge - oder: Wie man aus Daten Informationen macht, in: Datenbank Fokus, Heft 2, 1996, S. 10 - 21.

[Müll00]   Müller, Jochen: Transformation operativer Daten zur Nutzung im Data Warehouse, Wiesbaden 2000.

[Nußd96]   Nußdorfer, Richard: Management der Vielfalt, in: Business Computing, Heft 4, 1996, S. 34 - 36.

[Rall95]   Rallo, Linda P.: Data Warehousing und OLAP - More Power to the People, in: Pickworld, Heft 05/06, 1995.

[Rick95]   Ricke, Anja: Eine integrierte Realisierung des Information-Warehouse-Konzeptes, in: IT-Management Spezial, Beilage zum IT-Management, Heft 11/12, 1995, S. 10-16.

[Toto00]   Totok, Andreas: Modellierung von OLAP- und Data Warehouse-Systemen, Wiesbaden 2000.

[Wiek99]   Wieken, John-Harry: Der Weg zum Data Warehouse. Wettbewerbsvorteile durch strukturierte Unternehmensinformationen, München u. a. 1999.

# Aufbau einer konzernweiten Informationsplattform zur Unterstützung des strategischen Beschaffungsprozesses bei der Continental AG

THOMAS BANNERT, WOLFGANG BEHME

## Abstract

Für ein Unternehmen wie die Continental AG, das sich als eine global agierende Gruppe versteht und sich im Rahmen der zunehmenden Internationalisierung von Märkten und Produktionskapazitäten bewähren muss, ist es unabdingbar, seinen Mitarbeitern eine konzernweite Informationsplattform zur Unterstützung von strategischen Entscheidungen an die Hand zu geben.

Dies gilt insbesondere auch für den Bereich Einkauf, der in hohem Maße Einfluss auf den Erfolg des gesamten Unternehmens hat. Erfolgreiches Agieren auf allen Märkten im direkten und indirekten Bereich, sowie die Auswahl der richtigen Partner unter den potenziellen Lieferanten erfordern eine gute und aktuelle Information über das Einkaufsgeschäft weltweit.

Das im Rahmen des SMART-Projektes (Spend Management and Reporting Tool) implementierte Data Warehouse für den Konzerneinkauf ermöglicht diese konzernweite Sicht und garantiert damit eine weitgehende Transparenz der Einkaufsaktivitäten im gesamten Konzern für alle Einkäufer. Der vorliegende Beitrag beschreibt den Projekthintergrund, die gewählte Architektur sowie abschließend Erfahrungen, die im Projektverlauf gemacht wurden.

## Inhalt

| | | |
|---|---|---|
| 1 | Das Unternehmen: Continental AG | 228 |
| 2 | Motivation und Projektursprung | 228 |
| 3 | SMART-Business Warehouse | 230 |
| | 3.1 System-Architektur | 230 |
| | 3.2 ETL-Prozesse | 231 |
| | 3.3 Berechtigungskonzept | 232 |
| | 3.4 Analysen | 233 |

| | |
|---|---|
| **4 Datenharmonisierung** | **234** |
| 4.1 Warengruppenharmonisierung | 234 |
| 4.2 Lieferantenharmonisierung | 235 |
| **5 Erfahrungen** | **236** |
| 5.1 Datenqualität | 237 |
| 5.2 Unterschiedliche Sichtweisen SAP R/3 vs. SAP BW | 237 |

# 1 Das Unternehmen: Continental AG

Der Continental-Konzern ist einer der weltweit führenden Zulieferer der Automobilindustrie mit umfassendem Know-how in der Reifen- und Bremsentechnologie, der Fahrdynamikregelung, der Elektronik und der Sensorik. Ziel ist es, individuelle Mobilität sicherer und komfortabler zu machen. An mehr als 100 Standorten (Werke, Forschungszentren und Teststrecken) sind derzeit mehr als 81.000 Mitarbeiter in Europa, Asien und Amerika im Einsatz.

Das Unternehmen gliedert sich in die vier Divisionen Pkw- und Nfz-Reifen, Automotive Systems und ContiTech. Gefertigt werden u. a. Reifen für Pkw, Nutzfahrzeuge und Zweiräder, hydraulische und elektronische Bremssysteme (ESP, ABS, ASR) sowie elektronische Luftfedersysteme. Der Bereich ContiTech stellt neben Produkten für die Automobilindustrie, wie z. B. Antriebssysteme und Fahrwerklager, auch Erzeugnisse für den Maschinen- und Bergbau sowie für die Möbel- und Druckindustrie her.

# 2 Motivation und Projektursprung

Die Continental AG ist als großer Zulieferer der Automobilindustrie weltweit tätig, um ihren Kunden einen hervorragenden Service bieten zu können. Das erfordert nicht nur auf der Seite des Vertriebs globales Handeln und Denken, sondern insbesondere auch im Einkauf. Um die Qualität und kostenseitige Konkurrenzfähigkeit der Produkte sicherstellen zu können, muss der Einkauf ein globales Lieferanten- und Kostenmanagement betreiben.

Eine wichtige Grundlage dafür ist ein gleichfalls global verfügbares Informationssystem, das für die verantwortlichen Einkäufer an allen Standorten Informationen zur Verfügung stellt, die sie als Basis ihrer Einkaufsstrategien nutzen können. Immer schnellere Veränderungen in den Einkaufsmärkten erfordern dabei eine zuverlässige und zeitnahe Verfügbarkeit von Informationen, die flexibel den jeweils aktuellen Fragestellungen angepasst sein müssen. Ein wichtiger Faktor ist dabei, dass organisatorische Grenzen innerhalb des Einkaufs und der IT-Infrastruktur nicht das Erkennen und Ausschöpfen von Synergiepotenzialen erschweren.

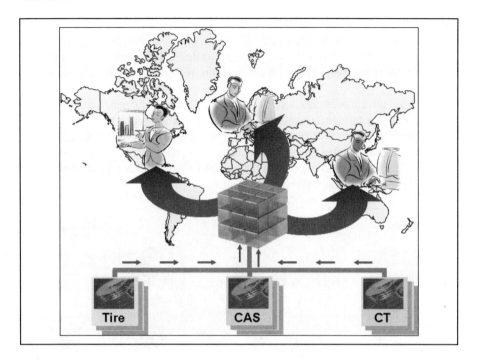

**Abb. 1: SMART als konzernweite Informationsplattform**

Ein Grund für solche „Hindernisse" ist, dass die Continental AG in der Vergangenheit durch den Zukauf von Unternehmen stark gewachsen ist. Diese haben eine eigene Tradition und auch eine eigene IT-Infrastruktur mitgebracht, die es zu integrieren gilt. Das SMART-System stellt sicher, dass die Informationen aus allen Konzernbereichen vergleichbar sind und über entsprechende Konzernschlüssel weltweit aggregiert werden können. Dadurch ermöglicht das SMART-System den Einkäufern in allen Regionen der Welt, eine gleichmäßige Informationsbasis als Ausgangspunkt ihrer Entscheidungen zu nutzen. Diese können über eine bekannte (Excel-) Oberfläche ausgewertet werden, die einfach zu bedienen ist und mit geringem Aufwand system- und bereichsübergreifende Daten zur Verfügung stellt. Damit werden Synergiepotenziale leichter identifizierbar und Bereiche für gezielte Aktivitäten einfacher zu erkennen und bzgl. der möglichen Einsparungspotenziale abschätzbar.

Um den Erfolg der daraus abgeleiteten Maßnahmen zu kontrollieren, ist es erforderlich, die Daten kontinuierlich zu sammeln und zur Auswertung zur Verfügung zu stellen. Damit sind dann auch gleichzeitig Trendanalysen in den verschiedenen Einkaufsmärkten möglich, die als weitere Entscheidungshilfe dienen können.

# 3 SMART-Business Warehouse

## 3.1 System-Architektur

Die Systemlandschaft in den Divisionen Pkw- und Nfz-Reifen (Tire) und Conti-Tech besteht in weiten Teilen aus SAP R/3-Systemen. Daher liegt die Entscheidung nahe, als Technologie für ein zu erstellendes Data Warehouse System das von der SAP entwickelte Business Information Warehouse (SAP BW) einzusetzen.

Die dazu im Rahmen des SMART-Projektes entwickelte Architektur für das Data Warehouse besteht aus mehreren Speicher-Ebenen (vgl. Abb. 2). Die Persistent Staging Area (PSA) stellt die Eingangsablage der angeforderten Bewegungsdaten, Stammdatenattribute und Texte aus verschiedenen Quellsystemen innerhalb des BW dar. Die Daten werden in der PSA unverändert in transparenten, relationalen Datenbanktabellen abgelegt.

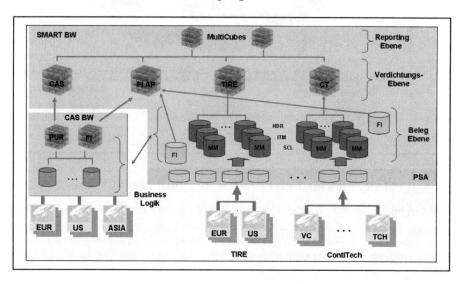

**Abb. 2: System-Architektur SMART**

In der zweiten Schicht werden die bereinigten Bewegungsdaten auf Belegebene vorgehalten. Als Bewegungsdaten werden im SMART-System Bestellungen, Lieferungen und Kontrakte (aus MM) sowie Rechnungen (aus FI) betrachtet. Als Speicherobjekte dienen hierfür sogenannte ODS-Objekte, d. h. flache Datenbanktabellen, deren Granularität der der PSA entspricht. Bei der Modellierung der ODS-Objekte wurde strikt das Prinzip der Modularisierung verfolgt. Daher wurde beispielsweise bei den Bestellungen für jedes Quellsystem je ein Objekt für die Bestellköpfe, Positionen und Einteilungen angelegt (vgl. Abb. 2). Auf diese Weise sind bei 10 R/3-Quellsystemen allein 30 Objekte für die MM-Daten sowie 10 Objekte für die FI-Daten entstanden. Die scheinbar große Anzahl an Objekten erleichtert jedoch das Monitoring sowie ein evtl. Fehlerhandling ungemein. Bei Störungen oder Ausfall eines liefernden Systems können die restlichen Systeme ungestört weiterarbeiten. Nur auf diese Weise kann bei der Vielzahl der angeschlossenen Quellsysteme der gesamte Ladeprozess im Produktivbetrieb mit vertretbarem Aufwand durchgeführt werden.

Aus der Belegebene werden die Daten in die sogenannten InfoCubes fortgeschrieben (Verdichtungsebene). Hierbei erfolgt im Wesentlichen eine Verdichtung der Daten von der Einzelbelegebene hin zu einer monatlichen Betrachtung auf der Ebene Material, Lieferant, Werk. Insgesamt gibt es drei MM-InfoCubes, die jeweils die Daten einer Division (Tire, ContiTech, CAS) beinhalten. Dazu kommt ein InfoCube für den Bereich FI (Rechnungen), in dem konzernweit alle Rechnungen zusammengefasst werden.

Über den datentragenden InfoCubes gibt es zwei Multiprovider, die eine konzernweite Gesamtsicht auf die Daten ermöglichen (Reporting-Ebene). Die Multi-Provider als virtuelle Schicht verbergen die Implementierungsdetails des Datenmodells vor dem Anwender. Während das Design der Datenhaltungsebene nach Performance-Gesichtspunkten erfolgt, ist die Reporting-Ebene aus Anwendersicht (insbes. für die Berechtigungsvergabe (siehe Abschnitt 3.3)) modelliert. Da alle Reports ausschließlich auf diesen beiden MultiProvidern basieren, können die InfoCubes ohne Auswirkungen auf das Reporting neuen Rahmenbedingungen (z. B. Umstrukturierung aus Performance-Gründen) angepasst werden.

Während die R/3-Quellsysteme der Divisionen Tire und ContiTech direkt an das SMART System angeschlossen wurden, gab es für die Division CAS (Continental Automotive Systems) eine andere Lösung. Die CAS R/3-Systeme sind bereits mit einem produktiven CAS BW verbunden, so dass ein Teil der Daten bereits regelmäßig extrahiert und in andere BW-Applikationen geladen wird. Daher wurden die vorhandenen Ladeprozesse um SMART-spezifische Inhalte erweitert und die Quelldaten zunächst in das CAS BW geladen. Die Berechnung und Anreicherung der Bewegungsdaten erfolgt ausschließlich im CAS BW. Die verwendete Business Logik wird aus dem führenden SMART BW regelmäßig übernommen. Erst die im CAS BW fertig aufbereiteten Daten werden 1:1 in den CAS-InfoCube innerhalb des SMART BW fortgeschrieben.

## 3.2 ETL-Prozesse

Die Komplexität des SMART-Systems entsteht nicht zuletzt durch die Vielzahl der angeschlossenen Quellsysteme. Insgesamt sind aus den Divisionen Tire und ContiTech ca. 15 verschiedene logische Systeme (Kombination aus System und Mandant) sowie ein Divisions-BW (CAS) an das zentrale BW angeschlossen.

Diese Vielzahl der Quellen erfordert einen erhöhten Aufwand bei der Harmonisierung im Rahmen des ETL-Prozesses. Die lokalen Warengruppen der einzelnen Gesellschaften müssen im Rahmen einer Spend-Analyse übergreifend auswertbar sein. Hierzu erfolgt beim Laden eine Zuordnung der lokalen Warengruppe zu einer CPMG-Untergruppen-Kennung (vgl. Kapitel 4). Dabei bleibt die lokale Kennung erhalten, um weiterhin auch lokale, d. h. gesellschaftsspezifische

Auswertungen durchführen zu können. Die gleiche Vorgehensweise wird bei der Lieferantenharmonisierung angewendet, d. h. die lokale Lieferantennummer wird beim Fortschreiben in die Belegebene um eine globale ID, der sogenannten „Conti Vendor Nummer", ergänzt (siehe Kapitel 4).

Das Laden der Bewegungsdaten in die ODS-Objekte erfolgt täglich im Delta-Modus, d. h. nur die seit dem letzten Ladelauf hinzugekommenen Datensätze werden geladen. Die Stammdaten müssen dagegen immer komplett geladen werden, da eine Anreicherung über diverse Mapping-Tabellen erfolgt. Ein Beispiel soll diesen Sachverhalt verdeutlichen: Den Materialien werden im Ladeprozess jeweils globale Warengruppen (CPMG-Untergruppen) zugeordnet. Ändert sich diese Zuordnung im Zeitverlauf, würden Materialien, die sich nicht ändern und damit im Delta auch nicht erfasst werden, niemals eine neue Zuordnung bekommen. Die Fortschreibungen in die InfoCubes, die die Daten für das Reporting beinhalten, werden lediglich im wöchentlichen Rhythmus durchgeführt.

Um diese komplexen Abläufe mit ihren Abhängigkeiten (Steuertabellen, Stamm- und Bewegungsdaten) untereinander für den Regelbetrieb beschreiben zu können, werden sogenannte Prozessketten eingesetzt. Dabei werden die notwendigen Abläufe für ein Quellsystem (z. B. Reifen Europa) jeweils durch mehrere Prozessketten beschrieben. Über diesen Einzelszenarios liegt eine Meta-Prozess-Kette, die die Gesamtsteuerung übernimmt. Durch diese Vorgehensweise lässt sich ein optimaler Grad an Parallelisierung erreichen, um die Gesamtzeit des Ladeprozesses zu minimieren.

## 3.3 Berechtigungskonzept

Bei der Berechtigungsvergabe wird das Ziel einer schlanken Lösung verfolgt, um den Administrationsaufwand im Betrieb so gering wie möglich zu halten. Im Bereich der indirekten Materialien (z. B. Büromaterial) gibt es daher grundsätzlich keine Zugriffsbeschränkungen: die Daten sind auf der Ebene der Warengruppen / Lieferanten / Monat für alle Benutzer auswertbar. Jedoch beschränken sich die Kennzahlen auf die Umsätze; Mengeninformationen, über die einzelne Preise errechnet werden könnten, sind nicht verfügbar. Anders dagegen im Bereich der direkten Materialien (z. B. Rohstoffe): hier sind die Informationen auf der Ebene Material / Lieferant / Monat verfügbar. Als Kennzahlen sind sowohl Mengen als auch Umsätze und Preise abrufbar.

Ermöglicht wurde diese Zweiteilung durch die Nutzung unterschiedlich definierter MultiCubes. Während der sogenannte „Aggregierte MultiCube" die Einzelinformationen auf Materialebene sowie die mengenbezogenen Kennzahlen ausblendet, erlaubt der „Detail-MultiCube" die Auswertung aller verfügbaren Merkmale und Kennzahlen. Innerhalb der Detailsicht wird über die Verwendung von Rollen genau spezifiziert, welche Einkäufer für welche Materialien, Werke oder Regionen Zugriff erhalten sollen.

## 3.4 Analysen

Als Reporting-Werkzeug wird zur Zeit ausschließlich der sogenannte Business Explorer Analyzer (kurz BEx) verwendet, ein Add On, das in Microsoft Excel eingebettet ist. Dies ermöglicht es den Anwendern in ihrem gewohnten Excel-Umfeld zu arbeiten. Im Rahmen des Projekts wurden eine Reihe von Standard-Reports zu folgenden Themenstellungen erstellt:

- **Vendor Business:** ermöglicht die konzernweite Sicht auf Einkaufsvolumina über Lieferanten, Materialgruppen und Regionen,
- **Kontrakte:** ermöglicht die Analyse von Nutzungsgraden über Mengen- und Wertkontrakte,
- **Prozesse**: erlaubt die Analyse von Bestellungen unter einer prozessorientierten Sicht (Anzahl Bestellungen pro Lieferant, durchschnittlicher Bestellwert etc.),
- **Liefer- und Zahlungsbedingungen.**

Die Anwender können die vorgegebenen Standard-Reports individuell nach ihren Bedürfnissen unter Verwendung der verfügbaren BEx- und Excel-Funktionalitäten anpassen. So lassen sich beispielsweise Filterkriterien (wie Zeitraum, Region oder Warengruppen), Aufrisse (Darstellung der Merkmale auf der vertikalen oder horizontalen Achse) oder die Darstellung von Hierarchien personalisieren. Um den Aufruf der Berichte so einfach wie möglich zu gestalten, wurde der BEx Browser als Einstiegsfenster implementiert (siehe Abbildung 3).

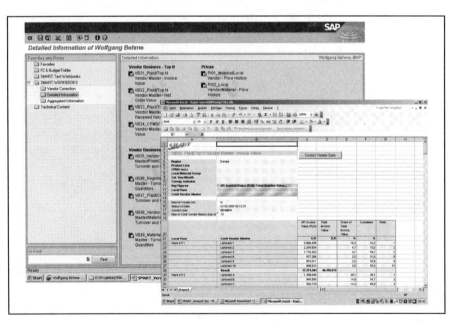

**Abb. 3: BEx-Browser mit geöffnetem Beispiel-Report**

# 4 Datenharmonisierung

Die Forderung, unterschiedliche Datenquellen zu einer Plattform zusammenzufassen, die eine stringente Spend-Analyse ermöglichen, ist einfach. Umso schwieriger sind die Hürden bei der Realisierung, denn der Mehrwert stellt sich solange nicht ein, wie die Daten lediglich technisch in einer Datenbank liegen, ohne jedoch inhaltlich miteinander verknüpft zu sein. Für konzernweite Auswertungen im Einkauf sind daher insbesondere zwei Harmonisierungsaspekte von großer Bedeutung: Lieferanten- und Warengruppenharmonisierung. Daher sind im Rahmen des SMART-Projektes Konzernschlüssel unter anderem für die beiden genannten Bereiche Lieferanten und Warengruppen eingeführt worden.

## 4.1 Warengruppenharmonisierung

Als gemeinsames Ordnungsgitter für die Warengruppen dienen dabei die sogenannten Continental Purchasing Material Groups (CPMG). Diese definieren sich über einen 5-stelligen alphanumerischen Schlüssel, der eine 3-stufige Hierarchie abbildet.

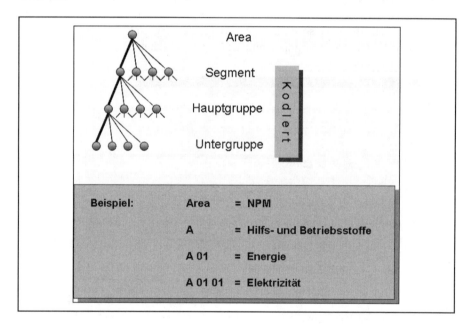

**Abb. 4: CPMG-Klassifikation**

Vor der Definition einer eigenen Struktur stand auch die Diskussion um die Verwendung von externen Ordnungsgittern, wie etwa eClass[1] oder UNSPSC[2]. Aus Sicht der Continental AG bilden diese extern definierten Systeme die speziellen

Bedarfe der Continental nur unzureichend ab. Sie sind entweder in entscheidenden Bereichen zu grob oder aber so fein, dass sie zu unübersichtlich bzw. nur schwer handhabbar sind. So fiel die Entscheidung für ein eigenes Warengruppenschema, das über definierte Mapping-Tabellen zu den wesentlichen externen Ordnungsgittern kompatibel ist.

## 4.2 Lieferantenharmonisierung

Auch für Lieferanten gilt, dass die Daten nur über einen Konzernschlüssel zusammengeführt werden können. Hier bot es sich für die Continental AG als Automobilzulieferer an, einen in der Branche bereits eingeführten Schlüssel ebenfalls zu verwenden: die DUNS-Nummer[3]. Die DUNS-Nummer ist ein von der Fa. Dun & Bradstreet entwickelter Schlüssel, der weltweit eindeutig ein Unternehmen identifiziert. Keine Nummer wird mehrmals vergeben; wenn ein Unternehmen nicht mehr existiert, wird die DUNS-Nr. nicht mehr eingesetzt.

In einem zweistufigen Prozess, der außerhalb des Data Warehouses stattfindet, werden die Lieferantenstammdaten aus jedem angeschlossenen System einem Konzernschlüssel - der Conti Vendor Nummer (CVN) - zugeordnet. Der erste Schritt beinhaltet eine Dublettenbereinigung: Durch die Definition einer geeigneten Metrik über gewichtete Attribute der Lieferantenstammsätze werden Dubletten gefunden und - soweit möglich - automatisch identifiziert und über die CVN zusammengefasst. Durch die Verfügbarkeit von lokalen und globalen Schlüsseln in den Berichten wird jedem Nutzer die Möglichkeit gegeben, z. B. Lieferanten, auch anhand der Nummer zu identifizieren, die er aus seinem lokalen Quellsystem kennt. Über die globalen Schlüssel ist dann die systemübergreifende Betrachtung der Daten möglich.

Die Conti Vendor Nummer ist soweit möglich eine DUNS-Nummer. Wo keine DUNS-Nummer vorhanden ist oder gefunden werden kann, wird eine Continental interne fortlaufende Nummer verwendet. Eine für den Einkauf wichtige Information ist die Zugehörigkeit von einzelnen Unternehmen zu Konzernen. Diese Information wird im SMART-System durch den sogenannten Conti Vendor Master (CVM) abgebildet. Hierzu dient eine Zusatzinformation als Basis, die über die Daten zu einer DUNS-Nummer - einem Lieferanten - von der Fa. Dun & Bradstreet mitgeliefert wird. In einem Lieferantendatensatz ist u. a. die Nummer der globalen Muttergesellschaft eines Unternehmens enthalten. Diese „Global DUNS" wird im SMART-System als Conti Vendor Master abgelegt und ermöglicht es, auch große Konzerne als Ganzes einfach auswerten zu können. Für den Conti Vendor Master gilt ebenfalls, dass im Falle einer fehlenden DUNS-Nummer eine Continental eigene Zählnummer verwendet wird.

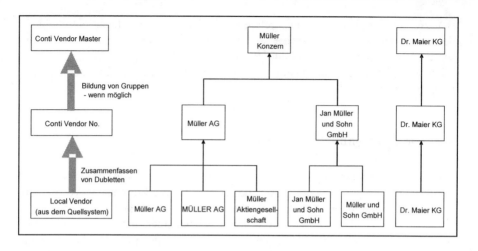

**Abb. 5: Hierarchischer Aufbau der Lieferantenummern**

So wird im Rahmen des Matching-Prozesses jedem Lieferantenstammsatz im SMART-System eine eindeutige Conti Vendor Nummer und ein eindeutiger Conti Vendor Master zugeordnet. Diese Schlüssel ermöglichen übergreifende Auswertungen für Lieferanten über die Grenzen der Quellsysteme hinweg.

Da die durch die automatischen Algorithmen gelieferten Zuordnungen allein keine ausreichende Qualität erreichen, sind im Rahmen des Projekts Möglichkeiten definiert worden, wie das Wissen der Einkäufer über diese Unternehmensstrukturen korrigierend einfließen kann.

Über die Warengruppen- und Lieferantenzuordnung hinaus werden auch weitere Attribute im Rahmen des Ladeprozesses homogenisiert. Beispielsweise werden sämtliche Mengeneinheiten auf ein einheitliches Schema gemappt (Beispiel: KGM, KG, KGS wird zu KGM).

# 5 Erfahrungen

Der Roll-Out des SMART-Systems wurde im Jahr 2004 begonnen, die Einführungsschulungen sind mittlerweile flächendeckend durchgeführt worden und die Benutzer aus den Bereichen strategischer Einkauf, Einkaufscontrolling, Werkseinkauf etc. haben Zugriff auf das System. Die seitdem gemachten Erfahrungen (im Sinne von Lessons Learned), gegliedert in die zwei Bereiche Datenqualität und der vergleichenden Sichtweise R/3 und BW, werden im Folgenden näher dargestellt:

## 5.1 Datenqualität

Für ein Projekt mit der Zielsetzung, eine globale Informationsplattform zur Verfügung zu stellen, ist die Qualität und damit die Verwendbarkeit der Informationen ein entscheidender Erfolgsfaktor. Gleichzeitig stellt die Sicherstellung einer über alle Konzernbereiche gleichmäßigen Datenqualität auch eine der größten Herausforderungen des Projektes dar. Dabei bedeutet Datenqualität im Rahmen des SMART-Projektes im Wesentlichen die Sicherstellung der Aggregationsmöglichkeit von Daten auf der Ebene der Warengruppen und Lieferanten bzw. Konzernen.

Die heterogene Struktur der Continental AG bezüglich der Produkte und somit auch Rohstoffe bzw. Produktionsmaterialien, die beschafft werden müssen, gemeinsam mit den unterschiedlichen Beschaffungsprozessen, die als Datenlieferanten im Hintergrund stehen, erfordern einen hohen Aufwand, um die Datenqualität sicherzustellen.

Eine weitere Erfahrung betrifft die Zahl der neu angelegten Lieferanten in den Quellsystemen. Wurde dieser Aspekt zu Beginn des Projektes als eher unbedeutend eingeschätzt, so zeigt sich jetzt, dass ca. 7% an neuen Lieferantennummern pro Jahr zu erwarten sind. Bei über 300.000 Lieferanten weltweit kommen somit jährlich ca. 20.000 neue Lieferantennummern hinzu, die den Harmonisierungsprozess durchlaufen und in die Mapping-Tabellen aufgenommen werden müssen.

Dies sind Aufgaben, die nicht mit dem Implementierungsprojekt enden, sondern darüber hinaus einen laufenden Aufwand darstellen. Langfristig wird parallel zu den Projektaktivitäten auch über Prozessveränderungen nachgedacht, um bereits bei der Erfassung bzw. erstmaligen Verarbeitung der Daten die geforderte Datenqualität herzustellen.

## 5.2 Unterschiedliche Sichtweisen SAP R/3 vs. SAP BW

Im Rahmen des SMART-Projektes galt es, Daten aus verschiedenen Modulen des SAP R/3 zusammenzuführen: Materialwirtschaftsdaten (MM) und Rechnungsdaten (FI). Um einen kompletten Überblick über einen Lieferanten zu ermöglichen, mussten diese Informationen auf der Material-/Belegebene zusammengeführt werden. Eine Herausforderung, die seitens des „Business Content" der SAP in dieser Form nicht unterstützt wird und daher einige Neuentwicklungen im Bereich der Datenextraktion erforderlich machte. Dabei waren die verschiedenen Beschaffungsformen wie etwa Bestellungen mit/ohne Wareneingang, Lieferplanabwicklung, Konsignation und Streckengeschäfte zu berücksichtigen.

SAP vertritt im Rahmen der Standardeinstellungen seiner Info-Strukturen an einigen Stellen eine Philosophie, die nicht der Sichtweise des Einkaufs der Continental AG entspricht. So werden im Standard z. B. alle Daten einer Bestellung auf dem Anlagedatum des Dokuments zusammengefasst oder der Gesamtwert eines Lieferplanes immer mit der aktuellen Kondition ermittelt, unabhängig von der Laufzeit und den Konditionsänderungen. Im SMART werden Bestellwerte zeitlich über das jeweilige Wunschlieferdatum der Einteilung zugeordnet und die Werte über die zu dem entsprechenden Termin gültige Kondition ermittelt. Neben diesem Beispiel gibt es noch weitere Bereiche, wo eine vom SAP-Standard abweichende Darstellung der Daten erforderlich war.

Diese abweichende Darstellung der Daten erschwert den Abgleich der Daten aus dem Business Warehouse und den Quellsystemen erheblich. Eine direkte Gegenüberstellung von vorhandenen Standardauswertungen aus dem Quellsystem und BW-Reports ist dadurch nur sehr eingeschränkt möglich.

Diese Tatsache musste im Rahmen des Projekts auch sehr klar formuliert und kommuniziert werden, um bei den Anwendern nicht die Erwartung zu wecken, die Daten aus ihren bisherigen lokal erstellten Berichten im SMART-System in jedem Fall in gleicher Weise wieder zu finden. Dazu ist in jedem Fall ein genauer Abgleich der Selektionskriterien und Kennzahlendefinitionen erforderlich. Insbesondere, da die meisten der lokal definierten Reports eher operativen Zwecken entspringen, die ein globales Informationssystem mit einer eher strategischen Ausrichtung nicht immer erfüllen kann. Hier sind die Grenzen eines globalen Informationssystems, die aufzuzeigen waren, um die Erwartungen der Anwender und die tatsächliche Leistungsfähigkeit des SMART-Systems in Einklang zu bringen.

## Anmerkungen

[1] eClass ist eine branchenübergreifende Klassifikation, die 1997 von verschiedenen Unternehmen der chemischen Industrie entwickelt wurde (www.eclass.de).

[2] UNSPSC (United Nations Standard Product and Services Code) wurde 1998 von Dun & Bradstreet in Zusammenarbeit mit dem United Nations Development Program entwickelt (www.unspsc.org).

[3] Die DUNS-Nr. (Data Universal Numbering System) wird von den Vereinten Nationen, der Europäischen Kommission und dem Verband der Automobilhersteller eingesetzt.

# Teil III

# Data Mining

# Knowledge Discovery in Databases

## Begriff, Forschungsgebiet, Prozess und System

ROLAND DÜSING

## Abstract

Knowledge Discovery in Databases ist ein Ansatz der Datenanalyse und zielt darauf ab, in umfangreichen Datenbeständen implizit vorhandenes Wissen zu entdecken und explizit zu machen.

Im Rahmen dieses Beitrags werden die Grundlagen des Knowledge Discovery in Databases dargestellt. Der Schwerpunkt der Darstellung ist die grundlegende Beschreibung des Knowledge Discovery in Databases-Prozesses.

## Inhalt

| | | |
|---|---|---|
| 1 | **Einleitung** | 242 |
| 2 | **Begriff** | 242 |
| 3 | **Forschungsgebiet** | 244 |
| 4 | **Prozess** | 246 |
| | 4.1 Auswahl | 247 |
| | 4.2 Aufbereitung | 248 |
| | 4.3 Festlegung | 249 |
| | 4.4 Analyse | 252 |
| | 4.5 Interpretation | 254 |
| 5 | **System** | 255 |
| | 5.1 Struktur | 256 |
| | 5.2 Werkzeuge | 257 |
| 6 | **Zusammenfassung und Ausblick** | 259 |

# 1 Einleitung

Die ständig wachsende Menge der in einem Unternehmen gespeicherten Daten und die mit der Erzielung und Erhaltung von Wettbewerbsvorteilen für ein Unternehmen verbundene Notwendigkeit einer immer schnelleren Analyse des gespeicherten Datenbestands haben zu einer Zunahme der Bedeutung von Ansätzen der Datenanalyse geführt. Knowledge Discovery in Databases ist ein Ansatz der Datenanalyse und zielt darauf ab, in umfangreichen Datenbeständen implizit vorhandenes Wissen zu entdecken und explizit zu machen.

Im Rahmen dieses Beitrags werden die Grundlagen des Knowledge Discovery in Databases dargestellt. Hierzu erfolgt zunächst eine Beschreibung des Begriffs (Kapitel 2) und der Forschungsrichtung (Kapitel 3) des Knowledge Discovery in Databases. Im Anschluss daran wird der Prozess (Kapitel 4) des Knowledge Discovery in Databases erläutert. Schließlich werden Knowledge Discovery in Databases-Systeme (Kapitel 5) untersucht und vorgestellt. Eine Zusammenfassung und ein Ausblick (Kapitel 6) beenden den Beitrag.

# 2 Begriff

Der Begriff Knowledge Discovery in Databases wurde zur Kennzeichnung eines Workshops der 11th International Conference on Artificial Intelligence im Jahre 1989 eingeführt. Diese Bezeichnung diente der Abgrenzung des in den Beiträgen des Workshops zum Ausdruck gebrachten Verständnisses der Datenanalyse von der zu dieser Zeit vorherrschenden Auffassung. Das vorherrschende Verständnis war geprägt durch die Sichtweise der Datenanalyse als Prozess der Mustererkennung [Cabe97, 15]. Die neue Auffassung betont den Aspekt der Entdeckung von Wissen im Rahmen der Datenanalyse. Diese Sichtweise wird durch den eingeführten Begriff verdeutlicht.

Die Bezeichnung Knowledge Discovery in Databases beschreibt in ihrer ursprünglichen Bedeutung „... the nontrivial extraction of implicit, previously unknown, and potentially useful information from data .." [FrPM91, 3]. Sie hat sich im zeitlichen Verlauf verändert.

Einerseits wurden für den Begriff Knowledge Discovery in Databases (so auch [ChHY96, 866]) andere Bezeichnungen eingeführt. In der Literatur weit verbreitet ist die synonyme Verwendung der Begriffe Knowledge Discovery in Databases und Data Mining.

Andererseits ist die ursprüngliche Bedeutung der Bezeichnung Knowledge Discovery in Databases weiterentwickelt worden. Dabei sind zwei Entwicklungsrichtungen besonders hervorzuheben. Die eine Richtung ist durch die Weiterentwicklung der Bedeutung im Hinblick auf die Forderung nach einem Automatismus des Knowledge Discovery in Databases bestimmt. Demzufolge setzt die Durchführung des Knowledge Discovery in Databases keine oder eine nur geringe Beteiligung des Anwenders voraus. Die andere Richtung zeichnet sich durch die Weiterentwicklung der Bedeutung in Bezug auf die Forderung nach der Prozesseigenschaft des Knowledge Discovery in Databases aus. Somit umfasst das Knowledge Discovery in Databases eine komplexe inhaltlich abgeschlossene, zeitliche und sachlogische Abfolge von Tätigkeiten.

Die folgenden Ausführungen basieren auf einer inhaltlichen Unterscheidung der Begriffe Knowledge Discovery in Databases und Data Mining. Darüber hinaus wird das durch die Definition von [FaPS96a, 6] festgelegte Verständnis des Knowledge Discovery in Databases als „... non-trivial process of identifying valid, novel, potentially useful, and ultimately understandable patterns in data .." zugrunde gelegt.

Knowledge Discovery in Databases ist demnach darauf ausgerichtet, auf der Grundlage eines nichttrivialen Prozesses („non-trivial process") Beziehungsmuster („patterns"), wie z. B. Regelmäßigkeiten oder Auffälligkeiten, in umfangreichen Datenbeständen („data") zu ermitteln. Diese Beziehungsmuster müssen für einen möglichst großen Anteil der Datenbasis Geltung („valid") haben und bislang unbekannte („novel"), potenziell nützliche („potentially useful") und leicht verständliche („ultimately understandable") Zusammenhänge in den Daten zum Ausdruck bringen. Aus diesen Zusammenhängen wird im Hinblick auf die mit dem Knowledge Discovery in Databases verbundene Aufgabenstellung explizites Wissen abgeleitet.

Das für das Knowledge Discovery in Databases geforderte Kriterium der Nichttrivialität zeigt sich, den Ausführungen von [FaPS96b, 30] folgend, darin, dass die in dem zugrunde liegenden Datenbestand ermittelten Zusammenhänge nicht durch eine Auflistung oder Aggregation einzelner Daten, sondern in Form eines Modells ausgedrückt werden. Die Kriterien Gültigkeit, Neuigkeit, Nützlichkeit und Verständlichkeit beschreiben die Güte der ermittelten Zusammenhänge und können durch verschiedene Bezugsgrößen gemessen werden.

Das im Rahmen des Knowledge Discovery in Databases entdeckte und explizit gemachte Wissen kann zur Erreichung der Wissensziele eines Unternehmens, wie beispielsweise die Gewinnung eines besseren Kundenverständnisses, beitragen. So ist es durch den Prozess des Knowledge Discovery in Databases möglich, auf der Grundlage von z. B. Kassentransaktionsdaten eines Handelsunternehmens Verbundbeziehungen zwischen verkauften Artikeln innerhalb eines Sortiments zu ermitteln. Die festgestellten Artikelbeziehungen, wie beispielsweise der komplementäre Kauf der Nahrungsmittel Bier und Chips, sind Ausdruck des Kaufverhaltens von Kunden. Ihre Ermittlung führt zu einem besseren Kundenverständnis und ermöglicht darüber hinaus die Festlegung und Durchführung von Maßnahmen zur Erhöhung der Kundenbindung, wie z. B. die gezielte räumliche Platzierung von Verbundartikeln oder die geeignete Auswahl von Angebotsartikeln.

Eine grundlegende Eigenschaft des Knowledge Discovery in Databases ist die Generierung von Hypothesen im Verlauf der Analyse [FaPS96b, 31]. Im Rahmen des Knowledge Discovery in Databases-Prozesses werden Muster, die Beziehungen in den zugrunde liegenden Daten beschreiben, ermittelt. Diese Beziehungen stellen Zusammenhänge in dem durch die Datenbasis abgebildeten Gegenstandsbereich dar. Die im Datenbestand induktiv ermittelten und in Form eines Modells zum Ausdruck gebrachten Zusammenhänge entsprechen daher Hypothesen über den durch die Daten abgebildeten Gegenstandsbereich. Demgemäß kann anhand einer Analyse der Daten von Kunden eines Telekommunikationsunternehmens beispielsweise die Hypothese „Kunden mit einem Vieltelefonierer-Tarif, die jünger als 35 Jahre sind und über ein Jahreseinkommen von über 40.000 EUR verfügen, gehören in 80 % der Fälle zu den umsatzstärksten Kunden." erzeugt werden.

Als eine weitere grundlegende Eigenschaft des Knowledge Discovery in Databases wird von z. B. [AgIS93, 914; Simo96, 26] die Verifizierung von Hypothesen im Verlauf der Analyse hervorgehoben. Die Hypothesenverifizierung zielt darauf ab, die Gültigkeit einer von einem Anwender aufgestellten Hypothese durch eine Analyse des zugrunde liegenden Datenbestands allgemein zu beweisen. Dieser Nachweis kann im Rahmen des Knowledge Discovery in Databases-Prozesses aufgrund der induktiven Vorgehensweise jedoch nicht geführt werden. Infolgedessen ist eine Verifizierung von Hypothesen mithilfe des Knowledge Discovery in Databases nicht möglich.

## 3 Forschungsgebiet

Der zeitliche Ursprung des Knowledge Discovery in Databases als Forschungsgebiet ist das Ende der Achtzigerjahre. Seit dieser Zeit hat das Interesse an einer Auseinandersetzung mit dem Knowledge Discovery in Databases zugenommen. Diese Entwicklung ist durch die zunehmende Verfügbarkeit leistungsfähiger Datenverarbeitungssysteme sowie ein vermehrtes Angebot von Werkzeugen des Knowledge Discovery in Databases vorangetrieben worden. Außerdem haben die Veränderungen in den Wettbewerbsbedingungen für Unternehmen diese Entwicklung verstärkt.

Der inhaltliche Ursprung des Knowledge Discovery in Databases ist auf interdisziplinäre Forschungsaktivitäten zahlreicher Forschungsrichtungen zurückzuführen. So haben, wie die Abbildung 1 veranschaulicht, insbesondere die Forschungsgebiete Statistik, Datenbanken und Maschinelles Lernen zu der Entstehung und Entwicklung des Knowledge Discovery in Databases beigetragen.

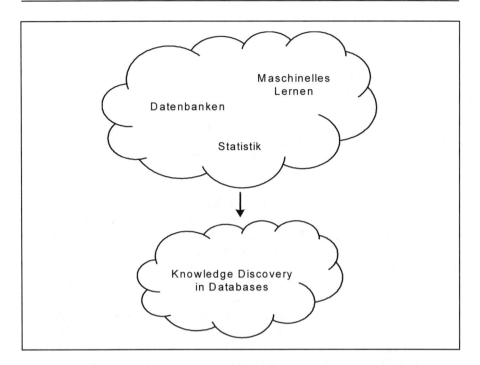

**Abb. 1: Haupteinflussgebiete der interdisziplinären Forschungsrichtung Knowledge Discovery in Databases**

Obwohl im Rahmen des Knowledge Discovery in Databases zur Entdeckung und Explikation von in umfangreichen Datenbeständen implizit vorhandenem Wissen auf Ansätze und Verfahren aus den Forschungsrichtungen Statistik, Datenbanken und Maschinelles Lernen zurückgegriffen wird, ist das Knowledge Discovery in Databases nicht mit diesen Forschungsgebieten gleichzusetzen.

Knowledge Discovery in Databases unterscheidet sich von den Forschungsrichtungen Statistik, Datenbanken und Maschinelles Lernen besonders dadurch, dass es nicht auf eine oder mehrere Phasen des Prozesses der Wissensentdeckung ausgerichtet ist, sondern den gesamten Entdeckungsprozess umfasst: „KDD [Knowledge Discovery in Databases; Anmerkung des Verfassers] focuses on the overall process of knowledge discovery from data, including how the data is stored and accessed, how algorithms can be scaled to massive datasets and still run efficiently, how results can be interpreted and visualized, and how the overall human-machine interaction can be modeled and supported .." [FaPS96b, 29].

## 4 Prozess

Auch wenn derzeit kein allgemeines Vorgehensmodell des Knowledge Discovery in Databases verfügbar ist, so wird in der Literatur, wie z. B. [AdZa96, 37 f.; Brac96, 44], die Eigenschaft der Mehrphasigkeit übereinstimmend als ein wesentliches Merkmal des Knowledge Discovery in Databases-Prozesses herausgestellt. Zur Darstellung des mehrphasigen Prozesses kann auf eine Vielzahl von Vorgehensmodellen zurückgegriffen werden. Diese unterscheiden sich insbesondere hinsichtlich des Grads der Detaillierung und Ausrichtung an Knowledge Discovery in Databases-Werkzeugen.

Ein weiteres wesentliches Merkmal des Knowledge Discovery in Databases-Prozesses ist, so auch [FaSt97, 102; Mann97, 42], der iterative und interaktive Prozessablauf. So bestimmt der Anwender anhand des Ergebnisses einzelner Phasen oder des gesamten Prozesses den weiteren Ablauf des Knowledge Discovery in Databases-Prozesses. Hierbei können einzelne Phasen oder der gesamte Prozess erneut durchlaufen werden. Mit der Interaktivität des Knowledge Discovery in Databases-Prozesses verbunden ist die zentrale Bedeutung des Anwenders für den Prozessablauf. Diese begründet, den Ausführungen von [Mann96, 2; BrAn96, 38] folgend, die fehlende Automatisierbarkeit des Knowledge Discovery in Databases-Prozesses.

Das Verständnis von Knowledge Discovery in Databases als ein mehrphasiger, iterativer und interaktiver Prozess bildet die Grundlage für die weiteren Ausführungen. Diese sind zudem bestimmt durch die Darstellung des Knowledge Discovery in Databases-Prozesses mithilfe des in der Abbildung 2 illustrierten Vorgehensmodells. Dieses Vorgehensmodell ist auf [FaPS96a, 9 ff.] zurückzuführen und gliedert den Prozess des Knowledge Discovery in Databases in die Phasen der Auswahl (Abschnitt 4.1), Aufbereitung (Abschnitt 4.2), Festlegung (Abschnitt 4.3), Analyse (Abschnitt 4.4) und Interpretation (Abschnitt 4.5).

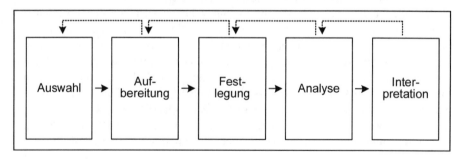

**Abb. 2: Vorgehensmodell des Knowledge Discovery in Databases**

## 4.1 Auswahl

Die Zielsetzung der Auswahlphase besteht darin, die Ausgangslage für das Knowledge Discovery in Databases zu bestimmen. Zur Erreichung dieses Ziels werden die Tätigkeiten der Auswahl der Aufgabenstellung und Daten ausgeführt.

Mit der Auswahl der Aufgabenstellung wird eine für das Knowledge Discovery in Databases geeignete Aufgabe bestimmt.

Ein Kennzeichen einer geeigneten Aufgabenstellung ist der Aufgabentyp der Entdeckung implizit vorhandenen Wissens [WeBl98, 62 ff.]. Dieser Aufgabentyp zeichnet sich dadurch aus, dass der Anwender nicht weiß, dass das für die Bearbeitung einer Aufgabe erforderliche Wissen in den zugrunde liegenden Daten vorhanden ist.

Ein anderes Kennzeichen ist die Ausrichtung der Aufgabe auf die Entdeckung und Explikation potenziell nützlichen Wissens. Bei der Auswahl der Aufgabenstellung ist, wie auch [BeLi97, 23 ff.] ausführen, sicherzustellen, dass das im Rahmen der Aufgabe zu entdeckende und explizit zu machende Wissen anwendbar und bezüglich seiner Anwendung wirtschaftlich ist. Demnach kann aus beispielsweise dem durch eine Analyse des Datenbestands von Kunden eines Leasingunternehmens ermittelten Zusammenhang „Eine vergleichsweise große Anzahl von Kunden hat die Geschäftsbeziehung aufgrund ihrer eigenen Geschäftsaufgabe beendet." kein potenziell nützliches Wissen abgeleitet werden. Dieser Zusammenhang ist von dem Leasingunternehmen nicht zu beeinflussen und lässt sich somit auch nicht für z. B. die Festlegung und Durchführung von Maßnahmen zur Erhöhung der Kundenbindung heranziehen.

Ein weiteres Kennzeichen einer geeigneten Aufgabenstellung ist die Angemessenheit der Aufgabendefinition. Die ausgewählte Aufgabe muss einerseits hinreichend allgemein formuliert sein, um auf der Grundlage einer Analyse die Generierung von Hypothesen über den durch die Daten abgebildeten Gegenstandsbereich zu ermöglichen. Die Aufgabenstellung muss andererseits genügend konkret formuliert sein, um die Voraussetzung für beispielsweise eine Erfolgsmessung des Knowledge Discovery in Databases-Prozesses zu schaffen.

Im Rahmen der Auswahl der Daten wird eine für die ausgewählte Aufgabenstellung relevante Datenbasis bestimmt.

Bei der Datenauswahl ist anhand des im Zusammenhang mit der Aufgabenstellung verfügbaren Wissens zu prüfen, ob der ausgewählte Datenbestand eine für die Bearbeitung der Aufgabe geeignete Grundlage ist. Oftmals sind die für die Bearbeitung einer Aufgabenstellung erforderlichen Daten nicht oder nur beschränkt verfügbar. Dieses gilt insbesondere für Daten, die für die Geschäftsprozesse eines Unternehmens ohne oder von lediglich geringer Bedeutung sind und daher in den Datenbeständen operativer Informationssysteme nicht oder nur lückenhaft erfasst werden.

Außerdem ist bei der Datenauswahl zu überprüfen, ob eine Analyse der relevanten Datenbasis im Rahmen des Knowledge Discovery in Databases möglich und zulässig ist. Die Verfügbarkeit eines Datenbestands für eine Analyse kann aus technischen, organisatorischen oder rechtlichen Gründen eingeschränkt sein. Technische Einschränkungen der Verfügbarkeit sind darauf zurückzuführen, dass die ausgewählte Datenbasis nicht den mit dem Knowledge Discovery in Databases verbundenen technischen Anforderungen, wie beispielsweise die Speicherung auf für einen Zugriff durch Datenverarbeitungssysteme geeigneten Datenträgern, entspricht. Organisatorische Einschränkungen der Verfügbarkeit sind durch fehlende Zugriffsrechte auf einen technisch verfügbaren Datenbestand gekennzeichnet. Rechtliche Einschränkungen der Verfügbarkeit betreffen die Verarbeitung personenbezogener Daten und sind in sowohl den nationalen Datenschutzgesetzen, wie z. B. das Bundesdatenschutzgesetz, als auch den internationalen Grundsätzen zum Datenschutz, wie beispielsweise die Europäische Datenschutzrichtlinie oder die OECD-Datenschutzleitlinie, festgelegt [Tava99, 137 ff.].

## 4.2 Aufbereitung

Die Tätigkeiten in der Aufbereitungsphase sind auf eine Verbesserung der Qualität der ausgewählten Datenbasis insbesondere im Hinblick auf die Vollständigkeit und Konsistenz der Daten ausgerichtet. Sie umfassen eine Integration, Bereinigung, Anreicherung und Reduktion des Datenbestands.

Die ausgewählten Daten sind oftmals in mehreren Datenquellen abgelegt und können sich daher in Bezug auf z. B. die Form der Datenorganisation oder Datendarstellung voneinander unterscheiden. Daten, die verschiedene Organisationsformen oder Darstellungsformen aufweisen, müssen für eine gemeinsame Analyse durch eine physische oder logische Integration in eine einheitliche Datenbasis überführt werden [WeBl98, 89].

Die Bereinigung der Daten beinhaltet die Bearbeitung fehlender und fehlerhafter Ausprägungen von Merkmalen des Datenbestands.

Die Ursachen für fehlende und fehlerhafte Merkmalsausprägungen sind besonders technische oder menschliche Fehler in der Datenerhebung und Datenverarbeitung. Zudem wird die Entstehung fehlender und fehlerhafter Ausprägungen, so auch [Cabe97, 49; AdZa96, 84], dadurch begünstigt, dass die Daten meistens nicht zum Zweck einer Analyse, sondern für die Durchführung von Geschäftsprozessen eines Unternehmens erhoben werden. Die Qualität der Daten hängt deshalb in einem wesentlichen Maß von ihrer Bedeutung für die Geschäftsprozesse eines Unternehmens ab.

Obgleich die Datenbereinigung, den Ausführungen von [Pyle99, 83] folgend, eine Voraussetzung für die Anwendung zahlreicher Verfahren zur Ermittlung und Abbildung von Beziehungsmustern in Daten ist, kann sie einen erheblichen Einfluss auf das Ergebnis der Analyse des Datenbestands haben. Entsprechend ist es möglich, dass durch z. B. die Ersetzung fehlender Merkmalsausprägungen ein im Hinblick auf die zu ermittelnden Zusammenhänge bedeutsames Beziehungsmuster in den Daten gelöscht wird [BrAn96, 50].

Zur Bearbeitung fehlender und fehlerhafter Merkmalsausprägungen kann auf verschiedene Ansätze zurückgegriffen werden.

Ein Ansatz zielt auf die nachträgliche Erhebung der fehlenden und fehlerhaften Ausprägungen ab. Dieser Ansatz kann mit einem erheblichen Aufwand verbunden sein und sich insbesondere im Fall von Merkmalsausprägungen aus vergangenen Zeitperioden als nicht durchführbar erweisen.

Ein anderer Ansatz ist dadurch gekennzeichnet, dass die Datensätze mit fehlenden und fehlerhaften Ausprägungen aus der Datenbasis entfernt werden. Diese Vorgehensweise führt dazu, dass Beziehungsmuster, in denen fehlende oder fehlerhafte Merkmalsausprägungen ein wesentlicher Bestandteil sind, gelöscht werden.

Ein weiterer Ansatz besteht darin, die fehlenden und fehlerhaften Ausprägungen zu ersetzen. Dieses Vorgehen kann auf der Grundlage von Imputationsverfahren durchgeführt werden [WiRu98, 85].

Durch eine Anreicherung der Daten können dem Datenbestand weitere Merkmale, die für die Bearbeitung der Aufgabenstellung des Knowledge Discovery in Databases zweckmäßig sind, hinzugefügt werden.

Hierbei ist zu beachten, dass sich die Aussagekraft und Genauigkeit des Analyseergebnisses durch die Aufnahme weiterer Merkmale in die Datenbasis nicht in einem beliebigen Maß verbessern lassen. Zudem muss berücksichtigt werden, dass die Erweiterung des Datenbestands um zusätzliche Merkmale zu einer Vergrößerung des Datenraums und damit zu einer höheren Komplexität der Analyse führt [Brac96, 48].

Eine Anreicherung der Daten kann auf der einen Seite durch die Hinzufügung von aus den vorhandenen Merkmalen der Datenbasis abgeleiteten Merkmalen erfolgen. Auf der anderen Seite ist eine Anreicherung der Daten durch die Aufnahme von aus anderen Datenquellen, wie beispielsweise Statistische Ämter oder Marktforschungsinstitute, bezogenen Merkmalen möglich.

Das Ziel einer Reduktion der Daten ist die Verringerung der Anzahl von Merkmalen des Datenbestands.

Die Anzahl der Merkmale hat, so auch [Pyle99, 355 f.], einen Einfluss auf die Komplexität der Analyse. Die Verringerung der Anzahl von Merkmalen führt zu einer Reduzierung der Analysekomplexität. Sie ist im Fall umfangreicher Datenbestände oftmals eine Voraussetzung für die Durchführbarkeit einer Analyse.

Eine Verringerung der Anzahl von Merkmalen kann, wie auch [WiRu98, 88] ausführen, durch eine Merkmalsextraktion und Merkmalsselektion erreicht werden.

## 4.3 Festlegung

Im Rahmen der Festlegungsphase werden Tätigkeiten zur Vorbereitung der Analyse der Datenbasis ausgeführt. Hierzu gehören die Festlegung der Zielsetzung, des Analyseverfahrens sowie des Umfangs und der Darstellung der zu analysierenden Daten.

Bezüglich der Festlegung der Zielsetzung gibt es in der Literatur, wie z. B. [FrPM91, 16 f.; FaPS96a, 12 ff.; HaKa01, 21 ff.], unterschiedliche Auffassungen darüber, welche Ziele mit dem Knowledge Discovery in Databases verbunden sein können. Den folgenden Ausführungen liegt die durch die Abbildung 3 beschriebene Klassifikation von Zielen zugrunde. Diese gliedert die Zielsetzung des

Knowledge Discovery in Databases in die Ziele der Bildung von Gruppen, Erklärung von Gruppen, Erklärung von Zusammenhängen und Beschreibung von Zusammenhängen.

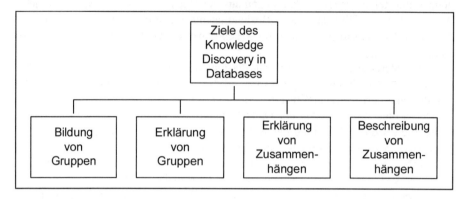

**Abb. 3: Klassifikation der Ziele des Knowledge Discovery in Databases**

Die Bildung von Gruppen entsteht durch eine Zusammenfassung der Datensätze des Datenbestands anhand ihrer Merkmalsausprägungen. Dabei sollen Datensätze, die zu einer Gruppe zusammengefasst werden, möglichst ähnlich sein. Datensätze, die zu unterschiedlichen Gruppen zusammengefasst werden, sollen möglichst verschieden sein. Aus der Zusammenfassung von Datensätzen zu Gruppen kann Wissen über die Ähnlichkeit und Verschiedenheit von Datensätzen der Datenbasis abgeleitet werden. Die Zielsetzung der Bildung von Gruppen liegt beispielsweise der Anwendung der Marktsegmentierung zugrunde. Diese Anwendung ist darauf ausgerichtet, den Markt zum Zweck einer segmentspezifischen Bearbeitung in einzelne Kundensegmente, die ein in sich möglichst ähnliches und untereinander möglichst verschiedenes Kaufverhalten aufweisen, aufzuspalten.

Die Erklärung von Gruppen basiert auf der Ermittlung eines funktionalen Zusammenhangs zwischen dem qualitativen Gruppierungsmerkmal und den quantitativen oder qualitativen Merkmalen, hinsichtlich deren Ausprägungen sich die zu verschiedenen Gruppen zusammengefassten Datensätze des Datenbestands voneinander unterscheiden, sowie der fachspezifischen Begründung des Zusammenhangs. Eine Anwendung, die auf die Erklärung von Gruppen abzielt, ist z. B. die Risikoprüfung von Kunden. Hierbei wird zunächst ein funktionaler Zusammenhang zwischen den Merkmalen eines Kunden und seiner bekannten Risikoklasse bestimmt. Anschließend wird anhand des ermittelten Zusammenhangs die Risikoklasse von potenziellen Kunden festgelegt.

Die Erklärung von Zusammenhängen ergibt sich aus der Bestimmung und fachspezifischen Begründung eines funktionalen Zusammenhangs zwischen einem abhängigen quantitativen Merkmal und einem oder mehreren unabhängigen quantitativen oder qualitativen Merkmalen der Datensätze der Datenbasis. Die Wirkungsmessung von Marketingmaßnahmen ist ein Beispiel für eine Anwendung mit der Zielsetzung der Erklärung von Zusammenhängen. Auf der Grundlage eines ermittelten funktionalen Zusammenhangs wird der Einfluss von Marketingmaßnahmen, wie beispielsweise die Werbung oder das Sponsoring, auf eine Reaktionsgröße, wie z. B. der Absatz oder Marktanteil, quantitativ erfasst. Der festgestellte Einfluss ermöglicht die Bewertung der Marketingmaßnahmen und kann somit zur Auswahl einer oder mehrerer wirksamer Marketingmaßnahmen herangezogen werden.

Die Beschreibung von Zusammenhängen ist auf die Ermittlung von Assoziationen zwischen den Ausprägungen von Merkmalen der Datensätze des Datenbestands zurückzuführen. Dementsprechend wird das gemeinsame Auftreten von Merkmalsausprägungen in Form beispielsweise der Regel „Wenn die Merkmalsausprägung A auftritt, dann tritt in 85 % der Fälle auch die Merkmalsausprägung B auf." dargestellt. Auf das Ziel der Beschreibung von Zusammenhängen ist z. B. die Anwendung der Sequenzanalyse ausgerichtet. Innerhalb der Sequenzanalyse werden Verbundbeziehungen zwischen zeitlich aufeinander folgend gekauften Artikeln bestimmt. Die ermittelten Verbundbeziehungen bringen das zeitliche Kaufverhalten von Kunden zum Ausdruck und führen zu einem besseren Kundenverständnis.

Mit der Festlegung des Analyseverfahrens werden das oder die Verfahren zur Analyse der Datenbasis sowie die Reihenfolge der Ausführung der Verfahren bestimmt.

Aus der Vielzahl der verfügbaren Analyseverfahren, wie beispielsweise Clusterverfahren, Entscheidungsbaumverfahren, Konnektionistische Systeme oder Assoziationsregelverfahren, ist ein geeignetes Verfahren oder eine geeignete Kombination von Verfahren festzulegen. Diese Festlegung kann in Bezug auf insbesondere die Merkmale der Zielsetzung des Knowledge Discovery in Databases, der Eigenschaften des Datenbestands und der Verständlichkeit des Analyseergebnisses erfolgen.

Die zahlreichen Analyseverfahren unterstützen verschiedene Zielsetzungen des Knowledge Discovery in Databases und weisen unterschiedliche Beschränkungen hinsichtlich der Eigenschaften der Datenbasis und der Verständlichkeit des Analyseergebnisses auf. So können durch die Anwendung von z. B. Konnektionistischen Systemen die Ziele der Bildung von Gruppen, Erklärung von Gruppen und Erklärung von Zusammenhängen verfolgt werden. Des Weiteren ermöglichen Konnektionistische Systeme die Analyse von Daten mit quantitativen Merkmalen. Schließlich sind die durch die Anwendung von Konnektionistischen Systemen ermittelten Beziehungsmuster implizit abgebildet und dadurch im Vergleich zu den durch die Anwendung anderer Analyseverfahren explizit abgebildeten Beziehungsmustern wenig anschaulich.

Durch die Festlegung des Datenumfangs wird die Anzahl der Datensätze der zu analysierenden Datenbasis bestimmt. Dabei wird festgelegt, ob die Analyse auf der Grundlage des gesamten Datenbestands, d. h. der Grundgesamtheit, oder einer Stichprobe durchgeführt wird.

Mit der Verwendung einer Stichprobe ist oftmals eine Verkleinerung des Datenraums und damit eine Reduzierung der Komplexität der Analyse verbunden. Das Ausmaß der Verringerung wird, so auch [Domi02, 74], im Wesentlichen durch die Komplexität des festgelegten Analyseverfahrens bestimmt. Demnach ist im Fall der Anwendung eines Verfahrens, das im Verlauf der Analyse einmal bzw. mehrfach auf die Datensätze der Datenbasis zurückgreift, eine verhältnismäßig geringe bzw. hohe Verringerung zu erwarten. Darüber hinaus führt die Verwendung einer Stichprobe vielfach zu einem im Vergleich zu der Verwendung der Grundgesamtheit schlechteren Analyseergebnis.

Ungeachtet ihrer möglichen Auswirkungen auf die Analyse des Datenbestands kann eine Stichprobenbildung für die Überprüfung des Ergebnisses der Analyse notwendig sein. Einige Analyseverfahren, wie beispielsweise Konnektionistische Systeme oder Entscheidungsbaumverfahren, erfordern für die Überprüfung des Analyseergebnisses eine Aufteilung der Datenbasis in die Teilmengen der Erstellungsdaten und Beurteilungsdaten. Die Erstellungsdaten werden in diesen Verfahren für die Ermittlung von Beziehungsmustern herangezogen. Die Beurteilungsdaten bilden die Grundlage für die Feststellung der Güte der ermittelten Beziehungsmuster.

Für eine Analyse des Datenbestands ist es oftmals erforderlich, die Daten in eine für das festgelegte Analyseverfahren geeignete Darstellungsform zu überführen [HaMS01, 38].

Zu diesem Zweck können eine Skalentransformation und Wertetransformation durchgeführt werden. Auf der Grundlage der Skalentransformation werden Merkmale, die bezüglich eines Skalentyps in Ausprägungen zerlegt sind, in Merkmale eines anderen Skalentyps überführt. So kann durch z. B. eine Intervallbildung der Merkmalsausprägungen das ratioskalierte Merkmal Alter in das ordinalskalierte Merkmal Altersgruppe umgewandelt werden. Die Wertetransformation zielt darauf ab, den Wertebereich eines Merkmals in einen anderen Wertebereich zu überführen. Sie ist erforderlich für die Anwendung von Analyseverfahren, die, wie beispielsweise Konnektionistische Systeme, eine Normierung der Merkmale der Datenbasis auf einen festgelegten Wertebereich, wie z. B. das Intervall [0, 1], voraussetzen.

## 4.4 Analyse

In der Analysephase werden anhand eines oder mehrerer Analyseverfahren Beziehungsmuster im Datenbestand ermittelt und abgebildet.

Die mit der Analyse im Rahmen des Knowledge Discovery in Databases-Prozesses verbundenen Tätigkeiten werden auch unter der Bezeichnung Data Mining zusammengefasst.

Data Mining umfasst sämtliche Tätigkeiten, „... [that find; Zusatz des Verfassers] a logical or mathematical description, eventually of a complex nature, of patterns and regularities in a set of data .." [DeFo95, 3]. Es ist ein Ansatz zur Analyse von Daten und darauf ausgerichtet, Beziehungsmuster („patterns and regularities") in der zugrunde liegenden Datenbasis („set of data") zu ermitteln und durch logische oder mathematische Beschreibungen („logical or mathematical description") abzubilden.

Knowledge Discovery in Databases bezieht sich auf den gesamten Prozess der Wissensentdeckung. Es zielt, im Gegensatz zum Data Mining, nicht nur auf die Ermittlung und Abbildung von Beziehungsmustern im Datenbestand ab, sondern schließt auch beispielsweise die Auswahl und Aufbereitung der Daten, die Festlegung eines oder mehrerer Analyseverfahren sowie die Ableitung von explizitem Wissen ein. Dementsprechend wird das Data Mining hier, dem Verständnis von [FaPS96a, 9] folgend, als eine Phase des Knowledge Discovery in Databases-Prozesses aufgefasst.

Die Vielfalt des Data Mining kann nach unterschiedlichen Merkmalen eingeteilt werden. Ein Merkmal zur Klassifikation des Data Mining ist die Verarbeitungsform der Analyse. Dieses Kriterium begründet die Gliederung in sequenzielles und paralleles Data Mining [Skil99]. Ein anderes Merkmal ist die Organisationsform der Daten. Mithilfe dieses Kriteriums ist eine Aufteilung in lokales und verteiltes Data Mining möglich [Prov00]. Nach dem Merkmal des Strukturierungsgrads der Daten können das Data Mining von formatierten und unformatierten Daten unterschieden werden [DöGS99]. Ein weiteres Merkmal zur Klassifikation des Data Mining ist der Gegenstandsbereich der Daten. Dieses Kriterium führt zu einer Einteilung in z. B. das Spatial Data Mining oder Web Mining [KoAH96; Zaia98].

Für eine Analyse von Daten können neben dem Data Mining weitere Analyseansätze, wie beispielsweise Data Access oder On-Line Analytical Processing, herangezogen werden. Diese Ansätze unterscheiden sich, wie das folgende Beispiel der Analyse des Absatzes von Warengruppen eines Versandhandelsunternehmens verdeutlicht, bezüglich der Analyserichtung, des zugrunde liegenden Datenraums und der Form des Analyseergebnisses.

Der Analyseansatz Data Access ist durch die Eigenschaft der Verifizierung von Hypothesen im Verlauf der Analyse gekennzeichnet. Der zugrunde liegende Datenraum setzt sich aus Datenobjekten und Beziehungen zwischen den Datenobjekten zusammen. Infolgedessen kann der Absatz von Waren der Warengruppen Rucksäcke, Zelte und Schlafsäcke in den Filialen Nord und Süd über die Versandart Express und Standard beispielsweise durch eine Verknüpfung der Datenobjekte Warengruppe und Filiale über die Beziehung Absatz abgebildet werden. Die Analyse erfolgt im Data Access auf der Grundlage von Datenbankabfragesprachen und ist bestimmt durch Fragestellungen wie z. B. „Wie viele Einheiten der Warengruppe Zelte wurden in der Filiale Süd über die Versandart Express abgesetzt?". Das Ergebnis der Analyse sind einzelne Merkmalsausprägungen des Datenbestands, wie beispielsweise die in einer Filiale über eine Versandart abgesetzt Menge einer Warengruppe.

Ein weiterer Analyseansatz mit der Eigenschaft der Verifizierung von Hypothesen ist das On-Line Analytical Processing. Diesem Ansatz liegt ein multidimensionaler Datenraum zugrunde. Die Dimensionen des Datenraums werden durch Bezugsgrößen und die Elemente des Datenraums durch Grundmessgrößen gebildet. Demgemäß wird der Absatz von Warengruppen in Filialen über Versandarten in einem Datenraum mit den Dimensionen Warengruppe, Filiale und Versandart sowie den Elementen Absatz dargestellt. Die Analyse wird im On-Line Analytical Processing auf der Grundlage der Operationen Rotation, Drill-Down, Roll-Up, Slice und Dice durchgeführt. Sie zeichnet sich durch Fragestellungen wie z. B. „Wie viele Einheiten der Warengruppe Schlafsäcke wurden in allen Filialen über die Versandart Standard abgesetzt?" aus und führt zu einzelnen

Merkmalsausprägungen der Datenbasis, wie beispielsweise die in allen Filialen über eine Versandart abgesetzte Menge einer Warengruppe.

Data Mining ist ein Analyseansatz, der die Eigenschaft der Generierung von Hypothesen im Verlauf der Analyse aufweist. Der zugrunde liegende Datenraum kann multidimensional sein oder aus Datenobjekten und Beziehungen zwischen den Datenobjekten bestehen. Die Analyse im Data Mining ist durch Fragestellungen wie z. B. „Wie ist die Absatzstruktur der Warengruppen in den Filialen?" gekennzeichnet. Aus der Analyse ergibt sich eine Beschreibung oder Erklärung in Form eines Modells, wie beispielsweise „Der Absatz von Waren der Warengruppe Rucksäcke in der Filiale Nord erfolgte in 95 % der Fälle über die Versandart Express.".

## 4.5 Interpretation

Das Ziel der Interpretationsphase ist die Ableitung expliziten Wissens aus den ermittelten Beziehungsmustern. Hierfür werden die Tätigkeiten der Überprüfung und Auswertung des Analyseergebnisses durchgeführt.

Die Überprüfung des Analyseergebnisses dient der Feststellung der Güte der ermittelten Beziehungsmuster.

Diese Bewertung kann, wie in den weiteren Ausführungen am Ergebnis der Analyse von Kundendaten eines Kreditinstituts beispielhaft dargestellt wird, im Hinblick auf verschiedene Merkmale wie z. B. Genauigkeit, Signifikanz oder Generalisierungsfähigkeit vorgenommen werden [Jens02, 475 ff.]. Die im Rahmen der Analyse von Kundendaten eines Kreditinstituts ermittelten Beziehungsmuster zwischen beispielsweise den Merkmalen eines Kunden und seiner Kreditwürdigkeit ermöglichen die Erklärung der Gruppen von kreditwürdigen und nicht kreditwürdigen Kunden.

Die Genauigkeit der ermittelten Beziehungsmuster zeigt sich in der Korrektheit der Erklärung der Gruppen von kreditwürdigen und nicht kreditwürdigen Kunden. Die im Zusammenhang mit der Erklärung der Gruppen möglichen Fehler resultieren aus einer Zuordnung von kreditwürdigen Kunden in die Gruppe der nicht kreditwürdigen Kunden sowie von nicht kreditwürdigen Kunden in die Gruppe der kreditwürdigen Kunden. Die Korrektheit der Erklärung der Gruppen kann durch Maße wie z. B. der Anteil fehlerfreier Zuordnungen an der Gesamtheit der Zuordnungen von Kunden in Gruppen bestimmt werden.

Die Signifikanz der Beziehungsmuster ist ein Maß für die Wahrscheinlichkeit, dass die auf der Grundlage einer Stichprobe in Form der Erstellungsdaten ermittelten Beziehungsmuster zwischen den Merkmalen eines Kunden und seiner Kreditwürdigkeit auch in der Grundgesamtheit der Daten vorhanden sind. Die Untersuchung der Signifikanz ist mithilfe von statistischen Testverfahren, wie z. B. dem Hypothesentest, möglich.

Die Generalisierungsfähigkeit der Beziehungsmuster kennzeichnet die Eigenschaft, dass die in den Erstellungsdaten ermittelten Beziehungsmuster eine allgemeine, d. h. über die Erstellungsdaten hinaus gültige, Erklärung der Gruppen von kreditwürdigen und nicht kreditwürdigen Kunden zum Ausdruck bringen. Sie kann anhand beispielsweise der Genauigkeit der ermittelten Beziehungsmuster in den Beurteilungsdaten festgestellt werden.

Die Auswertung des Analyseergebnisses umfasst einerseits die Darstellung der in den ermittelten Beziehungsmustern ausgedrückten Zusammenhänge in einer für den Anwender verständlichen Form. So können z. B. die anschaulichen Bezeichnungen für Kundensegmente wie „kostenbewusster Familienurlauber" oder „anspruchsvoller Geschäftsreisender" auf beispielsweise die Interpretation der Merkmalsausprägungen der innerhalb der Marktsegmentierung für eine Fluggesellschaft gebildeten Gruppen von Kunden zurückgeführt werden.

Im Rahmen der Auswertung des Analyseergebnisses werden andererseits die dargestellten Zusammenhänge in Beziehung zu der Aufgabenstellung des Knowledge Discovery in Databases gesetzt. Über diesen Kontextbezug entsteht explizites Wissen, das aufgrund der Eigenschaft der Hypothesengenerierung des Knowledge Discovery in Databases bezüglich insbesondere der Neuigkeit und Nützlichkeit zu untersuchen ist. Durch diese Untersuchung können z. B. dem Anwender bereits bekannte Zusammenhänge wie beispielsweise „Wenn ein Kunde Lackfarbe kauft, dann kauft er in 90 % der Fälle auch Lackierpinsel." oder triviale Zusammenhänge wie z. B. „Wenn ein Kunde einen Mietwagen anmietet, dann hat er ein Mindestalter von 18 Jahren." erkannt werden.

Das in der Interpretationsphase abgeleitete explizite Wissen, wie beispielsweise die für ein Handelsunternehmen festgestellte komplementäre Artikelbeziehung zwischen den Nahrungsmitteln Bier und Chips, kann zur Erreichung der Wissensziele eines Unternehmens, wie z. B. die Gewinnung eines besseren Kundenverständnisses, beitragen. Darüber hinaus ist es außerhalb des Knowledge Discovery in Databases-Prozesses möglich, auf der Grundlage des abgeleiteten expliziten Wissens Maßnahmen zur Erreichung der Ziele eines Unternehmens, wie beispielsweise die Erhöhung der Kundenbindung, festzulegen und durchzuführen: „What use should be made of the resulting information? Should the supermarket manager place the beer and chips together, to make it easier for shoppers, or farther apart, making it less convenient for them, and maximizing their time in the store and therefore their likelihood of being drawn into unplanned further purchases .." [WiFr00, 34].

# 5 System

Knowledge Discovery in Databases-Systeme zeichnen sich dadurch aus, dass sie eine oder mehrere im Rahmen des Knowledge Discovery in Databases-Prozesses erforderliche Funktionen anbieten. Sie weisen unterschiedliche Strukturen (Abschnitt 5.1) auf und sind als Knowledge Discovery in Databases-Werkzeuge (Abschnitt 5.2) für eine Datenanalyse verfügbar.

## 5.1 Struktur

Ein Knowledge Discovery in Databases-System besteht aus einer Funktionskomponente und einer Datenkomponente.

Die Funktionskomponente realisiert Aktivitäten zur Durchführung von Tätigkeiten des Knowledge Discovery in Databases-Prozesses, wie z. B. die Bereinigung von Daten oder die Festlegung des Datenumfangs. Dabei wird, in Abhängigkeit vom Leistungsumfang der Funktionskomponente, die Ausführung einer oder mehrerer Tätigkeiten unterstützt.

In der Datenkomponente sind die dem Knowledge Discovery in Databases zugrunde liegenden Daten abgelegt. Diese werden in Form beispielsweise einer Datei oder Datenbank gespeichert.

Die Struktur eines Knowledge Discovery in Databases-Systems wird durch die Realisierungsform der Funktionskomponente und Datenkomponente bestimmt. Die Realisierung der Komponenten kann verschiedenartig erfolgen und zu einer einfachen, parallelen und verteilten Struktur eines Knowledge Discovery in Databases-Systems führen.

Ein Knowledge Discovery in Databases-System mit einer einfachen Struktur umfasst eine Funktionskomponente und Datenkomponente, die durch eine Funktionseinheit und Dateneinheit realisiert werden. Diese Struktur kennzeichnet die Architektur z. B. des von Angoss Software Corporation entwickelten Werkzeugs KnowledgeSTUDIO.

Einem Knowledge Discovery in Databases-System mit einer aus einer Dateneinheit und mehreren Funktionseinheiten bestehenden Datenkomponente und Funktionskomponente liegt eine parallele Struktur zugrunde. Die gleichzeitige Anwendung mehrerer Funktionseinheiten in einem Knowledge Discovery in Databases-System ermöglicht eine effiziente Verarbeitung umfangreicher Datenbestände. Von besonderer Bedeutung ist in diesem Zusammenhang die Parallelisierung der Tätigkeit der Analyse. Eine Parallelisierung der Analyse kann in Bezug auf die Daten oder Aktivitäten vorgenommen werden [Chat97, 2 f.]. Bei einer Parallelisierung der Analyse hinsichtlich der Daten wird eine Aktivität gleichzeitig von mehreren Funktionseinheiten auf unterschiedlichen Teildatenbeständen ausgeführt. Bei einer Parallelisierung der Analyse bezüglich der Aktivitäten führen mehrere Funktionseinheiten verschiedene Aktivitäten auf unterschiedlichen Teildatenbeständen durch. Ein Knowledge Discovery in Databases-System mit einer parallelen Struktur ist beispielsweise das von Compaq Computer Corporation entwickelte Werkzeug Data Mining Server.

Ein Knowledge Discovery in Databases-System mit einer verteilten Struktur setzt sich aus einer Funktionskomponente und Datenkomponente, die durch eine Funktionseinheit und mehrere Dateneinheiten realisiert werden, zusammen. Die physische Verteilung der Daten in mehrere Dateneinheiten ist darauf zurückzuführen, dass die dem Knowledge Discovery in Databases zugrunde liegenden Daten in z. B. verschiedenen Datenquellen unterschiedlicher Abteilungen oder Filialen eines Unternehmens abgelegt sind. Sie kann in Form einer horizontalen und vertikalen Verteilung ausgeprägt sein [Karg98, 71]. Die horizontale Verteilung der Daten entsteht durch eine Verteilung der Datensätze eines Datenbestands auf mehrere Dateneinheiten. Die vertikale Verteilung der Daten ergibt sich aus einer Verteilung der Datensatzfelder einer Datenbasis auf mehrere Dateneinheiten. Das am Imperial College London entwickelte Werkzeug Kensington Enterprise Mining System ist ein Beispiel für ein Knowledge Discovery in Databases-System mit einer verteilten und parallelen Struktur.

## 5.2 Werkzeuge

Zur Unterstützung der Durchführung von Tätigkeiten des Knowledge Discovery in Databases-Prozesses sind unterschiedliche Werkzeuge entwickelt worden [Piat00, 60]. Die Vielfalt der Knowledge Discovery in Databases-Werkzeuge kann nach verschiedenen Kriterien gegliedert werden. Ein Merkmal zur Klassifikation von Werkzeugen ist die Art der Verfügbarkeit. Dieses Kriterium ermöglicht eine Einteilung in frei und kommerziell verfügbare Knowledge Discovery in Databases-Werkzeuge. Ein anderes Merkmal ist die Struktur. Dieses Kriterium begründet eine Aufteilung in Werkzeuge mit einer einfachen, parallelen und verteilten Struktur. Nach dem Merkmal des Leistungsumfangs können Knowledge Discovery in Databases-Werkzeuge, welche die Ausführung einer oder mehrerer Tätigkeiten unterstützen, unterschieden werden.

Eine umfassende Beschreibung einiger Werkzeuge ist verschiedenen Studien zum Vergleich von Knowledge Discovery in Databases-Werkzeugen, wie z. B. [WoKy97; TwoC99; GNRM02; WiHi02], zu entnehmen. Die in den Studien für die vergleichende Darstellung festgelegten Merkmale kennzeichnen, wie beispielsweise die in der Tabelle 1 zusammengefassten Merkmale ausgewählter Studien, wesentliche Eigenschaften der Knowledge Discovery in Databases-Werkzeuge und können daher zur Bewertung und Auswahl eines Werkzeugs herangezogen werden.

| Autoren | Merkmale | Werkzeuge |
|---|---|---|
| Abbott, Matkovsky, Elder [AbME98] | Client-Server Processing, Automation and Project Documentation, Algorithms, Ease of Use, Accuracy | Clementine, Darwin, Enterprise Miner, Intelligent Miner for Data, Pattern Recognition Workbench |
| King, Elder [KiEl98] | Capability, Learnability / Usability, Interoperability, Flexibility | CART, DataMind Professional, Data-Miner Software Kit, Gnosis, ModelQuest Expert, Knowledge Miner, Neuroshell 2, Pattern Recognition Workbench, PcOLPARS, Scenario, See5, S-plus, WizWhy |
| Gaul, Säuberlich [GaSä99] | Preprocessing, Data Mining, Postprocessing, Additional Features | Clementine, Darwin, DataEngine, Data Mining Tool, Decision Series Software Suite, Enterprise Miner, Inspect, Intelligent Miner for Data, KnowledgeSEEKER, Partek, Pattern Recognition Workbench, SIPINA |

Tab. 1: Ausgewählte Studien zum Vergleich von KDD-Werkzeugen

Ein Knowledge Discovery in Databases-Werkzeug mit einer, dem Ergebnis einer von Gartner Group durchgeführten Untersuchung folgend, starken Marktstellung ist der Intelligent Miner [Klös02, 539].

Dieses von IBM Corporation entwickelte Werkzeug ist kommerziell verfügbar und kann eine einfache oder parallele Struktur aufweisen. Die Architektur des Intelligent Miner ist, wie die Abbildung 4 illustriert, durch ein Client/Server-Konzept bestimmt.

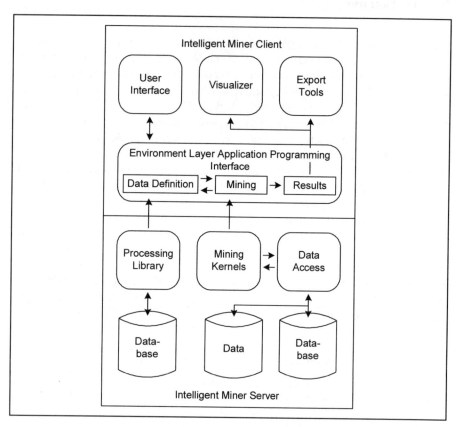

**Abb 4: Architektur des Knowledge Discovery in Databases-Werkzeugs Intelligent Miner for Data [IBM02, 5]**

Der Intelligent Miner Client besteht aus einer Benutzungsoberfläche (User Interface), Visualisierungskomponente (Visualizer) sowie Bereitstellungskomponente (Export Tools) und ist über eine Schnittstelle (Environment Layer Application Programming Interface) mit dem Intelligent Miner Server verbunden. Die Benutzungsoberfläche ermöglicht die Steuerung von Aktivitäten zur Durchführung der vom Intelligent Miner Server unterstützten Tätigkeiten. Die entstehenden Ergebnisse (Results) werden durch die Visualisierungskomponente aufbereitet und können mithilfe der Bereitstellungskomponente in eine für die Weiterverarbeitung oder Anwendung geeignete Darstellungsform überführt werden.

Die Bearbeitungskomponente (Processing Library) ist eine Komponente des Intelligent Miner Server und stellt Aktivitäten zur Durchführung der Tätigkeiten Auswahl der Daten, Integration der Daten, Bereinigung der Daten, Anreicherung der Daten, Festlegung des Datenumfangs und Festlegung der Datendarstellung auf Daten in relationalen Datenbanken (Database) bereit. Eine weitere Komponente ist die Analysekomponente (Mining Kernels). Sie umfasst verschiedene Analyseverfahren, wie beispielsweise Clusterverfahren, Entscheidungsbaumverfahren, Konnektionistische Systeme und Assoziationsregelverfahren. Auf der Grundlage dieser Verfahren und der Datenzugriffskomponente (Data Access) kann eine Analyse von Daten in Dateien (Data) oder relationalen Datenbanken (Database) erfolgen.

# 6 Zusammenfassung und Ausblick

Knowledge Discovery in Databases ist ein interdisziplinäres Forschungsgebiet, das auf die Entdeckung und Explikation von in umfangreichen Datenbeständen implizit vorhandenem Wissen ausgerichtet ist. Der Prozess des Knowledge Discovery in Databases ist mehrphasig, iterativ sowie interaktiv und umfasst den gesamten Prozess der Wissensentdeckung. Knowledge Discovery in Databases-Systeme unterstützen die Durchführung von Tätigkeiten dieses Prozesses. Sie können eine einfache, parallele oder verteilte Struktur aufweisen und sind als Knowledge Discovery in Databases-Werkzeuge für eine Datenanalyse verfügbar.

Knowledge Discovery in Databases ist bereits erfolgreich zur Bearbeitung unterschiedlicher Aufgabenstellungen in verschiedenen Branchen eingesetzt worden. Die zukünftigen Herausforderungen für und Anstrengungen im Hinblick auf das Knowledge Discovery in Databases werden durch zwei parallele Entwicklungsrichtungen bestimmt sein: „Both will demand certain scientific advances and both will meet some real world needs. I call these two GM-way and Microsoft-way. The Microsoft-way will move the field towards „data mining for the masses." The GM-way will move it towards „KDD [Knowledge Discovery in Databases; Anmerkung des Verfassers] for business and industry," where massive data is easy to collect but difficult to exploit and use .." [FaPU03, 195].

# Literatur

[AbME98]  Abbott, D. W.; Matkovsky, I. P.; Elder, J. F.: An Evaluation of High-end Data Mining Tools for Fraud Detection, in: o. V.: 1998 IEEE International Conference on Systems, Man and Cybernetics, San Diego, USA, 11.10.1998 - 14.10.1998, Piscataway 1998, S. 2836 - 2841.

[AdZa96]   Adriaans, P.; Zantinge, D.: Data Mining, Harlow et al. 1996.

[AgIS93] Agrawal, R.; Imielinski, T.; Swami, A.: Database Mining: A Performance Perspective, in: IEEE Transactions on Knowledge and Data Engineering, 5. Jg., Heft 6, 1993, S. 914 - 925.

[BeLi97] Berry, M. J. A.; Linoff, G.: Data Mining Techniques: For Marketing, Sales and Costumer Support, New York et al. 1997.

[Brac96] Brachman, R. J.; Khazaba, T.; Kloesgen, W.; Piatetsky-Shapiro, G.; Simoudis, E.: Mining Business Databases, in: Communications of the ACM, 39. Jg., Heft 11, 1996, S. 42 - 48.

[BrAn96] Brachman, R. J.; Anand, T.: The Process of Knowledge Discovery in Databases: A Human-Centered Approach, in: Fayyad, U. M.; Piatetsky-Shapiro, G.; Smyth, P.; Uthurusamy, R. (Hrsg.): Advances in Knowledge Discovery in Databases and Data Mining, Menlo Park et al. 1996, S. 37 - 57.

[Cabe97] Cabena, P.; Hadjinian, P.; Stadler, R.; Verhees, J.; Zanasi, A.: Discovering Data Mining: From Concept to Implementation, Upper Saddle River 1997.

[Chat97] Chattratichat, J.; Darlington, J.; Ghanem, M.; Guo, Y.; Hüning, H.; Köhler, M.; Sutiwaraphun, J.; To, H. W.; Yang, D.: Large Scale Data Mining: The Callenges and the Solutions, http://citeseer.ist.psu.edu/cache/papers/cs/16189/http:zSzzSzhpc.doc.ic.ac.ukzSzenvironmentszSzcoordinationzSzpaperszSzkdd97.pdf/chattratichat97large.pdf, Abruf am 01.08.2005.

[ChHY96] Chen, M.-S.; Han, J.; Yu, P. S.: Data Mining: An Overview from a Database Perspective, in: IEEE Transactions on Knowledge and Data Engineering, 8. Jg., Heft 6, 1996, S. 866 - 883.

[DeFo95] Decker, K. M.; Focardi, S.: Technology Overview: A Report on Data Mining, Swiss Scientific Computing Center, CSCS TR-95-02, Manno 1995.

[DöGS99] Dörre, J.; Gerstl, P.; Seiffert, R.: Text Mining: Finding Nuggets in Mountains of Textual Data, in: Chaudhuri, S.; Madigan, D. (Hrsg.): Proceedings of the Fifth ACM SIGKDD International Conference on Knowledge Discovery and Data Mining, San Diego, USA, 15.08.1999 - 18.08.1999, New York 1999, S. 398 - 401.

[Domi02] Domingos, P.: When and How to Subsample: Report on the KDD-2001 Panel, in: ACM SIGKDD Explorations, 3. Jg., Heft 2, 2002, S. 74 - 75.

[FaPS96a] Fayyad, U. M.; Piatetsky-Shapiro, G.; Smyth, P.: From Data Mining to Knowledge Discovery: An Overview, in: Fayyad, U. M.; Piatetsky-Shapiro, G.; Smyth, P.; Uthurusamy, R. (Hrsg.): Advances in Knowledge Discovery in Databases and Data Mining, Menlo Park et al. 1996, S. 1 - 34.

[FaPS96b] Fayyad, U. M.; Piatetsky-Shapiro, G.; Smyth, P.: The KDD Process for Extracting Useful Knowledge from Volumes of Data, in: Communications of the ACM, 39. Jg., Heft 11, 1996, S. 27 - 34.

| | |
|---|---|
| [FaPU03] | Fayyad, U. M.; Piatetsky-Shapiro, G.; Uthurusamy, R.: Summary from the KDD-03 Panel – Data Mining: The Next 10 Years, in: ACM SIGKDD Explorations, 5. Jg., Heft 2, 2003, S. 191 - 196. |
| [FaSt97] | Fayyad, U. M.; Stolorz, P.: Data Mining and KDD: Promise and Challenges, in: Future Generation Computer Systems, 13. Jg., Heft 2 - 3, 1997, S. 99 - 115. |
| [FrPM91] | Frawley, W. J.; Piatetsky-Shapiro, G.; Matheus, C. J.: Knowledge Discovery in Databases: An Overview, in: Piatetsky-Shapiro, G.; Frawley, W. J.: Knowledge Discovery in Databases, Menlo Park et al. 1991, S. 1 - 27. |
| [GaSä99] | Gaul, W.; Säuberlich, F.: Classification and Positioning of Data Mining Tools, in: Gaul, W.; Locarek-Junge, H. (Hrsg.): Proceedings of the 22nd Annual GfKl Conference, Dresden, Deutschland, 04.03.1999 - 06.03.1999, Berlin et al. 1999, S. 145 - 154. |
| [GNRM02] | Gentsch, P.; Niemann, C.; Roth, M.; Mandzak, P.: Data Mining – 12 Software-Lösungen im Vergleich, o. O. 2002. |
| [HaKa01] | Han, J.; Kamber, M.: Data Mining: Concepts and Techniques, San Francisco et al. 2001. |
| [HaMS01] | Hand, D.; Mannila, H.; Smyth, P.: Principles of Data Mining, Cambridge, London 2001. |
| [IBM02] | IBM Corporation: Using the Intelligent Miner for Data (Version 8, Release 1), SH12-6750-00, o. O. 2002. |
| [Jens02] | Jensen, D. D.: Statistical Evaluations, in: Klösgen, W.; Zytkow, J. M. (Hrsg.): Handbook of Data Mining and Knowledge Discovery, Oxford et al. 2002, S. 475 - 489. |
| [Karg98] | Kargupta, H.; Johnson, E.; Sanseverino, E. R.; Park, B.-H.; Silvestre, L. D.; Hershberger, D.: Collective Data Mining From Distributed, Vertically Partitioned Feature Space, in: o. V.: KDD98-Workshop on Distributed Data Mining, New York, USA, 31.08.1998, o. O. 1998, S. 70 - 91. |
| [KiEl98] | King, M. A.; Elder, J. F.: Evaluation of Fourteen Desktop Data Mining Tools, in: o. V.: 1998 IEEE International Conference on Systems, Man and Cybernetics, San Diego, USA, 11.10.1998 - 14.10.1998, Piscataway 1998, S. 2927 - 2932. |
| [Klös02] | Klösgen, W.: Overview of Discovery Systems, in: Klösgen, W.; Zytkow, J. M. (Hrsg.): Handbook of Data Mining and Knowledge Discovery, Oxford et al. 2002, S. 539 - 543. |
| [KoAH96] | Koperski, K.; Adhikary, J.; Han, J.: Spatial Data Mining: Progress and Challenges, in: o. V.: Proceedings of the ACM SIGMOD Workshop on Research Issues on Data Mining and Knowledge Discovery, Montreal, Canada, 02.06.1996, o. O. 1996, S. 55 - 70. |

[Mann96]     Mannila, H.: Data Mining: Machine Learning, Statistics, and Databases, in: Svensson, P.; French, J. C. (Hrsg.): Proceedings of the Eighth International Conference on Scientific and Statistical Database Management, Stockholm, Sweden, 18.06.1996 - 20.06.1996, Los Alamitos et al. 1996, S. 2 - 9.

[Mann97]     Mannila, H.: Methods and Problems in Data Mining, in: Afrati, F.; Kolaitis, P. G. (Hrsg.): Proceedings of the 6th International Conference on Database Theory, Delphi, Greece, 08.01.1997 - 10.01.1997, Berlin et al. 1997, S. 41 - 55.

[Piat00]     Piatetsky-Shapiro, G.: Knowledge Discovery in Databases: 10 Years After, in: ACM SIGKDD Explorations, 1. Jg., Heft 2, 2000, S. 59 - 61.

[Prov00]     Provost, F.: Distributed Data Mining: Scaling Up and Beyond, in: Kargupta, H.; Chan, P. (Hrsg.): Advances in Distributed and Parallel Knowledge Discovery, Menlo Park et al. 2000, S. 3 - 26.

[Pyle99]     Pyle, D.: Data Preparation for Data Mining, San Francisco 1999.

[Simo96]     Simoudis, E.: Reality Check for Data Mining, in: IEEE Intelligent Systems, 11. Jg., Heft 5, 1996, S. 26 - 33.

[Skil99]     Skillicorn, D.: Strategies for Parallel Data Mining, in: IEEE Concurrency, 7. Jg., Heft 4, 1999, S. 26 - 35.

[Tava99]     Tavani, H. T.: Informational Privacy, Data Mining, and the Internet, in: Ethics and Information Technology, 1. Jg., Heft 2, 1999, S. 137 - 145.

[TwoC99]     Two Crows Corporation: Data Mining '99 – Technology Report, Potomac 1999.

[WeBl98]     Westphal, C.; Blaxton T.: Data Mining Solutions: Methods and Tools for Solving Real-World Problems, New York et al. 1998.

[WiHi02]     Wilde, K. D.; Hippner H.: Data Mining – mehr Gewinn aus Ihren Kundendaten, o. O. 2002.

[WiFr00]     Witten, I. H.; Frank, E.: Data Mining: Practical Machine Learning Tools and Techniques with Java Implementations, San Francisco 2000.

[WiRu98]     Wittmann, T.; Ruhland, J.: Fallstudie zum Knowledge Discovery in Databases mit Neuro-Fuzzy-Systemen, in: Kruse, R.; Saake, G. (Hrsg.): Data Mining und Data Warehousing, Otto-von-Guericke-Universität Magdeburg, Fakultät für Informatik, Arbeitsbericht Nr. 14, Magdeburg 1998, S. 81 - 92.

[WoKy97]     Woods, E.; Kyral, E.: Ovum Evaluates: Data Mining, London 1997.

[Zaia98]     Zaiane, O. R.: From Resource Discovery to Knowledge Discovery on the Internet, Simon Fraser University, School of Computing Science, TR 1998-13, Burnaby 1998.

# Verfahren des Data Mining

*FRANK BEEKMANN, PETER CHAMONI*

## Abstract

Die im Rahmen der Wissensentdeckung in umfangreichen Datenbeständen eingesetzten Verfahren des Data Mining werden hinsichtlich Zielsetzung, Aufgabenstellung und logischer Vorgehensweise präsentiert. Die für die Datenanalyse wichtigen Fragestellungen der Klassifikation, der Regression, der Clusterung und der Abhängigkeitsentdeckung kennzeichnen die Kernaufgaben analytischer Informationssysteme. Ihnen werden Entscheidungsbaumverfahren, Künstlich Neuronale Netze, Clusterverfahren und Assoziationsanalyse als Lösungsansätze gegenübergestellt und an Beispielen die Einsatzfähigkeit erläutert.

## Inhaltsverzeichnis

| | | |
|---|---|---|
| 1 | Zielsetzung und Aufgabenstellung | 264 |
| | 1.1 Erstellung eines Klassifikationsmodells | 264 |
| | 1.2 Erstellung eines Regressionsmodells | 265 |
| | 1.3 Bildung von Clustern | 265 |
| | 1.4 Entdeckung von Abhängigkeiten | 266 |
| 2 | Ausgewählte Verfahren | 266 |
| | 2.1 Entscheidungsbaumverfahren | 268 |
| | 2.2 Künstliche Neuronale Netze | 270 |
| | 2.3 Clusterverfahren | 274 |
| | 2.4 Assoziationsanalyse | 276 |
| 3 | Zusammenfassung | 278 |

# 1 Zielsetzung und Aufgabenstellung

Mit der Anwendung des durch einen KDD-Prozess entdeckten Wissens soll ein betriebswirtschaftliches Ziel erreicht werden, welches sich aus allgemeinen Problemstellungen ergibt. Dieses Ziel kann beispielsweise die Bewertung neuer Kunden anhand eines Prognosemodells sein oder eine Beschreibung, in welche Käufergruppen sich bestehende Kunden segmentieren lassen. Diese Beispiele zeigen bereits, dass unterschiedliche Typen von Zielsetzungen, nämlich Vorhersage und Beschreibung, für die Anwendung eines KDD-Prozesses existieren. Für *Fayyad, Piatetsky-Shapiro* und *Smyth* [FaPS96b, 12] lassen sich alle Zielsetzungen bezüglich des KDD in diese beiden Arten der Zielsetzung unterscheiden.

Eine erfolgreiche Wissensentdeckung bedingt neben dem Verständnis der zu Grunde liegenden Zielsetzung eine präzise Ableitung und Formulierung der Aufgabenstellung, die als Basis für die weiteren Prozessphasen dient. Hierbei wird zunächst festgelegt, welche Art von Wissen entdeckt und wie es angewendet werden soll. Beispielsweise könnte als Aufgabe formuliert werden, dass durch Mustererkennung ein Klassifikationsmodell zu erstellen ist, um zukünftig neue Kunden in Käuferklassen einteilen zu können.

Da weder eine vollständige Auflistung noch eine zufrieden stellende Einteilung aller im Rahmen des Knowledge Discovery in Databases untersuchten Aufgabenstellungen möglich ist, werden im Folgenden einige oft in der Literatur beschriebene Aufgabenstellungen kurz erläutert (vgl. den Beitrag von *Düsing* in diesem Sammelband). Dabei wird auf die Erstellung eines Klassifikationsmodells (Abschnitt 1.1), die Erstellung eines Regressionsmodells (Abschnitt 1.2), die Bildung von Clustern (Abschnitt 1.3) und die Entdeckung von Abhängigkeiten (Abschnitt 1.4) eingegangen.

## 1.1 Erstellung eines Klassifikationsmodells

Ein Klassifikationsmodell ist eine Abbildung einer Zuordnung von Elementen in vorgegebene Klassen. Dabei wird eine die Klasse angebende Variable durch andere Merkmale der Elemente erklärt. Dieses Modell kann zur Prognose der Klassenzugehörigkeit von Datenobjekten mit unbekannter Klassenzugehörigkeit eingesetzt werden, indem ein solches Datenobjekt anhand einiger seiner Merkmale einer von mehreren alternativen Klassen zugeordnet wird. Die Erstellung des Modells basiert auf einer bereits bestehenden Menge an Datenobjekten, deren Klassenzugehörigkeiten bereits bekannt sind.

Zu unterscheiden ist davon die Klassifikation selbst, worunter die tatsächliche Zuordnung von Datenobjekten mit unbekannter Klassenzugehörigkeit verstanden wird. Diese Zuordnung stellt für sich keine Entdeckung expliziten Wissens dar, sondern ist lediglich die Anwendung eines Klassifikationsmodells. In der Literatur wird jedoch diese Unterscheidung vernachlässigt und der Begriff Klassifikation für die Erstellung eines Klassifikationsmodells verwendet.

Als typisches Beispiel für die Anwendung eines Klassifikationsmodells wird oftmals eine Kreditwürdigkeitsprüfung angegeben [WiFr99, 21]. Hierbei wird aus einem existierenden Datenbestand ein Regelsystem generiert, so dass ein neuer Kunde, der einen Kredit beantragt, anhand seiner in das Regelsystem eingegebenen Kundendaten als kreditwürdig bzw. als nicht kreditwürdig eingestuft werden kann. Weitere Beispiele sind die Klassifikation von Versicherungsanträgen in Risikoklassen [WiHu96, 121 ff.] oder die Verbesserung der Antwortrate bei Direct-Marketing-Aktionen [HaOu97, 47 ff.].

## 1.2 Erstellung eines Regressionsmodells

Ein Regressionsmodell ist ein Modell, mit dem eine abhängige, stetige Variable durch mehrere unabhängige Variablen erklärt wird [FaKK96, 93 ff.]. Dieses Modell kann zur Bestimmung des unbekannten Wertes einer abhängigen Variablen durch die bekannten Werte der zugehörigen unabhängigen Variablen angewendet werden, womit ein Prognosemodell vorliegt. Damit stimmen die Zielsetzungen der Regression und der Klassifikation im Wesentlichen überein. Im Unterschied zu der Klassifikation zielt die Regression jedoch auf stetige Variablen ab, so dass nicht mehr von einzelnen Klassen ausgegangen werden kann.

Ein Beispiel für die Anwendung des entwickelten Regressionsmodells sind Prognosen über das langfristige Absatzvolumen in der Automobilindustrie [Hipp98, 84 ff.]. Hierbei wird die Variable PKW-Neuzulassungen durch andere quantitative volkswirtschaftliche sowie soziodemographische Größen geschätzt. Eine weitere wichtige Anwendung eines Regressionsmodells ist die Schätzung von Wahrscheinlichkeiten, wobei insbesondere das logistische Regressionsmodell verwendet wird, bei der die abhängige Variable nur einen Wert zwischen 0 und 1 annehmen kann [Rudo99, 201 ff.].

Schließlich ist die große Klasse der Autoregressionsmodelle zu nennen, welche bei Zeitreihenanalysen eingesetzt wird. Hierbei wird die abhängige Variable durch die unabhängigen Variablen und zusätzlich durch die in der Vorperiode bestimmte abhängige Variable berechnet (vgl. ARIMA-Modell bei [Stul02, 65 ff.]).

## 1.3 Bildung von Clustern

Bei der Bildung von Clustern werden die Objekte repräsentierenden Datensätze zu Gruppen (Cluster) derart zusammengefasst, dass die Datensätze innerhalb eines Clusters möglichst ähnlich, Datensätze aus unterschiedlichen Clustern dagegen möglichst unähnlich sind [Bach96, 2]. Dabei sind die Gruppen im Gegensatz zu den Klassen bei der Klassifikationsmodellerstellung a priori nicht bekannt, sondern sie sind das Ergebnis eines Clusterverfahrens. Durch die Entdeckung der Cluster soll Wissen über Ähnlichkeiten der Objekte entdeckt werden. Hierbei steht die Beschreibung des bestehenden Datenbestandes im Vordergrund.

Das Entdecken von Clustern geschieht weitgehend durch gut entwickelte Methoden, insbesondere aus der multivariaten Statistik. Dadurch ist die Entdeckung von Clustern relativ einfach, wogegen sich die Interpretation der gefundenen Cluster oftmals als problematisch erweist. Typische Beispiele für Anwendungen der Clusterentdeckung befinden sich im Marketing etwa beim Auffinden neuer Kundengruppen oder für die Individualisierung der Kundenansprache [Küpp99, 129 ff.].

Unter das Finden von Clustern lässt sich, wie [Düsi00, 23] ausführt, auch die in der Literatur häufig separat genannte Aufgabenstellung der Abweichungsentdeckung (Ausreißerentdeckung) einordnen. Dabei werden Cluster mit wenigen Elementen dahingehend untersucht, ob diese durch Abweichungen induziert wurden.

In der Literatur wird das Bilden von Clustern auch als Clusterung oder auch als Segmentierung bezeichnet. Gelegentlich, insbesondere bei älteren Büchern der Statistik, wird für die Clusterbildung auch der Begriff Klassifikation verwendet.

## 1.4 Entdeckung von Abhängigkeiten

Bei der Entdeckung von Abhängigkeiten besteht die Aufgabe darin, Abhängigkeiten zwischen Merkmalen oder einzelnen Ausprägungen dieser Merkmale eines Datenbestandes bzw. einer ausgewählten Teilmenge dieses Bestandes zu erfassen. Dabei werden a priori keine Abhängigkeiten angenommen, wie etwa bei der Regression, sondern es sollen diese selbstständig aufgefunden werden. Zu beachten ist bei dieser Aufgabenstellung, dass zunächst nur Abhängigkeiten gemäß eines Kriteriums ohne eine kausale Erklärung angezeigt werden. Ob tatsächlich diese Abhängigkeiten vorliegen, muss einzeln geprüft werden. Wenn derartige Abhängigkeiten gefunden worden sind, stellen die zugehörigen Modelle zunächst Beschreibungen der im Datenbestand vorliegenden Zusammenhänge dar. Diese können teilweise zu Prognosemodellen erweitert werden.

Eine Möglichkeit der Abhängigkeitsentdeckung besteht im Auffinden von Assoziationsregeln zwischen einzelnen Attributwerten der Datensätze. Zum Beispiel beschreiben derartige Regeln Beziehungen zwischen Artikeln in einem Kaufhaus (Warenkorbanalyse) oder Eigenschaften von Käufern bestimmter Produkte. Ebenfalls werden sequenzielle Assoziationsregeln generiert, mit denen Aussagen beispielsweise über das Kaufverhalten von Kunden über einen längeren Zeitraum möglich sind.

## 2 Ausgewählte Verfahren

Wie auch bei den Aufgabenstellungen ist eine vollständige Aufzählung der verwendeten Data-Mining-Verfahren nicht möglich. Jedoch können den Aufgabenstellungen typische Verfahren zugeordnet werden, mit denen sie bearbeitet werden können.

Die in der Literatur sehr häufig angewendeten Methoden werden im Folgenden den vorstehend genannten Aufgabenstellungen zugeordnet und in den folgenden Abschnitten genauer erläutert. Diese sind Entscheidungsbaumverfahren (Abschnitt 2.1), mit denen Klassifikations- und Regressionsmodelle erstellt werden können. Ferner werden Künstliche Neuronale Netze (Abschnitt 2.2) erläutert, die als Klassifikations- bzw. Regressionsmodell sowie bei der Bildung von Clustern Anwendung finden. In Abschnitt 2.3 werden Clusterverfahren beschrieben. Verfahren zur Assoziationsanalyse sind typische Verfahren für die Abhängigkeitsentdeckung und sind Gegenstand von Abschnitt 2.4. Die folgende Abb. 1 stellt die Zuordnung der Methoden zu den Aufgabenstellungen zusammenfassend dar:

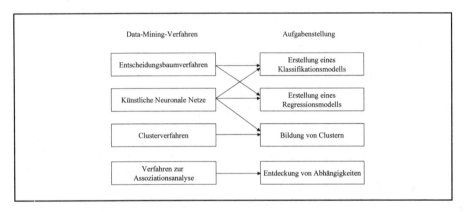

**Abb. 1: Zuordnung der Verfahren des Data Mining**

Es ist schwierig, neben der vollständigen Aufzählung auch eine Klassifizierung der Verfahren vorzunehmen. Durchgesetzt hat sich die aus dem Bereich des Maschinellen Lernens stammende Einteilung in überwachte und unüberwachte Verfahren.

Bei einem überwachten Verfahren ist das Ergebnis, das durch das Modell abgebildet werden soll, a priori bekannt. Dies ist besonders bei Klassifikationsmodellen der Fall, wobei die Datensätze des Analysedatenbestandes jeweils eine bekannte Variable enthalten, in der die Klassenzugehörigkeit codiert ist. Durch das überwachte Verfahren werden Modellparameter derart geändert, dass die durch das Modell generierten Klassifikationswerte mit den tatsächlich vorliegenden größtenteils übereinstimmen. Werden zu viele Objekte durch das Modell fehlerhaft klassifiziert, so müssen die Parameter angepasst werden.

Beim unüberwachten Verfahren werden keine weiteren Vorgaben für das durch ein Muster dargestellte Ergebnis spezifiziert. Hierbei werden die Datensätze unabhängig von Ergebniserwartungen verarbeitet. Modellparameter werden beispielsweise dann angepasst, wenn Muster sich wiederholen.

Für die Beschreibung der Data-Mining-Verfahren schlagen *Fayyad, Piatetsky-Shapiro und Smyth* [FaPS96b, 16] alternativ vor, nach den Hauptkomponenten der Verfahren, nämlich Modellrepräsentation, Modellevaluation und Suchverfahren, zu unterscheiden. Dabei wird unter Modellrepräsentation die Darstellungsform der Muster verstanden und unter Modellevaluation die Güte eines Modells. Unter Suchverfahren wird unterschieden, ob das Verfahren Parameter eines Modells mit vorgegebener Struktur bestimmt oder ob das Verfahren darüber hinaus auch die Struktur des Modells anpasst. Bei den folgenden Beschreibungen wird auf diese Komponenten soweit wie möglich eingegangen.

## 2.1 Entscheidungsbaumverfahren

Entscheidungsbäume sind typische Modelle, die zur Klassifikation eingesetzt werden. Die ersten Generierungsverfahren wurden bereits in den sechziger Jahren entwickelt, deren Verbesserungen heute in den meisten Data-Mining-Werkzeugen zum Standard zählen.

Ziel eines Klassifikationsverfahrens ist die Erzeugung eines Modells, mit dem ein Datenobjekt in eine von mehreren, vorgegebenen Klassen eingeordnet werden kann. Stellen die Klassen Intervalle einer stetigen Regressionsvariablen dar, so kann ein derartiges Verfahren auch zur Regressionsmodellerstellung angewendet werden. Die folgenden Ausführungen beziehen sich aus Vereinfachungsgründen nur auf die Erzeugung von Klassifikationsmodellen. Um derartige Modelle zu erstellen, ist die Existenz eines Datenbestandes notwendig, dessen Datenobjekte ein ausgezeichnetes, die Klassenzugehörigkeit angebendes Merkmal besitzen. Es handelt sich dabei um eine so genannte Trainingsmenge, die in einem überwachten Verfahren verarbeitet wird.

Die Grundidee bei den Entscheidungsbaumverfahren besteht in der sukzessiven Aufsplittung der Trainingsmenge, so dass sich in den daraus resultierenden Teilmengen homogenere Gruppen bezüglich der Klassifikationsvariablen befinden. Als Beispiel liege für eine Kreditwürdigkeitsprüfung eine Menge von Datensätzen vor, die jeweils einen Kunden beschreiben. Dabei werden 50 % der Datensätze als kreditwürdig bezeichnet, während die restlichen Datensätze das Klassifikationsmerkmal kreditunwürdig aufweisen. Durch eine Aufteilung des Datenbestandes sollen zwei Teilmengen derart entstehen, dass sich in der einen Teilmenge mehr Datensätze mit der Eigenschaft kreditwürdig befinden, wogegen in der anderen Teilmenge die als kreditunwürdig gekennzeichneten Datensätze überwiegen. Beide Teilmengen weisen damit eine bessere Homogenität bezüglich der Klassifikationsvariablen als der Ausgangsdatenbestand auf.

Die Regel, nach welcher die Aufteilung einer Menge in Teilmengen durchgeführt wird, ist ein wesentliches Unterscheidungsmerkmal der Entscheidungsbaumverfahren. Erfolgt die Aufteilung anhand jeweils eines Merkmales der Datensätze, so liegen die klassischen univariaten Verfahren vor, während neuere, so genannte multivariate Entscheidungsbaumverfahren auch Linearkombinationen von Attributwerten zur Bestimmung der Aufteilungsregel verwenden.

Das Ergebnis eines solchen Verfahrens kann wie in der folgenden Abb. 2 grafisch als Baum dargestellt werden.

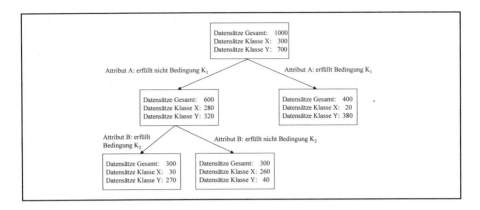

**Abb. 2: Beispiel eines Entscheidungsbaumes**

Dieser Baum besteht aus Knoten, welche die Teilmengen des Datenbestandes repräsentieren, und Kanten, an denen die jeweilige Aufteilungsvorschrift angegeben ist. Die Bezeichnungen in den Knoten sind Angaben über die Elemente in den jeweiligen Mengen differenziert nach deren Ausprägungen des Klassifikationsmerkmales. An den Kanten sind die Ausprägungen der Merkmale notiert, nach denen die entsprechende Ausgangsmenge in ihre Teilmengen aufgespalten wurde. Ausgezeichnete Knoten sind der Wurzelknoten, der keinen Vorgängerknoten besitzt, und die Endknoten, die keine Nachfolgerknoten besitzen. Der Wurzelknoten repräsentiert die gesamte Trainingsmenge, auf deren Grundlage das Modell erstellt wird, während die Endknoten Mengen von Datensätzen darstellen, deren Homogenität bezüglich der Klassifikationsvariable hinreichend groß ist, so dass alle Elemente dieser Menge einer bestimmten Klasse zugeordnet werden.

In obiger Abb. 2 ist beispielsweise zu erkennen, dass im Wurzelknoten insgesamt 1000 Datensätze betrachtet werden, von denen 300 einer Klasse X und 700 einer Klasse Y angehören. Die erste Aufteilung des Gesamtdatenbestandes erfolgt durch die Überprüfung, ob ein Attribut A eine Bedingung $K_1$ erfüllt oder nicht. Durch diese Separation entsteht in dem Beispiel ein Knoten, der 380 Datensätze der Klasse Y beinhaltet und nur 20 Datensätze der Klasse X.

Anhand eines Entscheidungsbaumes können neue Objekte in eine Klasse eingeordnet werden, indem der zugehörige Datensatz vom Wurzelknoten ausgehend gemäß der Aufteilungsregeln an den Kanten immer weiter in die entsprechenden Teilmengen eingeordnet wird, bis schließlich ein Endknoten erreicht wird, dessen Klassenzugehörigkeit auf das Objekt übertragen wird. In dem dargestellten Beispiel, kann für einen neuen Datensatz, dessen Attribut A die Bedingung $K_1$ erfüllt, eine voraussichtliche Zugehörigkeit zur Klasse Y abgeleitet werden. In ähnlicher Weise kann aus dem Entscheidungsbaum eine Regelbasis erzeugt werden, indem die einzelnen Aufteilungskriterien als Prämissen und die Klasse des Endknotens als Konklusion benutzt wird.

Wie bereits angemerkt, lassen sich die Entscheidungsbaumverfahren nach deren jeweiligen Aufteilungsregeln differenzieren. Unterschieden wird dabei nach dem Maß für die Homogenität eines Knotens sowie der aus diesem Maß folgenden Anzahl der Teilknoten, in die ein Knoten aufgeteilt werden kann [BoKr98, 83 ff.]. Es lassen sich anhand dieser Maße folgende drei Klassen bekannter Verfahren differenzieren. Die erste Verfahrensklasse basiert auf den „concept learning systems" (CLS) von *Hunt, Marin und Stone* [HuMS66], woraus *Quinlan* den bekannten ID3-Algorithmus und den C4.5-Algorithmus entwickelte [Quin86; Quin93]. Eine zweite Klasse von Verfahren entstammt den in *Morgan und Sonquist* [MoSo63a; MoSo63b] vorgestellten Automatic-Interaction-Detection-Verfahren (AID-Verfahren), woraus die Erweiterungen zum THAID-Algorithmus und zum bekannten CHAID-Algorithmus resultierten [MeMa72; Kass80]. Als dritte Verfahrensklasse ist die CART-Gruppe (classification and regression trees) zu nennen, deren Algorithmen zwar nur binäre Aufteilungen zulassen, dafür jedoch auch für die Erstellung eines Regressionsmodells einsetzbar sind [BrFO84]. Neben diesen univariaten, hauptsächlich in Anwendungen genannten Verfahren ist eine Vielzahl weiterer Algorithmen für unterschiedliche spezialisierte Anforderungen entwickelt worden.

Die Güte eines Entscheidungsbaumes kann anhand der Fehlklassifikationsquote gemessen werden. Diese gibt den Anteil der durch das Modell fehlerhaft klassifizierten Datensätze zur Gesamtanzahl der klassifizierten Datensätze an. Wichtig ist, dass diese Fehlklassifikationsquote nicht auf dem Trainingsdatenbestand, sondern auf einer davon unabhängigen Testmenge zu ermitteln ist. Darüber hinaus kann auch eine Fehlklassifikationsquote bezüglich des zur Modellierung eingesetzten Datenbestandes ermittelt werden. Diese Größe ist jedoch in ihrer Aussagefähigkeit beschränkt, da sie durch weitere Aufteilungen der Endknoten in homogenere Knoten verringert werden kann. Je stärker die Auffächerung des Baumes jedoch ist, desto fehlerhafter werden Klassifizierungen auf einem unbekannten Datenbestand wie der Testmenge sein. Ist die Fehlklassifikationsquote bezüglich der Trainingsmenge gering, bezüglich der Testmenge aber sehr hoch, so wird dies als Overfitting bezeichnet [EsSa00, 131 f.]. Um diesen Effekt einzuschränken, wird bei Entscheidungsbäumen die Technik des Pruning angewendet. Dabei wird durch Entfernen einzelner Knoten und Kanten die Fehlklassifikationsquote auf der Testmenge verringert, während sie sich auf der Trainingsmenge hinreichend gering vergrößert. Das Pruning dient ebenfalls dazu, den Baum so einfach wie möglich zu halten.

Vorteile der Entscheidungsbaumverfahren sind eine leicht verständliche Darstellung der Regeln, die zur Klassifikation eingesetzt werden können. Nachteilig wirkt sich in der Praxis oft aus, dass gerade bei gepruneten Bäumen nicht alle Endknoten eine eindeutige Klassifikation ermöglichen, und dass Entscheidungsbäume schnell unübersichtlich werden können. Dennoch haben sie sich im Rahmen des KDD als starke Verfahren zur Klassifikation erwiesen.

## 2.2 Künstliche Neuronale Netze

Künstliche Neuronale Netze (KNN) entstammen dem Gebiet der Künstlichen Intelligenz und verfolgen das Ziel, durch Nachbildung der Arbeitsweise des menschlichen Gehirns, welches aus Neuronen und deren Verknüpfungen besteht, Aufgaben des KDD zu bearbeiten. Künstliche Neuronale Netze werden für die

Aufgaben Erstellung eines Klassifikationsmodells, Erstellung eines Regressionsmodells und für die Clusterbildung erfolgreich angewendet [FaPS96a, 46 f.].

Ein Künstliches Neuronales Netz besteht aus einer Anzahl von als Neuronen bezeichneten Verarbeitungseinheiten und deren zugehörigen Verbindungen. Letztere dienen dazu, Ausgabewerte von Neuronen zu gewichten und diesen Wert als Eingabewert an verbundene Neuronen weiterzuleiten. Die Neuronen bestehen aus einer Eingabefunktion, einer Aktivierungsfunktion und einer Ausgabefunktion. Durch die Verbindungen erhält ein Neuron mehrere gewichtete Eingabewerte von vorgelagerten Neuronen. Diese Werte werden durch die Eingabefunktion zu einem Wert verknüpft, und aus diesem wird durch Anwendung der Aktivierungsfunktion ein Aktivierungszustand des Neurons bestimmt. Durch diesen wird durch die Ausgabefunktion ein Ausgabewert des Neurons ermittelt. Dieser kann wieder über Verbindungen an ein nachfolgendes Neuron weitergeleitet oder als Ausgabewert eines Netzes genutzt werden [Roja96].

Durch die Verbindungen zwischen den Neuronen entsteht ein Netzwerk, das sich in verschiedene Schichten segmentieren lässt. Ausgezeichnete Schichten sind einerseits die Eingabeschicht, deren Neuronen die Eingabewerte direkt durch die benutzten Daten und nicht durch Ausgabewerte vorgelagerter Neuronen erhalten. Andererseits gibt es eine Ausgabeschicht, deren Neuronen keine Nachfolgeneuronen besitzen, sondern deren Ausgabewerte für Aussagen über den Datenbestand genutzt werden können. Neben diesen beiden Schichten, welche die Schnittstellen des Systems zur Umwelt darstellen, gibt es Künstliche Neuronale Netze mit Zwischenschichten, deren Neuronen also Daten von vorangehenden Neuronen erhalten, diese verarbeiten und die Ausgabewerte an nachfolgende Neuronen weitergeben.

Die Modellierung eines Künstlichen Neuronalen Netzes erfolgt durch die Vorgabe einer Grundstruktur, welche Anzahl, Typ und Anordnung der Neuronen sowie die Verbindungseinheiten mit deren Gewichtsspezifikationen umfasst. Anschließend wird dieses Modell anhand eines Datenbestandes angepasst und zwar indem die Gewichte der Verbindungseinheiten nach bestimmten Lernregeln verändert werden. Dieser Prozess wird auch als Training des Modells bezeichnet [NeZi98].

Die Grundstruktur und die Lernregeln sind wesentliche Unterscheidungsmerkmale Künstlicher Neuronaler Netze. Im Folgenden werden die wichtigsten im Data Mining zur Anwendung kommenden Arten Künstlicher Neuronaler Netze dargestellt. Der eine Typ wird als vorwärts gerichtetes Künstliches Neuronales Netz bezeichnet und als Regressions- oder Klassifikationsmodell verwendet, der andere Typ ist als Kohonen-Netz oder als selbstorganisierende Karte bekannt, mit dem Clusterbildungen vorgenommen werden können.

Ein einfaches vorwärts gerichtetes Netz besteht aus einer Eingabeschicht, einer Zwischenschicht und einer Ausgabeschicht, wie es in der Abb. 3 grafisch dargestellt wird. In diesem Fall besteht die Ausgabeschicht nur aus einem Neuron, was aber nicht allgemeingültig ist. In der englischsprachigen Literatur werden vorwärts gerichtete Netze als „feed forward networks" bezeichnet. Die bekanntesten Netze dieser Art, welche im Data Mining Anwendung finden, sind die mehrschichtigen Perceptrons [Zell00, 97 ff.]. Die Eingabewerte sind dabei ausgewählte

Attributwerte des zu verarbeitenden Datensatzes, der Ausgabewert ist der durch die Verarbeitung resultierende Wert, der als Regressionsschätzer oder als Klassifikator verwendet werden kann.

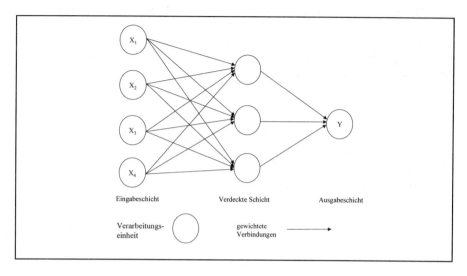

**Abb. 3: Vorwärts gerichtetes Künstliches Neuronales Netz**

Da ein Klassifikationsmodell erstellt werden soll, ist wie bei den Entscheidungsbäumen ein Datenbestand notwendig, dessen Datensätze eine Klassifikationsvariable enthalten. Die Daten der einzelnen Merkmale eines jeden Datensatzes werden in die Eingabeneuronen eingegeben. Diese verarbeiten die Eingabewerte, ermitteln den Aktivierungszustand und geben die Ausgabewerte über die gewichteten Verbindungen an die Neuronen der Zwischenschicht weiter. Diese Verarbeitungsprozedur wiederholt sich bei den Neuronen der Zwischenschicht, und es erfolgt eine Weitergabe der Werte an das Neuron der Ausgabeschicht. Der zugehörige Ausgabewert spiegelt den durch das Künstliche Neuronale Netz bestimmten Wert der Klassenzugehörigkeit wider. Im Falle einer Abweichung von der tatsächlich vorliegenden Klasseneinteilung setzt ein Lernalgorithmus ein, bei welchem die Gewichte der Verbindungseinheiten derart modifiziert werden, dass anschließend der Ausgabewert des Modells mit der tatsächlichen Klassifikationsvariablen übereinstimmt. Dieser Fall wird als Adaption der Gewichte bezeichnet. Die Darstellung eines Wertes aus den Grunddaten wird Reproduktion genannt. Das hier geschilderte Verfahren ist unter dem Begriff „back propagation" bekannt.

Die Güte dieses Modells kann wie bei den Entscheidungsbäumen durch die Fehlklassifikationsquote ermittelt werden. Um mit dieser sinnvolle Aussagen über die Modellgüte treffen zu können, muss neben dem Trainingsdatenbestand auch ein davon unabhängiger Testdatenbestand vorliegen. Der bei den Entscheidungsbäumen dargestellte Unterschied zwischen Fehlklassifikationsquoten bezüglich des benutzten Datenbestandes tritt auch bei diesen Modellen entsprechend auf.

Vorwärts gerichtete Netzwerke sind in der Praxis sehr erfolgreich zur Erstellung von Klassifikations- und Regressionsmodellen eingesetzt worden. *Graf*

[Graf95, 188 ff.] etwa zeigt ein Regressionsmodell zur Finanzmarktanalyse. *Lohrbach* [Lohr94, 88 ff.] zeigt eine Anwendung Künstlicher Neuronaler Netze zur Kreditwürdigkeitsprüfung auf. Die Entdeckung interessanter Käuferklassen mittels Künstlicher Neuronaler Netze beschreibt *Dastani* [Dast00, 57 ff.]. Beispiele zur industriellen Anwendung Künstlicher Neuronaler Netze befinden sich in *Schöneburg* [Schö93]. Nachteilig bei diesen Netzen ist, dass aus ihnen keine expliziten Klassifikations- bzw. Regressionsregeln ableitbar sind und dass ausschließlich Daten mit numerischen Merkmalsausprägungen verarbeitet werden können.

Die durch *Kohonen* [Koho82] eingeführten selbstorganisierenden Karten, auch Kohonen-Netze genannt, bestehen aus einer Eingabeschicht und einer Ausgabeschicht und werden zur Clusterbildung eingesetzt [Koho01, 105 ff.]. Die Eingabewerte entsprechen den Attributsausprägungen ausgewählter Attribute der einzelnen Datenobjekte. Bei der Eingabe eines entsprechenden Datensatzes werden durch Weitergabe der gewichteten Ausgabewerte der Eingabeneuronen alle Ausgabeneuronen aktiviert. Dasjenige Ausgabeneuron, welches die höchste Aktivierung besitzt, wird als Repräsentant eines Clusters gewählt, in dem der Datensatz liegt. Anschließend werden die Gewichte aller zu diesem Neuron führenden Verbindungseinheiten nach einer Lernregel vergrößert. Entsprechend werden Gewichte aller Neuronen, die in einer Umgebung des am stärksten aktivierten Neurons liegen, vergrößert. Diese Schritte werden anschließend für den nächsten Datensatz im Datenbestand wiederholt. Durch dieses Vorgehen entstehen Cluster, die durch die Gewichte der Verbindungen der Repräsentanten dieser Cluster beschrieben werden können. Die Bezeichnung selbstorganisierende Karte (self organizing map) kommt daher, dass durch diese Gewichte eine grafische Darstellung der Anordnung von Ausgabeneuronen erstellt werden kann, so dass Cluster auch grafisch erkennbar sind (vgl. Abb. 4).

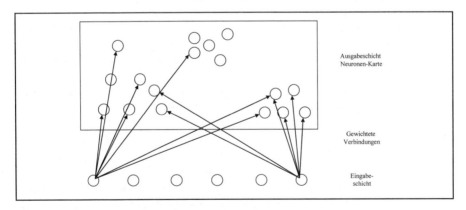

**Abb. 4: Beispiel eines Kohonen-Netzes**

Kohonen-Netze sind zur Erkennung von Clustern erfolgreich eingesetzt worden. Eine Anwendung eines Kohonen-Netzes zur Kundenprofilerkennung zeigt *Saathoff* [Saat00, 135 ff.]. Einen generellen Überblick über Anwendungsgebiete dieser Netze und damit verbundener Probleme im Marketing fassen *Poddig und Sidorovitch* [Posi01, 393 ff.] zusammen.

## 2.3 Clusterverfahren

Clusterverfahren werden verwendet, um Datensätze bezüglich eines Ähnlichkeitskonzeptes zu Gruppen (Cluster) zusammenzufassen. Die Datensätze innerhalb einer Gruppe sollen möglichst ähnlich sein, wogegen Datensätze aus unterschiedlichen Gruppen möglichst verschieden sein sollen [Bach96, 2].
Clusterverfahren sind somit ein typisches Hilfsmittel, um die Aufgabe der Segmentierung des Datenbestandes durchzuführen. Durch die Verfahren werden Gruppen gebildet, ohne dass diese a priori bekannt sind. Damit lassen sich alle Clusterverfahren in die Klasse der unüberwachten Verfahren einteilen.

Grundlage für die Anwendung der Clusterverfahren ist die Definition geeigneter Ähnlichkeitsmaße sowohl zwischen je zwei Datensätzen als auch zwischen einzelnen Clustern. Zur Definition von Ähnlichkeitsmaßen sind die Datentypen der Attribute zu beachten. Liegen Datensätze mit ausschließlich quantitativen Attributwerten vor, so lässt sich als Abstandsmaß beispielsweise das Euklidische Abstandsmaß oder die City-Block-Metrik wählen. Bei ausschließlich qualitativen Attributwerten kann als Ähnlichkeitsmaß die Anzahl der übereinstimmenden Attributwerte zweier Datensätze benutzt werden. Ein derartiges Ähnlichkeitsmaß wird beispielsweise von dem im IBM-Intelligent-Miner implementierten Verfahren Demografisches Clustern benutzt. Für weitere Definitionen von Ähnlichkeits- bzw. Distanzmaßen vgl. *Grimmer und Mucha* [GrMu98, 115 ff.].

Clusterverfahren lassen sich in hierarchische und in partitionierende Verfahren unterscheiden, deren Grundstruktur im Folgenden kurz skizziert wird.

Bei den hierarchischen Verfahren werden iterativ Partitionen des Datenbestandes gebildet, wobei eine neue Partition aus einer Operation auf einer bestehenden Partition resultiert. Hierbei gibt es zwei Arten von Operationen, wodurch eine weitere Aufteilung der hierarchischen Clusterverfahren in agglomerative und divisive Verfahren induziert wird.

Bei den agglomerativen Verfahren werden in einem Iterationsschritt zwei Cluster einer Partition mit der größten Ähnlichkeit bezüglich eines Ähnlichkeitsmaßes zu einem Cluster zusammengefasst, so dass eine neue Partition entsteht, deren Clusteranzahl geringer ist. Ausgangspunkt bei den agglomerativen Verfahren ist eine Partition, in der jeder Datensatz als eigenes Cluster aufgefasst wird. Sukzessive werden dann die neuen Partitionen ermittelt, bis schließlich eine Partition erstellt wurde, die aus nur einer Menge, dem Gesamtdatenbestand, besteht. Die Anzahl der verschiedenen Partitionen entspricht der Anzahl der Datensätze im Gesamtdatenbestand. Die agglomerativen Verfahren unterscheiden sich im Wesentlichen in der Definition des Ähnlichkeitsmaßes zwischen den Clustern. Bekanntester Vertreter ist das Single-Linkage-Verfahren, welches auch als Nearest-Neighbor-Verfahren bekannt ist [Rudo99, 132 ff.].

Im Gegensatz dazu werden bei den divisiven Verfahren Cluster einer Partition derart in zwei Cluster aufgeteilt, dass die Datensätze innerhalb eines jeden Clusters eine möglichst hohe Ähnlichkeit, während die Datensätze eines Clusters zum anderen eine möglichst geringe Ähnlichkeit besitzen. Ausgangspunkt für ein vollständiges Verfahren ist die Partition, die als einzige Menge den Gesamtdatenbestand beinhaltet, welche nach der dargestellten Operation in immer kleinere Teilmengen aufgespalten wird, bis schließlich die Partition entsteht, deren Cluster aus jeweils den einzelnen Datensätzen besteht. In der Praxis ist die Anwendung der divisiven Verfahren eher selten anzutreffen.

Bei den hierarchischen Verfahren entsteht eine Folge von Partitionen, die sich in der Anzahl der Cluster unterscheiden. Es ist damit möglich, nach Durchführung eines solchen Verfahrens eine beliebige Partition auszuwählen und zu verwenden. Insbesondere muss damit die Anzahl der Cluster vor Anwendung des Verfahrens nicht festgelegt werden. Dies ist ein wesentlicher Vorteil gegenüber den partitionierenden Clusterverfahren. Nachteilig ist anzumerken, dass hierarchische Verfahren zur Anwendung auf große Datenbestände schlecht geeignet sind. In den meisten Data-Mining-Werkzeugen werden daher überwiegend partitionierende Verfahren verwendet.

Bei den partitionierenden Verfahren wird eine feste Clusteranzahl vorgegeben, so dass jeder Datensatz sukzessive in die Klasse eingeteilt wird, deren Ähnlichkeit zum Datensatz am größten ist. Bekanntester Vertreter der partitionierenden Verfahren ist das k-Means-Verfahren, das hier beispielhaft dargestellt wird [EsSa00, 51 ff.]. Eine Menge von Datensätzen soll in k Gruppen aufgeteilt werden. Dazu werden die ersten k Datensätze ausgewählt und als Zentrum jeweils eines Clusters betrachtet. Der (k+1)-te Datensatz wird jetzt demjenigen Cluster zugeordnet, zu dessen Zentrum er die größte Ähnlichkeit aufweist. Anschließend wird das Clusterzentrum neu berechnet und zwar als Mittelwert aller Datensätze, die sich in diesem Cluster befinden. Dieses Verfahren wird nun für jeden Datensatz wiederholt, bis schließlich alle Datensätze auf die k Cluster verteilt sind. Ein Anwendungsbeispiel für das k-Means-Verfahren zur Kundensegmentierung in Kreditinstituten stellen *Hippner und Schmitz* [HiSc01, 612 ff.] dar.

Neben den vorgestellten Verfahren gibt es weitere Ansätze zur Clusterbildung, bei denen beispielsweise ein Datensatz in mehrere Cluster mit einem Zugehörigkeitsmaß eingeordnet wird (Fuzzy-Methoden [LiMW95, 148 ff.]) oder bei denen Cluster durch Wahrscheinlichkeitsverteilungen beschrieben werden (Erwartungsmaximierungsverfahren (EM-Verfahren [EsSa00, 59 ff.])).

Wie bereits beschrieben, sollen bei der Clusterung Gruppen in den Datensätzen gefunden werden, um zum Beispiel Nutzerprofile zu erkennen. Techniken, die hier zum Einsatz kommen sind Kohonen Netze (Self Organizing Maps) und Clusterverfahren der multivariaten Analysis.

Folgende Abb. 5 zeigt schematisch, wie Klassen gefunden werden können:

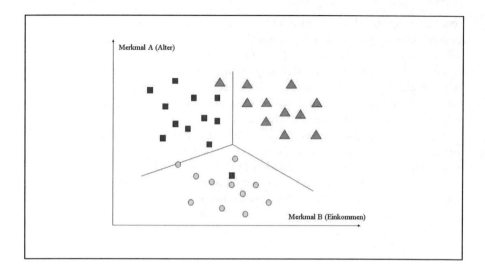

**Abb. 5: Clusterbildung von grafisch dargestellten Datensätzen**

Jeder Punkt repräsentiert einen Datensatz mit zwei Merkmalen. Durch das Verfahren werden nun Punkte zusammengefasst, die nah beieinander liegen und somit Klassen bilden. Eine Analyse der Klassen könnte anschließend ergeben, dass eine Klasse aus jugendlichen Besuchern eines Warenhauses besteht, die sich für ein bestimmtes Produkt interessieren. Für diese Käufergruppe könnten dann weitere Angebote zu diesem Produkt jugendgerecht angeboten werden.

Problematisch bei Clusterverfahren ist neben der Auswahl eines geeigneten Ähnlichkeitsmaßes die Interpretation der Cluster. Der Anwender muss selbst die Bedeutung der Cluster bestimmen. Manchmal können aus den Clusterzentren Merkmale gefunden werden, mit denen sich alle Datensätze eines Clusters von denen der anderen Cluster unterscheiden lassen. Häufig treten jedoch Erklärungsprobleme auf. Regeln für die Zuordnung können beispielsweise auf der Grundlage eines Entscheidungsbaumes abgeleitet werden. Hierbei handelt es sich um die Anwendung mehrerer Data-Mining-Verfahren, was als hybrides Verfahren bezeichnet wird.

## 2.4 Assoziationsanalyse

Durch eine Assoziationsanalyse werden Regeln generiert, welche die Beziehungen zwischen den in den Datensätzen eines Datenbestandes vorkommenden Elementen (Items) beschreiben.

Eine Regel könnte lauten: *Wenn Item A vorkommt, tritt auch Item B auf.*

Dabei sind die Items als Ausprägungen von Attributwerten des Datensatzes zu verstehen. Eine Regel wird durch einen Datensatz unterstützt, falls der Datensatz die Items der Regel beinhaltet.

Der Support einer Regel ist definiert als das Verhältnis zwischen der Anzahl der Datensätze, die diese Regel unterstützen und der Gesamtanzahl aller Datensätze in der Analysedatei, so dass der Support einer Regel einen Anteilswert darstellt. Je größer der Supportwert ist, desto relevanter ist die Regel.

Ein weiteres Maß für die Stärke einer Assoziationsregel ist die Konfidenz, welche das Verhältnis der Anzahl der Datensätze angibt, die eine bestimmte Regel unterstützen, zu der Anzahl der Regeln, die den Prämissenteil der Regel unterstützen.

Assoziationsregeln werden durch Support und Konfidenz bewertet. Als Beispiel möge folgende Regel dienen: *In 80% der Fälle, in denen Item A in einem Datensatz enthalten ist, tritt auch Item B auf. Insgesamt erscheint diese Regel in 5% aller Datensätze im Gesamtbestand.*

Zur Generierung von Assoziationsregeln müssen zunächst ein Mindestsupport und eine Mindestkonfidenz der gesuchten Regeln definiert werden. Anschließend werden alle Regeln generiert, deren Support- bzw. Konfidenzwerte die vorgegebenen Mindestwerte überschreiten.

Das nachfolgende Beispiel in Abb. 6 zeigt die Berechnung von Support- und Konfidenzwerten bei einer Warenkorbanalyse mit fünf Bons und vier Artikeln:

| BonNr | Art A | Art B | Art C | Art D |
|-------|-------|-------|-------|-------|
| 001 | 0 | 1 | 1 | 0 |
| 002 | 1 | 1 | 1 | 1 |
| 003 | 1 | 0 | 1 | 1 |
| 004 | 0 | 1 | 1 | 0 |
| 005 | 1 | 1 | 0 | 0 |

Supp(B→C) = 3/5 = 60 %   Konf(B→C) = 3/4 = 75 %
Supp(C→A) = 2/5 = 40 %   Konf(C→A) = 2/4 = 50 %
Supp(A→C) = 2/5 = 40 %   Konf(A→C) = 2/3 = 66 %

**Abb. 6: Assoziationsanalyse Verbundkäufe**

Zugehörige Algorithmen laufen grundsätzlich in zwei Phasen ab. In der ersten Phase werden alle Kombinationen von Items bestimmt, deren Support größer als die vorgegebene Mindestsupportschranke ist. Anschließend werden für jede dieser Kombinationen alle Regeln gebildet, deren Konfidenz größer ist als der vorgegebene Mindestkonfidenzwert.

Im Jahre 1993 wurde von *Agrawal, Imielinski und Swami* [AgIS93] das Problem der Assoziationsanalyse eingeführt und der erste, als Template bezeichnete Algorithmus zur Generierung von einfachen Assoziationsregeln vorgestellt. Dieser Algorithmus wurde später in Anlehnung an die Namen der Entwickler als AIS bezeichnet [AgSr94b, 487 ff.]. Unter einfachen Assoziationsregeln werden die im letzten Abschnitt vorgestellten Regeln verstanden, welche ohne weitere Spezifikationen wie beispielsweise Taxonomien oder qualitative Merkmale erzeugt werden. Fast zeitgleich zum Template- Algorithmus wurde im Jahre 1993 ein anderer Algorithmus namens SETM (set-oriented mining for association rules) von *Houtsma* und *Swami* vorgestellt [HoSw93, 8 ff.]. Verbesserungen dieser Algorithmen wurden im Laufe der Zeit entwickelt. Im Jahre 1994 wurde von *Agrawal* und *Srikant* der Apriori-Algorithmus vorgestellt, auf den sich die meisten Arbeiten zum Thema Assoziationsanalyse beziehen.

Die bisher genannten Algorithmen wurden entwickelt, um einfache Assoziationsregeln zu generieren, deren Basis eine Menge von Transaktionen ist. Das Problem kann auf mehrere Weisen modifiziert werden.

Zum einen sollen Restriktionen beachtet werden können, was bedeutet, dass nur solche Regeln generiert werden, die bestimmten vorgegebenen Bedingungen genügen. Derartige Regeln werden Assoziationsregeln mit Item-Restriktionen („item constraints") genannt.

Weiterhin sollen Regeln erzeugt werden, die Taxonomien berücksichtigen. Eine Taxonomie ist eine Hierarchie, die in den Items auftreten kann, wie beispielsweise die Einordnung von Artikeln in Warengruppen.

Eine dritte Forschungsrichtung befasst sich mit der Analyse von Assoziationsregeln, wenn quantitative Werte in den Daten vorliegen. Hierbei ist die zentrale Fragestellung, ob und wie eine Menge von quantitativen Werten sinnvoll diskretisiert werden kann, um daraus Assoziationsregeln abzuleiten.

Eine andere Erweiterung der Assoziationsregeln zielt auf zeitbezogene Assoziationen ab. Hierbei wird den Transaktionen eine Abhängigkeit etwa in Form eines Zeitbezugs unterstellt, und es werden sequenzielle Assoziationsregeln wie etwa

*In 80 % der Fälle, in denen ein Computer gekauft wurde, wird ein Drucker gekauft, anschließend ein Scanner. Diese Sequenz ließ sich bei 1 % aller Transaktionen beobachten.*

erzeugt. Aus dem Wissen dieser Sequenzen können zum Beispiel geeignete Werbemaßnahmen abgeleitet werden, um den Absatz der Folgeprodukte zu erhöhen.

# 3 Zusammenfassung

Die Analyse von operativen Datenbeständen, die aus Transaktionssystemen entstehen, kann für betriebswirtschaftliche Fragestellungen von essentieller Bedeutung sein. Neben klassischen Verfahren der Statistik kommen zunehmend Algorithmen wie Künstliche Neuronale Netze o. ä. bei der Datenanalyse zum Einsatz. Gerade der Methodenpluralismus und die Bewältigung sehr großer Datenmengen stellen die derzeitige Herausforderung beim Data Mining (als Teilprozess des KDD) dar. Zentrale Fragestellungen der Praxis wie die Klassifikation von Kunden (Kreditrisiko), die Prognose von Absatzzahlen (Regression), die Segmentierung von Käufergruppen (Cluster) oder die Entdeckung von Abhängigkeiten (Warenkorbanalyse) können auf der Basis von gesammelten Daten und dem Einsatz von

Analyseverfahren beantwortet werden. Die wesentliche Kunst besteht in dem zielkonformen Einsatz adäquater Algorithmen auf qualitätsgeprüften Daten. Einige ausgewählte und erprobte Verfahren sind in den vorstehenden Abschnitten kurz vorgestellt worden. Zum tieferen Studium sei auf die zitierte Sekundärliteratur verwiesen. Es bleibt zu hoffen, dass analytische Informationssysteme neben der Aufbereitung und Präsentation von vergangenheitsorientierten Daten in zunehmendem Maße auch dem Einsatz der vorgestellten Verfahren der Datenanalyse dienen. Modellgestützte Prognosen und verifizierbare Hypothesen sind wesentliche Bestandteile der betrieblichen Entscheidungsfindung und können wichtige Hilfestellungen bei operativen und strategischen Problemen liefern.
Zukünftig Forschungsfelder bei der Entwicklung von robusten Analyseverfahren, bei der realitätsnahen, empirischen Interpretationen von Analyseergebnissen und dem Entdecken von neuen Einsatzfeldern bleiben weiterhin bestehen.

# Literatur

[AgSr94] Agrawal, R.; Srikant, R.: Fast algorithms for mining association rules. In: Bocca, J. B.; Jarke, M.; Zaniolo, C. (Hrsg.): Proceedings of the 20th international conference on very large data bases. Santiago de Chile, 12.09.1994 -15.09.1994, San Francisco 1994, S. 487 - 499.

[AgIS93] Agrawal, R.; Imielinski, T.; Swami, A.: Mining association rules between sets of large items in large databases. In: Buneman, P.; Jajodia, S. (Hrsg.): Proceedings of the 1993 ACM SIGMOD international conference on management of data. Washington, 26.05.1993 -28.05.1993, New York 1993, S. 207 - 216.

[Bach96] Bacher, J.: Clusteranalyse - anwendungsorientierte Einführung. 2. Aufl. München, Wien 1996.

[BoKr98] Borgelt, C.; Kruse, R.: Attributsauswahlmaße für die Induktion von Entscheidungsbäumen. Ein Überblick. In: Nakhaeizadeh, G. (Hrsg): Data Mining: theoretische Aspekte und Anwendungen. Heidelberg 1998. S. 77 - 98.

[BrFO84] Breiman, L.; Friedman, J. H. ; Olshen, R. A.; Stone, C. J.: Classification and regression trees. Belmont 1984.

[Dast00] Dastani, P.: Optimierte Werbeträgerplanung mit Neuronalen Netzen im Database Marketing. In: Alpar, P.; Niedereichholz, J. (Hrsg.): Data Mining im praktischen Einsatz. Verfahren und Anwendungsfälle für Marketing, Vertrieb, Controlling und Kundenunterstützung. Braunschweig, Wiesbaden 2000, S. 51 - 67.

[Düsi00] Düsing, R.: Knowledge discovery in databases. Diskussionsbeiträge des Fachbereichs Wirtschaftswissenschaft der Gerhard-Mercator-Universität Duisburg, Nr. 272, Duisburg 2000.

[EsSa00] Ester, M.; Sander, J.: Knowledge Discovery in Databases. Techniken und Anwendungen. Berlin et al. 2000.

[FaKK96] Fahrmeir, L.; Kaufmann, H.; Kredler, C.: Regressionsanalyse. In: Fahrmeir, L.; Hamerle, A.; Tutz, G. (Hrsg.): Multivariate statistische Verfahren. 2. Aufl., Berlin, New York 1996, S. 93 - 168.

[FaPS96a] Fayyad, U. M.; Piatetsky-Shapiro, G.; Smyth, P.: From data mining to knowledge discovery in databases. In: AI Magazine 17 (1996) 3, S. 37 - 54.

[FaPS96b] Fayyad, U. M.; Piatetsky-Shapiro, G.; Smyth, P.: From data mining to knowledge discovery: An overview. In: Fayyad, U. M.; Piatetsky-Shapiro, G.; Smyth, P.; Uthurusamy, R. (Hrsg.): Advances in knowledge discovery and data mining. Menlo Park et al. 1996, S. 1 - 34.

[Graf95] Graf, J.: Einsatz von Neuronalen Netzen zur Aktienmarktanalyse. In: Zimmermann, H.-J. (Hrsg.): Neuro+Fuzzy: Technologien – Anwendungen. Düsseldorf 1995, S. 183 - 201.

[GrMu98] Grimmer, U.; Mucha, H.-J.: Datensegmentierung mittels Clusteranalyse. In: Nakhaeizadeh, G. (Hrsg): Data Mining: theoretische Aspekte und Anwendungen. Heidelberg 1998, S. 109 - 141.

[HaEK02] Hartung, J.; Elpelt, B.; Klösener, K.-H.: Statistik: Lehr- und Handbuch der angewandten Statistik. 13. Aufl., München, Wien 2002.

[Hipp98] Hippner, H.: Langfristige Absatzprognose mit Neuronalen Netzen in der Automobilindustrie. In: Biethahn, J. (Hrsg.): Betriebswirtschaftliche Anwendungen des Soft Computing. Braunschweig 1998, S. 81 - 96.

[HiSc01] Hippner, H.; Schmitz, B.: Data Mining in Kreditinstituten - Die Clusteranalyse zur zielgruppengerechten Kundenansprache. In: Hippner, H.; Küsters, U.; Meyer, M.; Wilde, K. (Hrsg.): Handbuch Data Mining im Marketing. Knowledge Discovery in Databases. Braunschweig, Wiesbaden 2001, S. 607 - 641.

[HoSw93] Houtsma, M.; Swami, A.: Set-oriented mining for association rules. IBM Almaden research center, research report RJ 9567, San Jose 1993.

[HuMS66] Hunt, E., B.; Martin, J.; Stone, P. J.: Experiments in induction. New York 1966.

[Kass80] Kass, G. V.: An exploratory technique for investigating large quantities of categorical data. In: Applied statistics 29 (1980) 2, S. 119 - 127.

[Kinn94] Kinnebrock, W.: Neuronale Netze. Grundlagen, Anwendungen, Beispiele. 2. Auflage, München et al. 1994.

[Koho82] Kohonen, T.: Self-organized formation of topologically correct feature maps. In: Biological cybernetics 43 (1982) 1, S. 59 - 69.

[Koho01] Kohonen, T.: Self-organizing maps. 3. Aufl., Berlin et al. 2001.

| | |
|---|---|
| [Kraf99] | Krafft, M.: Anwendungen der Logistischen Regression. In: Hippner, H.; Meyer, M; Wilde, K. D. (Hrsg.): Computer based marketing. Das Handbuch zur Marketinginformatik. 2. Aufl., Braunschweig, Wiesbaden 1999, S. 535 -542. |
| [KrWZ98] | Krahl, D.; Windheuser, U.; Zick, F.-K.: Data Mining. Einsatz in der Praxis. Bonn et al. 1998. |
| [Küpp99] | Küppers, B.: Data Mining in der Praxis. Ein Ansatz zur Nutzung der Potentiale von Data Mining im betrieblichen Umfeld. Frankfurt et al. 1999. |
| [LiMW95] | Lieven, K.; Meier, W.; Weber, R.; Zimmermann, H. J.: Methoden und Anwendungen der Fuzzy Datenanalyse und Neuro-Fuzzy Systeme. In: Zimmermann, H.-J. (Hrsg.): Neuro+Fuzzy. Technologien - Anwendungen. Düsseldorf 1995, S. 147 - 181. |
| [Lohr94] | Lohrbach, T.: Einsatz von Künstlichen Neuronalen Netzen für ausgewählte betriebswirtschaftliche Aufgabenstellungen und Vergleich mit konventionellen Lösungsverfahren. Göttingen 1994. |
| [MeMa72] | Messenger, R.; Mandell, L.: A model search technique for predictive nominal scale multivariate analysis. In: Journal of the American statistical association 67 (1972) 12, S. 768 - 772. |
| [MoSo63a] | Morgan, J. A.; Sonquist, J., N.: Problems in the analysis of survey data: and a proposal. In: Journal of the American statistical association 58 (1963), S. 415 - 434. |
| [MoSo63b] | Morgan, J. A.; Sonquist, J., N.: Some results from a non-symmetrical branching process that looks for interaction effects. In: American statistical association (Hrsg.): Proceedings of the social statistics section. Washington 1963, S. 40 - 53. |
| [NeZi98] | Neuneier, R.; Zimmermann, H. G.: How to train neural networks. In: Orr, G. B.; Müller, K.-R.: Neural networks. Tricks of the trade. Berlin et al. 1998, S. 373 - 423. |
| [PoSi01] | Poddig, T.; Sidorovitch, I.: Künstliche Neuronale Netze. Überblick, Einsatzmöglichkeiten und Anwendungsprobleme. In: Hippner, H.; Küsters, U.; Meyer, M.; Wilde, K. (Hrsg.): Handbuch Data Mining im Marketing. Knowledge Discovery in Databases. Braunschweig, Wiesbaden 2001, S. 363 - 402. |
| [Quin86] | Quinlan, J. R.: Induction of decision trees. In: Machine learning 1 (1986) 1, S. 81 - 106. |
| [Quin93] | Quinlan, J. R.: C4.5: programs for machine learning. San Mateo 1993. |
| [Roja96] | Rojas, R.: Neural networks. A systematic introduction. Berlin et al. 1996. |
| [Rudo99] | Rudolph, A.: Data Mining in action. Statistische Verfahren der Klassifikation. Aachen 1999. |

[Saat00]   Saathoff, I.: Kundensegmentierung aufgrund von Kassenbons - eine kombinierte Analyse mit Neuronalen Netzen und Clustering. In: Alpar, P.; Niedereichholz, J. (Hrsg.): Data Mining im praktischen Einsatz. Verfahren und Anwendungsfälle für Marketing, Vertrieb, Controlling und Kundenunterstützung. Braunschweig, Wiesbaden 2000, S. 119 - 142.

[Schö93]   Schöneburg, E. (Hrsg.): Industrielle Anwendung Neuronaler Netze. Fallbeispiele und Anwendungskonzepte. Bonn et al. 1993.

[Stul02]   Stulajter, F.: Predictions in time series using regression models. New York et al. 2002.

[WiHu96]   Williams, G. J.; Huang, Z.: A case study in knowledge acquisition for insurance risk assessment using KDD methodology. In: Compton, P.; Mizoguchi, R.; Motoda, H.; Menzies, T. (Hrsg.): Proceedings of the Pacific rim knowledge acquisition workshop, Sydney, 23.10.1996 - 25.10.1996, University of New South Wales, department of artificial intelligence, school of computer science and engineering, Sydney 1996, S. 117 - 129.

[WiFr99]   Witten, I. H.; Frank, E.: Data mining. Practical machine learning tools and techniques with Java implementations. San Francisco et al. 1999.

[Zell00]   Zell, A.: Simulation Neuronaler Netze. München, Wien, 2000.

[Zimm95]   Zimmermann, H.-J. (Hrsg): Datenanalyse: Anwendung von DataEngine mit Fuzzy Technologien und Neuronalen Netzen. Düsseldorf 1995.

# Text Mining als Anwendungsbereich von Business Intelligence

CARSTEN FELDEN

## Abstract

Die Informationsflut aus dem World Wide Web können Entscheidungsträger in Unternehmen nur schwer bewältigen. Zunehmend wird es für Unternehmen interessant, Filter einzusetzen, die relevante Informationen für ein Unternehmen bestimmen und nur diese verfügbar machen. Grundsätzlich bieten sich hierzu Verfahren des Text Mining an. Dazu werden in diesem Kontext die Klassifikation, die Clusterung sowie das Abstracting diskutiert. Deren Verfahren können einzeln oder gemeinschaftlich angewendet werden, um die zunehmend unstrukturierten Daten zumindest teilautomatisiert auszuwerten, damit der Aufwand für Anwender reduziert wird.

## Inhalt

| | | |
|---|---|---|
| 1 | **Einleitung** | 284 |
| 2 | **Ausgangslage** | 284 |
| 3 | **Klassische Modelle** | 285 |
| | 3.1 **Boolesches Modell** | 285 |
| | 3.2 **Vektormodell** | 286 |
| | 3.3 **Probabilistisches Modell** | 287 |
| 4 | **Anwendungsgebiete des Text Mining** | 288 |
| | 4.1 **Klassifikation** | 288 |
| | 4.2 **Clusterung** | 291 |
| | 4.3 **Abstracting** | 295 |
| 5 | **Zusammenfassung und Ausblick** | 298 |

# 1 Einleitung

Die Durchdringung von Unternehmen mit Informationssystemen bildet für Entscheidungsträger zunehmend die Basis der Informationsversorgung durch strukturierte und unstrukturierte, interne und externe Daten. Solche Daten können automatisch erfasst worden sein, oftmals aber auch durch manuelle Speicherung der Systemanwender. Dies führt dazu, dass im Kontext der häufig zitierten Informationsüberflutung mehr und mehr derartige Daten zur Verfügung stehen, Entscheidungsträger laufen jedoch Gefahr, den Überblick zu verlieren, wo diese Daten erfasst sind und wie sie diese ohne großen Zeitaufwand für sich erschließen können.

Im Rahmen dieses Beitrages wird zunächst die Einordnung von Text Mining im Knowlegde Discovery in Databases vorgestellt (Kapitel 2), um einen Eindruck von der grundsätzlichen Vorgehensweise des Text Mining zu erhalten. Kapitel 3 geht auf die Modelle des Text Mining ein, die der Anwendung der einzelnen Algorithmen zu Grunde gelegt werden können. In Kapitel 4 werden die drei Anwendungsbereiche Klassifikation, Clusterung und Abstracting vorgestellt, die im Rahmen von Business Intelligence Unterstützung geben können. Kapitel 5 fasst die Ergebnisse zusammen und liefert einen Ausblick.

# 2 Ausgangslage

Neben dem klassischen Data Access und dem On-Line Analytical Processing ist das Knowledge Discovery in Databases (KDD) ein weiterer Ansatz zur Datenanalyse. Der Begriff des KDD umfasst dabei einen iterativen und interaktiven Prozess, der darauf ausgerichtet ist, in umfangreichen Datenbeständen implizit vorhandenes Wissen zu entdecken und dieses explizit zu machen [Düsi99, 1129].

Das Data Mining, als eine Phase im KDD-Prozess, dient der Erkenntnisgewinnung aus umfangreichen Datenbeständen, wobei diese auf Grundlage strukturierter Daten durchgeführt wird. Die Methoden des Data Mining wurden nicht entwickelt, um unstrukturierte Daten zu verarbeiten [CHMW02, 81]. Liegen Textdokumente als Basis zur inhaltlichen Entdeckung bisher unbekannter Informationen[1] vor, wird daher das Text Mining angewendet [GeHK01, 38]. Von diesem ist wiederum das Web Mining abzugrenzen, das Methoden des Data Mining anwendet, um Datenstrukturen im WWW zu untersuchen. Neben dem Seiteninhalt beschäftigt sich das Web Mining auch mit der Seitenstruktur und dem Nutzerverhalten [HiMW02, 6f.].

Ziel des Text Mining ist die Aufbereitung unstrukturierter Daten, wodurch es eben auch für Business-Intelligence-Anwendungen verwendbar ist [Hall01, 3]. Es lassen sich Chancen und Risiken für ein Unternehmen erkennen und Entscheidungsprozesse unterstützen [Sull01, 323; 474]. Hierfür werden Techniken aus verschiedenen wissenschaftlichen Disziplinen angewandt, zu denen das Data Mining, das Information Retrieval, die Computerlinguistik[2], die Statistik sowie Intelligente Software Agenten gehören [JaCI02, 90]. Insbesondere das Information Retrieval leistet bei der Zielerreichung einen entscheidenden Beitrag, da hierdurch Metadaten über die einzelnen Dokumente erzeugt werden. Grundsätzliche Anwendungsgebiete sind dabei die Klassifikation, die Clusterung sowie das Abstracting. Bevor diese jedoch dargestellt werden, wird zunächst auf die klassischen Modelle des Text Mining eingegangen, um ein Verständnis für die Rahmenbedingungen zu erlangen.

## 3 Klassische Modelle

Zu den klassischen Modellen des Information Retrieval gehören das Boolesche Modell (Abschnitt 3.1), das Vektormodell (Abschnitt 3.2) und das Probabilistische Modell (Abschnitt 3.3). Das Vektormodell basiert auf der Annahme der Unabhängigkeit der Deskriptoren untereinander [Zavr95, 13], während das Probabilistische Modell diese nicht unterstellt. Im Folgenden werden die drei Modelle beschrieben.

### 3.1 Boolesches Modell

Das Boolesche Modell wendet die bekannten logischen Operatoren an. Dabei werden *und ($\wedge$)*, *oder ($\vee$)* sowie *nicht ($\neg$)* verwendet, um den Index eines Dokumentes $d_j$ auf die enthaltenen Deskriptoren $t_i$ zu prüfen, welche zuvor in einer Abfrage formuliert worden sind [Zarn99, 126]. Hierbei stellen $i$ und $j$ die Laufindizes der Menge der Dokumente beziehungsweise Deskriptoren dar, welche wie folgt formal beschrieben werden können:

$$D = \{d_1,...,d_j,...,d_k\}, \quad (1)$$

$$T = \{t_1,...,t_i,...,t_k\}. \quad (2)$$

Das Boolesche Modell besitzt bezüglich der Gewichtung $w_{ij}$ nur die binären Ausprägungen $w_{ij} \in \{0,1\}$. Durch diese mengentheoretische Sichtweise werden im Ergebnis ausschließlich Dokumente mit dem Wert *wahr* repräsentiert [Salt89, 232]. Auf Grund der Nutzung eines invertierten Indexes werden keine aufwändigen Berechnungen vorgenommen. Diese Einfachheit macht das Verfahren sehr zeitperformant.[3]

Jedoch besteht keine Möglichkeit, eine Rangfolge der Ergebnismenge bezüglich des Interessantheitsgrades zu erstellen, da nur binäre Merkmalsausprägungen ermittelt werden [Zarn99, 125]. Gegebenenfalls variiert die Anzahl der Ergebnisse, in Abhängigkeit von der Abfrage, stark, wodurch der Nutzer zu viele oder zu wenige Dokumente erhalten kann [Salt89, 236]. Wegen dieser Schwäche wird das Boolesches Modell in der Praxis kaum verwendet.

## 3.2 Vektormodell

Das Vektormodell, oft auch als algebraisches Modell bezeichnet, erzeugt einen Vektor im mehrdimensionalen Raum [Zarn99, 125]. Jeder Deskriptor eines Index stellt eine Dimension dieses Vektors dar. Dieser spannt einen Dokumentenraum auf [Zavr95, 13]. Hierbei wird die Termhäufigkeit als Stärke der Ausprägung einer Dimension genutzt und durch den Begriff *Gewicht* ausgedrückt [SaMc83, 205]. Im Gegensatz hierzu berücksichtigt das Boolesche Modell lediglich die Existenz eines Terms in einem Dokument. Mit der Nutzung der Termhäufigkeit wird die Annahme zu Grunde gelegt, dass mit der Häufigkeit des Auftretens eines Terms von der Signifikanz des Terms auf den Inhalt geschlossen werden kann [vR79, 10]. In der nachstehenden Abbildung sind ein Dokument und der zugehörige Vektor beispielhaft dargestellt.

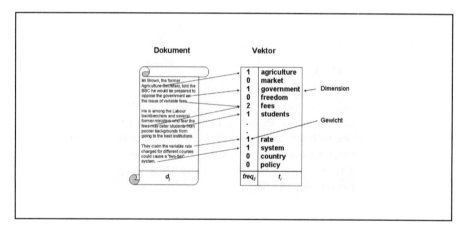

**Abb. 1: Vektorrepräsentation eines Dokumentes (in Anlehnung an [Joac98, 2])**

Für jeden Deskriptor eines Dokumentes wird im Sinne einer Frequenz die Anzahl $freq_{ij}$ ermittelt, mit welcher der Deskriptor $t_i$ im Dokument $d_j$ auftritt [Salt89, 279]. Hieraus kann die Gewichtung $w_{ij}$ eines Index berechnet und die Ergebnismenge einer Abfrage in eine Rangfolge gebracht werden [BaRi99, 30]. Die Gewichtung darf hierbei durch den Umfang des Dokumentes nicht beeinflusst werden [Zavr95, 14], weshalb zumeist die relative Häufigkeit $f_{ij}$ benutzt wird:

$$f_{ij} = \frac{freq_{ij}}{\max_i freq_{ij}}. \tag{3}$$

Hierbei stellt $max_jfreq_{ij}$ die Anzahl aller Deskriptoren in einem Dokument $j$ dar [BaRi99, 29]. Neben dieser lokalen Häufigkeit kann ein Deskriptor auf seine globale Häufigkeit geprüft werden [Fe03, 67ff.]. Solche Deskriptoren, die in sehr vielen oder wenigen Texten vorkommen, können schlecht zur Unterscheidung von Dokumenten benutzt werden [vaRi79, 11]. Eine Möglichkeit, das Problem zu lösen, besteht in der Eliminierung dieser Deskriptoren aus dem Index. Alternativ können die Gewichte dieser Deskriptoren, durch Nutzung der inversen Dokumentenhäufigkeit $idf_i$, normalisiert werden [SaMc83, 62, 132]:

$$idf_i = \log \frac{C}{c_i}. \qquad (4)$$

Die Anzahl aller Dokumente $C$ wird hierbei durch $c_i$, die Anzahl der Dokumente, in welchen der Deskriptor $t_i$ auftritt, dividiert und hiervon der Logarithmus gebildet [Salt89, 280]. Ein geeignetes Gewicht $w_{ij}$, welches lokale und globale Kriterien berücksichtigt, wird durch das Produkt der Maße (3) und (4) gebildet [BaRi99, 29]:

$$w_{ij} = f_{ij} \times idf_i. \qquad (5)$$

Unter Verwendung dieser Gewichte[4] lassen sich Ähnlichkeits- und Abstandsmaße von Dokumenten und Nutzerabfragen[5] berechnen und eine Rangfolge dieser Dokumente erstellen [Taur96, 5]. Höhere Werte bei dem Ähnlichkeitsmaß und niedrigere Werte bei dem Abstandsmaß beziehen sich auf gleichartige Vektoren. Zu den Ähnlichkeitsmaßen gehören der Kosinus-Koeffizient, der Dice-Koeffizient und der Tanimoto(Jaccard)-Koeffizient [Rasm92, 422]. Ein Abstandsmaß bietet die Euklidische Distanz [Pull01, 2].

Ausgehend von zwei Dokumenten wird die Differenz der Gewichte bezüglich jeder einzelnen Dimension genutzt, um die Distanz zwischen den Dokumenten zu ermitteln [Lanq01, 54]. Problematisch ist, dass thematisch ähnliche Dokumente, welche jedoch Synonyme verwenden, mit diesem Maß nur schlecht gefunden werden. Ungünstig erscheint ebenfalls, dass durch eine hohe Anzahl an Dokumenten und Deskriptoren ein großer Dokumentenraum aufgespannt wird, wobei die einzelnen Vektoren der Dokumente nur sehr dünn besetzt sind [Sull01, 336]. Durch den hochdimensionalen Raum bedingt, sind die Berechnungen zur Bestimmung der Maße äußerst zeitintensiv, da jedes Dokument mit jedem anderen verglichen wird. Zudem berechtigt die Annahme der Unabhängigkeit von Deskriptoren zur Kritik [BaRi99, 30]. In Ansätzen zur automatischen Bestimmung der Textsemantik konnten Abhängigkeiten von Deskriptoren nachgewiesen werden, da auf deren Basis diese Identifikation auszuführen ist.

### 3.3 Probabilistisches Modell

Das Probabilistische Modell integriert die Beziehungen der Deskriptoren in die Bewertung und geht nicht von der Annahme der Unabhängigkeit zwischen den Deskriptoren aus [Zarn99, 126]. Im Ergebnis werden Wahrscheinlichkeiten ermittelt, welche die Relevanz von Dokumenten für den Nutzer aufzeigen [Ferb03, 185]. Um Aussagen über die Wahrscheinlichkeit treffen zu können, ist zumindest für eine Teilmenge der Dokumente die Relevanz zu bestimmen [BaRi99, 31]. Dieses kann mittels *Relevance Feedback* realisiert werden [Harm92, 241]. Durch die Bewertung einzelner Dokumente aus der Ergebnismenge durch den Anwender werden Deskriptoren aus diesen Dokumenten extrahiert. Zum einen kann dadurch der Suchstring bei der nächsten Anfrage um diese Deskriptoren erweitert werden. Zum anderen lässt sich diesen Deskriptoren eine höhere Priorität zuordnen, so dass Deskriptoren gemäß deren Rang in Abfragen behandelt werden [Harm92, 241]. Die Alternativen sind vom jeweils angewendeten Modell abhängig.[6]

Diese Bewertung wird anschließend genutzt, um die Ergebnisqualität einer Suchanfrage zu verbessern. Durch die Bewertungen lassen sich die charakteristischen Merkmale geeigneter und ungeeigneter Dokumente erfassen und Wahrscheinlichkeiten für deren Auftreten in bestimmten Textdokumenten bestimmen.

Jedoch werden die Deskriptoren nur mit ihren binären Ausprägungen (vorhanden beziehungsweise nicht-vorhanden) bezüglich der Gewichtung berücksichtigt [BaRi99, 34]. Zu beachten ist auch, dass zu Gunsten guter Ergebnisse viele Relevanzbewertungen von Dokumenten erforderlich sind. Hierdurch gehen jedoch individuelle Präferenzen von Anwendern verloren. Aus diesem Grund eignet sich dieses Modell nicht für die nutzerspezifische Filterung von Informationen, sondern lediglich für eine gruppenspezifische Filterung, wie sie beispielsweise im Internet häufig vorgenommen wird, wo sich Nutzer im Rahmen einer Profilierung einer bestimmten Kategorie (z. B. Kategorie Börse) zuordnen müssen und dem entsprechend mit Informationen versorgt werden.

# 4 Anwendungsgebiete des Text Mining

Im Folgenden wird auf die zentralen Anwendungsgebiete des Text Mining eingegangen, die im Rahmen von Business Intelligence entsprechende Unterstützung geben können. Diese sind die Klassifikation (Abschnitt 4.1), die Clusterung (Abschnitt 4.2) sowie das Abstracting (Abschnitt 4.3).

## 4.1 Klassifikation

Grundsätzlich ordnet eine Klassifikation Objekte systematisch in zwei oder mehrere zuvor definierte Klassen, welche eine hierarchische Struktur aufweisen können [Ferb03, 47]. Im Rahmen der Textklassifikation werden Dokumente in Klassen eingeteilt, wobei die Dokumente innerhalb einer Klasse jeweils bestimmten Kriterien genügen müssen [Lanq01, 23]. Im Rahmen des Information Filtering zur Entscheidungsunterstützung ist die binäre Klassifikation bedeutsam: die Unterscheidung interessanter und uninteressanter Dokumente [Lanq01, 2]. Aus diesem

Grund werden disjunkte Klassen verwendet, um eine eindeutige Trennung vorzunehmen.

Zu unterscheiden ist die Prüfung der Dokumente und das Aufstellen von Klassifikationskriterien. Beides kann manuell oder automatisch vorgenommen werden. Eine manuelle Prüfung des Inhalts durch Personen liefert die besten Ergebnisse zur Klassifikation, da sie zusätzlich die Abgrenzung der Klassen vornehmen können. Jedoch ist eine solche Prüfung mit hohem Aufwand verbunden, wodurch diese Vorgehensweise in der Regel nicht angewendet werden kann. Die inhaltliche Prüfung erfolgt daher automatisch.

Binären Klassen lassen sich manuell erstellen, indem Regeln für sie formuliert und im Anschluss automatisch angewendet werden (Scherer 2003, S. 44). Alternativ bilden bereits manuell klassifizierte Beispieldokumente die Basis, um diese von lernenden Systemen internalisieren zu lassen, die dann eine automatische Klassifikation vornehmen [Joac98, 1].

Die Regeln dienen zur Prüfung der Dokumente auf die vorgegebenen Kriterien. Die Existenz oder eine minimale Häufigkeit eines Begriffes kann als ein Kriterium benutzt werden. Sind die Kriterien erfüllt, wird das Dokument als interessant klassifiziert, andernfalls als uninteressant. Komplexe Regeln können durch die Verknüpfung von Deskriptoren unter Verwendung logischer Operatoren vorgenommen werden. Die Regeln sind zum Beispiel in Form von Entscheidungsbäumen zu visualisieren, welche sich durch eine relativ leichte Verständlichkeit auszeichnen. Jedoch sind hierzu auf Grund der Vielzahl von Termen sehr spezifische *Wenn-Dann-Regeln* zu formulieren [Sull01, 152], damit möglichst alle Dokumente richtig klassifiziert werden. Durch diesen Sachverhalt werden leicht Größenordnungen erreicht, die nicht überschaubar und damit schwer zu pflegen sind. Da diese Prüfung nicht immer durchführbar ist, können alternativ *Wenn-Dann-Regeln* über statistische Methoden eingesetzt werden, zu denen der Rocchio-Algorithmus, der k-nächster-Nachbar-Algorithmus, Support Vector Machines (SVM) und Naive Bayes oder aber Künstliche Neuronale Netze gehören [Seba02].

Viele Information-Retrieval-Modelle, insbesondere die klassischen, verwenden Terme[7] als kleinste Einheit eines Textes und nutzen diese als Deskriptoren zur Analyse der Dokumente [BaRi99, 24f.]. Da diese also von zentraler Bedeutung für den Umgang mit unstrukturierten Daten sind, wird im weiteren Verlauf die Bestimmung der Deskriptoren beschrieben. Anschließend werden die drei klassischen Modelle sowie ausgewählte und auf den klassischen Modellen aufbauende erweiterte Ansätze erläutert. Dabei ist zu beachten, dass das Information Filtering und die dort genutzten Nutzerprofile unter dem Oberbegriff des Information Retrieval eingeordnet werden, da sie ein identisches Ziel verfolgen. Dieses ist die Repräsentation von interessanten Informationen unter Zurückhaltung der uninteressanten Informationen [BeCr92, 37].

Zunächst sind aus unstrukturierten Dokumenten strukturierte Metadaten zu generieren. In diesem Prozess der so genannten Indizierung werden Terme gemäß einem Algorithmus aus einem Dokument extrahiert und als Deskriptoren in einem Index vereinigt. Das bedeutet üblicherweise, dass die Worthäufigkeit der einzelnen Terme berechnet wird. Diese Begriffe stellen im Ergebnis die sogenannten

Deskriptoren dar, wie sie beispielsweise in Abbildung 1 berechnet wurden. Extraktion bedeutet, dass ein Index als Beschreibung eines Dokuments aus den Deskriptoren gebildet wird. Dieser Index repräsentiert die Charakteristika des Dokumentes. Die Deskriptoren können dabei objektiv (Name des Autors, Größe des Dokumentes etc.) oder nicht-objektiv (Textschlagwörter) sein [Zarn99, 124].

Grundsätzlich lässt sich manuelles (durch Fachexperten) und automatisches Indizieren, kontrolliertes (Begrenzung des Indizierungsvokabulars) und unkontrolliertes Indizieren unterscheiden. Dabei lassen sich als Vokabular singuläre und kontextbezogene Deskriptoren (durch spezifische Relationen verbundene singuläre Deskriptoren) verwenden. Bei einer automatischen Indizierung wird angenommen, dass die Häufigkeit einzelner Begriffe (Terme) in der natürlichen Sprache mit der Dokumentsemantik korreliert. Dies gilt unter der Voraussetzung, dass Wörter in der natürlichen Sprache ungleichmäßig verteilt sind. Der Index besteht in der Regel aus inhaltlichen Informationen, die sich auf den Originaltext der Dokumente beziehen.

Bei einer Abfrage werden die Suchterme mit den Deskriptoren eines Textes abgeglichen. Interessante Textdokumente lassen sich identifizieren und in einer Ergebnismenge auflisten. Grundsätzlich beeinflusst der gewählte Algorithmus, welche Deskriptoren aus dem Textdokument gewählt werden. Bei diesem Prozess der Indizierung sind zunächst alle Terme eines Dokumentes potenzielle Deskriptoren. Um nur aussagekräftige Deskriptoren in den Index aufzunehmen, werden Stoppworte bestimmt [BaRi99, 167f.; Fox92, 113]. Diese werden nicht in den Index aufgenommen, wodurch der Wortumfang ausgehend vom Anfangsumfang um circa 30 bis 50 Prozent reduziert werden kann [vaRi79, 12]. Zu den Stoppworten werden im Englischen unter anderem *and*, *the* und *to* gezählt. Sie werden nicht zur Unterscheidung von Dokumenten verwendet, da ihnen der Sachbezug fehlt [BaRi99, 163]. Als Deskriptoren werden vor allem Nomen verwendet, da sich diese durch ihre Aussagekraft auszeichnen und leichter zu verarbeiten sind.[8] Dabei bestehen unterschiedliche Ansichten über die notwendige Anzahl von Deskriptoren für einen Text. Einige Autoren verlangen möglichst viele Deskriptoren, andere verweisen auf nur marginalen Klassifikationsvorteil und unnötigen Verwaltungsaufwand. Letztlich gilt es für jeden Datenbestand zu prüfen, wie viele Deskriptoren ein adäquates Ergebnis ermöglichen.

Um die Ergebnisqualität der Textanalyse durch klassische beziehungsweise erweiterte Information-Retrieval-Modelle zu verbessern, werden Methoden der Computerlinguistik eingesetzt. Diese Methoden gliedern sich in die Bereiche der Morphologie, Syntaktik, Semantik und Pragmatik. Im Folgenden werden lediglich die ersten drei Bereiche behandelt. Auch wenn es das Ziel vieler Ansätze ist, die Inhalte von Textdokumenten automatisiert zu verstehen, weist eine solche Analyse viele technische Probleme auf und kann derzeit nur ansatzweise durchgeführt werden. Dies führt dazu, dass aus Texten nur ein vages Verständnis abgeleitet werden kann und so die Pragmatik und damit der Zweck einer Äußerung nicht zu analysieren ist [Sc3, 12f.].

Die *Morphologie* befasst sich mit der Struktur von Termen und kann zur Ermittlung der Grund- oder Stammform, auch Stemming genannt, eingesetzt werden. Hierzu werden Wörterbücher genutzt, welche Flexionen, Präfixe, Suffixe sowie Affixe und zusammengesetzte Terme beinhalten [Kamp02, 21]. Wörterbücher enthalten keine Synonym- und Zuordnungsbeziehungen. Beispielhaft betrachtet wird der Begriff *Indices* auf die Stammform *Ind* und die Vergangenheitsform *Ate* auf das Präsens *Eat* gesetzt.[9] Alternativ können zur Bestimmung von Termen *n*-Gramme genutzt werden. Diese stellen eine Zeichenkette der Länge *n* dar und werden zur Stammformermittlung [Frak92, 136] oder zur Erkennung von Rechtschreibfehlern verwendet. Zudem können gemeinsam auftretende Terme identifiziert werden [Lanq01, 30]. Häufig werden Unigramme (n=1), Digramme (n=2) und Trigramme (n=3) benutzt [Haib01, 475; Taur96, 12f.], wobei auch längere Zeichenketten möglich sind.

Die *Syntaktik* befasst sich mit den Beziehungen zwischen Termen untereinander und untersucht die Grammatik von Sätzen. Durch den Einsatz von Parsern[10] werden mehrdeutige Terme im Zusammenhang analysiert und richtig bestimmt [Kamp02, 22; Sc03, 12]. Dies realisiert ein gewisses inhaltliches Verständnis und stellt einen Zweckbezug her, wobei dies als Informationsverarbeitung zu bezeichnen ist. Die *Semantik* untersucht den Informationsgehalt von Termen, Sätzen und Texten.[11] Die Beachtung der Semantik unterstützt Auswertung von Deskriptoren hinsichtlich der Aussagekraft von Termkombinationen. In Lexika[12] werden Interdependenzen von Termen in einer geordneten Struktur abgelegt. Dies unterstützt den Aufbau von Thesauren und definiert weitere Beziehungen zwischen Termen.[13] Zudem lassen sich Phrasen als Deskriptoren auswählen, welche aus mehreren Termen in einer determinierten Reihenfolge bestehen und hierdurch mehr Aussagekraft besitzen [Salt89, 294].

## 4.2 Clusterung

Als Grundlage der Clusterung von Dokumenten lassen sich zumeist einzelne Terme oder Konzepte [Rasm92, 420] einschließlich ihrer Gewichtung nutzen. Eine Clusterung wird durch verschiedene Kriterien weiter charakterisiert [Pull03, 2].

Sind alle Dokumente auf Cluster verteilt, liegt eine vollständige Verteilung vor, während sonst nur eine partielle Verteilung gegeben ist. Ein Dokument kann mehreren Clustern zugeteilt werden, dabei entsteht eine überlappende Einteilung.[14] Über eine Mittelung aller Dokumente eines Clusters wird der Zentroid bestimmt, der das idealtypische Element des Clusters darstellt [Salt89, 341]. Die Ähnlichkeit beziehungsweise der Abstand der Textdokumente zueinander ist über ein zweckdienliches Maß zu bestimmen. Hierzu werden vor allem der Kosinus-Koeffizient (misst die Richtung des Termvektors) und die euklidische Distanz (misst den Abstand im mehrdimensionalen Raum) verwendet.

Um eine Clusterung durchzuführen, können verschiedene Methoden gewählt werden.[15] Zunächst lassen sich partitionierende von hierarchischen Methoden unterscheiden [ChBu7, 21]. Problematisch gestaltet sich bei partitionierenden Methoden die Einteilung multidimensionaler Vektoren in disjunkte Cluster. Eine Variante ist die Single-Pass-Clusterung (SPC). Die hierarchischen Methoden unterteilen sich weiter in agglomerative und divisive Methoden. Für die divisiven Methoden stehen nur wenige Algorithmen zur Verfügung, diese werden zudem selten genutzt [Ra92, 425]. Im Folgenden werden die Hierarchisch Agglomerative Clusterung (HAC), die SPC sowie die Self-Organizing Map (SOM), die zugleich eine Visualisierung der Ergebnisse vornimmt, erläutert.

Die *Hierarchisch Agglomerative Clusterung* bildet zunächst für alle Dokumente jeweils ein Cluster und vereinigt anschließend jeweils zwei von diesen schrittweise nach bestimmten Kriterien [ChMK00, 251f.]. Dies wird wiederholt, bis alle Dokumente in einem Cluster vereint sind und somit die Abfolge der verschiedenen Clusterungen feststeht. So kann für die jeweiligen Anforderungen eine geeignete Anzahl an Clustern gewählt werden, womit der Betrachtungshorizont durch die Wahl einer Stufe mit höherer Aggregation erweitert wird [Meie00, 74]. Neben der Methode der Vereinigung ist das Abstandsmaß der hierarchisch agglomerativ gebildeten Cluster entscheidend für die Ergebnisqualität.[16] Die Methoden der Vereinigung zeichnen sich durch bestimmte Vor- und Nachteile aus und sind problembezogen zu wählen. Bei der Vereinigung ist zu beachten, dass nur das jeweilige lokale Optimum erzielt wird, da keine Berücksichtigung der Abhängigkeiten in den nachfolgenden Schritten stattfindet [Pull03, 3]. Zudem weist die HAC, in Abhängigkeit von der Entscheidung ob und in welcher Art die Speicherung der Ergebnisse erfolgt, eine hohe Komplexität auf.

Die *Single-Pass-Clusterung* betrachtet ein Textdokument nur zum Zeitpunkt der Zuteilung zu einem Cluster. Mit dem ersten Dokument entsteht der erste Cluster. Im Anschluss werden die folgenden Dokumente je nach Ähnlichkeit den bestehenden Clustern zugeteilt oder eigenen neuen Clustern zugewiesen. Die Methoden der Zuteilung sind mit denen des HAC identisch. Im Vergleich zum HAC ist das SPC trivialer und benötigt daher weniger Rechenzeit. Jedoch variieren die Clusterkarten bei unterschiedlicher Abfolge der Textdokumente im Rahmen der Zuteilung. In den meisten Fällen ist eine quantitative Unausgewogenheit zu Gunsten der am Anfang gebildeten Cluster zu konstatieren. Anschließend an die Primäreinteilung der HAC und SPC kann eine iterative Verbesserung der Cluster erfolgen. Hierzu kann der k-means Algorithmus eingesetzt werden, dem eine Kostenfunktion zu Grunde liegt. Über ein Gradientenabstiegsverfahren wird versucht, ein weiteres lokales Optimum zu realisieren.

Problematisch ist insbesondere die Bestimmung der Attribute und des Ähnlichkeits- beziehungsweise Abstandmaßes, auf denen die Clusterung basiert [Rasm92, 420f.; 427]. Die euklidische Distanz hat sich als Abstandsmaß bewährt. Die oben erläuterten Ansätze bieten zudem keine direkte Möglichkeit der Visualisierung. Durch eine geeignete Darstellung der Ergebnisse lässt sich die Analyse visuell durchführen [Runk00, 29]. Die hochdimensionalen Vektoren werden hierzu in einem niedrigdimensionalen Raum dargestellt. Diese Visualisierung ist für bestimmte Teilmengen oder die Gesamtmenge von Dokumenten in einem ein-, zwei- oder dreidimensionalen Raum geeignet [CaMS99, 409].

Die *Self-Organizing-Map (SOM)* ist eine unüberwachte Methode [Koho02, 8], die eine direkte Visualisierung der Ergebnisse durch Cluster ermöglicht [Sull01, 02f.]. Die nachstehende Abbildung zeigt ein Beispiel.

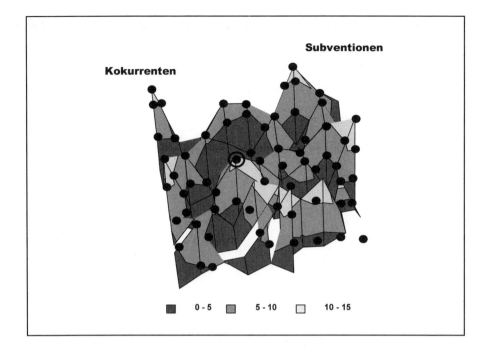

**Abb. 2: Beispiel einer Datenclusterung mittels Self organizing map**

Die Karte ist dreidimensional dargestellt. In den einzelnen grau-schattierten Clustern, die nach bestimmten Themen organisiert sind, befinden sich entsprechend dazu gehörige Dokumente. Die Höhe eines Cluster reflektiert die Anzahl der darin enthaltenen Dokumente. Durch diese Visualisierung kann der Anwender sich Cluster nach Themeninhalten aussuchen und sich die darin enthaltenen Dokumente anzeigen lassen. Das Verfahren zur Erstellung einer Karte ist dabei wie folgt: die Methode SOM ist dem menschlichen Gehirn nachempfunden [Miik93, 114]. Bestimmte Themenbereiche sind auf der Hirnrinde des Gehirns regional organisiert. Dies versucht die SOM durch die regionale Anordnung wichtiger Merkmale ebenso vorzunehmen [Koho01, 106]. Darüber hinaus werden bei der SOM Neuronen verwendet, die für die Organisation der Merkmale zuständig sind. Die klassische SOM besteht aus einer Inputschicht und einem Netzwerk aus Neuronen [Koho02, 1]. Die hochdimensionalen Vektoren der Textdokumente werden an die Inputschicht angelegt und in niedrigdimensionale Vektoren transformiert, die auf einer so genannten Neuronen-Karte abgebildet werden [Koho01, 106]. Die strukturierte Karte spannt einen diskreten Raum auf, wobei ähnliche Dokumente eine geringere Distanz zueinander aufweisen [MeRa00, 102]. Die Inputschicht ist über gewichtete Verbindungen mit jedem Neuron des Netzwerkes verknüpft [Cham99, 370]. Die Anzahl an Neuronen ist durch die benötigte Anzahl der Cluster determiniert [NüKK03, 123]. Zwischen den Neuronen einer Karte bestehen Nachbarschaftsbeziehungen, wobei sich diese in einem konkurrierenden Prozess selbstständig herausbilden [Taur96, 28; Zavr95, 24]. Die folgende Abbildung illustriert beispielhaft die Beziehungen der Komponenten einer hexagonalen SOM.[17]

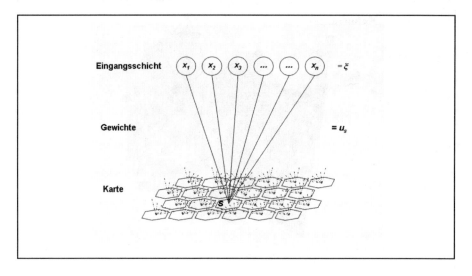

**Abb. 3: Self-Organizing Map (in Anlehnung an [NüKK03, 124])**

In der Lernphase werden die aus den Dokumenten abgeleiteten Vektoren $\xi$ dem Netz präsentiert und bei dem Siegerneuron $s$ mit dem höchsten Aktivierungsniveau [NüKK03, 123f.] eine Anpassung der Gewichte $u_s$ vorgenommen, indem sie an den Eingabevektor angenähert werden.[18] Die benachbarten Neuronen nähern sich bezüglich ihrer Gewichte an. Die gesamte Trainingskollektion wird dem Netz mehrmals in zufälliger Reihenfolge präsentiert und nach jedem angelegten Vektor eine Gewichtsanpassung vorgenommen [Merk02, 905]. Dies erzeugt eine Struktur, die ähnliche Dokumente auf der Karte gruppiert [Miik93, 116; Zavr95, 24]. Die SOM bestimmt selbstständig die wichtigen Kriterien und ordnet die Dokumente nach diesen richtig an.

Bezüglich der Inputvektoren besteht die Notwendigkeit, dass deren Gewichte die gleiche Dimensionalität aufweisen, wie die der Neuronen [Merk02, 905]. Als Ähnlichkeitsmaß wird vor allem die euklidische Distanz verwendet [Mand00, 24; NüKK03, 123f.]. Hierbei nimmt die Lernrate in einem definierten Verhältnis ab [Fritz92, 17]. Dadurch erhält das System eine gewisse Konsistenz.

In diesem Zusammenhang ist auf das Dilemma hinzuweisen, das sich aus den Forderungen nach Anpassungsfähigkeit und Stabilität ergibt [Taur96, 24ff.]. Durch die Forderung der Anpassungsfähigkeit sind neue Informationen ebenfalls abbildbar. Hierdurch darf die Lernrate jedoch nicht zu stark vermindert werden. Verändert sich ein Netz hierdurch zu stark und ein Dokument wird deswegen einem anderen Cluster zugewiesen, kann dies zu einer Instabilität des Systems führen.[19] Eine weitere Gefahr besteht darin, dass die Karte bei der Entfaltung in Abhängigkeit von den Parametern und den angelegten Dokumenten stark streut oder in einem einzigen Punkt endet. Die vorgegebene Größe der Karte ist somit anzupassen. Eine Möglichkeit zur Behebung dieses Problems besteht in der Verwendung einer automatisch wachsenden Karte [NüKK03, 124], wobei die Verteilung der angelegten Vektoren durch die Karte angenähert wird [Koho02, 8]. Allgemeine Kritik an dem SOM-Ansatz kann an der übermäßigen Komplexitätsreduktion festgemacht werden [Mand00, 80f.], wodurch wichtige Zusammenhänge verloren gehen können.

Erweiterte Ansätze nutzen zur Clusterung Vektoren auf Satzbasis anstelle solcher auf Dokumentenbasis [Pull01, 3f.]. Hierdurch besteht die Möglichkeit, wichtige Zusammenhänge auf Satzebene zu bestimmen und eine Clusterung durchzuführen, welche über eine Self-Organizing-Map dargestellt werden kann. Durch die Verwendung mehrerer Vektoren für ein Dokument werden verschiedene Unterthemen in einem Dokument berücksichtigt.

## 4.3 Abstracting

Das Abstracting beschreibt eine Form, relativ ausführliche Inhaltsbeschreibungen einer Dokumentationseinheit zu geben [Gaus95, 46]. Ursprünglich erschienen diese Referate ab der Mitte des 19. Jahrhunderts in so genannten Referatezeitschriften. Von denen sind heutzutage mehrere tausend wie zum Beispiel die *Chemical Abstracts* oder die *Biological Abstracts* zu finden. Ziel dieser Organe ist die Übersichtsvermittlung der publizierten Literatur eines abgegrenzten Fachgebietes. Heutzutage sind viele solcher Referateorgane in Datenbanken aufgegangen [BoBe95]. Die nachfolgenden Aussagen basieren in großen Teilen auf dem manuellen und damit redaktionellen Abstracting. Die dort aufgestellten Anforderungen gelten jedoch auch für das automatisierte Abstracting und sind somit auf dieses übertragbar.

Ein Abstract gibt präzise den Inhalt eines Dokuments wieder. Es soll informativ, ohne Interpretation und Wertung sowie ohne Kenntnis des Originals verständlich sein. Die Überschrift soll nicht wiederholt, gegebenenfalls ergänzt und erläutert werden. Dabei sind nicht alle Inhaltskomponenten eines Dokumentes dazustellen sondern nur diejenigen auszuwählen, die von besonderer Bedeutung sind [DIN 1426, 1988]. Diese definitorische Abgrenzung determiniert die Anforderungen an einen solchen Abstract.

Ursprünglich dienten Abstracts der Unterstützung der Relevanzbeurteilung. Im Anschluss an eine Suche ist oftmals die Entscheidung notwendig, ob ein Dokument im Volltext beschafft beziehungsweise gelesen werden muss. Die einfache Titelformulierung ist für eine solche Entscheidung in der Regel nicht ausreichend. Abstracts bilden als verbale Kurzbeschreibung des Inhalts eine Zwischenstufe, die zur Entscheidung bezüglich der Dokumentenrelevanz genutzt werden kann. Gegebenenfalls kann der Zugriff auf Originaldokumente entfallen, sofern das Abstract den wesentlichen Inhalt wiedergibt.

Im Kontext der technischen Entwicklungen der Information-Retrieval-Systeme haben Abstracts zunehmend an Bedeutung gewonnen. Jede Zeichenfolge eines Abstracts steht für eine Suche über Freitext oder entsprechende Indexe zur Verfügung. Solche Inhaltebeschreibungen, die im Rahmen von HTML-Seiten als Meta-

Informationen bezeichnet werden, dienen damit als Erweiterung der sachlichen Recherchegrundlagen.

Neben der direkten Recherche nach verbalen Beschreibungselementen lassen sich auch Manipulationen basierend auf Abstracts ausführen. Neben einer maschinellen Übersetzung sind insbesondere maschinelle Indexierungsverfahren von Interesse. Üblicherweise benötigen Verfahren der maschinellen Indexierung eine umfangreiche Textgrundlage. Die zur Verfügung stehende Basis bewegt sich in der Spannbreite zwischen Textüberschrift und Volltext. Da gute Ergebnisse eher auf der Basis des Volltexts erzielt werden, die Anwendung von Verfahren darauf jedoch oftmals sehr zeitintensiv ist, erscheint die Nutzung von Abstracts gegebenenfalls als gangbarer Mittelweg.

Abstracts werden in der Regel für einen anonymen Benutzerkreis erstellt. Es besteht aber auch die Möglichkeit, diese aufgabenorientiert auf wohl definierte Informationsbedürfnisse hin anzufertigen. Das setzt einen feststehenden und bekannten Benutzerkreis, beispielsweise für eine unternehmensinterne Informationsdienstleistung, voraus. Gemäß ihrer Entstehung lassen sich Autoren-Abstracts und Fremd-Abstracts unterscheiden. Die erst genannten werden den Dokumenten durch ihre Autoren beigegeben und als Metadaten mit veröffentlicht. Sie sind zwar schnell erstellt, oftmals aber subjektiv, da den Autoren die kritischen Distanz zu den eigenen Dokumenten fehlt. Fremd-Abstracts werden von den Produzenten bestimmter Informationsmittel generiert. Diese gelten als objektiv, da sie üblicherweise nach einheitlichen Anforderungen erstellt sind.

Für das konkrete Abstracting gelten grundsätzliche Richtlinien, die zu beachten sind [BoBe75, 47]. Dies ist notwendig, da an ein Informationsinstrument die Forderung nach weitgehender Konsistenz zu stellen ist. Exemplarisch sind als Richtlinien genannt:

- 200 bis 250 Wörter Umfang;

- Übernahme der Originalterminologie;

- numerische Darstellung der Zahlen;

- keine Verwendung ungebräuchlicher oder seltener Zeichen;

- keine Verwendung ungebräuchlicher Abkürzungen;

- keine Verwendung von Gleichungen, Fußnoten oder Einleitungen;

- keine Formalerschließung.

Abstracting bleibt trotz Richtlinien oder Instruktionen ein subjektiver Prozess. Es unterliegt insbesondere auf Grund der Massentexte, die heutzutage besonders im Internet verarbeitet werden, den gleichen Problemen wie das automatische Indexieren [Kuhl89; Endr91]. Das automatisierte Abstracting bedient sich primär statistischer und/oder computerlinguistische Verfahren. Das menschliche Abstracting ist zwar das Vorbild, kann jedoch auf Grund der darin angewendeten komplexen kognitiven Prozesse nicht automatisiert werden.

Erste statistische Ansätze gehen auf H. P. Luhn Ende der fünfziger Jahre zurück [Endr94, 213]. Aufbauend auf statistischen Indexierungsansätzen (Termhäufigkeitsansatz), wird die Konzentration signifikant häufiger Terme in einem Satz ermittelt. Sätze mit einer hohen Konzentration solcher Terme gelten als signifikant für den Dokumenteninhalt. Diese Sätze werden aus dem Original extrahiert und in das Abstract gestellt. Andere beziehungsweise ergänzende Extraktionsmethoden gründen sich auf bestimmte Indikatoren, die signifikante Sätze anzeigen. So werden zum Beispiel Schlüsselwörter definiert oder Phrasen als Indikatoren angesehen. Beispielhaft sei an dieser Stelle *Dieser Aufsatz behandelt* zur Identifikation von Themenbereichen genannt. Sätze, die diese Indikatorphrase enthalten, werden entsprechend extrahiert. Als Schlüsselwörter zu Beginn eines Satzes lassen sich etwa *Zusammenfassend* oder *Finally* definieren. Statistische Häufigkeitsansätze und die Identifikation von Indikatoren lassen sich bei der Satzextraktion gemeinschaftlich anwenden.

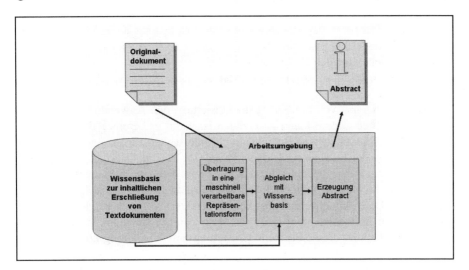

**Abb. 4: Automatisiertes Abstracting**

Die Abbildung zeigt die Vorgehensweise beim automatisierten Abstracting. Die Originaldokumente müssen, zum Beispiel durch Indexierung, in eine maschinell verarbeitbare Form übertragen werden. Dieser Index ist mit der domänenspezifischen Wissensbasis abzugleichen, um daraus den Abstract zu generieren. Dieser kann dann als Information an die relevanten Empfänger weitergereicht werden.

Mit eingeschränkter Zuverlässigkeit lassen sich auch so genannte *Topic*-Sätze aus Textdokumenten extrahieren. Dabei wird aus der Position eines Satzes im Text auf seine inhaltliche Bedeutung geschlossen. Diese Positionen sind beispielsweise Kapitelanfänge, Kapitelende und Abbildungsunterschriften. Nach diesem Verfahren extrahierte Sätze stehen meist unverbunden in einem Abstract und weisen somit keine Textkohäranz auf.

Neuere Verfahren und weitergehende Ansätze unter Einbeziehung wissensbasierter Verfahren sowie kognitionswissenschaftlicher Erkenntnisse sind bislang ohne wirklichen Erfolg hinsichtlich einer praktischen Umsetzung in entsprechende Anwendungen geblieben [Kuhl97, 109ff.; Endr94]. Für einen aktuellen Eindruck hinsichtlich maschineller Unterstürzung des Abstracting bietet sich der Artikel von Craven 1998 [Crav98] an. Die dort beschriebene Software *TEXNET* ist über das Internet frei verfügbar und vermittelt einen Eindruck über das aktuelle Leistungsvermögen des automatisierten Abstracting.

## 5 Zusammenfassung und Ausblick

Im vorliegenden Beitrag wurde zunächst auf die Rahmenbedingungen der Einsatzgebiete des Text Mining eingegangen. Es konnte gezeigt werden, dass Text Mining innerhalb eines Unternehmens im Rahmen des Knowledge Discovery in Databases erfolgreich eingesetzt werden kann. Eine geeignete Architektur wird durch zielkonformen Einsatz im Unternehmen begründet. Dies bedeutet zum Beispiel die Integration interner und externer Daten in einem Business-Intelligence-System.

Auch wenn eine vollständige Automatisierung der Anwendung von Text-Mining-Verfahren zurzeit kaum zu erzielen ist, kann es bereits Hilfestellung im betrieblichen Einsatz geben. Bedingt durch eine weiter zunehmende Informationsüberflutung der Entscheidungsträger, wird eine Personalisierung der Informationsversorgung immer bedeutender. Hierbei ergibt sich die Problematik, dass die eingesetzten Techniken traditionell nur strukturierte Daten verarbeiten. Für unstrukturierte Daten konnten zunächst keine Verfahren bestimmt werden. Die Verwendung von Metadaten, die durch das Text Mining für jedes Textdokument erzeugt werden, löst dieses Problem. Clusterung und Abstracting können zusätzlich den Aufwand der Sichtung von Dokumentenbeständen beziehungsweise einzelner Dokumente reduzieren und somit die zunehmende Auswertung von Textdokumenten in Unternehmen erleichtern.

## Literatur

[BaRi99] Baeza-Yates, R.; Ribeiro-Neto, B.: Modern Information Retrieval, New York 1999.

[BeCr92] Belkin, N.; Croft, W.: Information Filtering and Information Retrieval, Two Sides of the Same Coin?, in: Communications of the ACM, 35. Jg., Heft 12, 1992, S. 29 - 38.

[BoBe95] Borko, H.; Bernier, C. L.: Abstracting Concepts and Methods, New York 1995.

[CaMS99] Card, S.; Mackinlay, J.; Shneiderman, B.: Readings in Information Visualization. Using Vision to Think, San Francisco 1999.

[CEEJ01]   Carstensen, K.; Ebert, C.; Endriss, C.; Jekat, S.; Klabunde, R.; Langer, H. (Hrsg.): Computerlinguistik und Sprachtechnologie. Eine Einführung, Heidelberg u. a. 2001.

[Cham99]   Chamoni, P.: Ausgewählte Verfahren des Data Mining, in: Chamoni, P.; Gluchowski, P. (Hrsg.): Analytische Informationssysteme. Data Warehouse, On-Line Analytical Processing, Data Mining, 2. Auflage, Berlin u. a. 1999, S. 355 - 373.

[ChBu97]   Chamoni, P.; Budde, C.: Methoden und Verfahren des Data Mining, Diskussionsbeiträge des Fachbereichs Wirtschaftswissenschaft der Gerhard-Mercator-Universität Gesamthochschule Duisburg, Nr. 232, Duisburg 1997.

[CHMW02]   Chang, G.; Healey, M.; McHugh, J.; Wang, J.: Mining the World Wide Web. An Information Search Approach, The Kluwer International Series on Information Retrieval, Nr. 10, Boston u. a. 2002.

[ChMK00]   Chen, J.; Mikulcic, A.; Kraft, D.: An Integrated Approach to Information Retrieval with Fuzzy Clustering and Fuzzy Inferencing, in: Pons, O.; Vila, M.; Kacprzyk, J. (Hrsg.): Knowledge Management in Fuzzy Databases. Studies in Fuzziness and Soft Computing, Nr. 39, Heidelberg u. a. 2000, S. 247 - 260.

[Crav98]   Craven, T. C.: Human Creation of Abstacts with Selected Computer Assistance Tools, in: Information Research, 3. Jg., Heft 4, 1998, URL: http://www.shef.ac.uk/~is/publications/infres/ paper47.html, letzter Abruf am 2005-03-27.

[Din1426]   DIN 1426: Inhaltsangaben von Dokumenten. Kurzreferate, Literaturberichte, in: Deutsches Institut für Normung (Hrsg.): Publikationen und Dokumentationen 2, Berlin 1998, S. 9 - 15.

[Düsi99]   Düsing, R.: Knowledge Discovery in Data Bases und Data Mining, in: Chamoni, P.; Gluchowski, P. (Hrsg.): Analytische Informationssysteme. Data Warehouse, On-Line Analytical Processing, Data Mining, 2. Auflage, Berlin u. a. 1999, S. 291 - 299.

[Endr94]   Endres-Niggemeyer, B.: Summarizing Text for Intelligent Communication, in: Knowledge Organization, 21. Jg., Heft 4, 1994, S. 213 - 223.

[Endr91]   Endres-Niggemeyer, B.: Kognitive Modellierung des Abstracting, in: Neubauer, W.; Schneider-Briehm, U. (Hrsg.): Deutscher Dokumentartag – Proceedings, Frankfurt 1991, S. 575 – 592.

[Ferb03]   Ferber, R.: Information Retrieval – Suchmodelle und Data-Mining-Verfahren für Textsammlungen und das Web, Heidelberg 2003.

[Fox92]   Fox, C.: Lexical Analysis and Stoplists, in: Frakes, W.; Baeza-Yates, R. (Hrsg.): Information Retrieval. Data Structures & Algorithms, Englewood Cliffs 1992, S. 102 - 130.

[Frake92]   Frakes, W.: Stemming Algorithms, in: Frakes, W.; Baeza-Yates, R. (Hrsg.): Information Retrieval. Data Structures & Algorithms, Englewood Cliffs 1992, S. 131 – 160.

[Frit92]    Fritzke, B.: Wachsende Zellstrukturen. Ein selbstorganisierendes Neuronales Netzwerkmodell, Arbeitsberichte des Instituts für mathematische Maschinen und Datenverarbeitung (Informatik), 25. Bd., Nr. 9, Erlangen 1992.

[Gaus95]    Gaus, W.: Dokumentations- und Ordnungslehre, 2. Auflage, Berlin 1995.

[GeHK01]    Gerstl, P.; Hertweck, M.; Kuhn, B.: Text Mining: Grundlagen, Verfahren und Anwendungen, in: HMD - Praxis der Wirtschaftsinformatik, 38. Jg., Heft 222, 2001, S. 38 - 48.

[Haibe01]   Haiber, U.: Spracherkennungssysteme, in: Carstensen, K.; Ebert, C.; Endriss, C.; Jekat, S.; Klabunde, R.; Langer, H. (Hrsg.): Computerlinguistik und Sprachtechnologie. Eine Einführung, Heidelberg u. a. 2001, S. 469 - 476.

[Hall01]    Halliman, C.: Business Intelligence Using Smart Techniques. Environmental Scanning Using Text Mining and Competitor Analysis Using Scenarios and Manual Simulation, Houston 2001.

[Harm92]    Harman, D.: Relevance Feedback and Other Query Modification Techniques, in: Frakes, W.; Baeza-Yates, R. (Hrsg.): Information Retrieval. Data Structures & Algorithms, Englewood Cliffs 1992, S. 241 - 263.

[Hear99]    Hearst, M.: Untangling Text Data Mining, in: o. V.: Proceedings of the Association for Computer Linguistics 1999. The 37th Annual Meeting of the Association for Computer Linguistics, San Francisco 1999, S. 3 - 10.

[HiMW02]    Hippner, H.; Merzenich, M.; Wilde, K. (Hrsg.): Handbuch Web Mining im Marketing. Konzepte, Systeme, Fallstudien, Braunschweig u. a. 2002.

[JaCI98]    Jain, L.; Chen, Z.; Ichalkaranje, N. (Hrsg.): Intelligent Agents and Their Applications. Studies of Fuzziness and Soft Computing, Nr. 98, Heidelberg u. a. 2002.

[Joac98]    Joachims, T.: Text Categorization with Support Vector Machines: Learning with Many Relevant Features, URL: http://ranger.uta.edu/~alp/ix/readings/SVMsforText Categorization.pdf, 1998, Abruf am 2003-12-11.

[Kamp02]    Kamphusmann, T.: Text-Mining. Eine praktische Marktübersicht, Symposium, Düsseldorf 2002.

[KaSh00]    Kashyap, V.; Sheth, A.: Information Brokering Across Heterogeneous Digital Data. A Metadata-based Approach, The Kluwer International Series on Advances in Database Systems, Nr. 20, Boston u. a. 2000.

[Koho02]    Kohonen, T.: Overture. In: Seiffert, U.; Jain, L. (Hrsg.): Self-Organizing Neural Networks. Recent Advances and Applications, Studies in Fuzziness and Soft Computing, Nr. 78, Heidelberg u. a. 2002, S. 1 - 12.

[Kuhl97] Kuhlen, R.: Abstracts – Abstracting – Intellektuelle und maschinelle Verfahren, in: Buder, M.; Rehfeld, W.; Seeger, D.; Strauch, D. (Hrsg.): Grundlagen der praktischen Information und Dokumentation, 4. Auflage, München 1997, S. 88 - 119.

[Kuhl89] Kuhlen, R.: Information Retrieval: Verfahren des Abstracting, in: Batori, S.; Lenders, W.; Putschke, W. (Hrsg.): Computational Linguistics – Computerlinguistik: An International handbook of Computer Oriented Language Research and Applications, Berlin 1989, S. 688 - 696.

[Lanq01] Lanquillon, C.: Enhancing Text Classification to Improve Information Filtering, Dissertation, URL: http://diglib.uni-magdeburg.de/ Dissertationen/2001/carlanquillon.pdf, 2001, Abruf am 2003-12-20.

[Mand00] Mandl, T.: Einsatz neuronaler Netze als Transferkomponenten beim Retrieval in heterogenen Dokumentbeständen, IZ-Arbeitsbericht, Nr. 20, Bonn 2000.

[MaSc00] Manning, C.; Schütze, H.: Foundations of Statistical Natural Language Processing, Cambridge u. a. 2000.

[Meie00] Meier, M.: Integration externer Daten in Planungs- und Kontrollsysteme. Ein Redaktions-Leitstand für Informationen aus dem Internet, Wiesbaden 2000.

[MeRa00] Merkl, D.; Rauber, A.: Document Classification with Unsupervised Artificial Neural Networks, in: Crestani, F.; Pasi, G. (Hrsg.): Soft Computing in Information Retrieval. Techniques and Applications, Studies in Fuzziness and Soft Computing, Nr. 50, Heidelberg u. a. 2000, S. 102 - 121.

[Miik93] Miikkulainen, R.: Subsymbolic Natural Language Processing. An Integrated Model of Scripts, Lexicon, and Memory, Cambridge u. a. 1993.

[NüKK03] Nürnberger, A.; Klose, A.; Kruse, R.: Self-Organizing Maps for Interactive Search in Document Databases, in: Szczepaniak, P.; Segovia, J.; Kacprzyk, J.; Zadeh, L. (Hrsg.): Intelligent Exploration of the Web. Studies in Fuzziness and Soft Computing, Nr. 111, Heidelberg u. a. 2003, S. 119 – 135.

[Pull01] Pullwitt, D.: Integrating Contextual Information to Enhance SOM-based Text Document Clustering, Graduiertenkolleg Wissenspräsentation, Institut für Informatik, Universität Leipzig, URL: http://www. informatik.uni-leipzig.de/~pullwitt/papers/nnsi.pdf, 2001, Abruf am 2003-12-13.

[Pull03] Pullwitt, D.: Clusteralgorithmen für Textdaten, Graduiertenkolleg Wissenspräsentation, Institut für Informatik, Universität Leipzig, URL: http://lips.informatik. uni-leipzig.de/pub/showDoc.Fulltext/ dokument.pdf? lang=de&doc=2003-13&format=pdf&compression= &rank=0, 2003, Abruf am 2003-12-13.

[Rasm92]   Rasmussen, E.: Clustering Algorithms, in: Frakes, W.; Baeza-Yates, R. (Hrsg.): Information Retrieval. Data Structures & Algorithms, Englewood Cliffs 1992, S. 419 - 442.

[Runk00]   Runkler, T.: Information Mining. Methoden, Algorithmen und Anwendungen intelligenter Datenanalyse, Braunschweig u. a. 2000.

[Runt00]   Runte, M.: Personalisierung im Internet, Wiesbaden 2000.

[Salt89]   Salton, G.: Automatic Text Processing. The Transformation, Analysis, and Retrieval of Information by Computer, Reading u. a. 1989.

[SaMc83]   Salton, G.; McGill, M.: Introduction to Modern Information Retrieval, New York u. a. 1983.

[Sche03]   Scherer, B.: Automatische Indexierung und ihre Anwendung im DFG-Projekt „Gemeinsames Portal für Bibliotheken, Archive und Museen (BAM)", URL: http://www.ub.uni-konstanz.de/v13/ volltexte/2003/996//pdf/scherer.pdf, 2003, Abruf am 2003-12-22.

[Seba02]   Sebastiani, F.: Machine Learning in Automated Text Categorization, in: ACM Computing Surveys, 34. Jg., Heft 1, März 2002, S. 1 – 47.

[Sull01]   Sullivan, D.: Document Warehousing and Text Mining. Techniques for Improving Business Operations, Marketing, and Sales, New York u. a. 2001.

[Taur96]   Tauritz, D.: Adaptive Information Filtering as a Means to Overcome Information Overload, URL: http://web.umr.edu/~tauritzd/papers/ thesis.ps.gz, 1996, Abruf am 2003-12-16.

[vaRi79]   van Rijsbergen, C.: Information Retrieval, 2. Auflage, Butterworths, London u. a. 1979.

[WiSpi03]  Winkler, K.; Spiliopoulou, M.: Textmining in der Wettbewerbsanalyse. Konvertierung von Textarchiven in XML-Dokumente, in: Christmann, A.; Weihs, C. (Hrsg.): Data Mining und Statistik in Hochschule und Wirtschaft, Proceedings der 6. Konferenz der SAS-Anwender in Forschung und Entwicklung (KSFE), Aachen 2003, S. 347 - 363.

[Zade96]   Zadeh, L.: Quantitative Fuzzy Semantics, in: Klir, G.; Yuan, B. (Hrsg.): Fuzzy Sets, Fuzzy Logic, and Fuzzy Systems, Selected Papers by Lofti A. Zadeh, Singapore u. a. 1996, S. 105 - 122.

[Zarn99]   Zarnekow, R.: Softwareagenten und elektronische Kaufprozesse. Referenzmodelle zur Integration, Wiesbaden 1999.

[Zavr95]   Zavrel, J.: Neural Information Retrieval. An Experimental Study of Clustering and Browsing of Document Collections with Neural Networks, URL: http://ilk.kub.nl/~zavrel/zavrel.scriptie.ps.Z, 1995, Abruf am 2003-12-13.

[ZeHi01]   Zelikovitz, S.; Hirsh, H.: Using LSI for Text Classification in the Presence of Background Text, in: Paques, H.; Liu, L.; Grossman, D. (Hrsg.): Proceedings of the 2001 ACM CIKM, Tenth International Conference on Information and Knowledge Management, New York 2001, S. 113 - 118.

# Anmerkungen

[1] Im Gegensatz zum Data Mining sind die durch das Text Mining aufgespürten, unbekannten Informationen nicht für jeden unbekannt. Der Autor des Dokumentes kannte die Information und legte sie schriftlich nieder. Wichtig ist, dass die ermittelten Informationen für den Rezipienten neu sind [Hear99, 3].

[2] Die Computerlinguistik bedient sich Techniken der Linguistik und Informatik, mit dem Ziel natürliche Sprache maschinell zu verarbeiten [CEEJ01, 1].

[3] In diesem invertierten Index sind die Deskriptoren und die Dokumente, in denen die Deskriptoren verwendet wurden, aufgelistet. Durch diese Zuordnung sind die Dokumente mit diesem Deskriptor direkt zu ermitteln [Taur96, 5].

[4] Als Alternative zu dieser Möglichkeit der Gewichtsbestimmung kann die Entropie eines Deskriptors verwendet werden. Die Entropie ist ein generelles Maß für den Informationsgehalt. Dieses Maß berechnet die Wahrscheinlichkeit, mit der ein Symbol (z. B. ein Term) im Informationstext auftritt. Jedoch liegt diese nicht im Intervall von Null bis Eins und muss vor einer Verwendung relativiert werden. [NüKK03, 123].

[5] Wird die Nutzerabfrage durch ein Dokument ersetzt, können zudem Ähnlichkeits- und Abstandsmaße zwischen Dokumenten ermittelt werden.

[6] Die einzelnen Methoden dieses Abschnittes sind miteinander kombinierbar und aufeinander abzustimmen, um problembezogen beste Ergebnisse zu erzielen.

[7] Terme stellen hierbei Buchstaben in ununterbrochener Folge dar [Kamp02, 21].

[8] Im Format Extensible Markup Language (XML) können diesen Dokumenten in einem automatischen Prozess zusätzliche strukturierte Informationen entnommen werden [Sull01, 45ff.]. Ein Vorgehensmodell zur semantischen Auszeichnung und inhaltlichen Beschreibung stellen Winkler und Spiliopoulou vor [WiSp03, 4f.]. Durch das Resource Description Format (RDF) kann der Inhalt eines Dokumentes auf semantischer Ebene formuliert und als Basis zur Strukturierung über XML genutzt werden [KaSh00, 22f.]. Das World Wide Web Consortium (W3C) versucht unter dem Begriff *Semantic Web* Beschreibungsstandards und Technologien zu entwickeln, um die automatische Verarbeitung von Daten zu ermöglichen [Ferb03, 281 sowie JaCI02, 89f.].

[9] Weiterführende Ansätze definieren Regeln mit denen ein inhaltliches Verständnis unterstützt wird. Terme, die zum Beispiel mit *re-* beginnen, sind als Wiederholung zu verstehen. Terme, welche mit *un-* beginnen, sind als Negation zu verstehen [Sull01, 342f.]. Diese Ansätze sind eher der semantischen Ebene zuzuordnen, wobei eine klare Abgrenzung schwierig ist.

[10] Grundsätzlich handelt es sich bei einem Parser um einen Bestandteil eines Compilers oder Interpreters, der eine in einer Programmiersprache verfasste

Zeichenkette syntaktisch analysiert und in einzelne Bestandteile aufgliedert. Die wesentliche Rolle des Parser ist das Übersetzen von Befehlsfolgen in Maschinensprache. Es existieren auch Parser, die in der natürlichen Sprache formulierte Eingaben in eine für den Computer verständliche Form umwandeln. Solche Parser sind beispielsweise in Übersetzungsprogrammen zu finden.

[11] Die Textlinguistik untersucht Sätze als kleinste Einheit von Texten und versucht hierdurch ein Verständnis der natürlichen Sprache aufzubauen. Jedoch scheinen diese Ansätze wenig Erfolg zu versprechen, da Sprache hochkomplex und hierdurch der Aufwand hoch ist. Gerechtfertigt scheint dieses nur in eng abgegrenzten Bereichen [Kamp02, 25f.].

[12] Lexika sind Wörterbücher, in denen die Terme miteinander in Beziehung stehen [Kamp02, 24]. Hierdurch können zudem hierarchische Strukturen festgelegt und Zuordnungen vorgenommen werden.

[13] Als Beispiele für Lexika lassen sich *WordNet* und *Cyc* aufführen, welche allgemeine Ontologien und Thesauren beinhalten [KaSh00, 11].

[14] Diese Art der Einteilung ist das sogenannte Soft Clustering, da im Gegensatz zum Hard Clustering keine klare Zuteilung vorgenommen wird [MaSc00, 499]. Die Einteilung in mehrere Cluster lässt sich zum Beispiel durch Fuzzy Sets durchführen. Durch einen Zugehörigkeitsgrad werden unterschiedliche Abstufungen vorgenommen [Zade71, 109]. Im Rahmen der Umsetzung bildet der Fuzzy C-means Algorithmus eine Realisierungsmöglichkeit [ChMK00, 252].

[15] Die meisten Methoden basieren auf einer Ähnlichkeitsmatrix bezüglich der Dokumente. Hierauf aufbauend kann der nächste Nachbar identifiziert werden [Rasm92, 422f.].

[16] Es werden die folgenden Varianten der Clusterbildung unterschieden: Single Linkage, Complete Linkage, Group Average und Ward's Method [Zavr95, 18].

[17] Neben der hexagonalen Organisation der SOM kann standardmäßig die rechteckige Anordnung der Neuronen in Form eines Gitters vorgenommen werden [Pull03, 9; Runk00, 41].

[18] Bei einer Anpassung der Gewichte der gewinnenden Neuron wird das als Wettbewerbslernen beziehungsweise *competitive learning* bezeichnet [Fritz92, 30].

[19] Weitere Probleme ergeben sich bei der Abbildung neuer Dokumente, die nicht in die bestehende Clusterstruktur einzuordnen sind. Kleinere Änderungen können durch Aufnahme der Dokumente und Einordnung zu dem nächst gelegenen Neuron durchgeführt werden. Bei größeren Änderungen kann eine Anpassung der bestehenden Karte durch eine erneute Lernphase vorgenommen werden. Gelingt dieses nicht, ist die Karte völlig neu zu erstellen [NüKK03, 128].

# Statistische Methoden zur visuellen Exploration mehrdimensionaler Daten

HORST DEGEN

## Abstract

"Data Mining" heißt das aktuelle Schlagwort für die Auswertung großer Datenmengen. Visualisierungstechniken spielen bei der Mustererkennung eine wichtige Rolle. Statistiker haben sich bereits seit mehr als 20 Jahren intensiv mit grafischen Explorationstechniken für mehrdimensionales Datenmaterial beschäftigt. Bei der Anwendung dieser Methoden ergeben sich meist keine automatischen Prozesse, sondern interaktive Exploration und Interpretation wechseln einander ab.

Hier wird ein vergleichender Überblick über die in Betracht kommenden grafischen Verfahren gegeben. Ziel ist dabei nicht die Vermittlung der statistisch-methodischen Grundlagen, sondern die Öffnung eines Zugangs zum breiten Spektrum nützlicher Methoden der visuellen Exploration.

## Inhalt

| | | |
|---|---|---|
| 1 | Ausgangssituation | 306 |
| 2 | "Data Mining" und "Explorative Datenanalyse" | 306 |
| 3 | Analysediagramme für zwei- bis vierdimensionale Daten | 308 |
| | 3.1 Das Streudiagramm | 308 |
| | 3.2 Das 3D-Streudiagramm | 311 |
| | 3.3 Das bedingte Streudiagramm | 313 |
| 4 | Analysediagramme für mehr als vierdimensionale Daten | 314 |
| | 4.1 Die Streudiagramm-Matrix | 314 |
| | 4.2 Verwendung von Bildsymbolen | 315 |
| | 4.3 Fractal Foam Plot | 317 |
| | 4.4 Kurvenprofile | 318 |

| | |
|---|---|
| 5  Projektionstechniken | 320 |
|    5.1  Projektionsdiagramme | 321 |
|    5.2  Projektionsprozeduren | 321 |
| 6  Praktische Anwendungsempfehlungen | 322 |

# 1 Ausgangssituation

Aufgrund des rasanten technologischen Fortschritts auf dem Gebiet der Informatik und des Vordringens der automatischen Datenverarbeitung in nahezu alle Lebensbereiche, steigt die Menge an Informationen, die täglich zur Verfügung steht und regelmäßig ausgewertet werden kann, ins Unermessliche. Die herkömmlichen Methoden zur Analyse großer Datenbestände reichen daher nicht mehr aus: Traditionelle Datenbanksysteme bieten dem Benutzer zwar Werkzeuge zur Suche nach wohlspezifizierten Daten, können aber keine ungenau spezifizierten bzw. überhaupt nicht spezifizierte auffällige - und deshalb möglicherweise interessante - Datenmuster auffinden. Demzufolge sind herkömmliche Datenbanksysteme auch nicht in der Lage, Erklärungs- oder Modellbildungskonzepte für Datenkonstellationen zur Verfügung zu stellen.

# 2 "Data Mining" und "Explorative Datenanalyse"

Das Konzept des sog. "Data Mining" bzw. "Knowledge Discovery in Data Bases (KDD)" [FaPS96b] verbindet moderne Datenbank- und Expertensystemtechnologie mit statistischen Verfahren und Maschinellem Lernen. Es existieren unterschiedliche Definitionen für diese beiden Begriffe, jedoch findet man sie häufig auch synonym verwendet. Besonderer Wert wird jedenfalls auf ein automatisiertes Vorgehen gelegt. Aus der unübersehbaren Vielzahl von erkennbaren Datenmustern sollen nur die hinsichtlich ihrer Aussagekraft interessanten berücksichtigt werden. Dieser Forderung nach technikgesteuerter Identifikation und Bewertung wesentlicher Muster kann man auf folgende Weise gerecht werden: Es werden analytische Such- und Selektionsstrategien konstruiert, die auf automatische Weise signifikante Muster klassifizieren und dieses "interessante Wissen" dem Benutzer vorlegen. Welche Konsequenzen der Benutzer daraus zieht, ist i. d. R. nicht mehr Bestandteil der Analyse. Auch die Frage der Modellierung des Datenmaterials, die z. B. den Statistiker bei seiner Arbeit primär interessiert, ist nicht mehr notwendigerweise Bestandteil des Data Mining-Prozesses.

    Bisher wurde der Ansatz des Data Mining überwiegend von Informatikern aus dem Bereich der Künstlichen Intelligenz bearbeitet [BiHa93]. Die Größenordnungen der dort betrachteten Datensätze schwanken hinsichtlich der Merkmale zwischen drei bis sechs und einigen Hundert sowie hinsichtlich der Fälle zwischen einigen Dutzend und einer Million. Diese enorme Heterogenität des bearbeiteten Datenmaterials macht es sinnvoll, unterschiedliche Verfahren für die jeweilige Größenordnung der Aufgabenstellung zu verwenden:

- Bei der sog. pixel-orientierten bzw. Recursive Pattern-Visualisierungstechnik [KeKA95] handelt es sich beispielsweise um Verfahren, die vor allem für sehr umfangreiche Datenmengen geeignet und erst vor kurzem entwickelt worden sind [KrKe96]. Ziel ist dabei die simultane Visualisierung eines großen Datenbestandes auf dem Bildschirm, Plotter oder Drucker sowie das Sichtbarmachen von Mustern und Auffälligkeiten.

- Am anderen Ende des Spektrums stehen statistische Methoden zur Untersuchung von Zusammenhängen zwischen drei bis sechs Merkmalen. Ziel ist hierbei die intensive Analyse der Beziehungen zwischen den Daten und - wenn möglich - eine Modellierung des zugrunde liegenden Zusammenhangs.

Der zweite Punkt soll hier näher betrachtet werden. Tatsächlich sind diese Probleme für Statistiker nicht neu. Die visuelle Exploration von Daten hielt bereits in der zweiten Hälfte der 70-er Jahre Einzug in die Statistik. Die Grundlage hat J. W. TUKEY mit seinem bahnbrechenden Lehrbuch zur Explorativen Datenanalyse (EDA) im Jahre 1977 gelegt [Tuke77]. Die Philosophie der EDA lautet: looking at data to see what it seems to say. TUKEYS Konzept war jedoch kein rein grafisches. Auf Basis einer Vielzahl von einfachen Rechentechniken, die in Verbindung mit grafischen Darstellungen eine explorierende Untersuchung des Datenmaterials erlaubten, wurden Hypothesen und Theorien entwickelt, die anschließend - also in einem zweiten Schritt - mit traditionellen (konfirmatorischen) statistischen Verfahren überprüft werden konnten. Jahrzehntelang hatten ausschließlich solche konfirmatorischen Methoden im Mittelpunkt des Interesses der statistischen Forschung gestanden. Die dabei benutzten grafischen Darstellungen dienten eher der Präsentation als der Analyse und Diagnostik. Seit Anfang der 80-er Jahre haben die statistisch-grafischen Methoden zum Aufdecken von Mustern und Strukturen eine stetig wachsende Bedeutung erfahren, nicht zuletzt durch verstärkte Berücksichtigung in statistischen Softwaresystemen. Unter dem Stichwort "Visual Exploratory Data Analysis" (VEDA) [Tuft83] wurden rein grafisch arbeitende und auf multidimensionale Daten ausgerichtete Verfahren vorgestellt, die in erster Linie auf die Fähigkeit des menschlichen Auges setzten, "Wesenszüge oder Abartigkeiten" [Jamb92] von Daten besser als jeder Computer zu erkennen. Nachfolgend sollen einige dieser grafisch-statistischen Methoden vorgestellt werden. Sie vermitteln einen Eindruck von den Werkzeugen der Detailarbeit, die bei der Suche nach Datenstrukturen geleistet werden muss.

# 3 Analysediagramme für zwei- bis vierdimensionale Daten

## 3.1 Das Streudiagramm

Im wissenschaftlichen-analytischen Bereich ist der mit Abstand meist gebräuchliche grafische Darstellungstyp das Streudiagramm (vgl. Abb. 1). Allgemein verwendbar und in einer Vielzahl von Varianten verfügbar, kann mit einem Streudiagramm Art, Richtung und Intensität des Zusammenhangs zwischen zwei Merkmalen dargestellt werden. Darüber hinaus ist eine Identifikation ungewöhnlicher Beobachtungswerte sowie das Erkennen von Gruppenbildungen unter den Beobachtungswerten leicht möglich. "The scatterplot is one of our most powerful tools for data analysis." [ClGi84]

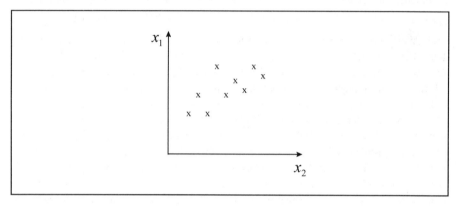

**Abb. 1: Einfaches Streudiagramm**[1]

Streudiagramme können ergänzt werden um zusätzliche Informationen, die das Aufdecken von Mustern erleichtern. Vor allem bei einer großen Anzahl von Beobachtungswerten und/oder variierender Streuung ist es empfehlenswert, das Streudiagramm mit weiteren Informationen anzureichern, die Hinweise auf die zugrunde liegende Struktur geben können. Beispiele hierfür sind die zahlreichen Varianten von sog. Scatterplot-Smoothern: Die Punktwolke von Beobachtungswerten im Streudiagramm wird mit mehr oder weniger rechenaufwendigen Techniken geglättet. Das einfachste Beispiel für derartige Verfahren ist das Einzeichnen einer Regressionsgeraden in die Punktwolke (vgl. Abb. 2a). Eine weitere nützliche Anwendung ist das Eintragen von sog. Dichte-Ellipsen (für 95% bzw. 99% des Datenmaterials) in das Streudiagramm (vgl. Abb. 2b). Leider sind solche vielseitig verwendbaren Varianten noch viel zu selten in statistischer Standardsoftware zu finden.

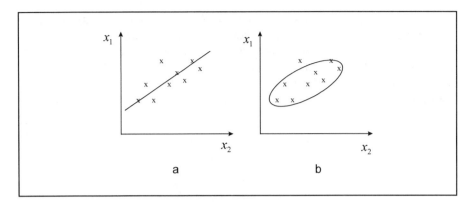

**Abb. 2: Streudiagramm-Varianten mit eingezeichneter Regressionsgeraden (a) und eingezeichneter Dichte-Ellipse (b)**

Eine einfache Möglichkeit, in einem Streudiagramm mehr Information als nur den Zusammenhang der beiden betrachteten Merkmale wiederzugeben, besteht darin, die Beobachtungswerte im Diagramm durch Symbole oder vor allem Farben zu kennzeichnen, um so die Zugehörigkeit der Ausprägungen zu bestimmten Gruppen innerhalb der statistischen Masse sichtbar zu machen (vgl. Abb. 3a). Sinnvollerweise sollte es sich um nicht mehr als zwei bis fünf verschiedene Gruppen handeln, um die Übersichtlichkeit der Darstellung zu gewährleisten. Tatsächlich wird auf diese Weise ein drittes (kategoriales) Merkmal in die Darstellung aufgenommen. Falls das dritte Merkmal nicht diskret, sondern stetig ist, behilft man sich mit der Veränderung der Größe des benutzten Symbols. Beliebt ist die Verwendung unterschiedlicher Radien bei Kreissymbolen - sog. "Bubble-Plots" (vgl. Abb. 3b) -, um eine zusätzliche Dimension darzustellen [Clev85].

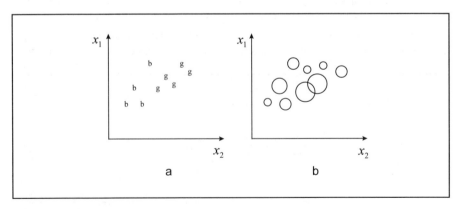

**Abb. 3: Streudiagramm-Varianten mit Gruppenkennzeichnung (a) und "Bubble-Plot" (b)**

Am Übergang zu perspektivischen 3D-Darstellungen von Streudiagrammen stehen die sog. "partitionierten" Darstellungen. Hierbei werden mehrere herkömmliche (2D-)Streudiagramme bezüglich der Gruppenbildung einer dritten Größe nebeneinander gestellt. Ist das dritte Merkmal diskret, erfolgt die Aufteilung nach der entsprechenden Gruppenzugehörigkeit. Ist das dritte Merkmal stetig, wird der Würfel des angedachten 3D-Streudiagramms mittels "Slicing" der Würfelregionen in mehrere gleichgroße Teile zerschnitten. Dann werden die Beobachtungswerte, die sich in den jeweiligen "Scheiben" des Würfels befinden, auf die Ebene projiziert und diese 2D-Darstellungen ebenfalls nebeneinander gestellt (vgl. Abb. 4).

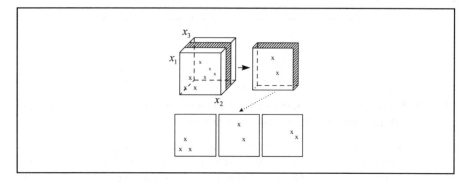

**Abb. 4: "Slicing" eines 3D-Streudiagramms**

Eine ähnliche Idee setzt das sog. "Parametric Snake Plot" um: Die Beobachtungspunkte in einem 2D-Streudiagramm werden in der Reihenfolge der wachsenden Größe von Beobachtungswerten eines dritten Merkmals miteinander verbunden. So ergibt sich ebenfalls eine Möglichkeit, die Zusammenhänge zwischen drei Merkmalen zu visualisieren.

Demgegenüber besteht das sog. "Quadwise Plot" aus zwei nebeneinander angeordneten 2D-Streudiagrammen. Mittels (farbig unterscheidbarer) Linien wird jeder korrespondierende Fall in beiden Streudiagrammen miteinander verbunden (vgl. Abb. 5). Auf diese Weise können Zusammenhänge zwischen vier Merkmalen gleichzeitig visualisiert werden, um Ausreißer, nichtlineare Zusammenhänge und Interaktionseffekte zwischen den Merkmalsausprägungen sichtbar zu machen.

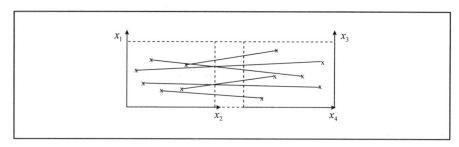

**Abb. 5: "Quadwise Plot"**

## 3.2 Das 3D-Streudiagramm

Dreidimensionale Streudiagramme sind perspektivisch-räumlich gezeichnete zweidimensionale Streudiagramme (vgl. Abb. 6). Entsprechend schwierig ist es, in einem solchen "pseudo-dreidimensionalen" Streudiagramm Strukturen, Gruppierungen oder statistische Ausreißer wahrzunehmen. Zufriedenstellend wird dies nur bei einer niedrigen Anzahl von Beobachtungswerten gelingen.

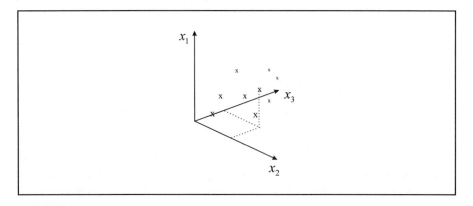

**Abb. 6: 3D- Streudiagramm**

Hochinteraktive Grafiksysteme auf schnellen Computern erlaubten Mitte der 70-er Jahre erstmals die Verwendung dynamisch-grafischer Analysetechniken. Vor allem die vom Benutzer gesteuerte Rotationsmöglichkeit von 3D-Streudiagrammen eröffnete neue Ansätze für Strukturuntersuchungen. Zunächst nur mit spezieller Hardware realisierbar, sind diese Techniken heute Bestandteil der wichtigsten statistischen Softwaresysteme.

"Rotation" bedeutet, dass das 3D-Streudiagramm frei um jede der drei Koordinatenachsen rotiert werden kann (vgl. Abb. 7) mit unterschiedlicher Rotationsgeschwindigkeit und Drehrichtung. Techniken wie "Rescaling", "Identifying Individuals", "Maskierung" bzw. "Markierung", "Isolation" bzw. "Identifikation", "Brushing" ("Selecting" und "Highlighting" mit Hilfe einer Box oder eines Lassos) und "Linking" (interaktive Identifikation von Beobachtungswerten durch simultanes Markieren in unterschiedlichen Streudiagrammen), "Rocking" (schnelles Hin- und Herspringen zwischen zwei dicht nebeneinander liegenden Rotationspositionen, um den perspektivischen Eindruck zu verstärken) und "Alternagraphics" (eine schnelle Abfolge von Teilmengen der Beobachtungswerte auf dem Bildschirm) ergänzen die Rotationstechnik zu dem vollständig neuen Methodenspektrum der sog. "dynamisch-grafischen" oder "kinetisch-grafischen" Analyse [ClGi88; Hube87; BeCl87].

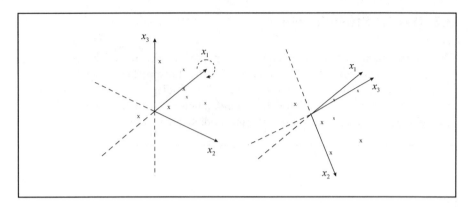

**Abb. 7: Rotation von 3D-Streudiagrammen**

Über die Darstellung von drei Merkmalen hinaus, kann ein viertes Merkmal durch farbige Codierung oder durch die oben erwähnten "Bubbles" in das 3D-Streudiagramm einbezogen werden. Das ebenfalls bereits erwähnte Verfahren des "Slicings", nämlich die farbige Markierung aller Beobachtungswerte zwischen zwei verschiebbaren parallelen Flächen des 3D-Streudiagramms (die z. B. einem bestimmten Dezil der Beobachtungswerte eines vierten Merkmals entsprechen), macht es auch möglich, ein viertes Merkmal im 3D-Streudiagramm auf dem Bildschirm sichtbar zu machen.

Stellt man zwei rotierbare 3D-Streudiagramme nebeneinander auf einem Bildschirm, so kann man sechs verschiedene Merkmale simultan betrachten. Die Techniken des "Brushing" und "Linking" schaffen eine Verbindung zwischen den beiden 3D-Streudiagrammen, indem Beobachtungswerte, die in einem Streudiagramm markiert werden, automatisch auch gleichzeitig im anderen Streudiagramm markiert werden. Zu beachten ist jedoch, dass der Bearbeiter die subjektive Zuordnung der Merkmale auf die Achsen der beiden Streudiagramme vornehmen muss. Diese Zuweisung stellt einen subjektiven Eingriff des Bearbeiters dar und kann das Gesamtergebnis nicht unwesentlich beeinflussen. Vor diesem Hintergrund wurden automatisch gesteuerte Abfolgen entwickelt, wie ein multidimensionaler Datensatz in statistischen Schaubildern visualisiert werden sollte. In den Standard-Softwaresystemen sind diese Techniken jedoch nicht zu finden.

Eine weitere Form von 3D-Streudiagrammen, die sog. Perspektiv- bzw. Konturplots, stammen ursprünglich aus der Geographie. Voraussetzung ist dabei, dass ein Merkmal als abhängig und die beiden anderen Merkmale als unabhängig angesehen werden können. Nach Anwendung unterschiedlicher Glättungsmethoden wird das abhängige Merkmal als die geglättete Oberfläche eines Netzes über der zweidimensionalen Basis der beiden unabhängigen Merkmale dargestellt. Dabei können sich für den Betrachter Überlagerungen der Teilflächen des Netzes ergeben. Dies versucht man durch geeignete Wahl des perspektivischen Betrachtungswinkels so weit wie möglich zu verhindern. Projiziert man die Höhenlinien eines solchen Perspektivplots (vgl. Abb. 8a) auf die Basisfläche, so entsteht das zugehörige Konturplot (vgl. Abb. 8b). Überlagerungsprobleme treten nun nicht mehr auf, jedoch geht auch der visuelle Eindruck der Perspektive verloren. Werden statt der Höhenlinien Farbabstufungen benutzt, so spricht man von Image-Plots. Zur Datenanalyse sind diese Diagrammformen nützlich, zur Datenpräsentation sind sie wegen möglicher Interpretationsprobleme weniger geeignet [Schn84].

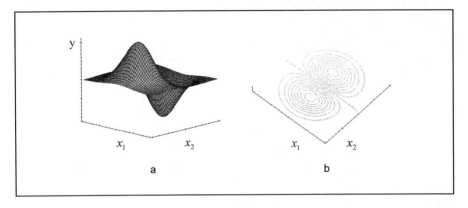

**Abb. 8: Projektionen der 3D-Streudiagramme als Perspektivplot (a) und Konturplot (b)**

## 3.3 Das bedingte Streudiagramm

Angesichts des Problems der Darstellung von Perspektive bei allen Varianten der 3D-Streudiagramme ist es nicht verwunderlich, dass die dort bereits erwähnte Idee der "partitionierten" bzw. "konditionierten" Darstellung weiter entwickelt worden ist. Im Fall eines diskreten dritten Merkmals greift man die oben beschriebene Form des "Slicing" auf und stellt zwei oder mehr zweidimensionale Streudiagramme nebeneinander, deren Beobachtungswerte gemäß eines dritten - nominal skalierten - Merkmals in entsprechend viele Untergruppen aufgeteilt worden sind.

Im Falle eines stetigen dritten Merkmals wird dieses Merkmal in (gleich große) Quartile oder Quintile zerlegt und - wie im diskreten Fall - nebeneinander angeordnet. Eine interessante Weiterentwicklung ist das sog. "Multiwindow Display": Es werden vier statt drei Merkmale gleichzeitig analysiert, von denen zwei Merkmale wie bisher im zweidimensionalen Streudiagramm angeordnet werden. Die anderen beiden stetigen Merkmale werden nach Quantilsbildung als konditionierende Merkmale benutzt. Für jede Kombination der so entstandenen Quantile beider Merkmale werden bedingte Streudiagramme der beiden übrigen Merkmale gezeichnet. Die Ergebnisse werden in Matrixform angeordnet. So entsteht bei vier betrachteten Merkmalen eine 3x3-Matrix der bedingten Streudiagramme (vgl. Abb. 9). Ergänzend werden am oberen und an einem seitlichen Rand jeweils die "Rand-Streudiagramme" der konditionierenden Merkmale hinzugefügt. Nach gewisser Einübungszeit lassen sich die Zusammenhänge zwischen den vier beteiligten Merkmalen mit diesem Diagrammtyp recht gut analysieren. Für die Interpretation ist das Einzeichnen von Regressionsgeraden oder Dichte-Ellipsen in die einzelnen Streudiagramme hilfreich. Problematisch bei dieser Art der Darstellung ist die Selektion der beiden konditionierenden aus den vier beteiligten Merkmalen: Bei nur vier Variablen stehen bereits zwölf verschiedene Varianten des "Multiwindow Display" zur Auswahl [Barn81]!

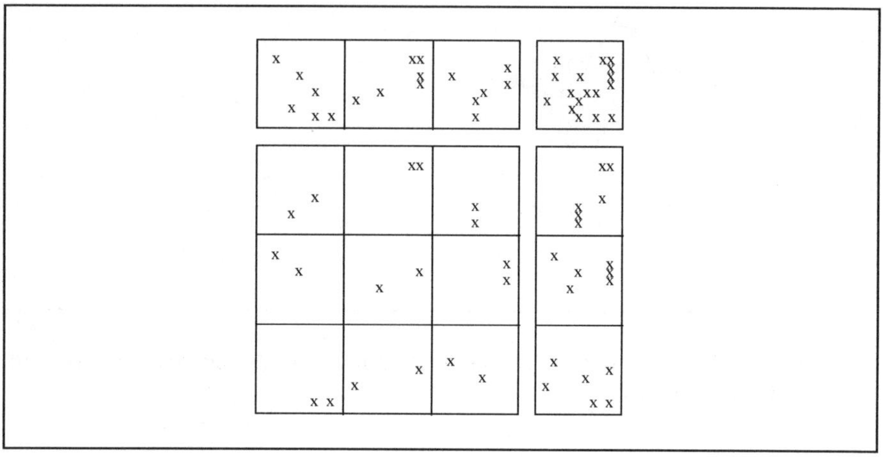

**Abb. 9: Multiwindow Display (Konditioniertes Streudiagramm)**

# 4 Analysediagramme für mehr als vierdimensionale Daten

## 4.1 Die Streudiagramm-Matrix

Eine nahe liegende Entwicklung aus der Untersuchung einzelner Streudiagramme ist die Idee, alle paarweisen Streudiagramme sämtlicher betrachteten Merkmale in einer Matrix angeordnet zusammenzustellen. Die meisten statistischen Softwaresysteme bieten diese grafische Lösung an (Scatter Plot Matrix SPLOM). Ein Vorteil von Streudiagramm-Matrizen liegt darin, dass ein Merkmal - und damit auch seine Beobachtungswerte - stets auf derselben Achse dargestellt wird und somit über alle Streudiagramme einer Reihe von Streudiagrammen in der Matrix vergleichbar bleibt. Beliebt geworden ist die Streudiagramm-Matrix vor allem durch die Möglichkeit des simultanen Markierens ("Linking") einzelner Beobachtungswerte (z. B. statistischer Ausreißer) bzw. von Teilmengen der Beobachtungswerte. Man schafft sich so die Möglichkeit, das Verhalten einzelner Beobachtungswerte in unterschiedlichen zweidimensionalen Beziehungen zwischen den Merkmalen gleichzeitig untersuchen zu können.

Manchmal bezeichnet man derartige Streudiagramm-Matrizen auch als "draftman's display" und meint damit das typische Vorgehen eines Konstruktionszeichners, der z. B. einen Würfel von vorne, von oben und von der Seite her zeichnet und die Punkte innerhalb des Würfels auf die jeweilige Seite projiziert: Er faltet den Würfel auseinander. Dementsprechend verzichtet man bei der Präsentation von Streudiagramm-Matrizen i. d. R. auf eine der beiden Dreiecksmatrizen oberhalb bzw. unterhalb der Hauptdiagonalen, weil beide identischen Inhalt aufweisen. Auch die Hauptdiagonale bleibt wegen ihrer trivialen Aussage meist frei (vgl. Abb. 10) oder wird für das Eintragen der Bezeichnungen der Merkmale benutzt.

Die maximale Zahl von Streudiagrammen, die in einer solchen Matrix gegenübergestellt werden sollten, hängt weniger von der Anzahl der Beobachtungen ab, sondern vor allem auch vom Auflösungsvermögen des Bildschirms, Plotters oder Druckers. Eine andere Obergrenze ist ebenso schnell erreicht: Schon bei fünf, sechs, sieben bzw. acht Merkmalen ergeben sich 10, 15, 21 bzw. 28 paarweise Streudiagramme, so dass die visuelle Inspektion der Daten mit zunehmender Anzahl von Merkmalen schnell unübersichtlich wird.

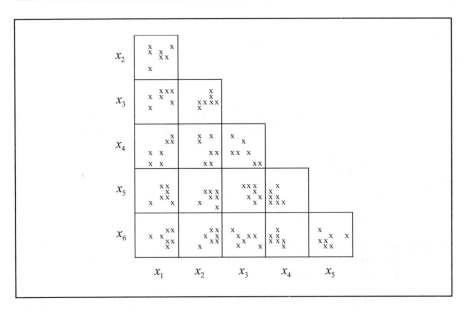

**Abb. 10: Streudiagramm-Matrix**

## 4.2 Verwendung von Bildsymbolen

Vorschläge, Bildsymbole (Icons) zur Darstellung von multidimensionalem Datenmaterial zu benutzen, gibt es in großer Zahl. Durchgesetzt in der Praxis haben sich davon nur wenige. In den Lehrbüchern zur grafischen Datenanalyse findet man meist die sog. "CHERNOFF-Faces" [Cher73] bzw. die hieraus weiterentwickelten "FLURY-RIEDWYL-Gesichter" [FlRi81]. Die zunächst belächelte Idee Chernoff's, dass die Charakteristik von Gesichtern sich leicht als Träger von multidimensionalen Daten einprägt, hat in der Fachwelt für Aufsehen gesorgt: maximal 18 Merkmale eines multidimensionalen Datensatzes können auf charakteristische Attribute des Gesichts übertragen werden, wie z. B. Kinnlinie, Augengröße, Mund, Augenstellung, Mundstellung, Nase und Abstand zwischen den Augen. Jedes Objekt wird für Ausprägungen sämtlicher Merkmale durch ein typisches Gesicht dargestellt (vgl. Abb. 11a). Der Erfolg von Gesichtern als Bildsymbole basiert auf der Fähigkeit des Auges, auch kleinste Variationen in den Konturen menschlicher Gesichter wahrnehmen zu können und beim Vergleich mehrerer Gesichter wiederzuerkennen.

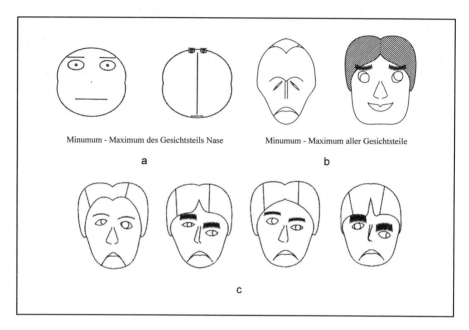

**Abb. 11: Gesichter als Bildsymbole: CHERNOFF-Faces (a), FLURY-RIEDWYL-Gesichter (b) und Beispiele asymmetrischer FLURY-RIEDWYL-Gesichter (c)**

FLURY und RIEDWYL erweiterten diesen Ansatz bei ihren Gesichtern (vgl. Abb. 11b) auf 36 Merkmale, indem sie die Parameter der rechten und linken Gesichtshälfte jeweils gesondert variierbar machten und so asymmetrische Gesichter zuließen (vgl. Abb. 11c). Die Zuordnung bestimmter Merkmale auf bestimmte Gesichtsvariablen bleibt subjektiv. Auffällige Gesichtsteile werden üblicherweise wichtigen Merkmalen zugewiesen. Positiv korrelierte Merkmale sollten auf eng zusammengehörige Gesichtsteile übertragen werden (Auge, Pupille, Augenbraue). Negativ korrelierte Merkmale sollten auf beide Gesichtshälften verteilt werden, um so möglicherweise die (auffällige) Asymmetrie der Gesichter zu erzeugen. Jedenfalls ist die Kenntnis der Korrelationsmatrix für diese Zuordnungsarbeit hilfreich. Nach einigen Versuchen mit alternativen Zuordnungen der Merkmale auf die Gesichtsparameter gelingt meist überraschend gut eine optisch effektive Lösung.

Neben den populär gewordenen Gesichterdarstellungen gibt es noch eine Vielzahl weiterer Darstellungsformen, die Bildsymbole zur Präsentation von multidimensionalen Daten benutzen: Profile (Histogramme), Glyphs (Relieffiguren, vgl. Abb. 12a), Sterne, Sonnen, Diamanten, usw. [HaEl95; CCKT83]. Ein Problem bei allen diesen Bildsymbolen ist die Tatsache, dass die Entscheidung über die Reihenfolge der Anordnung der an den Objekten beobachteten Merkmale subjektiv ist. Es existieren jedoch auch Verfahren, bei denen die Ähnlichkeit von Merkmalen bei der Anordnung berücksichtigt werden, wie z. B. bei der Verwendung von Quadern, Bäumen und Burgen (insbes. zur Präsentation der Ergebnisse von Clusteranalysen). Vorgeschlagen wurde auch, die Korrelationen der Merkmale untereinander in der grafischen Darstellung sichtbar zu machen, z. B. bei den sog. "Bi-Plot-Sonnen" (vgl. Abb. 12b). Hierbei wird mit Hilfe des Winkels zwischen zwei Strecken die Korrelation der zugehörigen Merkmale wiedergegeben. Allen diesen Darstellungsformen ist jedoch gemeinsam, dass bereits bei acht bis zwölf Merkmalen ein Vergleich zwischen den Objekten nicht mehr problemlos möglich ist und für mehr als zwölf Merkmale praktisch unmöglich wird.

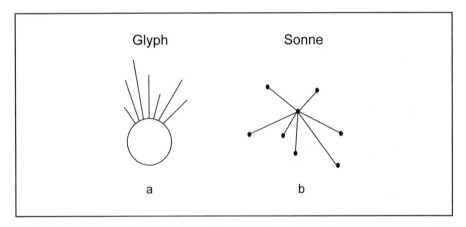

**Abb. 12: Bildsymbole zur Darstellung multidimensionaler Daten als Glyph (a) und Bi-Plot-Sonne (b)**

## 4.3 Fractal Foam Plot

Bei diesem Diagrammtyp werden mit Hilfe von Bildsymbolen univariate und bivariate Maßzahlen für eine Gruppe von korrelierten Merkmalen dargestellt. Ausgangspunkt ist ein ausgewähltes Referenzmerkmal, die sog. Fokus-Variable, das sich als zentrale runde "Blase" in der Mitte des Diagramms befindet. Darum herum sind - entsprechend ihres Korrelationszusammenhangs - weitere farbige Blasen zur Darstellung der übrigen Merkmale angeordnet. Die Nähe und Form dieser Blasen bestimmt sich nicht nur nach den Korrelationszusammenhängen zur Fokus-Variablen, sondern beschreiben auch Streuung, Schiefe und Kurtosis der beteiligten Merkmale. Bisher ist dieser Diagrammtyp nur im "SPSS Diamond"-Softwareprogramm verfügbar (vgl. Abb. 13). Die Interpretation der Darstellung ist nicht einfach und erschließt sich erst bei gewisser Übung im Umgang mit diesem Diagrammtyp.

**Abb. 13: Fractal Foam Plot**

## 4.4 Kurvenprofile

Eine völlig andere Idee der Darstellung von multidimensionalen Daten bieten die sog. ANDREWS-Plots [Andr72]. Jedes Objekt wird durch eine trigonometrische Funktion dargestellt, die aus einer Summe von Sinus- und Cosinus-Schwingungen (Fourier-Plot) besteht (vgl. Abb. 14). Jede dieser so entstehenden Kurven repräsentiert daher eine Beobachtung bezüglich aller betrachteten Merkmale. Beobachtungen mit ähnlichen Merkmalsausprägungen besitzen ähnliche Kuvenverläufe. Der Mittelwert einer Gruppe von Objekten entspricht dem punktweisen Mittelwert der zugehörigen Kurven. Die Distanz zwischen zwei Kurven ist proportional der Euklidischen Distanz zwischen sämtlichen Merkmalsausprägungen der beiden Objekte.

Ein wesentlicher Nachteil von ANDREWS-Plots ist die Abhängigkeit der Kurvenprofile von der Reihenfolge, mit der die Merkmale in die trigonometrische Funktion aufgenommen werden. Ein weiterer Nachteil ist die Tatsache, dass die sich überlagernden Kurvenprofile mit steigender Anzahl von betrachteten Objekten schnell unübersichtlich werden. Eine gewisse Ausnahme hiervon liegt dann vor, wenn das Datenmaterial sich deutlich in Gruppen zergliedern lässt. Diese Gruppen können durch ein ANDREWS-Plot sichtbar gemacht werden (Clusteranalyse). Aber auch in diesem Fall ist bei mehr als einigen hundert Objekten die Übersichtlichkeit kaum noch zu gewährleisten. Deshalb gilt für ANDREWS-Plots die gleiche Feststellung wie für die Gesichterdarstellungen: Beide Verfahren werden wegen ihrer Originalität sehr häufig in Lehrbüchern vorgestellt, jedoch in der Praxis nur selten angewendet.

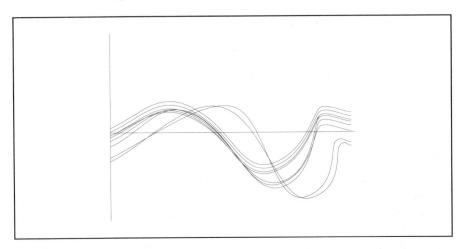

**Abb. 14: ANDREWS-Plot**

Eine Weiterentwicklung der Idee von ANDREWS - jedoch unter sehr viel einfacheren Bedingungen - ist die geometrische Projektion multidimensionaler Daten mit Hilfe von Parallel-Koordinaten nach INSELBERG [Inse85; InDi90]. Die Merkmale sind als parallele senkrechte oder waagrechte Achsen dargestellt, die verbunden werden durch Eintragung sämtlicher Beobachtungswerte in Form von Linien durch alle Achsen (vgl. Abb. 15). Die Achsen sind linear skaliert und normieren jeweils kleinste und größte Beobachtungswerte bei allen Merkmalen. Das Vorgehen entspricht der simultanen Darstellung von eindimensionalen Streudiagrammen für jedes Merkmal und dem Sichtbarmachen von Korrelationen durch eine entsprechende Anzahl von Überschneidungen. Auf diese Weise sind Gruppenzugehörigkeiten unter den Objekten recht gut festzustellen. Positive Korrelationen zwischen zwei Merkmalen lassen sich am parallelen Verlauf der Linien erkennen, negative Korrelationen an den Überkreuzungen. Für jedes Merkmal lässt sich die univariate Streuung direkt im Plot ablesen. Diese Technik deckt mit verblüffend einfachen Mitteln die Grundmuster des Datenmaterials auf. Jedoch wird die Darstellung bereits bei wenigen hundert Beobachtungswerten unübersichtlich. Die Anzahl der Merkmale ist praktisch durch die Größe des Bildschirms, des Plotters oder Druckers auf 20 bis 50 beschränkt. Auch spielt die Reihenfolge der Anordnung der Merkmale bei der visuellen Interpretation eine nicht zu unterschätzende Rolle. Software-Pakete lassen i. d. R. Umsortierungen zu. Die Frage der Standardisierung des Datenmaterials vor Beginn der Analyse ist demgegenüber im Einzelfall zu entscheiden.

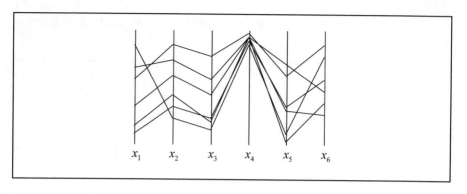

**Abb. 15: Parallel-Koordinaten**

Durch die Verwendung hochinteraktiver grafischer Techniken, wie z. B. dem "Brushing", lässt sich die Auswertbarkeit von Parallel-Koordinaten-Plots wesentlich verbessern. Sogar in einer Situation, in der angesichts einer großen Anzahl von Objekten die Darstellung unübersichtlich zu werden scheint, können mittels Hervorhebung und Selektion einzelner Objekte und Vergleich von ausgewählten Teilgruppen von Objekten interessante Korrelationen und Interaktionen beobachtet werden. Diese Detektivarbeit ist die eigentliche "Hohe Kunst" des "Data Mining".

Allem Anschein nach lässt gerade die dynamisch-grafische Arbeit mit Parallel-Koordinaten-Plots solche Recherchen am besten zu (verglichen mit Gesichterdarstellungen, Profilen und Streudiagramm-Matrizen).

# 5 Projektionstechniken

Es stellte sich schon bald nach einer ersten Phase der Verbreitung der explorativen Datenanalyse heraus, dass der Benutzer explorativer Verfahren i. d. R. nur nach Erwartetem suchte und schließlich auch nur das Erwartete aus den Schaubildern erkannte und unerwartete Datenstrukturen bei den visuellen Untersuchungen gar nicht erst in Erwägung gezogen wurden. Die Möglichkeit "hypothesenfreier" Datenexploration ist deshalb grundsätzlich in Frage gestellt worden. In Verbindung mit den oben bereits erwähnten Grenzen der menschlichen Wahrnehmungs- und Verarbeitungsfähigkeit war es nahe liegend, statistische Aufbereitungs- und Auswertungsmethoden der visuellen Explorationsphase voranzustellen: "It is difficult, for example, that we could find true 7-D features in data by purely graphical means without the guidance of a mathematical model" [Scot92]. Es geht um eine Reduzierung der Merkmalsanzahl, damit anschließend die zugrunde liegende Datenstruktur sichtbar und erklärbar wird. Zwei unterschiedliche Ansätze haben sich in den vergangenen 20 Jahren entwickelt: die Verwendung von Projektionsdiagrammen und die Benutzung von bestimmten Projektionsprozeduren. Die Anwendung beider Alternativen setzt jedoch fortgeschrittene Kenntnisse multivariater statistischer Methoden voraus.

## 5.1 Projektionsdiagramme

Zunächst werden multivariate statistische Verfahren (wie z. B. Hauptkomponentenanalyse, Korrespondenzanalyse, Multidimensionale Skalierung, Homogenitätsanalyse, Clusteranalyse) zur Dimensionsreduzierung angewendet, dann werden die Ergebnisse und die zugehörigen Residuen in einfachen, d. h. zweidimensionalen Schaubildern dargestellt und diese mittels visueller Exploration untersucht. So werden z. B. die beiden ersten Hauptkomponenten aus einer Hauptkomponentenanalyse in einem Diagramm gegenübergestellt und visuell analysiert (vgl. Abb. 16).

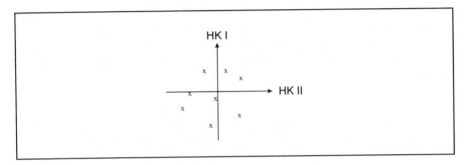

**Abb. 16: Streudiagramm für die ersten beiden Hauptkomponenten**

## 5.2 Projektionsprozeduren

Ausgehend von der Tatsache, dass bereits eine kleine Schar von Merkmalen zu einer großen Schar von auszuwertenden Diagrammen führt, ist die Idee der sog. "Kleinen Reise" [Stüt84] und "Großen Reise" [Asim85] entwickelt worden. Bei der "Kleinen Reise" werden dem Betrachter sukzessive rotierende 3D-Streudiagramme vorgestellt, deren Auswahl und Reihenfolge er kontrollieren kann. Bei der "Großen Reise" werden die multidimensionalen Daten in eine Folge von 2D-Streudiagrammen mit wechselnden Projektionsrichtungen projiziert.

Bereits bei einer niedrigen Anzahl von Dimensionen steigt die Zahl der möglichen Projektionen so rasch an, dass eine vollständige Bearbeitung aller Konstellationen praktisch nicht mehr durchführbar und sinnvoll ist. Nicht einmal alle interessanten Konstellationen können bearbeitet werden. Hier setzt eine andere Idee an: Nach einem Index der "Interessantheit" werden nur die (im Sinne der Aussagekraft) "attraktiven" Folgen von 2D-Streudiagrammen ausgewertet [Hube85; JoSi87]. Ein erster Algorithmus dieses sog. "Projection Pursuit" findet sich bereits im Jahre 1974 bei FRIEDMAN/TUKEY [FrTu74]. Eine 3D-Variante wurde 1995 von NASON [Naso95] vorgestellt.

# 6 Praktische Anwendungsempfehlungen

Das Spektrum der Visualisierungsmöglichkeiten für mehrdimensionale Daten in zahlreichen Varianten ist aufgezeigt. Offenbar basiert eine große Anzahl von Diagrammtypen auf der Idee des 2D- bzw. 3D-Streudiagramms. Dementsprechend ist die Zahl der gleichzeitig darstellbaren Merkmale auch auf zwei, drei bzw. vier begrenzt. Mit der Entwicklung der Rechnerleistung und der größeren Verfügbarkeit von Grafik-Workstations bzw. von anspruchsvoller Grafik-Software für den Personal-Computer wurden auch höherdimensionale Diagrammtypen - wie Streudiagramm-Matrizen, Gesichterdarstellungen und Parallel-Koordinaten-Plots - breiteren Benutzerkreisen zugänglich. Es stellt sich aber die Frage, ob es überhaupt erstrebenswert ist, die gleichzeitige Darstellung von möglichst vielen Merkmalen zu realisieren. Der Engpass ist nämlich weniger der Bildschirm, der Drucker oder der Plotter, sondern der Mensch, der u. U. gar nicht in der Lage ist, derart viele Merkmale mit ihren Merkmalsausprägungen simultan zu analysieren [Schn94]. Fraglich ist ebenfalls, inwieweit der Computer bei der Auswahl des geeigneten Diagrammtyps und der Interpretation der Datenlage technische Hilfestellung leisten kann. Festgestellt werden muss wohl, dass weder ein Automat noch der Mensch alleine die Exploration großer Datenbestände zufrieden stellend lösen werden, sondern dass beide Fähigkeiten gemeinsam, d. h. simultan genutzt werden sollten: sowohl die Kreativität des Menschen als auch die Rechen- und Speichermöglichkeiten des Computers. Visuelle Exploration ist detektivische Arbeit. Jeder Datensatz hat seine eigene "Persönlichkeit". Wie ein Sherlock Holmes muss der Benutzer seine rechentechnischen Möglichkeiten kombiniert mit seinem detektivischen Know-how einsetzen, um den zugrunde liegenden Datenstrukturen auf die Spur zu kommen.

Aus diesen Überlegungen wird deutlich, dass es nicht einen einzigen Diagrammtyp geben kann, der das "Data Mining" realisiert. Es ist aber auch ersichtlich, dass kein vorgezeichneter Weg durch die Analyse aufeinander folgender Diagramme führt, sondern dass im Einzelfall nur individuelle Explorationsarbeit zum Ziel führt. So wird im Mittelpunkt der Untersuchungsarbeit ein "Mix" von Diagrammtypen stehen, der zwei (und mehr) Ebenen der Analyse betrifft: Möglicherweise liefern n-dimensionale Darstellungen den Einstieg in die Untersuchung, gefolgt von parallel durchzuführender Detailarbeit bei der Durchsicht zahlreicher ausgewählter 2D- und 3D-Streudiagramme bis hin zu statistischen Modellierungsvorschlägen als Konsequenz der visuellen Auswertung.

Man muss auch berücksichtigen, dass nicht alle hier erwähnten Diagrammtypen gemeinsam in einem einzigen statistischen Softwaresystem zur Verfügung stehen. Einige Diagrammtypen gehören zum Standardangebot der großen Pakete, andere finden sich nur in spezieller Stand-alone-Software. Die Explorationsarbeit wird durch die Frage der Verfügbarkeit der Verfahren oftmals stark eingeschränkt.

Beeinflusst durch die Diskussion der Informatiker um das „Data Mining" haben vor einigen Jahren die kommerziellen Hersteller von statistischen Softwaresystemen das Thema Exploration von Daten erneut aufgegriffen.

Der Statistik-Software-Hersteller SPSS GmbH Software bietet zusätzlich zu seiner Standardversion zwei spezielle Module zur Datenanalyse an: SPSS Diamond und Neural Connection. Das Modul SPSS Diamond ist ein ergänzendes Grafikprogramm zur Visualisierung von Datenstrukturen, das als Hilfsmittel zur Darstellung komplexer Zusammenhänge bei mehrdimensionalen Daten oder zur Identifizierung von Ausreißern verwendet werden kann. Um mehr als zwei oder drei Dimensionen darstellen zu können, werden gezielt unterschiedliche Farben eingesetzt (z. B. bei Parallel-Koordinaten-Plots). Das Modul Neural Connection eröffnet die Möglichkeit, mit Hilfe Neuronaler Netze komplexe nichtlineare Zusammenhänge zu modellieren. Die Modelle können sich aufgrund ihrer Lernfähigkeit an Strukturveränderungen anpassen.

Die StatSoft (Europe) GmbH ist mit dem bewährten STATISTICA am deutschen Markt vertreten. Die Software enthält mit STATISTICA Data Miner, STATISTICA QC Miner (erweiterte Version für industrielle Anwendungen) und STATISTICA Text Miner (Wissensentdeckung in textuellen Datenbanken) drei Module, die große Datenbestände nach Mustern durchsuchen können.

Das Softwarepaket JMP 5.1 vom SAS Institute für Macintosh, Windows und Linux stellt ein hochinteraktives Werkzeug zur Visualisierung von Daten dar. Das recht eigenwillige Paket wurde zunächst für Macintosh entwickelt und besitzt eine Philosophie, die dem Statistikpaket DataDesk ähnelt. Es ist leicht zu handhaben und verbindet statistische Methoden mit dynamisch-grafischen Techniken zu einem interaktiven Werkzeug zur Exploration und Visualisierung von Daten. Ebenso gehören Methoden des Stichprobendesigns und der Statistischen Qualitätskontrolle zu diesem Paket.

Das SAS System „Orlando II" ist eine vollständige End-to-End-Data-Warehouse-Lösung mit Tools zum Aufbau und zur Wartung einer konsistenten Datenbasis sowie Applikationen zur Datenanalyse. In der aktuellen Version sorgen vier zentrale Komponenten von Orlando II für effektives Data Warehousing: der SAS/ Warehouse Administrator erleichtert den Aufbau und die Verwaltung des Data Warehouse; die Internet-Kompatibilität ist interessant für Unternehmen mit vielen Niederlassungen; die Data-Mining-Technologie „SEMMA" beinhaltet Zeitreihenanalysen, Regressionsverfahren und klassische multivariate Statistikmethoden; das System verfügt über eine nahtlos integrierte multidimensionale Datenbank (MDDB). Neuronale Netze sind für anspruchsvolle Analysen ebenfalls verfügbar.

Der SAS/Enterprise Miner bietet eine umfassende Methodensammlung zum Data Mining. Mehr als 80 statistische Verfahren sowie Methoden der Künstlichen Intelligenz und des maschinellen Lernens sind in die Software integriert. Ein Prozessflussdiagramm visualisiert die Anwendung dieser Methoden auf die vorhandenen Daten. Der Enterprise Miner zwingt zur Einhaltung eines Analyse-Workflows. Die SEMMA-Technologie umfasst die fünf von SAS definierten Arbeitsschritte im Data-Mining-Prozess [HeDr97; HeNe96]:

- „(S)ample" steht für die Auswahl der in Betracht kommenden Daten. Die Fülle der zur Untersuchung anstehenden Datenmengen ist so überaus groß, dass von Statistikern vorgeschlagen wird, zunächst mittels geeigneter Stichprobenmethoden die Zahl der zu untersuchenden Datensätze zu verringern. Auf dem Gebiet der Stichprobenverfahren können die Statistiker ein fundiertes Methodenspektrum anbieten. Zusätzlicher Effekt dieses Vorgehens ist die Möglichkeit, auf diese Weise das Datenmaterial in Trainings-, Test- und Validierungssätze zu zergliedern.

- „(E)xplore" meint die Untersuchung des Datenmaterials auf mögliche Ausreißer, Gruppenbildungen, Muster zwischen den Daten, Verknüpfungen und Sequenzen mit Hilfe grafischer und analytischer Explorationstechniken.

- „(M)odify" betrifft die Behandlung von „missing values", erforderliche Variablentransformationen und -modifikationen, Berechnung statistischer Maßzahlen, Ausreißer-Filter, Hinzunahme neuer Informationen (z. B. betreffend Gruppenbildungen) aus der Explorationsphase oder Aufnahme zusätzlicher Daten.

- „(M)odel" steht im Zentrum des Data-Mining-Prozesses. Nachdem bestimmte Muster im Datenmaterial entdeckt worden sind, sollen die Gründe für das Auftreten dieser Muster untersucht werden. Es steht eine Reihe von Modellierungstechniken zur Verfügung: Traditionelle statistische Verfahren wie Zeitreihen-, Diskriminanz- und Clusteranalyse bilden den Mittelpunkt; Neuronale Netzwerke beschreiben komplexe Strukturen; Chi-Square Automatic Interaction Detection (CHAID) ist eine Variante von automatisch erstellten Entscheidungsbäumen.

- „(A)ssess" beschreibt die Überprüfung des gewählten Modells mit neuem Stichproben-Datenmaterial, den Vergleich der Ergebnisse unterschiedlicher Verfahren und interaktive Auswertungsgrafik für Güte, Gewinn, Aufwand und Nutzen.

Zusammenfassend ist festzuhalten: Das Thema "Visuelle Datenexploration" ist wieder in Bewegung geraten. Nachdem TUKEY mit seiner EDA die Entwicklung Ende der 70-er Jahre angestoßen hat, die 80-er Jahre einen gewissen Höhepunkt des Interesses brachten (gemessen an der Anzahl von Vorträgen auf einschlägigen Statistik-Konferenzen), wechselte die Fragestellung in den 90-er Jahren hinüber zu den Informatikern mit einem etwas verändertem Schwerpunkt. Es geht jetzt um die Analyse sehr großer Datenmengen. Das Visualisierungsziel ist nun in erster Linie der Nachweis von Datenmustern und weniger die Erklärung ihres Vorhandenseins.

Dabei sollten jedoch die bekannten statistischen VEDA-Techniken nicht außer acht gelassen werden. Sie können die Analyse begleiten und ergänzen. Ziel dieses Artikels ist es, diese grafisch-statistischen Methoden im Zusammenhang mit dem Stichwort "Data Mining" wieder gegenwärtig werden zu lassen und auf ihre vielseitige Anwendbarkeit hinzuweisen. Die SEMMA-Methodologie beispielsweise scheint - angesichts der vielen auseinander strebenden Entwicklungen - ein Meilenstein für systematisches statistisches Arbeiten im Bereich des "Data Mining" zu werden.

# Literaturverzeichnis

[Andr72]  Andrews, D. F.: Plots of High-Dimensional Data, in: Biometrics, Bd. 28, 1972, S. 125 - 136.

[Asim85]  Asimov, D.: The Grand Tour: A Tool for Viewing Multidimensional Data, in: SIAM Journal of Scientific and Statistical Computing, Bd. 6, 1985, S. 128 - 143.

[BaFa97]  Bandilla, W.; Faulbaum, F.: SoftStat '97 - Advances in Statistical Software 6, Stuttgart 1997.

[Barn81]  Barnett, V.: Interpreting Multivariate Data, Chichester 1984.

[BeCl87]  Becker, R. A.; Cleveland, W. S.: Brushing Scatterplots, in: Technometrics, Bd. 29, 1987, S. 127 - 142.

[BiHa93]  Bissantz, N.; Hagedorn, J.:, Data Mining (Datenmustererkennung), in: Wirtschaftsinformatik, Nr. 35, S. 481 - 487.

[CCKT83]  Chambers, J. M.; Cleveland W. S.; Kleiner, B.; Tukey, P. A.: Graphical Methods for Data Analysis, Belmont 1983.

[Cher73]  Chernoff, H.: The Use of Faces to Represent Points in k-dimensional Space Graphically, in: Journal of the American Statistical Association, Bd. 68, 1973, S. 361 - 368.

[Clev85]  Cleveland, W. S.: The Elements of Graphing Data, Belmont 1985.

[ClGi84]  Cleveland, W. S.; McGill, R.: The Many Faces of a Scatterplot, in: Journal of the American Statistical Association, Bd. 79, 1984, S. 807 - 822.

[ClGi88]  Cleveland, W. S.; McGill, M. E.: Dynamic Graphics for Statistics, Belmont 1988.

[FaPS96a]  Fayyad, U. M.; Piatetsky-Shapiro, G.; Smyth, P.; Uthurusamy, R.: Advances in Knowledge Discovery and Data Mining, Cambridge, MA 1996.

[FaPS96b]  Fayyad, U. M.; Piatetsky-Shapiro, G.; Smyth, P.: From Data Mining to Knowledge Discovery - An Overview, in: [FaPS96a], S. 37 - 57.

[FlRi81]  Flury, B.; Riedwyl, H.: Graphical Representation of Multivariate Data by Means of Asymmetrical Faces, in: Journal of the American Statistical Association, Bd. 76, 1981, S. 757 - 765.

[FrTu74]  Friedman, J. H.; Tukey, J. W.: A Projection Pursuit Algorithm for Exploratory Data Analysis, in: IEEE Transactions on Computers, Series C, Bd. 23, 1974, S. 881 - 890.

[HaEl95]  Hartung, J.; Elpelt, B.: Multivariate Statistik, 5. Aufl., München 1995.

[Hann96]  Hannig, U.: Data Warehouse und Managementinformationssysteme, Stuttgart 1996.

[HeDr97] Held, G.; Drewes, B.: The Process and Implementation of Data Mining, in: [BaFa97], S. 185 - 193.

[HeNe96] Held, G.; Neville P.: Data Mining with the SAS System: From Data to Business Advantage, SAS Institut White Paper, 1996.

[Hube85] Huber, P. J.: Projection Pursuit (mit Diskussion), in: The Annals of Statistics, Bd. 13, 1985, S. 435 - 525.

[Hube87] Huber, P. J.: Experience with Three Dimensional Scatterplots, in: Journal of the American Statistical Association, Bd. 82, 1987, S. 448 - 453.

[InDi90] Inselberg, A.; Dimsdale, B.: Parallel Coordinates: A Tool for Visualizing Multi-Dimensional Geometry, in: Visualization '90, San Francisco, CA 1990, S. 361 - 370.

[Inse85] Inselberg, A.: The Plane with Parallel Coordinates, in: The Visual Computer, Nr. 1, 1985, S. 69 - 91.

[Jamb92] Jambu, M.: Explorative Datenanalyse, Stuttgart 1992.

[JoSi87] Jones, M. C.; Sibson, R.: What is Projection Pursuit?, in: Journal of the Royal Statistical Society, Serie A, Nr. 150, 1987, S. 1 - 36.

[KeKA95] Keim, D. A.; Kriegel, H.-P.; Ankerst, M.: Recurvis Pattern - A Technique for Visualizing Very Large Amounts of Data, in: Visualization '95, Atlanta, GA 1995, S. 279 - 286.

[KrKe96] Kriegel, H.-P.; Keim, D. A.: Visualisierung großer Datenbanken, in: [Hann96], S. 203 - 212.

[Naso95] Nason, G.: Three-dimensional Projection Pursuit, in: Applied Statistics, Bd. 44, 1995, S. 411 - 430.

[Schn94] Schnell, R.: Graphisch gestützte Datenanalyse, München u. a. 1994.

[Scot92] Scott, D. W.: Multivariate Density Estimation, New York 1992.

[Stüt84] Stützle, W.: Graphische Exploration multivariater Daten am Computer, in: Allgemeines Statistisches Archiv, Bd. 68, 1984, S. 63 - 80.

[Tuft83] Tufte, E. R.: The Visual Display of Quantitative Information, Cheshire, CT 1983.

[Tuke77] Tukey, J. W.: Exploratory Data Analysis, Reading, MA 1977.

# Anmerkung

[1] Sämtliche Abbildungen beziehen sich nicht auf reale Beispieldaten, sondern sind grobe Skizzen, um das Wesentliche des jeweiligen Diagrammtyps hervorzuheben.

# Teil IV

Betriebswirtschaftliche Anwendung und spezielle Aspekte analytischer Informationssysteme

# Unterstützung von Planung, Forecasting und Budgetierung durch IT-Systeme

KARSTEN OEHLER

## Abstract

Software-Systeme aus den unterschiedlichsten Kategorien können zur Unterstützung von Planungsaufgaben eingesetzt werden. Häufig werden suboptimale Entscheidungen aus Unkenntnis der Leistungsfähigkeit der jeweiligen Systeme getroffen. Die wichtigsten Anforderungen sollen in diesem Beitrag diskutiert und das Leistungspotenzial der Softwarewerkzeuge gegenübergestellt werden.

## Inhalt

| | | |
|---|---|---|
| 1 | Einleitung | 330 |
| 2 | Operative Planung und Budgetierung | 331 |
| 3 | Kategorien von Software-Systemen zur Planungsunterstützung | 337 |
| 4 | Analyse der Systeme | 340 |
| | 4.1 Konfiguration und Sicherheit | 341 |
| | 4.2 Modell- und Methodenunterstützung | 343 |
| | 4.3 Eingabeunterstützung | 346 |
| | 4.4 Analyseunterstützung | 349 |
| | 4.5 Prozessunterstützung | 350 |
| | 4.6 Integration | 353 |
| | 4.7 Dynamische Aspekte | 355 |
| 5 | Zusammenfassung | 358 |

# 1 Einleitung

Planung, Forecasting und Budgetierung werden häufig hauptsächlich als ungeliebte Pflichtübungen angesehen, die wichtige Ressourcen über einen längeren Zeitraum binden. Insbesondere der Budgetierungsprozess gilt als äußerst umfangreich und komplex und ist ohne DV-Unterstützung kaum denkbar. Der Weg zu einer effektiven Planung führt damit auch zwangsläufig zum Überdenken der Software-Unterstützung. Häufig werden wenig geeignete Werkzeuge eingesetzt. Zwar nutzen praktisch alle Unternehmen mehr oder weniger DV-Werkzeuge, jedoch sind dies häufig Office-Werkzeuge, die nicht für die spezielle Aufgabenstellung der Planung und Budgetierung entwickelt worden sind. Der Stand der Unterstützung wird mit dem von Transaktionssystemen vor zehn Jahren verglichen [King01]: Es existiert eine Vielzahl von nicht integrierten Insellösungen, die zum Teil vom Controlling selbst erstellt worden sind und seit Jahren verwendet werden. Über die Entwicklung von Programmiersprachen ähnlichen Makros werden dann die benötigten Erweiterungen eingebaut. Entsprechend ändert sich nicht selten das Arbeitsbild vom Controller zum Quasi-Softwareentwickler [Hype98, 5].

Neuen Anschub bekommen Planung, Budgetierung und Forecasting durch die Corporate Governance Diskussion. Es geht vereinfacht darum, die Erwartungen der Anleger und Analysten korrekt zu setzen und - möglichst nicht zu enttäuschen. Hierzu muss Klarheit über die zu erwartenden Umfeldbedingungen und die eigenen Aktivitäten herrschen. Zu optimistische Prognosen, meistens verbunden mit der Unkenntnis über die eigenen Anpassungsmöglichkeiten, sind gefährlich, wie einige Fälle wie Babcock oder Philip Holzmann zeigen. Hinzu kommen die hohen Dokumentationsanforderungen. Die planerischen Entscheidungen müssen nachvollziehbar sein. Zwar werden formal nicht die gleichen Anforderungen an die Integrität wie an eine Finanzbuchhaltung gestellt. Prinzipien und Techniken wie Nachvollziehbarkeit bzw. der „Audit Trail" können jedoch mit Erfolg übertragen werden.

Diese Aspekte erfordern eine zunehmende Professionalisierung der Planung und Budgetierung. Für eine sachgerechte Einschätzung der Lage ist eine fundierte Planung einschließlich eines Forecasting mit professionellen IT-Werkzeugen unerlässlich. Bezüglich des Einsatzes der „richtigen" Software besteht vielfach noch Unklarheit.

Bei der weiteren Betrachtung erfolgt eine Beschränkung auf die Bereiche der operativen Planung, des Forecasting und der Budgetierung. Die gewonnenen Erkenntnisse lassen sich jedoch auch auf die Unterstützung anderer Planungsbereiche wie beispielsweise der strategischen Planung übertragen.

## 2 Operative Planung und Budgetierung

Die Begriffswelt der Planung ist äußerst vielschichtig. Insofern sollen in diesem Abschnitt der operative Planungszyklus auf Unternehmensebene in den Mittelpunkt gestellt und die fachlichen Anforderungen verdeutlicht werden. Das klassische Planungsparadigma ist nicht unumstritten, wie die Diskussion um Beyond Budgeting deutlich macht [BuFH01]. Insofern sollte eine Software auch Alternativen unterstützen.

Im Mittelpunkt der operativen Planung steht die Budgetierung. Nach Festlegung der Unternehmensstrategie und entsprechender Programme erfolgt die Budgetierungsrunde, in der verbindlich Wertgrößen für einen bestimmten Zeitraum und für eine Organisationseinheit (Bereich, Abteilung usw.) vorgegeben werden [Horv92, 255]. Ein Budget kann somit als wertmäßige, verbindliche Fixierung für einen organisatorisch abgegrenzten Bereich angesehen werden. Die Budgetierung ist ein Werkzeug zur Delegation von Entscheidungen, denn es werden bewertete Plangrößen vorgegeben, die den Rahmen zur weiteren Ausgestaltung bilden. Die konkrete Vorgabe von Maßnahmen liegt in der Verantwortung der dezentralen Bereiche.

Die Budgetierung lässt sich grob mit folgenden Punkten umreißen:

- Da nicht Sach-, sondern Formalziele vorgegeben werden, besteht in der Wahl der Mittel ein weitgehender Freiheitsgrad. Dies soll sich positiv auf die Eigenverantwortlichkeit und damit auf die Motivation auswirken.

- Mit der Budgetierung erfolgt die Ressourcenallokation. Aus den abgestimmten Budgets ergibt sich die Basis für die Ressourcen- und Finanzplanung.

- Das Budget ist die Basis für die Effizienzmessung, die durch die späteren Soll-Ist-Vergleiche ausgestaltet wird. Überschreitet der Budgetverantwortliche die Kosten, muss er die Abweichung begründen. Hierbei wird dann in der Regel nicht auf die einzelne Detailpositionen fokussiert, sondern auf die gesamten Bereichskosten oder Kostengruppen.

Häufig fällt es nicht leicht, zwischen verschiedenen Begriffen wie Planung, Prognose oder Budgetierung zu unterscheiden. Neben den Maßnahmen (auch Initiativen, Aktionen, Aktivitäten) ist sicherlich die Prognose zu sehen. Die Abgrenzung der Begrifflichkeiten verdeutlicht die folgende Abbildung: Maßnahmenplanung und Budgetierung bilden das operative Planungssystem, welches durch Prognoseannahmen ergänzt wird.

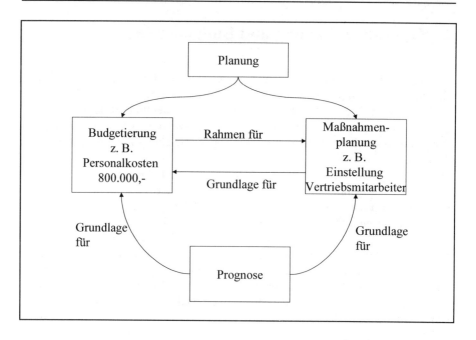

**Abb. 1: Teilsysteme der Planung**

Bezüglich der Fixierung des Budgetwertes gibt es in der Praxis zahlreiche unterschiedliche Verfahren. Häufig werden starre Budgets eingesetzt, wobei sich die „Starrheit" auf den Soll-Ist-Vergleich bezieht: Plant man ein bestimmtes Leistungsniveau und sind die Kosten leistungsabhängig, ist es natürlich sinnvoll, die Sollwerte für die zu den Treibern variablen Kosten anzupassen. Treten im Ist solche Abweichungen auf, erfolgt beim starren Budget keine Anpassung. Beim flexiblen Budget werden hingegen Schwankungen der Kostentreiber berücksichtigt und die Sollwerte entsprechend angepasst. In der Regel wird die Beschäftigung (Volumen) als wesentlicher Kostentreiber berücksichtigt. Somit lassen sich Abweichungen in Beschäftigungs- und Verbrauchsabweichung aufspalten. Im Activity Based Budgeting bzw. in der Gemeinkostenplanung der Grenzplankostenrechnung können auch andere Kosteneinflussgrößen wie Bestellgrößen, Bearbeitungsflächen, Materialarten usw. berücksichtigt werden.

Budgets werden für unterschiedlichste Bereiche vorgegeben. Man unterscheidet beispielsweise Absatz-, Fertigungs-, Beschaffungs-, Investitions- oder Verwaltungsbudgets. Auch die Fristigkeit kann variieren. Das Jahresbudget nimmt jedoch gegenüber Quartals- oder Mehrjahresbudgets eine dominierende Rolle ein. In der Regel sind die Jahresbudgets Grundlage der Diskussion und werden nach der Freigabe auf die Monate verteilt. Die folgende Abbildung 2 zeigt eine typische Budgetorganisation.

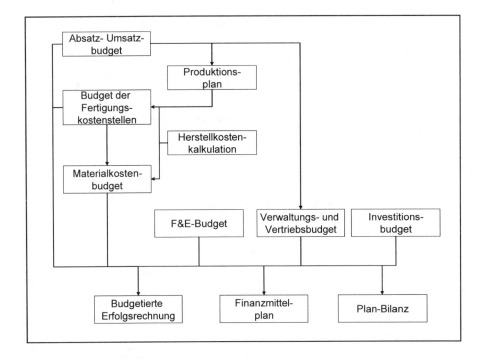

**Abb. 2: Budgetorganisation**

Die Budgetierung steht wie erwähnt am Ende des Planungsprozesses, indem die Pläne in wertmäßige Größen transformiert werden. Diese streng sequentielle Vorgehensweise ist jedoch in den meisten Fällen nicht zu halten. So wird die Budgetierung meistens in einem Gegenstromverfahren durch komplementäre Maßnahmenpläne fundiert. Bezüglich der Generierung der Budgetzahlen unterscheidet man folgende Verfahren:

- Top Down,
- Bottom Up,
- Gegenstromverfahren.

Bei einer Top-Down orientierten Budgetierung werden aus der strategischen Planung erarbeitete Vorgabewerte kaskadierend auf untergeordnete Bereiche bzw. Abteilungen herunter gebrochen. Dies kann automatisch erfolgen oder auf der Grundlage von Verhandlungen.

Das entgegen gesetzte Verfahren ist die Bottom Up Planung. Hier werden aufgrund von funktionalen Abhängigkeiten und einer gewünschten Planleistung Budgets ermittelt und nach oben aggregiert. Dieses Verfahren kommt bei eher konstanten Rahmenbedingungen zum Einsatz, wenn sich eine Zielplanung auf eine einfache Fortschreibung beschränkt.

Beide Verfahren sind Idealformen, die selten in Reinkultur umgesetzt werden. In der Praxis dominiert das Gegenstromverfahren (laut einer Umfrage der KPMG mit 71 % [KPMG01]), bei dem die Top-Management-Vorgaben durch operative Planungen der Bereiche bzw. Abteilungen ergänzt und in einer „Knetphase" in Übereinstimmung gebracht werden. Dieser Verhandlungsprozess ist sehr aufwändig, da zum Teil mehrere Planungsrunden durchlaufen werden.

Aus der langen Erfahrung heraus haben sich viele Varianten der Budgetvorgabe entwickelt. Ein verbreitetes Klassifikationsschema nach input- und outputorientierten Systemen bietet Küpper. Ein Budgetierungssystem wird selten in Reinkultur durchgeführt, so dass die Klassifikation sicherlich idealtypischen Charakter hat.

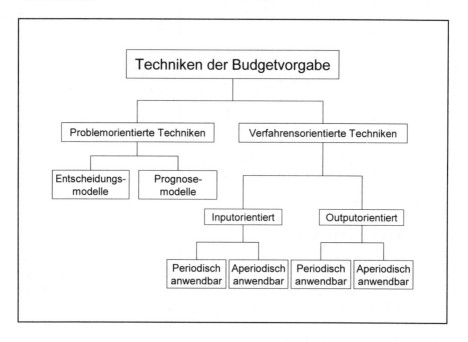

Abb. 3: Techniken der Budgetvorgabe [Küpp97, 298]

Die problemorientierten Techniken umfassen Entscheidungs- und Prognosemodelle. Hierunter werden auch die operativen Planungsmodelle der Grenzplankostenrechnung bzw. des Activity Based Budgeting subsumiert. In der Regel beginnt man mit der Absatzplanung bzw. der -prognose, leitet hieraus ein Produktionsprogramm ab und erhält so die Bedarfsanforderungen der Budgetbereiche. Auf dieser Basis lassen sich die Kosten erarbeiten.

Die verfahrensorientierten Techniken werden nach input- und outputorientiert unterschieden. Bei den inputorientierten Techniken wird nicht die Leistung (Output) betrachtet, sondern mittels Fortschreibung unter Anpassungsvorgaben ein Budgetwert ermittelt. Die wesentlich aufwändigeren outputorientierten Verfahren beziehen hingegen das Leistungsniveau mit ein.

Das meist verbreitete System in der Praxis ist die einfache Fortschreibebudgetierung, bei Küpper den als periodisch anwendbaren, input- und verfahrensorientierten Budgettechniken zugeordnet. Dieses System wird als inputorientiert beschrieben, da bei der Festlegung der Budgetwerte nur indirekt auf die Zielausrichtung referenziert wird. Aufgrund der Istwerte bzw. der Vorgabewerte der aktuellen Periode wird unter Berücksichtigung von Ab- und Zuschlägen das Budget abgeleitet. Implizit werden natürlich hierbei Zielvorstellungen berücksichtigt, nur fehlt durch die wertmäßige Verdichtung die notwendige Transparenz. Aus einem aggregierten Kontowert geht nur dem Eingeweihten die Bedeutung im Bezug auf die angestrebten Ziele hervor. Es besteht zudem meist eine Tendenz zur Fokussierung auf bestehende Aktivitäten, da in der Regel nur Überschreitungen des fortgeschriebenen Budgets überprüft werden.

Eine bessere Kopplung der Teilsysteme lässt sich sicherlich mit einem outputorientierten Verfahren erreichen. Hier werden die zu budgetierenden Leistungen durch den entsprechenden Output gerechtfertigt. Dies setzt jedoch voraus, dass die Leistungsbeziehungen transparent sind, was besonders bei indirekten Bereichen nicht immer der Fall ist. Auch muss der Output mit dem Zielsystem, sei es nun operativ oder strategisch, verankert werden. Dies setzt ein Unternehmens- bzw. Bereichsmodell voraus, in dem die Ursache-Wirkungsbeziehungen deutlich werden. In zahlreichen Gemeinkostenbereichen sucht man dieses vergeblich.

Der Ruf der Budgetierung ist nicht gerade gut. Die Budgetierung wird häufig als eine ungeliebte Pflichtübung angesehen, die wichtige Ressourcen über einen längeren Zeitraum bindet. Insbesondere in den USA fand vor einigen Jahren eine heftige Diskussion statt. Einige amerikanische Führungspersönlichkeiten haben sehr bildlich beschrieben, wo es bei der Budgetierung hapert. So meint Jack Welch, legendärer CEO von General Electric: „...making a budget is an exercise in minimalisation. You're always trying to get the lowest number out of people, because everyone is negotiating to get the lowest number...". Bob Lutz, ehemaliger COO von Chrysler äußert sich ähnlich: „...budgets are tools of repression, rather than innovation. What if I got a market opportunity mid year?..." Seit einigen Jahren werden verstärkt auch in Europa Stimmen gegen die traditionelle Budgetierung laut. Ein provokanter Artikel betitelt die konventionelle Budgetierung gar als „Figures of Hate" [FrHo01]. Auch diverse Studien und Untersuchungen belegen, dass es mit der Budgetierung nicht zum Besten steht:

- Der Budgetierungsprozess dauert sehr lange: Nach einer Untersuchung der Hackett Group beträgt die durchschnittliche Dauer eines Budgetierungsprozesses 4,5 Monate [Hack02]. Andere Unternehmensberatungen kommen zu einem ähnlichen Ergebnis.

- Der Budgetierungsprozess ist aufwändig und bindet zahlreiche Ressourcen: Es werden durchschnittlich 25.000 Personentage pro $ Mrd. Umsatz für Planung und Budgetierung aufgewendet [Hack02].

- Eine Umfrage des Financial-Director-Magazin zeigt, dass selbst die Budgetierungsverantwortlichen den Prozess als verbesserungsbedürftig einschätzen [Sawe98]. Die Einschätzung der Budget-„Betroffenen" fällt noch ungünstiger aus.

- Strategische und operative Planung / Budgetierung sind nicht ausreichend miteinander verknüpft. Eine Studie des CFO-Magazins kommt zur Erkenntnis, dass im Durchschnitt nur 7 % auf den mittleren und unteren Ebenen die Strategie versteht.

So kritisch solche eher pauschalen Aussagen auch zu bewerten sind, so zeigt es doch, dass hier ein enormes Verbesserungspotenzial vorhanden ist. Im Rahmen der Beyond-Budgeting-Diskussion wird sogar häufig ganz der Verzicht auf eine Budgetierung gefordert. Verschiedene Punkte werden gegenwärtig diskutiert:

- Konventionell wird Budgetierung so betrieben, dass nur wenige Einflussgrößen in die Budgetierung eingehen. Häufig werden lediglich finanzielle Rahmengrößen berücksichtigt. Es reicht jedoch kaum aus, ausschließlich wertbezogene Budgets vorzugeben. Die Treiber hinter den Zahlen werden so kaum transparent. Zusätzlich zu Wertgrößen sollten auch die sonstigen Maßgrößen mit den entsprechenden Vorgaben in die Budgetierung einfließen.

- Der „Missing Link" zwischen der strategischen und der operativen Planung ist seit vielen Jahren Anlass der Diskussion. Eine pauschale Werttransformation ist in der Regel nicht ausreichend, um die Strategie auch in den Abteilungen deutlich zu machen. In diesem Zusammenhang wird in den letzten Jahren die Balanced Scorecard intensiv diskutiert. Während die Balanced Scorecard in die Maßnahmenplanung mündet, müssen die Aktivitäten mit dem Budget verknüpft werden. Hier lassen sich elegant Werkzeuge wie das Zero Based Budgeting einsetzen.

- Es wird häufig vorgeschlagen, die Budgetierung durch ein Forecasting-System zu ersetzen. Viele Unternehmen aus dem High-Tech-Bereich praktizieren schon diese Vorgehensweise, da das Modell sich stärker mit den Anforderungen an eine höhere Flexibilität deckt. Vielfach ist der Jahresrhythmus der Budgetierung nicht geeignet, der Diskontinuität vieler Unternehmungssituationen Rechnung zu tragen. Ein quartalsbezogenes Forecasting-System eignet sich hierzu besser, stellt jedoch wesentlich höhere Anforderungen an die Umsetzung. Wenn man von einer durchschnittlichen Dauer von vier Monaten für die Budget-Erstellung ausgeht, wird man mit einem quartalsbezogenen Forecasting in Schwierigkeiten geraten. Man wird also zwangsläufig den Prozess straffen müssen. Eine solche Planungsausrichtung hat einen positiven Einfluss auf die liquiditätsorientierte Planungsrechnung, die traditionell rollierend organisiert ist. Ein Integrationshemmnis wäre damit beseitigt.

- Viele Budgetierungen beeindrucken durch Scheingenauigkeiten. Rein technisch ist eine automatische Top-Down-Verteilung einfach zu implementieren. Der Aussagegehalt der detaillierten Werte tendiert jedoch gegen null, wenn als Verteilungsbasis Istwerte herangezogen werden. Somit sollte der Budgetierungsprozess auf wenige aber wesentliche Größen fokussieren. Dieses wird plakativ häufig als „Lean Budgeting" bezeichnet.

# 3 Kategorien von Software-Systemen zur Planungsunterstützung

Die Entwicklung von Planungssystemen ist nicht gradlinig. Sie pendelt zwischen einer eher starren, zentralistisch orientierten Planungsunterstützung bis zur völlig flexiblen Dezentralisierung durch Office-Werkzeuge. Es werden in der Regel folgende Systeme eingesetzt:

- **ERP-Systeme**
  ERP-Systeme (Enterprise Resource Planning) sind primär für die Geschäftsprozessunterstützung und die Abrechnung entwickelt worden. Integraler Bestandteil eines solchen Systems ist die operative Planung. Eine gemeinsame Nutzung betrieblicher Objekte wie Kostenstellen, Kontenrahmen usw. gleichermaßen für Planung und Ist-Abrechnung ist nahe liegend. In den etablierten ERP-Systemen sind zahlreiche Planungsfunktionalitäten enthalten. Absatzplanung, Budgetierung auf Kontenwerten oder Produktionsplanung sind einige Beispiele. Die SAP hat beispielsweise einen hohen Aufwand in ein Planungssystem auf der Basis von Transaktionssystemen über verschiedene Module hinweg gesteckt.
  ERP-Systeme unterstützen in der Regel eine fest definierte Anzahl von Methoden und Modellen. So bieten diverse Anwender wie beispielsweise SAP spezielle Module für die Prozesskostenrechnung in Form einer Planungsrechnung an. Eine Anpassung an Anforderungen außerhalb des Standards ist hingegen in den seltensten Fällen zu empfehlen: Die Modifikation durch Programmierung ist aufwändig, benötigt Expertenwissen und ist wartungsintensiv.
  Die durchgängige Unterstützung der Gesamtplanung setzt voraus, dass praktisch alle Teilmodule einer Produktfamilie im Einsatz sind. Im Mittelpunkt steht in der Regel die Ergebnisrechung, in der die Teilplanungen zusammenfließen.

- **Tabellenkalkulation**
  Spitzenreiter bezüglich der Verbreitung in der Unterstützung von Planungssystemen ist ganz eindeutig die Tabellenkalkulation [KPMG01, 25]. Die meisten Planungsapplikationen werden auf dieser Basis aufgebaut. Selbst Großunternehmen nutzen solche Werkzeuge für den Planungsprozess.
  Rasmusen und Eichhorn haben einige Argumente für und wider den Einsatz von Tabellenkalkulationssystemen in der Budgetierung aufgelistet [RaEi00, 109 - 113].
  Die Vorteile liegen auf der Hand: Die Tabellenkalkulation ist schnell einsetzbar, da geringe bzw. keine Anschaffungskosten entstehen - sie ist meist schon unternehmensweit vorhanden - und viele Benutzer mit dem System umgehen können. Diese Systeme bieten eine (scheinbar) hohe Flexibilität [RaEi00, 109]. Allerdings ist diese Flexibilität trügerisch.

| Für | Wider |
|---|---|
| • Kleines Unternehmen<br>• Äußerst individuelle Anforderungen pro Bereich<br>• Kurzfristige Notwendigkeit | • Prozess-Steuerung<br>• Zugriffsschutz<br>• Performance<br>• Komplexität<br>• Verrechnungen<br>• Konsolidierung<br>• Trendrechnung<br>• Wachsende Unternehmung<br>• Organisationsänderungen |

**Abb. 4: Pro und Contra bei der Tabellenkalkulation [RaEi00, 109 - 113]**

Die englische Tochter der KPMG (jetzt Origin) hat Tabellenkalkulations-Anwendungen bei Kunden untersucht. Die Ergebnisse sind alarmierend [KPMG99]:

- 95 % der Anwendungen enthielten wesentliche Fehler.
- 95 % der Anwendungen hatten ein mangelhaftes Design.
- 92 % der Anwendungen hatten wesentliche Fehler in der Steuerberechnung.
- 75 % enthielten wesentliche Rechnungswesenfehler.
- 78 % der Abteilungen verfügten über keine formale Qualitätssicherung.

Das Erstaunlichste an den Ergebnissen der Untersuchung war jedoch, dass 81 % der Anwender davon ausgingen, dass sie auf dieser Grundlage einen wesentlichen Vorteil gegenüber Wettbewerbern erlangen würden.
Eine Alternative, eine Tabellenkalkulation effizient zu nutzen, besteht in der Einbindung dieses Werkzeugs in spezialisierte Planungssysteme. Viele Anbieter nutzen die Tabellenkalkulation mittlerweile als flexibles Eingabe- und Analysewerkzeug in Kombination mit Regel- und Speicherungskomponenten einer solchen Planungsanwendung. Die Tabellenkalkulation ist vollständig in die Planungsumgebung integriert und stellt dem Planer eine vertraute Umgebung bereit. Nebenrechnungen können in der Tabellenkalkulation verwendet werden.

- **OLAP Werkzeuge**
  Eingabefähige OLAP-Systeme ermöglichen die Modellierung auf der Basis von OLAP-Strukturen, d. h. Dimensionen, Hierarchien und Funktionen. Der wesentliche Vorteil einer solchen Datenhaltung für die Planung liegt in der effizienten Datenspeicherung und -abfrage. Über spezielle Funktionen können Verteilungsverfahren oder Hochrechnungen implementiert werden. Eine Simulation („What if") wird in der Regel unterstützt.
  Nachteilig ist häufig die ausschließlich zentrale Administration von Modellen. Ist eine Ableitung (z. B. eine Kostenfunktion) definiert, so ist es aufwändig, lokale Ausnahmen einer solchen Regel festzulegen. Bezüglich der Unterstützung des Planungsprozesses ist von OLAP-Werkzeugen wenig Unterstützung (z. B. Workflow-Steuerung) zu erwarten.

- **Planungsanwendungen**
  Es gibt seit längerem einen Markt für spezifische Controlling-Software, der Planung, Activity Based Management, Performance Measurement / Balanced Scorecard, Konsolidierung sowie Managementreporting umfasst. Diese so genannten Business Performance Management-Systeme (BPM) zeichnen sich zum gegenwärtigen Zeitpunkt jedoch noch durch eine starke Modularisierung mit wenigen Ansätzen zur Integration aus. Der Weg zu einer integrierten Software-Familie - vergleichbar mit ERP-Systemen wie SAP mySAP, Oracle Applications oder Peoplesoft - ist noch weit, da die Anforderungen an BPM-Systeme bezüglich Flexibilität wesentlich höher sind. Dies erschwert die Vordefinition von Schnittstellen. Einige Produktfamilien wie SAP SEM, MIS Applications oder Hyperion BPM Suite beinhalten erste Ansätze zu einer umfassenden Steuerungsunterstützung, in der die Planung mit einer Balanced Scorecard, einem Risiko-Management und einer Konsolidierung integriert wird.

| Produkt | Anbieter |
| --- | --- |
| ABC for OLAP | CUBUS |
| Comshare MPC | GEAC |
| CoPlanner | CoPlanner |
| Corporate Planner | Corporate Planning |
| Enterprise Planning | MIS |
| Enterprise Planning | Cognos |
| FMS | SAS |
| Planning | Hyperion |
| Professional Planner | Winterheller Software |
| SEM BPS | SAP |
| TN Planning | Thinking Networks |
| 4Plan MD | Software4You |

**Abb. 5: Anbieter von Planungssystemen**[1]

Typische Planungswerkzeuge bieten weit reichende Unterstützung beim Aufbau von Planungsmodellen. Durch die flexible Verknüpfung von Planungselementen eignen sich solche Systeme für die Simulation. So kann jede Basisänderung in ihrer vollständigen Auswirkung auf die Erfolgs- und Finanzsicht einer Unternehmung analysiert werden. In der Regel wird ein unmittelbarer Vergleich zwischen Simulationsstand und Ausgangsbasis unterstützt.

Bestandteil eines Planungssystems ist häufig die Möglichkeit des Aufbaus von dezentralen und zentralen Modellen. Während die zentralen Modelle automatisch für alle Bereiche gelten (z. B. die Definition einer Deckungsbeitragsrechnung), können dezentrale Bereiche während des Planungsprozesses weitere Partialmodelle hinzufügen (bestimmte Kostenelemente sind beispielsweise nur in bestimmten Bereichen relevant).

Eine weltweite Studie von Ventana Research zeigt die Verteilung des Einsatzes von IT-Werkzeugen bei mehr als 900 Firmen. Hierbei dominiert die Tabellenkalkulation ganz eindeutig. Die spezialisierten Anwendungen enthalten auch Eigenentwicklungen bzw. adaptierte OLAP-Systeme.

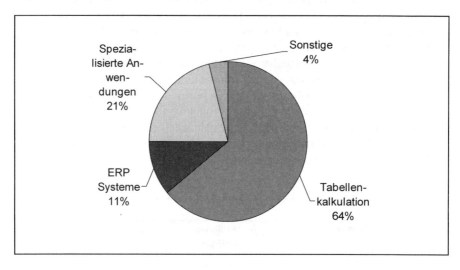

Abb. 6: Verteilung von Werkzeugen [Vent03, 19]

## 4 Analyse der Systeme

Die Anforderungen an ein Corporate-Governance-taugliches Planungssystem sind vielfältig. Daher sollen Teilaspekte herausgegriffen und bezüglich der Schwachstellen der erläuterten Systeme analysiert und kommentiert werden. Eine Betrachtung erfolgt hinsichtlich der folgenden Teilaufgaben:

- Konfiguration des Planungsmodells,
- Modell- und Methodenunterstützung,
- Eingabeunterstützung,
- Prozessunterstützung,
- Analyseunterstützung

und als übergreifende Aspekte

- Integration sowie
- Planungsdynamisierung.

Die Anforderungen an diese Teilbereiche werden im Folgenden detailliert ausgeführt. Stellt man die beschriebenen Systeme den Anforderungen gegenüber, werden erhebliche Unterschiede bezüglich der jeweiligen Unterstützung deutlich. Ein System zur Planung und Budgetierung sollte möglichst Unterstützung in allen Teilbereichen bieten.

## 4.1 Konfiguration und Sicherheit

Der Aufbau des Planungsmodells beginnt natürlich vor der eigentlichen Planung, bedarf aber auch während des laufenden Planungsprozesses zahlreicher Ergänzungen und Anpassungen. Möglichst frühzeitig sind die wesentlichen Entscheidungen bezüglich Transparenz, Effizienz und Kontrolle zu treffen. Beim Aufbau der Planungslösung sind wesentliche Anforderungen zu berücksichtigen:

- Wird der Aufbau der Anwendung ausreichend dokumentiert? Eine fehlende oder unvollständige Dokumentation führt häufig zu Problemen bei der Nachvollziehbarkeit der Annahmen. Auch Änderungen in der Struktur erweisen sich bei mangelhafter oder nicht vorhandener Dokumentation als riskant. Eine Dokumentation des Planungsmodells ist natürlich immer systemunabhängig möglich. Es ist aber erstrebenswert, dass die Dokumentation systemnah erfolgt, um eine Nutzung während des laufenden Prozesses zu gestatten. Als Beispiel mag die kontextabhängige Hilfe dienen, bei der der Anwender über eine Hilfe-Taste kontextbezogene Informationen zur jeweiligen Funktion erhält. Da die Planungsobjekte häufig erst im Rahmen der Anwendung definiert werden, ist eine Erläuterung bezüglich Verwendung und Aufgaben dieser Objekte im Rahmen einer vom Anwender formulierten Hilfefunktion sinnvoll. Hieraus resultiert die Anforderung an eine anpassbare Hilfefunktion.

- Sind Sicherungskonzepte berücksichtigt worden? Wie oft werden die Daten gesichert? Wie kann der letzte Planungsstand bei Datenverlust wieder hergestellt werden? Insbesondere bei lokal gespeicherten Planungsvarianten können Datenverluste kritisch werden. Auch das Verschicken von Planungsversionen und -annahmen über e-Mail erweist sich als risikobehaftet.

- Sind ausreichend Kontrollmechanismen vorhanden? Werden die Budget-Freigaben dokumentiert? Lässt sich nachvollziehen, wer die Informationen eingegeben hat bzw. von wem die letzten Änderungen stammen? Hier ist insbesondere eine zentrale Administration von Bedeutung.
- Besteht ein ausreichender und differenzierter Zugriffsschutz? Sind nur die Daten sichtbar, die in Abhängigkeit von der Verantwortlichkeit zugängig sein sollen? Insbesondere Personal- und Gehaltsdaten stellen einen äußerst sensiblen Bereich dar. Kann der Zugriffsschutz effizient eingerichtet werden? Idealerweise sollte das Berechtigungskonzept nicht nur für die Planung verwendet werden. So ist es nahe liegend, das Berechtigungskonzept aus dem ERP-System zu übernehmen.

Die Tabellenkalkulation schneidet bei allen diesen Fragen eher schlecht ab. Die Sicherung ist problematisch, wenn die Daten lokal gespeichert werden. Auch der Zugriffsschutz weist Schwächen auf: Der standardmäßig eingebaute Passwortschutz lässt sich mit entsprechenden Werkzeugen umgehen. Somit besteht zumindest während einer lokalen Bearbeitung ein Risiko bezüglich der Vertraulichkeit. Die Dokumentation in Tabellenkalkulationsanwendungen muss nicht zwangsläufig schlecht sein. Die Praxis zeigt jedoch, dass diesem Aspekt nur wenig Aufmerksamkeit geschenkt wird.

Die Planungsfunktionen der ERP-Systeme weisen bezüglich dieser Fragen eine herausragende Stellung auf. Ein etabliertes ERP-System verfügt in der Regel aufgrund der zentralistischen Administration über hervorragende Zugriffsschutzkonzepte. Da die Konfiguration gemeinsam für Abrechnung und Planung vorgenommen wird, ergibt sich hier ein reduzierter Aufwand. Zum Teil besteht die Möglichkeit, die Hilfeunterstützung anzupassen.

OLAP-Systeme können ebenfalls durch eine zentrale Administration fortschrittliche Sicherheitskonzepte bieten. Nicht alle Anbieter unterstützen jedoch standardisierte Sicherheitskonzepte wie beispielsweise LDAP (Lightweight Directory Access Protocol). Der Abgleich mit zentralen Sicherheitssystemen ist häufig nicht umgesetzt. Bezüglich der Granularität der Zugriffssteuerung besitzen einige Systeme bemerkenswerte Eigenschaften. So kann beispielsweise in MIS Alea jede Objektkombination (z. B. Kostenstelle, Produkt, Region) zum Lesen und Schreiben individuell frei geschaltet werden. Durch Vererbung der Zugriffsrechte innerhalb der Dimensionshierarchien von Knoten auf untergeordnete Elemente mit der Möglichkeit des Überschreibens hält sich der Wartungsaufwand in Grenzen.

Ähnliches gilt auch für die spezifischen Planungssysteme. Diese bieten in der Regel für die Planung erweiterte Zugriffskonzepte an. So muss der Zugriffsschutz häufig dynamisch erfolgen. Wenn beispielsweise Daten verabschiedet werden, sollte es nicht mehr möglich sein, diese Werte hiernach noch zu verändern. Der Zugriff sollte beispielsweise durch die Verabschiedung automatisch von „schreibend" auf „nur lesend" gesetzt werden.

## 4.2 Modell- und Methodenunterstützung

Kern eines Planungssystems ist die Erstellung eines Unternehmensmodells, welches zukünftige Annahmen, Aktivitäten sowie funktionale Abhängigkeiten dokumentiert. Zur Erläuterung sind ein paar grundsätzliche Ausführungen zur Modelltheorie hilfreich: Es sollen im Folgenden Beschreibungs-, Erklärungs- und Optimierungsmodelle unterschieden werden.

Grundvoraussetzung der Planung ist ein formales Beschreibungsmodell. Zur Erstellung eines Rahmens für die Dokumentation von zukünftigen Aktivitäten und Annahmen ist zunächst eine Definition der Planungsobjekte erforderlich. Es geht darum, einen sprachlichen Hintergrund zur Abbildung der Planung zu schaffen. Verbreitete Bezeichnungen sind hierbei Kontenrahmen, Kostenstellenpläne, Produkte, Regionen usw.

Erklärungsmodelle beschreiben die Abhängigkeiten von Systemzuständen in Form von Wenn-Dann-Aussagen und können auch als Prognosemodelle verwendet werden. Eine Preisabsatzfunktion spiegelt beispielsweise die Abhängigkeit des Absatzes von möglichen Preisen wieder.

Wenn zusätzlich zu den Abhängigkeiten noch Ziele der Nutzer implizit im Modell formuliert werden, wird von einem Entscheidungsmodell gesprochen. Über entsprechende Algorithmen kann vom System eine Optimierung vorgenommen werden. Optimierungsmodelle aus dem Operations Research wie zum Beispiel die lineare Optimierung sind aber bislang in der Praxis auf Unternehmensebene nicht sonderlich erfolgreich. Für abgrenzbare Spezialbereiche wie Fertigungssteuerung oder Lieferkettenoptimierung werden einige Systeme erfolgreich eingesetzt. Diese zählen jedoch nicht zur Kategorie der Unternehmensplanungssysteme. Insofern beschränken sich diese auf Beschreibungs- und Erklärungsmodelle.

Erklärungsmodelle werden üblicherweise funktional beschrieben. Hier soll zwischen Definitions- und Verhaltensgleichungen unterschieden werden. Definitionsgleichungen sind Gleichungen, die neue Begriffe aus vorhandenen Begriffen ableiten. Dies dient der sprachlichen Vereinfachung. So ist beispielsweise eine Deckungsbeitragsdefinition lediglich eine Vereinfachung von „Umsatz - variable Kosten". Somit enthalten Definitionsgleichungen auch keine Aussagen über die Realität. Verhaltensgleichungen drücken hingegen Zusammenhänge aus abzubildenden, tatsächlichen Abhängigkeiten aus. So lassen sich beispielsweise die Lohnnebenkosten anhand des Bruttolohns, bzw. je nach Planungsanspruch auch anhand weiterer Parameter, ermitteln. Definitionsgleichungen sind idealerweise einer zentralen Modellbildung zuzuordnen. Denn es geht bei der Planung auch darum, ein einheitliches Begriffsverständnis zu etablieren. Verhaltensgleichungen sind dagegen gleichermaßen zentral und dezentral festzulegen. Meist dürften aber die dezentralen Modelle überwiegen, da das Wissen über Planungszusammenhänge in den einzelnen Bereichen zentral nur in Ausnahmefällen verfügbar ist.

Man kann zudem zwischen unternehmensindividuellen und standardisierten Modellen unterscheiden. Standardisierte Modelle sind beispielsweise:

- Prozesskostenplanung mit Umlagen, Verrechnungen und Verdichtungen,
- Break Even-Modelle,
- Derivative/ originäre Finanzplanung.

Diese Modelle können durch den Anbieter von Planungssystemen weitgehend vordefiniert werden. Damit ist es möglich, von dessen Know-How zu profitieren. So lassen sich beispielsweise die Ableitungsregeln auf der Basis einer Standardbilanz und -GuV für eine derivative Finanzplanung fest hinterlegen. Unternehmensspezifisch erfolgt dann nur noch die Eingabe der entsprechenden Parameter. Eine Bereitstellung solcher Modelle in Form einer Modell- und Methodenbibliothek kann den Konfigurationsaufwand deutlich senken. Folgende Fragen sind zu berücksichtigen:

- Gelingt es auch, Methoden abzubilden, die nicht Bestandteil eines vorgedachten Modells sind? Im Hinblick auf die Dynamik von Anforderungen unterschiedlicher Branchen ist es notwendig, auch nicht vordefinierte Methoden unterstützen zu können. Hierzu sollte eine problemnahe und adäquate Sprache zur Formulierung der Modelle zur Verfügung stehen, um den Aufwand von Erweiterungen in Grenzen zu halten. Viele Anbieter stellen hierfür eine Programmierschnittstelle bereit. Diese kann jedoch von den wenigsten Endanwendern bedient werden. IT-Spezialisten müssen hinzugezogen werden.

- Sind die Modelle bei einem hohen Eigenentwicklungsanteil noch wartbar? Wie groß ist beispielsweise der Aufwand, eine Kostenstelle hinzuzufügen? Dabei geht nicht nur darum, neue Stammdateninformationen effizient einzupflegen, sondern insbesondere um die Integrität des Planungsmodells. So sollten alle zentralen Modellannahmen mehr oder weniger automatisch auch für das neue Objekt gelten. Das Gleiche sollte auch hinsichtlich des Löschens von Planungsobjekten gelten.

- Enthält das System ausreichend Vordefinitionen? Um beispielsweise eine integrierte Erfolgs- und Finanzplanung abbilden zu können, ist es notwendig, alle Teilplanungen einer Unternehmung einfließen zu lassen. Neben der Umsatz- und Kostenplanung sollten auch die Investitions-, die Finanz- und die Bilanzplanung unterstützt werden.

- Kann zwischen lokalen und zentralen Modellen bzw. Methoden unterschieden werden? Es ist kaum anzunehmen, dass das gesamte Wissen um Unternehmenszusammenhänge zentral verwaltbar ist. Insbesondere durch eine hohe Umweltdynamik ist das Wissen um Wirkungsabhängigkeiten häufig kurzlebig. Es ist daher sinnvoll, dass einzelne Planer bestimmte individuelle Funktionen spezifizieren, die aber nicht auf Unternehmensebene verallgemeinert werden. Ein Beispiel hierfür ist die Ableitung von Verbrauchsfunktionen innerhalb einer Kostenstelle. Durch die Möglichkeit, dezentrales Wissen in das Modell einzubringen, kann die Identifikation mit der Planung erheblich gesteigert werden.

- Ist eine Trennung zwischen Modellierungs- und Planungsphase erforderlich? Es ist nicht davon auszugehen, dass vor Beginn der Planungsphase bereits alle Kenntnisse über Abhängigkeiten vorhanden sind. Somit ist ein interaktiver Prozess nötig, der Modellierung und Planung im Sinne eines Prototyping auch während der Laufzeit ermöglicht.

Es ist auch mit Tabellenkalkulationen möglich, recht komplexe Modelle und Methoden abzubilden. So sind beispielsweise hinsichtlich der Systeme der Prozesskostenrechnung diverse Umsetzungsvorschläge unterbreitet worden [Fröh-93, 328 - 340; Holz90, 368 - 371]. Es muss hier aber zwischen einfachen Ad-hoc-Anwendungen und komplexeren Planungssystemen unterschieden werden. Für eine reine Ad-hoc-Modellierung einfacher Abhängigkeiten eignet sich die Tabellenkalkulation bekanntermaßen hervorragend. Ursprünglich als temporäre Modelle erstellte Planungssysteme werden im Laufe der Zeit jedoch komplexer, so dass erhebliche Schwierigkeiten mit der Anpassung und der Weiterentwicklung auftreten können.

Insbesondere beim Aufsetzen komplexer Modelle wird durch Tabellenkalkulationen nur wenig Unterstützung geleistet. Die Nachvollziehbarkeit der Modellstruktur erweist sich bei zunehmender Komplexität als großes Problem. Verständlichkeit und Richtigkeit der Abhängigkeiten liegen vollständig in der Hand des Entwicklers. Jeder Anwender von Tabellenkalkulationen kann bestätigen, dass sich sehr schnell Fehler bei Anpassungen einschleichen. Im besten Fall werden diese unmittelbar erkannt, wenn nicht, kann es ohne ausreichende Qualitätskontrolle später zu erheblichen Problemen kommen. Ein häufiges Problem ist beispielsweise die übliche Praxis des Kopierens von Funktionen (z. B. einer Deckungsbeitragsformel über Jahre oder Monate). Verweise werden so oft, wie zum Zeitpunkt der Anlage benötigt, kopiert. Wird die Grundformel geändert, müssen nun alle kopierten Verweise angepasst werden. Dies stellt eine potenzielle Fehlerquelle dar. Darüber hinaus ist auch bei jedem neu angelegten Objekt (z. B. einer Kostenstelle) ein komplettes manuelles Kopieren aller Funktionen erforderlich. Der Umstand, dass die Komplexität einer Planungsanwendung über eine Tabellenkalkulation exponentiell mit dem Umfang ihrer Teilbereiche steigt, liegt auf der Hand.

Eine Tabellenkalkulation ist ein Werkzeug für einen einzelnen Anwender und wirft weitere Probleme auf, sobald es kollaborativ eingesetzt werden soll. Beim Aufsetzen verteilter Modelle wird durch Tabellenkalkulationen kaum Unterstützung geleistet. Zwar kann jeder Planer individuelle Teilmodelle ergänzen, jedoch lässt sich die Konsistenz kaum zentral sichern.

ERP-Systeme unterstützen in der Regel eine fest definierte Anzahl von Methoden und Modellen. Dadurch, dass solche Plansysteme gemeinsam mit den Ist-Strukturen genutzt werden, bestehen bezüglich der Variierbarkeit von Strukturen zur Simulation Grenzen. Zudem fehlen in der Regel Werkzeuge, um Modellstrukturen zu unterstützen, die nicht bereits vordefinierter Bestandteil des DV-Systems sind, wie z. B. neue Marktsegmente oder andere Planungsobjekte. Teilplanungssysteme (z. B. Kalkulation, Kostenstellenrechnung sowie Ergebnisrechnung) sind in der Regel nur statisch miteinander verbunden, so dass eine

Simulation nur sehr eingegrenzt möglich ist. Durch die Beschränkung auf vordefinierte Methoden ist die Nachvollziehbarkeit in der Regel aber hoch.

Allerdings setzt sich mehr und mehr eine internationale Entwicklung durch, die eine flexiblere Planung auf der Basis von Abrechnungssystemen ermöglicht: General-Ledger-Systeme sind gegenüber deutschen Rechnungswesensystemen generischer aufgebaut und bieten Möglichkeiten der unternehmensindividuellen Erweiterung. Durch eine so genannte Kontierungsleiste können unterschiedliche Abrechnungsphilosophien wie etwa eine Plankostenrechnung abgebildet werden [OeOe95, 215 - 216). Einige Systeme - beispielsweise Financials von Oracle - bieten flexible Verrechnungsfunktionen an, wobei dabei häufig auch im Plan Buchungssätze erzeugt werden. Zwar wird das Datenvolumen erheblich aufgebläht, allerdings wird auch die Nachvollziehbarkeit erhöht. Die Simulationsmöglichkeiten sind durch die Identität mit den Iststrukturen begrenzt. Zudem ist zu berücksichtigen, dass im Einkreissystem [Kilg87, 453ff.] keine Trennung zwischen internem und externem Wertefluss vorgenommen wird. Insofern sind die Möglichkeiten planerischer Variationen begrenzt.

Generische OLAP-Systeme ermöglichen eine Modellierung durch die Verwendung von Regeln, die auch über unterschiedliche Bereiche des Würfels angewendet werden können. Gegenüber Tabellenkalkulationen besitzen OLAP-Systeme den Vorteil, dass mit der Aufnahme neuer Planungsobjekte die bestehenden Ableitungsfunktionen automatisch für diese neuen Objekte gültig sind. Die meisten Systeme besitzen spezifische Planungsfunktionen wie beispielsweise die Verteilung von Vorgabewerten innerhalb einer Hierarchie. Ein Nachteil ist jedoch die ausschließlich globale Festlegung von Modellen. Ist eine Ableitung definiert, so ist es normalerweise nicht möglich, lokale Ausnahmen einer solchen Regel festzulegen. Es wird die Simulation unterstützt. Die Nachvollziehbarkeit ist deutlich besser als bei Tabellenkalkulationen.

Typische Planungswerkzeuge bieten weit reichende Unterstützung beim Aufbau von Planungsmodellen. Müssen Ableitungen wie beispielsweise Umlagen erstellt werden, lassen sich diese in der Regel von der Fachabteilung ohne Unterstützung der IT-Abteilung entwickeln. Durch die dynamische Verknüpfung von Planungselementen eignen sich solche Systeme besonders für die Simulation. So kann jede Basisänderung in ihrer vollständigen Auswirkung auf die Erfolgs- und Finanzsicht einer Unternehmung analysiert werden. Der unmittelbare Vergleich zwischen Simulationsstand und Ausgangsbasis ist direkt möglich. Ein Bestandteil ist die explizite Unterstützung von zentralen und dezentralen Modellen. Während bei zentralen Modellen automatisch alle Bereiche eingeschlossen sind, können in dezentralen Modellen während des Planungsprozesses weitere Ableitungsregeln hinzugefügt werden.

## 4.3 Eingabeunterstützung

Bei der Eingabeunterstützung geht es darum, alle vom Planer benötigten Planungsinformationen akkurat und effizient in die Planungsdatenbank zu übertragen. Dies kann manuell oder automatisiert aus Vorsystemen erfolgen. Bei der manuellen Eingabe ist auf eine benutzerfreundliche Oberfläche zu achten, d. h. die Schnittstelle muss den Kenntnissen und Erwartungen des Anwenders entsprechen. Fehlerhafte Eingaben sind durch Plausibilitätskontrollen auf ein Minimum zu reduzieren. Da bei der Planung bzw. Budgetierung im Allgemeinen auch nicht oder wenig geschulte Benutzer direkt involviert sind, muss die Akzeptanz des Systems gewährleistet sein. Folgende Aspekte sind hierbei von Bedeutung:

- Werden ausreichende Integritätssicherungsfunktionen bereitgestellt? Ist beispielsweise sichergestellt, dass alle notwendigen Kontierungen vom Planer hinterlegt worden sind? Ist der eingegebene Wert hinsichtlich der Höhe plausibel?

- Sind Daten gegen versehentliches oder absichtliches Überschreiben gesichert? Sind Wiederherstellungspunkte nach Datenverlust definiert?

- Ist das System einfach zu bedienen? Eine komfortable grafische Oberfläche ist mittlerweile selbstverständlich. Damit ist jedoch noch nicht sichergestellt, dass die Anwenderführung konsistent ist und dass in allen Situationen entsprechende Hinweise und Hilfestellungen gegeben werden. Insbesondere die ersten Web-Interfaces führten auch zu einer erheblichen Einschränkung in der Benutzerführung. Portale führen hier mittlerweile zu einer Standardisierung der Benutzeroberflächen.

- Häufig wird zu stark auf reine quantifizierte Sachverhalte abgestellt. Planung besteht im Durchdenken zukünftiger Sachverhalte und Aktivitäten. Erfahrungsgemäß sind die Zahlen erst der letzte Schritt in einem umfassenden Abstimmungsprozess konkurrierender Vorstellungen [Horv92, 255]. Ein zu starkes Fokussieren auf Werte führt von den eigentlichen Inhalten weg. Nur in den wenigsten Fällen geht die eigentliche Intention der Planung aus den Zahlen hervor. Erläuternde Informationen sind häufig nur im Kopf des Planenden vorhanden. Wenn ein Großteil der Informationen jedoch nur verteilt verfügbar ist, besteht kaum eine Möglichkeit, die Angemessenheit der Planungsgrundlagen zu überprüfen. Besteht die Möglichkeit, eine Eingabe zu dokumentieren? Damit der eigentliche Prozess hinter den Zahlen deutlich wird, sollte es möglich sein, Kommentare direkt zum entsprechenden Wert zu hinterlegen.

- Ist der Verdichtungsgrad der Eingabe variierbar? Planung und Budgetierung findet auf allen Ebenen einer Unternehmenshierarchie statt. Somit sollte die Möglichkeit bestehen, auf jeder dieser Ebenen Werte einzugeben, um auch Grobplanungen zu ermöglichen. Die Entscheidung, ob die Werte in unteren abhängigen Ebenen automatisch anzupassen sind, sollte dem Anwender überlassen bleiben.

- Orientiert sich die Eingabe an der Problembetrachtungsweise des Anwenders? Vorrangiges Strukturierungsmerkmal ist häufig der Kontenrahmen. Damit spiegelt sich jedoch eine Sichtweise wider, die in erster Linie rechnungswesenorientiert und somit tendenziell zentralistisch ausgerichtet ist. Die Strukturierung und Aggregation von Geschäftsvorfällen mittels Kontenrahmen dient primär externen Interessenten bzw. der Bereitstellung von Führungsinformationen. Die dezentrale Sicht kann davon abweichen, insbesondere bei Bereichen, die wenig mit dem Rechnungswesen gemeinsam haben. Ein kleines Beispiel soll diesen Sachverhalt verdeutlichen: Ein Vertriebsleiter plant ein Verkaufsseminar. Hierbei fallen Kosten für den Raum, die Referenten, die Verpflegung, das Mailing usw. an. Eine adäquate Strukturierung dürfte hier eine projekt- oder aktivitätenorientierte Sichtweise sein. Aus Sicht des Rechnungswesens besteht hingegen primär Interesse an einer handelsrechtlichen bzw. kalkulatorischen Kontierung. Aus den Konteninformationen lassen sich jedoch nachträglich kaum die jeweiligen Einzelaktivitäten ableiten.

Tabellenkalkulationen sind im Bezug auf die Eingabe äußerst anpassungsfähig. Zu berücksichtigen ist jedoch, dass entsprechend angepasste Eingabemasken zum einen detaillierte Kenntnisse des jeweiligen Systems bis hin zur Programmierung erfordert. Auch ist der Aufwand einer sicheren und komfortablen Eingabemaske innerhalb einer Tabellenkalkulation kaum geringer als in modernen Werkzeugen zur Entwicklung von Benutzerschnittstellen. Zum anderen muss auch immer berücksichtigt werden, dass die Notwendigkeit zur Zusammenfassung in einem zentralen Datenpool besteht. Häufig wird daher zwischen einem Eingabe- und einem Verdichtungsbereich getrennt. Hierdurch soll einerseits die Eingabeflexibilität erhöht, andererseits die Datenspeicherung und die Auswertung erleichtert werden. Dieses erfordert allerdings bei Änderungen einen erhöhten Wartungsaufwand und birgt immer die Gefahr einer Integritätsverletzung. Individuelle Anpassungen durch die Planer sind daher meist nur mit äußerster Vorsicht und hoher Expertise möglich.

ERP-Systeme besitzen häufig sehr spezialisierte Eingabefunktionen für die Planung. Problematisch ist hier allerdings, dass die Eingabemasken zur Planung bis auf wenige Ausnahmen nicht veränderbar sind. Dies wird besonders am Beispiel der Kostenstellenplanung deutlich. So ist die Kostenspaltung nach fix und variabel für die Grenzplankostenrechnung in der Regel nicht ausblendbar, selbst wenn sie nicht benötigt wird. Durch die starke Vorstrukturierung ist hingegen die Integrität sehr einfach einzuhalten. Kommentierungsfunktionen sind aber in der Regel eher sparsam angelegt, so dass sich die zugrunde liegenden Annahmen nicht immer erschließen.

Generische OLAP-Systeme bieten, ähnlich wie Tabellenkalkulationen, nur rudimentäre Eingabemöglichkeiten. Zum Teil werden Programmierwerkzeuge zur Entwicklung von Eingabemasken bereitgestellt. Dies bedeutet jedoch einen hohen Entwicklungsaufwand bei der Abbildung individueller Eingabefunktionen. Kommentierungsmöglichkeiten sind in der Regel verfügbar.

Dedizierte Planungssysteme bieten die Möglichkeit, Eingabemasken weitgehend individuell anzupassen. Durch die konsequente Trennung zwischen Speicherung und Darstellung können für jede Anwendergruppe individuelle Eingabemasken definiert werden. Die Integrität wird dadurch gewährleistet, dass Planungsobjekte als Musseingaben gekennzeichnet und Plausibilitätsprüfungen mit Hilfe von Regelsprachen eingerichtet werden können.

## 4.4 Analyseunterstützung

Eine ausgewogene Planung sollte auf einer detaillierten Analyse der Istsituation aufbauen. Eine intensive und einfache Nutzung der Datenbasis durch die Planer ist dabei eine wichtige Grundlage. Diese Informationen werden auch nachträglich für den Soll-Ist-Vergleich benötigt. Von hoher Bedeutung ist die Einbeziehung externer Daten. Diese sollten dem Planer unter einer einheitlichen Oberfläche bereitgestellt werden.

Aus den Ist-Daten der vergangenen Jahre können Anstöße für die Planung des Unternehmens gewonnen werden. Zwar ist eine reine Fortschreibungsrechnung häufig nicht adäquat, doch lassen sich gerade aus dieser Basis Erkenntnisse über Wirkungsbeziehungen für die Planungsmodellierung gewinnen.

Eine zentrale Speicherung und Administration dieser Informationen erhöht die Wahrscheinlichkeit einer hohen Konsistenz und einer allgemeinen Verwendbarkeit. Von Bedeutung ist zudem die freie Analyse der Informationsbasis. Der Analyscpfad vom aggregierten Einstieg zum Detail ist vorab kaum vordefinierbar. Er entwickelt sich ad hoc während der Analyse aufgrund von spezifischen Datenkonstellationen. Hier ist es entscheidend, dass das System möglichst wenige Beschränkungen bezüglich der Auswertungsrichtung besitzt. Die diesbezüglichen Anforderungen an Planungssysteme unterscheiden sich nur unwesentlich von denen anderer Führungsinformationssysteme [Höni98, 169ff.]:

- Ist eine Analyse bis auf Eingabedaten durchführbar (Drill Down oder Drill Through)? Besteht die Möglichkeit der Navigation, d. h. der situativen Spezifikation des Analysepfads?

- Stehen bei der Analyse der Istdaten auch die Kommentare aus der entsprechenden Planungsphase und der Einschätzung der Verantwortlichen bezüglich der Istentwicklung zur Verfügung? Aufgrund der Kommentierungen lassen sich viele Nachfragen vermeiden.

- Können Berichte und Abfragen auch von weitgehend ungeschulten Planern erzeugt werden? Auf der anderen Seite sollten jedoch auch anspruchsvolle Berichte von so genannten „Power-Usern" erstellt werden können. Diese Anforderungen sind in der Regel konfliktär.

Tabellenkalkulationen eignen sich zur individuellen Formatierung von Berichten. Auch ist es möglich, z. B. innerhalb von MS-Excel mittels Pivot-Tabellen intuitiv auch größere Datenmengen auszuwerten. Die Navigationsmöglichkeiten außerhalb dieser Technik sind allerdings beschränkt. Die Problematik, Daten in Tabellenblättern zu speichern, ist hinreichend bekannt. Daten, die beispielsweise in unterschiedlichen Datenblättern gespeichert werden, sind nur mit umfassenden Systemkenntnissen auswertbar. Insofern empfiehlt sich eine zentrale Sicherung in einer Analysedatenbank.

ERP-Systeme bieten zahlreiche Standardauswertungen an und verfügen in der Regel über einen Berichtsgenerator zur Erstellung unternehmensindividueller Berichte. Eine tiefer gehende Analyse benötigt häufig aber eine Vielzahl verschiedener Berichte, wodurch die Dauer der Berichtsbereitstellung deutlich verlängert wird. Daher werden die Ergebnisdaten häufig in spezielle Auswertungswerkzeuge bzw. in ein Data Warehouse übertragen.

OLAP-Systeme besitzen ihre größte Stärke gerade in der freien Analyse großer Datenmengen. Voraussetzung ist eine adäquate Strukturierung der Planungsdatenbank.

Planungs- und Budgetierungssysteme stellen in der Regel einfach anpassbare Berichte bereit. Ziel ist es, auch den nur gelegentlichen Benutzer in die Lage zu versetzen, seinen Informationsbedarf ohne Zeitverzug zu befriedigen. Sofern weitergehender Analysebedarf bestehen sollte, bietet sich eine Lösung über spezifische Analysesysteme an, die in der Regel unabhängig vom Planungssystem sind, aber auf dem originären Planungsdatenbestand arbeiten können.

### 4.5 Prozessunterstützung

Planung ist ein Prozess, der alle Teilbereiche einer Unternehmung erfasst und damit eine erhebliche Komplexität erreicht. In größeren Unternehmen dauert die Abwicklung eines Planungszyklus nicht selten mehr als 6 Monate. Die folgende Abbildung zeigt einen typischen Planungsablauf.

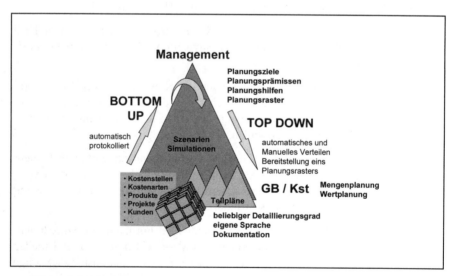

**Abb. 7: Budgetierungsprozess**

Als Komplexitätsfaktoren werden genannt [Hype98, 2]:

- Der Prozess hat eine hierarchische Struktur mit Abstimmpunkten auf allen Ebenen. Durch die umfassende Ausrichtung der Planung sind alle Hierarchieebenen einer Unternehmung involviert. Es bestehen entsprechend umfassende Koordinierungsnotwendigkeiten. Verteilt werden müssen unter anderem zentrale Planungsannahmen, Vorgaben, Modelle usw.

- Der Prozess ist iterativ und schließt zahlreiche Versionen und diverse Konsolidierungsstufen mit ein. Teilaktivitäten wie Verteilung und Konsolidierung können mehrfach durchlaufen werden. Die Aufteilung von Budgets auf Bereiche oder Abteilungen ist aber kaum über Verteilregeln automatisierbar, sondern spiegelt eher einen Verhandlungsprozess wider.

- Der Prozess ist verteilt und schließt auch Unternehmensteile mit ein, die nicht oder nicht online an das Unternehmenskommunikationsnetz angeschlossen sind. Informationen, die an den unterschiedlichsten Stellen einer Unternehmung erfasst werden, müssen zusammengefasst werden. Dezentrale Entscheidungsträger müssen Zugang zu zentral erfassten Informationen erhalten.

- Der Prozess ist üblicherweise jahresbezogen mit quartalsweiser Überarbeitung. Immer häufiger wird jedoch auch der jahresbezogene Prozess durch sogenannte Rolling Forecasts ersetzt.

- Der Prozess ist veränderlich. Während des Planungsprozesses verändern sich häufig die Rahmenbedingungen, was sich unmittelbar im Planungssystem widerspiegeln sollte.

- Weitere Komplexität wird durch den Lebenszyklus von Planungsdaten induziert: Kommunikation und Verhandlung während des Planungsprozesses führen dazu, dass die gleiche Planungsinformation verschiedene Stati durchläuft: Die folgende Abbildung zeigt einen typischen Lebenszyklus einer Planungseinheit.

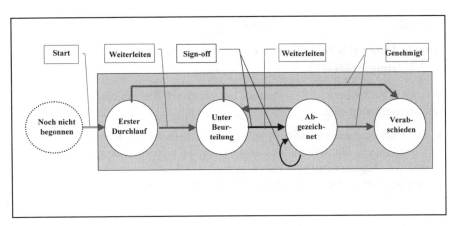

**Abb. 8: Lebenszyklus von Planungsinformationen**

Die Straffung dieses Prozesses durch kontinuierliche Verbesserung oder die radikale Veränderung (Business Reengineering) ist in vielen Unternehmen ein wichtiges Thema. Manuelle Tätigkeiten - wie etwa das Verteilen von zentralen Daten und das Zusammenführen von Detailinformationen - erfordern zu viel Zeit. In vielen Controlling-Abteilungen ist das Verhältnis zwischen mechanischer (Vorbereitungs-) Arbeit und Analysetätigkeiten eher ungünstig. Nach Analysen der Hackett Group [Hack02, 5] wird allein für die Beschaffung der Daten bereits mehr als 50 % der verfügbaren Zeit aufgewendet. Weniger als 25 % bleiben übrig für Analyse und Planung. Es ist daher zu vermuten, dass hier ein hohes Einsparungspotenzial besteht, was durch Hackett wiederum bestätigt wird: Analysten (Controller) in „Weltklasseunternehmen" verwenden mehr als 50 % der Zeit für Analyse und Planung, während für Beschaffung nicht einmal 15 % veranschlagt werden.

Es stellt sich daher die Frage, warum die Budgetierung weitgehend unbeeinflusst von der Reengineering Welle in den neunziger Jahren geblieben ist. Ein Grund ist sicherlich die eher untypische Struktur des Budgetierungsprozesses im Vergleich zu operativen Prozessen:

| Kriterium | Operative Prozesse | Budgetierungsprozess |
|---|---|---|
| **Anzahl involvierter Stellen** | Mittel bis niedrig | Hoch |
| **Informationsfluss innerhalb der Organisationshierarchie** | Zumeist horizontal | Vertikal und horizontal |
| **Zeitorientierung** | Ereignisgetrieben | Periodisch |
| **Zeitdauer** | Kurzfristig | 3 bis 6 Monate |
| **Organisatorische Stabilität** | Hoch | Gering |
| **Benötigte Daten** | Überschaubar | Teilweise unbestimmt |
| **Iterationen** | Eher selten | Ja |

**Abb. 9: Unterschiede zwischen operativen Prozessen und dem Budgetierungsprozess**

Wie kann Software nun den Prozess unterstützen? Anforderungen an die Prozessunterstützung sind:

- Die Planungsverantwortlichen sollten weitestgehend von technischen Details, Verteilungen, Weiterleitungen usw. entlastet werden. Kann die Verteilung und die Aggregation von Daten zeitnah erfolgen? Nicht immer ist dies in Echtzeit notwendig. Eine zeitnahe Rückmeldung ist jedoch wünschenswert.

- Ist eine Versionsführung möglich? Ist die Integrität von unterschiedlichen Planständen gewährleistet? Kann der Lebenszyklus von Planungsdaten so unterstützt werden, dass die verschiedene Stati wieder abgerufen werden können? Ist sichergestellt, dass aktuelle Daten nicht versehentlich mit alten Versionen überschrieben werden?

Tabellenkalkulationen bieten zwar rudimentäre Konsolidierungsfunktionen an. Diese setzen jedoch voraus, dass alle verteilten Tabellen vom Aufbau her identisch sind. Um die korrekte Funktionsweise einer Verdichtung sicherzustellen, darf keine Planungsdatei von einer vorab festgelegten Struktur abweichen. Individuelle Zugriffskonzepte sind schwer zu implementieren. Eine Versionskontrolle ist nicht vorhanden. Der Planungsadministrator ist vollständig für die Integrität verantwortlich.

ERP-Systeme erlauben die Führung mehrerer Planstände nebeneinander. Es ist jedoch meist kein Abstimmungsprozess zwischen verschiedenen Planungsebenen vorgesehen. Die von vielen Systemen unterstütze Plankostenrechnung ist beispielsweise eine klassische Bottom-Up-Planung. Da in der Regel nicht vorgesehen ist, originäre Planwerte auf unterschiedlichen Verdichtungsebenen zu pflegen, führt z. B. das Gegenstromverfahren zu einer äußerst aufwändigen Implementierung.

Auch bei generischen OLAP-Systemen werden zentrale Pläne aus der Verdichtung generiert. Die höhere Generik solcher Systeme erlaubt jedoch meistens Erweiterungen, um auch Planungen auf unterschiedlichen Detaillierungsgraden zu unterstützen. Dies kann aber aufwändig werden, da prozessunterstützende Funktionalitäten in der Regel fehlen.

Die Unterstützung verteilter Prozesse ist eine der Stärken dedizierter Planungssysteme. Neben der Verteilung und Konsolidierung von Teilplänen besteht die Möglichkeit, strategische Vorgaben und Detailpläne miteinander abzustimmen. Die Verwaltung und Gegenüberstellung von diversen Planungsversionen wird in der Regel spezifisch unterstützt.

## 4.6 Integration

Planung, Budgetierung und Forecasting sollten integrierte Komponenten eines umfassenden Steuerungsprozesses sein. Dies entspricht allerdings eher eine idealen Vorstellung: So ist die Planung häufig nicht mit den anderen Steuerungssystemen abgestimmt. Nach einer Studie von Hackett verfügen weniger als 5 % der Unternehmen über eine enge Verzahnung zwischen strategischer und operativer Planung [Hack02, 2]. Daten aus dem Risikomanagement fließen häufig nicht in das Forecasting mit ein. Vielfach sind die Daten aus den Vorsystemen nicht verfügbar oder nur mit größerem Aufwand zu erhalten. Es kommt daher zwangsläufig zu Inkonsistenzen.

Eher ironisch wird häufig vom „Human Integrator" gesprochen: Der Planer muss in zahlreichen Systemen zu Hause sein und die richtigen Quellen kennen, aus denen er die Basisinformationen manuell übernehmen kann.

Ein wichtiger Punkt ist auch der Einbezug unternehmensexterner Daten wie Marktentwicklungen etc. In vielen Projekten tritt die Problematik immer wieder zu Tage, dass zwar die internen Zusammenhänge relativ gut abgebildet werden, die Versorgung mit externen Daten aber nur als mangelhaft zu bezeichnen ist. Aus IT-Sicht stehen entsprechende Schnittstellen häufig aber nicht bereit. Hieraus resultiert die Gefahr, dass Unternehmen sich zu stark mit sich selbst beschäftigen und damit wesentliche Veränderungen nicht adäquat in den Planungsprozess einbezogen werden. Es sollte kritisch hinterfragt werden, was noch so ausgefeilte Planungsmodelle nutzen, wenn externe Risiken und Chancen keine ausreichende Berücksichtigung finden und daher im Krisenfall nicht entsprechend reagiert werden kann.

Zudem ergibt sich die Notwendigkeit der Integration von Steuerungssystemen. Diese lassen sich am besten mit einem mehrstufigen Regelkreis (Closed Loop) beschreiben. So besteht der Management-Prozess aus Teilprozessen für Strategiefindung, -umsetzung und operative Steuerung. Hierbei sind die Teilprozesse über Abstimmpunkte miteinander verknüpft (siehe die folgende Abbildung). SAP SEM bildet einen solchen Steuerungsprozess beispielsweise mittels einer integrierten Datenhaltung und Prozessunterstützung ab.

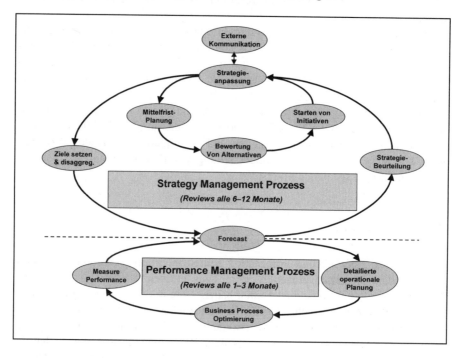

**Abb. 10: Strategic Loop**

Das Planungssystem sollte auch mit dem operativen System (Finanzbuchhaltung, Kostenrechnung etc.) verbunden werden. Hiervon ist neben der Budgetierung insbesondere auch der rollierende Forecast betroffen. Im Laufe der Planung geht eine Vielzahl von neuen Informationen ein, die meistens zu Veränderungen des Forecast führen. Diese Informationen müssen daher in die Forecast-Kalkulation einfließen. Teilweise kann dies automatisiert aus den Vorsystemen erfolgen. Es müssen aber auch immer die Folgewirkungen der Änderungen berücksichtigt werden. Zwei Beispiele:

- Eine Investition wird verschoben. Damit verschieben sich meistens auch abhängige Aktivitäten und Kosten wie Einführungs- (Training, Installation) und Wartungskosten.
- Ein Debitor meldet Konkurs an. Die Wahrscheinlichkeit, die ausstehenden Forderungen einzutreiben, sinkt. Gleichzeitig sinkt damit aber auch drastisch die Wahrscheinlichkeit, Folgeaufträge von diesem Kunden zu erhalten.

Für jeden Forecast (der in der Regel quartalsweise, teilweise aber auch monatlich erfolgt) sind daher die Zahlen mit den operationalen Systemen abzugleichen. Dies gilt insbesondere für Zahlungsverpflichtungen, die sich aus eingegangenen Verträgen ergeben.

Es muss auch berücksichtigt werden, dass selbst wenn diese Informationen verfügbar sind, diese oft in unterschiedlichen Informationssystemen gespeichert sind und daher nicht unmittelbar einbezogen werden können. Nicht überall ist ein Data Warehouse System im Einsatz, welches eine zentrale Zugriffsbasis für die Planung darstellen kann.

Tabellenkalkulationssysteme bieten bezüglich der Datenübernahme kaum Unterstützung. Rudimentäre Transformationen von Standardeingabeformaten wie ASCII etc. sind möglich, müssen aber in der Regel angepasst werden.

OLAP sind im Gegensatz zu Tabellenkalkulationen bezüglich der Integration zu anderen Datenquellen erheblich leistungsfähiger. Durch die Datenbankorientierung und zum Teil sehr umfangreichen Transformationsmechanismen lassen sich Daten aus zahlreichen Vorsystemen übernehmen.

Obwohl ERP-Systeme Ist- und Plandaten enthalten, ist die Zusammenführung nicht problemlos. Externe Daten sind in der Regel schwer zu integrieren. Auch sind die benötigten Basisdaten über verschiedene Applikationen verteilt, so dass sich ein Gesamtbild nur schwer erschließt.

Planungssysteme besitzen oftmals nur einfache Import-Funktionen. In der Regel können die leistungsfähigen Importfunktionen der dahinter liegenden Datenbanken genutzt werden.

## 4.7 Dynamische Aspekte

Ein besonderes Problem im Planungsprozess besteht in häufigen Strukturänderungen. Da Planung auch potenzielle Änderungen der Aufbauorganisation mit einbezieht, hat das Change Management tendenziell höhere Bedeutung, als dies bei reinen Abrechnungssystemen der Fall ist.

Ein jahresbezogener Planungsrhythmus wird der Umfeldsituation vieler Unternehmen längst nicht mehr gerecht. Dies wird auch von Beyond Budgeting-

Verfechtern immer wieder angeprangert [BuFH01, 56 - 58]. Eine pauschale Flexibilitätserhöhung ohne Berücksichtigung weiterer Kriterien ist allerdings auch nicht erstrebenswert. Nicht alle Unternehmen sind „Third Wave Companies" [HoHo97] und befinden sich im radikalen Umbruch. Entgegen dem Eindruck, der sich aus der Tagespresse ergibt, gibt es noch Unternehmungen, deren Umfeld relativ stabil ist. Für diese muss die Kritik überdacht werden.

Kritisch hinterfragt werden sollte die Forderung nach einer schnellen Richtungsänderung der Unternehmung. Nach den Ideen der Beyond Budgeting-Verfechter soll dezentral sehr schnell gegengesteuert werden können. Es ist jedoch auch auf das stabilisierende Element der Budgetierung hinzuweisen: Es ist sinnvoll, bei Änderung der Rahmenparameter die Planungsergebnisse nicht wieder in Frage zu stellen [Wolb95, 71]. Übertriebener Aktionismus und eine dysfunktionale Reaktion können die Folge sein [Seid01, 19]. „Je häufiger die konzeptionelle Gesamtsicht in Frage gestellt wird, desto größer ist die Gefahr, dass das hinter dieser Gesamtsicht stehende Committment einer Erosion unterliegt und nicht mehr Ernst genommen wird." [KiEG79, 324]. Planung hat eine systembildende Wirkung, die nicht zu unterschätzen ist. Dies gilt umso stärker, je abhängiger die Bereiche voneinander sind. Wenn die Kommunikation der Änderung unterbleibt - und das dürfte häufig der Fall sein - treten zwangsläufig Abstimmungsprobleme auf.

Es sollte daher nach strukturbestimmenden Merkmalen gefragt werden. Als strukturbildende Merkmale gelten allgemein [BeBW00, 84]:

- Komplexität, konkretisiert in Anzahl und Verschiedenartigkeit der für die Unternehmung relevanten Umwelttatbestände in einzelnen Umweltsegmenten. Für ein Planungssystem bedeutet dies, dass eine hohe Anzahl von Planungsobjekten und -dimensionen zu berücksichtigen sind sowie die zahlreichen Abhängigkeiten zwischen den Planungsobjekten.

- Dynamik, konkretisiert in Häufigkeit, Geschwindigkeit, Stärke, Regelmäßigkeit und Vorhersehbarkeit von Veränderungen von für die Unternehmung relevanten Umwelttatbeständen in einzelnen Umweltsegmenten. Planungen sind also entsprechend häufig anzupassen.

Aus diesem Spannungsfeld ergeben schließlich die Anforderungen an das Koordinationssystem.

Von der IT wird bezüglich der Reaktion auf Veränderungen eine angemessene Flexibilität erwartet. Passt die IT-Lösung nicht zum Umfeld, können viele Unternehmen keinen adäquaten Planungsansatz implementieren. In der High-Tech-Branche erfordert beispielsweise das Umfeld eine äußerst dynamische Planung. Nur wenn der Planungsprozess deutlich beschleunigt werden kann, lässt sich allerdings ein Rolling Forecast umsetzen.

Zunächst ist der Freiraum, den Tabellenkalkulationen bieten, nur wenig beschränkt. Über so genannte Add-In-Komponenten können Datenbanken, Simulationswerkzeuge, Risikoverteilungen und vieles mehr eingebunden werden. Ist das System jedoch erst einmal im Einsatz, ändert sich die Situation grundlegend. Die Auswirkungen von Änderungen sind dann kaum noch abzuschätzen. Daher empfiehlt es sich, die Flexibilität in eine Konfigurations- und Laufzeitflexibilität zu unterteilen [Oehl00, 30 - 31]. Während die Konfigurationsflexibilität von Tabellenkalkulationssystemen wohl praktisch uneingeschränkt ist, sind Änderungen zur Laufzeit aufgrund der mangelnden Strukturierungsmöglichkeiten äußerst riskant.

OLAP-Systeme besitzen nicht diese hohe Konfigurationsflexibilität. Sie setzen ein bestimmtes Modell voraus, welches sich durch Hierarchie und Dimensionalität beschreiben lässt. Im Ausgleich hierzu ist aber die Laufzeitflexibilität durch die zentrale Strukturpflege wesentlich höher einzuordnen. Diese lässt sich durch eine durch die Strukturelemente erzwungene systematischere Vorgehensweise erreichen.

Planungssoftware engt die Konfigurationsflexibilität noch weiter ein, schafft jedoch eine höhere Anpassungsflexibilität, da nicht nur Unterstützung bei der Datenversorgung geleistet, sondern auch der spezifische Prozess unterstützt wird. Werden Strukturänderungen vorgenommen wie z. B. eine Kostenstelle umgehängt, passen sich Regeln und Prozesse automatisch an.

Den geringsten Flexibilitätsgrad bieten erwartungsgemäß ERP-Systeme. Zusammenfassend ergibt sich folgendes Bild:

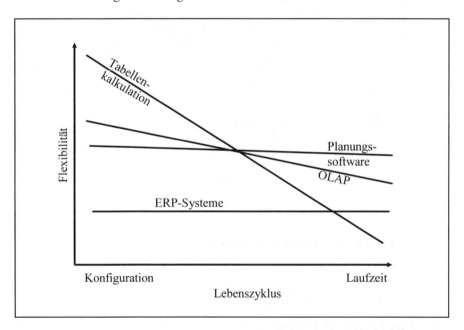

**Abb. 11: Entwicklung der Flexibilität im Lebenszyklus von Software**

Eine allgemeine Empfehlung für den Software-Einsatz lässt sich daher kaum geben. Wie wichtig Flexibilität (neben Kontrolle, Transparenz und Effizienz) ist, muss unternehmensspezifisch entschieden werden. Planung ist in einem hohen Maße von der jeweiligen Branche abhängig. Es leuchtet unmittelbar ein, dass ein Handelsunternehmen andere Planungsstrukturen verwenden muss, als etwa ein Produktionsunternehmen. Je nach Absatzpotenzial in der jeweiligen Branche wird unter Umständen bereits entsprechend branchenbezogene Software-Unterstützung vorhanden sein. So gibt es beispielsweise spezielle Planungsanwendungen für den Energie-Sektor.

Die folgende Abbildung zeigt die potenzielle Einordnung von Software-Lösungen in einem so genannten Turbulenzportfolio. Dieser spannt einen Graphen zwischen den Dimensionen Komplexität und Dynamik. Bei einer hohen Komplexität und Dynamik kommt praktisch nur noch eine dezidierte Planungs- und Budgetierungssoftware in Frage. Bei geringer Komplexität und Dynamik sind Werkzeuge wie ERP und Tabellenkalkulation ausreichend.

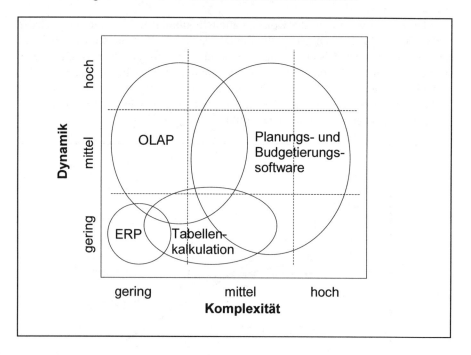

**Abb. 12: Planungssoftware und Turbulenz**

# 5 Zusammenfassung

Die Anschaffung einer Planungssoftware löst keine strukturellen Probleme. Auch gibt es keine Königslösung. Hierzu müssen die Rahmenbedingungen klar sein. Dazu sollte der Beitrag Hilfestellung geben.

Es ist zudem wenig sinnvoll, existierende Schwachstellen im Ablauf zu automatisieren [Leah01]. Insofern ist geraten, vor der Software-Auswahl ein Reengineering des Planungs- und Budgetierungsprozesses vorzunehmen.

# Literatur

[BeBW00] Berger, M.; Buchner, H.; Weigand, A.: Identifikation strategischer Schlüsselbereiche durch Messung der Turbulenz im Unternehmensumfeld am Beispiel der Festo AG & Co, in: Horváth & Partner (Hrsg.): Früherkennung in der Unternehmenssteuerung, Stuttgart 2000, S. 79 - 103.

[BuFH01] Bunce, P.; Fraser, R.; Hope, J.: Beyond Budgeting - The Barrier Breakers, in: Horváth, P. (Hrsg.): Strategien erfolgreich umsetzen, Stuttgart 2001, S. 55 - 76.

[Daum02] Daum, J.: Intangible Assets oder die Kunst, Mehrwert zu schaffen, Bonn 2002.

[FrHo01] Fraser, R.; Hope, J.: Figures of hate, in: Financial Management, Heft 2, 2001, S. 22 - 25.

[Fröh93] Fröhling, O.: Dynamisches Kostenmanagement, München 1993.

[Hack02] Hackett Best Practice (Hrsg.): Book of Numbers Finance, Atlanta 2002.

[Holz90] Holzwarth, J.: Wie Sie aus Ihrem Kostenrechnungssystem eine Prozeßkostenrechnung ableiten, in: Kostenrechnungspraxis, Heft 6, 1990, S. 368 - 371.

[Höni98] Hönig, T.: Desktop OLAP in Theorie und Praxis, in: Martin, W. (Hrsg.): Data Warehousing - Data Mining - OLAP, Bonn u. a. 1998, S. 169 - 189.

[HoHo97] Hope, J.; Hope, T.: Competing in the Third Wave - The Ten Key Management Issues of the Information Age, Boston 1997.

[Horv92] Horváth, P.: Controlling, 4. Auflage, München 1992.

[Hype98] Hyperion (Hrsg.): Does Budgeting Have To Be So Painful? Whitepaper, 1998, im Internet unter: http://www.exinfm.com/pdffiles/hyperion.pdf, Zugriff am 10.10.2004.

[Kilg87] Kilger, W.: Einführung in die Kostenrechnung, 3. Auflage, Wiesbaden 1987.

[King01] King, D. R.: Picking Up Where ERP Left off, 2001, im Internet unter: http://www.dmreview.com/article_sub.cfm?articleId=3404, Zugriff am 17.02.2002.

[KiEG79] Kirsch, W.; Esser, W.-M.; Gabele, E.: Das Management des geplanten Wandels, Stuttgart 1979.

[KPMG99] KPMG Consulting (Hrsg.): Supporting the decision maker - A guide to the Value of Business Modelling, London 1999.

[KPMG01] KPMG Consulting (Hrsg.): Unternehmensplanung - Wertschöpfung oder Pflichtübung, Frankfurt am Main 2001.

[Küpp97]  Küpper, H.-U.: Controlling. Konzepte, Aufgaben und Instrumente, 2. Auflage, Stuttgart 1997.

[Leah01]  Leahy, T.: The Top 10 Traps of Budgeting, 2001, im Internet unter: http://www.businessfinancemag.com/magazine/archives/article.html?articleID=13808&pg=1, Zugriff am 16.02.2002.

[OeOe95]  Oehler, K.; Oetting, K.: Kostenrechnung und Controlling mit einer generischen Rechnungswesensoftware, in: Horváth, P. (Hrsg.): Controllingprozesse optimieren, Stuttgart 1995, S. 213 - 228.

[Oehl00]  Oehler, K.: Integration von Zweckrechnungen in einem Standardsoftwaresystem für das Rechnungswesen, Aachen 2000.

[RaEi00]  Rasmussen, N.; Eichorn, C. J.: Budgeting, New York 2000.

[Sawe98]  Sawers, A.: Where´s the Value in Budgeting, in: Financial Director Yearbook, 1998, S. 26 - 28.

[Seid01]  Seidenschwarz, W.: Strategischen Wandel steuern - What gets measured gets changed, in: Horváth, P. (Hrsg.): Strategien erfolgreich umsetzen, Stuttgart 2001, S. 15 - 34.

[Vent03]  Ventana Research: Budgeting and Planning Market Research Study, Belmont, CA 2003.

[Wolb95]  Wolbold, M.: Budgetierung bei kontinuierlichen Verbesserungsprozessen, München 1995.

# Anmerkungen

[1]  Einen guten Marktüberblick bieten zwei Studien von BARC: „Planung und Budgetierung" und „Integrierte Unternehmensplanung" unter www.barc.de.

# Komponenten und Potenziale eines analytischen Customer Relationship Management

HAJO HIPPNER

## Abstract

Die zentrale Zielsetzung, die mit CRM verfolgt wird, liegt in der langfristigen Bindung profitabler Kunden an das Unternehmen. Als wesentliche Grundlage für den effizienten Umgang mit potenziellen, aktuellen oder ehemaligen Kunden gilt dabei das umfassende Wissen über Struktur, Verhalten und Bedürfnisse dieser Kunden. Die Organisation dieses Wissens – d. h. dessen Bewahrung, Bereitstellung und Analyse – obliegt dem analytischen CRM (aCRM). Hierzu bedient sich das aCRM analytischer Informationssysteme, deren spezifischer Einsatz im CRM durch den nachfolgenden Beitrag skizziert werden soll.

## Inhalt

| | | |
|---|---|---|
| 1 | Customer Relationship Management | 362 |
| | 1.1 Ziele und Charakteristika des CRM | 362 |
| | 1.2 Komponenten eines CRM-Systems | 363 |
| 2 | Analytisches CRM | 365 |
| | 2.1 Kundeninformationen als Nukleus des CRM | 365 |
| |     2.1.1 Bandbreite verfügbarer Kundeninformationen | 365 |
| |     2.1.2 Integration der Kundeninformationen | 367 |
| | 2.2 Analyse der Kundeninformationen | 370 |
| |     2.2.1 Online Analytical Processing | 370 |
| |     2.2.2 Data Mining | 371 |
| |     2.2.3 Web Mining | 377 |
| |     2.2.4 Text Mining | 380 |
| 3 | Fazit | 380 |

# 1 Customer Relationship Management

## 1.1 Ziele und Charakteristika des CRM

Etwa seit dem Jahrtausendwechsel ist in Deutschland mit Customer Relationship Management (CRM) ein neues kundenorientiertes Konzept auf der Bildfläche erschienen, dass sich nahtlos in die Reihe bestehender Ansätze (z. B. Beziehungsmanagement, Beziehungsmarketing oder Kundenbindungsmanagement) einreihen lässt. Obwohl all diesen Konzepten das identische Gestaltungsobjekt – der Kunde und insbesondere dessen Beziehung zum Unternehmen – zugrunde liegt, hat CRM etwas geschafft, das den anderen Ansätzen verwehrt blieb. Im Gegensatz zu diesen ist CRM nämlich nicht nur von der Wissenschaft, sondern in mindestens gleichem Umfang ebenso auch von der Praxis angenommen worden. Es verließ somit die theoretisch-konzeptionelle Ebene, auf der viele gut gemeinte Ideen aus der Wissenschaft verharren, und wurde bzw. wird in zahllosen Projekten realisiert [Hipp05].

Mit CRM wird nun endlich die letzte Lücke geschlossen, die sich hinsichtlich einer integrierten IT-Unterstützung entlang der Wertschöpfungskette identifizieren ließ. Während die Optimierung unternehmensinterner Prozesse (z. B. durch Enterprise Resource Planning) und unternehmensübergreifender Prozesse (z. B. durch Electronic Procurement oder Supply Chain Management) schon seit Jahrzehnten im Fokus der Wirtschaftsinformatik steht, findet man noch heute bei vielen Unternehmen in den kundennahen Funktionalbereichen Marketing, Vertrieb und Service eine Situation vor, die durch heterogene und isolierte Systeme geprägt ist. Aus einer derartigen, nicht integrierten Systemlandschaft sowie den starren Abteilungsgrenzen in den kundennahen Bereichen resultiert, dass die Kunden häufig nur suboptimal betreut werden können.

Vor diesem Hintergrund liegt die zentrale Zielsetzung des CRM im Auf- und Ausbau von Geschäftsbeziehungen, die sich für beide Parteien – also Unternehmen und Kunde – als profitabel erweisen [Gumm97, 56; Palm97, 320]. Dem liegt der Kerngedanke zugrunde, dass aus langfristigen Beziehungen sowohl auf Anbieter- als auch auf Nachfragerseite Effektivitäts- und Effizienzvorteile erwachsen [Back98, 22 ff.]. Das Ausschöpfen dieser Potenziale durch den Anbieter soll insbesondere durch eine selektive Behandlung der Kunden sowie eine funktionsübergreifende und kundenorientierte Ausrichtung der Marketing-, Vertriebs- und Serviceprozesse erfolgen [PaSh01, 5].

Basierend auf diesen Überlegungen kann CRM als eine kundenorientierte Unternehmensstrategie verstanden werden, die mit Hilfe moderner Informations- und Kommunikationstechnologien versucht, auf lange Sicht profitable Kundenbeziehungen durch ganzheitliche und individuelle Marketing-, Vertriebs- und Servicekonzepte aufzubauen und zu festigen [Hipp05, 16]. CRM umfasst somit folgende zwei Gestaltungsbereiche, die aufeinander abzustimmen sind:

- Zum einen steht CRM für eine neue kundenorientierte Unternehmensstrategie. Im Rahmen der Strategieentwicklung muss u. a. analysiert werden, welche aktuelle und zukünftige Wertigkeit einzelne Kundensegmente für das Unternehmen aufweisen. In Abhängigkeit davon wird festgelegt, mit welchen Instrumenten und über welche Kommunikations- und Vertriebskanäle die einzelnen Segmente bearbeitet werden sollen. Die Ergebnisse manifestieren sich in einer Neuausrichtung sämtlicher kundenorientierter Geschäftsprozesse und Verantwortlichkeiten.

- Die Umsetzung der CRM-Strategie bedarf neben der Geschäftsprozessoptimierung auch den Einsatz von CRM-Systemen, mit denen die neuen kundenorientierten Prozesse bestmöglich unterstützt werden. Die notwendige Basis bildet hierbei eine Integration der Insellösungen in Marketing, Vertrieb und Service. Nur die Zusammenführung aller kundenbezogenen Informationen und die Synchronisation aller Kommunikationskanäle erlauben eine ganzheitliche Abbildung des Kunden („One Face of the Customer") und somit auch eine abgestimmte Kundenansprache („One Face to the Customer").

## 1.2 Komponenten eines CRM-Systems

Die integrative Aufgabenstellung von CRM-Systemen, d. h.

- die Synchronisation und operative Unterstützung der zentralen Customer Touch Points Marketing, Vertrieb und Service,

- die Einbindung aller Kommunikationskanäle zwischen Kunde und Unternehmen,

- sowie die dazu erforderliche Zusammenführung und Auswertung aller Kundeninformationen

bedingen eine hohe Komplexität der CRM-Systeme [HiRW04, 15 ff.]. Den Anforderungen entsprechend lassen sich CRM-Systeme dabei grundsätzlich in zwei zentrale Aufgabenbereiche unterteilen, die in engen Austauschbeziehungen zueinander stehen (siehe Abb. 1).

*Operatives CRM (oCRM)*
Das operative CRM umfasst alle Funktionalbereiche, die im direkten Kontakt mit dem Kunden stehen (Front Office): Marketing, Vertrieb und Service. Aufgabe des CRM-Systems ist die Unterstützung der dazu korrespondierenden Prozesse (CRM-Prozesse), wofür im Rahmen der Marketing-, Sales- und Service-Automation die hierzu benötigten Funktionalitäten zur Verfügung gestellt werden. Dabei gilt es zu beachten, dass sowohl alle Customer Touch Points (Außendienst, Customer Interaction Center, Filiale etc.) als auch alle Kanäle, über die die Kontakte zwischen Kunde und den Customer Touch Points abgewickelt werden, in die Prozessunterstützung eingebunden werden.

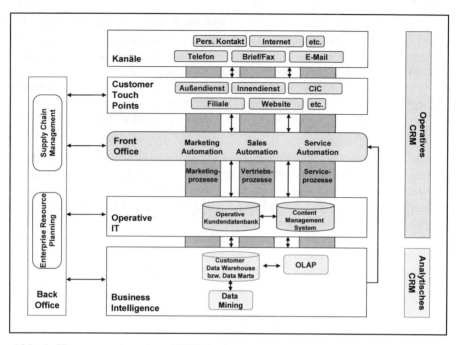

**Abb. 1: Komponenten eines CRM-Systems**

Das operative CRM umfasst somit die gesamte Steuerung und Unterstützung aller Customer Touch Points und deren Synchronisation. Die Basis zur Abwicklung des operativen Tagesgeschäfts in den CRM-Prozessen bildet eine operative Kundendatenbank. Ergänzend können Content-Management-Systeme eingesetzt werden, um neben den strukturierten Informationen einer Kundendatenbank auch unstrukturierte Informationen in Form von Text, Grafik, Audio- und Videoinformationen zu integrieren und für die Unterstützung der CRM-Prozesse zur Verfügung zu stellen. Um verlässliche Aussagen z. B. über Liefertermin, Verfügbarkeit etc. machen zu können, muss das operative CRM an vorhandene Back Office-Lösungen (ERP, SCM etc.) angebunden werden.

*Analytisches CRM (aCRM)*

Während das operative CRM auf die unmittelbare Unterstützung kundenbezogener Geschäftsprozesse (z. B. Verkaufsgespräche, Kundendienstleistungen, Bearbeitung von Kundenanfragen etc.) zugeschnitten ist, werden im analytischen CRM Kundenkontakte und Kundenreaktionen systematisch aufgezeichnet (Customer Data Warehouse) und zur kontinuierlichen Optimierung der kundenbezogenen Geschäftsprozesse ausgewertet (Online Analytical Processing, Data Mining). CRM wird somit zu einem lernenden System (Closed Loop Architecture), in dem Kundenreaktionen systematisch genutzt werden, um die Abstimmung von Kundenkommunikation, Produkten und Dienstleistungen auf fein differenzierte Kundenbedürfnisse kontinuierlich zu verbessern.

# 2 Analytisches CRM

## 2.1 Kundeninformationen als Nukleus des CRM

### 2.1.1 Bandbreite verfügbarer Kundeninformationen

Das zentrale Gestaltungsobjekt des CRM ist die Kundenbeziehung. Diese gilt es aus Unternehmenssicht aktiv auszugestalten, wobei hierfür zwei wesentliche Gestaltungsdimensionen zu berücksichtigen sind:

- Zum einen handelt es sich hierbei um die Profitabilität der Kundenbeziehung. Grundsätzlich gilt, dass nur in solche Kundenbeziehungen investiert werden sollte, die einen zukünftigen Gewinnbeitrag versprechen. Im Umkehrschluss bedeutet dies jedoch auch, dass der Kundenstamm um Kunden, die trotz eingeleiteter Maßnahmen zur Kostenreduktion bzw. Umsatzsteigerung einen negativen Gewinnbeitrag liefern, bereinigt werden sollte.

- Die Individualisierung der Kundenbeziehung stellt die zweite Gestaltungsdimension dar. Die Individualisierung erstreckt sich dabei neben einer weitestgehenden Personalisierung der Kommunikation auch auf individuell zusammengestellte Angebote und Empfehlungen. Diese sollen zum richtigen Zeitpunkt, im richtigen Kommunikationsstil und über den richtigen Kommunikationskanal offeriert werden.

Schon diese beiden Gestaltungsdimensionen veranschaulichen, dass aussagekräftigen Informationen über den Kunden und seine Beziehung zum Unternehmen eine zentrale Bedeutung im CRM zukommt. Nur wenn ein Unternehmen seine Kunden mit all ihren Facetten kennt, kann es diese profitabilitätsorientiert und individuell betreuen. Der Kundenbegriff sollte an dieser Stelle bewusst weit aufgefasst werden, da im CRM-Ansatz nicht nur die aktuellen, sondern gleichermaßen auch potenzielle und ehemalige Kunden betrachtet werden. Das Management der Kundeninformationen muss demzufolge u. U. schon vor der ersten Kontaktaufnahme beginnen und sich bis zur Beendigung einer Geschäftsbeziehung erstrecken.

Grundsätzlich lassen sich die entsprechenden Kundeninformationen dahingehend unterscheiden, ob sie unternehmensintern anfallen oder unternehmensextern erhoben werden [HiWi04b]. Erstere fallen im Rahmen der operativen Geschäftsprozesse und hier insb. an den Berührungspunkten zwischen Kunde und Unternehmen (Marketing, Vertrieb und Service) an. Letztere werden v. a. von Marketingdienstleistern erhoben und gegen Honorar angeboten. Diese beiden Informationstypen fokussieren dabei unterschiedliche Themenbereiche und ergänzen sich wechselseitig. Die internen, prozessproduzierten Daten dokumentieren die im Rahmen einer Kundenbeziehung erfolgten Geschäftsvorgänge genauer, als dies durch unternehmensexterne Informationen nachgezeigt werden könnte. Die unternehmensexternen Marketingdaten fügen dem die erklärende Komponente hinzu, indem sie die hinter den Geschäftsvorgängen stehenden Faktoren (z. B. Einstellungen, Image, Zufriedenheit) durchleuchten.

Hinsichtlich der *unternehmensinternen Kundendaten* ist es für das CRM charakteristisch, dass diese an den verschiedensten Punkten entlang der gesamten Wertschöpfungskette anfallen. Ergänzend zu den „klassischen" Kundenkontaktpunkten wie Direktmarketing und Vertrieb treten als weitere wichtige Informationsquellen z. B.

- der technische Kundendienst (Informationen über das Bedarfsumfeld des Kunden, Einsatz von Wettbewerbsprodukten etc.),
- die Logistik (z. B. Informationen über das Retourenverhalten),
- die Debitorenverwaltung (Zahlungsgewohnheiten) oder
- das Beschwerdemanagement (Reklamationsverhalten, Einstellungen, Wünsche, Motive, Klagen etc.) auf.

Zur Ergänzung der unternehmensinternen Kundendaten steht ein umfangreiches Angebot an *unternehmensexternen Daten* zur Verfügung, das von Marketingdienstleistern oder kooperierenden Unternehmen bezogen werden kann. Mit deren Hilfe kann die Kundendatenbank zum einen quantitativ (z. B. durch den Kauf oder die Miete neuer Adressen) und zum anderen qualitativ (z. B. durch die Anreicherung der Kundenadressen mit soziodemografischen oder mikrogeografischen Informationen) aufgewertet werden. Im Rahmen der qualitativen Anreicherung kann differenziert werden zwischen Individualdaten, die sich über Kundenname und -anschrift direkt an die unternehmensinternen Kundendaten anbinden lassen und Aggregatdaten, die sich auf Kundenaggregate mit charakteristischen Merkmalsausprägungen (z. B. Marktsegmente, Kundengruppen, Regionen) beziehen. Quellen für *Individualdaten* sind z. B.:

- Telefon- und Adressenverzeichnisse, die auf CD oder per Download zur Verfügung stehen und aus denen z. B. Berufsbezeichnungen und Wohnverhältnisse von Privathaushalten gewonnen werden können (durch Sortierung nach Wohnadressen können z. B. alle Wohngebäude nach 1-, 2- und Mehrfamilienhäusern klassifiziert werden).

- Firmendatenbanken für das B2B-Marketing enthalten Jahresabschlussdaten, Angaben über Führungskräfte, Produkte, Werke etc., die aus Firmenpublikationen, Fachpublikationen, Selbstauskünften und gesonderten Recherchen gewonnen werden.

- Listbroker (Adressverlage) vermitteln im Rahmen der datenschutzrechtlichen Möglichkeiten qualifizierte Adressenlisten zwischen Unternehmen (z. B. Kundenlisten, Adressen mit bestimmten demografischen Merkmalen).

- Datenaustausch mit kooperierenden Unternehmen: Durch Kooperationen zwischen Herstellern und Handelsunternehmen oder zwischen Herstellern bedarfsverwandter oder komplementärer Produkte können Kundendatenbanken im Rahmen der datenschutzrechtlichen Vorschriften mit interessanten Merkmalen angereichert werden, die dem Unternehmen im Rahmen seiner internen Geschäftsprozesse nicht zugänglich sind.

- Lifestyle-Daten: Mehrere Unternehmen führen seit einigen Jahren flächendeckende Haushaltsbefragungen durch, bei denen neben grundlegenden demografischen Haushaltsdaten detaillierte Konsumprofile und Konsuminteressen abgefragt werden. Aufgrund der ausdrücklichen Freigabe der Daten für werbliche Zwecke durch die Responder dürfen die Daten namentlich zur Anreicherung von Kundendatenbanken weitergegeben werden. Mittlerweile stehen entsprechende Daten für mehrere Millionen Haushalte auf Abruf zur Verfügung.

Quellen für *Aggregatdaten* sind z. B.

- Wohngebäudedaten: Einige Unternehmen haben bereits vor einiger Zeit mit einer flächendeckenden Videodokumentation der Straßenansichten aller Wohngebäude begonnen. Nachdem die rechtlichen Streitigkeiten über die Zulässigkeit dieses Vorgehens geklärt sind, können auf dieser Grundlage aussagekräftige kundenindividuelle Daten über die Wohnverhältnisse gewonnen werden.

- Mikrogeografische Segmentierungen: Ausgehend von extrem kleinräumigen regionalen Marktsegmenten auf Straßenabschnitts- oder Blockseitenebene werden alle mikrogeografisch verfügbaren Individualdaten über Demografie, Konsumverhalten, Wohnverhältnisse, Kfz-Nutzung etc. zu einer Wohngebietstypologie verarbeitet, die Wohnquartiere mit charakteristischen Besonderheiten hinsichtlich Sozialstruktur, Familienlebenszyklus und Lebensstil aufweist. Aufgrund der Kundenadresse kann jeder Kunde einem dieser Wohngebietstypen zugewiesen werden. Nach der mittlerweile durch die Sozialgeografie erhärteten Erfahrung „gleich und gleich gesellt sich gern" werden dann die Konsumgewohnheiten des Wohngebietstyps mit tolerierbaren Unschärfen auf den individuellen Kunden übertragen.

- Marktforschungsdaten: Dazu zählen Ad-hoc-Befragungen, zyklisch wiederholte Standardbefragungen mit zeitlich stabilem Fragenkatalog, Panels und elektronische Testmärkte.

### 2.1.2 Integration der Kundeninformationen

Wie oben skizziert können die Kundendaten in vielen Branchen unter qualitativen Aspekten nahezu beliebig angereichert werden. Welche Informationen über den einzelnen Kunden dabei gespeichert werden sollten, hängt von der Branche, der spezifischen Situation eines Unternehmens, der Unternehmens-, Vertriebs- und Marketingstrategie sowie davon ab, ob ein Unternehmen auf dem B2B- oder B2C-Markt agiert, so dass hier keine generellen Aussagen getroffen werden können. Es existiert jedoch ein breites Spektrum an potenziell einsetzbaren Grunddaten, die unabhängig von den genannten Faktoren für jedes Unternehmen relevant sind.

Grundsätzlich sollten all diejenigen Informationen in eine Kundendatenbank aufgenommen werden, die (in Anlehnung an [Kreu91, 628])

- zur Identifikation und gezielten Ansprache der Kunden beitragen,

- nachhaltigen Einfluss auf das Kaufverhalten haben,
- etwas über die Wahrscheinlichkeit des Geschäftsabschlusses aussagen,
- Transparenz über die bisherigen Transaktionsepisoden bzw. den Beziehungsverlauf schaffen,
- einen kundenwertorientierten Einsatz der Beziehungsinstrumente erlauben und
- Grundlage der Erfolgskontrolle und der Erfolgsprognose sein können.

Auch bei der Strukturierung der Inhalte einer Kundendatenbank ist zu überlegen, welcher grundlegende Informationsbedarf durch die Einrichtung der Kundendatenbank abgedeckt werden soll. Da dieser von Unternehmen zu Unternehmen sehr unterschiedlich sein kann, gibt es keine Standardstruktur, die dem Informationsbedarf aller Geschäftsbereiche und Branchen gerecht wird. Grundsätzlich gilt jedoch, dass jede Kundendatenbank folgende Informationskategorien enthalten sollte ([WiHi98]; ein detaillierter Überblick findet sich bei [HiLW04]):

- Identifikationsdaten, die in erster Linie Adress- und Kontaktinformationen umfassen,
- Deskriptionsdaten, anhand derer die spezifischen Eigenheiten des einzelnen Kunden näher beschrieben werden können (z. B. Daten zur Demo-, Sozio- und Psychografie, Haushalts- und Gebäudestrukturdaten, Daten zur Mikrogeografie im B2C-Umfeld sowie allgemeine Unternehmensdaten und Daten zur Unternehmenssituation im B2B-Umfeld),
- Transaktionsdaten, aus denen das bisherige Kauf- und Konsumverhalten des Kunden ersichtlich wird sowie
- Kommunikationsdaten, mit denen sämtliche kommunikativen Aktionen und Reaktionen zwischen Kunde und Unternehmen beschrieben werden können (z. B. Anfragen, Angebote, Beschwerden).

Prinzipiell stellt das pure Sammeln von Kundeninformationen kein allzu großes Problem dar. Die operativen Systeme können ständig neue Daten liefern, die Mitarbeiter mit Kundenkontakt können zusätzliche Informationen erfassen, die Marktforschung kann Umfragen durchführen, von Marketingdienstleistern können zusätzliche Daten gekauft werden etc. In der Praxis erweist es sich jedoch häufig als schwierig, diese einzelnen Informationsfragmente zusammenzuführen und so einer integrierten Analyse zugänglich zu machen. Dies liegt v. a. an zwei zentralen Problemen:

1. Von der Marktforschung oder von Marketingdienstleistern werden Aggregatdaten (s. o.) zur Verfügung gestellt, die dem individuellen Kunden nicht direkt zugeordnet werden können.

2. Die Kundendaten liegen auf heterogenen Quellsystemen, so dass die einzelnen Informationen für jede einzelne Analyse aufwändig zusammengeführt werden müssten.

Ersteres Problem lässt sich mittels *Data Matching* lösen. Hierunter wird das Vorgehen verstanden, anonyme Aggregatdaten mit einer gewissen Unschärfe an die individuellen Kundendatensätze auf Personenebene anzufügen. So steht in Marktforschungsdaten i. A. eine große Zahl an „Strukturinformationen" (z. B. demo- und soziografische Daten) zur Verfügung, die es ermöglichen, detaillierte Aussagen für kleine, homogene Untergruppen zu treffen. Da diese „Strukturinformationen" auch in den Kundendatensätzen zu finden sind, können die Ergebnisse der Marktforschung auf dieser „Kleinzellenebene" auf die Kundenebene übertragen werden (Näheres hierzu bei ([HiWi01, 44 ff.; Lieh01]).

Mit Data Matching steht somit ein recht einfacher Ansatz zur punktuellen Integration neuer Informationen zur Verfügung. Die Lösung des zweiten Problems bedarf dagegen weitgreifender Konzepte. Im Gegensatz zu den meisten betriebswirtschaftlichen Bereichen, deren Integration durch ERP-Systeme schon weit fortgeschritten ist, stellt sich in den kundennahen Bereichen eines Unternehmens oft eine noch äußerst unbefriedigende Situation dar.

In vielen Fällen arbeiten die Funktionalbereiche Vertrieb, Marketing und Service nämlich nicht mit-, sondern nebeneinander. Daraus resultiert u. a., dass die IT-Landschaft im kundennahen Bereich auch heute noch häufig durch den Einsatz zahlreicher Insellösungen geprägt ist. Die einzelnen, historisch gewachsenen Systeme gestatteten aber keine einheitliche Sicht auf die im Unternehmen vorhandenen Kundendaten, woraus zwangsweise inkonsistente, teilweise veraltete, falsche und unvollständige Informationen über den Kunden resultierten.

Zur Lösung dieses Problems stehen grundsätzlich zwei Ansätze zur Verfügung, die sich nicht ausschließen, sondern vielmehr ergänzen. Zum einen kann eine Konsolidierung der Kundeninformationen über den Einsatz von integrierten *CRM-Systemen* erfolgen. Mit diesen wird der (vollständige) Ersatz von Altsystemen in Marketing, Vertrieb und Service angestrebt (zum Aufbau und zur Funktionsweise von CRM-Systemen siehe [HiRW04]), wobei die Zusammenführung der einzelnen Insellösungen und hierbei insbesondere deren Datenbestände in eine koordinierte Systemlandschaft im Mittelpunkt stehen. Es liegt somit nur noch eine (logische) Kundendatenbank vor, auf die alle Unternehmensbereiche zugreifen können. Dies ermöglicht eine ganzheitliche Sicht auf den einzelnen Kunden und erlaubt es, die Kundenprozesse auch über Abteilungsgrenzen hinweg ganzheitlich zu unterstützen. Nur durch diese Daten- und Prozessintegration ist es nun möglich, alle Aktivitäten der zentralen Customer Touch Points Marketing, Vertrieb und Service zu synchronisieren.

Während bei CRM-Systemen eine operativ ausgerichtete Integration der Datenbestände erfolgt, liegt dem *Data-Warehouse*-Ansatz eine strategisch orientierte Sichtweise zugrunde [BeKn04]. Unter einem Data Warehouse versteht man ein unternehmensweites Konzept mit dem Ziel, themenorientierte, integrierte und zeitbezogene Informationen aus unterschiedlichen Quellen zur Entscheidungsunterstützung zu sammeln und bedarfsgerecht zur Verfügung zu stellen [Inmo92, 25]. Zur Pflege des Data Warehouse werden Informationen aus unterschiedlichen internen und externen Quellen regelmäßig in einen zentralen Datenpool übertragen [BrLS98, 37]. Dabei werden die Daten zunächst bereinigt, indem redundante, inkonsistente und nicht benötigte Daten herausgefiltert werden. Dieser Prozess der

Datenintegration und -aufbereitung macht den besonderen Wert eines Data Warehouse aus, da Inkonsistenzen in den Daten ein weit verbreitetes Hindernis für die Anwendung von analytischen Verfahren darstellen [Grot98, 200]. Auch die einhergehende Entkopplung der Datenanalyse von den operativen Systemen ist bedeutsam, da so das Tagesgeschäft nicht von rechenintensiven Analyseanwendungen beeinträchtigt wird [AlNi00a, 15].

Die Existenz eines Data Warehouse ist keine zwingende Voraussetzung für ein analytisches CRM. Allerdings bildet es einen wünschenswerten Bestandteil einer umfassenden CRM-Landschaft, da es einen optimalen Ausgangspunkt für Kundenanalysen darstellt. Insbesondere die themenspezifische Datenaufbereitung sowie die Möglichkeit, mit Daten auf unterschiedlichen Granularitätsstufen zu arbeiten, erlauben erhebliche Zeit- und Ressourceneinsparungen.

## 2.2 Analyse der Kundeninformationen

### 2.2.1 Online Analytical Processing

Neben den klassischen Methoden der deskriptiven Statistik (so z. B. Lage- und Streuungsmaße oder Häufigkeitsverteilungen) können insbesondere die Konzepte des Online Analytical Processing und des Data Mining helfen, die vorliegenden Daten zu analysieren und damit für die Entscheidungsunterstützung nutzbar zu machen. Liegt das Ziel einer Datenanalyse nicht primär in der Entdeckung neuer und unbekannter Zusammenhänge, bietet sich das Konzept des Online Analytical Processing (OLAP) an. Das Grundprinzip von OLAP basiert auf der Betrachtung von Daten unter verschiedenen Bezugsgrößen oder Dimensionen [CoCS93]. Die Daten werden dabei nicht in der zweidimensionalen Listensicht relationaler Datenbanken sondern in einem mehrdimensionalen Datenwürfel gespeichert [ChGl99a, 264], welcher sich in Abhängigkeit von der jeweiligen Fragestellung aus unterschiedlichen Perspektiven betrachten lässt (siehe Abb. 2).

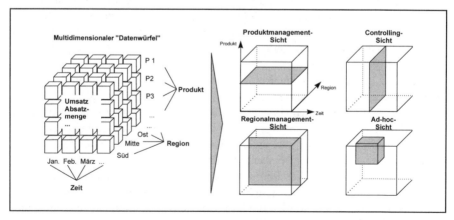

Abb. 2: Slicing in einem multidimensionalen Datenwürfel [Cham01, 554]

Hintergrund ist die mehrdimensionale Natur betriebswirtschaftlicher Daten. Maßgrößen wie Kosten oder Umsatz sind beispielsweise oftmals erst durch den Bezug auf Kunden, Produkte oder Regionen aussagekräftig. OLAP-Systeme verwenden diese Bezugsgrößen als Dimensionen und erlauben dem Anwender eine flexible Sichtweise auf die verschiedenen Bestandteile des Datenwürfels. Allerdings setzt OLAP immer das Vorliegen einer konkreten, vom Anwender zu formulierenden Fragestellung voraus. Daher können mit Hilfe dieses Verfahrens verborgene Beziehungen in den Daten nur unzureichend entdeckt werden. Dieses Auffinden verborgener Datenmuster ist Aufgabe des Data Mining.

### 2.2.2 Data Mining

Der Begriff „Data Mining" nimmt Bezug auf ein griffiges Bild aus dem Bergbau (Mining), wo mit großem technologischen Aufwand enorme Gesteinsmengen maschinell abgebaut und aufbereitet werden, um Edelmetalle und Edelsteine zu fördern [AdZa97, 5]. Analog dazu werden beim Data Mining riesige Datenvolumina mit anspruchsvollen, (semi)automatisierten Methoden nach neuen und handlungsrelevanten Geschäftserfahrungen durchsucht [BeLi97, 5].

Ausgehend von Methodenansätzen aus Statistik, Künstlicher Intelligenz, Maschinellem Lernen und Mustererkennung sollten dabei ursprünglich „... allgemein verwendbare, effiziente Methoden [gefunden werden], die autonom aus großen Datenmengen die bedeutsamsten und aussagekräftigsten Muster identifizieren und sie dem Anwender als interessantes Wissen präsentieren" [HaBM97, 601]. Der Wunsch nach völliger Automatisierung hat sich zwar als unrealistisch erwiesen – trotzdem erweitert Data Mining die bisherigen Analyseansätze ganz erheblich durch die automatische Überprüfung möglicher Zusammenhänge zwischen dem Kundenverhalten und der Gestaltung kundenorientierter Geschäftsprozesse. Hierzu stellt Data Mining verschiedene Verfahren zur Verfügung, die sich nach ihrer Aufgabenstellung in die drei Gruppen „Klassifikation und Prognose", „Segmentierung" sowie „Abhängigkeitsentdeckung" einteilen lassen.

Ein typisches Beispiel der Klassifikation ist die Kündigeranalyse, bei der nach Variablen gesucht wird, die einen möglichst starken Zusammenhang zum Kündigungsverhalten aufweisen und aufgrund derer eine Klassifikation der Kunden möglich wird. Ein solches Klassifikationsmodell lässt sich auch zur Prognose der Kündigungswahrscheinlichkeit bestehender Kunden einsetzen. Eine Segmentierung verfolgt das Ziel, Individuen in vorab unbekannte homogene Segmente zusammenzufassen. Hierbei werden durch das Verfahren selbständig Kundensegmente ermittelt, die sich durch ähnliche Merkmalskombinationen auszeichnen. Ein Beispiel für eine Abhängigkeitsentdeckung ist die Warenkorbanalyse, bei der untersucht wird, welche Produkte typischerweise gemeinsam innerhalb der Käufe eines Kunden auftreten.

Häufig wird das Data Mining auf den Einsatz von entsprechenden Mining-Verfahren reduziert (zu den Verfahren des Data Mining vgl. den Beitrag von Chamoni und Beekmann in diesem Sammelband). Die Anwendung dieser Methoden auf die Kundendaten stellt aber nur *eine* Phase in einem aufwändigen und komplexen Data-Mining-Prozess dar (zum Data-Mining-Prozess vgl. den Beitrag von Düsing in diesem Sammelband). Zwar stehen die Data-Mining-Methoden im Fokus dieses Prozesses – sie generieren aber ohne eine zielorientierte Datenaufbereitung und Ergebnisnachbearbeitung oft keine oder sogar irreführende Ergebnisse. Lediglich ein geringer Anteil des Zeitaufwands im Data-Mining-Prozess entfällt unmittelbar auf den Verfahrenseinsatz, der weitaus größte Anteil fließt in vor- und nachbereitende Phasen [CHSV98, 43].

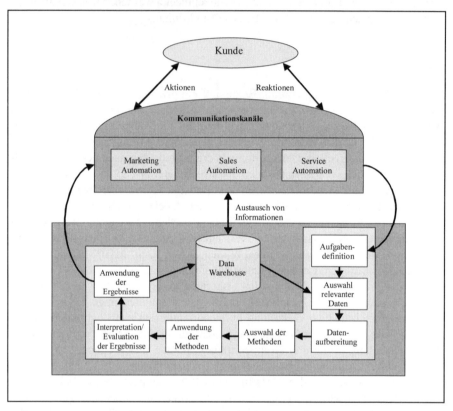

**Abb. 3: Der Data-Mining-Prozess im CRM-Kontex [HiWi02, 221]**

Abb. 3 illustriert die Einbindung des Data Mining-Prozesses in den CRM-Kontext. Alle kundenbezogenen Aktionen und Reaktionen werden kontinuierlich erfasst und in das Data Warehouse eingespeist. In Abhängigkeit von den Zielsetzungen und Problemen aus den Bereichen Marketing, Sales und Service werden entsprechende Analyseaufgaben abgeleitet und dadurch der Data-Mining-Prozess angestoßen. Es folgen die Phasen der Datenauswahl und -aufbereitung, der Auswahl und Anwendung der Methoden sowie der Interpretation und Evaluation der Ergebnisse. Die solcherart gewonnenen Erkenntnisse stellen den Ausgangspunkt für weiterführende Aktionen bzw. Optimierungen an den Customer Touch Points dar. Darüber hinaus werden sie dazu genutzt, um das Wissen über die Kunden im

Data Warehouse anzureichern. Auf diese Weise kann eine Learning Relationship aufgebaut werden.

Das dem CRM zugrunde liegende Konzept der langfristigen Bindung wertvoller Kunden erfordert eine differenzierte Betrachtungsweise der Beziehung des Kunden zum Unternehmen. So durchläuft der einzelne Kunde in seiner Geschäftsbeziehung unterschiedliche Phasen, die eine Erklärung für die jeweils verschiedenen Wachstumsraten der Beziehungsintensität liefern und als Grundlage für eine lebensphasenspezifische Bearbeitung der Kunden herangezogen werden können [Stau00a, 15]. Die Methoden des Data Mining können in allen Phasen des Kundenbeziehungslebenszyklus wertvolle Beiträge zur Unterstützung der phasenspezifischen Aufgaben liefern. Das Lebenszykluskonzept ist zusammen mit den zugehörigen Aufgabenbereichen, den entsprechenden Anwendungsfeldern des Data Mining sowie den jeweils verfügbaren Daten in Abb. 4 dargestellt.

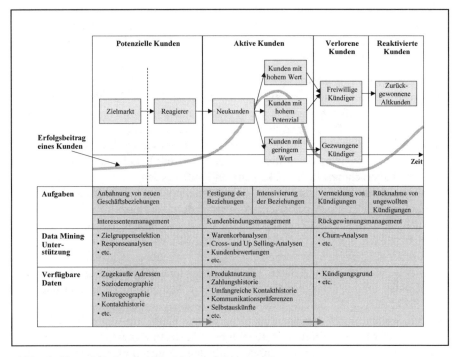

**Abb. 4: Data Mining im Beziehungslebenszyklus**
   **(in Anlehnung an: [BeLi00, 72 ff.] und [Stau00b, 452 ff.])**

Hierbei durchlaufen die Kunden folgende Phasen [HiWi02, 223]:

- *Potenzielle Kunden* sollen durch geeignete Maßnahmen in tatsächliche Kunden umgewandelt werden. Die Anzahl an potenziellen Kunden wird durch die unternehmensseitige Definition des Zielmarkts beschränkt. Während sich die Zahl im B2B auf nur einige wenige beschränken kann, sind im internationalen B2C als anderem Extrem viele Millionen Kunden denkbar.

- Aktive Kunden nutzen das Produkt- und/oder Dienstleistungsangebot des Unternehmens. Über das Ausnutzen von Cross- und Up-Selling-Potenzialen sollen Neukunden zu weiteren Käufen angeregt werden und sich somit zu wertvollen Kunden entwickeln.

- Verlorene Kunden haben die Beziehung zum Unternehmen abgebrochen. Bei Kunden, die einen negativen Deckungsbeitrag erwirtschaften, kann dies vom Unternehmen selbst initiiert worden sein (gezwungene Kündiger). Kündigungen von Kunden, die einen hohen Wert oder zumindest doch ein hohes Potenzial aufweisen, sind dagegen unerwünscht (freiwillige Kündiger).

- Reaktivierte *Kunden* sind Kunden, die sich vom Unternehmen abgewendet haben und durch geeignete Maßnahmen wieder zurückgewonnen wurden.

In Abhängigkeit von den einzelnen Phasen, die ein Kunde während seiner Geschäftsbeziehung durchläuft, resultieren spezifische Aufgaben an das unternehmensseitige Management dieser Geschäftsbeziehungen. Im Folgenden wird dargestellt, inwiefern Data Mining zur Unterstützung der einzelnen Phasen herangezogen werden kann [HiMW04a].

## *Interessentenmanagement*

Das Interessentenmanagement zielt darauf ab, neue Geschäftsbeziehungen anzubahnen. Diese Aufgabe stand in der Vergangenheit im Mittelpunkt der Marketinganstrengungen. Bei potenziellen Kunden sollte Aufmerksamkeit bzw. Interesse geweckt werden, um sie zu einem Erstkauf zu motivieren. Da die potenziellen Kunden aus dem Zielmarkt in dieser frühen Phase der Geschäftsbeziehung kaum mit dem Unternehmen in Kontakt getreten sind, werden die typischen Akquisitionskampagnen häufig nach dem „Gießkannenprinzip" durchgeführt, d. h. es erfolgt keine zielgruppenspezifische Ansprache durch die einzelnen Kampagnen.

Auch wenn zu diesem Zeitpunkt intern kaum auswertbare Informationen über die potenziellen Kunden vorliegen, kann Data Mining doch dazu beitragen, die Akquisitionskampagnen zu verbessern. Für ein vorgegebenes Produkt lassen sich potenzielle Kunden identifizieren, die Kundenansprache steuern, die Reaktionen der Kunden erfassen und der Gesamterfolg der Akquisitionskampagne überprüfen. So können z. B. bereits durchgeführte Kampagnen dahingehend analysiert werden, welche Kundengruppen überproportional häufig reagiert haben (*Responseanalysen*). Mit dieser Kenntnis können bei folgenden Kampagnen nur die Kunden mit einer hohen Responsewahrscheinlichkeit kontaktiert werden und somit bei nahezu gleich bleibender Response die Kosten der Kampagnen erheblich gesenkt werden. Eine andere Möglichkeit, um Kampagnen effizienter zu gestalten, liegt in der vorgelagerten Analyse von aktiven Kunden (*Zielgruppenselektion*). Durch die Bildung von Kundensegmenten, die für das Unternehmen sehr profitabel sind, können die Akquisitionsanstrengungen dann auf solche potenziellen Neukunden beschränkt werden, die ein ähnliches Profil aufweisen.

Obige Analysen werden schwerpunktmäßig für die Optimierung einer Kampagne herangezogen. Ergänzend bieten sich Untersuchungen an, die auf die optimale zeitliche Abfolge *mehrerer* Kontakte fokussieren. Ausgehend von Kauf- und Kontakthistorien wird hierbei für jeden Kunden die optimale (Folge-)Aktion und der optimale Zeitpunkt bestimmt, wobei alle dialogorientierten Werbemaßnahmen bei solchen integrierten Kontaktketten berücksichtigt werden können. Mit derartigen Analysen kann auch der optimale Abbruchzeitpunkt bestimmt werden, an dem die Kampagnen im Rahmen der Neukundengewinnung eingestellt werden. Wurden z. B. bereits mehrere Stufen der Kontaktkette durchlaufen, ohne dass ein Kunde auf die Kampagnen reagiert hat, kann mit einer bestimmten (und monetär bewertbaren) Wahrscheinlichkeit davon ausgegangen werden, dass der Kunde kein Interesse an einer Geschäftsbeziehung besitzt. Durch den Verzicht auf weitere Kontakte kann das Unternehmen somit u. U. erhebliche Mittel einsparen.

Bei den oben genannten Analysen ist darauf zu achten, dass die zur Analyse herangezogenen Kundenmerkmale auch für die potenziellen Kunden zur Verfügung stehen. Es ist nur wenig hilfreich, wenn eine Analyse ergibt, dass Kunden mit einem durchschnittlichen Jahresumsatz von über x Euro in der Produktkategorie y eine viel versprechende Zielgruppe darstellen, da diese Information bei potenziellen Kunden nicht vorhanden ist. Dagegen können Merkmale wie Familiengröße, Region, Branchenzugehörigkeit etc. gezielt aus externen Quellen hinzugekauft werden.

*Kundenbindungsmanagement*
Im Rahmen des CRM gewinnt gegenüber dem Interessentenmanagement zunehmend auch das Kundenbindungsmanagement an Bedeutung. Der Grundgedanke hierbei ist der, dass es profitabler ist, in eine langfristige Kundenbindung und Beziehungsintensivierung zu investieren als nur in die Neukundengewinnung. Da bei aktiven Kunden die Datenlage naturgemäß bei weitem besser ist als dies bei potenziellen Kunden der Fall ist, bietet sich in dieser Phase durch das Data Mining ein breites Unterstützungsspektrum an.

Die Konzentration auf profitable Kunden stellt eine wesentliche Forderung des CRM-Konzepts dar. Grundlage hierfür ist eine Bewertung der Kunden hinsichtlich ihres zukünftigen Werts für das Unternehmen. Hierfür können auf Basis der Assoziationsanalyse z. B. Cross- und Up-Selling-Analysen durchgeführt werden, wobei „alte" Bestandskunden hinsichtlich ihres Produktnutzungsverhaltens analysiert werden. Die Ergebnisse können dann auf Neukunden bzw. auf Kunden, die noch keine intensive Beziehung zum Unternehmen pflegen, übertragen werden. Auf diese Weise wird z. B. beim *Cross Selling* ermittelt, welche der Kunden, die Produkt A gekauft haben, auch für den Kauf von Produkt B in Frage kommen bzw. welche Kunden von Produkt A eine atypisch geringe Nutzung von Produkt B aufweisen.

Bei einer hohen Cross-Selling-Rate sollen diese Kunden dann gezielt angesprochen und auf das entsprechende Produkt hingewiesen werden. So lässt sich z. B. bei Versicherungen häufig beobachten, dass Kunden nicht nur eine, sondern mehrere Versicherungen bei einem Unternehmen abschließen (z. B. Hausrat, Leben, Kfz etc.), also auch eine hohe Cross-Selling-Rate aufweisen. Beim *Up Selling* wird dagegen ermittelt, inwieweit die Möglichkeit besteht, einem Kunden ausgehend von seinem derzeitigen Produkt ein höherwertigeres zu verkaufen. So wird z. B. in der Automobilbranche versucht, Neukunden mit Einstiegsmodellen zu gewinnen und dann kontinuierlich in der Modellpalette nach oben zu führen (z. B. Audi: A2 → A3 → A4 → A6 → A8).

Die Assoziationsanalyse kann auch zum Zwecke einer *Warenkorbanalyse* eingesetzt werden. Grundlage für diese Analysen bilden die Warenkörbe der Kunden, die durch den gemeinsamen Kauf mehrerer Produkte im Rahmen eines Kaufakts gebildet werden. Auf Basis der so gebildeten Warenkörbe wird untersucht, welche Produktkombinationen überdurchschnittlich häufig zusammen erworben werden. Die Ergebnisse können beispielsweise zur Verbesserung der Sortimentsgestaltung oder auch der Layoutplanung von Supermärkten oder Katalogen herangezogen werden. Als Erweiterung dieses Ansatzes können mit Sequenzanalysen auch zeitliche Strukturen im Kaufverhalten der Kunden aufgezeigt werden. In diesem Fall bezieht sich der Warenkorb nicht mehr nur auf die Produkte, die bei einem Kaufvorgang ausgewählt worden sind, sondern auf alle Produkte, die ein Kunde während seiner Geschäftsbeziehung erwirbt.

*Kundenbewertungen* stellen die Grundlage für kundenspezifische Marketing-, Vertriebs- und Servicekonzepte dar. Mit Hilfe von Klassifikationsverfahren lassen sich Kunden bestimmten Gruppen zuordnen und damit beispielsweise auch im Hinblick auf ihren potenziellen Wert für das Unternehmen beurteilen. Wie auch im Interessentenmanagement werden solche Bewertungen im Kundenbindungsmanagement u. a. zur Zielgruppenselektion für Kampagnen herangezogen. Allerdings steht in dieser Phase verstärkt die Profitabilität des Kunden im Mittelpunkt, um die unternehmensseitige Intensität der Geschäftsbeziehung entsprechend auszugestalten. Ausgehend von der Profitabilität können so besonders „wertvollen" Kunden eigene Beziehungsmanager zugewiesen werden, die sich um alle Belange der Geschäftsbeziehungen intensiv sorgen, während für „einfache" Kunden die Mittel des Massenmarketings und des zentralen Vertriebs in Betracht gezogen werden sollten.

*Rückgewinnungsmanagement*
Betrachtet man das Verhalten des heutigen Kunden, so lässt sich eine hohe Bereitschaft erkennen, eingegangene Geschäftsbeziehungen zu einem Anbieter aufzulösen. Beispielhaft sei hier nur der Mobilfunkmarkt genannt, in dem von einer Kündigerrate pro Vertragsperiode von etwa 25% ausgegangen wird [Knau99, 514]. Die Gründe, dass sich die Unternehmen dieser Entwicklung entgegenstellen, sind plausibel. Zum einen müssen verlorene Kunden mittels Einsatz hoher Werbe- und Verkaufsförderungskosten ersetzt werden. Zum anderen steigt die Profitabilität der Kunden mit der Dauer der Kundenbeziehung.

Vor diesem Hintergrund kann das Data Mining im Rahmen des Rückgewinnungsmanagements dafür sorgen, möglichst frühzeitig „gefährdete", d. h. abwanderungswillige Kunden zu identifizieren, um so ex ante geeignete Maßnahmen zu initiieren, die auf den Fortbestand der Geschäftsbeziehung abzielen. Dazu können dem potenziellen Kündiger spezielle Sonderangebote, verbesserte Vertragsbedingungen etc. angeboten werden. Die Identifizierung entsprechender Kunden erfolgt durch *Churn-Analysen* (auch Stornoanalyse, Kündigeranalyse). Hierbei wird, ausgehend von der Betrachtung des Kündigerverhaltens in der Vergangenheit, für jeden einzelnen Kunden prognostiziert, mit welcher Wahrscheinlichkeit er seine Geschäftsbeziehung in nächster Zeit aufkündigen wird.

### 2.2.3 Web Mining

Vor dem Hintergrund der zunehmenden Bedeutung des Internets als Kommunikations- und Distributionskanal ist es entscheidend, das Internet auch als Datenquelle zu sehen und Wissen über die Nutzung und die Nutzer der Website zu generieren. Von besonderem Interesse für ein Unternehmen können beispielsweise die Zusammensetzung der Besucher einer Website, die Wirkung von Online-Werbung oder die Analyse des Online-Verkaufsverhaltens der Kunden sein. Das Generieren solcher Informationen ist Aufgabe des Web Mining (ausführlich in [HiMW02a]).

Der Begriff des Web Mining bezeichnet zunächst die allgemeine Anwendung von Verfahren des Data Mining auf Datenstrukturen des Internet [Zaia00]. Dies beinhaltet sowohl die Analyse von Seiteninhalten (Web Content Mining) und Seitenstrukturen (Web Structure Mining) als auch die Untersuchung des Nutzerverhaltens (Web Usage Mining) [MMRS04] (siehe Abb. 5).

- *Web Content Mining* befasst sich mit der Analyse des Inhaltes von Web-Seiten. Zielsetzung ist die Erleichterung der Suche nach Informationen im Netz. Aufgabengebiete sind beispielsweise die Klassifizierung und Gruppierung von Online-Dokumenten oder das Auffinden von Dokumenten nach bestimmten Suchbegriffen. Dabei kommen insbesondere Verfahren des Text Mining zum Einsatz.

- *Web Structure Mining* untersucht die Anordnung einzelner Elemente innerhalb einer Web-Seite (intra-page structure information) sowie die Verknüpfung verschiedener Seiten untereinander (inter-page structure information). Von besonderem Interesse sind dabei die Verweise von einer Web-Seite auf andere, häufig inhaltlich verwandte Web-Seiten mit Hilfe von Hyperlinks [SCDT00, 13].

Diese beiden Richtungen des Web Mining lassen sich bei der Auswertung der Nutzungsdaten hauptsächlich in der Phase der Datenvorverarbeitung einsetzen. So können mit Hilfe des Web Content Mining Web-Seiten inhaltlich klassifiziert werden. Diese inhaltliche Einordnung der einzelnen Seiten ist insbesondere bei großen Websites von herausragender Bedeutung, um für die weitere Analyse zunächst Gruppen inhaltlich verwandter Seiten bilden zu können. Ebenso hilft Web Structure Mining, einen Überblick über die Site-Struktur und die Anordnung der einzelnen Seiten zueinander zu gewinnen, um auf dieser Basis das Bewegungsverhalten der Nutzer im Netz nachvollziehen zu können.

- *Web Usage Mining* dagegen beschäftigt sich „direkt" mit dem Verhalten von Internet-Nutzern. Bei dieser Ausprägungsform des Web Mining werden Data-Mining-Methoden auf die Logfiles des Webservers angewandt, um Aufschlüsse über Verhaltensmuster und Interessen der Online-Kunden zu erhalten [SCDT00, 12].

Beschränkt sich die Analyse des Nutzerverhaltens dabei auf Logfiles, spricht man von *Web Log Mining*. Werden weitere Datenquellen (z. B. Registrierungsdaten, Kaufhistorie etc.) zur Analyse hinzugezogen, handelt es sich um *Integrated Web Usage Mining* [BeWe99, 426 f.].

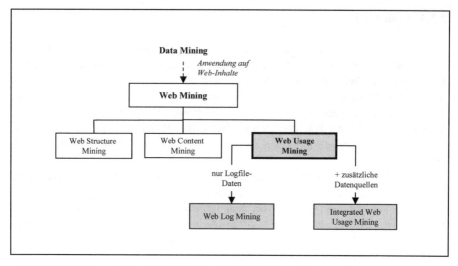

**Abb. 5: Richtungen des Web Mining [HiMW02b, 274]**

Das Web Mining lehnt sich bezüglich des verwendeten Instrumentariums und der Vorgehensweise an die Methoden des Data Mining an. Der zentrale Unterschied zum Data Mining liegt in der zu analysierenden Datenbasis, die im Wesentlichen aus den Logfiles der Webserver besteht (siehe Abb. 6). Diese enthalten über die eigentlichen Seitenaufrufe der Internet-Nutzer hinaus jedoch weitere Einträge (z. B. Abrufe von Grafiken oder Besuchen automatischer Suchagenten), die den wahren Verkehr einer Site verfälscht wiedergeben können. Daher müssen die Logfiles vor einer Analyse sorgfältig aufbereitet werden, was i. A. mit einem ganz erheblichen Aufwand einhergeht (detailliert bei [HiMW02b]):

1. *Identifikation von Seitenaufrufen*: Jede Datei – also auch z. B. jede einzelne Grafik, die in einer Web-Seite eingebettet ist, führt zu einem eigenen Eintrag im Logfile. Um die tatsächliche Anzahl der aufgerufenen Seiten zu ermitteln, ist es notwendig, für jede Seite *ein* charakteristisches Element zu identifizieren. Daraufhin können alle anderen Elemente (meist Grafiken, i. d. R. erkennbar an den Endungen „gif", „jpg" etc.) aus der Logdatei gestrichen werden.
2. *Identifikation von Besuchern*: Eine große Herausforderung besteht in der Identifikation einzelner Besucher. Falls nicht auf Cookies zurückgegriffen werden kann, erfolgt diese grundsätzlich anhand der in den Logfiles hinterlegten IP-Adressen, die jedoch nicht immer eindeutig sind. So müssen z. B. Internet Service Provider (z. B. T-Online) i. d. R. eine große Anzahl Teilnehmer mit einer beschränkten Anzahl an IP-Adressen versorgen. Daher weisen sie ihre Adressen pro Einwahl dynamisch zu, so dass einem Nutzer zu verschiedenen Zeitpunkten unterschiedliche Adressen zugeordnet werden. Auch unter der Adresse eines Uni- oder Firmenrechners können viele verschiedene Personen agieren (insb. beim Einsatz von Proxy-Rechnern). Ebenso kann auch ein privater Rechner von mehreren Personen genutzt werden. Grundsätzlich existieren einige Ansätze, den einzelnen Besucher zu identifizieren. Allerdings erweisen sich

alle Möglichkeiten als mehr oder weniger ungenau, so dass nur über eine explizite Registrierung des Nutzers eine eindeutige Identifikation erfolgen kann.

3. *Identifikation von Sitzungen*: Besonders wertvolle Informationen lassen sich gewinnen, wenn aus den erfassten Seitenaufrufen die vollständigen Bewegungspfade der Nutzer rekonstruiert werden. Dies kann recht aufwändig aus den Logfiles ausgelesen werden oder aber durch die automatische Vergabe von Session-IDs durch den Webserver unterstützt werden.

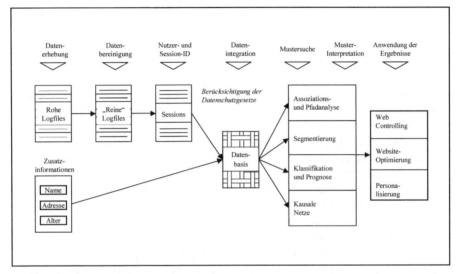

**Abb. 6: Web-Mining-Prozess [HiMW02b, S. 9]**

Die größte Bedeutung im Rahmen des Web Mining und v. a. auch im CRM kommt dem Web Usage Mining zu, mit dem das Navigations- und Nutzungsverhalten der Besucher analysiert wird ([ZaXH98], zur ausführlichen Darstellung der einzelnen Anwendungsgebiete siehe [KoBl00]). Dadurch können wertvolle Hinweise zur Anpassung der Internetseiten an die individuellen Interessen der Online-Kunden geliefert werden [CoMS99]. So können z. B. mit Clickstream-Analysen – ausgehend von einzelnen Einstiegsseiten – „Trampelpfade" aufgefunden werden, auf denen sich die Internetnutzer überdurchschnittlich häufig durch die Website-Struktur bewegen. Entlang dieser Pfade können dann Hinweise auf Produktneuheiten, Werbung oder Bestellformulare etc. platziert werden. Ein anderes mögliches Einsatzgebiet von Web Mining liegt in der Generierung von Regeln zum personalisierten Aufbau von Websites. Kann z. B. eine Online-Bank beobachten, dass ein Kunde immer wieder dieselben Aktienkurse abfragt, so können diese dem Kunden automatisch beim nächsten Aufruf der Homepage angezeigt werden. Weitere Anwendungen bestehen in der Optimierung der Seitengestaltung und in der Klassifikation der Kunden nach ihrem Informations- und Einkaufsverhalten.

### 2.2.4 Text Mining

Da ein Großteil der Kundeninformationen im Unternehmen nicht in numerischer Form, sondern in Textform vorliegen, ist in der automatischen Analyse von Textdokumenten eine weitere interessante Informationsquelle zur Anreicherung des Customer Data Warehouse zu sehen. Text Mining Tools können eingesetzt werden, um diese viel versprechende Datenquelle zu nutzen: Hierzu bedienen sie sich Methoden verwandter Disziplinen wie z. B. Information Retrieval, Computational Linguistics und Data Mining mit dem Ziel, Wissen in Textdokumenten zu entdecken und zu extrahieren (zum Text-Mining-Prozess vgl. den Beitrag von Felden in diesem Sammelband; ergänzend [DöGS01], [ReFr03]).

Im Rahmen des CRM ergeben sich vielfältige Einsatzpotenziale des Text Mining [BBCD04, 38]: Während des gesamten Kundenbeziehungslebenszyklus fallen zahlreiche Textdaten an. Dies können zum einen Dokumente sein, die der Kunde selbst erstellt (z. B. E-Mails an das Unternehmen) oder aber Textdokumente, die Mitarbeiter über einen Kunden anlegen (z. B. Transkripte von Kundenanrufen in einem Call Center). Auf Basis dieser Dokumente können Text Mining Tools dazu beitragen, analytische Fragestellungen zu beantworten, die im Rahmen des CRM relevant sind. Ein Beispiel hierfür ist die Analyse von Kunden-Feedback, um ein Produkt den Kundenwünschen entsprechend zu gestalten bzw. zu verbessern [BDFR02, 442 f.]. Darüber hinaus kann Text Mining zur Anreicherung der Kundendaten eingesetzt werden, indem qualitative Textdaten in das Kundenprofil miteinbezogen werden. Eine operative Unterstützung kann Text Mining durch die Analyse eingehender E-Mails und die anschließende automatische Weiterleitung an die zuständigen Sachbearbeiter auf Basis des Themenschwerpunkts leisten.

## 3 Fazit

Die wachsende Bedeutung des CRM erfordert eine zunehmend individualisierte Ansprache und Betreuung der Kunden. Diese Individualisierung der Kundenansprache lässt sich allerdings nur realisieren, wenn das Unternehmen ausreichende Informationen über die Interessen und Bedürfnisse seiner Kunden besitzt. Eine Datenbasis mit umfassenden Kundeninformationen ist in den meisten Unternehmen vorhanden – die Herausforderung besteht darin, aus diesem großen Datenbestand die entscheidungsrelevanten Informationen herauszufiltern. CRM-Systeme unterstützen die integrierte Datenhaltung über alle Unternehmensbereiche und stellen damit eine wertvolle Basis für Datenanalysen zur Verfügung.

Verfahren des Data Mining sind in der Lage, aus großen Datenmengen interessante Muster zu extrahieren. Mit Hilfe von Data Mining lassen sich Kunden beispielsweise segmentieren, nach ihrem Kaufverhalten oder ihrer Kündigungswahrscheinlichkeit klassifizieren sowie Cross-Selling-Potenziale identifizieren. Die gewonnenen Erkenntnisse lassen sich als Grundlage für ein individuelles Kundenbeziehungsmanagement heranziehen.

Ähnliches gilt für das Web Mining, das der explosionsartigen Entwicklung des E-Commerce und damit auch des E-CRM Rechnung trägt. Zwar geht die hierfür notwendige Datenaufbereitung häufig mit einem sehr hohen Aufwand einher. Dagegen besitzt die Analyse der Internet-Nutzungsdaten den Vorteil, dass hierfür auf sehr detaillierte, automatisch generierte Informationen zurückgegriffen werden kann. Als mögliche Ergebnisse des Web Mining lassen sich z. B. die Generierung von Regeln für den personalisierten Aufbau von Websites, die Optimierung der Website-Gestaltung oder eine Kundenklassifikation nach ihrem Informations- und Einkaufverhalten nennen.

Das Text Mining, d. h. die Analyse von nicht- oder semi-strukturierten Texten, steckt zwar noch in den Kinderschuhen, wird aber sicherlich eine wachsende Bedeutung besitzen. Da über 80% der Informationen in einem Unternehmen in Textform vorliegen, ist in der Zukunft in der automatischen Analyse von Textdokumenten eine interessante Informationsquelle zur Anreicherung von Kundeninformationen zu sehen.

Die großen Potenziale, die das aCRM in Hinblick auf die Zusammenführung, Speicherung und Verarbeitung kundenbezogener Informationen verspricht, dürfen jedoch nicht den Blick davor versperren, dass nicht alles was möglich ist, auch tatsächlich erlaubt ist. So ist durch den Gesetzgeber streng reglementiert, unter welchen Umständen welche Informationen gespeichert und weiterverarbeitet werden dürfen [KoAr04]. Grundsätzlich gilt, dass nur nicht-personenbezogene Daten (Unternehmensdaten, aggregierte Daten sowie anonymisierte bzw. pseudonymisierte Daten) bedenkenlos im Rahmen des aCRM verwendet werden dürfen. Für personenbezogene Daten greifen dagegen das Bundesdatenschutzgesetz bzw. Spezialregelungen wie z. B. das Teledienstedatenschutzgesetz für den Internetbereich. Hierin werden zwar einige Ausnahmen geregelt. Auf der sicheren Seite bewegt man sich jedoch eigentlich nur dann, wenn der Betroffene, d. h. der Kunde, in die Speicherung und Weiterverarbeitung seiner Daten eingewilligt hat.

# Literatur

[AdZa97]   Adriaans, P.; Zantinge, D.: Data mining, Harlow 1997.

[AlNi00a]   Alpar, P.; Niedereichholz, J.: Einführung zu Data Mining, in: [AlNi00b], S. 1 - 27.

[AlNi00b]   Alpar, P.; Niedereichholz, J. (Hrsg.): Data Mining im praktischen Einsatz – Verfahren und Anwendungsfälle für Marketing, Vertrieb, Controlling und Kundenunterstützung, Braunschweig/Wiesbaden 2000.

[Back98]   Backhaus, K.: Relationship Marketing - Ein neues Paradigma im Marketing?, in: [BrSt98], S. 19 - 35.

[BBCD04]   Bolasco, S.; Baiocchi, F. Canzonetti, A.; Della Ratta, F.; Feldman, A.: Applications, Sectors and Strategies of Text Mining, a first Overall Picture, in: [Sirm04], S. 37 - 51.

[BeKn04]   Becker, J.; Knackstedt, R.: Das Data-Warehouse-Konzept im CRM, in: [HiWi04b], S. 183 - 208.

[BeLi97] Berry, M. J. A.; Linoff, G.: Data mining techniques for marketing, sales and customer support, New York 1997.

[BeLi00] Berry, M. J. A.; Linoff, G.: Mastering Data Mining – The Art and Science of Customer Relationship Management, New York 2000.

[BeWe99] Bensberg, F.; Weiß, T.: Web Log Mining als Marktforschungsinstrument für das World Wide Web, in: Wirtschaftsinformatik, Heft 5, 1999, S. 426-432.

[BDFR02] Bohnacker, U.; Dehning, L; Franke, J.; Renz, I.: Textual Analysis of Customer Statements for Quality Control and Help Desk Support, in: [JaSB02], S. 437-445.

[BrHo99] Bruhn, M.; Homburg, C. (Hrsg.): Handbuch Kundenbindungsmanagement, 2. Aufl., Wiesbaden 1999.

[BrLS98] Breitner, C. A.; Lockemann, P. C.; Schlösser, J. A.: Die Rolle der Informationsverwaltung im KDD-Prozess, in: [Nakh98], S. 34-60.

[BrSt00] Bruhn, M.; Stauss, B. (Hrsg.): Dienstleistungsmanagement Jahrbuch, Wiesbaden 2000.

[BrSt98] Bruhn, M.; Steffenhagen, H. (Hrsg.): Marktorientierte Unternehmensführung - Reflexionen, Denkanstöße, Perspektiven, 2. Aufl., Wiesbaden 1998.

[CHSV98] Cabena, P.; Hadjinian, P.; Stadler, R.; Verhees, J.; Zanasi, A.:
Discovering data mining – from concept to implementation, Upper Saddle River 1998.

[Cham01] Chamoni, P.: On-Line Analytical Processing (OLAP), in: [HKMW01], S. 543-558.

[ChGl99a] Chamoni, P.; Gluchowski, P.: Entwicklungslinien und Architekturkonzepte des On-Line Analytical Processing, in: [ChGl99b], S. 261-280.

[ChGl99b] Chamoni, P.; Gluchowski, P. (Hrsg.): Analytische Informationssysteme – Data Warehouse, On-Line Analytical Processing, Data Mining, 2. Aufl., Berlin 1999.

[CoCS93] Codd, E. F.; Codd, S. B.; Salley, C. T.: Providing OLAP (On-line Analytical Processing) to User-Analysts – An IT Mandate, E. F. Codd & Associates, White Paper, o. O. 1993.

[CoMS99] Cooley, R.; Mobasher, B.; Srivastava, J. : Data Preparation for Mining World Wide Web Browsing Patterns, in: Journal of knowledge and information systems, 1. Jg., Heft 1, 1999, S. 5-32.

[Dall91] Dallmer, H. (Hrsg.): Handbuch Direct Marketing, Wiesbaden 1991.

[DöGS01] Dörre, J.; Gerstl, P.; Seiffert, R.: Text Mining, in: [HKMW01], S. 465-488.

[FrNR03] Franke, J.; Nakhaeizadeh, G.; Renz, I. (Hrsg.): Text Mining: Theoretical Aspects and Applications, Heidelberg/New York 2003.

[Grot98] Groth, R.: Data Mining – A Hands-On Approach for Business Professionals, New Jersey 1998.

[Gumm97]   Gummesson, E.: Relationship Marketing - The Emperor's new clothes or a paradigm shift?, in: Marketing and Research Today, 25. Jg., Heft 1, 1997, S. 53 - 60.

[HaBM97]   Hagedorn, J.; Bissantz, N.; Mertens, P.: Data Mining (Datenmustererkennung): Stand der Forschung und Entwicklung, in: Wirtschaftsinformatik, Heft 6, 1997, S. 601 - 612.

[HeUD02]   Helmke, S.; Uebel, M.; Dangelmaier, W. (Hrsg.): Effektives Customer Relationship Management – Instrumente, Einführungskonzepte, Organisation, 2. Aufl., Wiesbaden 2002.

[Hipp04]   Hippner, H.: CRM – Grundlagen, Ziele, Konzepte, in: [HiWi04a], S. 13 - 41.

[Hipp05]   Hippner, H.: Die (R)Evolution des Customer Relationship Management, in: Marketing ZFP, Heft 2, 2005, S. 115 - 134.

[HiLW04]   Hippner, H.; Leber, M.; Wilde, K. D.: Kundeninformationen als Basis des CRM, in: [HiWi04b], S. 151 - 181.

[HKMW01]   Hippner, H.; Küsters, U.; Meyer, M.; Wilde, K. D. (Hrsg.): Handbuch Data Mining im Marketing – Knowledge Discovery in Marketing Databases, Wiesbaden 2001.

[HiMW02a]  Hippner, H.; Merzenich, M.; Wilde, K. D.: Handbuch Web Mining im Marketing – Konzepte, Systeme, Fallstudien, Wiesbaden 2002.

[HiMW02b]  Hippner, H.; Merzenich, M.; Wilde, K. D.: Grundlagen des Web Mining – Prozess, Methoden und praktischer Einsatz, in: [HiMW02a], S. 3 – 31.

[HiMW04a]  Hippner, H.; Merzenich, M.; Wilde, K. D.: Data Mining – Grundlagen und Einsatzpotenziale im CRM, in: [HiWi04b], S. 241 - 268.

[HiMW04b]  Hippner, H.; Merzenich, M.; Wilde, K. D.: Web Mining – Grundlagen und Einsatzpotenziale im eCRM, in: [HiWi04b], S. 269 - 298.

[HiRW04]   Hippner, H.; Rentzmann, R.; Wilde, K. D.: Aufbau und Funktionalitäten von CRM-Systemen, in: [HiWi04b], S. 15 - 42.

[HiWi01]   Hippner, H.; Wilde, K. D.: Der Prozess des Data Mining im Marketing, in: [HKMW01], S. 21 - 91.

[HiWi02]   Hippner, H.; Wilde, K. D.: Data Mining im CRM, in: [HeUD02], S. 211 - 231.

[HiWi04a]  Hippner, H.; Wilde, K. D. (Hrsg.): Grundlagen des CRM, Wiesbaden 2004.

[HiWi04b]  Hippner, H.; Wilde, K. D. (Hrsg.): IT-Systeme im CRM, Wiesbaden 2004.

[HiWi04c]  Hippner, H.; Wilde, K. D. (Hrsg.): Management von CRM-Projekten, Wiesbaden 2004.

[Inmo92]   Inmon, W. H.: Building the Data Warehouse, Wellesley 1992.

[JaSB02]   Jajuga, K.; Sokolowski, A.; Bock, H.-H. (Hrsg.): Classification, Clustering, and Data Analysis, Berlin u. a. 2002.

[Lieh01]   Data Matching bei Finanzdienstleistungen – Steigerung des Share of Wallet bei Top-Kunden, in: [HKMW01], S. 725 - 740.

[Knau99] Knauer, M.: Kundenbindung in der Telekommunikation – Das Beispiel T-Mobil, in: [BrHo99], S. 511 - 526.

[KoAr04] Koch, D.; Arndt, D.: Rechtliche Aspekte bei CRM-Projekten, in: [HiWi04c], S. 197 - 222.

[KoBl00] Kosala, R.; Blockeel, H.: Web Mining Research – A Survey, SIGKDD explorations, 2. Jg., Heft 2, July 2000, S. 1 - 15.

[Kreu91] Kreutzer, R. T.: Database-Marketing – Erfolgsstrategien für die 90er Jahre, in: [Dall91], S. 623 - 641.

[MMRS04] Markellos, K.; Markellou, P.; Rigou, M.; Sirmakessis, S.: Web Mining – Past, Present and Future, in: [Sirm04], S. 25 - 35.

[Nakh98] Nakhaeizadeh, G. (Hrsg.): Data Mining – Theoretische Aspekte und Anwendungen, Heidelberg 1998.

[Palm97] Palmer, A.: Defining relationship marketing - an international perspective, Management Decision, 35. Jg., Heft 4, 1997, S. 319 -321.

[PaSh01] Parvatiyar, A.; Sheth, J. N.: Customer Relationship Management - Emerging Practice, Process, and Discipline, Journal of Economic and Social Research, 3. Jg., Heft 2, 2001, S. 1 - 34.

[ReFr03] Renz, I.; Franke, J.: Text Mining, in: [FrNR03], S. 1 - 19.

[SCDT00] Srivastava, J.; Cooley, R.; Deshpande, M.; Tan, P. N.: Web Usage Mining – Discovery and Applications of Usage Patterns from Web Data, in: SIGKDD Explorations, ACM SIGKDD, 1. Jg., Heft 2, o. O. 2000, S. 12 - 23.

[Sirm04] Sirmakessis, S. (Hrsg.): Text Mining and its Applications, Berlin u. a. 2004.

[Stau00a] Stauss, B.: Perspektivenwandel: Vom Produkt-Lebenszyklus zum Kundenbeziehungs-Lebenszyklus, in: Thexis, Heft 2, 2000, S. 15 - 18.

[Stau00b] Stauss, B.: Rückgewinnungsmanagement: Verlorene Kunden als Zielgruppe, in: [BrSt00], S. 451 - 471.

[WiHi98] Wilde, K. D.; Hippner, H.: Database Marketing – Vom Ad-Hoc-Direktmarketing zum kundenspezifischen Marketing-Mix, in: Marktforschung & Management, Heft 1, 1998, S. 6 - 10.

[ZaXH98] Zaiane, O. R.; Xin, M.; Han, J.: Discovering Web Access Patterns and Trends by Applying OLAP and Data Mining Technology on Web Logs, in: Proc. Advances in Digital Libraries Conf., o. O. 1998, S. 19 - 29.

[Zaia00] Zaiane, O. R. (2000): Web Usage Mining, http://www.cs.ualberta. ca/~tszhu/webmining. htm (Zugriff: 24.08.2005).

# Business Warehouse basierte Konzernkonsolidierung

## Grundlagen und Umsetzung anhand eines Implementierungsprojektes

*MARKUS DÜCHTING, JÜRGEN MATZ*

## Abstract

Zur Unterstützung der Konzernabschlusserstellung sind zuletzt insbesondere Business Warehouse basierte Werkzeuge in den Vordergrund getreten. Diese haben durch die erhöhten Anforderungen an einen Konzernabschluss nach internationalen Standards (IFRS oder US-GAAP) sowie durch den zunehmenden Fokus der Konzerne auf eine aussagekräftige Managementberichterstattung an Bedeutung gewonnen.

Nach einer kurzen Aufarbeitung der Grundlagen der Konzernrechnungslegung werden die Vorteile der BW-basierten Werkzeuge unabhängig vom jeweiligen Produkt beschrieben. Insbesondere die erhöhte Flexibilität bei der Erstellung von Abschlüssen zur internen Konzernsteuerung neben den legalen Abschlüssen steht hierbei im Fokus. Anhand eines konkreten, jüngeren IFRS/US-GAAP-Conversion- und SAP-Implementierungsprojektes stellt dieser Beitrag das im Rahmen einer BW-basierten Konsolidierung zum Einsatz kommende, grundlegende Datenmodell vor und skizziert die einzelnen im Projekt umgesetzten Prozessschritte bis zum fertigen Konzernabschluss. Unser Dank gilt der Brenntag Holding GmbH & Co KG sowie dem Projektleiter von Seiten der unterstützenden Beratungsgesellschaft (Johannes Vogel) für die Bereitschaft zur Veröffentlichung dieser Inhalte.

## Inhalt

| | |
|---|---|
| 1   Grundlagen des Konzernabschlusses | 386 |
| 2   Business Warehouse basierte Konsolidierung | 388 |
|    2.1   Vorteile der BW-basierten Konsolidierung | 388 |
|    2.2   Management-Abschlüsse mit BW-basierten Konsolidierungstools | 389 |

## 3 Praxisbeispiel: IFRS/US-GAAP Conversion und SAP SEM BCS Implementierung bei Brenntag — 393
### 3.1 Voraussetzungen und Projektziele — 393
### 3.2 Projektorganisation und Vorgehensweise — 394
## 4 BW-Datenmodell zur Konzernkonsolidierung — 395
## 5 Konsolidierungsprozess zur Abschlusserstellung — 400
### 5.1 Konsolidierungsmonitor zur Prozesssteuerung — 401
### 5.2 Prozessschritte auf Ebene der Berichtseinheiten — 402
### 5.3 Prozessschritte auf Ebene der Holding — 406

# 1 Grundlagen des Konzernabschlusses

Ein Konzern ist eine Verbindung von rechtlich selbständigen, ökonomisch jedoch abhängigen Unternehmen [BaKT04, 8]. Deutsche Unternehmen haben nach §290 HGB eine Pflicht zur Aufstellung eines Konzernabschlusses, sofern sie die dort genannten Kriterien erfüllen. Mit der *EU-Verordnung betreffend die Anwendung internationaler Rechnungslegungsstandards*[1] sind zudem kapitalmarktorientierte Mutterunternehmen ab 2005 verpflichtet, einen Konzernabschluss nach IFRS (**I**nternational **F**inancial **R**eporting **S**tandards) zu erstellen. Mutterunternehmen, die bereits kapitalmarktorientiert sind, und solche, die es werden wollen, müssen deshalb ihre Konzernrechnungslegung auf IFRS umstellen, sofern sie es noch nicht getan haben.

Davon ungeachtet unterliegen Mutterunternehmen, die an US-amerikanischen Börsen Eigen- oder Fremdkapital emittiert haben, der SEC (**S**ecurities and **E**xchange **C**omission) und sind damit verpflichtet, einen Konzernabschluss nach US-GAAP vorzulegen.

Zu einem vollständigen Konzernabschluss nach IFRS/US-GAAP gehören Konzernbilanz, Konzern-Gewinn- und Verlustrechnung und Konzernanhang sowie eine Kapitalflussrechnung, eine Segmentberichterstattung und ein Eigenkapitalspiegel [BuOG03, 17f.].

Konzernabschlüsse werden i. d. R. nicht originär erstellt sondern derivativ aus den Einzelabschlüssen der zum Konzern gehörenden Einzelunternehmen entwickelt. Das grundlegende Prinzip ist die „Fiktion der rechtlichen Einheit" eines Konzerns [BuOG03, 38ff]. Dieses Prinzip, das allen oben genannten Rechnungslegungsstandards gemein ist, ermöglicht die Benennung von Arbeitsschritten, die im Rahmen der Konzernabschlusserstellung zu erledigen sind, ohne detailliert auf Unterschiede der einzelnen Standards einzugehen. Stattdessen sei auf die einschlägige Literatur verwiesen ([BaKT2004], [BuOG2003] und die dort zitierten Quellen).

Folgende Hauptarbeitsschritte zur Erstellung eines Konzernabschlusses sind unabhängig vom gewählten, international anerkannten Standard durchzuführen:
Die Fiktion der rechtlichen Einheit erfordert z. B. die Einheitlichkeit der Abschlussinhalte, der in den Konzernabschluss untergehenden Einzelabschlüsse, bezüglich Ansatz, Bewertung und Ausweis. Falls es in den Einzelabschlüssen Bilanzpositionen gibt, die aufgrund anders lautender nationaler Vorschriften oder aus steuerlichen Gründen nach anderen Methoden bilanziert worden sind, so sind diese Positionen zu korrigieren – es sei denn, der zugrunde liegende Sachverhalt ist von untergeordneter Bedeutung. Darüber hinaus ist eine Aufstellung der einbezogenen Abschlüsse zum selben Abschlussstichtag und in Konzernwährung gefordert.

Neben diesen Anpassungen an konzerneinheitliche Vorschriften gibt es vier weitere zentrale Schritte zur Aufrechnung, Umbewertung und Umgliederung konzerninterner Geschäftsvorfälle [BaKT04, 44]:

1. **Schuldenkonsolidierung**
Forderungen und Verbindlichkeiten zwischen Konzernunternehmen dürfen aufgrund der Einheitsfiktion nicht in der Konzernbilanz auftauchen. Stattdessen dürfen nur Forderungen und Verbindlichkeiten ausgewiesen werden, die zwischen Konzernunternehmen und Dritten bestehen.

2. **Aufwands- und Ertragskonsolidierung**
Aufwendungen und Erträge aus innerkonzernlichen Liefer- und Leistungsbeziehungen wurden aus Konzernsicht nicht realisiert und sind deshalb gegeneinander aufzurechnen. Nur Aufwendungen und Erträge mit Dritten sind im Konzernabschluss zu berücksichtigen.

3. **Zwischenerfolgseliminierung**
Vermögensgegenstände, die aus innerkonzernlichen Liefer- und Leistungsbeziehungen resultieren, sind in der Konzernbilanz zu Konzernanschaffungskosten bzw. Konzernherstellungskosten anzusetzen. Eine Eliminierung etwaiger konzerninterner Zwischengewinne oder Zwischenverluste ist durchzuführen.

4. **Kapitalkonsolidierung**
Die Buchwerte der Beteiligungen des Mutterunternehmens an ihren Töchtern sind gegen die jeweiligen Eigenkapitalanteile aufzurechnen. Statt der Beteiligung erscheinen so die Vermögensgegenstände und Schulden der Tochterunternehmen in der Konzernbilanz. Innerkonzernliche Kapitalverflechtungen werden eliminiert.

Es gibt zahlreiche Softwarelösungen, die Unternehmen bei der Erstellung von Konzernabschlüssen unterstützen. Eine Übersicht findet sich u. a. in der BARC (**B**usiness **A**pplication **R**esearch **C**enter) Studie *Konsolidierung und Management-Reporting* [BARC03]. Dort wurden die folgenden Software Lösungen getestet:

- Magnitude (Cartesis),
- KONS (elkom),
- Controller (Frango),

- Geac (Comshare) Performance Managment – Financial Consolidation (Geac),
- Financial Management (Hyperion),
- Konsis (IDL),
- Enterprise Reporting (Microsoft),
- Zeus (MIS),
- SEM BCS (SAP),
- Financial Management Solution (SAS).

Zuletzt haben sich insbesondere Business Warehouse basierte (BW-basierte) Lösungen hervorgetan, deren Vor- und Nachteile im folgenden Abschnitt thematisiert werden (**Kapitel 2**). Dieser Artikel möchte anhand eines jüngeren Projektes (**Kapitel 3**) eine typische Vorgehensweise zur Implementierung einer BW-basierten Konsolidierungslösung aufzeigen sowie das im konkreten Projekt umgesetzte Datenmodell (**Kapitel 4**) und die Prozessschritte zur Erstellung eines Konzernabschlusses skizzieren (**Kapitel 5**).

## 2 Business Warehouse basierte Konsolidierung

Konsolidierungswerkzeuge, die die zur Konsolidierung erforderlichen Daten aus einem Business Warehouse (die Begriffe „Business Warehouse" und „Data Warehouse" werden im Folgenden synonym verwendet) beziehen, werden als „Business Warehouse basierte Konsolidierungssysteme" bezeichnet.

Charakteristisch für solche betriebswirtschaftliche Analysen ist eine mehrdimensionale Betrachtung meist zahlreicher Faktoren (z. B. Umsätze und Absatzmengen nach Regionen, Produkten, Kundengruppen), so dass eine mehrdimensionale Modellierung der Datenbasis im Business Warehouse üblich ist.

### 2.1 Vorteile der BW-basierten Konsolidierung

Für die Konsolidierung ergeben sich durch den Zugriff auf ein so modelliertes Business Warehouse teilweise erhebliche Vorteile:

- Daten können neben der legalen Sicht auch entlang anderer Dimension abgelegt werden (z. B. Profit Center, Kundengruppen etc.), so dass eine Erstellung sowohl eines legalen Konzernabschlusses entlang der rechtlichen Konzernstruktur als auch eines „Management"-Konzernabschlusses zur internen Unternehmenssteuerung aus einem integrierten Datenbestand möglich ist,
- es gibt praktisch keine Einschränkung hinsichtlich unterschiedlicher Datenkategorien (Ist, Plan, Worst-Base-Best Szenarien etc.),

- Daten, die zu anderen als zur Abschlusserstellung benötigten Zwecken gespeichert wurden, können für den Konzernabschluss Verwendung finden (z. B. Anhanginformationen, Produktgruppen, Mengengerüste etc.), so dass je nach vorhandener Datenbasis ein erhöhter Automatisierungsgrad den Gesamtprozess beschleunigt,

- weitere Analysen, die bei Validierungsfehlern oder beim Review der Meldedaten helfen, sind mit zusätzlichen, auf die Meldedaten zugreifenden OLAP-Tools möglich. Insofern ist man unabhängig von Standardberichten und Berichtsgeneratoren der einzelnen Konsolidierungssysteme und kann bedarfsgerecht im Datenbestand navigieren,

- nach Durchführung der Konzernaufrechnung im Data Warehouse vorgehaltene, konsolidierte Zahlen können für Analysen von anderen Endbenutzerwerkzeugen zur Verfügung stehen,

- neben den operativen Systemen und einem eventuell bereits vorhandenen Data Warehouse wird kein zusätzlicher, redundanter Datenbestand geschaffen. Stattdessen tritt mit dem Konsolidierungstool ein weiteres Endbenutzerwerkzeug neben die klassischen OLAP-, Data-Mining- sowie Abfrage- und Berichtsysteme.

Insbesondere die einfachere Möglichkeit der Erstellung von „Management"-Konzernabschlüssen ist ein Fortschritt im Vergleich zu Nicht-BW-basierten Systemen. Deshalb geht das folgende **Kapitel 2.2.** gründlicher auf diese Thematik ein.

## 2.2 Management-Abschlüsse mit BW-basierten Konsolidierungstools

Der Konsolidierungskreis – also die Gesamtheit aller in den Konzernabschluss einzubeziehender Unternehmen – eines legalen Abschlusses orientiert sich an der tatsächlichen Kontrollmacht zwischen Mutter- und Tochterunternehmen. Die Konzernstruktur wird deshalb hauptsächlich durch Beteiligungsverhältnisse, Stimmrechte sowie Besetzungsrechte für Leitungs- und Kontrollorgane bestimmt [BuOG03, 57ff]. Zusätzlich existieren in den jeweiligen Rechnungslegungsstandards Einbeziehungswahlrechte oder -verbote, die jedoch geringen Spielraum bei der Zusammensetzung des legalen Konzerns lassen.

Führungskräfte fordern deshalb zur Konzernsteuerung konsolidierte Zahlen entlang anderer Dimensionen. Konzerne werden z. B. nach regionalen Aspekten, Produktgruppen, Kundengruppen oder Branchen gesteuert, die in den allermeisten Fällen nicht durch die rechtliche Struktur abzubilden sind. Um langwierige oder sogar unmögliche Abstimmprozesse zwischen der legalen und der Management-Sicht zu vermeiden, wünschen Manager daher eine integrierte Datenbasis für beide Sichten [Karl04, 383].

Darüber hinaus gibt es mit der Pflicht zur Aufstellung einer Segmentberichterstattung auch eine *Pflicht zur Multidimensionalität*, da sowohl nach HGB als auch nach IFRS und US-GAAP geografische *und* produktorientierte Segmente zu bilden sind [BuOG03, 609ff.]. Für diese Segmente sind je nach Standard zahlreiche Angaben verpflichtend (externe Umsätze/Erträge, Umsätze/Erträge mit anderen Segmenten, Abschreibungen/Amortisation, Anlageinvestitionen usw.), wenn auch keine vollständig durchkonsolidierten Segmentabschlüsse gefordert sind.

Eine Integration von legaler und Management-Sicht wird üblicherweise durch parallele Hierarchien realisiert (vgl. Abb.1).

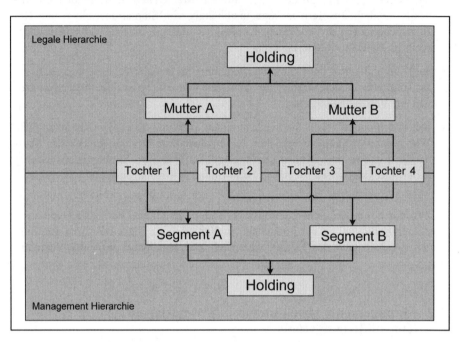

**Abb. 1: Parallele Hierarchien zur Darstellung von legaler und Management-Sicht**

Im Data-Warehouse modelliert man häufig beide Sichten als getrennte Dimensionen. Ist es nicht möglich, eine rechtliche Gesellschaft eindeutig einem Segment oder einem Geschäftsbereich zuzuordnen (sog. Zebragesellschaften), können die auf diese Gesellschaft entfallenden Werte ohne technische „Krücken" auf die jeweiligen Bereiche geschlüsselt werden, wie bei Tochtergesellschaft 1 in Abbildung 2 [Schm02, 531].

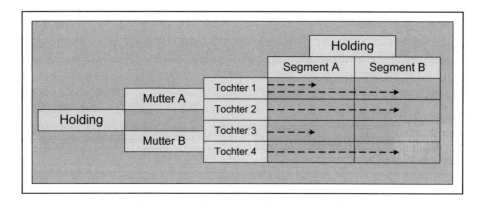

**Abb. 2: Zebragesellschaften bei multidimensionaler Datenbasis**

Um Werte von Zebragesellschaften in parallelen Hierarchien zu verteilen, müsste man dagegen fiktive Enkelgesellschaften gründen (Tochter1_SegmentA, Tochter1_SegmentB) und Tochter 1 als Teilkonzern diesen Enkelgesellschaften zuweisen.

Für die Gesellschaften, die dem Konzernrechnungswesen Daten melden müssen, bleibt die Komplexität unverändert hoch. Sind Umsätze und andere Positionen aus der Gewinn- und Verlustrechnung wahrscheinlich noch recht einfach weiteren Dimensionen zuzuordnen, so fällt diese Übung bei zahlreichen Bilanzpositionen schwerer. Das klassische Allokationsproblem von gemeinsam genutzten Anlagen und für mehrere Investitionen aufgenommenes Fremdkapital tritt hier voll zu Tage. Meldedaten müssen neben dem zu bebuchenden Konto und dem zu buchenden Wert tiefer aufgerissen werden, um die Allokation zu Dimensionen vornehmen zu können.

Um mit den weiteren Konsolidierungsschritten fortzufahren, ist es darüber hinaus nötig, dass die meldenden Einheiten bei zahlreichen Konten Zusatzinformationen mitliefern (z. B. das Partnerunternehmen beim Konto „Forderungen gegen verbundene Unternehmen" zur Schuldenkonsolidierung). Eine automatisierte Erstellung von Anlagespiegeln erfordert zudem die Angabe von Bewegungsarten, oft ist eine Aufteilung von Forderungen und Verbindlichkeiten nach Fristigkeiten gewünscht oder verpflichtend, Fremdwährungstransaktionen benötigen eine Transaktionswährung usw.

Abbildung 3 zeigt einen möglichen Aufriss eines Kontos nach Bewegungsart, Partnerunternehmen und Zielsegment.

| Tochter 2 | | 2005 | | | | | | |
|---|---|---|---|---|---|---|---|---|
| Kto-Nr. | Kto-Bezeichnung | Wert 1 | Bewegungsart | Wert 2 | Partnerunternehmen | Wert 3 | Segment | Wert 4 |
| 1234 | Forderungen geg. verb. Unternehmen | 1.100.000,00 € | | | | | | |
| | | | Eröffnungsbilanzwert | 1.000.000,00 € | | | | |
| | | | | | Tochter 1 | 500.000,00 € | B | 500.000,00 € |
| | | | | | Tochter 3 | 500.000,00 € | B | 500.000,00 € |
| | | | Zugang | 100.000,00 € | Tochter 4 | 100.000,00 € | B | 100.000,00 € |
| Summe | | 1.100.000,00 € | | 1.100.000,00 € | | 1.100.000,00 € | | 1.100.000,00 € |

**Abb. 3: Exemplarischer Aufriss des Kontos "Forderungen gegen verbundene Unternehmen"**

Möchte man eine Aufblähung des zugrunde liegenden Kontenplans vermeiden – z. B. durch ein eigenes Konto für jede gewünschte Fristigkeit zu einer Forderung/Verbindlichkeit im Kontenplan – müssen recht schnell zahlreiche Zusatzinformationen zu Konten mitgemeldet werden. Während Nicht-BW-basierte Konsolidierungstools hierbei leicht an systembedingte Grenzen stoßen, ist bei BW-basierten Werkzeugen die Zahl der Anreicherungen frei wählbar (die SAP R/3 basierte Konsolidierungskomponenten EC-CS lässt z. B. nur fünf frei definierte zusätzliche Merkmale zu). Trotz dieser Freiheiten sollte man die Komplexität für die Meldeeinheiten in einem überschaubaren Rahmen halten. Wie in Abbildung 3 ersichtlich, erhöht sich die Detailliertheit der abzufragenden Informationen mit jedem weiteren Aufriss. Hätte die Tochter 2 z. B. noch weitere Bewegungsarten wie „Abgang" oder „Abschreibung" gemeldet, so hätte sie erneut Partnerunternehmen und darüber hinaus Segmente angeben müssen. Es ist leicht vorstellbar, dass bei tief gegliederten Konzernen mit zahlreichen Geschäftsvorfällen in Fremdwährung, Zebragesellschaften und internen Liefer- und Leistungsbeziehungen der Aufwand zur Abschlusserstellung mit jeder zusätzlich abgefragten Dimension überproportional zunimmt. Der Verlockung, die die zusätzlichen Freiheiten BW-basierter Systeme bieten, stehen insofern betriebswirtschaftliche, systembedingte (insbesondere bezogen auf die vorgelagerten ERP-Zuliefersysteme) und zeitliche Grenzen gegenüber. Eine Kapitalkonsolidierung für Kundengrupppen ist mangels vorhandener Kapitalverflechtungen auch mithilfe von Schlüsselungen nur schwer vorstellbar.

Im folgenden **Kapitel 3** wird ein jüngeres Projekt zur Implementierung einer BW-basierten Konsolidierung vorgestellt.

## 3 Praxisbeispiel: IFRS/US-GAAP Conversion und SAP SEM BCS Implementierung bei Brenntag

### 3.1 Voraussetzungen und Projektziele

Die Brenntag, Weltmarktführer in der Chemiedistribution, erwirtschaftete im Geschäftsjahr 2004 mit 8.800 Mitarbeitern an weltweit rund 300 Standorten einen Umsatz von 4,6 Mrd. Euro. Das Unternehmen bietet seinen Kunden und Lieferanten umfangreiche Mehrwertleistungen und globales Supply-Chain-Management aus einer Hand, was Brenntag zu einem führenden Unternehmen in der internationalen Chemiedistribution macht. Für seine weltweit rund 150.000 Kunden hat sich Brenntag zu einem "One-Stop-Shop" entwickelt, über den ein Sortiment von über 25.000 Produkten angeboten wird.

Vor Beginn des Projektes erstellte die Brenntag einen Konzernabschluss nach HGB, in den circa 130 Einzelabschlüsse einbezogen wurden. Im Konzern, der in der Vergangenheit stark durch Akquisitionen gewachsen ist, existierte und existiert auf Ebene der Berichtseinheiten eine äußerst heterogene Systemlandschaft zur Unterstützung der Buchhaltung. Von SAP R/3-Systemen über SAP R/2-Systeme bis hin zu Individuallösungen und gänzlich unbekannten Tools gab es eine Vielzahl von Lösungen, die bis auf Weiteres auch Teil der Brenntag-IT-Landschaft sein werden. Eine Reihe manueller Tätigkeiten bestimmte die Abschlusserstellungsprozesse auf regionaler Ebene. Toolunterstützung bekam das Konzernrechnungswesen durch eine Individualsoftware-Lösung.

Eine der primären Zielsetzungen von Brenntag war es, die Voraussetzungen für internationale Kapitalmärkte zu erfüllen bei gleichzeitiger Sicherstellung flexibler Reporting- und Analysefunktionalitäten. U. a. die Erstellung quartalsweiser Konzernabschlüsse nach IFRS und US-GAAP stand im Fokus des Projektes. Da die Individualsoftware den Ansprüchen eines modernen Rechnungswesens nicht mehr Stand hielt, sollte parallel zu den Umstellungsaktivitäten ein neues Konsolidierungswerkzeug implementiert werden. Neben einer parallelen Rechnungslegung von IFRS und US-GAAP, wollte man sich auch die Möglichkeit einer späteren Zusammenlegung von internem und externem Rechnungswesen – also auch der Abbildung einer harmonisierten monatlichen Managementberichterstattung und Planung – nicht verbauen. Aus Zeitgründen war eine vollständige Harmonisierung von Legal- und Managementberichterstattung zunächst nicht im Projektumfang enthalten. Durch ein zwischen Konzernrechnungswesen und Konzerncontrolling abgestimmtes Vorgehen sollten allerdings wesentliche Grundparameter (wie z. B. der Konzernkontenplan) dergestalt vorliegen, dass einer späteren Harmonisierung nichts im Wege steht. Zudem wurde eine Automatisierung und Beschleunigung der Abschlusserstellungsprozesse sowie Unabhängigkeit von der Individualsoftware und deren Programmierern angestrebt. Man entschied sich zur Implementierung der BW-basierten SAP Konsolidierungslösung SEM BCS (**S**trategic **E**nterprise **M**anagement **B**usiness **C**onsolidation). Ein SAP-Business Warehouse, das bereits im Rahmen anderer Projekte implementiert wurde, sollte als Datenbehälter dienen.

Neben den projekttypischen, zeitlichen Restriktionen, die mit der Umstellung auf internationale Rechnungslegungsstandards und der parallelen Implementierung der Software einher gingen, war auch die stark erhöhte Beanspruchung der Brenntag Mitarbeiter (z. B. durch die Vielzahl der nachzufahrenden Abschlüsse unter IFRS und US GAAP) eine Herausforderung im Rahmen des Projektes.

Kapitel 3.2 stellt kurz die Projektorganisation und die Vorgehensweise zur Softwareimplementierung vor, die hier im Fokus stehen sollen.

## 3.2 Projektorganisation und Vorgehensweise

Abbildung 4 zeigt die Organisation des Gesamtprojektes. Neben dem Gesamtprojektmanagement mit Project-Office und dem Lenkungsausschuss als höchstem Entscheidungsgremium wurden zusätzlich ein *International Advisory Board* und ein *Operational Steering Committee* benannt. Während das *International Advisory Board* ein Medium zur Einbindung der regionalen Meldeeinheiten war, wurde das *Operational Steering Committee* bei kurzfristig zu treffenden Entscheidungen einbezogen.

Sechs Teilprojekte unterteilten das Gesamtprojekt.

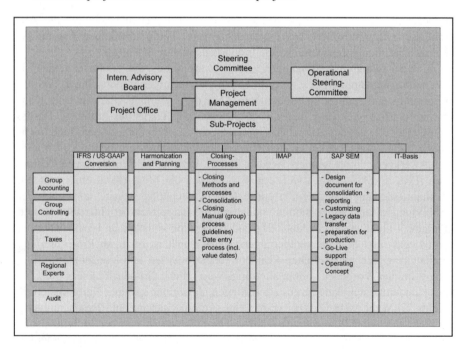

**Abb. 4: Projektorganisation**

In allen Teilprojekten gab es je einen Teilprojektleiter von Seiten der Brenntag und von Seiten der unterstützenden Unternehmensberatung. Diesen wurden Mitarbeiter aus den Fachabteilungen Group Controlling, Group Accounting, Taxes, IT und interne Revision zur Seite gestellt. Dazu gab es Unterstützung von regionalen Experten um eine frühzeitige Einbindung der Meldeeinheiten zu gewährleisten und zusätzliche Anforderungen aufzunehmen. Eine Einbeziehung der Wirtschaftsprüfer in allen relevanten Projektaktivitäten diente der Vorbeugung möglicher Konflikte und Klärung eventueller Bedenken. Für diesen Beitrag sind hauptsächlich Teilprojekt 3 (Closing Processes) und Teilprojekt 5 (SAP SEM) relevant:

- *Closing Processes*:
  Das Team dieses Teilprojektes definierte und dokumentierte den neuen Abschlusserstellungsprozess auf Gruppenebene samt Verantwortlichkeiten und Lieferfristen für Daten der Meldeeinheiten.

- *SAP SEM*:
  Dieses Team war verantwortlich für die konzeptionelle Planung und Umsetzung der neuen IFRS / US-GAAP Anforderungen ins SAP SEM System, das Enduser Training und spätere Unterstützung während und nach dem Go-Live.

Zur Erstellung des Fachkonzepts (Design Document) hielt man sog. „Blueprint-Workshops" mit den Fachabteilungen ab. In diesen Workshops wurden die Unterstützungsmöglichkeiten des Systems in den jeweiligen Konsolidierungsphasen (Datenmeldung, Validierung, Währungsumrechnung, Konsolidierung etc.) erläutert und Empfehlungen ausgesprochen. Das Design Document bildete schließlich die Grundlage für das Customizing.

In mehrtägigen Trainingsveranstaltungen schulten erfahrene SAP-Experten über 100 Enduser in verschiedenen Regionen. Eine Online-Schulung zum Umgang mit dem SAP Business Explorer (dem Standard-OLAP-Werkzeug zur Navigation im SAP-BW) und zahlreichen, ergänzenden Reports folgte zeitversetzt. Workshops zur Systempflege für das Konzernrechnungswesen vervollständigten diese Einheiten.

Systemtests fanden im Rahmen der Erstellung von Vorjahresabschlüssen (Eröffnungsbilanz 12/2003, Jahresabschluss 12/2004 und diverse Quartalsabschlüsse) statt. Nach der Übergabe des Systems an die Fachabteilungen erwies sich zudem eine Betriebsführungsmatrix als hilfreich. Diese definiert die genaue Aufgabenverteilung zur Pflege des Systems durch die Brenntag-Mitarbeiter.

# 4 BW-Datenmodell zur Konzernkonsolidierung

Die zur Konsolidierung benötigten Stammdaten (Konzernkontenplan, Unternehmenshierarchie etc.) und Bewegungsdaten (Meldedaten) werden in zentralen Datenbehältern, die sowohl zum Lesen als auch zum Schreiben dienen, vorgehalten. Im SAP-BW heißen die Behälter für Stammdaten *InfoObjects* und für die Bewegungsdaten *InfoCubes*. Das Datenmodell ist nach dem Star-Schema modelliert. Abbildung 5 zeigt das bei Brenntag modellierte Star-Schema in Auszügen.

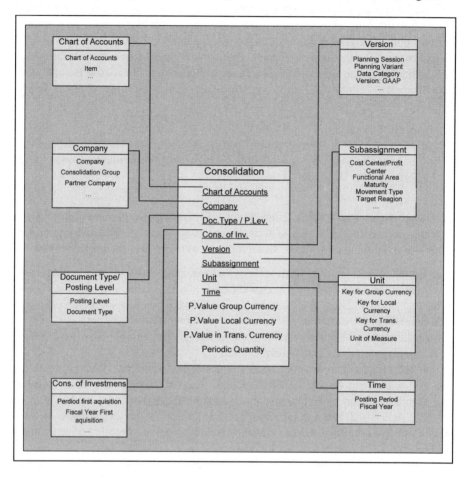

**Abb. 5: Star-Schema zur Konsolidierung im Brenntag Konzern**

Man erkennt in der Mitte die Faktentabelle mit den vier Kennzahlen

- Period Value in Group Currency,
- Period Value in Local Currency,
- Period Value in Transaction Currency und
- Period Quantity.

Die jeweiligen Wertkennzahlen müssen in unterschiedlichen Währungen zur Währungsumrechnung (z. B. nach dem Konzept der funktionalen Währung [BuOG03, 185f.) darstellbar sein. Mengenangaben werden über die Kennzahl *Periodic Quantity* erfasst. Die Dimensionstabellen enthalten die Merkmale der InfoCubes, die dort sachlogisch zusammengefasst sind. Eine Kennzahl für sich hat ohne Verbindung zu den Merkmalen keine betriebswirtschaftliche Bedeutung. Stattdessen wird diese Bedeutung durch Verbindung der Kennzahl mit einzelnen Merkmalsausprägungen deutlich, die aus den gemeldeten Datensätzen hervorgehen müssen. Z. B. ist ein gemeldeter Wert in lokaler Währung durch Zuordnung zu einem Konto des Kontenplans (z. B. Forderungen gegenüber verbundener Unternehmen), in einem bestimmten Rechnungslegungsstandard (z. B. Version: US-GAAP), mit einem speziellen Partnerunternehmen (z. B. Tochter 1), in einem Berichtsjahr (z. B. 2004) und einer Berichtsperiode (z. B. März) interpretierbar.

Diese Modellierung, bei der die einzelnen Konten nicht Teil der Faktentabelle sind, sondern in einer eigenen Dimensionstabelle vorgehalten werden, nennt man *Kontenmodell*.

Nachfolgend die bei Brenntag verwendeten Dimensionstabellen in Auszügen:

- *Chart of Accounts*:
  Hier findet sich der Kontenplan (bzw. die Kontenpläne) mit seiner kleinsten Ausprägung, dem *Item* – also dem einzelnen Konto. Grundsätzlich wäre es auch möglich, die Konten des Kontenplans in der Faktentabelle vorzuhalten (Kennzahlenmodell). Durch die Verwendung des Kontenmodells jedoch arbeitet man mit wesentlich kompakteren Datensätzen bezüglich der Kennzahlenausprägung, wenn auch die Zahl der Datensätze für das gleiche Datenvolumen i. d. R. stark zunimmt.
  Der Kontenplan ist durch Summen- und Wertpositionen hierarchisch gegliedert, wobei nur Wertpositionen „bebuchbar" sind. Hier werden lange und kurze Bezeichnungen einzelner Konten festgelegt, das Vorzeichen, die Positionsart (z. B. Bilanzkonto) usw. Zusätzlich muss man im SAP-BW den sog. „Kontierungstyp" definieren. Dieser Kontierungstyp bestimmt, wie ein einzelnes Konto tiefer aufzugliedern ist. Ein Konto „Forderungen gegen verbundene Unternehmen" muss z. B. nach Partnerunternehmen aufgerissen werden (vgl. Abb. 3). Darüber hinaus könnte man das gleiche Konto auch nach Fristigkeiten (kleiner 1 Jahr, zwischen 1 und 2 Jahren etc.) aufteilen. Diese vorher zu definierenden Kontierungstypen bestimmen also, welche Informationen von den Meldeeinheiten für ein spezielles Konto zu liefern sind und wie detailliert diese sein müssen.

- *Version*:
  Mit den Versionen legt man die Datenkategorie (Ist, Plan, Soll) und den Rechnungslegungsstandard (IFRS, US-GAAP) fest.

- *Subassignment*:
  Die Dimensionstabelle *Subassignment* (Unterkontierung) dient der Spezifizierung der Aufrisse durch Unterkontierungen. Welche Fristigkeiten stehen bei der Datenmeldung überhaupt zur Verfügung? Welche Bewegungsarten zur Darstellung der Anlage- und Eigenkapitalspiegel finden Verwendung (Abgang, Zugang, Abschreibungen etc.)? Die Brenntag nutzt z. B. die Unterkontierungen *Cost Center / Profit Center*, *Functional Area* (Funktionsbereiche zur Darstellung des Umsatzkostenverfahrens in der Gewinn- und Verlustrechnung – also Betrieb, Vertrieb, Verwaltung), *Maturity* (Fristigkeit), *Movement Type* (Bewegungsart) und *Target Region* (Zielregion).

- *Unit*:
  Unit bestimmt Währungen sowie die Maßeinheiten für die Mengenkennzahl.

- *Time*:
  Time spezifiziert den Meldezeitpunkt durch Jahr und Meldeperiode.

- *Cons. of Investments*:
  Diese Dimensionstabelle beinhaltet u. a. den Zeitpunkt der erstmaligen Konsolidierung einer Beteiligungseinheit.

- *Document Type / Posting Level*:
  Der *Posting Level* konkretisiert die Art der Buchung. Durch diese Unterscheidung von „Buchungsebenen" (Kontierungsebenen) trennt man die Datenmeldung von anschließenden Korrekturbuchungen. Anpassungsbuchungen – z. B. um HGB-Werte zu IFRS-Werten zu konvertieren – werden wiederum auf einer anderen Ebene gebucht, ebenso paarweise Eliminierungen wie bei der Schuldenkonsolidierung und Buchungen zur Kapitalkonsolidierung. Auf diese Art und Weise bekommt man einen logisch strukturierten Datenbestand (Meldedaten vor Korrekturbuchungen, Meldedaten nach IFRS-Anpassungen, Meldedaten nach Kapitalkonsolidierung etc.) und charakterisiert einzelne Buchungsvorgänge, was erheblich zur Übersichtlichkeit beiträgt.
  Der *Document Type* (Belegart) dient ebenso der Klassifizierung von Buchungen. Jede Belegart ist genau einem Posting Level zugeordnet. Über die Belegart lassen sich innerhalb eines Posting Levels detaillierte Auswertungen ziehen (z. B. detaillierte Unterteilung einer IFRS-Anpassungsbuchung in die einzelnen IFRS-Sachverhalte oder Einteilung der Konzernverrechnung in Schuldenkonsolidierung, Aufwands-/Ertragseliminierung etc.).

- *Company*:
  In dieser Tabelle wird die Konzernhierarchie gepflegt - als kleinste „Konsolidierungseinheit" die einzelne Gesellschaft, die wiederum zu Teilkonzernen zusammengefasst werden kann, bis schließlich sämtliche Gesellschaften unter der Konzernmutter hängen. Im Merkmal *Partner Company* finden sich die gleichen Gesellschaften, da alle Einheiten des Konzerns auch als mögliche Geschäftspartner bei internen Leistungsbeziehungen in Frage kommen. Die Art der Verbundenheit – also ob eine Gesellschaft z. B. „verbunden und vollkonsolidiert" oder „verbunden und quotal konsolidiert" ist – steuert ein Attribut zum Merkmal.

Im BCS schließlich wird jeder Kennzahl und jedem Merkmal einer Dimensionstabelle genau eine Rolle im Rahmen der Konsolidierung (Steuerung der Konsolidierungsschritte) zugewiesen. Rollen können z. B. *Konsolidierungseinheit, Konsolidierungskreis, Position, Unterkontierung, Partnereinheit, Bewegungsart* usw. sein. Jedem Merkmal, dem die Rolle *Konsolidierungseinheit* im BCS zugewiesen wurde, nimmt an der späteren Konzernaufrechnung teil. So ist eine Konsolidierung entlang von Gesellschaften oder auch Cost- und Profit-Centern möglich, sofern auf Ebene Cost- oder Profit Center vollständige Daten (z. B. Bilanz) zur Konsolidierung vorliegen.

**Abb. 6: Rollenzuweisung im BCS**

Abbildung 6 zeigt einen Ausschnitt aus der Zuordnung von Merkmalen zu Rollen im Brenntag Konzern.

Man sieht, dass mehrfache Zuweisungen von Rollen möglich sind, wie bei den zahlreichen *Subassignments* (Unterkontierungen) im Brenntag-Datenmodell. Damit eine Konzernkonsolidierung möglich ist, muss man eine der folgenden Rollen im SEM BCS in jedem Fall einem Merkmal zuweisen:

- Version,
- Kreiswährungsschlüssel,

- Konsolidierungseinheit,
- Partnereinheit,
- Position (Konto),
- Belegart,
- Kontierungsebene,
- Zeitmerkmale (Geschäftsjahr und Periode),
- Wert in Kreiswährung.

Im folgenden Kapitel wird nun der Konsolidierungsprozess beschrieben, den Meldeeinheiten und das Konzernrechnungswesen der Brenntag zur Abschlusserstellung durchlaufen müssen.

# 5 Konsolidierungsprozess zur Abschlusserstellung

Über 130 Tochterunternehmen aus 48 verschiedenen Ländern werden im Konzernabschluss der Brenntag konsolidiert. Alle müssen einen fest vorgegebenen Prozess durchlaufen, der in Abbildung 7 schematisch dargestellt ist.

Zunächst muss sichergestellt sein, dass alle Einzelabschlüsse in einem vom BCS verarbeitbaren Format eingespielt werden. Für den Fall, dass Tochterunternehmen nicht auf Anhieb in der Lage sind, dieses Format direkt aus den lokalen ERP-Systemen zu exportieren, wurde ein Mapping-Tool entwickelt. Die Funktionsweise dieses Werkzeuges wird in Abschnitt 5.2 ausführlich vorgestellt. Nach Initialisierung einer neuen Periode im BCS durch das Konzernrechungswesen können dann die Meldeeinheiten ihre Daten einspielen (Data Entry), die gemeldeten Daten validieren (Validation), eine Abstimmung der gemeldeten Inter-Company-Daten mit anderen Einheiten vornehmen (Reconliliation), die IFRS-Anpassungen buchen (IFRS-Adjustments) und eine Währungsumrechnung (Currency Conversion) durchführen. Eine Überleitung der finalen IFRS-Abschlüsse nach US-GAAP (US-GAAP-Reconciliation) findet in einer separaten Version statt. All diese Schritte sind von den lokalen Einheiten zu erle-

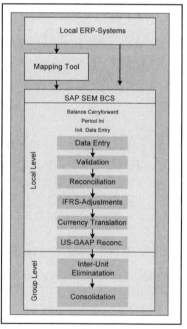

Abb. 7: Konsolidierungsprozess

digen und werden im Detail ebenfalls im Abschnitt 5.2 erläutert. Erst dann kann das Konzernrechnungswesen die jeweiligen Konsolidierungsmaßnahmen anstoßen (Abschnitt 5.3). Alle Prozessschritte steuert der BCS-Konsolidierungsmonitor (Abschnitt 5.1).

## 5.1 Konsolidierungsmonitor zur Prozesssteuerung

Der Konsolidierungsmonitor (vgl. Abb. 8) ist die zentrale Arbeitsplattform für die Konzernabschlusserstellung – sowohl für die meldenden Einheiten als auch für das Konzernrechnungswesen. Hier wird die Reihenfolge der abzuarbeitenden Maßnahmen vorgegeben und der Arbeitsfortschritt überwacht.

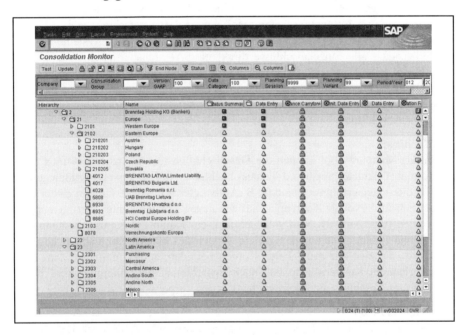

**Abb. 8: BCS Konsolidierungsmonitor**

Man erkennt ganz links die Brenntag Unternehmenshierarchie (hier nur auf einer sehr verdichteten Ebene) und die Namen der Unternehmen. Die Symbole in der Mitte geben den jeweiligen Status einzelner Maßnahmen an, während die auszuführenden Konsolidierungsschritte (z. B. Data Entry) in der Leiste über den Symbolen zu erkennen sind. Maßnahmen können zu Arbeitspaketen (Maßnahmengruppen) zusammengefasst werden, so dass nicht immer der ganze Monitor „aufgeklappt" sein muss. Die Symbole visualisieren den Arbeitsfortschritt innerhalb einer Maßnahme. Das Schloss gibt z. B. an, dass ein Schritt durchgeführt wurde und „gesperrt" ist, das gelbe Dreieck dagegen sagt dem Nutzer, dass eine Maßnahme „unvollständig" ist usw.

Jeder User hat nur die Möglichkeit, die ihm zugeordneten Tochterunternehmen zu sehen und/oder zu bearbeiten. Group Accounting hat selbstverständlich den Überblick über alle Einheiten und kann so den Status überwachen. Dies wird in dem SAP SEM zugrunde liegenden Berechtigungskonzept definiert, das Usergruppen in Rollen zusammenfasst.

## 5.2 Prozessschritte auf Ebene der Berichtseinheiten

Bevor mit der Konzernaufrechnung begonnen werden kann, führen die Berichtseinheiten zahlreiche Schritte durch. Zuerst müssen die in den lokalen ERP-Systemen produzierten Einzelabschlüsse so formatiert vorliegen, dass sie ins SAP-System geladen werden können. Wie in Kapitel 3 beschrieben, sind auf lokaler Ebene im Brenntag Konzern zahlreiche ERP-Systeme im Einsatz. Da es im vorgegebenen Projektzeitplan nicht möglich war, alle lokalen Systeme so einzustellen, dass alle Einzelabschlüsse direkt ins SAP transportierbar sind, wurde ein *Mapping-Tool* entwickelt. Dieses Mapping-Tool können die Tochterunternehmen übergangsweise so lange nutzen, bis die lokalen Systeme auf eine parallele Rechnungslegung umgestellt sind. Drei Schritte dienen der richtigen Formatierung der Abschlüsse:

1. *Mapping*:
   In das Mapping-Tool können die Gesellschaften lokale Abschlüsse im CSV-Format (**C**haracter **S**eparated **V**alues) hochladen. Sofern gewisse grundlegende Validierungen erfolgreich sind (z. B. Aktiva gleich Passiva), kann in einem ersten Schritt der lokale Kontenplan auf den neuen Konzernkontenplan „gemappt" werden (vgl. Abb. 9). Man wählt einfach ein Konto des Konzernkontenplans aus und ordnet diesem beliebig viele Konten des lokalen Kontenplans zu. Die Werte, die sich auf den lokalen Konten befinden, addiert das Tool dem entsprechenden Konzernkonto zu. Nach Speicherung des Mappings sind beim nächsten Abschluss die Zuordnungen aus der Vorperiode nutzbar.

2. *Umgliederung*:
   Nach internationalen Rechungslegungsstandards wie IFRS oder US-GAAP müssen einzelne Werte oft detaillierter ausgewiesen werden als nach HGB. Hat man z. B. im lokalen Kontenplan nur „Forderungen aus Lieferung und Leistung", so existieren im IFRS-Konzernkontenplan eventuell die Konten „*kurzfristige* Forderungen aus Lieferung und Leistung" und „*langfristige* Forderungen aus Lieferung und Leistung". Da man beim Mapping allerdings nicht einen Wert eines lokalen Kontos verschiedenen Konzernkonten zuordnen kann, gibt es in diesem zweiten Schritt die Möglichkeit, Werte zwischen Konzernkonten umzugliedern.

3. *Anreicherung*:
Diversen Konten im SAP wurden Unterkontierungen zugeordnet, so dass den Werten auf diesen Konten weitere Informationen mitzugeben sind. So müssen die Gesellschaften z. B. Partnerunternehmen oder Fristigkeiten standardisiert angeben sowie den Funktionsbereich zur Darstellung des Umsatzkostenverfahrens den Konten der Gewinn- und Verlustrechnung zuordnen. Diese Aufrisse können die Meldeeinheiten im Mapping-Tool mit dem Schritt „Anreicherung" umsetzen.

Abbildung 9 zeigt einen Screenshot dieses Werkzeuges im ersten Schritt – dem Mapping.

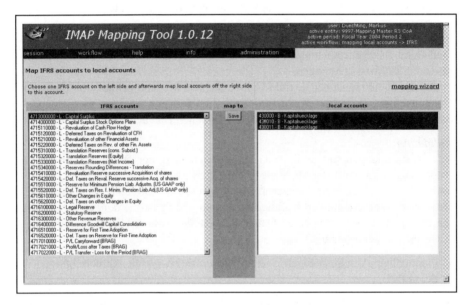

**Abb. 9: Mapping-Tool**

Am Ende erstellt das Mapping-Tool eine CSV-Datei, die in das SAP-System durch Ausführung der Maßnahme *Data Entry* geladen wird. Bevor jedoch die Gesellschaften mit diesem Schritt beginnen können, muss das Konzernrechnungswesen die Bilanzvorträge aus dem SAP SEM als Aufsatzpunkt für den kommenden Abschluss einspielen und die neue Periode initialisieren.

*Data Entry*:
Beim Release-Stand des bei der Brenntag eingesetzten BCS kommen zur Datenübernahme der flexible Upload und die manuelle Datenerfassung über sog. Datenerfassungslayouts in Frage. Beim flexiblen Upload müssen die Meldedaten in einem vorgegebenen Format – wie z. B. vom Mapping-Tool produziert – vorliegen.

Man kann auswählen zwischen dem europäischen oder dem US-amerikanischen Zahlenformat und zwischen einem Upload, der sämtliche schon vorher geladenen Daten löscht, und einem, bei dem nur neue Daten hinzugefügt bzw. alte aktualisiert werden.

Schon an dieser Stelle werden zahlreiche technische Überprüfungen der hochzuladenden CSV-Datei vorgenommen, um eine hohe Datenqualität zu gewährleisten:

- Sind die globalen Parameter (Version, Meldeeinheit, Meldeperiode etc.) in der CSV-Datei richtig?
- Hat die CSV-Datei die richtige Struktur?
- Sind Konten entsprechend ihrer systemseitig vorgegebenen Unterkontierung aufgerissen (z. B. nach Bewegungsart, Partnerunternehmen etc.)?

Solche und weitere Validierungen werden durchgeführt um Fehler an der Upload-Datei zu erkennen. Inhaltlich werden die Meldedaten erst im Schritt *Validation* einer Prüfung unterzogen.

Bei der Brenntag ist der flexible Upload die überwiegend genutzte Methode zur Datenmeldung. Lediglich Tochtergesellschaften mit nur wenigen zu meldenden Sachverhalten nutzen die Möglichkeit zur manuellen Dateneingabe im SAP SEM.

*Validation*:
Vor Abstimmungen mit anderen Gesellschaften oder der Buchung von IFRS-Anpassungen validiert das BCS die Meldedaten inhaltlich bezüglich Richtigkeit und Vollständigkeit. Vom Konzernrechnungswesen der Brenntag wurden zu diesem Zweck mehrere hundert Validierungsregeln und Fehlermeldungen entwickelt, die die Qualität der gemeldeten Daten sicherstellen sollen. Hier nur eine kleine Auswahl zur Veranschaulichung:

- Planmäßige Abschreibungen Sachanlagevermögen gleich Abschreibungen in der GuV?
- Planmäßige Abschreibungen immaterielle Vermögensgegenstände gleich Abschreibungen in der GuV?
- Kundenstamm Bilanz gleich Anhang?
- Rückstellungen für Pensionsverpflichtungen in der Bilanz gleich Anhang?
- Einstellung in Rücklage gleich Zugang Rücklage?

Im BCS werden zur Überprüfung dieser Fragen die gemeldeten Werte auf den entsprechenden Konten überprüft. Bei Fehlern korrigieren die Meldeeinheiten entweder die CSV-Datei oder sie führen manuelle Korrekturen durch. Ansonsten ist es nicht möglich, im Prozess voranzuschreiten.

*Reconciliation*:
Im Rahmen der *Reconciliation* (Abstimmung, Schlichtung) stimmen die Gesellschaften ihre gemeldeten innerkonzernlichen Beziehungen zu einem sehr frühen Zeitpunkt ab. Hat eine Gesellschaft beispielsweise eine Forderung gegen ein Partnerunternehmen gemeldet, so wird überprüft, ob das Partnerunternehmen eine entsprechende Verbindlichkeit ausgewiesen hat. Weichen die Beträge voneinan-

der ab, wird eine Fehlermeldung ausgegeben. So sind Partnerunternehmen schon vor den eigentlichen Konsolidierungsschritten gezwungen, Differenzen in den Meldedaten zu klären.

*IFRS-Adjustments*:
Als *IFRS-Adjustments* wird eine ganze Maßnahmengruppe im Konsolidierungsmonitor bezeichnet, die mehrere Maßnahmen zur Transformation von Zahlen in lokaler Rechnungslegung zu IFRS-Zahlen zusammenfasst. Hier nur ein paar ausgewählte Maßnahmen in aller Kürze:

- *Manual Postings*:
  Hier können die Meldeeinheiten manuelle IFRS-Anpassungsbuchungen vornehmen. Belegarten (Document Types) strukturieren diese Buchungen sachlogisch, so dass unterschiedliche IFRS-Sachverhalte auch später im Review noch nachvollzogen werden können.

- *Declarations*:
  Mit *Declarations* sind nähere Erläuterungen zu Werten auf Konten wie „Übrige sonstige Forderungen" oder „Übrige sonstige Vermögens-gegenstände" gemeint. Ab einem gewissen Betrag sind die Meldeeinheiten verpflichtet, Werte auf diesen Konten verbal näher zu beschreiben.

- *Deferred Taxes*:
  Latente Steuerbuchungen werden nach Berechnung durch ein weiteres, externes Tool im SAP SEM vorgenommen.

- *Validations*:
  Auch nach Anpassungsbuchungen müssen zahlreiche Zusammenhänge zwischen Bilanz, Gewinn- und Verlustrechnung sowie Anhang erhalten bleiben. Diese werden erneut durch Validierungsregeln geprüft und die Daten so einer weiteren Qualitätskontrolle unterzogen.

*Currency Conversion*:
Mit diesem Prozessschritt werden Daten von Gesellschaften mit einer von der Konzernwährung abweichenden Hauswährung in die Konzernwährung überführt. Je nach Umrechnungsverfahren benötigt man hier unterschiedliche Wechselkurse. Anschließend geben diverse Reports Auskunft über Fremdwährungseffekte auf die gemeldeten Daten.

*US-GAAP-Reconciliation*:
Nachdem die IFRS-Einzelabschlüsse in Konzernwährung vorliegen, wird mit der Maßnahmegruppe „*US-GAAP-Reconciliation*" begonnen. Grundsätzlich sind hier die gleichen Schritte wie bei der Erstellung des IFRS-Abschlusses durchzuführen. In einem ersten Schritt werden die Daten der Version „IFRS" in die Version „US-GAAP" kopiert. Dadurch entfallen Maßnahmen wie *Data Entry*, die erste Validierung oder die Abstimmung der gemeldeten innerkonzernlichen Sachverhalte (*Reconciliation*). Anschließend können die meldenden Einheiten dann ihre manuellen US-GAAP-Anpassungen und die *Declarations* etc. vornehmen.

Bei all diesen Aktivitäten werden die lokalen Mitarbeiter durch zahlreiche Reports und Queries unterstützt, die im SAP Business Explorer Analyzer (BEx Analyzer) zur Verfügung stehen. Dies ist das Standard OLAP-Werkzeug der SAP zur Ansicht der im Business Warehouse gespeicherten Daten.

Gerade im Rahmen der Altdatenübernahme – also bei den ersten Prozessdurchläufen, die bei der Brenntag im neuen Konsolidierungswerkzeug getätigt wurden – waren erhebliche Support-Leistungen von Seiten der Holding, der internen Revision und der Berater nötig. Hierzu wurden für alle eingesetzten Werkzeuge Support-Hotlines eingerichtet und teilweise fand auch eine Unterstützung vor Ort statt. Trotzdem sei angemerkt, dass die Belastung der Mitarbeiter in den regionalen Einheiten gerade während der ersten Abschlüsse bei gleichzeitiger Einbindung ins Tagesgeschäft sehr hoch war. Schon im Rahmen der Altdatenübernahme konnte aber eine Lernkurve identifiziert werden, so dass die Hoffnung besteht, dass der vorgestellte Prozess für die Regionen bald routinemäßig funktioniert.

## 5.3 Prozessschritte auf Ebene der Holding

Zur Durchführung der letzten beiden Prozessschritte *Inter-Unit-Elimination* (Konzernverrechnung) und *Consolidation* (Konsolidierung) müssen in den Maßnahmen sog. Methoden definiert werden. Eine Methode ist eine vollständig definierte Logik zur Behandlung eines Konsolidierungsschrittes. So muss das Konzernrechnungswesen z. B. im Rahmen der Schuldenkonsolidierung festlegen, welche Konten miteinander zu verrechnen sind und wohin Differenzen zu buchen sind bzw. welchen Wert diese Differenzen nicht überschreiten dürfen. So kann man das konkrete Buchungsverhalten kontrollieren.

Voraussetzung ist, dass durch die Prozessschritte auf lokaler Ebene die Bewegungsdaten in ausreichender Qualität vorliegen, also z. B. eine Anreicherung aller an der Konzernverrechnung teilnehmenden Konten mit Partnerunternehmen vorhanden ist. Genauso müssen zur Kapitalkonsolidierung die Beteiligungsquoten zwischen den Unternehmen korrekt sein. Durch die Abstimmungsmaßnahme *Reconciliation* auf lokaler Ebene dürfte man bereits sichergestellt haben, dass ein Großteil der auftauchenden Differenzen (z. B. durch Tippfehler oder Buchung auf ein falsches Konto) im Vorfeld geklärt wurden.

Bei hoher Datenqualität in den Bewegungsdaten und vorheriger Definition vollständiger Methoden funktionieren die Konsolidierungsschritte auf Ebene der Holding auf Knopfdruck. In anschließenden Berichten kann man sich die getätigten Eliminierungsbuchungen anzeigen lassen, die dort geordnet nach unterschiedlichen Buchungsebenen/Kontierungsebenen (Posting Level) strukturiert vorliegen.

BCS berücksichtigt dabei, wo Tochterunternehmen in der Konzernhierarchie stehen, so dass auch die Produktion von Teilkonzernabschlüssen möglich ist. Forderungen einer deutschen Tochter gegenüber einer amerikanischen Gesellschaft sind für einen europäischen Teilkonzern also nicht innerkonzernlich, sondern zu behandeln wie Forderungen mit Dritten. Im Gesamtkonzernabschluss allerdings wäre eine solche Forderung zu eliminieren. Das heißt, dass Eliminierungsbuchungen immer ab dem Punkt gültig sind, ab dem die zu verrechnenden Gesellschaften in der Hierarchie zusammentreffen.

Bei Differenzen zwischen den Meldedaten zweier Einheiten ist es möglich, einen sog. Differenzensplit durchzuführen. So lassen sich „echte" und währungsbedingte Aufrechnungsdifferenzen separat zeigen (Voraussetzung ist, dass alle Werte in Transaktionswährung und Kreiswährung vorliegen).

Falls eine eindeutige Zuordnung von gegeneinander aufzurechnenden Konten schwer fällt (bspw. bei der Eliminierung von Umsatzerlösen gegen Herstellkosten des Umsatzes bei der Aufwands- und Ertragseliminierung), bietet sich eine *einseitige Konzernaufrechung* an. Dabei werden nur Werte auf Konten von einer Gesellschaft bei der Eliminierung berücksichtigt. Eine Angabe des Partnerunternehmens ist trotzdem notwendig, damit man weiß, welche Gesellschaft die Gegenbuchung vornehmen muss, auch wenn für diese Einheit die Konten nicht eindeutig angegeben werden können.

Zur *Zwischengewinneliminierung* ist es zwangsweise nötig, dass Zusatzmeldedaten dem Konsolidierungssystem vorliegen – im Idealfall im Business Warehouse. Diese Zusatzmeldedaten könnten z. B. Margen für Zwischenprodukte sein, die bei der Konsolidierung wieder vom Bestand abgezogen werden müssen, da aus Konzernsicht keine Gewinnrealisierung mit Dritten stattgefunden hat. Zwischengewinne sind zu eliminieren, die Bestände also zu Konzernherstellungskosten zu bewerten.

Im Rahmen der *Kapitalkonsolidierung* unterstützt BCS sowohl die Vollkonsolidierung als auch eine Konsolidierung „at Equity" [vgl. BuCO03, S. 521ff.] (eine Methode zur Quotenkonsolidierung wird vom vorliegenden Release 3.2 nicht angeboten). Ebenso sind in der Abfolge Erst-, Folge- und Entkonsolidierungen möglich. Voraussetzung ist selbstverständlich, dass es ein Merkmal mit der Rolle „Konsolidierungseinheit" gibt und dass den Beteiligungen Partnerunternehmen (in diesem Fall Tochterunternehmen) mitgeliefert wurden. Darüber hinaus ist eine Zuordnung einer Konsolidierungsmethode pro Konsolidierungseinheit nötig. Die Beteiligungsquoten müssen wiederum in Form von Zusatzmeldedaten oder in den Meldedaten vorliegen.

Sie müssen entscheiden, wie ein im Rahmen der Kapitalkonsolidierung auftauchender Goodwill bilanziell zu behandeln ist (bei IFRS / US-GAAP gibt es dabei nur noch außerplanmäßige Abschreibungen) und wie Minderheitenanteile zu berücksichtigen sind.

Die Hauptarbeit für das Konzernrechungswesen liegt in der Auswahl und Definition der Methoden. Sind diese einmal im System verankert und wurde durch einen sinnvollen Prozess auf Ebene der Berichtseinheiten sichergestellt, dass die Meldedaten vor den Konsolidierungsmaßnahmen qualitativ hochwertig sind, ist eine Durchführung dieser letzten beiden Prozessschritte unspektakulär. Die Toolunterstützung ist hier sehr weit reichend.

Zusammenfassend lässt sich konstatieren, dass die Einführung der BW-basierten Konsolidierung mit dem genannten Tool den Bedürfnissen eines modernen Konzernrechnungswesens entspricht, auch wenn die aufgebürdeten Prozesse erst noch gelebt werden müssen. Die Vorteile der BW-basierten Konsolidierung konnte man im beschriebenen Projekt aufgrund zeitlicher Restriktionen noch nicht in

Gänze umsetzen, aber die Möglichkeiten einer harmonisierten Datenbasis für interne und externe Zwecke wurde geschaffen. Diese gilt es, in Folgeprojekten zu realisieren.

## Literatur

[BaKT04]  Baetge, Jörg; Kirsch, Hans-Jürgen; Thiele, Stefan: Konzernbilanzen, 7. Auflage, Düsseldorf 2004.

[BARC03]  Dahnken, Oliver; Roosen, Christian; Müller, Reiner; Bange, Carsten: Konsolidierung und Management-Reporting – eine Studie des Business Application Research Center, Würzburg 2003.

[BuOG03]  Busse von Colbe, Walther; Ordelheide, Dieter; Gebhardt Günther; Pellens, Bernhard: Konzernabschlüsse – Rechnungslegung nach betriebswirtschaftlichen Grundsätzen sowie nach Vorschriften des HGB und der IAS/IFRS, 7. Auflage, Wiesbaden 2003.

[Karl04]  Karl, Stefan: IFRS-Konzernabschlüsse mit der SAP Konsolidierung, in: Küting, Karlheinz; Pfitzer, Norbert; Weber, Claus-Peter (Hrsg.): Herausforderungen und Chancen durch weltweite Rechnungslegungsstandards, Stuttgart 2004.

[Schm02]  Schmidt, Winfried: Management-Konsolidierung mit SAP, in: Küting, Karlhein; Weber, Claus-Peter (Hrsg.): Vom Financial Accounting zum Business Reporting, Stuttgart 2002.

## Anmerkungen

[1] Verordnung (EG) Nr. 1606/2002 des Europäischen Parlaments und des Rates vom 19.07.2002 betreffend die Anwendung internationaler Rechnungslegungsstandards, ABlEG. Nr. L 243 vom 11.09.2002, S.1 - 4.

# Distribution von Business-Intelligence-Wissen

Diskussion eines Ansatzes zur Nutzung von Wissensmanagement-Systemen für die Verbreitung von Analyseergebnissen und Analysetemplates

*HENNING BAARS*

## Abstract

Im folgenden Beitrag wird ein Ansatz zur Verbreitung von Wissen aus Business-Intelligence-Analysen entwickelt und diskutiert. Relevant ist hierbei nicht nur Wissen in Form konkreter *Analyseergebnisse* sondern auch *Wissen um die zielführende Durchführung von Analysen*. Zur effizienten Weitergabe derartigen „Best-Practice-Wissens" wird empfohlen, dieses in „Analysetemplates" zu hinterlegen, d. h. in Vorlagen für die Durchführung verschiedener gleich strukturierter Analysen. Zur systematischen Weitergabe von Ergebnisberichten und Templates bieten sich Systeme aus dem Wissensmanagement mit Document- und Content-Management-Funktionalität an. Für die notwendige Verzahnung von Business-Intelligence- und Wissensmanagement-Systemen wird eine Middleware-Lösung vorgeschlagen, die als Drehscheibe zwischen den unterschiedlichen Lösungen fungiert.

## Inhalt

1 Wissensdistribution in der Business Intelligence und im Wissensmanagement   410

2 Wiederverwertung von Analyseergebnissen und Analysetemplates   412

3 Einsatzmöglichkeiten von WM-Systemen für die Wissensdistribution   414

4 Einsatz eines Middleware-Systems als Drehscheibe zwischen WM- und BI-Systemen   417

5 Flankierende organisatorische Maßnahmen   420

6 Zusammenfassende Bewertung   422

# 1 Wissensdistribution in der Business Intelligence und im Wissensmanagement

Unter der Überschrift „Business Intelligence" (BI) wird bislang hauptsächlich auf die datengetriebene *Wissensgenerierung* im Rahmen von Entscheidungsprozessen des Managements abgestellt [KeBa05]. Das hierfür üblicherweise berücksichtigte Spektrum an Systemen bietet v. a. Funktionalität zur Datenzusammenstellung und –analyse einerseits sowie für die zugrunde liegende Datenhaltung andererseits: Zum Einsatz kommen u. a. Analysesysteme für das Online Analytical Processing (OLAP), für das Data-Mining oder für das Reporting, die auf integrierten und in Data Warehouses oder Data Marts hinterlegten Datenbeständen aufsetzen [Gluc01] [GrGe01] [KeMe04].

Die den Entscheidungsprozessen nach gelagerten Aufgaben der *Verwaltung und -distribution generierten Wissens* haben hingegen bislang kaum Eingang in die BI-Diskussion gefunden[1]. Genau diese Aspekte werden jedoch im Kontext des „Wissensmanagements" (WM) stark in den Mittelpunkt gerückt.

Der Begriff „Wissensmanagement" wird in der akademischen Diskussion üblicherweise sehr weit gefasst. Gegenstand des WM ist demnach die Unterstützung einer Organisation bei der Identifikation, Beschaffung, Entwicklung, Bewahrung, Verteilung und Verwendung von kodierten und unkodierten Wissensbeständen [PrRa03]. Bei einer derart weiten Auslegung des Begriffs erscheint Business Intelligence zunächst lediglich als ein Teilbereich des Wissensmanagements.

Der Blick wird jedoch geschärft, wenn auf die unter der Überschrift „Wissensmanagement" de facto implementierten *Lösungen* fokussiert wird – diese konzentrieren sich v. a. auf die Unterstützung der Wissensverwaltung und -weitergabe und weniger auf Wissensgenerierung [Ma04] [HaZw02]. So bieten Wissensmanagementlösungen Funktionen zur Hinterlegung, Weitergabe und Durchsuchung verschiedenartiger elektronischer Dokumente (z. B. Erfahrungsberichte, Beiträge in Diskussionsgruppen etc.) und/oder Funktionen für die Identifikation und Kontaktierung von Wissensträgern. Typische Systeme für das Wissensmanagement sind Document- und Content-Management-Systeme, Portale oder Collaboration-Support-Systeme [GrDi04].

Eine Integration derartiger Systeme mit BI-Systemen wurde bislang primär aus zwei Motiven heraus verfolgt:

1. Ergänzung der auf strukturierten Daten aufsetzenden BI-Analysen durch eine Bereitstellung komplementärer elektronischer Dokumente (u. a. angeregt bei [PrPe03], [BeKn02] oder [Haak02]).

2. Die Nutzbarmachung von Metadaten zur Beschreibung von WM-Inhalten, um Dokumentenbestände aus dem WM mit Werkzeugen des BI greifbar zu machen (siehe insbesondere [CoKr02], [Greg02] und [BeKn02]).

Dieser Beitrag diskutiert in Ergänzung dazu den Einsatz von WM-Systemen zur Verwaltung und Verbreitung von in Analyseprozessen generiertem Wissen. Von

Interesse sind dabei speziell Systeme mit Funktionalität für das Document- und Content-Management, d. h. für die Verwaltung kodierter Inhalte[2].

Zunächst wird dafür ausgeführt, wie sowohl Wissen in Form von Analyseergebnissen als auch Wissen über die Durchführung von Analysen für eine effiziente Verbreitung im Unternehmen aufbereitet werden können und welche Potentiale mit einer Weitergabe derartiger Inhalte verbunden sind. Im Anschluss werden Funktionen für das Content- und Document-Management erörtert, die eine wechselseitige Integration von WM- und BI-Anwendungen motivieren. Für die konkrete Ausgestaltung der technischen Integration wird ein um erste Realisierungserwägungen angereicherter Architekturansatz ausgearbeitet. Der Beitrag schließt mit einer Diskussion notwendiger flankierender organisatorischer Maßnahmen sowie einer zusammenfassenden Bewertung. Abb. 1 stellt den verfolgten Ansatz im Überblick dar.

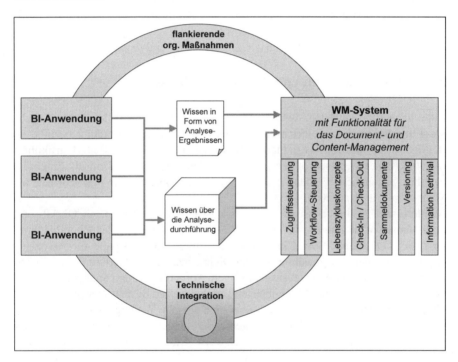

**Abb. 1: Ansatz zur Distribution von BI-Wissen**

## 2 Wiederverwertung von Analyseergebnissen und Analysetemplates

Bei der Nutzung von Analyseanwendungen wird zweierlei Wissen generiert:

1. Die eigentlichen Analyseergebnisse selbst sowie
2. Wissen darüber, wie die jeweiligen Analyseergebnisse gewonnen wurden. Dies umfasst Wissen über die zielführende Bedienung des Analysewerkzeugs ebenso wie Wissen über die Operationalisierung des Analyseproblems, die Selektion einer geeigneten Datenbasis, die Nutzung der bereitgestellten Methoden oder Wissen um eine geeignete Aufbereitung der Ergebnisse.

Im Folgenden wird für beide Formen von BI-Wissen diskutiert, wie diese kodifiziert weitergegeben werden können und welche Nutzenpotentiale mit einer solchen Weitergabe verbunden sind.

### 2.1 Wissen in Form von Analyseergebnissen

Nahe liegend ist zunächst, WM-Systeme zu nutzen, um damit **konkrete Ergebnisse aus BI-Analysen** einer organisationsweiten Weiterverwendung zuzuführen [KlMe03]. Tatsächlich wird hierfür auch seitens der Praxis Bedarf artikuliert [Alte03]. BI-Ergebnisse können insbesondere in Dokumentenform als Ergebnisberichte gespeichert werden, z. B. als MS-Excel-Dateien, im PDF-Format, als Webseiten o. ä. [KeMe04].

Interessant ist dieser Ansatz v. a. bei aufwändigen Analysen mit OLAP- und Data-Mining-Werkzeugen, die von der Wahl und Kalibrierung der Modellparameter (etwa Distanzmaße bei Clusteranalysen, Interessantheitsmaße für Assoziationsanalysen oder das gewählte Slicing/Dicing bei OLAP-Analysen) ebenso abhängig sind wie von einer aussagekräftigen Aufbereitung und Interpretation der von den Algorithmen zurück gelieferten Ergebnisdaten. Besteht hier mehrfach der gleiche Informationsbedarf, so kann über eine gezielte Weitergabe der Ergebnisse mit Content- und Document-Management-Systemen erhebliche Doppelarbeit vermieden werden. So werden beispielsweise Clusterungen von Kunden oder Warenkorbanalysen über eine einmalige Auswertung hinweg verwertbar [KeBa05].

Sicherzustellen ist, dass die bereitgestellten Ergebnisse tatsächlich für Dritte von Interesse sind, was eine gewisse Zeitstabilität und Generalisierbarkeit voraussetzt. Speziell OLAP- und Data-Mining-Werkzeuge scheinen jedoch auf den ersten Blick primär zur Deckung einmaliger und individueller Informationsbedarfe konzipiert, d. h. die entsprechenden Ergebnisse sind i. d. R. *einzelfallspezifisch* [KlMe03]. Beispiele sind die Bewertung des Erfolgs einer einmaligen Verkaufsförderungsaktion oder die Ursachenaufdeckung bei einem regionalen Umsatzrückgang. Entsprechende Resultate dürften schwerlich in einem anderen Kontext

Gültigkeit besitzen – mit dem Wechsel von Periode, Bezugsobjekt oder Problemstellung entfällt auch die Relevanz der Analyse.

## 2.2 Wissen über die Analysedurchführung

Auch bei Einmalanalysen kann Wissen generiert werden, für das eine Weiterverwertung in Betracht gezogen werden sollte und zwar **Wissen über die Durchführung der Analyse**. Eine konkrete Deckungsbeitragsanalyse für eine bestimmte Filiale mag für andere Filialen irrelevant sein – die Durchführung einer *analogen* Analyse hingegen nicht. Zu hinterlegen sind das Analysemodell inklusive der gewählten Analyseverfahren, -dimensionen und -parameterwerte sowie die Form und das Layout der graphischen, tabellarischen und/oder textuellen Aufbereitung [KeBa05].

Ein zunächst nahe liegendes Vorgehen hierfür ist die Erfassung einer schrittweisen Anleitung für die Analysedurchführung, d. h. eine „Bedienungsanleitung". Dieses Vorgehen hat jedoch den entscheidenden Nachteil, mit einem erheblichen Aufwand auf Seiten des Erstellers verbunden zu sein – muss er doch alle relevanten Analyseschritte rekapitulieren und in einer für Dritte nachvollziehbaren Form verbalisieren. Auch die manuelle Abarbeitung der Anweisungen durch den Zweitnutzer erscheint recht mühsam.

Dem kann begegnet werden, indem dem Benutzer Funktionen geboten werden, mit der er alle für die Analyse relevanten Angaben automatisch und in *maschinenverarbeitbarer Form* speichern kann. Die entsprechenden Daten müssen dabei so ausgelegt werden, dass die jeweiligen BI-Anwendungen direkt damit vorkonfiguriert werden können und so eine umgehende Zweitnutzung der ursprünglichen Analyse in einem neuen Kontext möglich wird. Zu speichern ist somit nicht die Analyse selbst sondern ein **„Analysetemplate"**.

Die Inhalte eines solchen Templates sind bei ihrer Einstellung zu parametrisieren, d. h. der ein Modell bereitstellende Benutzer muss jene Variablen bestimmen, die als kontextspezifisch einzustufen sind und deshalb für spätere Analysen neu konkretisiert werden müssen.

*Beispiel: Ein Controller hinterlegt ein Template mit den Modell- und Präsentationsvorgaben einer besonders ergiebigen filialbezogenen Deckungsbeitragsanalyse. Als kontextspezifisch definiert er die Parameter „Filiale" und „Periode". Das Template kann nun von anderen Benutzern aufgefunden und genutzt werden – wobei bei jeder auf diesem Template aufsetzenden Analysen die variablen Parameter „Filiale" und „Periode" neu spezifiziert werden.*

Im Idealfall sind die so weiterzugebenden Templates als *aktive Inhalte* ausgelegt, so dass automatisch die benötigten BI-Werkzeuge aufgerufen werden und manuelle Speicher- oder Ladeaktiväten weitgehend entfallen.

Der so erhöhte Automatisierungsgrad ist allerdings nicht beliebig ausbaubar. Erfahrungen etwa mit der Weiterverarbeitbarkeit der Ergebnisse oder Hinweise zu Einschränkungen in der Aussagekraft dürften nur bedingt maschinenverarbeitbar erfasst werden können. Folglich sollten die Analysetemplates mit den Modell- und

Auswertungsvorgaben auch um semistrukturierte Freitextannotationen angereichert werden können. Abb. 2 zeigt die beiden Typen zur Wissensweitergabe in der Zusammenschau.

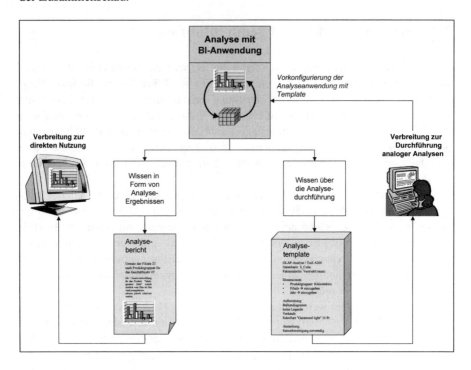

Abb. 2: Analyseberichte und Analysetemplates

## 3 Einsatzmöglichkeiten von WM-Systemen für die Wissensdistribution

Die Weitergabe von Ergebnissen und Templates kann zunächst als direkter bilateraler Austausch zwischen den beteiligten Mitarbeitern erfolgen, etwa durch einen Versand der entsprechenden Dateien per E-Mail. In diesem Fall handelt es sich jedoch um einen undefinierten Prozess, der nur in einer überschaubareren und kontinuierlich interagierenden Benutzergruppe greifen kann. Eine zweite Alternative besteht in der Nutzung spezieller Funktionen der einzelnen BI-Analysewerkzeuge zur Bereitstellung von Analyseergebnissen. In diesem Fall ist der Austausch jedoch auf ein einzelnes Analyseprodukt und damit auch auf deren Nutzergruppe beschränkt [KeMe04].

Den entsprechenden Einschränkungen kann mit einem Einsatz von Document- und Content-Management-Systemen begegnet werden, die diverse Funktionen zur kontrollierten Verwaltung und Verbreitung von Inhalten mitbringen. Die einzelnen Funktionen sowie ihre Einsatzpotentiale im Kontext der Distribution von BI-Wissen werden im Folgenden erörtert.

## 3.1 Dezidierte Zugriffssteuerung

Mit den Möglichkeiten größerer Content- und Document-Management-Systeme zur differenzierten Rollenzuweisung und Rechtevergabe wird es möglich, den Zugriff auf Analyseergebnisse und Analysetemplates gezielt zu steuern und so z. B. hierarchie- und funktionsbezogene Lese-, Schreib- und Löschbeschränkungen zu definieren [GrDi04] [GöSc01]. So kann beispielsweise vermieden werden, dass kritische Wettbewerbsanalysen für die Strategiefindung im Unternehmen diffundieren.

Grundsätzlich ist durch entsprechende Vorgaben sicherzustellen, dass im Data Warehouse / Data Mart definierte Zugriffsrechte nicht verletzt werden. Gegebenenfalls lassen sich die hierfür notwendigen Einstellungen durch einen Metadatenaustausch zwischen BI- und WM-Systemen (teil-)automatisieren.

## 3.2 Workflow-Steuerung

Auf Rollenkonzepten aufbauende Workflow-Steuerungen ermöglichen insbesondere zwei- oder mehrstufige Freigabeprozesse [GrDi04] [GöSc01]. Damit kann die Problematik eines „Information Overload" durch eine Akkumulation unbrauchbarer, rudimentärer und/oder fehlerbehafteter BI-Ergebnisse adressiert werden, d. h. die entsprechende Funktionalität kann als Fundament für Qualitätssicherungssicherungsprozesse genutzt werden.

## 3.3 Lebenszykluskonzepte für Wissenseinheiten

Im Allgemeinen besitzen weder BI-Ergebnisse noch Analysetemplates unbegrenzte Gültigkeit – die Dynamik in Markt- und Organisationsstrukturen, Veränderungen des Produktsortiments usw. machen mittelfristig zunächst Analyseergebnisse und später auch die dahinter stehenden Analysemodelle unbrauchbar.

Content- und Document-Management-Systeme bieten Funktionalität zur zeitgetriggerten Prüfung, Archivierung und/oder Aussortierung obsoleter Dokumente [GrDi04] [GöSc01]: BI-Ergebnisse und -Templates können mit einem „Verfallsdatum" versehen werden. Wie schon bei den workflowgesteuerten Freigabemechanismen liegt hier der Nutzen in der Beherrschung der Informationsmenge sowie in der Qualitätssicherung.

## 3.4 Check-In/Check-Out: Steuerung konkurrierender Zugriffe

Sollen Ergebnisberichte und Templates nicht nur für den lesenden Zugriff genutzt werden, so können mit Check-In/Check-Out-Mechanismen konfligierende Zugriffe vermieden werden [GrDi04] [GöSc01]. Aktualisierungen an den Dokumenten können beispielsweise erforderlich sein, um ein Template um zusätzliche Annotationen zu ergänzen, erfahrungsgeleitet Modellparameter anzupassen oder um einen obsoleten Ergebnisbericht zu aktualisieren oder zu ersetzen.

## 3.5 Zusammenfassung von Dokumenten

Speziell Document-Management-Systeme bieten oftmals die Möglichkeit, verschiedene Einzeldokumente in einem Sammeldokument zusammenzufassen [GrDi04]. Damit besteht die Möglichkeit, zusammengehörende Analyseergebnisse bzw. -Templates gemeinsam zu hinterlegen, z. B. um für eine Balanced Scorecard verschiedene Templates zu bündeln, hinter denen bewährte Analysepfade für typische Soll-Ist-Abweichungen stehen.

## 3.6 Versionierung

Sofern eingestellte BI-Inhalte modifiziert werden dürfen, bieten Funktionen zur Versionierung [GöSc01] die gezielte Rückverfolgbarkeit der Historie eines Ergebnisberichts oder eines Templates. Gegebenenfalls kann auch ein Versionensplit erfolgen, beispielsweise wenn aus einem Template für eine Warenkorbanalyse zwei neue Templates für unterschiedliche Vertriebskanäle generiert werden, in denen jeweils spezifische Skalierungen erforderlich sind.

## 3.7 Information Retrieval

Hinsichtlich der Wissensdistribution sind Funktionen für das Information Retrieval i. S. v. Funktionen zum Auffinden von Dokumenten zu bestimmten spezifizierten Informationsbedarfen von zentralem Interesse [GrDi04]. Hat ein Unternehmen bereits einen ausgebauten Dokumentenbestand in einem Document- oder Content-Management-System hinterlegt, so wächst der Integrationsnutzen, da eine Anwendung zu einer Anfrage sowohl „klassische" WM- als auch „neue" BI-Inhalte liefert. Insofern ist ein derartiger Ansatz als wichtiger Schritt auf dem Weg zur Zusammenführung von strukturierten und unstrukturierten Informationen zu verstehen.

# 4 Einsatz eines Middleware-Systems als Drehscheibe zwischen WM- und BI-Systemen

Technisch muss zur Umsetzung des beschriebenen Ansatzes v. a. der Austausch der Templates und Berichte zwischen WM-System und BI-Anwendungen gelöst werden. Hier wird eine Architektur vorgeschlagen, die diese Funktionalität in einer Middleware-Komponente zusammenfasst. Die Komponente fungiert gewissermaßen als Drehscheibe zwischen den verschiedenen BI-Anwendungen auf der einen Seite und einem Content- oder Document-Management-System auf der anderen Seite und übernimmt alle notwendigen wechselseitigen Aufrufe. Sie unterstützt damit zwei Austauschrichtungen:

1. Einstellung der BI-Inhalte (Analysetemplates oder Ergebnisberichte) in das Document- oder Content-Management-System und
2. Abruf der BI-Inhalte aus dem Document- oder Content-Management-System und Weitergabe an die relevanten BI-Systeme.

In den folgenden beiden Abschnitten wird diskutiert, welche Funktionen jeweils im Einzelnen von der Middleware-Komponente übernommen werden können. Die Ausführungen werden punktuell um Überlegungen zu möglichen Realisierungsoptionen ergänzt.

## 4.1 Einstellung von BI-Inhalten in das WM-System

Vor der Einstellung von BI-Templates ist zunächst deren Generierung erforderlich. Das umfasst das **Auslesen aller relevanten Parameterwerte aus dem BI-Analysesystem** (z. B. die zugrunde liegende Datenbasis, das gewähltes Modell, die Modellparameter, die grafische Aufbereitung etc.) sowie deren **Zusammenführung in einem mit dem WM-System kompatiblen Dokument**.

Je größer die Zahl der Analysewerkzeuge, für die die Middleware-Komponente Templates generieren kann, desto eher kann damit ein ganzheitliches und ausbaubares Konzept für die Wiederverwendung von BI-Wissen unterstützt werden.

Hinsichtlich der Realisierung ergibt sich als Konsequenz die Forderung nach einem flexiblen und modularen Design sowie eines produktübergreifenden Formats für die Templates. Idealerweise wird für die Templates ein Format definiert, das als Brücke zwischen diversen Analyseprodukten genutzt werden kann – mit einem solchen Format werden die Templates zumindest in Teilen werkzeugübergreifend nutzbar.

Ein Ansatzpunkt hierbei ist die Nutzung von XML als Basisstandard, da XML eine erhebliche Flexibilität hinsichtlich Erweiterbarkeit und Transformierbarkeit mitbringt. Darüber hinaus kann bei einem XML-Einsatz auf etablierte XML-basierte Formate wie XMLA zur Abfrage multidimensionaler Datenbestände oder PMML für die Beschreibung von Data-Mining-Modellen aufgesetzt werden [BaSc05].

Bei den einfacheren BI-Ergebnisberichten können Dokumentenstandards wie beispielsweise PDF oder HTML genutzt werden. Gleichsam Vor- als auch Nachteil solcher Formate ist die daraus resultierende Fixierung der dargestellten Inhalte. Eine Nach- und Weiterbearbeitung eines Berichtes unter Nutzung der Funktionalität der ursprünglichen Analysesysteme ist damit nicht mehr möglich.

Sind spätere Modifikationen an den Inhalten gewünscht, so besteht die Möglichkeit, ein Format zu nutzen, das jenem für die Templates entspricht, d. h. ein Format, das den *Prozess der Erzeugung* des Analyseergebnisses in maschinenverarbeitbarer Form beschreibt. Damit sind die Ergebnisse allerdings nicht mehr unabhängig von einer passenden Analyseanwendung nutzbar. Evtl. kann zur Abhilfe mit „Hybriddokumenten" gearbeitet werden, die neben einem zur Anzeige bestimmten Dokumententeil parallel die relevanten Daten für eine Weiterbearbeitung in der Analyseanwendung bereithalten.

Eine weitere Funktion, welche die Middleware-Komponente übernehmen kann, ist die **Verschlagwortung der Ergebnisberichte und der Templates mit inhaltlichern Metadaten**. In Anwendungen von Content- und Document-Management-Systemen ist oftmals eine Angabe derartiger Metadaten zur Indizierung einzustellender Dateien zwingend vorgesehen – damit sind derartige beschreibende Daten auch für BI-Berichte und -templates erforderlich.

Erfolgt die Realisierung einer entsprechenden Funktion durch eine direkte Abfrage der Werte über Eingabemasken der Komponente, so ist zu beachten, dass inhaltliche Metadatenfelder i. d. R. anwendungsspezifisch definiert werden. Der Komponente sind in diesem Fall alle erforderlichen und optionalen Metadaten inklusive ihrer Formate und eventueller Eingabebeschränkungen zu übergeben. So sollten beispielsweise aus dem WM-System stammende Auflagen der Art „Angabe der Autorenschaft über 3-Zeichen-Mitarbeiterkürzel" nicht verletzt werden.

An eine Einstellung neuer Inhalte in ein WM-System sind oftmals neben inhaltlichen auch technische Metadaten geknüpft, etwa zur Definition von Benutzern oder zur Angabe von Zugriffsbeschränkungen. Auch der **Austausch technischer Metadaten** kann der Middleware-Komponente als Funktion zugeordnet werden. Bei der Realisierung müssen jedoch damit verbundene Sicherheitsanforderungen adressiert werden. Beispielsweise sollte jegliche Einwirkungsmöglichkeit auf den Austausch von Zugriffsrechtsdaten unterbunden werden.

Wie bereits in 2.2 diskutiert, kann es sinnvoll sein, BI-Inhalte mit **Freitextbeschreibungen** zu annotieren, etwa um ergänzende Hinweise zur Einsetzbarkeit abzulegen. Auch deren Eingabe kann in der Middleware-Komponente realisiert werden.

Um den Prozess der Übergabe der BI-Inhalte an das WM-System ganzheitlich unterstützen zu können, sollte über die Middleware-Komponente schließlich auch die **Parametrisierung der Templates** erfolgen, d. h. die Angabe einsatzspezifischer Variablen. Abb. 3 zeigt die Funktionen der Middleware-Komponente bei der Einstellung neuer Inhalte im Überblick.

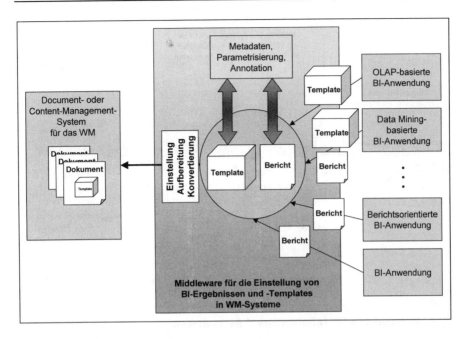

**Abb. 3: Einstellung von BI-Inhalten in WM-Systeme**

## 4.2 Abruf von BI-Inhalten aus dem WM-System

Identifiziert ein Benutzer mit dem WM-System ein ihn interessierendes Template bzw. einen zu modifizierenden Ergebnisbericht, so müssen die entsprechenden Daten an die relevante BI-Analyseanwendung zurückgegeben werden.

Die Middleware-Komponente kann diese Aufgabe dadurch unterstützen, dass sie alle notwendigen **Formatkonvertierungen** durchführt, die relevante Analyseanwendung öffnet und diese gemäß den hinterlegten Vorgaben **vorkonfiguriert**.

Bei Templates sind zuvor für alle als variabel gekennzeichneten Parameter vom Benutzer die **relevanten Parameterwerte abzufragen**. Im Rahmen der Realisierung ist darauf zu achten, dass lediglich Werte gewählt werden dürfen, die tatsächlich der zugehörigen Domäne entsprechen und den Constraints des zugrunde liegenden Datenmodells genügen. Abb. 4 zeigt die Funktionen der Middleware-Komponente beim Abruf von BI-Inhalten.

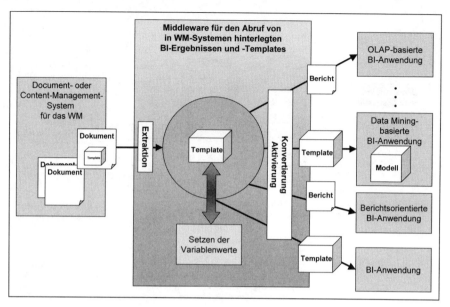

Abb. 4: Abruf von BI-Inhalten aus WM-Systemen

## 5 Flankierende organisatorische Maßnahmen

Soll eine Lösung wie die oben diskutierte erfolgreich zum Einsatz kommen, so sind neben technischen eine Reihe organisatorisch-personeller Herausforderungen zu antizipieren.

Im Folgenden wird speziell auf die Notwendigkeit von Anreizkonzepten zur Sicherstellung der Wissensweitergabe, auf definierte Prozesse zur Gewährleistung der Qualität verbreiteter BI-Inhalte sowie auf eine Integration von Betriebsstrukturen eingegangen. In allen Fällen ist ein Aufsetzen auf bereits implementierte und etablierte Konzepte für WM-Systeme mit Content- und Document-Management-Funktionalität nahe liegend – sind diese doch bereits auf die Verwaltung und Verteilung von Wissensinhalten ausgerichtet.

### 5.1 Anreiz-Konzepte

Eine Kernproblematik im WM ist die Motivation der Benutzer zur Explikation und Verteilung ihres Wissens – eine tragfähige Lösung erfordert i. d. R. flankierende organisatorische Maßnahmen zur Förderung der Wissensweitergabe, insbesondere in Form von Anreiz-Konzepten [KiMa02]. Wird die Verbreitung von BI-Content angestrebt, so ist eine Ausweitung entsprechender Konzepte auf die neuen Inhalte anzuraten. Auch mit komfortablen Funktionen zur Generierung und Verfügbarmachung von Ergebnissen und Templates verbleibt Aufwand auf Seiten des einstellenden Benutzers – die weiterzugebenden Inhalte müssen auf Verständlichkeit und ausreichende formale Aufbereitung geprüft, evtl. annotiert sowie sinnvoll parametrisiert werden. Darüber hinaus ist das Dokument für die Weiterverwendung gemäß den Vorgaben aus dem WM-System mit inhaltlichen Metadaten zu verschlagworten.

## 5.2 Definierte Prozesse für Einstellung, Nutzung und Entfernung von Inhalten

Eine Nutzung der Funktionalität von Content- und Document-Management-Systemen für Zugriffskontrolle, Workflows und Lebenszyklus-Management ist nur dann sinnvoll, wenn dahinter organisatorisch verbindliche Prozesse gelegt werden. Die zugehörigen Prozessdefinitionen müssen die Einstellung der BI-Inhalte mit umschließen [Maie04] – und haben dabei eventuellen Besonderheiten aus dem BI Rechnung zu tragen. Ein Beispiel für eine derartige Besonderheit ist die Parametrisierung der Templates: Es muss klar geregelt werden, welche Stellen tatsächlich für die Parametrisierung verantwortlich gemacht werden: Ausschließlich der ursprüngliche Analysenutzer, eine für den BI-Betrieb zuständige Stelle mit Expertenwissen oder eine Stelle, die primär im Wissensmanagement aufgehängt ist?

## 5.3 Strukturen für den Betrieb der Lösungen

Neben der in den Prozessdefinitionen kristallisierten ablauflogischen Sicht erfordert der effektive Betrieb der Lösung definierte Verantwortungs-, Hierarchie- und Kommunikationsstrukturen, d. h. es bedarf aufbauorganisatorischer Reglungen. Dies betrifft beispielsweise explizite Rollen und Verantwortlichkeiten für die Sicherstellung der Qualität eingestellter Inhalte, für das Controlling der Wirtschaftlichkeit des Ansatzes wie auch für technische Wartung und den Support [Maie04].

Auch hier sollten BI-spezifische Charakteristika berücksichtigt werden. Insbesondere ist eine Abstimmung der Organisationseinheiten erforderlich, die jeweils für die BI-Systeme, für die WM-Systeme oder für den allgemeinen IT Betrieb zuständig sind.

## 6 Zusammenfassende Bewertung

Der beschriebene Ansatz ist mit einer Reihe technischer und organisatorischer Herausforderungen verbunden.

**Technisch** muss insbesondere die beschriebene Middleware realisiert werden, was eine Zusammenführung unterschiedlichster Schnittstellen und Formate verlangt. Weiterhin ist zu berücksichtigen, dass keine einheitliche Programmierschnittstelle für die diversen Analyseprodukte existiert und diese zudem unterschiedlichen Architekturmodellen folgen. Ein browserbasiertes OLAP-System muss primär über die Serverseite angesprochen werden, eine als „Rich-Client" ausgelegte Data-Mining-Software hingegen erfordert Zugriff über Komponenten auf dem Rechner des Benutzers. Die Umsetzung des diskutierten Ansatzes erfordert insofern ein sauberes verteiltes Design.

**Organisatorisch** sind die im vorangegangenen Abschnitt diskutierten Fragen hinsichtlich der Ausgestaltung von Anreizkonzepten, Qualitätssicherung und Verantwortlichkeiten zu berücksichtigen.

Der potenzielle **Nutzen** des hier vorgestellten Ansatzes besteht primär in einer gleichsam kontrollierten und einfachen organisationsweiten Verbreitung und Weiterverwendung von Berichten und Analyseansätzen sowie in einer Einsparung manueller Schritte bei der mehrfachen Durchführung ähnlicher Analysen. Zudem werden über Templates systematisch best practices bei der Datenanalyse und -aufbereitung im Unternehmen diffundiert.

Unabhängig von der konkreten technischen Realisierung wird eine Auseinandersetzung mit einem entsprechend verstandenen „Wissensmanagement für das BI" aufgrund der zunehmenden Ausweitung des Business Intelligence auf immer mehr Anwendungsbereiche und Benutzergruppen zunehmend an Bedeutung gewinnen.

## Literatur

[Alte03] Alter, A.: Business Intelligence – Are Your BI Systems Making You Smarter? In: CIO Insight 05/2003, S. 77 - 85.

[BaSc05] Bange, C.; Schwalm, S.: XML-Einsatz in Business-Intelligence-Systemen – eine systematische Übersicht. In: Schelp, J.; Winter, R. (Hrsg.): Auf dem Weg zur Integration Factory – Proceedings der DW2004 – Data Warehousing und EAI, Heidelberg 2005.

[BeKn02] Becker, J.; Knackstedt, R.; Serries, T: Informationsportale für das Management – Integration von Data-Warehouse- und Content-Management-Systemen. In: von Maur, E.; Winter, R. (Hrsg.): Vom Data Warehouse zum Corporate Knowledge Center – Proceedings der Data Warehousing 2002, Heidelberg 2002, S. 241 - 261.

[CoKr02]    Cody, W. F.; Kreulen, J. T.; Krishna, V.; Spangler, W. S.: The Integration of Business Intelligence and Knowledge Management. In: IBM Systems Journal, Vol. 41 (2002), Nr. 4, S. 697 - 713.

[Gluc01]    Gluchowski, P.: Business Intelligence – Konzepte, Technologien und Einsatzbereiche. In: HMD Praxis der Wirtschaftsinformatik, 2001, Nr. 222, S. 5 - 15.

[GöSc01]    Götzer, K.; Schneiderach, U.; Maier, B.; Boehmelt, W.; Komke, T.: Dokumentenmanagement – Informationen im Unternehmen effizient nutzen, 2. Aufl., Heidelberg 2001.

[Greg02]    Gregorzik, S.: Multidimensionales Knowledge Management. In: Hannig, U. (Hrsg.): Knowledge Management und Business Intelligence, Berlin u. a. 2002, S. 43 - 51.

[GrDi04]    Gronau, N.; Dilz, S.; Kalisch, A.: Anwendungen und Systeme für das Wissensmanagement – ein aktueller Überblick, Berlin 2004.

[GrGe01]    Grothe, M.; Gentsch, P.: Business Intelligence – Aus Informationen Wettbewerbsvorteile gewinnen, München 2001.

[Haak02]    Haak, L.: Konzeption zur Integration eines Data Warehouse mit Wissensmanagementsystemen. In: von Maur, E.; Winter, R. (Hrsg.): Vom Data Warehouse zum Corporate Knowledge Center – Proceedings der Data Warehousing 2002, Heidelberg 2002, S. 301 - 317.

[HaZw02]    Hannig, U.; Zwerger, G.: Der Nutzen von Knowledge Management. In: Hannig, U. (Hrsg.): Knowledge Management und Business Intelligence, Berlin u. a. 2002, S. 63 - 75.

[KeMe04]    Kemper, Hans-Georg; Mehanna, Walid; Unger, Carsten: Business Intelligence – Grundlagen und praktische Anwendungen, Wiesbaden 2004.

[KeBa05]    Kemper, Hans-Georg; Baars, Henning: Integration von Wissensmanagement- und Business-Intelligence-Systemen. In: Foschiani, S.; Habenicht, W.; Wäscher, G. (Hrsg.): Strategisches Wertschöpfungsmanagement in dynamischer Umwelt - Festschrift für Erich Zahn, Frankfurt u. a., S. 117 - 137.

[KiMa02]    King, W. R.; Marks, P. V.; McCoy, S.: The Most Important Issues In Knowledge Management. In: Communications of the ACM, Vol. 45, No. 9 (Sept. 2002), S. 93 - 97.

[KlMe03]    Klesse, M.; Melchert, F.; von Maur, E.: Corporate Knowledge Center als Grundlage integrierter Entscheidungsunterstützung. In: Reimer, U.; Abdecker, A.; Staab, S.; Stumme, G. (Hrsg.): WM 2003 – Professionelles Wissensmanagement – Erfahrungen und Visionen, Bonn 2003, S. 115 - 126.

[Maie04]    Maier, R.: Knowledge Management Systems – Information and Communication Technologies for Knowledge Management, 2. Aufl., Berlin u. a. 2004.

[PrRa03]  Probst, G.; Raub, S.; Romhardt, K.: Wissen managen – Wie Unternehmen ihre wertvollste Ressource effektiv nutzen, 4. Aufl., Wiesbaden 2003.

[PrPe03]  Priebe, T., Pernul; G., Krause, P.: Ein integrativer Ansatz für unternehmensweite Wissensportale. In: Uhr, W.; Esswein, W.; Schoop, E. (Hrsg.): Wirtschaftsinformatik 2003 – Medien - Märkte - Mobilität, Bd. II., Heidelberg 2003, 277 - 291.

# Anmerkungen

[1] Erste Ansatzpunkte hierzu finden sich z.B. in [KlMe03] oder [KeMe04].

[2] Document-Management-Systeme stellen primär Funktionen zur Integration von Papierdokumenten sowie für die Dokumentenarchivierung in den Mittelpunkt, während bei Content-Managment-Systemen auf die Zusammenstellung und Publikation von Inhalten über unterschiedliche Ausgabemedien abgestellt wird, was eine Trennung von Layout und Inhalt sowie definierte Redaktionsprozesse erfordert. Die beiden Systemtypen wachsen jedoch aufgrund ihrer ähnlichen Grundausrichtung zunehmend zusammen [GrDi04].

# „Real"-Time Warehousing und EAI

## JOACHIM SCHELP

## Abstract

Unter den Stichworten "Real-Time-" bzw. "Near-Time-Warehousing" sowie Active Warehousing werden Konzepte diskutiert, die auf eine Beschleunigung der Informationsverarbeitungsprozesse abzielen. Dieser Beitrag untersucht, inwieweit eine solche Beschleunigung bei herkömmlichen Data Warehouse-Architekturen möglich ist und zeigt kritisch auf, welche weiteren Verbesserungen unter Zuhilfenahme der unter dem Stichwort Enterprise Application Integration (EAI) diskutierten Ansätze möglich sind.

## Inhalt

| 1 | Einführung | 425 |
|---|---|---|
| 2 | Verringerung der Latenzzeiten | 426 |
| 3 | Beschleunigungspotenziale im Data Warehouse | 430 |
| 4 | Enterprise Application Integration | 432 |
| 5 | Kombination von DW und EAI | 433 |
| 6 | Grenzen und Ausblick | 435 |

## 1 Einführung

Data Warehouse-Systeme stellen das Rückgrat analyseorientierter Systeme dar, die das Management mit entscheidungsrelevanten Informationen versorgen sollen. Unter den Stichworten Real-Time Warehouse, Right-Time Warehouse oder auch Active Warehouse werden Konzepte verfolgt, die zu einer schnelleren Informationsversorgung führen sollen, als „klassische", d. h. bisherige Data Warehouse-Konzepte. In diesem Beitrag werden daher diese Konzepte hinterfragt und ihre Auswirkungen auf die Data Warehouse-Konzeption diskutiert.

Zunächst muss der Begriff Real-Time Warehousing relativiert werden. Auch wenn er durch die Marketing-Aktivitäten einiger Anbieter in die Diskussion gebracht wurde, verbirgt sich dahinter weniger eine Echtzeit-Informationsversorgung im Wortsinne. Treffender ist eher die Bezeichnung „Right-Time Warehousing", die auf die für den jeweiligen Sachverhalt angemessene Geschwindigkeit der Informationsversorgung abstellt [Brob05]. Die sich daraus ergebende sinnvolle Zeitspanne vom Eintreten eines Ereignisses bis zum Treffen einer Maßnahme kann dabei durchaus im Minuten- oder Stundenbereich liegen, wie dies Beispiele aus der Luftfahrtindustrie [Brob02; WiWa04] nahe legen, aber eben auch im Bereich von Tagen, Wochen oder Monaten.

Ein Active Data Warehouse (ADW) unterscheidet sich vom herkömmlichen Data Warehouse dadurch, dass bei Vorliegen bestimmter Bedingungen die Benutzer automatisch durch das analyseorientierte Informationssystem darüber in Kenntnis gesetzt werden (Push-Prinzip) [Feld02a]. In der Regel wird dabei unterstellt, dass auch ein Active Data Warehouse zu einer zeitnahen Informationsversorgung der Entscheidungsträger beiträgt [Feld02a]. Die Umsetzung kann beispielsweise erfolgen, indem die auf das Data Warehouse aufsetzenden OLAP-Systeme mit entsprechenden aktiven Regeln ausgestattet werden [ThSM01]. Seitens der verschiedenen Hersteller findet sich oft auch die Verbindung von Real-Time-, Right-Time- und Active Warehousing, ohne dass aber deutlich wird, was genau gemeint ist.

## 2 Verringerung der Latenzzeiten

Bei den Ansätzen für ein Real-Time Warehouse (RTW) wird nicht selten unterstellt, dass eine Beschleunigung der Entscheidungsprozesse für die Unternehmung von Vorteil ist. Dabei wird angenommen, dass der Wert einer Maßnahme umso größer ist, je früher sie ergriffen wird. Folglich muss darauf abgestellt werden, die Zeitspanne zu verkürzen, die zwischen einem eingetretenen Ereignis und dem Zeitpunkt der getroffenen Maßnahme liegt. In der weiteren Diskussion findet nur eine generelle Betrachtung statt: die Zeiträume bis zum Eintreten der Wirkung einer Maßnahme können nicht berücksichtigt werden, da sie maßnahmenspezifisch sind. Der zu analysierende Zeitraum beschränkt sich damit auf die Aktionszeit, wie sie in Abb. 1 im Data Warehouse-Kontext skizziert ist. Die Darstellung in Abb. 1 ist dabei idealtypisch und damit nicht unproblematisch. Dennoch werden anhand ihrer zunächst kurz die grundlegenden Zusammenhänge erläutert. Im Anschluss daran erfolgt dann eine Kritik dieser Darstellung und der ihr zugrunde liegenden Annahmen.

Die Aktionszeit umfasst die Zeit zwischen dem Eintreten eines Ereignisses und dem Treffen einer entsprechenden Maßnahme. Eine erste Unterteilung der Aktionszeit kann in die Abschnitte Organisatorische Latenz I, Infrastrukturlatenz I, Infrastrukturlatenz II und Organisatorische Latenz II erfolgen.

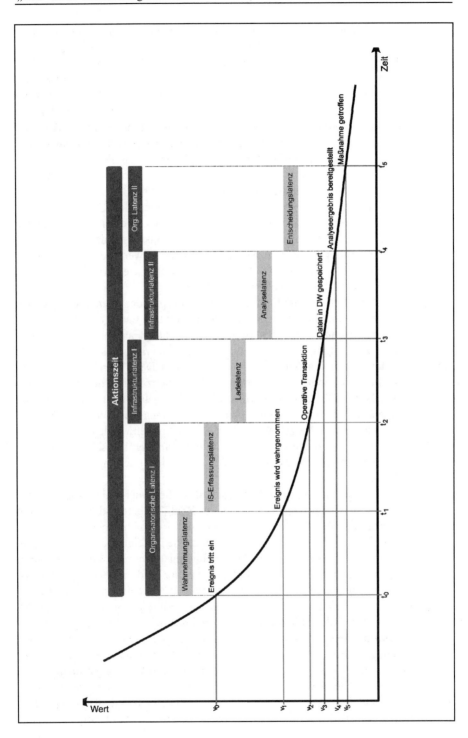

**Abb. 1: Latenzzeiten**

Die Organisatorische Latenz I besteht wiederum aus den Zeitabschnitten Wahrnehmungslatenz und IS-Erfassungslatenz. Zwischen dem Auftreten eines Ereignisses und der Wahrnehmung des Ereignisses durch ein Unternehmen vergeht in der Regel ein nicht unbeträchtlicher Zeitraum. Bis dieses dann in den Informationssystemen des Unternehmens vermerkt wird, vergeht wiederum einige Zeit. Resultiert das Ereignis aus den primären Geschäftsaktivitäten des Unternehmens, darf angenommen werden, dass diese entsprechend der Geschwindigkeit der operativen Informationssysteme der Unternehmung wahrgenommen und erfasst werden. Bei für Unternehmensentscheidungen relevanten Ereignissen, die jedoch nicht unmittelbar in den Markttransaktionen des Unternehmens erfasst werden, sind zum Teil erhebliche Verzögerungen zu erwarten. Die Berücksichtigung externer Daten in den Managementunterstützungssystemen der Unternehmen ist trotz aller Anstrengungen der vergangenen Jahre immer noch in den Anfängen begriffen. Konzepte wie Web Farming oder Redaktionsleitstände setzen immer noch manuell angestoßene Suchprozesse und manuelle Bewertungen der gefundenen Daten voraus. Jüngere, stärker automatisierte Ansätze wie z. B. von [Feld02b] stehen erst am Beginn ihrer Rezeption in der Praxis.

Die Infrastrukturlatenz I stellt auf das Zusammenspiel der operativen Systeme und der Werkzeuge ab, mit denen das Transformieren und Laden der Daten in das Data Warehouse erfolgt. Die Infrastrukturlatenz II hängt anschließend von der Struktur und Geschwindigkeit der Analyseprozesse innerhalb des entscheidungsunterstützenden Systems ab, mithin vom Aufbau des Data Warehouse-Gesamtsystems. Schließlich stimmt die organisatorische Latenz II mit der eigentlichen Entscheidungslatenz überein: Die vom entscheidungsunterstützenden System bereitgestellten Informationen stehen dem Entscheidungsträger zur Verfügung, die notwendigen Entscheidungen müssen nur noch getroffen werden.

Die in der Abb. 1 gezeigte Situation ist in zwei Punkten kritisch zu hinterfragen: Zum einen der Verlauf der Kurve, zum anderen die Verteilung der Latenzzeiten im Zeitablauf.

Zunächst muss davon ausgegangen werden, dass die in der Abbildung gezeigte Gleichverteilung der Latenzzeiten nicht mit der Realität übereinstimmt. Vielmehr ist anzunehmen, dass die Zeitpunkte branchen- und unternehmensspezifisch verteilt sind, wenn sie nicht gar vom Typ des einzelnen Ereignisses abhängen. So kann angenommen werden, dass die Wahrnehmungslatenz im Wertpapiermarkt recht gering ist, die Organisatorische Latenz I bei der Änderung eines Bahnfahrplans durch ein Logistikunternehmen aber deutlich länger sein kann, da zwischen dem Zeitpunkt der Bekanntgabe der Änderung des Fahrplans und dem Zeitpunkt des Wirksamwerdens der Fahrplanänderung mehrere Monate liegen können und die diese Information nachfragende Unternehmung sich vielleicht nur periodisch über Änderungen orientiert und diese dann zu kalenderfixen Terminen in das Informationssystem einpflegt, was für diese konkrete Entscheidungssituation aber auch völlig ausreichend wäre. Die das Informationssystem selbst betreffenden Latenzzeiten hängen speziell von den gegebenen operativen und analyseorientierten Systemen ab, ebenso ist die organisatorische Latenz II eher als unternehmensindividuell anzunehmen.

Für eine Optimierung müsste zunächst entsprechend unternehmensindividuell analysiert und gemessen werden, wie die organisatorischen und infrastrukturellen Latenzen beschaffen sind. Ist dies im Fall der operativen und der analyseorientierten Systeme zumindest prinzipiell leicht technisch erfassbar und auswertbar, so stellt sich dies bei den organisatorischen Latenzen anders dar. In vielen Unternehmen werden zwar im Rahmen der ISO-Zertifizierungen die Prozesse erfasst, doch bleibt offen, inwieweit auch Detailinformationen wie Prozesszeiten erfasst werden und ob diese in einer leicht auswertbaren Form zur Verfügung stehen.

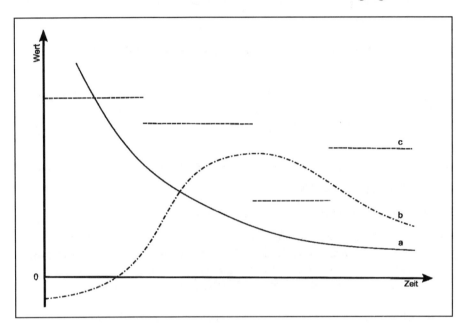

**Abb. 2: Alternative Kurvenverläufe für den Wert einer Information im Zeitablauf**

Kritisch zu hinterfragen ist ebenso der in Abb. 1 gezeigte Kurvenverlauf, der in Abb. 2 als Fall (a) wiedergegeben ist. In dieser Form kann er beispielsweise für den Wertpapiermarkt unterstellt werden. Je früher dort eine Information bei Handelstransaktionen berücksichtigt werden kann, desto größer ist ihr Nutzen: Es können höhere Kursgewinne realisiert werden, je früher ein Papier gekauft wird, oder es können Verluste vermieden werden, je eher ein Papier verkauft werden kann, was in beiden Fällen bei sich ändernden Marktdaten angezeigt sein kann. Der Kurvenverlauf kann in anderen Situationen aber auch gänzlich anders verlaufen. Der beschriebene Fall ist modifiziert auch sprungfix wie in (c) denkbar. Der Wert der Information bleibt für bestimmte Zeitabschnitte gleich, sinkt jeweils oder nimmt wie im skizzierten Verlauf (c) später sogar wieder zu. Ebenfalls ist denkbar, dass wie im Fall (b) der Wert der (zu) frühen Information negativ ist, beispielsweise wenn anfangs nur diese eine Information zur Verfügung steht, aber weitere Informationen wie z. B. Reaktionen der anderen Marktteilnehmer noch nicht bekannt sind. Im weiteren Verlauf steigt der Wert der Information an, um dann wieder zu verlieren.

Im Weiteren wird der Einfachheit halber weiterhin vom unterstellten Fall (a) ausgegangen. Die Überlegungen der nachfolgenden Abschnitte sind zwar weitgehend unabhängig vom Kurvenverlauf, aber unternehmensspezifisch muss hinterfragt werden, welche der möglichen Maßnahmen angesichts des zu erwartenden Nutzens gerechtfertigt sind.

## 3 Beschleunigungspotenziale im Data Warehouse

Im Übergang von den operativen Vorsystemen zum Data Warehouse sowie innerhalb des Data Warehouse selbst bestehen verschiedene Möglichkeiten, zur Beschleunigung des Entscheiderinformationsprozesses beizutragen. Zu unterscheiden sind:

- Extraktion der Daten aus den Vorsystemen und Laden in das Data Warehouse,
- Verarbeitung im Data Warehouse,
- Verarbeitung in den Analysesystemen.

Die Extraktion der Daten aus den Vorsystemen sowie ihre Aufbereitung für das Laden in das Data Warehouse findet in der Regel periodisch statt und beansprucht in Abhängigkeit vom zu bearbeitenden Datenvolumen einige Zeit. Eine Beschleunigung kann somit erfolgen, indem die Ladefrequenzen erhöht und/oder die Ladezeit verkürzt wird.

Jedoch sind Restriktionen seitens der Vorsysteme zu berücksichtigen: So kann nicht beliebig auf die Vorsysteme zugegriffen werden, insbesondere wenn es sich um größere Datenvolumina handelt. Die wohl eher auf atomare Transaktionen hin optimierten Vorsysteme verfügen nicht zu jedem Zeitpunkt über die Kapazität, direkt umfangreichere Datenexporte vorzunehmen. Dieser Engpass kann umgangen werden, indem kein direkter „bulk load" durchgeführt, sondern nur das Delta zum vorhergehenden Ladeprozess extrahiert wird. Einen „bulk load" häufiger durchzuführen verbietet sich oftmals aus Kapazitätsgründen der betreffenden Vorsysteme. Für die Extraktion des Deltas bieten sich verschiedene Maßnahmen an, die in Teilen unabhängig von Kapazitätsbeschränkungen der Vorsysteme (im Sinne der Applikationen) sind: Können die Vorsysteme verändert werden, so wäre eine Datenübergabe an das Data Warehouse mit jeder einzelnen Transaktion möglich, um die Last zu verringern. Kann eine solche Veränderung in der Applikation selber nicht vollzogen werden, so wäre es möglich, auf der Ebene der zugehörigen (relationalen) Datenbank die relevanten Datenbank-Transaktionen zu protokollieren bzw. über Datenbank-Trigger die Daten an die ETL-Komponenten weiterzureichen. Darüber hinaus ist auch ein Auswerten der Logdateien der betreffenden Datenbanksysteme oder ein Vergleich der Snapshots zwischen zwei Ladezeitpunkten möglich [Müll00].

Aber auch wenn die relevanten atomaren Daten bzw. deren Änderungen kontinuierlich an das Data Warehouse bzw. die diesem vorgelagerte Extraktions- und Ladekomponenten weitergereicht werden könnten, sind weitere Restriktionen zu berücksichtigen. Denn es sind auch die Abhängigkeiten zwischen den verschiedenen Vorsystemen zu beachten. Die Struktur des Data Warehouse-Datenbestandes ist im Gegensatz zu den operativen Vorsystemen subjektorientiert [Inmo96] und wird hergestellt, indem die relationale Struktur der operativen Daten aufgebrochen [ScBa99] und in Teilen auch Daten aus den Vorsystemen miteinander verknüpft werden, bevor die Übertragung in das Data Warehouse erfolgt. Jedoch stehen nicht zu jedem Zeitpunkt die notwendigen Daten aus den beteiligten Vorsystemen zur Verfügung, um einen für das Data Warehouse vollständigen Datensatz zu bilden.

Schließlich müssen als weitere Restriktion auch die ETL-Werkzeuge und die Data Warehouse-Datenbank selbst hinsichtlich ihrer Extraktions-, Transformations- und Ladekapazitäten bedacht werden. Wenn gemischte ETL-Formen aufgrund unterschiedlicher Aktualitätsanforderungen an die Teildatenbestände zum Einsatz kommen, müssen diese jeweils einzeln und gesamt entsprechend berücksichtigt werden. Im Zweifel stehen zu bestimmten Zeitfenstern keine Near-Real Time-Analysen zur Verfügung, da die am ETL-Prozess beteiligten Komponenten durch einen der verbliebenen „bulk load"-Prozesse blockiert sind. Auch dürfen die mitunter komplexen Transformations- und Integrationsprozesse nicht unterschätzt werden. Bei häufiger stattfindenden Ladeprozessen können trotz der kleineren Datenvolumina die für die Integration der Daten notwendigen Operationen immer noch komplex, rechen- und damit zeitintensiv sein, so dass die Verarbeitungskapazitäten schnell erschöpft sind.

Das geeignete Vorgehen besteht hinsichtlich des ETL-Prozesses darin, ausgehend von den Aktualitätsanforderungen an die Teildatenbestände des Data Warehouse diejenigen Quellsysteme zu identifizieren, die für die Aktualisierung des jeweiligen Data Warehouse-Datenobjekts anzufragen sind. Dann sind die jeweiligen Extraktions-, Transformations- und Ladeprozesse zu identifizieren, auf eine Erhöhung der Frequenz hin zu untersuchen und diese Maßnahmen mit den Kapazitäten der beteiligten Systeme abzugleichen.

Innerhalb des Data Warehouse – hierunter seien die eigentliche Data Warehouse-Datenbank sowie die mehrdimensional strukturierten Excerpte z. B. in Form von OLAP-Würfeln bzw. Data Marts zusammengefasst – finden gleichfalls Transformations- und Ladeprozesse statt. Sofern die mit analyseorientierten Daten zu versorgenden Systeme nicht direkt aus der Data Warehouse-Datenbank bedient werden, sind in der Transformation zu den betreffenden Würfeln/Data Marts wiederum Frequenz und Datenvolumina wie die Verarbeitungskapazitäten der betreffenden Systeme auf Beschleunigungspotenziale zu prüfen.

Das gleiche gilt für die auf das Data Warehouse (incl. OLAP-Würfel) zugreifenden Auswertungssysteme. Da diese aber als Frontend-Systeme in der Regel direkt auf die betreffenden Datenbanken zugreifen, ist ein Beschleunigungspotenzial an dieser Stelle nur bedingt gegeben und kann nur applikationsspezifisch beurteilt werden.

## 4 Enterprise Application Integration

Zur Verbindung operativer Systeme untereinander sind in den letzten Jahren Enterprise Application Integration (EAI) Werkzeuge eingeführt worden. Dieser Schritt war in vielen Unternehmen notwendig, um der zunehmenden Schnittstellenkomplexität zu begegnen und die historisch gewachsene Zahl von Punkt-zu-Punkt-Verbindungen zwischen den operativen Systemen zu verringern. Zentrale Maßnahme ist der Aufbau einer Integrationsinfrastruktur, die – gelegentlich als Hub oder als Bus bezeichnet – zwischen die zu verbindenden Systeme geschaltet wird und dabei die Rolle des Vermittlers übernimmt. Dadurch, dass im Idealfall alle Systeme mit dieser zentralen Infrastruktur verbunden sind und über diese ihre Daten austauschen, kann die Anzahl der Schnittstellen verringert werden. Voraussetzung ist allerdings, dass die betreffenden Daten nicht nur einmal zwischen lediglich zwei Systemen auszutauschen sind. Eine Kostensenkung hinsichtlich des Schnittstellenaufwandes kann realisiert werden, wenn die Anzahl der zu erstellenden und zu pflegenden Schnittstellen tatsächlich sinkt. Da viele am Markt verfügbare EAI-Systeme mit zahlreichen Standard-Adaptern für eine Vielzahl von Systemen ausgestattet sind, sollte in vielen Fällen eine Verringerung des Aufwands gegenüber den selbst zu erstellenden und zu pflegenden 1:1-Verbindungen möglich sein. Auch dann, wenn die Verringerung der Schnittstellen im theoretisch denkbaren Umfang (von $n*(n-1)$ auf $2*n$ Schnittstellen mit n als Anzahl der Applikationen) in der Praxis kaum erreicht wird. Zusätzlich ist von Vorteil, dass diese Systeme nicht selten mit eigenen Management-Werkzeugen ausgestattet sind, welche die Anpassung und das Monitoring der Schnittstellen auf komfortablem Niveau ermöglichen und so gleichfalls zur Reduktion der Integrationskomplexität beitragen. Sie fördern damit die weitere Prozessautomation im Unternehmen, da die Medienbrüche zwischen den Systemen verringert werden können.

Eine im Vergleich zu den ETL-Werkzeugen im Data Warehouse-Umfeld interessante Besonderheit ist allerdings, dass in dieser Integrationsinfrastruktur in der Regel keine Transformation stattfindet, die über Formatänderungen der auszutauschenden Daten hinausgeht. EAI-Systeme sind dafür ausgelegt, häufig kleinere Datenmengen zwischen einer Vielzahl von Systemen auszutauschen und unterschiedliche Schnittstellen- und Zugriffsformate bedienen zu können. Die Datenpakete werden isoliert voneinander verteilt, eine Bereinigung auf semantischer Ebene oder gar eine Integration ist nicht das Ziel.

Bezogen auf die eingangs diskutierten Latenzzeiten bieten EAI-Systeme die Möglichkeit, an der Infrastrukturlatenz I anzusetzen und den Abgleich zwischen den Systemen zu beschleunigen: Die EAI-Infrastruktur fügt das Data Warehouse als weiteren Empfänger eines über die Infrastruktur ausgetauschten Datensatzes der Verteilerliste hinzu. Die Austauschprozesse zwischen den operativen Systemen sind davon nicht betroffen, es wird in diesen keine weitere Last erzeugt. Kann das Data Warehouse fortlaufend aktualisiert werden, so kann es direkt Empfänger der Datenänderungen sein. Ist dies – z. B. aus Kapazitätsgründen oder wegen (noch) nicht erfüllter Abhängigkeiten zwischen den Eingangsdaten – nicht möglich, so kann ein dem Data Warehouse vorgelagertes ODS (Operational Data

Store) als Zwischenspeicher dienen, aus dem heraus die ETL-Prozesse mit den Änderungsdaten versorgt werden.

## 5 Kombination von DW und EAI

Die angesprochenen unterschiedlichen Zielsetzungen von Data Warehouse- und EAI-Systemen spiegeln sich in den unterschiedlichen Leistungsprofilen wider, wie sie Abb. 3 zeigt.

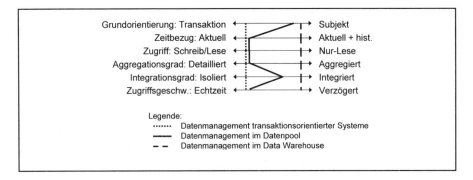

**Abb. 3: EAI und Data Warehouse-Profile (in Anlehnung an [Wint00])**

Diese unterschiedlichen Profile können jedoch miteinander verbunden werden, um die Ergebnisse der analyseorientierten Systeme operativen Prozessen mit minimalen systembedingten Latenzzeiten zur Verfügung zu stellen. Im Folgenden sei dies am Beispiel eines CRM-Systems skizziert.

In Abb. 4 ist eine Data Warehouse-Architektur unter Berücksichtigung einer EAI-Infrastruktur und eines Operational Data Store aufgeführt: Datenänderungen im Austausch zwischen den Systemen werden von der EAI-Infrastruktur zusätzlich an den Operational Data Store weitergereicht. Zusätzlich sei angenommen, dass im ODS alle Daten zwischengespeichert werden, die später in das Data Warehouse übernommen werden. Entsprechend ist eine weitere ETL-Schicht vor das ODS geschaltet, die erste Bereinigungen der eingefügten Daten vornimmt. Folglich sind im Idealfall die noch durchzuführenden Operationen bei der Überführung der ODS-Daten in das Data Warehouse weniger komplex und können schneller ausgeführt werden. Das CRM-System ist nun einerseits direkt an der EAI-Infrastruktur angebunden, um z. B. Stammdaten oder im ODS/Data Warehouse nicht mitgeführte Detaildaten aus den Vorsystemen abfragen zu können. Zusätzlich ist es mit dem Operational Data Store verbunden sowie mit den auf dem Data Warehouse aufsetzenden Analysesystemen – hier mit einem OLAP-Tool.

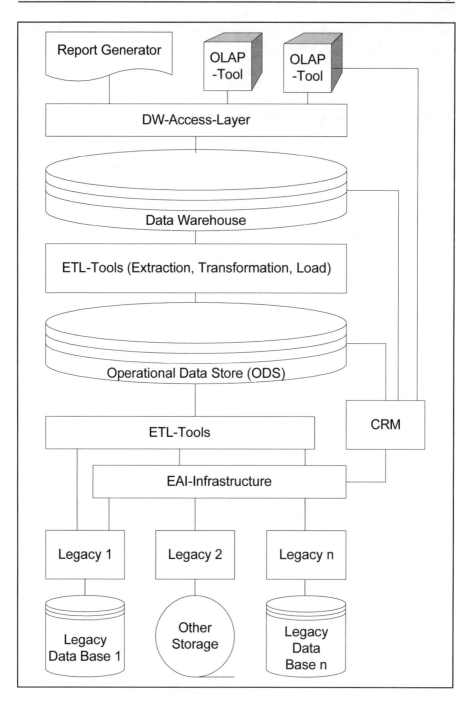

**Abb. 4: Near-Real-Time Warehousing mit EAI**

Die Anbindung an die EAI-Infrastruktur und den Operational Data Store bietet dabei sogar die Möglichkeit, seitens des CRM-Systems nicht nur lesend, sondern auch schreibend auf diese Systeme zugreifen zu können, was bei einer Anbindung lediglich an das Data Warehouse nur schwer zu realisieren wäre. So könnten aktuelle Vorfälle aus dem CRM-System ebenfalls zeitnah für weitere Analysen zur Verfügung gestellt werden. Hinsichtlich der Verringerung der Infrastrukturlatenzen I und II bietet diese Gesamtarchitektur den Vorteil, die spezifischen Vorteile der EAI- und ETL-Systeme nutzen zu können: Über die EAI-Infrastruktur und den ODS können fortlaufende Aktualisierungen zwischen den Systemen zeitnah erfasst werden, über die ETL-Infrastruktur können größere Datenvolumina en block aus dem ODS ohne Belastung der Vorsysteme auch hochfrequent gelesen und transformiert werden. Diese Kombination birgt das Potenzial, die Infrastrukturlatenzen I und II zu minimieren.

## 6 Grenzen und Ausblick

Bei der Gestaltung eines so umfassenden Informationslogistikkonzepts muss allerdings berücksichtigt werden, dass die für die Umsetzung zur Verfügung stehenden Technologien mit unterschiedlichen Reifegraden versehen sind. Data Warehouse-Systeme und die auf sie zugeschnittenen ETL-Werkzeuge können als ausgereift gelten [Schi00; ScBa99]. Im EAI-Umfeld sind sowohl Vertreter reifer Werkzeuge (v. a. im Bereich Message Oriented Middleware) wie neuer Technologien vertreten, entsprechend haben die Werkzeuge unterschiedliche Reifegrade. Es ist zwar zu beobachten, dass sich die ETL- und EAI-Werkzeuge funktional aufeinander zu bewegen (z. B. Möglichkeiten komplexerer Transformationsregeln in den EAI-Systemen integriert werden) und die Hersteller versuchen, ihre Werkzeuge im jeweils anderen Markt zu lancieren, aber ein funktionaler Gleichstand bei gleicher Leistungsfähigkeit ist noch nicht erreicht. Zudem ist die Anbindung der operativen Vorsysteme auch mit EAI-Mitteln bisweilen nicht einfach zu gestalten, wenn auf die Daten älterer Legacy-Systeme nur über „flat files" zugegriffen werden kann und somit lediglich periodische „bulk loads" möglich sind. Die Vorstellungen eines Near-Real Time-Systems stoßen hier an systembedingte Grenzen.

Für Aufbau und Betrieb des Gesamtsystems muss zudem berücksichtigt werden, dass die Gesamtkomplexität des Systems steigt und die Data Warehouse- und die EAI-Werkzeuge jeweils mit eigenen Management-Werkzeugen ausgestattet sind. Ist für letzteres im Data Warehouse-Umfeld durch die Standardisierungsbemühungen der letzten Jahre eine Besserung zu verzeichnen, so kann davon im EAI-Umfeld noch nicht gesprochen werden. Im Data Warehouse-Umfeld hat sich über die letzen Jahre zudem die Erkenntnis durchgesetzt, dass ein umfassendes Metadatenmanagement notwendig ist, um einerseits den Betrieb reibungsärmer und andererseits die Datenqualität besser gewährleisten zu können [Auth03; Helf02]. Im EAI-Umfeld sind derart umfassende Ansätze weder in der Praxis verbreitet, noch bieten die Werkzeuge eine Unterstützung, die sich problemlos mit den übrigen Metadatenmanagementsystemen verbinden lassen. Insofern ist der Aufbau einer derart umfassenden Informationslogistik-Architektur mit einem größeren Rechercheaufwand verbunden, um eine gegenseitige Verschränkung zu realisieren, ohne Metadatenmanagement und Datenqualitätsmanagement gegenüber dem reinen Data Warehouse-Betrieb zu verschlechtern.

Darüber hinaus stellen sich auch organisatorisch neue Herausforderungen: Für den Aufbau und Betrieb der Data Warehouse-Systeme wie für den Aufbau und Betrieb einer Integrationsinfrastruktur ist seitens der Mitarbeiter eine weitere Spezialisierung erforderlich [Meye00], was in der Vergangenheit auch zur Bildung dedizierter Organisationseinheiten innerhalb der IT führte. Für das Zusammenführen der analyseorientierten (Data Warehouse) und der operativen (EAI) Integrationsinfrastrukturen ist aber eine intensive Zusammenarbeit notwendig, die in der Praxis wiederum dazu führen kann, dass diese Organisationseinheiten zusammengelegt werden und die Integrationsaufgabe gesamthaft betreiben [JaBö05].

Die Komplexität der integrierten Informationslogistikarchitektur mit Anbindung an die operativen Systeme erfordert zudem eine hohe Aufmerksamkeit bei der Weiterentwicklung der Applikationslandschaft. Gerade diese ist aber in ihrer Entwicklung oft genug mit strukturellen Brüchen konfrontiert (Mergers und Akquisitions, Outtasking und Outsourcing, Einführung von Standardsoftwaresystemen etc.). Die Einhaltung hoher Qualitätsziele bei Daten wie Metadaten ist nicht möglich ohne ein umfassendes Maßnahmenbündel, das allein schon bei der operativen Applikationsintegration aus Maßnahmen für die Bereiche Architekturmanagement, Business-IT-Alignment, methodisches Vorgehen, dedizierter Organisation der Integration, Konsolidierung der Applikationen, Standardisierung der Integrationsinfrastruktur und der generellen Verbesserung der technischen Qualität bestehen sollte [KlWS05].

Mit den skizzierten Lösungsansätzen werden aber lediglich die technischen Aspekte adressiert und allenfalls die Infrastrukturlatenzen verringert. Bei dem eingangs angenommenen Kurvenverlauf für den Wert einer Information im Zeitablauf kann die größte Wertsteigerung aber schon erreicht werden, wenn die Wahrnehmungslatenz verringert wird. Dies wiederum kann nur begrenzt mit technischen Mitteln erfolgen. Auch wenn wie eingangs ausgeführt mittlerweile Konzepte vorhanden sind, unstrukturierte Informationen aus dem Internet in Data Warehouse-Datenbanken zu übernehmen, so beinhalten sie häufig genug manuelle Eingriffe in der Bewertung bzw. Auswahl der externen Daten oder fokussieren auf limitierte Themenfelder, so dass allenfalls ein kleiner Ausschnitt der für das Unternehmen relevanten Daten erfasst werden kann. Entsprechend wird bei manuellen Eingriffen die Latenzzeit wieder erhöht oder relevante Ereignisse nicht erfasst. Lediglich im Bereich des B2B-Geschäfts, das durch elektronische Systeme gut unterstützbar ist [ACLÖ04], können externe Informationen in strukturierter Form schnell integriert und bei Vorhandensein einer entsprechend ausgestalteten Informationslogistik weitergereicht werden.

Schließlich ist die verbleibende Organisatorische Latenz II als Schwachpunkt für ein Near-Real Time-Konzept zu nennen: Wenn entscheidungsrelevante Informationen bereitgestellt sind, muss immer noch eine Entscheidung getroffen werden, was nicht unbedingt ab Bereitstellung aller relevanten Informationen zeitnah geschieht. Auch dies kann nur begrenzt elektronisch unterstützt oder gar automatisiert werden. Im B2C-Umfeld bieten sich Portallösungen an, in denen für ausgewählte automatisierbare Entscheidungen auf Analysedaten zugegriffen werden kann, so z. B. im Bankenumfeld bei der Kreditvergabe über Web-Formulare. In diesen Fällen kann sinnvoll auf Analysedaten zurückgegriffen und die Vorteile der skizzierten Architektur genutzt werden.

Die Entscheidung für eine Umsetzung eines Right-Time Warehouse sollte daher stets von der Fragestellung ausgehen, wie groß der Wert der schnelleren Information ist und ob die nicht geringen Aufwendungen für eine solche Informationslogistikarchitektur dadurch gerechtfertigt werden.

# Literatur

[ACLÖ04]   Alt, R.; Cäsar, M. A.; Leser, F.; Österle, H.; Puschmann, T.; Reichmayr, C.: Architektur des Echtzeit-Unternehmens, in: Alt, R.; Österle, H. (Hrsg.): Real-Time Business: Lösungen, Bausteine und Potentiale des Business Networking, Berlin u. a. 2004, S. 19 - 52.

[Auth03]   Auth, G.: Prozessorientierte Organisation des Metadatenmanagements für Data-Warehouse-Systeme: Universität St. Gallen, Institut für Wirtschaftsinformatik, St. Gallen, Bamberg 2003.

[Brob02]   Brobst, S. A.: Delivering Extreme Data Freshness with Active Data Warehousing, in: Journal of Data Warehousing, 7. Jg., Heft 2, 2002, S. 4-9.

[Brob05]   Brobst, S. A.: Twelve Mistakes to Avoid When Constructing a Real-Time Data Warehouse, in: Schelp, J.; Winter, R. (Hrsg.): Auf dem Weg zur Integration Factory - Proceedings der DW2004 - Data Warehousing und EAI, Heidelberg 2005, S. 153 - 166.

[Feld02b]   Felden, C.: Konzept zum Aufbau eines Marktdateninformationssystems für den Energiehandel, Wiesbaden 2002.

[Feld02a]   Felden, C.: Integration von Subsystemen in einem Active Data Warehouse, in: Ferstl, O. K.; Sinz, E. J.; Eckert, S.; Isselhorst, T. (Hrsg.): Wirtschaftsinformatik 2005 - eEconomy, eGovernment, eSociety, Physica, Heidelberg et al. 2005, S. 1385 - 1404.

[Helf02]   Helfert, M.: Planung und Messung der Datenqualität in Data-Warehouse-Systemen: Universität St. Gallen, Institut für Wirtschaftsinformatik IWI-HSG, St. Gallen, Bamberg 2002.

[Inmo96]   Inmon, W. H.: Building the Data Warehouse, 2. Aufl., New York 1996.

[JaBö05]    Jarkovich, T.; Böhnlein, P.: DWH und EAI im Integration Layer der Bank Julius Bär - Architektur, Anwendungen und Erfahrungen, in: Schelp, J.; Winter, R. (Hrsg.): Auf dem Weg zur Integration Factory, Proceedings der DW2004 - Data Warehousing und EAI, Heidelberg 2005, S. 377 - 397.

[KlWS05]    Klesse, M.; Wortmann, F.; Schelp, J.: Erfolgsfaktoren der Applikationsintegration, in: Wirtschaftsinformatik, 47. Jg., Heft 4, 2005, S. 259 - 267.

[Meye00]    Meyer, M.: Organisatorische Gestaltung des unternehmensweiten Data Warehousing - Konzeption der Rollen, Verantwortlichkeiten und Prozesse am Beispiel einer Schweizer Universalbank, Bamberg 2000.

[Müll00]    Müller, J.: Transformation operativer Daten zur Nutzung im Data Warehouse, Wiesbaden 2000.

[Schi00]    Schinzer, H. D.: Marktüberblick OLAP- und Data Mining-Werkzeuge, in: Mucksch, H.; Behme, W. (Hrsg.): Das Data Warehouse-Konzept - Architektur - Datenmodelle - Anwendungen, 4 Aufl., Gabler, Wiesbaden 2000, S. 409 - 436.

[ScBa99]    Schinzer, H. D.; Bange, C.: Werkzeuge zum Aufbau analytischer Informationssysteme - Marktübersicht, in: Chamoni, P.; Gluchowski, P. (Hrsg.): Analytische Informationssysteme - Data Warehouse, On-Line Analytical Processing, Data Mining, 2 Aufl., Berlin u. a. 1999, S. 45-74.

[ThSM01]    Thalhammer, T.; Schrefl, M.; Mohania, M.: Active data warehouses: complementing OLAP with analysis rules, in: Data & Knowledge Engineering, 39. Jg., Heft 3, 2001, S. 241-269.

[Wint00]    Winter, R.: Zur Positionierung und Weiterentwicklung des Data Warehousing in der betrieblichen Applikationsarchitektur, in: Jung, R.; Winter, R. (Hrsg.): Data Warehousing Strategie - Erfahrungen, Methoden, Visionen, Berlin u. a. 2000, S. 127 - 139.

[WiWa04]    Wixom, B.; Watson, H. J.; Anderson-Lehman, R.; Hoffer, J. A.: Continental Airlines Flies High with Real-Time Business Intelligence, in: MIS Quarterly Executive, 3. Jg., Heft 4, 2004, S. 163 - 176.

# IT-Sicherheit und Data Warehousing

*ROLAND GABRIEL*

## Abstract

Data Warehouse-Systeme, die umfangreiche Datenmengen speichern und verwalten, weisen neben ihren anerkannten Vorteilen und Chancen auch zahlreiche Risiken bezüglich ihrer Sicherheit auf, die eine Unternehmung sehr stark gefährden können. Im Rahmen einer Sicherheitspolitik sind die Unternehmen herausgefordert, ein Sicherheitskonzept zu erstellen, das sich an konkreten Sicherheitszielen orientiert. Die Analyse der potenziellen Gefährdungen der Sicherheit von Data Warehouse-Systemen führt zu einer Sicherheitsarchitektur, bei der sowohl technische als auch organisatorische Maßnahmen berücksichtigt werden. Das Ziel des Beitrages ist es, konkrete Sicherheitsziele und potenzielle Gefährdungen der Sicherheit von Data Warehouse-Systemen aufzuzeigen und ein erfolgreiches Sicherheitskonzept zu entwickeln, das der Bedeutung der IT-Sicherheit für Data Warehouse-Systeme angemessen ist.

## Inhalt

| | | |
|---|---|---|
| 1 | Einleitung | 440 |
| 2 | Sicherheitsziele und Gefährdungen von Data Warehouse-Systemen | 441 |
| | 2.1 Begriffliche Abgrenzungen der Sicherheit für computergestützte Informationssysteme bzw. Data Warehouse-Systeme | 441 |
| | 2.2 Sicherheitsziele bei der Nutzung von Data Warehouse-Systemen | 442 |
| | 2.3 Potenzielle Gefährdungen der Sicherheit von Data Warehouse-Systemen | 443 |
| 3 | Entwicklung eines Sicherheitskonzepts für Data Warehouse-Systeme | 445 |
| | 3.1 Vorgehensmodell zur Gewährleistung von Sicherheit für Data Warehouse-Systeme | 445 |
| | 3.2 Bausteine einer Sicherheitsarchitektur für Data Warehouse-Systeme | 447 |
| |     3.2.1 Ausgewählte technische Sicherheitsmaßnahmen | 447 |
| |     3.2.2 Ausgewählte organisatorische Sicherheitsmaßnahmen | 448 |
| 4 | Zusammenfassung | 449 |

# 1 Einleitung

Data Warehouse-Systeme bilden heute in Unternehmungen häufig genutzte, wichtige analyseorientierte Informationssysteme, die hohe Leistungspotenziale aufweisen. Wie bei allen Informationssystemen, in denen umfangreiche Datenmengen gespeichert sind und bei denen vielfältige Zugriffsmöglichkeiten über lokale oder weltweite Netze bestehen, weisen die Data Warehouse-Systeme neben ihren anerkannten Vorteilen und Chancen auch zahlreiche Risiken bezüglich ihrer Sicherheit auf, die die Unternehmung sehr stark gefährden können. Gerade die Data Warehouse-Systeme, die sensible Informationen und Wissen der Unternehmung speichern und verwalten, enthalten hohe Risikopotenziale bezüglich Datensicherheit und Datenschutz.

Im Rahmen ihrer Sicherheitspolitik sind die Unternehmungen herausgefordert, ein Sicherheitskonzept zu erstellen. Dieses muss sich an konkreten Sicherheitszielen orientieren, die durch ein Sicherheitsmanagement festgelegt werden. Die Analyse der potenziellen Gefährdungen der Sicherheit von Data Warehouse-Systemen führt zu einer Sicherheitsarchitektur, bei der technische und organisatorische Maßnahmen berücksichtigt werden. Erst eine systematische Vorgehensweise auf Basis eines Sicherheitsprozesses führt zu einem erfolgreichen Einsatz eines Data Warehouse-Systems. Alle Maßnahmen werden genutzt, „die die Gewährleistung des laufenden Betriebs des Informationsmanagements in einer dynamischen Umwelt sicherstellen. Wichtige Aspekte sind das Sicherheitsmanagement, die Behandlung unvorhergesehener Ereignisse, das Kapazitätsmanagement, das Ausfallmanagement, der Umgang mit der Weitergabe sensibler Daten und der Softwareschutz." [HaNe05, 284]

Im Folgenden werden Sicherheitsziele und potenzielle Gefährdungen der Sicherheit von Data Warehouse-Systemen vorgestellt und diskutiert. Ziel ist die Entwicklung eines Sicherheitskonzepts, die auf einem Vorgehensmodell basiert und eine Sicherheitsarchitektur aufbaut. Der Beitrag stellt die Bedeutung der IT-Sicherheit für Data Warehouse besonders heraus und dient somit zur Motivation, sich mit dieser Problematik aktiv auseinanderzusetzen. Voraussetzung hierfür ist eine Sensibilisierung der Nutzer, die schließlich Verantwortung tragen und eine für die Unternehmung erfolgreiche Anwendung anstreben.

## 2 Sicherheitsziele und Gefährdungen von Data Warehouse-Systemen

### 2.1 Begriffliche Abgrenzungen der Sicherheit für computergestützte Informationssysteme bzw. Data Warehouse-Systeme

Der Begriff Sicherheit wird für computergesteuerte Informationssysteme sehr unterschiedlich erklärt, wobei häufig verschiedene Betrachtungsschwerpunkte zu Grunde gelegt werden [Dier97]. Im Folgenden soll einem ganzheitlichen Sicherheitsverständnis gefolgt werden, das auf der organisatorischen Ebene die allgemeine Sicherheit der Anwendungsprozesse beachtet und darunter die Informationssicherheit, die IT-Sicherheit und schließlich die Datensicherheit unterscheidet [Lang04, 4].

Unter den Begriff der Datensicherheit fällt die ausschließliche Beschäftigung mit den Daten, die an ein physikalisches Trägermedium gebunden sind. Bezogen auf ein Data Warehouse-System sind somit alle Daten gemeint, die in einem System physikalisch gespeichert und übertragen werden, so z. B. von Vorsystemen in das Data Warehouse bzw. vom Data Warehouse zu den Endbenutzersystemen.

Bei einer Erweiterung des Betrachtungsschwerpunktes auf die Ebene der informationstechnischen Infrastruktur gilt der Begriff der IT-Sicherheit bzw. Sicherheit der Informationstechnik, die sich auf die hard- und softwaretechnischen Komponenten bezieht. Neben der Sicherheit des Kernsystems, d. h. des Data Warehouse-Systems selbst, sind hiermit auch die Schnittstellen zu den Vorsystemen und zu den Endbenutzersystemen gemeint, und zwar die Sicherheit der Hardwarekomponenten als auch der Softwaresysteme, so z. B. die ETL-Systeme und die Abfragewerkzeuge bzw. Mining-Systeme.

Mit der Einbindung des Menschen als Nutzer findet eine Erweiterung der technischen Infrastruktur zu einem sozio-technischen System statt. Beim Übergang von der automatisierten, technischen Datenverarbeitung zu einer nutzerorientierten Informationsverarbeitung erreicht man die Informationssicherheit, die eine ungestörte Kommunikation zwischen den Nutzern und dem System gewährleisten soll (zur Abgrenzung der Begriffe Daten und Information vgl. z. B. [Krcm03, 14 ff.]). Beim Data Warehouse bezieht sich die Informationssicherheit vor allem auf die Endbenutzer des Systems, die gezielt die Daten mit entsprechenden Werkzeugen abfragen und diese auswerten. Die Informationssicherheit bezieht sich jedoch auch auf die Kommunikation der Personen, die das System warten und pflegen und Data Warehouse-Systeme modellieren und aufbauen.

Mit dem Begriff Sicherheit sind grundsätzlich noch rechtlich-organisatorische Aspekte zu beachten. Es sind sowohl die Arbeitsprozesse in ihrem organisatorischen Ablauf, als auch die Einhaltung der rechtlichen Rahmenbedingungen zu beleuchten. Die Sicherheit der Informationssysteme und des Data Warehouse-Systems ist somit nur dann bei einer ganzheitlichen Betrachtung gewährleistet, wenn die zu bearbeitenden Aufgaben in technischer, ökonomischer und juristischer Hinsicht von befugten Nutzern erfüllt werden.

Das Data Warehouse-System soll vertrauenswürdig sein, d. h. es soll beherrschbar und verlässlich sein. Die Verlässlichkeit besitzt die Eigenschaft, keine unzulässigen Systemzustände anzunehmen und die definierten Funktionen zuverlässig zu erbringen. Die Verlässlichkeit umfasst in erster Linie die technische Funktionsfähigkeit des Systems, sie stellt somit die Sicherheit der Hard- und Softwaresysteme dar. Die Beherrschbarkeit bezieht sich dagegen auf die Sicherheit vor dem System. Sie betrachtet die Sichten aller Nutzer, die bei ihrer Arbeit nicht in unzulässiger Weise vernachlässigt werden sollen. Beherrschbarkeit und Verlässlichkeit lassen sich unter dem Begriff der Ordnungsmäßigkeit zusammenfassen. Die Arbeitsprozesse, bei denen die Nutzung eines Data Warehouse einbezogen ist, sollen nachvollziehbar und korrekt sein.

## 2.2 Sicherheitsziele bei der Nutzung von Data Warehouse-Systemen

Die Anforderungen an die Umsetzung und die Gewährleistung von Sicherheit bei computergestützten Systemen orientiert sich häufig an der Vorgabe von Zielen. Es existiert eine Vielzahl von Sicherheitszielen mit unterschiedlichen Gewichtungen. Im Folgenden sollen vier Grundziele in Bezug auf die Nutzung von Data Warehouse-Systemen kurz erörtert werden.

- **Verfügbarkeit**
  Das Ziel der Verfügbarkeit beinhaltet die Vorgabe, dass zu jeder Zeit die Nutzbarkeit der Systeme gewährleistet ist. Die Verarbeitung der Daten und die Zugriffe auf die Daten sollen in der geforderten Qualität den berechtigten Nutzern stets zur Verfügung stehen.

- **Integrität**
  Das Schutzziel der Integrität besagt, dass eine unbefugte und/oder unberechtigte Veränderung der Daten (Datenintegrität) oder von Funktionen (Funktionsintegrität) bzw. von Programmen (Programmintegrität) nicht erlaubt ist. Die Datenintegrität eines Data Warehouse liegt dann vor, wenn die gespeicherten und übertragenen Daten unverändert und vollständig, d. h. korrekt sind [Holz03, 13; Kers95, 77]. Die Funktions- und Programmintegrität eines Data Warehouse liegt dann vor, wenn die Funktionen bzw. Programme der Systeme nicht durch absichtliche Änderungen zu falschen, unvollständigen oder vorgetäuschten Abläufen und Ergebnissen führen [Holz03, 13; HoPr03, 24].

- **Vertraulichkeit**
  Mit der Beachtung des Sicherheitsziels der Vertraulichkeit soll ein unbefugter Informationsgewinn bzw. ein unbefugtes Erschließen von Informationen durch eine nicht berechtigte Einsichtnahme in Daten ausgeschlossen werden. Der Zugriff auf Daten eines Data Warehouse soll nur durch berechtigte Benutzer erfolgen [Kers95, 76].

- **Verbindlichkeit**
  Das Ziel der Verbindlichkeit ist gewährleistet, wenn eine nachweisbare Zurechenbarkeit von Aktivitäten innerhalb computergestützter Informationssysteme zu den diese zu verantwortenden Instanzen (Benutzer) gewährleistet ist [Kers95, 76; Ecke03, 10]. Die Bedeutung dieses Ziels wächst mit der Zunahme der Vernetzung, d. h. auch mit der Zunahme der Benutzer, die über lokale und weite Netze auf Informationen des Data Warehouse zugreifen können. Das Ziel der Verbindlichkeit kann nur gewährleistet werden, wenn alle Benutzer feststellbar und auch eindeutig beweisbar (authentifizierbar) sind.

Die oben behandelten vier Grundziele der Sicherheit sollen für alle computergestützten Informationssysteme gelten, so auch für die Nutzung von Data Warehouse-Systemen. Die Ziele sind nicht unabhängig voneinander, sondern es bestehen Wechselwirkungen und Interdependenzen zwischen ihnen. Ebenso sind mögliche Abhängigkeiten mit ökonomischen (Wirtschaftlichkeit) und sozialen Zielen (Akzeptanz) zu beachten.

## 2.3 Potenzielle Gefährdungen der Sicherheit von Data Warehouse-Systemen

Die Sicherheit von Data Warehouse-Systemen ist vielfältigen Gefahren ausgesetzt, die eine Gewährleistung seiner Sicherheitsziele negativ beeinflussen und sogar zu materiellen wie immateriellen Schäden führen können. Die Gefahren führen zu Beeinträchtigungen des Data Warehouse, wobei der Ursprung der Gefahr (Gefahrenursache oder -quelle) sowohl in Einflüssen der Systemumwelt und der Hard- und Softwaretechnik als auch beim Menschen identifiziert werden kann [Konr98, 24; Voss99, 58ff.]. Beim Menschen kann es sich sowohl um externe bzw. nicht-berechtigte Personen als auch um berechtigte Benutzer handeln.

Das Auftreten von Gefahren setzt voraus, dass eine oder mehrere Schwachstellen (Sicherheitslücken) vorliegen. Als Bedrohung oder Gefährdung des Warehouse-Systems lässt sich die Kombination aus potenzieller Gefahr und konkret vorhandener Schwachstelle bezeichnen [Stel93, 33f.; Konr98, 25f.]. Inwieweit eine Bedrohung tatsächlich zur Beeinträchtigung des Systems führt, kann mit Begriff Risiko beschrieben werden. Je nachdem, ob eine Bedrohung unbeabsichtigt oder vorsätzlich zu einer Beeinträchtigung führt, wird zwischen Störung des bzw. Angriff auf das Data Warehouse-System unterschieden. Beide Bedrohungsarten werden im Folgenden erläutert.

- **Störungen**
  Führt eine Bedrohung unbeabsichtigt zu Beeinträchtigungen des Data Warehouse, so liegt eine Störung vor, wobei vor allem das Sicherheitsziel der Verfügbarkeit des Systems gefährdet ist. Ursache von Störungen können sowohl höhere Gewalt in Form von Katastrophen (Feuer, Wasser, Erdbeben) als auch technische Defekte (Alterung, Verschleiß, fehlende Kompatibilität und Portabilität von Hard- und Software, Stromausfall, Spannungsspitzen) sowie Anfällig-

keiten gegen Umwelteinflüsse (z. B. Temperaturschwankungen, Gase, Dämpfe, Luftfeuchtigkeit) identifiziert werden [Holz03, 19f.; HoPr03, 45ff.]. Störungen können aber auch durch Fahrlässigkeit verursacht werden und sind dann auf unsachgemäße Bedienung (Fehlbedienung) und menschliches Versagen zurückzuführen. Ursachen hierfür liegen z. B. in der fehlenden Qualifikation der Benutzer oder in der mangelhaften Organisation, die zur Überforderung und zum Stress der Systembenutzer führen. Bei der Nutzung eines Data Warehouse lassen sich die letztgenannten Ursachen leider häufig feststellen, so dass letztlich die Qualität der Ergebnisse darunter leidet und schließlich die Akzeptanz des Systems abnimmt. Störungen durch Fahrlässigkeit lassen sich weiterhin durch mangelhaftes System-Design erklären, die zu Hard- und Softwarefehlern führen. Beim Data Warehouse sind hier ungeeignete Softwarearchitekturen und vor allem schlechte Modellierungsansätze festzustellen, die die Realität der Anwendung nur bedingt widerspiegeln. Mangelhafte Softwaresysteme können den Störungen durch Fahrlässigkeit zugeordnet werden, sind jedoch i. d. R. die Folge nicht ausreichender Qualifikation der Systementwickler.

- **Angriffe**
Bei den Angriffen liegen im Gegensatz zu den oben betrachteten Störungen vorsätzlich ausgenutzte Bedrohungen vor. Der Angreifer kann einerseits sowohl Mitglied der Unternehmung sein als auch nicht der Unternehmung angehören, die das Data Warehouse nutzt, andererseits kann es sich beim Angreifer um eine Person handeln, die einen berechtigten bzw. einen unberechtigten Zugriff auf das Data Warehouse besitzt. Der Angreifer führt in jedem Falle eine gezielte Bedrohung herbei und stellt einen hohen Risikofaktor dar, der große Schäden für die Unternehmung verursachen kann. Beim Angriff lässt sich die aktive und die passive Form unterscheiden. Der aktive Angriff, auch Sabotage genannt, zielt darauf ab, die Komponenten des Data Warehouse-Systems einschließlich der Hardware zu zerstören bzw. ihre Leistungsfähigkeit zu beeinträchtigen (Verletzung der Verfügbarkeit) oder Daten und Programme so zu verändern, dass dem Angreifer eine unzulässige Nutzung des Systems ermöglicht wird (Verletzung der Integrität von Daten und Programmen) [Ecke03, 14f.]. Sabotageangriffe zielen auf physische Manipulation in Form materieller Zerstörung, Beeinträchtigung oder Veränderung von Hardware und auf logische Manipulation von Daten und Programmen. Beim Data Warehouse stellen vor allem die Veränderungen der Daten hohe Risikofaktoren dar. Die Daten lassen sich z. B. löschen oder verändern, so dass das System nicht mehr nutzbar ist. Gefahren liegen auch bei den so genannten Viren, Würmern und Trojanischen Pferden, die in das System eingeschleust werden und zu Veränderungen und zum Absturz führen [Roßb02, 134ff.; Holz03, 21ff.].
Passive Angriffe, auch Spionage genannt, kompromittieren dagegen die Vertraulichkeit der Informationen, die in einem Data Warehouse gespeichert sind bzw. ausgewertet werden können. Neben dem nicht berechtigten direkten Lesen von Daten kann ein passiver Angreifer auch durch das Abhören von Kommunikation in vernetzten Systemen wichtige Informationen ausspähen (z. B. Passwörter, Teilnehmeridentitäten). Zu den passiven Angriffen gehört auch unerlaubtes Kopieren von Daten und Programmen. Passive Angriffe beinhalten

hohe Bedrohungspotenziale, da vertrauliche und geheime Informationen in „falsche Hände" geraten und zu hohen wirtschaftlichen Schäden führen können. Gerade in Data Warehouse-Systemen sind umfangreiche Datenbestände über längere Zeiträume (historisch) themenorientiert gespeichert, die grundlegende Informationen und häufig lebensnotwendiges Wissen für die Unternehmung enthalten. Die Gefahr durch passive Angriffe (Spionage) erhöht sich noch dadurch, dass die Verletzungen der Sicherheit erst sehr spät oder gar nicht entdeckt werden.

Zusammenfassend lässt sich feststellen, dass die Gefährdungen der Sicherheit von Data Warehouse-Systemen sehr vielfältig sind und die Sicherheitsziele verletzen. Es lassen sich viele Schwachstellen im System feststellen, die hohe Risiken für die Unternehmung darstellen. Um diese Risiken besser zu erkennen, sie zu vermeiden bzw. zu reduzieren, muss ein Sicherheitskonzept für ein Data Warehouse aufgebaut werden, das sowohl die unbeabsichtigten (Störungen) als auch die beabsichtigen Bedrohungen (Angriffe) systematisch abwehrt. Erst mit einem sicheren Data Warehouse lässt sich eine erfolgreiche Nutzung gewährleisten.

## 3 Entwicklung eines Sicherheitskonzepts für Data Warehouse-Systeme

### 3.1 Vorgehensmodell zur Gewährleistung von Sicherheit für Data Warehouse-Systeme

Die Vorgehensweise zur Einrichtung bzw. Gewährleistung von Sicherheit eines Data Warehouse-Systems lässt sich mit Hilfe eines Phasenmodells in Anlehnung an einen Software Engineering-Prozess darstellen. Diesen kann man zur Entwicklung von Software grob in die Phasen der Problemanalyse und Planung, der Anforderungsdefinition, des Entwurfs, der Implementierung und des Einsatzes des Softwaresystems mit Wartung und Pflege einteilen [Balz00].

Die systematische, theoretisch fundierte Vorgehensweise lässt sich im Rahmen eines Sicherheitsmanagements durchführen. Dieses ist Teil eines betrieblichen Informationsmanagements, das sich sowohl mit strategischen als auch mit operativen Führungsaufgaben, bezogen auf Informations- und Kommunikationssysteme, auseinandersetzt [GaBe03]. Das strategische Sicherheitsmanagement [HaNe05, 309ff.] setzt die allgemeine Sicherheitspolitik als Teil der IT-Strategie der Unternehmung fort, wobei es sich an den Zielen der Unternehmung und an den rechtlichen Rahmenbedingungen orientiert. Die in der Sicherheitspolitik festgeschriebenen strategischen Sicherheitsziele werden in einem ersten Sicherheitskonzept konkretisiert, das als Ausgangspunkt der nachfolgenden operativen Aufgaben gilt.

Der eigentliche Sicherheitsprozess im Rahmen eines operativen Sicherheitsmanagements beginnt mit der Problemanalyse und der Planung der weiteren Vorgehensweise. Im Rahmen einer Bedrohungsanalyse werden die möglichen Gefahren und Schwachstellen erarbeitet (vgl. Abschnitt 2.3).

Auf Basis der Risikoanalyse, das den Ist-Zustand des betrachtenden Warehouse-Systems bezogen auf die Sicherheit widerspiegelt, wird ein Soll-Zustand definiert, der auch das vorliegende Sicherheitskonzept beachtet. Dabei erfolgt die Definition und Konkretisierung der Sicherheitsanforderungen. Bei der Umsetzung der Anforderungen, die die Bedrohungen beseitigen oder reduzieren sollen, entstehen auch Kosten. In Abwägung der entstehenden Kosten und des zu erwartenden Nutzens, der sehr schwer zu bestimmen ist, lässt sich ein Sicherheitsniveau für das gegebene Data Warehouse festlegen, wobei die gestellten Anforderungen möglicherweise geändert werden. Ziel ist der Aufbau eines Sicherheitsmodells, das als Strukturplan als Basis für die nachfolgende Phase des Entwurfs dient.

In der Entwurfsphase wird das abstrakte Sicherheitsmodell durch die Konstruktion einer Sicherheitsarchitektur konkretisiert, welche die Gesamtheit der zu implementierenden technischen und organisatorischen Sicherheitsmaßnahmen aufzeigt (vgl. den nachfolgenden Abschnitt 3.2). In der Sicherheitsarchitektur werden die Sicherheitsdienste oder Sicherheitsfunktionen wie z. B. Identifikation bzw. Authentifikation von Nutzern, Rechteverwaltung oder Verschlüsselung festgelegt.

Bei der Implementierung erfolgt die systemtechnische Realisierung der in der Sicherheitsarchitektur festgelegten Strukturen. Das implementierte Sicherheitssystem ist sowohl vor der Inbetriebnahme des Data Warehouse als auch während des laufenden Einsatzes zu testen und zu überwachen. Eine Kontrolle der Sicherheitseigenschaften des Systems findet durch regelmäßige Audits statt [Ecke03, 141f.].

Der gesamte Sicherheitsprozess, der in der folgenden Abbildung skizziert wird, läuft i. d. R. nicht streng linear ab, sondern zyklisch, d. h. es existieren Rücksprünge und Wiederholungen. Erfahrungen im Einsatz führen zu neuen Erkenntnissen, d. h. zur Feststellung neuer, noch nicht beobachteter Gefahren und Schwachstellen, die sich teilweise rasch umsetzen (implementieren) lassen, teilweise jedoch neue Analysen erfordern.

# IT-Sicherheit und Data Warehousing

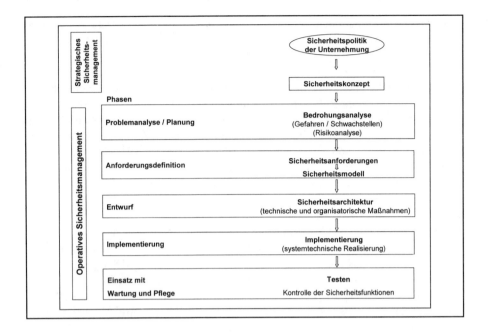

**Abb. 1.: Sicherheitsprozess als Phasenmodell**

## 3.2 Bausteine einer Sicherheitsarchitektur für Data Warehouse-Systeme

Im folgenden Abschnitt werden ausgewählte Sicherheitsmaßnahmen erläutert, die im Rahmen des operativen Sicherheitsmanagements definiert und umgesetzt (implementiert) werden (vgl. Abschnitt 3.1), um die im Sicherheitskonzept festgeschriebenen Sicherheitsziele (vgl. Abschnitt 2.2) zu gewährleisten. Hierbei werden primär technische Maßnahmen und primär organisatorische Maßnahmen unterschieden, die die Sicherheit eines Data Warehouse garantieren sollen.

### 3.2.1 Ausgewählte technische Sicherheitsmaßnahmen

Bei den primär technisch orientierten Sicherheitsmaßnahmen ist die Kryptographie eine wichtige Basistechnologie zur Realisierung von Sicherheitszielen, da sie die Grundlage für zahlreiche Sicherheitsmaßnahmen bildet. Unter Kryptographie versteht man die Lehre von den Methoden zur Ver- und Entschlüsselung von Nachrichten zum Zweck der Geheimhaltung von Informationen gegenüber Dritten [Baue95, 94f.; Schm01, 13f.]. Sie dient primär dem Schutz der Vertraulichkeit von Informationen, dient jedoch auch zur Gewährleistung der Sicherheit von Informationssystemen, so z. B. durch kryptographische Authentifikationsverfahren, die eine Manipulation von Daten verhindern können (Schutz der Integrität).

Vertrauliche Informationen, die über ein Rechnernetz in einem Data Warehouse zur Verfügung gestellt werden, lassen sich relativ einfach mit kryptographischen Verfahren ver- und entschlüsseln [Heus96].

Der Zugriff auf ein Data Warehouse über ein offenes Netz (Internet) schafft neue Bedrohungen der Sicherheit, die weitere Maßnahmen erfordern. Neben kryptographischen Verfahren bieten hier Firewall-Systeme einen guten Schutz, die eine Kontrollinstanz zwischen Netzen darstellen. Damit werden Zugriffe von außen auf das interne Netz bzw. auf das interne Data Warehouse kontrolliert. Aber auch Zugriffe von innen heraus auf das Internet, so z. B. über eine Webschnittstelle zur Aufnahme externer Daten in das Data Warehouse lassen sich über eine Firewall besser kontrollieren. Firewall-Systeme, die aus Hard- und Softwarekomponenten bestehen, sind präventiv wirkende technische Sicherheitsmaßnahmen, deren Schutzwirkung sich vor allem gegen Gefahren von Angriffen von außen auf das interne Netzwerk bzw. auf das Data Warehouse richten.

Weitere Maßnahmen zur Überwachung von Systemen sind durch sogenannte Einbrucherkennungssysteme (Intrusion Detection Systems – IDS) gegeben, die der Entdeckung potenziell sicherheitskritischer Vorgänge in Informationssystemen dienen, indem sie die Aktivitäten in Kommunikationssystemen protokollieren und analysieren. Ebenso ist der Einsatz von leistungsfähiger Anti-Viren-Software zu empfehlen.

### 3.2.2 Ausgewählte organisatorische Sicherheitsmaßnahmen

Die technischen Sicherheitsmaßnahmen, wie oben beschrieben, bedürfen zur Entfaltung ihrer Wirksamkeit der Ergänzung durch organisatorische Maßnahmen. Den Rahmen für diese Maßnahmen bildet ein Betriebs- und Wartungskonzept [Raep01, 119], das einerseits die Prozesse und Abläufe bezüglich der genutzten Hardware- und Softwaresysteme aufzeigt und andererseits die abgeleiteten Rollen und Verantwortlichkeiten festlegt. Für die Nutzung und den Betrieb eines Data Warehouse-Systems heißt dies, dass die Personen mit ihren Verantwortungen und Pflichten sowie die Nutzungsmöglichkeiten festgelegt werden. Auch die Wartung und Pflege des Systems muss mit ihren Prozessen und Personen erklärt werden.

Im Rahmen eines allgemeinen Betriebskonzepts lassen sich Maßnahmen für die Notfallplanung und das Verhalten von redundanten Systemressourcen aufstellen. Das Notfallkonzept enthält Angaben darüber, welche Aktivitäten im Fall des Eintretens eines Notfalls zur Schadensreduzierung auszuführen sind, d. h. konkrete Handlungsanweisungen und Verhaltensregeln. Weiterhin sind Wiederanlaufpläne ein wichtiger Bestandteil eines Notfallkonzepts. Eng verbunden damit sind Maßnahmen zum Vorhalten von Redundanzen, so z. B. von redundanten Datenbeständen. Bei Data Warehouse-Systemen könnten dies wichtige Teile der gespeicherten Daten oder einzelne Data Marts sein (Datensicherungskonzept).

Im Rahmen der Aufbauorganisation einer Unternehmung sind spezielle Stellen einzurichten, um Verantwortlichkeiten und Kompetenzen im Bereich der Sicherheit eindeutig festzulegen. Neben dem Datenschutzbeauftragten, der gesetzlich vorgeschrieben ist, soll ein Sicherheitsbeauftragter bestellt werden. Dieser ist Ansprechpartner für alle Sicherheitsaspekte in einer Unternehmung, so auch für den wichtigen Einsatzbereich von Data Warehouse-Systemen. Er kann durch Sicherheitsadministratoren für einzelne Unternehmungsbereiche unterstützt werden, die auch für das gesamte Sicherheitsmanagement mit verantwortlich sind [HoPr03, 208]. Organisatorische Maßnahmen liegen auch in der Sensibilisierung der Nutzer, mit der die Aufmerksamkeit auf sicherheitsrelevante Ereignisse erhöht wird. Voraussetzung hierfür ist auch eine sicherheitsbezogene Qualifizierung der Nutzer.

Zusammenfassend lässt sich festhalten, dass durch gezielte technische und organisatorische Maßnahmen die Sicherheit von Systemen, so auch für Data Warehouse-Systeme, entscheidend erhöht werden kann.

# 4 Zusammenfassung

Die zunehmende Ausbreitung von Informations- und Kommunikationstechniken und das Vordringen von vernetzten lokalen und weltweiten Netzen ist nicht nur mit Vorteilen und Chancen verbunden, sondern auch mit vielen Gefahren und Risiken, die entscheidend den Erfolg einer Unternehmung beeinflussen können. Die Unternehmungen werden von der Verfügbarkeit und dem ordnungsgemäßen Ablauf ihrer computergestützten Geschäftsprozesse immer abhängiger. Damit wird auch die Sicherheit der Systeme zu einem Schlüsselfaktor.

Die Sicherheit gilt als notwendige Gestaltungsanforderung an computergestützte Informationssysteme, so auch an Data Warehouse-Systeme, die umfangreiche und wichtige Datenbestände einer Unternehmung enthalten und hohe Auswertungspotenziale aufweisen. Neben den Daten ist hier auch das in einem Data Warehouse enthaltene Modell- und Methodenwissen zu sichern, das wichtige Bestandteile des Wissensmanagements bzw. von Business Intelligence-Lösungen umfasst. In einem ganzheitlich orientierten Ansatz ist nicht nur die technikzentrierte Sichtweise (Hard- und Software) zu berücksichtigen, sondern auch die Menschen und anstehenden Aufgaben in einer Organisation mit ihren Aufbau- und Ablaufstrukturen.

Die Vielfältigkeit und die Auswirkungen der Gefährdungen fordert ein leistungsfähiges Sicherheitsmanagement. Ein Sicherheitskonzept mit einem Vorgehensmodell und einer Sicherheitsarchitektur wurde vorgestellt. Die Durchführung von gezielten Maßnahmen ist Voraussetzung für ein erfolgreiches uns sicheres IT-System, so auch für ein Data Warehouse-System.

# Literatur

[Balz00]   Balzert, Helmut: Lehrbuch der Software-Technik – Software-Entwicklung, 2. Auflage, Heidelberg, Berlin 2000.

[Baue95]   Bauer, Friedrich L.: Entzifferte Geheimnisse, Methoden und Maximen der Kryptologie, Berlin, Heidelberg 1995.

[Dier97]    Dierstein, Rüdiger: Begriffe der Informationstechnik – IT-Sicherheit und ihre Besonderheiten, in: Müller, Günter; Pfitzmann, Andreas (Hrsg.): Mehrseitige Sicherheit in der Informationstechnik, Bonn u. a. 1997, S. 31 - 60.

[Ecke03]    Eckert, Claudia: IT-Sicherheit, Konzepte – Verfahren – Protokolle, 2. Auflage, München, Wien 2003.

[GaBe03]    Gabriel, Roland; Beier, Dirk: Informationsmanagement in Organisationen, Stuttgart 2003.

[HaNe05]    Hansen, Hans Robert; Neumann, Gustaf: Wirtschaftsinformatik 1, Grundlagen und Anwendungen, 9. Auflage, Stuttgart 2005.

[Heus96]    Heuser, Ansgar: Krytographie – der Schlüssel zu mehr Datensicherheit in der Informationstechnik, in: Theorie und Praxis der Wirtschaftsinformatik (HMD), 33. Jg., 1996, Heft 190, S. 8 - 14.

[Holz03]    Holznagel, Bernd: Recht der IT-Sicherheit, München 2003.

[HoPr03]    Hoppe, Gabriela; Prieß, Andreas: Sicherheit von Informationssystemen – Gefahren, Maßnahmen und Management im IT-Bereich, Herne, Berlin 2003.

[Kers95]    Kersten, Heinrich: Sicherheit in der Informationstechnik, Einführung in Probleme, Konzepte, Lösungen, 2. Auflage, München, Wien 1995.

[Konr98]    Konrad, Peter: Geschäftsorientierte Simulation der Informationssicherheit, Lohmar 1998.

[Krcm03]    Krcmar, Helmut : Informationsmanagement, 3. Auflage, Berlin u. a. 2003.

[Lang04]    Lange, Jörg: Sicherheit als materielle Gestaltungsanforderung an computergestützte Informationssysteme, Arbeitsbericht Nr. 4 des Instituts für Sicherheit im E-Business (ISEB), Bochum 2004.

[Raep01]    Raepple, Martin: Sicherheitskonzepte für das Internet. Grundlagen, Technologien und Lösungskonzepte für die kommerzielle Nutzung, 2. Auflage, Heidelberg 2001.

[Roßb02]    Roßbach, Peter: Bedrohungen der IT-Sicherheit aus technischer Sicht, in: Roßbach, Peter; Locarek-Junge, Hermann (Hrsg.): IT-Sicherheitsmanagement in Banken, Frankfurt (Main) 2002, S. 121 - 170.

[Schm01]    Schmeh, Klaus: Kryptografie und Public-Key-Infrastrukturen im Internet, 2. Auflage, Heidelberg 2001.

[Stel93]    Stelzer, Dirk: Kritik des Sicherheitsbegriffs im IT-Sicherheitsrahmenkonzept, in: Datenschutz und Datensicherung (DuD), 14. Jg., 1990, Heft 10, S. 501-506.

[Voss99]    Vossbein, Jörn: Integrierte Sicherheitskonzeptionen für Unternehmen, Stand und Perspektiven, Ingelheim 1999.

# Stichwortverzeichnis

ABC-Analyse 103, 104, 152
Abstracting 283 - 288, 295 - 299
Active Warehousing 425, 426
Activity Based Budgeting 332, 334
ADAPT 187
Adaptive Server 96
Ad-Hoc-Auswertung 7
Administrations- und Dispositionssystem 4, 10, 115, 136, 164
Aggregation 182
Ähnlichkeitsmaß 274, 287, 294
Aktualität 13, 72, 212
Alignment 23, 32 - 41, 436
Analysemodell 413
Analysewerkzeug 103, 338
Architekturvariante 154
Archivierung 132, 416
Archivierungssystem 129, 136
Assoziationsanalyse 263, 267, 276, 277, 375, 376
Assoziationsregel 277
Aufbau- und Ablaufstruktur 18, 449
B*-Baum 167 - 169
Balanced Scorecard 23, 27 - 39, 53, 58, 72, 98 - 100, 336, 339, 416
Baumstruktur 194
Benchmarking 22
Benutzerautonomie 5, 214, 221
Benutzerfreundlichkeit 103
Benutzergruppe 415
Benutzeroberfläche 215, 224
Berechtigungskonzept 223, 227, 232, 342, 401
Berichtssystem 81, 208, 219
Berichtswesen 8, 12, 52, 61, 66, 80, 83, 89, 100, 101, 105, 123, 148, 153, 207 - 209, 213, 223
Besetzungsgrad 160, 162
Beziehungsmuster 243, 248 - 254
Bi-Plot-Sonne 317

Bubble-Plot 309
Budgetierung 11, 18, 89, 105, 329 - 337, 341, 347, 352 - 356
Business Activity Monitoring 28, 35
Business Engineering 23, 27, 30 - 33, 46
Business Intelligence 11, 17, 19, 24, 25, 28- 34, 43, 51 - 65, 71 - 79, 84, 93, 140, 173, 225, 283, 288, 409, 410, 422, 449
Business Modell 359
Business Performance Management 20, 23 - 46, 82, 85, 108, 339
Business Process 4, 43, 50
Business Process Reengineering 5, 352
Closed Loop 23, 32, 34, 42, 55, 354, 364
Clusteralgorithmen 17
Clusteranalyse 279, 280, 319, 321, 324
Clusterung 55, 263 - 267, 275, 283, 284, 288, 291 - 293, 295, 298
Clusterverfahren 251, 259, 263, 267, 274 - 276
Cockpit 98, 102, 104
Collaboration 410
Content-Management 364, 409, 410, 411, 415, 417
Corporate Performance Management 48, 54, 72, 89, 108
Cross-Referenz-Tabelle 139
Customer Data Warehouse 364, 380
Customer Relationship Management 11, 12, 19, 31, 361, 362
Data Access 253, 259, 284
Data Cleansing 92, 93, 94
Data Dictionary 156

Data Mart 64, 65, 68, 95, 103, 114, 129, 135, 155, 410, 415, 431, 448
Data Mining 3, 5, 10, 12, 16 - 19, 42, 74, 81, 85, 89, 90, 107, 138, 172, 207, 242, 252 - 259, 263, 267, 271 - 280, 284, 299 - 302, 305, 306, 320 - 324, 361, 364, 370 - 378
Data Profiling 92, 93, 94
Data Warehouse-Konzept 12, 13, 19, 129 - 137, 172, 207, 425
Data Warehouse-Management 138
Data Warehouse-Projekt 16, 132, 133
Database Marketing 153, 279
Datenanalyse 16, 43, 100, 147, 241, 255, 259, 263, 278, 284, 305 - 307, 313, 315, 320, 323, 370, 422
Datenaufbereitung 78, 81, 89, 96, 97, 107, 213, 370, 372, 381
Datenbankschema 179
Datenbanksystem 136, 137, 138, 139, 167, 178, 431
Datenextraktion 138
Datenintegrität 442
Datenkonsistenz 133
Datenmanipulationssprache 147
Datenmodell 62, 95, 103, 135, 138, 144, 156, 178, 180, 182, 385, 386, 388, 395, 396, 399
Datenmodellierung 15, 125, 174, 177, 178, 225
Datenmustererkennung 17
Datenorganisation 147, 248
Datenqualität 41, 45, 52, 72, 75, 85, 91 - 93, 117, 119, 228, 236, 403, 406
Datenquelle 42, 73, 117, 118, 119, 122, 377, 380
Datenschutz 157, 224, 248, 440
Datensicherheit 157, 224, 440
Datenstruktur 119, 133, 144, 320
Datentransformation 15
Datenvisualisierung 17
Decision Support System 6, 48, 89, 144

Denormalisierung 133
Deskriptor 286, 287
Dichte-Ellipse 308, 309, 314
Dimension 145 - 148, 153, 185 - 198, 286, 309, 388, 392
Dimensional Fact Modeling 184
Dimensionshierarchie 198
Dimensionstabelle 171, 192 - 202, 397, 398
Drill-Down 8, 148, 253
Electronic Procurement 362
Enterprise Application Integration 19, 43, 82, 92, 425, 432
Enterprise Resource Planning 67, 337, 362
Entity Relationship-Modell 181
Entscheidungsbaum 269
Entscheidungsbaumverfahren 107, 251, 259, 263, 267 - 270
Entscheidungsprozess 7
Entscheidungsunterstützung 13, 17, 28, 29, 43, 81, 95, 151, 164, 225, 289, 369
ETL-Prozess 62, 80, 160, 200, 227, 231, 431, 433
Executive Information System 6, 8, 9, 15, 89, 145, 216
Fach- und Führungskräfte 4 - 16, 143, 145, 146, 151, 178, 208, 222
Fact Constellation Schema 200, 201
Factless Fact Table 198
Faktentabelle 171, 191 - 200, 396
Forecast 354 - 356
Fractal Foam Plot 305, 317, 318
Fragmentierung 108, 132
Front-End-Tool 224
Galaxie 201
Generalisierung 183
Geschäftsprozess 31, 66, 92
Glyph 317
Governance 62, 63, 330, 340
Granularität 55, 116, 124, 132, 188, 192, 193, 201, 230, 342
Hauptkomponentenanalyse 321
Hierarchie 124, 188 - 199, 234, 278, 346, 357, 406, 421

Historisierung 202
Homogenitätsanalyse 321
Hypercube 157
ID3-Algorithmus 270
InfoCube 231
Information Retrieval 284, 285, 289, 298, 299, 380, 416
Information Technology Infrastructure Library (ITIL) 63
Informations- und Kommunikationssystem 445
Informationsbedarf 27, 55, 58, 78, 212, 220, 350, 368, 412
Informationslogistik 4, 55, 140, 141, 209, 436
Informationsmanagement 38, 45, 172
Input-Output-Modell 161
Integration 4, 7, 12, 19, 23, 25, 30 - 34, 44, 65, 72, 80, 92, 100, 106, 108, 109, 129, 130, 135, 138, 154, 224, 248, 259, 298, 329, 339, 341, 353 - 355, 361, 363, 367, 369, 390, 410, 420, 431
Integrierbarkeit 10
Intellectual Capital 23, 36, 39
Interessentenmanagement 374, 375, 376
International Financial Reporting Standards (IFRS) 386
Join 171, 193, 199, 221
Kardinalität 182
Kennzahl 40, 41, 45, 157, 198, 396, 398
Key Performance Indicator 98
Klassifikation 6, 10, 207 - 209, 234, 249, 250, 253, 257, 263 - 270, 278, 283 - 289, 334, 371, 379
Klassifikationsmodell 264, 271, 371
Knowledge Discovery in Databases 16, 17, 241 - 259, 264, 284, 298
Komplexität 4, 8, 41, 77, 95, 97, 107, 146, 190, 200, 218, 231, 249, 251, 292, 338, 345, 350, 351, 356, 358, 363, 391, 436

Komprimierung 95
Konsistenz 33, 126, 129, 130, 153, 164, 248, 294, 296, 345, 349
Konsolidierung 11, 23, 52, 58, 62, 65, 68, 89, 93, 106, 114, 154, 338, 339, 351, 353, 369, 385, 387, 388, 392, 395, 396, 398, 406, 436
Konturplot 313
Konzeptionsphase 132, 133
Konzern 12, 19, 227, 385, 393 - 396, 399, 402, 407
Konzernabschluss 385 - 389, 393, 400
Korrespondenzanalyse 321
Kosten 27, 41, 51, 52, 60, 65, 72, 73, 75, 78, 80, 85, 126, 146, 173, 331 - 334, 343, 348, 355, 371, 374, 446
Kostenrechnung 35, 224
Kostensenkung 432
Kumulationsverfahren 14
Kundenbewertungen 376
Kundenbeziehung 365, 376
Kundenbindung 243, 247, 255, 375
Künstlich Neuronale Netze 263
Latenz 426, 428, 436
Lean Management 4
Level-Attribut 199, 200
Lightweight Directory Access Protocol (LDAP) 342
Machine Learning 262
Management Information System 6, 7, 89
Management Support System 9, 173
Management-Konzept 99
Mapping 120, 123, 232, 235, 237, 400, 402
Mapping-Tabelle 120, 232, 235
Marktsegmentierung 250, 255
Matrizenkalkül 144
Matrizensoftware 144
Medienbruch 134, 140
Mehrbenutzerbetrieb 150
Mehrdimensionalität 28, 177, 178

Metadaten 40, 91, 139, 285, 289, 296, 298, 411, 418, 421, 436
Metrik 235, 274
Middleware 409, 417 - 420, 435
Minidimension 195
Multidimensional Data Model 186
Multidimensionalität 14, 143, 145, 151, 154, 389
Mustererkennung 17, 90, 242, 264, 305, 371
Netzbelastung 132, 218, 220
Neuronale Netze 17, 263, 267, 270, 271, 278, 289, 323
Normalform 133, 196
Normalisierung 197
Normierung 252
Nutzen 12, 41, 45, 52, 55 - 60, 85, 154, 187, 324, 416, 422, 423, 429
ODBC-Schnittstelle 215
OLAP-Regeln 15, 149
OLAP-Tool 138, 209, 389, 433
On-Line Analytical Processing (OLAP) 3, 5, 10 - 16, 95, 143, 145, 150, 207, 253, 299
On-Line Transaction Processing (OLTP) 145, 164
Operational Data Store (ODS) 82, 129, 136, 432 - 435
Operations Research 11, 144, 173, 343
Organisationsstruktur 124
Outsourcing 63, 69, 70, 436
Parallelisierung 171, 232, 256
Parallel-Koordinate 319, 322, 323
Parametric Snake Plot 310
Partitionierung 132, 171, 197, 201
Pattern Recognition 257
Performance 5, 52, 55, 58, 59, 61, 75, 82, 99, 100, 102, 107 - 109, 135, 150, 165 - 170, 197, 199, 201, 231, 260, 338, 388
Performance Measurement 26, 36, 47, 82, 339
Personal Information Management 9
Plan-Ist-Vergleich 153

Planung 11, 12, 18, 23 - 29, 34, 37, 44, 51, 54, 64 - 66, 81, 83, 85, 89, 90, 105, 144, 329 - 357, 393, 395, 437, 445, 446
Planungs- und Kontrollprozess 6
Planungsrechnung 336, 337
Planungssystem 331, 337, 340, 350, 351, 354, 356
Pointer 162
Portal 224
Primärschlüssel 119, 122, 191 - 193, 196, 200
Problemerkennung 8
Produktivität 99, 137
Projection Pursuit 321
Projekt 58, 60, 65, 123, 237, 385, 388, 392, 407
Projektion 319
Projektmanagement 62
Projektteam 57, 58, 67
Prozessablauf 246
Prozesskostenrechnung 154, 337, 345
Prozessmanagement 42
Quadwise Plot 310
Query 138, 164, 168, 199, 207, 214, 219 - 224
Real-Time Warehouse 425
Rechnungslegung 208, 393, 402, 404
Recursive Pattern 307
Redundanz 127, 197
Regression 263 - 266, 278
Reifegradmodell 76 - 79
Relationship 181
Replizierverfahren 138
Reporting-Tool 16, 214
Repository 91, 219
Responseanalysen 374
Risiko 36, 339, 342, 443
ROLAP-Engine 95, 96
Sarbanes Oxley Act 24, 62
Scatterplot 308
Schichtenmodell 113, 115
Segmentierung 266, 274, 278, 371

Sicherheitskonzept 19, 147, 439 - 449
Simulation 105, 300, 339, 340, 345, 346
Slice and Dice 209
Snow Flake Schema 178, 199, 201
Speicherplatzbedarf 132
Stakeholder Value 25
Standardberichtswesen 16, 80, 103, 208
Star Schema 15, 177, 182, 191 - 202
Statistik 16, 56, 107, 244, 266, 278, 284, 302, 307, 323, 371
Strategy Map 53, 59, 100
Streudiagramm 305, 308 - 315, 320
Streuung 308, 318
Supply Chain Management 362
Tabellenkalkulation 59, 337, 340, 342, 345
Text Mining 17, 260, 283, 288, 298, 300, 361, 377, 380
Themenorientierung 13, 127
Top-Down 33, 44, 333, 336
Total Quality Management 40
Transaktionssicherheit 15
Transformation 15, 24, 30, 47, 80, 90, 92, 113, 115, 134, 220, 302, 404, 431, 432
Transformationsprozess 117, 139
Unternehmensorganisation 10, 51
Value Based Management 23, 36, 37, 38
Verbindlichkeit 392, 404, 443
Verfügbarkeit 30, 41, 66, 75, 187, 209, 221, 228, 235, 244, 247, 257, 322, 364, 442 - 444, 449
Verschlüsselung 446
Vertraulichkeit 342, 442, 444, 447
Web Farming 428
Web Mining 253, 284, 300, 361, 377 -379, 380
Wettbewerbsfaktor 4
What-If-Analyse 130, 140
Wirtschaftlichkeit 60, 421, 443

Wissensmanagement 19, 82, 409, 410, 421, 422
Workflow 42, 81, 339, 415
World Wide Web (WWW) 134
WWW-Browser 138
XML 222, 302, 418, 422
Zeitorientierung 13, 352
Zeitraumbetrachtung 131
Zeitraumbezug 131, 133
Zeitreihe 144
Zeitreihendaten 14
Zweckorientierung 127

# Autorenverzeichnis

*Dr. Henning* **Baars**,
Universität Stuttgart, Lehrstuhl für Allgemeine Betriebswirtschaftslehre und Wirtschaftsinformatik I, Stuttgart

*Dr. Carsten* **Bange**
Geschäftsführer, Business Application Research Center, Würzburg

*Dipl.-Mathematiker Thomas* **Bannert**
Procurement Processes and Information Management (PPIM), Continental AG, Hannover

*Dr. Frank* **Beekmann**
Operational Risk Management, WestLB AG, Düsseldorf

*Dr. Wolfgang* **Behme**
Information Technology, CC Corporate Processes, Continental AG, Hannover

*Dipl.-Volkswirt Tobias* **Bucher**
Universität St. Gallen, Institut für Wirtschaftsinformatik, St. Gallen

*Prof. Dr. Peter* **Chamoni**
Universität Duisburg-Essen, Lehrstuhl für Wirtschaftsinformatik und Operations Research, Duisburg

*Prof. Dr. Horst* **Degen**
Heinrich-Heine-Universität Düsseldorf, Fachgebiet Statistik und Ökonometrie, Düsseldorf

*Dr. Barbara* **Dinter**
Universität St. Gallen, Institut für Wirtschaftsinformatik, St. Gallen

*Dr. Carsten* **Dittmar**
Mummert Consulting AG, Business Intelligence Solutions, Düsseldorf

*Dipl.-Ökonom Markus* **Düchting**
Ruhr-Universität Bochum, Lehrstuhl für Wirtschaftsinformatik, Bochum

*Dr. Roland* **Düsing**
Ruhr-Universität Bochum, Lehrstuhl für Wirtschaftsinformatik, Bochum

*Dr. Carsten* **Felden**
Universität Duisburg-Essen, Lehrstuhl für Wirtschaftsinformatik und Operations Research, Duisburg

*Dr. Ralf* **Finger**
Geschäftsführer, Information Works Unternehmensberatung und Informationssysteme GmbH, Köln

*Prof. Dr. Roland* **Gabriel**
Ruhr-Universität Bochum, Lehrstuhl für Wirtschaftsinformatik, Bochum

*Privatdozent Dr. Peter* **Gluchowski**
Heinrich-Heine-Universität Düsseldorf, Wirtschaftswissenschaftliche Fakultät, Fachgebiet Statistik und Ökonometrie, Düsseldorf

*Dr. Michael* **Hahne**
Geschäftsbereichsleiter, cundus AG, Duisburg

*Dr. Hajo* **Hippner**
Katholische Universität Eichstätt, Lehrstuhl für ABWL und Wirtschaftsinformatik, Eichstätt

*Prof. Dr. Hans-Georg* **Kemper**
Universität Stuttgart, Lehrstuhl für Allgemeine Betriebswirtschaftslehre und Wirtschaftsinformatik I, Stuttgart

*Dipl.-Volkswirt Jürgen* **Matz**
Senior Manager, Bearing Point, Global Solutions Delivery GmbH, Düsseldorf

*Dr. Harry* **Mucksch**
Geschäftsführer, IT-Beratung & Services OHG, Apen

*Dr. Karsten* **Oehler**
MIS AG, Darmstadt

*Dr. Joachim* **Schelp**
Universität St. Gallen, Institut für Wirtschaftsinformatik, St. Gallen

*Dipl.-Kaufmann Klaus-Dieter* **Schulze**
Mummert Consulting AG, Business Intelligence Solutions, Köln

*Dr. Andreas* **Totok**
Geschäftsbereichsleiter, cundus AG, Duisburg

Druck und Bindung: Strauss GmbH, Mörlenbach